U0556104

更轻

更简

更适合做朋友的一本书

这本书带给你的不仅是知识

正保会计网校
www.chinaacc.com

梦想成真 1
Dream
Come True

应试指南
上册

中级会计实务

2022年度
全国会计专业技术资格考试

■ 高志谦 主编

■ 正保会计网校 编

感恩22年相伴 助你梦想成真

中国商业出版社

图书在版编目（CIP）数据

中级会计实务应试指南：上下册／高志谦主编；
正保会计网校编. —北京：中国商业出版社，2022. 1
2022 年度全国会计专业技术资格考试
ISBN 978-7-5208-2023-3

Ⅰ.①中…　Ⅱ.①高…　②正…　Ⅲ.①会计实务-资
格考试-自学参考资料　Ⅳ.①F233

中国版本图书馆 CIP 数据核字（2022）第 020760 号

责任编辑：黄世嘉

中国商业出版社出版发行

（www.zgsycb.com　100053　北京广安门内报国寺 1 号）
总编室：010-63180647　编辑室：010-63033100
发行部：010-83120835/8286

新华书店经销
天津市蓟县宏图印务有限公司印刷

＊

787 毫米×1092 毫米　16 开　38 印张　973 千字
2022 年 1 月第 1 版　2022 年 1 月第 1 次印刷

定价：90.00 元

＊＊＊＊

（如有印装质量问题可更换）

前言

"凡欲显勋绩扬光烈者，莫良于学矣。"

"千淘万漉虽辛苦，吹尽狂沙始到金。"

全国会计专业技术资格考试是我国评价选拔会计人才、促进会计人员成长的重要渠道，也是增强会计人员专业知识、提高业务水平的有效途径，所以备考中级会计职称考试是重要的。在会计考证道路上，通过中级会计职称考试是有难度的，需要下一番工夫好好备考学习才行。

为满足考生中级会计职称考试的备考需求，正保会计网校的辅导老师潜心研究考试大纲和命题规律，精心策划、编写，于是有了这样三本书：《中级会计实务应试指南》《中级财务管理应试指南》《中级经济法应试指南》。这三本书针对中级会计职称考试不同学科的专业特性与考试要求，可谓是各具特色。

《中级会计实务应试指南》主编老师在编写过程中以案例为引入，进行讲解，让中级会计实务难以理解的专业知识，变得轻松易理解、不再枯燥无味。知识讲解部分穿插着"老高提示"版块，以简洁、生动的语句点拨知识，解决学习中的理解难点和易混淆点，帮助学生看清知识"陷阱"。同时，每一章汇集了主编老师精心挑选的习题，其中对重点题目、重点解析均进行了特别标记，使学生在练习过程中能不断巩固加深对知识的理解与记忆。

最后，很开心在备考中级会计职称考试阶段我们相遇，也许你曾因初级会计职称考试、注册会计师考试或者其他考试曾与"指南"为伴，那么不论我们是初见还是重逢，"指南"的备考陪伴都有一个共同的祝愿：希望未来的日子"指南"能助你通过考试。相信在未来的日子，你与"指南"熟悉了解之后，你会发现它带给你的不仅仅是知识，也是一段值得沉淀的时光和一份难以忘怀的经历。

编　者

 小保提示

　　由于时间所限，书中难免存在疏漏，敬请批评指正。最后，小保祝福大家顺利通过考试。

正保文化官微

关注正保文化官方微信公众号——财会上分青年，回复"勘误表"，获取本书勘误内容。

正保远程教育

发展：2000—2022年：感恩22年相伴，助你梦想成真

理念：学员利益至上，一切为学员服务

成果：20个不同类型的品牌网站，涵盖13个行业

奋斗目标：构建完善的"终身教育体系"和"完全教育体系"

正保会计网校

发展：正保远程教育旗下的第一品牌网站

理念：精耕细作，锲而不舍

成果：每年为我国财经领域培养数百万名专业人才

奋斗目标：成为所有会计人的"网上家园"

"梦想成真"书系

发展：正保远程教育主打的品牌系列辅导丛书

理念：你的梦想由我们来保驾护航

成果：图书品类涵盖会计职称、注册会计师、税务师、经济师、资产评估师、审计师、财税、实务等多个专业领域

奋斗目标：成为所有会计人实现梦想路上的启明灯

图书特色

① 备考攻略

解读考试**整体情况**，
了解大纲**总体框架**

> **一、"中级会计实务"科目的总体情况**
>
> "中级会计实务"科目知识点众多、综合性和实务性较强，是全国会计专业中级会计技术资格考试中公认的"拦路虎"，但不能否认，每年"虎口拔牙"且成者亦众。考试的难与不难，仁者见仁，智者见智。只要我们运用有效的学习方法全面深入掌握大纲内容，通过反复练习不断提高专业水平、明确方向、把握规律，再加之考试时胆大心细、沉着应战，通过考试并非难事。
>
> **二、本书内容体系**
>
> **（一）基本结构**
>
> 本书共分为三个部分。第一部分备考攻略，介绍了"中级会计实务"考试情况、学习方法、本书内容体系等，帮助考生从整体上把握"中级会计实务"科目考试特点等；第二部分应试指

考情解密

📖 历年考情概况

本章内容不多，难度也不大。历年考试中，本章内容一般以客观题的形式进行考查，每年分值在2～5分。主要考查内容为各类存货成本的确定、可变现净值的确定等。另外，存货作为基础内容，在所得税、资产负债表日后事项以及合并财务报表等相关考题中均可能涉及，因

考点详解及精选例题

一、存货的概念及确认条件

（一）存货的概念★

存货是指企业在日常活动中持有以备出售的产成品或商品、处在生产过程中的在产

③进口商品的进项税=（买价+关税）×增值税税率；

④合理损耗计入存货采购成本，追加了合格存货的单位成本。

【例题1·单选题】甲公司为增值税一般纳税人，购入原材料100吨，收到的增值税专用发票上注明的售价为每吨2 000元，增

同步训练

一、单项选择题

1. 甲公司是一家工业企业，属增值税一般纳税人，采用实际成本法核算材料成本，2×22年4月1日该公司购入M材料

算应交消费税，假定不考虑往返运费及其他因素，甲公司收回此商品时的入账成本为（ ）万元。
A. 100　　　　B. 85
C. 95　　　　D. 115

同步训练答案及解析

一、单项选择题

1. A　【解析】该材料的入账成本=1 000×100+1 000×400+500=101 900（元）
〖拓展〗该材料的单位入账成本=101 900÷

（万元）。

3. A　【解析】①有合同部分的可变现净值=（1.8-0.1）×70=119（万元），有合同部分的成本为140万元，应提足跌价准备为21万元；②无合同部分的可变现净值=

本章知识串联

确认条件
1. 有关经济利益很可能流入
2. 成本能可靠计量 → 固定资产、无形资产等确认条件也类似

② 应试指导及同步训练

- 深入**解读**本章考点及考试变化内容

- 全方位**透析**考试，**钻研**考点

- **了解**命题方向和易错点

- **夯实**基础，快速**掌握**答题技巧

- 本章知识体系**全呈现**

③ 考前模拟

模拟演练，助力冲关

模拟试卷（一）

一、单项选择题（本类题共10小题，每小题1.5分，共15分。每小题备选答案中，只有一个符合题意的正确答案。错选、不选均不得分）

1. 关于非货币性福利，下列说法中不正确的是（ ）。
A. 企业向职工提供非货币性福利的，应当按照公允价值计量
B. 企业发生的职工工资、津贴和补贴等

150万元，账面价值为100万元，B公司的该项固定资产采用年限平均法计提折旧，尚可使用年限为5年，预计无残值，其他资产、负债的公允价值与账面价值相同。B公司2×19年实现的净利润为1 000万元。甲公司与B公司的会计年度及采用的会计政策相同。假设不考虑所得税的影响。甲公司在2×19年年末应确认的投资收益为（ ）万元。

模拟试卷（二）

一、单项选择题（本类题共10小题，每小题1.5分，共15分。每小题备选答案中，只有一个符合题意的正确答案。错选、不选均不得分）

1. 某企业为增值税一般纳税人，从外地购入原材料6 000吨，收到增值税专用发票上注明的售价为每吨1 200元，增值税税额为936 000元，运输途中取得的运输增值税专用发票上注明的运费为60 000元，增值

确定，下列说法中不正确的是（ ）。
A. 以资产当前的状况为基础预计资产未来现金流量，应当包括尚未作出承诺的重组事项
B. 预计资产未来现金流量不应当包括筹资活动和所得税收付产生的现金流量
C. 对通货膨胀因素的考虑应当与折现率相一致
D. 内部转移价格应予以调整

目录 CONTENTS

上　册

下　册

第三部分　考前模拟

第一部分

备考攻略

WOW!

梦想成真

关于

小程序码

2022年考试变化讲解

——你需要知道——

亲爱的读者，无论你是新学员还是老考生，本着"逢变爱考"的原则，今年考试的变动内容你都需要重点掌握。微信扫描左侧小程序码，网校老师为你带来2022年本科目考试变动解读，助你第一时间掌握重要考点。

Learn more

2022年 备考攻略

亲爱的考生，当你打开这本书开始备考的时候已经是 2022 年的春天，春回大地，万物复苏，心中定是无限的喜悦，相信 2022 年你将备考顺利，收获满满，梦想成真！

一、"中级会计实务"科目的总体情况

"中级会计实务"科目知识点众多、综合性和实务性较强，是全国会计专业中级会计技术资格考试中公认的"拦路虎"，但不能否认，每年"虎口拔牙"且成者亦众。考试的难与不难，仁者见仁，智者见智。只要我们运用有效的学习方法全面深入掌握大纲内容，通过反复练习不断提高专业水平，明确方向、把握规律，再加之考试时胆大心细、沉着应战，通过考试并非难事。

二、本书内容体系

（一）基本结构

本书共分为三个部分。第一部分备考攻略，介绍了"中级会计实务"考试情况、学习方法、本书内容体系等，帮助考生从整体上把握"中级会计实务"科目考试特点等。第二部分应试指导及同步训练，分章节进行列示，首先详细介绍了本章节的考试情况、2022 年考试变化等，以使考生对该章的近年考试情况有所了解。然后从考点入手，全面、详细地讲解了考试内容，同时辅以典型例题、同步训练、本章知识串联等，帮助考生更好地理解所授内容。第三部分考前模拟，完全模拟官方考试，题型题量与考试保持一致。考生在做题的同时，可重点关注对于考试时间的把握，有助于学员提升做题速度以及调整临考前的状态。

本科目章节体系具体如下。

1. 中级财务会计部分

中级财务会计部分，包括第一章存货，第二章固定资产，第三章无形资产，第四章长期股权投资和合营安排，第五章投资性房地产，第六章资产减值，第七章金融资产和金融负债，第八章职工薪酬及借款费用和第十章收入，此部分以会计要素为主线解析了一些常规业务的具体核算。这属于中级财务会计的基础主干内容，为更高阶的知识做铺垫。

2. 高级财务会计部分

高级财务会计部分，包括第九章或有事项，第十一章政府补助，第十二章非货币性资产交换，第十三章债务重组，第十四章所得税，第十五章外币折算，第十六章租赁，第十七章持有待售的非流动资产、处置组和终止经营，第十八章企业合并，第十九章财务报告，第二十章会计政策、会计估计变更和差错更正，第二十一章资产负债表日后事项，第二十二章公允价值计

量。该部分解析的是特殊会计业务,是会计核算的深入拓展。

3. 特殊行业会计部分

特殊行业会计部分,包括第二十三章政府会计和第二十四章民间非营利组织会计。这部分解析的是政府单位和民间非营利组织的会计核算,难度不大,但是包含内容全面且琐碎。

(二)各章分值比重及难易度

章	各章分值占比/%					难易度
	2021 年	2020 年	2019 年	2018 年	2017 年	
第一章	4.50	4.00	3.00	3.00	6.75	易
第二章	12.00	3.20	2.50	5.00	9.75	中
第三章	5.00	6.50	6.75	3.50	8.25	中
第四章	11.00	8.00	10.75	10.75	4.75	难
第五章	2.50	6.60	6.75	7.25	11.25	中
第六章	2.50	5.00	3.00	2.75	0.50	中
第七章	4.50	13.60	11.00	3.00	6.25	难
第八章	2.50	7.60	1.00	8.75	2.25	中
第九章	1.50	1.80	3.00	1.75	3.00	中
第十章	10.00	12.80	17.24	2.00	2.25	难
第十一章	4.50	1.30	2.25	7.50	1.75	中
第十二章	—	—	—	—	—	中
第十三章	—	—	—	—	—	中
第十四章	4.50	6.30	7.00	10.00	0.50	难
第十五章	3.00	3.00	5.00	3.25	1.75	中
第十六章	—	—	—	—	—	难
第十七章	—	—	—	—	—	中
第十八章	—	—	—	—	—	中
第十九章	10.00	8.30	5.00	12.00	11.75	难
第二十章	0.00	1.50	2.25	9.00	1.75	中
第二十一章	15.00	3.00	8.50	1.50	8.25	难
第二十二章	—	—	—	—	—	易
第二十三章	3.50	2.30	1.75	1.00	2.00	中
第二十四章	2.00	1.00	1.25	1.00	1.50	易

注:①部分题目涉及不同章节,统一放在一章统计;②因近几年考试大纲变化删除了部分知识点及未收集到全部考题,所以上述部分年份的分值比重之和不等于100%;③第十二、十三、十六、十七、十八、二十二章为新增章节。

(三)2022 年考试主要变化

1. 结构变化

(1)删除总论一章;

(2)增加六章,分别为"非货币性资产交换""债务重组""租赁""持有待售的非流动资产、处置组和终止经营""企业合并"以及"公允价值计量"。

2. 细节变化

(1)无形资产一章删除无形资产出租的内容;

（2）"长期股权投资"章名改为"长期股权投资和合营安排"，并在其中增加合营安排一节；

（3）金融资产和金融负债一章删除公允价值的确定，并将其移到公允价值计量一章；

（4）财务报告一章删除现金流量表和终止经营，其中终止经营移到"持有待售的非流动资产、处置组和终止经营"一章，合并范围的确定部分重新编写，增加报告期内增加或处置子公司以及业务在合并报表中的处理；

（5）政府会计一章特定业务的会计处理一节重新编写；

（6）民间非营利组织会计一章删除会费收入。

三、考核形式与命题规律

（一）考核形式

近年来"中级会计实务"试题的题型、题量等比较固定，预计 2022 年将继续保持这一固定模式，具体的题型、题量和分值分布如下表所示。

题型	题量（道）	分值（分）	合计（分）
单项选择题	10	1.5	15
多项选择题	10	2	20
判断题	10	1	10
计算分析题	2	10	22
		12	
综合题	2	15	33
		18	

各题型特点具体如下。

（1）单项选择题。从三方面来分析：题目难度上，比较基础，以大纲知识为蓝本，考核基本理论和基本会计处理；题目构成上，以各项业务会计处理方式的判断和各要素入账金额的计算为主；题目形式上，文字表述型的题目占比减少，小计算形式的题目数量逐渐增多至 6 个左右，涉及环节较少，复杂程度也不高。

（2）多项选择题。此类题目可以分为三大类：①应用型题目，如判断哪些因素影响长期股权投资的账面价值；②会计处理型题目，如给出业务事项，判断相关处理的正确性；③分类、范围等理论性题目。相对于单项选择题，题目复杂程度增加，更加偏向于应用。

（3）判断题。题目大多是对非重点章节或非重点知识点"查漏补缺"式的考核，考生应关注细节。

（4）计算分析。所涉及知识点通常局限于一章或一个完整的核算体系；难度适中，涉及事项复杂程度不高。考核方式以分录为主，辅以简单计算或应用判断。

（5）综合题。考核内容涉及多个业务事项或复杂核算体系，综合性较强，难度提高。考核方式多为给出原企业处理，由考生分析判断正误，对处理有误的做正确或更正的处理；或者是设置跨章节性题目，考查知识的融会贯通；侧重应用性，突出灵活性。

（二）命题规律

1. 难度不大、题目常规、题量适中

"中级会计实务"主要考核考生处理相对复杂业务的能力，业务的复杂程度和难度相对稳定，考题内容以大纲基本知识为主，计算量不大，很少出现偏、难、怪的题目。因此，考生只要能将相关知识点掌握到大纲的难度和深度，熟悉考题思路，通过考试不是难事。

2. 偏重于账务处理的考核

近年来，考试更加注重计算和账务处理的考核，理论考查所占比例逐年下降。从题型来看，单项选择题中小计算形式的题目比例较前几年有所增加，多项选择题更加注重将各知识点放在具体实务场景中考核，计算分析题注重对账务处理的直接考核，综合题则侧重对会计处理的分析判断及跨章节知识的融会贯通。这一趋势预计将会在今后的考试中进一步得以延续。

3. 强调知识点全面考核

自实行机考以来，最显著的特点就是考核的范围变广，也就是说大纲中涉及的任何知识点都可能会考核到，这就要求考生全面备考。但是这样的考核方式并不意味着没有重点，重要程度仍是有层次的。这对考生的要求更高了，要引起重视。

四、学习方法

1. 计划≠画饼充饥

人都是有惰性的，要想战胜自己的惰性，就必须经常对自己抽鞭子，而学习计划就是这条有力的鞭子。考试需要提前筹划，一旦决定了要考，就要做好学习这门课程的计划。一般而言，"中级会计实务"应保证学习基础内容、强化巩固提高和冲刺梳理准备三个阶段的学习，考生应依据自己的基础情况和学习时间合理安排具体的学习计划，保证充裕的复习时间以达到良好的学习效果。计划制订虽然重要，但是更为重要的是执行。学习过程中，应不断检查自己的计划执行情况，有延误的一定要及时补回来，否则，计划就会演变成"画饼充饥"似的"自欺欺人"，学习也就会越落越多。

2. 全面≠事无巨细

"中级会计实务"考试涉及内容全面，但并不要求我们学习时"事无巨细"、平均用力。首先，考试的重点很突出，在有限的学习时间里应抓住"主要矛盾"；其次，我们自身的基础有偏差，有些内容是一看就会的，就不必花过多的时间去按辅导书——课件——习题的流程琢磨。不管是辅导书，还是课件、习题，都是我们学习的工具或武器，而不是主导，要想打胜仗就要善于调兵遣将，什么样的内容需要花费什么样的精力、配备什么样的武器，自己一定要清楚。

3. 基础=压倒一切

"中级会计实务"考试仍偏重于基础知识的考核，只要我们把基础知识吃透了，考试万变不离其宗。近年来，随着会计改革的深入，题目要求的解答方式也会随着命题思路的转变而有所不同，但是知识点不会改变，只要把基础打扎实了，什么风格的题目我们都能应对。

4. 习题=过关法宝

虽然诸葛亮出山前也没带过兵，但是考试还是要求经验的，如果不想有考试的经验，那么至少应具备丰富的做题经验——因为本质上，考试就是做一套题，尤其是"中级会计实务"这样难度较大、对考生熟练程度要求较高的科目。习题的好处在于，基础阶段学习时帮我们正确、全面理解知识点；强化阶段学习时帮我们强化复习、提高知识掌握熟练程度；冲刺模拟时帮助我们综合运用、"彩排"考试情况，所以平时我们必须选择接近考试思路的习题对所学内容进行强化练习，才能保证考试万无一失。做习题时，建议多归纳总结，争取举一反三，不要轻易尝试题海战术；好题、错题要单独标记，以备反复演练。

成功就是把复杂的问题简单化，然后狠狠去做。同学们，不要把学习想得过于复杂，只要抓紧学习，胜利就在前方。最后，衷心祝愿每一位考生都能坚定信心、快乐学习、梦想成真！

第二部分

应试指导及同步训练

WOW!
梦想成真

······ 梦想成真辅导丛书 ······

第一章 存 货

历年考情概况

本章内容不多，难度也不大。历年考试中，本章内容一般以客观题的形式进行考查，每年分值在 2~5 分。主要考查内容为各类存货成本的确定、可变现净值的确定等。另外，存货作为基础内容，在所得税、资产负债表日后事项以及合并财务报表等相关考题中均可能涉及，因此要全面掌握存货的核算。

近年考点直击

主要考点	主要考查题型	考频指数	考查角度
外购存货的初始计量	单 * 多	★★★	(1)外购存货成本的确定；(2)外购存货成本的构成内容
其他方式取得存货的初始计量	单 多 判	★	(1)企业自产产品成本的构成内容；(2)提供劳务取得存货成本的确定；(3)委托加工物资中加工环节消费税的核算；(4)委托加工物资入账成本的构成因素界定；(5)投资者投入存货的入账成本确认原则
存货跌价准备的计提	单 判 计	★★★	(1)为执行销售合同持有存货、需经过加工的材料存货期末跌价准备的计提；(2)为执行销售合同而持有存货期末账面价值的计算；(3)可变现净值确定应考虑的因素；(4)有合同和无合同存货跌价准备的计提
存货跌价准备的转回、结转	多 判	★★	(1)存货跌价准备是否可以转回的判断；(2)对外销售存货对应的存货跌价准备的结转

2022 年考试变化

本章考试内容未发生实质性变化。

---

* 单为"单项选择题"，多为"多项选择题"，判为"判断题"，计为"计算分析题"，综为"综合题"。

考点详解及精选例题

一、存货的概念及确认条件

(一)存货的概念★ *

存货是指企业在日常活动中持有以备出售的产成品或商品、处在生产过程中的在产品、在生产过程或提供劳务过程中耗用的材料和物料等。

老高提示 常见存货有:①原材料;②在产品;③半成品;④库存商品;⑤周转材料(包装物和低值易耗品)。

(二)存货的确认条件★

(1)存货所包含的经济利益**很可能**流入企业;

(2)存货的成本能够**可靠计量**。

二、存货的初始计量

(一)入账价值基础★

历史成本或实际成本。

(二)不同取得渠道下存货的入账价值构成★★

1. 购入方式

(1)非商业企业。

购入存货的入账成本 = 买价+进口关税+运费、装卸费、保险费

老高提示 ①仓储费(**存货转运环节的仓储费**应列入存货成本,另外,**生产过程中的仓储费**列入"制造费用"科目)通常计入当期损益;

②关税 = 买价×关税率;

③进口商品的进项税 = (买价+关税)×增值税税率;

④**合理损耗**计入存货采购**成本**,追加了合格存货的单位成本。

【例题1·单选题】 甲公司为增值税一般纳税人,购入原材料100吨,收到的增值税专用发票上注明的售价为每吨2 000元,增值税额为26 000元。取得运费的增值税专用发票,发票注明运费2 000元,增值税180元。另付装卸费用160元、途中保险费用400元,原材料运抵企业后,验收入库原材料为96吨,运输途中发生合理损耗4吨。假定不考虑其他因素,该原材料的入账价值为( )元。

A. 202 560　　　　B. 228 740

C. 202 740　　　　D. 194 560

解析 原材料的入账成本 = 2 000×100+2 000+160+400 = 202 560(元)。相关会计分录如下:

借:原材料　　　　　　202 560

　　应交税费——应交增值税(进项税额)

　　　　(26 000+180)26 180

　　贷:银行存款等　　　　228 740

答案 A

『拓展』 原材料的单位成本 = 202 560/96 = 2 110(元/吨)。

【例题2·单选题】 ☆**甲公司系增值税一般纳税人,2×18年3月2日购买W商品1 000千克,运输途中合理损耗50千克,实际入库950千克。甲公司取得的增值税专用发票上注明的价款为95 000元,增值税税额为12 350元。不考虑其他因素,甲公司入库W商品的单位成本为( )元/千克。

A. 100　　　　　　B. 95

---

* 本书采用★级进行标注。★表示了解,★★表示熟悉,★★★表示掌握。

** 本书标记"☆"的题目为经典题目。

C. 113　　　　　　D. 107.35

解析 运输途中的合理损耗不影响购进商品的总成本,所以甲公司入库 W 商品的单位成本 = 95 000/950 = 100(元/千克)。

答案 A

【例题 3·多选题】 ☆甲公司为增值税一般纳税人,下列各项中,应计入进口原材料入账价值的有( )。

A. 入库前的仓储费

B. 关税

C. 进口环节可抵扣的增值税进项税额

D. 购买价款

解析 增值税一般纳税人,进口环节增值税进项税额可以抵扣,记入"应交税费——应交增值税(进项税额)"科目,不影响原材料入账价值的计算。 **答案** ABD

(2)商业企业。

商业企业进货费用的三种处理:

①与非商业企业相同,进货费用计入存货的采购成本;

②先进行归集计入待摊进货费用,期末根据所购商品的存销情况分别进行分摊,对于已售商品的进货费用,计入当期损益(主营业务成本),留存部分的进货费用计入存货成本;

③金额较小的,也可直接计入当期损益(销售费用)。

【关键考点】 不同购入方式下入账成本的构成因素及计算,尤其是合理损耗、运费及仓储费的会计处理。

【例题 4·多选题】 ☆企业为外购存货发生的下列各项支出中,应计入存货成本的有( )。

A. 入库前的挑选整理费

B. 运输途中的合理损耗

C. 不能抵扣的增值税进项税额

D. 运输途中因自然灾害发生的损失

解析 自然灾害损失(非常损失)不属于合理损耗,应作为营业外支出,不计入存货成本。 **答案** ABC

【例题 5·多选题】 ☆下列各项中,应计入外购原材料初始入账金额的有( )。

A. 入库后的仓储费用

B. 运输途中的保险费

C. 入库前的合理损耗

D. 入库前的装卸费

解析 选项 A,入库后的仓储费用计入管理费用。 **答案** BCD

2. 委托加工方式

【案例引入】 甲公司委托乙公司代为加工一批物资,相关资料及会计处理如下。

(1)2×22 年 4 月 1 日甲公司发出加工物资,成本 80 万元。

借:委托加工物资　　　　　　80

　　贷:原材料　　　　　　　　　80

(2)2×22 年 5 月 1 日以银行存款支付加工费用 10 万元,并支付增值税 1.3 万元。

借:委托加工物资　　　　　　10

　　应交税费——应交增值税(进项税额)

　　　　　　　　　　　　　　1.3

　　贷:银行存款　　　　　　　11.3

(3)2×22 年 5 月 1 日由受托方代收代缴消费税,适用消费税税率为 10%。

①计税价格的认定。

a. 市场价格(假定本题无法可靠取得);

b. 组成计税价格 = (材料成本+加工费)/(1-消费税税率) = (80+10)/(1-10%) = 100(万元)。

②应交消费税 = 100×10% = 10(万元)。

③如果收回后直接用于对外销售的(售价不高于受托方计税价格),由受托方代缴的消费税计入加工物资的成本,相关分录如下。

a. 支付或计提消费税时:

借:委托加工物资　　　　　　10

　　贷:银行存款或应付账款　　　10

b. 完工收回加工物资时:

借:库存商品　　　　　　　　100

　　贷:委托加工物资　　　　　100

c. 出售此商品时,假定售价为 100 万元,增值税销项税额为 13 万元:

借：应收账款 113
　　贷：主营业务收入 100
　　　　应交税费——应交增值税（销项税额） 13

结转成本时：

借：主营业务成本 100
　　贷：库存商品 100

不再计征消费税。

d. 假定出售价格高于受托方计税价格，则出售时就按售价计提应交消费税，委托加工环节消费税记入"应交税费——应交消费税"科目的借方。

④如果收回后继续加工应税消费品，然后再出售的如下。

a. 由受托方代缴的消费税先记入"应交税费——应交消费税"科目的借方：

借：应交税费——应交消费税 10
　　贷：银行存款或应付账款 10

b. 完工收回加工物资时：

借：原材料 90
　　贷：委托加工物资 90

c. 最终产品出售时，按总的应交消费税记入"应交税费——应交消费税"科目的贷方（假定最终售价为280万元，消费税税率为10%）：

借：税金及附加 28
　　贷：应交税费——应交消费税 28

d. 最后，再补交其差额即可：

借：应交税费——应交消费税 18
　　贷：银行存款 18

【理论总结】

委托加工物资成本和加工环节消费税的核算，如表1-1所示。

表1-1　委托加工物资成本和加工环节消费税的核算

入账成本	入账成本＝委托加工的材料成本＋加工费＋运费＋装卸费		
消费税核算	消费税是否计入委托加工材料成本，需分如下情况处理		
	如果收回后<u>直接出售</u>的（售价不高于受托方计税价格）	如果收回后<u>用于非应税消费品的再加工</u>而后再出售的（售价不高于受托方计税价格）	如果收回后<u>用于应税消费品的再加工</u>而后再出售的
	受托方代收代缴的消费税应计入委托加工物资的<u>成本</u>		受托方代收代缴的消费税<u>记入"应交税费——应交消费税"科目的借方</u>，不列入委托加工物资的成本
	组成计税价格＝$\dfrac{材料成本＋加工费}{1-消费税税率}$		

【关键考点】重点掌握消费税与加工物资成本的关系。

【例题6·多选题】甲公司委托乙公司加工材料一批（属于应税消费品）。原材料成本为20 000元，支付的加工费为7 000元（不含增值税），消费税税率为10%，按组成计税价格计列消费税。材料加工完成并已验收入库，加工费用等已经支付。双方适用的增值税税率均为13%。甲公司收回加工后的材料用于连续生产应税消费品。假定不考虑其他因素，基于上述资料，如下指标的计算中正确的有（　　）。

A. 消费税的计税价格为30 000元

B. 甲公司支付给乙公司的增值税为910元

C. 甲公司委托加工物资的入账成本为27 000元

D. 甲公司支付的消费税税额为3 000元

解析 ▶ ①消费税的组成计税价格＝（20 000＋7 000）÷（1-10%）＝30 000（元）；

②由受托方代扣代缴的消费税＝30 000×10%＝3 000（元）；

③加工劳务匹配的增值税＝7 000×13%＝910（元）；

④甲公司收回的委托加工物资成本＝20 000＋7 000＝27 000（元）。　答案 ▶ ABCD

『拓展』如果甲公司收回加工物资后直接出售或收回后用于非应税消费品的再加工

而后再出售的，委托加工物资的成本为30 000 元(20 000+7 000+3 000)。

【例题 7·单选题】☆甲公司向乙公司发出一批实际成本为 30 万元的原材料，另支付加工费 6 万元(不含增值税)，委托乙公司加工成一批适用消费税税率为 10% 的应税消费品，加工完成收回后，全部用于连续生产应税消费品，乙公司代扣代缴的消费税款准予后续抵扣。甲公司和乙公司均系增值税一般纳税人，适用的增值税税率均为 13%。不考虑其他因素，甲公司收回的该批应税消费品实际成本为( )万元。

A. 36 　　　　　 B. 39.6

C. 40 　　　　　 D. 40.68

解析 委托加工物资收回后用于继续加工应税消费品的，委托加工环节的消费税记入"应交税费—应交消费税"科目的借方，不计入委托加工物资的成本，所以本题答案是36 万元(30+6)。　　**答案** A

『拓展』 如果收回后直接出售或收回后用于非应税消费品的再加工，则此委托加工物资成本 = 30 + 6 + [(30 + 6) ÷ (1 − 10%)] × 10% = 40(万元)。

【例题 8·多选题】☆企业委托外单位加工存货发生的下列各项支出中，应计入收回的委托加工存货入账价值的有( )。

A. 收回委托加工存货时支付的运输费

B. 发出并耗用的原材料成本

C. 支付的加工费

D. 支付给受托方的可抵扣增值税

解析 选项 D，支付给受托方的可抵扣的增值税记入"应交税费—应交增值税(进项税额)"，不计入收回的委托加工存货入账价值。　　**答案** ABC

3. 自行生产的存货

入账成本=直接材料+直接人工+制造费用

考高提示 非正常消耗的直接材料、直接人工和制造费用应计入当期损益(自然灾害类损失列支于"**营业外支出**"科目，管理不善所致的损失列支于"**管理费用**"科目)，不得计入存货成本。

【关键考点】掌握非正常消耗下直接材料、直接人工和制造费用的归属方向。

4. 投资者投入方式

按投资合同或协议约定的价值入账，但合同或协议约定价值**不公允的除外**。

【例题 9·分析题*】甲公司以一批商品对乙公司投资，该商品的成本为 80 万元，公允价值为 100 万元(等于按收入准则确定的交易价格)，增值税税率为 13%，消费税税率为 10%，商品的公允价值即为双方约定价值。投资后，甲公司享有乙公司实收资本的份额是 80 万元。假设甲公司取得投资作为长期股权投资核算，交易发生之前甲、乙公司无关联方关系。不考虑其他因素，则甲公司和乙公司应如何进行账务处理？

解析 甲公司的账务处理如下：

借：长期股权投资—乙公司

　　　　(100+100×13%)113

　　贷：主营业务收入 　　　　100

　　　　应交税费—应交增值税(销项税额) 　　　　13

借：主营业务成本 　　　　80

　　贷：库存商品 　　　　80

借：税金及附加 　　　　10

　　贷：应交税费—应交消费税 　　10

乙公司的账务处理如下：

借：库存商品 　　　　100

　　应交税费—应交增值税(进项税额) 　　　　13

　　贷：实收资本 　　　　80

　　　　资本公积—资本溢价 　　33

【关键考点】掌握接受投资者投入存货的入账成本计算。

---

* 本书中此类题型是为帮助考生理解相关知识点而设置，不属于考试题型。

5. 盘盈

按**重置成本**作为入账成本。

【关键考点】盘盈存货和固定资产均以重置成本入账。

6. 通过提供劳务取得

提供劳务取得存货的成本=直接人工+其他直接费用+间接费用

三、存货的期末计量

(一)成本与可变现净值的确认 ★★★

1. 成本的确认

成本,即为账面余额。

2. 可变现净值的确认

(1)库存商品(完工待售品)的可变现净值的确认。

①可变现净值=预计售价-预计销售费用-预计销售税费。

②可变现净值中预计售价的确认。

A. 有**合同**约定的存货,以商品的**合同价格**为预计售价。

B. **没有合同**约定的存货,以**一般销售价格**为预计售价。

【例题 10 · 分析题】甲公司库存商品 100 件,每件商品的成本为 1 万元,其中有销售合同约定的商品为 60 件,合同价为每件 1.3 万元,预计每件商品的销售税费为 0.2 万元;该商品在市场上的售价为每件 0.9 万元,预计每件商品的销售税费为 0.15 万元。假定不考虑其他因素,则该批存货应计提的存货跌价准备是多少?

解析 ▶ 该批库存商品应计提的存货跌价准备计算过程如下。

(1)合同约定部分的可变现净值=60×1.3-60×0.2=66(万元),相比其账面成本 60 万元(60×1),发生增值 6 万元,不予认定。

(2)无合同约定部分的可变现净值=40×0.9-40×0.15=30(万元),相比其账面成本 40 万元(40×1),发生减值 10 万元,应予

认定。

(3)该存货期末应提足的跌价准备为 10 万元。[这里务必要注意,不能将有合同部分与无合同部分合并在一起认定存货的跌价幅度,那样的话,该存货减值为 4 万元(100×1-96),不正确]

(4)如果调整前已计提的存货跌价准备为 2 万元,则当期期末应补提跌价准备 8 万元,分录如下:

借:资产减值损失　　　　　　　8

　　贷:存货跌价准备　　　　　　　8

【关键考点】完工待售品如果同时存在合同约定与非合同约定部分的,一定要分开测算。

【例题 11 · 单选题】☆2×21 年 11 月 15 日,甲公司与乙公司签订了一份不可撤销的商品购销合同,约定甲公司于 2×22 年 1 月 15 日按每件 2 万元向乙公司销售 W 产品 100 件。2×21 年 12 月 31 日,甲公司库存该产品 100 件,每件实际成本和市场价格分别为 1.80 万元和 1.86 万元。甲公司预计向乙公司销售该批产品将发生相关税费 10 万元。假定不考虑其他因素,甲公司该批产品在 2×21 年 12 月 31 日资产负债表中应列示的金额为( )万元。

A. 176　　　　　　B. 180

C. 186　　　　　　D. 190

解析 ▶ ①可变现净值=2×100-10=190(万元);②成本=1.8×100=180(万元);③存货按照成本与可变现净值孰低计量,答案为 180 万元。　　　　　**答案** ▶ B

【例题 12 · 单选题】☆2×13 年 12 月 1 日,甲公司与乙公司签订了一项不可撤销的销售合同,约定甲公司于 2×14 年 1 月 12 日以每吨 2 万元的价格(不含增值税)向乙公司销售 K 产品 200 吨。2×13 年 12 月 31 日,甲公司库存该产品 300 吨,单位成本为 1.8 万元,单位市场销售价格为 1.5 万元(不含增值税)。甲公司预计销售上述 300 吨库存产品将发生销售费用和其他相关税费合计 25 万元。不考虑其他因素,2×13 年 12 月 31 日,上述 300 吨库存产

品的账面价值为( )万元。

A. 425　　　　　B. 525

C. 540　　　　　D. 501.67

解析

项目	账面余额	可变现净值	期末计价	
合同部分	1.8×200=360(万元)	2×200-25×200/300=383.33(万元)	360万元	合计
非合同部分	1.8×100=180(万元)	1.5×100-25×100/300=141.67(万元)	141.67万元	501.67万元

答案 D

(2)材料的可变现净值的确认。

①用于生产的材料可变现净值=终端品的预计售价-终端品的预计销售税费-终端品的预计销售费用-预计追加成本。

【例题13·分析题】甲公司库存原材料100件,每件材料的成本为1万元,所存材料均用于产品生产,每件材料经追加成本0.2万元后加工成一件完工品。其中合同订货60件,每件完工品的合同价为1.5万元,单件销售税费预计0.1万元;无合同的单件完工品的市场售价为每件1.1万元,预计每件完工品的销售税费为0.05万元。则该批库存材料应计提的存货跌价准备是多少?

解析 该批库存材料应计提的存货跌价准备计算过程如下(终端产品减值计算过程略):

(1)合同约定部分的材料可变现净值=60×1.5-60×0.1-60×0.2=72(万元),相比其账面成本60万元(60×1),发生增值12万元,不予认定。

(2)无合同约定部分的材料可变现净值=40×1.1-40×0.05-40×0.2=34(万元),相比其账面成本40万元(40×1),发生减值6万元,应予认定。

(3)该材料期末应提足的跌价准备为6万元。(这里务必要注意,不能将有合同部分与无合同部分合并在一起认定存货的跌价幅度,那样的话,该存货就不会出现减值,而这样做就会掩盖无合同部分存货的可能损失。)

(4)如果调整前已计提的存货跌价准备为1万元,则当期期末应补提跌价准备5万元,分录如下:

借:资产减值损失　　　　5

贷:存货跌价准备　　　　5

『拓展』 A. 对于用于生产而持有的材料,其终端产品如果未减值,则该材料不认定减值,应维持原账面价值不变;B. 如果终端产品发生减值而且减值是由于材料减值造成的,则以可变现净值确认存货的期末计价。

【关键考点】 用于生产的材料如果其对应的终端产品同时存在合同约定与无合同约定部分的,一定要分开测算。

【例题14·单选题】甲公司2×17年12月31日库存配件100套,每套配件的账面成本为12万元,市场价格为10万元。该批配件可用于加工100件A产品,将每套配件加工成A产品尚需投入17万元。A产品2×17年12月31日的市场价格为每件28.7万元,估计销售过程中每件将发生销售费用及相关税费1.2万元。该配件此前未计提存货跌价准备,不考虑其他因素,2×17年12月31日,甲公司该配件应计提的存货跌价准备为( )万元。

A. 0　　　　　B. 30

C. 150　　　　D. 200

解析 配件是用于生产A产品的,所以应先计算A产品是否减值。单件A产品的成本=12+17=29(万元),单件A产品的可变现净值=28.7-1.2=27.5(万元),A产品减值。所以配件应按照成本与可变现净值孰低计量,单件配件的成本为12万元,单件配件的可变现净值=28.7-17-1.2=10.5(万元),单件配件应计提跌价准备=12-10.5=1.5(万元),所以100件配件应计提跌价准备=100×1.5=150(万元)。

答案 C

【例题15·多选题】 ☆对于需要加工才能对外销售的在产品,下列各项中,属于在确定其可变现净值时应考虑的因素有(   )。

A. 在产品已经发生的生产成本

B. 在产品加工成产成品后对外销售的预计销售价格

C. 在产品未来加工成产成品估计将要发生的加工成本

D. 在产品加工成产成品后对外销售预计发生的销售费用

解析 需要进一步加工才能对外销售的存货的可变现净值=终端产品估计售价-至完工估计将发生的成本-估计销售费用-估计相关税费,所以答案为 B、C、D。**答案** BCD

【例题 16·单选题】 ☆2×21 年 12 月 31 日,甲公司库存丙材料的实际成本为 100 万元,不含增值税的销售价格为 80 万元,拟全部用于生产 1 万件丁产品。将该批材料加工成丁产品尚需投入的成本总额为 40 万元。由于丙材料市场价格持续下降,丁产品每件不含增值税的市场价格由原 160 元下降为 110 元。估计销售该批丁产品将发生销售费用及相关税费合计为 2 万元。不考虑其他因素,2×21 年 12 月 31 日,甲公司该批丙材料的账面价值应为(   )万元。

A. 68   B. 70

C. 80   D. 100

解析 丁产品的成本 = 100+40 = 140(万元),可变现净值=110-2=108(万元),发生了减值,说明材料应以成本与可变现净值孰低计量;材料的可变现净值为 68 万元(110-40-2),相比成本 100 万元,发生减值,则 2×21 年 12 月 31 日丙材料的账面价值为 68 万元。**答案** A

②用于**销售的材料**可变现净值=**材料**的预计售价-**材料**的预计销售税费-**材料**的预计销售费用。

(二)存货减值的确认条件★★

1. 发生了以下情形之一的,应当考虑计提存货跌价准备

(1)市场价格持续下跌并且在可预见的未来没有回升的希望;

(2)企业使用该原材料生产的产品的销售价格小于其成本;

(3)由于产品更新换代,企业原有原材料已经不满足新产品的需求,且原材料的市价又低于其账面成本;

(4)市场需求因消费者偏好改变或者企业所提供的商品过时而发生变化,导致市场价格逐渐下跌;

(5)其他能够证明存货发生减值的情形。

2. 存在下列情况之一的,应全额提取减值准备

(1)已经霉烂变质的存货;

(2)已经过期并且没有转让价值的存货;

(3)企业已经不再需要,并且已经没有使用价值和转让价值的存货;

(4)其他能够证明已经没有使用价值和转让价值的存货。

【关键考点】 存货减值的迹象通常以多项选择题的形式测试。

(三)科目设置及会计分录★★

1. 需设置的科目

需设置的科目:"资产减值损失""存货跌价准备"。

2. 会计分录

(1)计提存货跌价准备时:

借:资产减值损失

　　贷:存货跌价准备

(2)反冲时:做相反会计分录即可。

【关键考点】 存货减值可以恢复,但应以计提过的金额为上限,即"存货跌价准备"科目不可能出现借方余额。

(四)存货计提减值准备的方法★★★

1. 单项比较法

企业通常应当按照单个存货项目计提存货跌价准备。

【例题 17·单选题】 某企业采用成本与可变现净值孰低法对存货进行期末计价,成本与

可变现净值按单项存货进行比较。2×20 年 12 月 31 日，甲、乙、丙三种存货成本与可变现净值分别为：甲存货成本 10 万元，可变现净值 8 万元；乙存货成本 12 万元，可变现净值 15 万元；丙存货成本 18 万元，可变现净值 15 万元。甲、乙、丙三种存货已计提的跌价准备分别为 1 万元、2 万元、1.5 万元。假定该企业只有这三种存货，不考虑其他因素影响，2×20 年 12 月 31 日，该企业应补提的存货跌价准备总额为( )万元。

A. -0.5　　　B. 0.5

C. 2　　　　D. 5

解析 ▶▶ ①甲存货应补提的存货跌价准备额 =（10-8）-1=1（万元）；②乙存货应补提的存货跌价准备额 =0-2=-2（万元）（即应转回存货跌价准备）；③丙存货应补提的存货跌价准备额 =（18-15）-1.5=1.5（万元）；④2×20 年 12 月 31 日应补提的存货跌价准备总额 =1-2+1.5=0.5（万元）。 **答案** ▶▶ B

2. 分类比较法

适用于数量较多、单价较低的存货。

[关键考点] 如不作特别提示，均按单项比较法处理。另外，单项比较法计算的减值损失高于分类比较法。

（五）存货跌价准备的结转方法★

1. 单项比较法

单项比较法前提下，直接对应结转。

[例题 18·单选题] 甲公司发出存货采用月末一次加权平均法结转成本，按单项存货计提存货跌价准备；存货跌价准备在结转成本时结转。该公司 2×20 年年初存货的账面余额中包含甲产品 1 200 件，其实际成本为 360 万元，已计提的存货跌价准备为 30 万元。2×20 年该公司未发生任何与甲产品有关的进货，甲产品当期售出 400 件。2×20 年 12 月 31 日，该公司对甲产品进行检查时发现，库存甲产品均无不可撤销合同，其市场销售价格为每件 0.26 万元，预计销售每件甲产品还将发生销售费用及相关税金 0.005 万

元。假定不考虑其他因素的影响，该公司 2×20 年年末对甲产品计提的存货跌价准备为( )万元。

A. 6　　　　B. 16

C. 26　　　　D. 36

解析 ▶▶ ①期末存货的可变现净值 =（0.26-0.005）×（1 200-400）=204（万元）；②期末存货应提足的跌价准备额 =360×[（1 200-400）/1 200]-204=36（万元）；③期末存货已提跌价准备额 =30×[（1 200-400）/1 200]=20（万元）；④期末存货应计提的跌价准备额 =36-20=16（万元）。 **答案** ▶▶ B

2. 分类比较法

分类比较法前提下，加权计算后结转。具体计算如下：

当期应结转的跌价准备 =（期初总的跌价准备额/期初总的存货账面余额）×当期转出存货的账面余额

3. 结转跌价准备的会计处理

如果是销售出去的，应随同存货成本一并结转，分录如下：

借：主营业务成本/其他业务成本
　　存货跌价准备
　　贷：库存商品/原材料

[例题 19·多选题] ☆某企业外购一批存货，成本 3 000 万元，已计提存货跌价准备 500 万元。企业对外出售该批存货的 40%，售价 1 100 万元。假定不考虑其他因素，下列关于企业对外出售存货时的处理，表述正确的有( )。

A. 减少存货账面价值 1 000 万元

B. 增加营业成本 1 200 万元

C. 增加营业收入 1 100 万元

D. 冲减资产减值损失 200 万元

解析 ▶▶ 企业对外出售存货时：

借：银行存款等　　　　　　1 100
　　贷：主营业务收入　　　　　1 100

借：主营业务成本　　　　　　1 000
　　存货跌价准备　（500×40%）200
　　贷：库存商品 （3 000×40%）1 200

答案 ▶ AC

【关键考点】 无论是单项比较法还是分类比较法，存货跌价准备均随存货的转移同步同比例结转。

【例题20·多选题】 ☆下列各项关于企业存货会计处理的表述中，正确的有（　）。

A. 存货采购过程中发生的合理损耗应从购买价款中予以扣除

B. 收回用于直接销售的委托加工存货时，委托加工环节支付的消费税应计入存货成本

C. 采购的存货在入库前发生的必要仓储费应计入存货成本

D. 以前计提存货减值的影响因素消失后，存货跌价准备应在原已计提的金额内转回

解析 ▶ 选项A，存货采购过程中发生的合理损耗应计入存货采购成本，不需要从购买价款中剔除。 **答案** ▶ BCD

同步训练　限时 50min　扫我做试题

一、单项选择题

1. 甲公司是一家工业企业，属增值税一般纳税人，采用实际成本法核算材料成本，2×22年4月1日该公司购入M材料100件，每件不含税的买价为1 000元，增值税税率为13%，货物运输业增值税专用发票上注明运费1 000元，增值税90元，保险费400元，装卸费500元，验收入库时发现损耗了2件，属于合理损耗。假定不考虑其他因素，该批材料的入账成本为（　）元。

   A. 101 900　　　　B. 114 990

   C. 101 000　　　　D. 101 990

2. 甲公司于2×22年4月1日委托乙公司代为加工原材料一批，该批原材料的成本为75万元，不含税的加工费为10万元，加工劳务适用的增值税税率为13%，该材料加工后直接对外出售，其适用的消费税税率为15%，根据税法规定，由乙公司代收代缴消费税，因市场上无此商品的市场价可供参照，税法规定用组成计税价格来计算应交消费税，假定不考虑往返运费及其他因素，甲公司收回此商品时的入账成本为（　）万元。

   A. 100　　　　B. 85

   C. 95　　　　D. 115

3. 甲公司是一家商贸企业，2×22年年末库存商品100件，单件成本为2万元，其中合同订货70件，合同单价为1.8万元，预计单件销售税费为0.1万元，无合同订货30件，市场单价为2.3万元，预计单件销售税费为0.2万元。该商品已提存货跌价准备5万元。假定不考虑其他因素，甲公

关于"扫我做试题"，你需要知道——

　　亲爱的读者，微信扫描对应小程序码，并输入封面防伪贴激活码，即可同步在线做题，提交后还可查看做题时间、正确率及答案解析。

　　微信搜索小程序"会计网题库"，选择对应科目，点击图书拓展，即可练习本书全部"扫我做试题"（首次需输入封面防伪贴激活码）。

司年末应计提存货跌价准备( )万元。

A. 16   B. 18

C. 13   D. 0

4. 2×22 年 10 月 20 日,甲公司与乙公司签订了一份不可撤销的销售合同,拟于 2×23 年 4 月以 40 万元的价格向乙公司销售 W 产品一件。该产品由甲公司库存半成品 S 加工而成,每件半成品 S 可加工成 W 产品一件。2×22 年 12 月 31 日,甲公司库存一件半成品 S,成本为 37 万元,预计加工成 W 产品尚需发生加工费用 10 万元,自制半成品 S 的市价为每件 33 万元,W 产品的市价为每件 36 万元,W 产品单件销售税费为 1 万元,截至 2×22 年 12 月 31 日半成品 S 已计提跌价准备为 2 万元。不考虑其他因素,半成品 S 年末应计提的存货跌价准备为( )万元。

A. 6   B. 7

C. 8   D. 11

5. 2×22 年 12 月 31 日,甲公司库存配件 100 套,每套配件的账面成本为 15 万元,市场价格为 10 万元。该批配件可加工为 50 件 A 产品,将配件加工成单位 A 产品尚需投入 17 万元。A 产品 2×22 年 12 月 31 日的市场价格为每件 45 万元,估计销售过程中每件将发生销售费用及相关税费 1.2 万元。该配件此前已计提存货跌价准备 10 万元。不考虑其他因素,2×22 年 12 月 31 日,甲公司该配件应计提的存货跌价准备为( )万元。

A. 150   B. 130

C. 160   D. 120

6. 甲公司采用先进先出法核算发出的存货,2×22 年年初库存商品 M 的账面余额为 600 万元,已计提存货跌价准备为 60 万元,本年购入 M 商品的入账成本为 430 万元,本年销售 M 商品结转成本 500 万元,年末结余 M 商品的预计售价为 520 万元,预计销售税费为 70 万元。不考虑其他因素,当年年末存货应计提跌价准备为

( )万元。

A. 75   B. 71

C. 80   D. 70

二、多项选择题

1. 下列有关存货的论断中,正确的有( )。

A. 进口环节的关税计入存货成本

B. 委托加工物资在收回后用于应税消费品的再加工然后再出售的,受托方代收代缴的消费税应计入存货成本

C. 存货盘盈属于前期重大差错

D. 投资者投入的存货按投资合同或协议约定的价值入账,但合同或协议约定的价值不公允的除外

2. 下列项目中,一般纳税人企业应计入存货成本的有( )。

A. 购入存货时支付的增值税额

B. 发出委托加工物资在运输途中发生的合理损耗

C. 存货采购过程中发生的仓储费

D. 产品生产过程中所发生的生产设备折旧费用

3. 下列有关确定存货可变现净值基础的表述中,正确的有( )。

A. 无销售合同的库存商品以该库存商品的市场价格为基础确定

B. 有销售合同的库存商品以该库存商品的合同价格为基础确定

C. 用于出售的无销售合同的材料以该材料的市场价格为基础确定

D. 用于生产有销售合同产品的材料以该材料的市场价格为基础确定

三、判断题

1. 资产负债表日,只要存货的可变现净值高于成本,就应将之前计提的存货跌价准备全部予以转回。 ( )

2. 企业预计的销售存货现金流量,等同于存货的可变现净值。 ( )

3. 如果企业销售合同所规定的商品尚未生产

出来，但持有专门用于该商品生产的原材料，该原材料的可变现净值应当以其市场价格为基础计算。　　　　　（　　）

4. 商品流通企业在采购商品过程中发生的运输费、装卸费、保险费以及其他可归属于存货采购成本的费用等，应当计入存货的采购成本，也可以先进行归集，期末再根据所购商品的存销情况进行分摊。（　　）

5. 企业购入材料运输途中发生的合理损耗应计入材料成本，会使材料的单位成本减少。　　　　　　　　　　（　　）

6. 资产负债表日后期间，在确定资产负债表日存货的可变现净值时，不仅要考虑资产负债表日与该存货相关的价格和成本波动，还应考虑未来的相关事项。（　　）

四、计算分析题

1. A 有限责任公司（以下简称"A 公司"）为增值税一般纳税人，适用的增值税税率为13%，材料采用实际成本法进行日常核算，按月计提存货跌价准备。7月发生的业务资料如下。

（1）7月7日，购买原材料一批，增值税专用发票上注明价款为180万元，增值税税额为23.4万元。运输途中，发生运费10万元，取得货物运输业增值税专用发票上注明的增值税额为0.9万元。另发生仓储费3万元、装卸费2万元。

当日，该批原材料运抵A公司，入库前发生挑选整理费1万元，整理时发现该批材料已损耗2%，经查，属于运输途中的合理损耗，材料已验收入库。A公司该项材料采购业务的相关款项均已支付。

（2）7月10日，A公司接受投资者投入一批原材料，投资各方协议约定的价值为60万元，当日的公允价值为80万元，A公司接受该项投资后注册资本增加60万元。A公司已于当日取得相关的增值税专用发票，发票上注明的增值税税额为10.4万元。

（3）7月12日，将一批丙产品作为非货币

性福利发放给公司总部管理人员，该批丙产品的公允价值为100万元（不含增值税税额），实际成本为80万元。

（4）7月21日，在建工程（生产线）领用外购原材料一批，该批原材料实际成本为20万元，应由该批原材料负担的增值税进项税额为2.6万元。

（5）7月末进行存货盘点，盘亏原材料一批，经查，属自然灾害造成的毁损，已按管理权限报经相关人员批准。该批原材料的实际成本为10万元，增值税税额为1.3万元。

（6）7月末实际库存原材料10吨，成本为15万元/吨，市场价格为13万元/吨。A公司计划将该批原材料用于加工100件甲产品，将该批材料加工成100件甲产品尚需投入加工成本70万元，7月末甲产品的市场价格为每件2.2万元，估计销售过程中每件甲产品将发生的销售费用及相关税费0.2万元。假设该批原材料此前未计提存货跌价准备。

要求：

（1）根据资料（1）～（5），编制与存货业务相关的会计分录（"应交税费"科目要求写出明细科目及专栏名称）。

（2）根据资料（6），计算7月末库存原材料应计提的存货跌价准备，并编制相关会计分录。

（答案中金额单位以万元表示）

2. 甲公司为增值税一般纳税人，适用的增值税税率为13%，按月计提存货跌价准备。2×19年度有关存货的经济业务如下。

（1）3月2日购买A材料一批，取得增值税专用发票上注明价款为30 000元，增值税为3 900元，为取得该批原材料发生运费1 000元，取得运输业增值税专用发票上注明的增值税额为90元，发生保险费5 000元、外购人员的差旅费1 500元。该材料已验收入库，价款已经支付。

（2）4月3日委托乙公司加工该批A材料，

加工完成收回后将用于生产应税消费品 B 产品。约定加工费为 6 000 元(不含增值税)。假定委托乙公司加工的物资以及甲公司生产的 B 产品适用的消费税税率均为 10%。

(3)6 月 5 日收回加工物资并验收入库,另外发生往返运费 2 000 元,取得运输业增值税专用发票注明的增值税税额为 180 元,加工费及运费款项均已经结清。乙公司同类加工物资的销售价格为 40 000 元。

(4)将收回的材料用于生产 100 件 B 产品,在生产 B 产品的过程中投入 16 000 元,其中应支付的工资费用是 10 000 元,按比例分摊的制造费用为 6 000 元,7 月 31 日该产品完工并验收入库。

(5)8 月以来 B 产品市场价格持续下降,8 月 31 日,甲公司与丙公司签订了一份不可撤销的销售合同,双方约定,2×19 年 9 月 30 日,甲公司将完工的 60 件 B 产品销售给丙公司,合同价款为 550 元/件。B 产品的市场销售价格为 500 元/件,估计甲公司向丙公司和其他客户销售一件 B 产品将要发生的销售费用及相关税费均为 100 元。

要求:

编制甲公司与上述业务有关的会计分录,并计算甲公司应计提的存货跌价准备。

(答案中金额单位以元表示)

同步训练答案及解析

一、单项选择题

1. A 【解析】该材料的入账成本 = 1 000×100+1 000+400+500 = 101 900(元)。

『拓展』该材料的单位入账成本 = 101 900÷98 = 1 039.80(元)。

2. A 【解析】甲公司应交消费税的组成计税价格 = (75＋10)÷(1－15%) = 100(万元);甲公司应交消费税 = 100×15% = 15(万元);甲公司收回委托加工物资的入账成本 = 75＋10＋15 = 100(万元)。

『拓展』①如果此存货收回后用于非应税消费品的再加工、然后再出售的:

委托加工物资的入账成本 = 75＋10＋15 = 100(万元)。

②如果此存货收回后用于应税消费品的再加工、然后再出售的:

委托加工物资的入账成本 = 75＋10 = 85(万元)。

3. A 【解析】①有合同部分的可变现净值 = (1.8－0.1)×70 = 119(万元),有合同部分的成本为 140 万元,应提足跌价准备为 21 万元;②无合同部分的可变现净值 = (2.3－0.2)×30 = 63(万元),无合同部分的成本为 60 万元,增值 3 万元不予认可;③最终应提足跌价准备为 21 万元,相比已计提跌价准备 5 万元,应补提存货跌价准备 = 21－5 = 16(万元)。

『拓展』2×22 年年末此存货在资产负债表的列示金额为 179 万元(119+60)。

4. A 【解析】半成品 S 的成本为 37 万元,可变现净值 = 40－10－1 = 29(万元),应提足存货跌价准备 8 万元(37－29),相比已计提的跌价准备 2 万元,应再计提存货跌价准备 = 8－2 = 6(万元)。

5. A 【解析】①配件可变现净值 = 45×50－1.2×50－17×50 = 1 340(万元);②期末配件应提足的存货跌价准备 = 1 500－1 340 = 160(万元);③相比已计提跌价准备 10 万元,应再补提存货跌价准备 = 160－10 = 150(万元)。

6. D 【解析】①期末存货跌价准备的结余额 = 60－60×500÷600 = 10(万元);②期末存货的可变现净值 = 520－70 = 450(万元);

③期末存货的账面余额 = 600＋430－500 = 530(万元)；④期末存货应提足的跌价准备 = 530－450 = 80(万元)；⑤期末存货应补提的跌价准备 = 80－10 = 70(万元)。

二、多项选择题

1. AD　【解析】选项 B，委托加工物资在收回后用于应税消费品的再加工然后再出售的，受托方代收代缴的消费税不计入存货成本；选项 C，存货盘盈不属于前期重大差错，直接冲减当期管理费用。

2. BCD　【解析】选项 A，应计入应交税费—应交增值税(进项税额)，不计入存货成本；选项 D，应计入制造费用，制造费用属于在产品(存货)成本的组成部分。

3. ABC　【解析】选项 D，用于生产有销售合同产品的材料，可变现净值应以该材料所生产产品的合同价格为基础来确定。

三、判断题

1. ×　【解析】只有以前减记存货价值的影响因素消失而导致的存货可变现净值升高，减记的金额才可以在原已计提的限额内转回。

2. ×　【解析】企业预计的销售存货现金流量，扣除相关销售费用以及加工完成发生的加工成本等相关支出后，才等于存货的可变现净值。

3. ×　【解析】要以生产的产成品的合同价格为基础计算，与原材料本身的市场售价无关。

4. √

5. ×　【解析】合理损耗会使实际入库数量减少，所以会增加材料的单位成本。

6. √

四、计算分析题

1.【答案】

(1)编制相关的会计分录：

①借：原材料　　(180＋10＋3＋2＋1)196

　　应交税费—应交增值税(进项税额)
　　　　　　　　　　　　(23.4＋0.9)24.3
　　　贷：银行存款　　　　　　　　220.3

②借：原材料　　　　　　　　　　80
　　应交税费—应交增值税(进项税额)
　　　　　　　　　　　　　　　　10.4
　　　贷：实收资本　　　　　　　　60
　　　　　资本公积—资本溢价　　30.4

③借：管理费用　　　　　　　　　113
　　　贷：应付职工薪酬　　　　　113

　借：应付职工薪酬　　　　　　　113
　　　贷：主营业务收入　　　　　100
　　　　　应交税费—应交增值税(销项税额)
　　　　　　　　　　　　　　　　13

　借：主营业务成本　　　　　　　80
　　　贷：库存商品　　　　　　　80

④借：在建工程　　　　　　　　　20
　　　贷：原材料　　　　　　　　20

⑤借：待处理财产损溢　　　　　　10
　　　贷：原材料　　　　　　　　10

　借：营业外支出　　　　　　　　10
　　　贷：待处理财产损溢　　　　10

(2)甲产品的可变现净值 = 100×(2.2－0.2) = 200(万元)，甲产品成本 = 10×15＋70 = 220(万元)，甲产品可变现净值低于其成本，已发生减值；原材料的可变现净值 = 100×2.2－70－100×0.2 = 130(万元)，原材料的成本 = 10×15 = 150(万元)，因此原材料应计提的存货跌价准备 = 150－130 = 20(万元)。

相关会计分录为：
借：资产减值损失　　　　　　　20
　　贷：存货跌价准备　　　　　20

2.【答案】

(1)3月2日购入A材料：

原材料的入账价值 = 30 000＋1 000＋5 000 = 36 000(元)。

借：原材料　　　　　　　　　36 000
　　应交税费—应交增值税(进项税额)
　　　　　　　　　　　　　　　3 990

  贷：银行存款　　　　　39 990
借：管理费用　　　　　　1 500
  贷：银行存款　　　　　1 500
(2)4月3日发出委托加工材料：
借：委托加工物资　　　　36 000
  贷：原材料　　　　　　36 000
(3)6月5日：
应付加工费、代扣代缴的消费税：
借：委托加工物资　　　　6 000
  应交税费—应交增值税(进项税额)
    (6 000×13%)780
   —应交消费税
    (40 000×10%)4 000
  贷：银行存款　　　　　10 780
支付往返运费：
借：委托加工物资　　　　2 000
  应交税费—应交增值税(进项税额)
    180
  贷：银行存款　　　　　2 180
验收入库：
借：原材料　　　　　　　44 000
  贷：委托加工物资　　　44 000
(4)将收回的材料加工成B产品：
借：生产成本　　　　　　44 000
  贷：原材料　　　　　　44 000

借：生产成本　　　　　　16 000
  贷：应付职工薪酬　　　10 000
   制造费用　　　　6 000
7月31日完工并验收入库：
借：库存商品　　　　　　60 000
  贷：生产成本　　　　　60 000
(5)8月31日：
有合同部分：
B产品成本＝60 000/100×60＝36 000(元)。
B产品的可变现净值＝550×60-100×60＝27 000(元)。
B产品有合同部分发生减值，应计提的存货跌价准备＝36 000-27 000＝9 000(元)。
无合同部分：
B产品成本＝60 000/100×(100-60)＝24 000(元)。
B产品的可变现净值＝500×40-100×40＝16 000(元)。
B产品无合同部分发生减值，应计提的存货跌价准备＝24 000-16 000＝8 000(元)。
综上，B产品应计提的存货跌价准备＝9 000+8 000＝17 000(元)。
会计分录如下：
借：资产减值损失　　　　17 000
  贷：存货跌价准备　　　17 000

本章知识串联

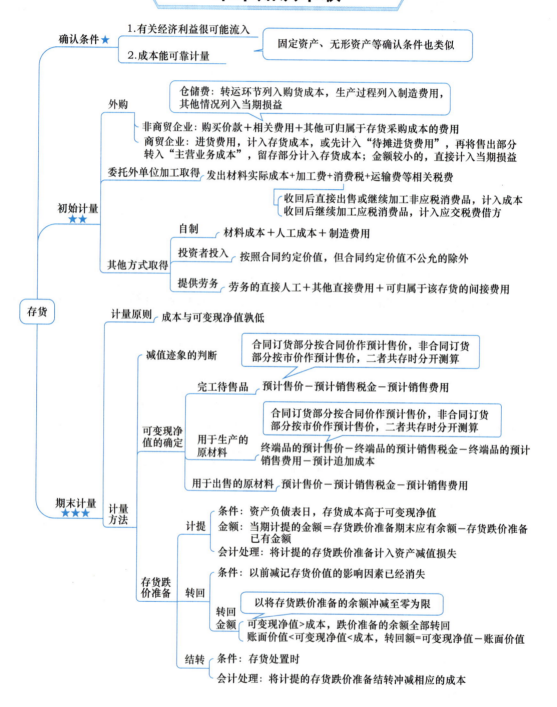

确认条件 ★
- 1.有关经济利益很可能流入
- 2.成本能可靠计量
  - 固定资产、无形资产等确认条件也类似

存货

初始计量 ★★
- 外购
  - 仓储费：转运环节列入购货成本，生产过程列入制造费用，其他情况列入当期损益
  - 非商贸企业：购买价款＋相关费用＋其他可归属于存货采购成本的费用
  - 商贸企业：进货费用，计入存货成本，或先计入"待摊进货费用"，再将售出部分转入"主营业务成本"，留存部分计入存货成本；金额较小的，直接计入当期损益
- 委托外单位加工取得
  - 发出材料实际成本＋加工费＋消费税＋运输费等相关税费
  - 收回后直接出售或继续加工非应税消费品，计入成本
  - 收回后继续加工应税消费品，计入应交税费借方
- 其他方式取得
  - 自制：材料成本＋人工成本＋制造费用
  - 投资者投入：按照合同约定价值，但合同约定价值不公允的除外
  - 提供劳务：劳务的直接人工＋其他直接费用＋可归属于该存货的间接费用

期末计量 ★★★
- 计量原则：成本与可变现净值孰低
- 减值迹象的判断
- 可变现净值的确定
  - 完工待售品
    - 合同订货部分按合同价作预计售价，非合同订货部分按市价作预计售价，二者共存时分开测算
    - 预计售价－预计销售税金－预计销售费用
  - 用于生产的原材料
    - 合同订货部分按合同价作预计售价，非合同订货部分按市价作预计售价，二者共存时分开测算
    - 终端品的预计售价－终端品的预计销售税金－终端品的预计销售费用－预计追加成本
  - 用于出售的原材料：预计售价－预计销售税金－预计销售费用
- 计量方法
  - 存货跌价准备
    - 计提
      - 条件：资产负债表日，存货成本高于可变现净值
      - 金额：当期计提的金额＝存货跌价准备期末应有余额－存货跌价准备已有金额
      - 会计处理：将计提的存货跌价准备计入资产减值损失
    - 转回
      - 条件：以前减记存货价值的影响因素已经消失
      - 转回金额
        - 以将存货跌价准备的余额冲减至零为限
        - 可变现净值＞成本，跌价准备的余额全部转回
        - 账面价值＜可变现净值＜成本，转回额＝可变现净值－账面价值
    - 结转
      - 条件：存货处置时
      - 会计处理：将计提的存货跌价准备结转冲减相应的成本

第二章　固定资产

考 情 解 密

📝 历年考情概况

本章属于基础性章节，虽然难度不大，但是很重要，每年的分值在 5~12 分。历年考题中，从考查形式来看，本章主要以客观题的形式考查，但也可以主观题的形式考查；从考查内容来看，本章既可以单独出题，也可以与投资性房地产、借款费用、日后事项、会计差错、所得税费用等内容相结合出题。因此，考生要全面掌握本章内容。

📋 近年考点直击

主要考点	主要考查题型	考频指数	考查角度
固定资产的确认条件	判	★	环保设备是否确认为固定资产的判断
外购固定资产的初始计量	单 多 判	★★★	(1)外购固定资产成本的确定；(2)弃置费用的处理；(3)外购多项固定资产的成本确定原则；(4)固定资产入账价值的确定
自行建造固定资产的初始计量	单 多 判	★★★	(1)自行建造固定资产成本的构成内容、计算；(2)土地使用权上建造不动产的处理；(3)暂估入账固定资产的后续处理
固定资产的后续计量	单 多 计 综	★★★	(1)固定资产取得、折旧计算、减值的计提以及处置的核算；(2)固定资产发生资本化后续支出后的处理；(3)固定资产改造后的账面价值计量；(4)固定资产后续支出的会计处理原则；(5)固定资产预计未来现金流量现值考虑的因素
固定资产折旧	单 多	★★	(1)各折旧方法的比较；(2)固定资产计提折旧的范围；(3)固定资产年末复核的处理
固定资产的处置	单 多 判	★★	(1)固定资产处置损益的计算；(2)固定资产处置损益的影响因素；(3)固定资产因自然灾害产生净损失的处理；(4)固定资产终止确认的条件认定

✏️ 2022 年考试变化

本章考试内容未发生实质性变化。

考点详解及精选例题

一、固定资产的特征和确认条件

(一)固定资产的特征★

(1)为生产商品、提供劳务、出租或经营管理而持有;

(2)使用寿命超过一个会计年度;

(3)为有形资产。

(二)固定资产的确认条件★

(1)与该固定资产有关的经济利益很可能流入企业;

(2)成本能够可靠计量。

考高提示 ①由于环保或者安全要求而购买的设备等,虽然不能直接为企业带来未来经济利益,但是也应确认为固定资产。因为它们有利于企业从其他相关资产的使用中获得未来经济利益或者获得更多的未来经济利益;

②固定资产各组成部分具有不同使用寿命或者以不同方式为企业提供经济利益,适用不同折旧率或折旧方法的,应当分别将各组成部分确认为单项固定资产;

③备品备件和维修设备通常确认为存货,但某些备品备件和维修设备需要与相关固定资产组合发挥效用,例如民用航空运输企业的高价周转件,应当确认为固定资产。

【例题1·判断题】 ☆企业为符合国家有关排污标准而购置的大型环保设备,因其不能为企业带来直接的经济利益,因此不确认为固定资产。 ( )

解析▶ 应确认为固定资产。 **答案▶** ×

【关键考点】 固定资产各组成部分如果使用寿命不同,应分开单独核算。

二、固定资产的初始计量

(一)固定资产初始计量原则★★

固定资产应当按照成本进行初始计量。其成本包括企业购建固定资产达到预定可使用状态前发生的一切必要、合理的支出。

『拓展』 ①固定资产资本化截止时点:固定资产达到预定可使用状态日;

②"固定资产竣工决算日"通常晚于"达到预定可使用状态日",在达到预定可使用状态日先按暂估原价计入固定资产,于第二个月开始计提折旧,等到竣工决算日有了准确的成本资料,再修正原暂估原价,但已提折旧不追溯;

③固定资产的验收合格日、投入使用日与会计核算无关。

【关键考点】 固定资产资本化截止时点的确认。

(二)不同取得渠道下固定资产的初始成本确认★★★

1. 外购方式

(1)入账成本=买价+相关税费+场地整理费+装卸费+运输费+安装费+专业人员服务费。

【例题2·单选题】 ☆甲公司系增值税一般纳税人,2×18年1月15日购买一台生产设备并立即投入使用。取得增值税专用发票上注明价款500万元,增值税税额为65万元。当日甲公司预付了该设备未来一年的维修费,取得的增值税专用发票上注明价款10万元,增值税税额1.3万元,不考虑其他因素,该项设备的入账价值为( )万元。

A. 565   B. 576.3

C. 500   D. 510

解析▶ 当日甲公司预付的该设备未来一年的维修费应确认为预付账款，实际发生维修支出时再确认为当期费用，该项设备的入账价值为 500 万元。

答案▶ C

外购等环节的增值税问题如表 2-1 所示。

表 2-1　外购等环节的增值税问题

项目	会计处理
价款匹配的进项税额和运费匹配的进项税额	通常可以抵扣，运费匹配的增值税税率为 9%
安装固定资产领用原材料	①原材料的进项税通常可以抵扣，分录如下： 借：在建工程 　　贷：原材料 ②如果是集体福利设施的安装领用原材料，则进项税不予抵扣： 借：在建工程 　　贷：原材料 　　　　应交税费—应交增值税（进项税额转出）
安装固定资产领用产品时	①通常不作视同销售处理： 借：在建工程 　　贷：库存商品 　　　　应交税费—应交消费税 ②如果是集体福利设施的安装领用产品时，则作视同销售处理： 借：在建工程 　　贷：库存商品 　　　　应交税费—应交增值税（销项税额） 　　　　　　—应交消费税

【关键考点】掌握固定资产购入环节的增值税处理原则。

【案例引入】甲公司为增值税一般纳税人，适用的增值税税率为 13%，2×17 年 3 月 1 日购入一台需要安装的设备，作为固定资产核算，买价为 100 万元，进项税额为 13 万元，取得运费增值税专用发票，其中运费 10 万元、增值税 0.9 万元、装卸费 7 万元、保险费 1 万元，安装过程中领用生产用的原材料 20 万元，其购进时的进项税额为 2.6 万元，领用企业自产的产品（应税消费品）用于安装，产品成本 30 万元，公允价值 40 万元，消费税税率为 10%。上述价款已通过银行存款支付。2×17 年 10 月 1 日，该设备达到预定可使用状态。甲公司针对此业务应如何进行账务处理？

解析▶

业务内容	会计分录	
①2×17 年 3 月 1 日购入设备时	借：在建工程 　　应交税费—应交增值税（进项税额） 　　贷：银行存款	（100+10+7+1）118 （13+0.9）13.9 131.9
②领用原材料时	借：在建工程 　　贷：原材料	20 20
③领用产品时	借：在建工程 　　贷：库存商品 　　　　应交税费—应交消费税	34 30 4
④固定资产达到预定可使用状态时	借：固定资产 　　贷：在建工程	172 172

【例题3·多选题】2×16年2月1日，甲公司购入一台需要安装的生产用机器设备，取得的增值税专用发票上注明的设备价款为500 000元，增值税进项税额为65 000元，取得运费增值税专用发票，其中运费2 500元，增值税225元，款项已通过银行存款支付；安装设备时，领用本公司原材料一批，价值30 000元，购进该批原材料时支付的增值税进项税额为3 900元；支付安装工人工资4 900元。假定不考虑其他税费，下列基于上述资料的论断中，正确的有（　　）。

A. 该固定资产购入时形成可抵扣的进项税额为65 225元

B. 安装固定资产领用原材料的进项税额可以抵扣

C. 安装固定资产领用原材料应视同销售处理

D. 固定资产的入账成本为537 400元

解析 选项A，该固定资产购入时的可抵扣进项税额＝65 000＋225＝65 225（元）；选项B、C，安装生产用设备领用原材料时，进项税额可以抵扣，通常不作视同销售处理；选项D，固定资产的入账成本＝500 000＋2 500＋30 000＋4 900＝537 400（元）。　**答案** ABD

（2）以一笔款项购入多项没有单独标价的固定资产，应当按照各项固定资产的公允价值比例对总成本进行分配。

【关键考点】掌握一揽子购入多项固定资产的分拆原则。

【例题4·分析题】2×22年4月21日，甲公司从乙公司一次性购入3套不同型号且具有不同生产能力的设备A、B和C。甲公司为该批设备共支付不含税购买款500万元，增值税进项税额65万元，保险费1.7万元，装卸费0.3万元，全部以银行转账支付；假定A、B和C设备均满足固定资产确认条件，公允价值分别为156万元、234万元和130万元。不考虑其他相关税费。计算甲公司固定资产的入账价值，并编制与初始确认相关的会计分录。

解析 甲公司的账务处理如下。

①确认计入固定资产成本的金额，包括购买价款、保险费、装卸费等，即：500＋1.7＋0.3＝502（万元）。

②确定A、B和C设备的价值分配比例。

A设备应分配的固定资产价值比例为：156/（156＋234＋130）×100%＝30%；

B设备应分配的固定资产价值比例为：234/（156＋234＋130）×100%＝45%；

C设备应分配的固定资产价值比例为：130/（156＋234＋130）×100%＝25%。

③确定A、B和C设备各自的成本。

A设备的成本＝502×30%＝150.6（万元）；

B设备的成本＝502×45%＝225.9（万元）；

C设备的成本＝502×25%＝125.5（万元）。

④会计分录如下：

借：固定资产——A　　　　150.6

　　　　　　——B　　　　225.9

　　　　　　——C　　　　125.5

　应交税费——应交增值税（进项税额）

　　　　　　　　　　　　　65

　贷：银行存款　　　　　　567

2. 自行建造方式

（1）按建造该项资产达到预定可使用状态前所发生的全部必要支出作为入账价值（工程用物资成本＋人工成本＋相关税费＋应予资本化的借款费用＋间接费用）。

（2）出包方式下的会计核算。

①入账价值＝建筑工程支出＋安装工程支出＋安装设备支出＋分摊的待摊支出。

②待摊支出指的是在出包过程中可能还会发生一些共同的支出，包括应负担的税费、管理费、公证费、监理费、临时设施费、可行性研究费用、满足资本化条件的借款费用、负荷联合试车费（按存货、收入准则的规定构成产品成本及产品销售收入的除外）、建设期间发生的工程物资盘亏、报废及毁损净损失等。在账务处理时应通过下列公式分配计入相应的工程项目中：

待摊支出分配率＝累计发生的待摊支

出/（建筑工程支出+安装工程支出+在安装设备支出）×100%

某工程应分配的待摊支出=某工程的建筑工程支出、安装工程支出和在安装设备支出合计×分配率

③一般分录如下：

A. 预付工程款项：

借：预付账款

　　贷：银行存款

B. 企业按合理估计的发包工程进度和合同规定向建造承包商结算的进度款：

借：在建工程

　　贷：银行存款或预付账款

C. 工程完成时按合同规定补付的工程款：

借：在建工程

　　贷：银行存款

D. 工程达到预定可使用状态时，按其成本：

借：固定资产

　　贷：在建工程

（3）自营方式下的会计核算。

①购入工程物资时：

借：工程物资

　　应交税费—应交增值税（进项税额）

　　贷：银行存款

②领用工程物资时：

借：在建工程

　　贷：工程物资

③在建工程领用生产用原材料：

借：在建工程

　　贷：原材料

④在建工程领用本企业产品：

借：在建工程

　　贷：库存商品

　　　　应交税费—应交消费税

⑤自营工程发生的工程人员工资等：

借：在建工程

　　贷：应付职工薪酬

⑥辅助生产部门为工程提供的水、电、设备安装、修理、运输等劳务：

借：在建工程

　　贷：生产成本—辅助生产成本

⑦在建工程发生的借款费用满足借款费用资本化条件的：

借：在建工程

　　贷：长期借款、应付利息

⑧自营工程达到预定可使用状态时，按其成本结转：

借：固定资产

　　贷：在建工程

⑨关于企业将固定资产达到预定可使用状态前或者研发过程中产出的产品或副产品对外销售的会计处理：企业将固定资产达到预定可使用状态前产出的产品或副产品，比如测试固定资产可否正常运转时产出的样品，或者将研发过程中产出的产品或副产品对外销售的（以下统称试运行销售），应当按照适用的会计准则对试运行销售相关的收入和成本分别进行会计处理，计入当期损益，不应将试运行销售相关收入抵销相关成本后的净额冲减固定资产成本或者研发支出。

固定资产达到预定可使用状态前的必要支出，比如测试固定资产可否正常运转而发生的支出，应计入该固定资产成本。测试固定资产可否正常运转，通常指评估该固定资产的技术和物理性能是否达到生产产品、提供服务、对外出租或用于管理等标准，而非评估固定资产的财务业绩。

⑩单项或单位工程报废或毁损的净损失在工程项目尚未达到预定可使用状态时，计入工程成本；工程项目已达到预定可使用状态的，属于筹建期间的计入管理费用，不属于筹建期间的，计入营业外支出；如为非正常原因造成的报废或毁损，或工程项目全部报废或毁损的，应将其净损失列入营业外支出。

⑪已达到预定可使用状态，但尚未办理竣工决算的固定资产，应自达到预定可使用状态之日起，按估计价值转入固定资产，并提取折旧，待竣工决算后再做调整，对以前

的折旧不再追溯调整。

【关键考点】 掌握①③④⑨⑩⑪中所提及的会计处理原则。

【例题5·分析题】 乙股份有限公司(以下简称"乙公司")为增值税一般纳税人,适用的增值税税率为13%。该公司在生产经营期间以自营方式建造了一条生产线。根据乙公司2×18年1月至4月发生的下列有关经济业务编写会计分录。

(1)购入一批工程物资,收到的增值税专用发票上注明的价款为200万元,增值税税额为26万元,款项已通过银行转账支付。

解析 ▶ 借:工程物资　　　　　　200
　　　　应交税费——应交增值税(进项税额)　　　　26
　　　　　贷:银行存款　　　　　　226

(2)工程领用工程物资180万元。

解析 ▶ 借:在建工程　　　　　　180
　　　　　贷:工程物资　　　　　　180

(3)工程领用生产用A原材料一批,实际成本为100万元;购入该批A原材料时支付的增值税额为13万元;未对该批A原材料计提存货跌价准备。

解析 ▶ 借:在建工程　　　　　　100
　　　　　贷:原材料——A原材料　100

(4)确认应付工程人员职工薪酬114万元。

解析 ▶ 借:在建工程　　　　　　114
　　　　　贷:应付职工薪酬　　　　114

(5)工程建造过程中,由于非正常原因造成部分毁损,该部分工程实际成本为50万元,未计提在建工程减值准备;应从保险公司收取赔偿款5万元,该赔偿款尚未收到。

解析 ▶ 借:营业外支出　　　　　　45
　　　　其他应收款　　　　　　5
　　　　　贷:在建工程　　　　　　50

如为合理损失,则计入工程成本:
借:其他应收款　　　　　　5
　　贷:在建工程　　　　　　5

(6)以银行存款支付工程其他支出40万元。

解析 ▶ 借:在建工程　　　　　　40

　　　　　贷:银行存款　　　　　　40

(7)工程达到预定可使用状态前进行试运转,领用生产用B原材料实际成本为20万元;以银行存款支付其他支出5万元。未对该批B原材料计提存货跌价准备。工程试运转生产的产品完工转为库存商品。该库存商品成本中耗用B原材料的增值税税额为2.6万元,经税务部门核定可以抵扣;该库存商品当即实现了销售,售价(不含增值税)为38.3万元。建造期间测试固定资产可否正常运转的支出发生10万元,以银行存款支付。

解析 ▶ ①借:生产成本　　　　　　25
　　　　　贷:原材料——B原材料20
　　　　　　银行存款　　　　　5
②借:库存商品　　　　　　25
　　　贷:生产成本　　　　　　25
③商品销售确认收入时:
借:银行存款
　　[38.3×(1+13%)]43.279
　　贷:主营业务收入　　　　38.3
　　　应交税费——应交增值税(销项税额)
　　　　　　　(38.3×13%)4.979
④结转成本时:
借:主营业务成本　　　　　25
　　贷:库存商品　　　　　　25
⑤建造期间测试固定资产可否正常运转的支出发生10万元:
借:在建工程　　　　　　10
　　贷:银行存款　　　　　　10

(8)工程达到预定可使用状态并交付使用。

解析 ▶ 借:固定资产　　　　　　394
　　　　　贷:在建工程
　(180+100+114−50+40+10)394

(9)剩余工程物资转为生产用原材料,并办妥相关手续。

解析 ▶ 借:原材料　　　　　　　20
　　　　　贷:工程物资　　　　　　20

【例题6·单选题】 ☆下列关于自行建造

固定资产会计处理的表述中，正确的是（　）。

A. 为建造固定资产支付的职工薪酬计入当期损益

B. 固定资产的建造成本不包括工程完工前盘亏的工程物资净损失

C. 工程完工前因正常原因造成的单项工程报废净损失计入营业外支出

D. 已达到预定可使用状态但未办理竣工决算的固定资产按暂估价值入账

解析 ▶ 选项 A，为建造固定资产支付的职工薪酬符合资本化条件的，应该计入建造固定资产的成本；选项 B，合理损失应计入固定资产建造成本；选项 C，应该计入建造成本中。　　　　　　　**答案** ▶ D

【例题 7·单选题】☆2×19 年甲公司采用自营方式建造一条生产线，建造过程中耗用工程物资 200 万元；耗用的一批自产产品的生产成本为 20 万元（公允价值为 30 万元）；应付工程人员薪酬 25 万元。2×19 年 12 月 31 日，该生产线达到预定可使用状态。不考虑其他因素，甲公司该生产线的入账价值为（　）万元。

A. 245　　　　　　B. 220

C. 255　　　　　　D. 225

解析 ▶ 甲公司该生产线的入账价值 = 200+20+25 = 245（万元），选项 A 正确。

答案 ▶ A

3. 投资者投入方式

按投资合同或协议约定的价值确定，但合同或协议约定价值不公允的除外。

4. 盘盈方式取得的固定资产

按重置成本作为入账价值。

【关键考点】固定资产盘盈属于前期重大会计差错，应采用追溯重述法进行会计处理。

5. 固定资产弃置费的会计处理

（1）会计处理原则：

固定资产的弃置费应折现后计入固定资产的成本。

（2）一般会计分录：

①预计弃置费时：

借：固定资产[以弃置费的折现值入账]

贷：预计负债

②每期按市场利率计提预计负债的利息费用：

借：财务费用

贷：预计负债

【关键考点】固定资产弃置费折现计入固定资产成本。

【例题 8·单选题】☆2×10 年 12 月 31 日，甲公司建造了一座核电站达到预定可使用状态并投入使用，累计发生的资本化支出为 210 000 万元。当日，甲公司预计该核电站在使用寿命届满时为恢复环境发生弃置费用 10 000 万元，其现值为 8 200 万元。不考虑其他因素，该核电站的入账价值为（　）万元。

A. 200 000　　　　B. 210 000

C. 218 200　　　　D. 220 000

解析 ▶ 借：固定资产　　　　218 200

贷：在建工程　　　210 000

预计负债　　　　8 200

答案 ▶ C

【例题 9·多选题】☆下列各项中，应计入企业固定资产入账价值的有（　）。

A. 固定资产的预计弃置费用的现值

B. 固定资产的日常维修费

C. 固定资产建造期间因安全事故连续停工 4 个月的借款费用

D. 满足资本化条件的固定资产改建支出

解析 ▶ 选项 B，通常计入当期损益；选项 C，固定资产建造期间发生的安全事故停工属于非正常中断，而且停工连续超过 3 个月，此时应暂停借款费用资本化，应将相关借款费用计入财务费用。　　　**答案** ▶ AD

三、固定资产的后续计量

（一）固定资产的折旧★★★

1. 固定资产的折旧计提范围

（1）不计提折旧的固定资产。

①已提足折旧仍继续使用的固定资产；

②按规定单独估价作为固定资产入账的土地；

③改扩建期间的固定资产；

④提前报废的固定资产。

（2）折旧计提范围的认定中易出错的项目。

①未使用、不需用的固定资产需计提折旧，而且折旧费用记入"管理费用"科目；

②因大修理而停工的固定资产需要提取折旧，但折旧费用按正常的方式处理，即不一定就是"管理费用"科目；

③替换设备要提折旧。

（3）固定资产折旧计提的时点。

当月增加的固定资产当月不提折旧，当月减少的固定资产当月照提折旧。

【关键考点】折旧计提的范围、起点和终点。

2. 影响折旧的因素

企业计算各期折旧的依据或者说影响折旧的因素主要有以下四个方面。

（1）折旧的基数。

计算固定资产折旧的基数一般为取得固定资产原始成本，即固定资产的账面原价。企业计提固定资产折旧时，以月初应提取折

旧的固定资产账面原值为依据，本月增加的固定资产，当月不提折旧，当月减少的固定资产，当月照提折旧。

（2）固定资产的预计使用年限。

（3）固定资产的预计净残值。

预计净残值是指假定固定资产预计使用寿命已满并处于使用寿命终了时的预期状态，企业目前从该项资产处置中获得的扣除预计处置费用后的金额。

（4）固定资产已提的减值准备。

每计提一次减值准备，都视为一个新固定资产的出现，需重新测定折旧指标。

【例题10·分析题】甲公司2×19年年初开始对某生产设备提取折旧，该设备原价为102万元，预计使用寿命为5年，使用寿命届满时，预计残值收入为3万元，预计清理费用为1万元，甲公司采用年限平均法提取折旧。2×20年年末此设备的可收回价值为49万元，预计净残值降为1万元。2×22年年末该设备的可收回价值为11万元，预计净残值为0.8万元。假定该设备原预计使用寿命、折旧方法保持不变。对此业务，甲公司应如何进行会计处理？

解析 ▶

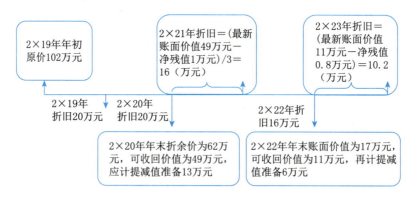

『拓展』如果2×22年年末的可收回价值为19万元，则固定资产价值出现了恢复，但为防止企业借减值准备调节利润，特别规定，固定资产减值准备不得恢复。

【关键考点】①固定资产减值额的计算；

②固定资产减值后折旧额的计算；③固定资产减值不得恢复；④固定资产减值后某时点账面价值的推算。

【例题11·单选题】☆2×18年12月31日，甲公司一台原价500万元，已计提折

旧 210 万元，已计提减值准备 20 万元的固定资产出现减值迹象。经减值测试，其未来税前和税后净现金流量现值分别为 250 万元和 210 万元，公允价值减去处置费用后的净额为 240 万元。不考虑其他因素，2×18 年 12 月 31 日甲公司应为该固定资产计提减值准备的金额为（ ）万元。

A. 50　　　　　 B. 30

C. 60　　　　　 D. 20

解析 ▶ 2×18 年 12 月 31 日，该固定资产在减值测试前的账面价值=500-210-20=270（万元）；可收回金额是指资产的公允价值减去处置费用后的净额与资产预计未来税前净现金流量的现值两者之间较高者，因此该固定资产的可收回金额为 250 万元；2×18 年 12 月 31 日甲公司应为该固定资产计提减值准备的金额=270-250=20（万元），选项 D 正确。　　　　　　　　　　**答案** ▶ D

【例题 12·多选题】 ☆企业在进行固定资产减值测试时，预计未来现金流量现值需要考虑的因素有（ ）。

A. 剩余使用年限　B. 现金流量

C. 账面原值　　　 D. 折现率

解析 ▶ 未来现金流量现值=剩余使用年限内各年现金流量的折现值，所以选项 A、B、D 都影响其计算，而账面原值不影响预计未来现金流量现值的确定，其影响账面价值的计算。　　　　**答案** ▶ ABD

3. 固定资产折旧方法

（1）年限平均法。

年折旧率=（1-预计净残值率）/预计使用年限×100%

月折旧率=年折旧率/12

月折旧额=固定资产原值×月折旧率

（2）工作量法。

单位工作量折旧额=固定资产原值×（1-预计净残值率）/预计总工作量

月折旧额=固定资产当月工作量×单位工作量折旧额

（3）加速折旧法。

加速折旧的计提方法有多种，常用的有以下两种。

①双倍余额递减法。

年折旧率=2/折旧年限×100%

固定资产年折旧额=固定资产期初折余价值×年折旧率

固定资产月折旧额=固定资产年折旧额/12

另外，为了调整该折旧方法的误差，要求在倒数第二年改为直线法。

【例题 13·分析题】 甲公司 2×22 年年初开始对设备提取折旧，原价 102 万元，折旧期 4 年，预计净残值为 2 万元。按双倍余额递减法计提折旧，则每年计提折旧多少？

解析 ▶ 第一年的折旧=102×2/4=51（万元）；

第二年的折旧=（102-51）×2/4=25.5（万元）；

第三年的折旧=[（102-51-25.5）-2]/2=11.75（万元）；

第四年的折旧=[（102-51-25.5）-2]/2=11.75（万元）。

②年数总和法。

$$年折旧率=\frac{尚可使用年限}{年数总和}×100\%$$

$$=\frac{折旧年限-已使用年限}{折旧年限×(折旧年限+1)/2}×100\%$$

月折旧率=年折旧率/12

月折旧额=（固定资产原价-预计净残值）×月折旧率

【例题 14·分析题】 甲公司 2×22 年年初开始对设备提取折旧，原价 102 万元，折旧期 4 年，预计净残值为 2 万元。按年数总和法计提折旧，每年计提折旧多少？

解析 ▶ 第一年的折旧=（102-2）×4/10=40（万元）；

第二年的折旧=（102-2）×3/10=30（万元）；

第三年的折旧=（102-2）×2/10=20（万元）；

第四年的折旧=（102-2）×1/10=10（万元）。

【关键考点】 掌握加速折旧法下年折旧额的计算。

【例题15·单选题】 2×21年11月20日，甲公司购进一台需要安装的A设备，取得的增值税专用发票注明的设备价款为950万元，可抵扣增值税进项税额为123.5万元，款项已通过银行存款支付。安装A设备时，甲公司领用原材料36万元（不含增值税额），支付安装人员工资14万元。2×21年12月30日，A设备达到预定可使用状态。A设备预计使用年限为5年，预计净残值率为5%，甲公司采用双倍余额递减法计提折旧。不考虑其他因素，甲公司2×24年度对A设备计提的折旧是（   ）万元。

A. 136.8   B. 144

C. 187.34   D. 190

解析 ▶ ①甲公司A设备的入账价值=950+36+14=1 000（万元）；②2×22年的折旧额=1 000×2/5=400（万元）；③2×23年的折旧额=（1 000-400）×2/5=240（万元）；④2×24年的折旧额=（1 000-400-240）×2/5=144（万元）。 **答案** ▶ B

【例题16·单选题】 ☆甲公司一台用于生产M产品的设备预计使用年限为5年，预计净残值为零。假定M产品各年产量基本均衡。下列折旧方法中，能够使该设备第一年计提折旧金额最多的是（   ）。

A. 工作量法   B. 年限平均法

C. 年数总和法   D. 双倍余额递减法

解析 ▶ 因M产品各年产量基本均衡，因此工作量法和年限平均法的年折旧额基本一致，加速折旧法下前几年的年折旧额将大于年限平均法的年折旧额。简单举例如下：假设设备原价为300万元，使用年限为5年，预计净残值为零。则年限平均法下年折旧额=300/5=60（万元），年数总和法下第1年折旧额=300×5/15=100（万元），双倍余额递减法下第1年折旧额=300×2/5=120（万元），双倍余额递减法下第1年折旧最多，应选D。 **答案** ▶ D

【例题17·单选题】 ☆2×17年6月20日甲公司以银行存款1 500万元外购一条生产线并立即投入使用，预计使用年限为15年，预计净残值为零，采用年限平均法计提折旧。2×18年12月31日，该生产线出现减值迹象，估计该生产线可收回金额为1 209万元，减值后预计尚可使用年限为13年，预计净残值为零，仍采用年限平均法计提折旧。不考虑其他因素，2×19年年末该资产的账面价值为（   ）万元。

A. 1 407   B. 1 209

C. 1 250   D. 1 116

解析 ▶ 2×18年年末生产线计提减值前的账面价值=1 500-1 500/15×1.5=1 350（万元），可收回金额为1 209万元，资产的账面价值大于可收回金额，发生减值。计提减值后2×18年年末生产线的账面价值应为1 209万元。固定资产发生减值后，应视为一项新的固定资产，按新的折旧指标计提折旧，所以2×19年年末该资产的账面价值=1 209-1 209/13=1 116（万元）。 **答案** ▶ D

4. 折旧的会计分录

借：制造费用[生产用固定资产的折旧]
    管理费用[行政用固定资产的折旧]
    销售费用[销售部门用固定资产的折旧]
    在建工程[用于工程的固定资产的折旧]
    其他业务成本[经营租出的固定资产的折旧]
  贷：累计折旧

5. 固定资产预计使用寿命、预计净残值和折旧方法的复核

企业至少应当于每年年度终了，对固定资产的使用寿命、预计净残值和折旧方法进行复核。使用寿命预计数与原先估计数有差异的，应当调整固定资产使用寿命。预计净残值预计数与原先估计数有差异的，应当调整预计净残值。与固定资产有关的经济利益预期消耗方式有重大改变的，应当改变固定资产折旧方法。

固定资产使用寿命、预计净残值和折旧方法的改变应当作为会计估计变更。

【关键考点】 固定资产需定期测试折旧因素是否合理，因不合理而产生的调整属于会计估计变更，其处理原则需结合会计政策变更章节掌握。

（二）固定资产的后续支出★★★

1. 固定资产后续支出的处理原则（见表2-2）

表2-2　固定资产后续支出的处理原则

条件	后续支出	
	更新改造支出	修理支出
资本化	通常资本化	大修理费用如果符合资本化条件则应资本化
费用化	不符合资本化条件时，应费用化	通常费用化
	行政设备的后续支出在费用化时列支于"管理费用"科目；销售设备的后续支出在费用化时列支于"销售费用"科目	

2. 资本化的后续支出

（1）固定资产转入改扩建时：

借：在建工程
　　累计折旧
　　固定资产减值准备
　　贷：固定资产

（2）发生改扩建工程支出时：

借：在建工程
　　贷：银行存款等

（3）替换原固定资产的某组成部分时：

借：银行存款或原材料[残值价值]
　　营业外支出[净损失]
　　贷：在建工程[被替换部分的账面价值]

（4）改扩建工程达到预定可使用状态时：

借：固定资产
　　贷：在建工程

（5）转为固定资产后，按重新确定的使用寿命、预计净残值和折旧方法计提折旧。

【关键考点】 此处的测试要点在于改良后固定资产原价的计算及后续折旧的计算。

【例题18・单选题】 甲公司2×19年3月1日购入一台设备，买价为234万元，增值税为30.42万元，运费为6万元，增值税为0.54万元，预计残值收入为10万元，预计清理费用为3万元，预计使用寿命为5年，采用年限平均法计提折旧。2×20年年末该设备的公允价值减去处置费用后的净额为141.5万元，预计未来现金流量折现值为130万元，新核定的净残值为5万元，假定折旧期、折旧方法均未发生变化。2×21年6月30日，甲公司开始对该设备进行改良，改良支出总计80万元，拆除旧零件的残值收入为7万元，此零部件改良当时的账面价值为20万元，设备于2×21年年末达到预定可使用状态。改良后的预计净残值为4万元，尚可使用年限为5年，折旧方法不变。不考虑其他因素，甲公司2×22年应对该设备计提的折旧额为（　　）万元。

A. 35　　　　B. 26.5

C. 35.1　　　D. 35.3

解析 ①2×19年3月1日设备的入账成本 $= 234 + 6 = 240$（万元）；②2×19年折旧额 $= [240 - (10 - 3)]/5 \times 9/12 = 34.95$（万元）；③2×20年折旧额 $= [240 - (10 - 3)]/5 = 46.6$（万元）；④2×20年年末计提减值前账面价值 $= 240 - 34.95 - 46.6 = 158.45$（万元）；⑤2×20年年末的可收回价值应选择公允价值减去处置费用后的净额与未来现金流量折现值中较高者，即141.5万元，则当年年末应提减值准备为16.95万元（158.45 - 141.5）；⑥2×21年上半年折旧额 $= (141.5 - 5)/(5 \times$

12-21)×6=21(万元);⑦2×21年改良后的原价=(141.5-21)+80-20=180.5(万元);⑧2×22年的折旧额=(180.5-4)/5=35.3(万元)。

答案▶D

3. 费用化的后续支出

(1)固定资产的日常修理费用等支出只是确保固定资产的正常工作状况,一般不产生未来的经济利益。因此,通常不符合固定资产的确认条件,在发生时应直接计入当期损益等。

(2)管理部门固定资产日常维修费记入"管理费用"科目;销售机构固定资产日常维修费记入"销售费用"科目。

(3)对于处于修理、更新改造过程而停止使用的固定资产,如果其修理、更新改造支出不满足固定资产的确认条件,在发生时也应直接计入当期损益。

(4)一般会计分录如下:

借:管理费用
　　销售费用
　　贷:原材料
　　　　应付职工薪酬
　　　　银行存款

【关键考点】 费用化后续支出的科目归属。

【例题19·多选题】 ☆下列各项关于固定资产后续计量会计处理的表述中,正确的有( )。

A. 因更新改造停止使用的固定资产不再计提折旧

B. 已达到预定可使用状态但尚未办理竣工决算的固定资产应计提折旧

C. 专设销售机构发生的固定资产日常修理费用计入销售费用

D. 行政管理部门发生的固定资产日常修理费用计入管理费用

解析▶选项A,更新改造停止使用的固定资产转入"在建工程",不计提折旧;选项B,已达到预定可使用状态但尚未办理竣工决算的固定资产,应按照估计价值确定其成本,并计提折旧;选项C、D,固定资产日

常维修通常不满足资本化条件,应在发生时直接计入当期损益,专设销售机构发生的固定资产日常修理费用计入销售费用,行政管理部门发生的固定资产日常修理费用计入管理费用。

答案▶ABCD

四、固定资产的处置

(一)固定资产终止确认的条件★

固定资产满足下列条件之一的,应当予以终止确认:

(1)该固定资产处于处置状态;

(2)该固定资产预期通过使用或处置不能产生经济利益。

(二)固定资产出售、转让、毁损和报废的会计处理★★

(1)将固定资产清理时的账面价值转入"固定资产清理":

借:固定资产清理
　　累计折旧
　　固定资产减值准备
　　贷:固定资产

(2)支付清理费:

借:固定资产清理
　　贷:银行存款

(3)固定资产处置回收价值:

借:其他应收款、银行存款或原材料
　　贷:固定资产清理
　　　　应交税费—应交增值税(销项税额)

(4)固定资产出售、转让实现盈余时:

借:固定资产清理
　　贷:资产处置损益

(5)固定资产出售、转让形成亏损时:

借:资产处置损益
　　贷:固定资产清理

(6)如果固定资产属于报废毁损,其净损益记入"营业外支出"或"营业外收入"科目。

【关键考点】 涉及固定资产处置的常见出题方式，是以单选题来测试处置损益额的计算。

【例题20·单选题】 甲公司2×19年2月20日购入一台机器设备并投入使用，取得的增值税专用发票上注明的设备价款为200 000元，增值税税额为26 000元，甲公司采用年限平均法计提折旧，该设备预计使用寿命为10年，预计净残值率为3%。因产品转型，2×21年2月28日，甲公司将该机器设备出售给乙公司，开具的增值税专用发票上注明的设备价款为160 000元，增值税税额为20 800元，出售时，该设备已计提减值准备4 000元，已计提折旧38 800元，甲公司以银行存款支付该设备拆卸费用5 000元。不考虑其他因素，甲公司出售此设备应确认的净损益为（ ）元。

A. 2 500　　　　　B. -2 200

C. -3 000　　　　　D. 1 680

解析 ▶ 出售该设备的净损益=160 000-(200 000-38 800-4 000)-5 000=-2 200(元)。

答案 ▶ B

【例题21·计算分析题】 ☆甲公司为增值税一般纳税人，2×16年至2×20年发生的与A设备相关的交易如下。

资料一：2×16年12月15日，甲公司以银行存款购入需要安装的A设备，增值税专用发票上注明的金额为290万元，增值税税额为37.7万元，当日交付并移送安装。

资料二：2×16年12月31日，甲公司以银行存款支付设备安装费用，增值税专用发票上注明的金额为20万元，增值税税额为1.8万元，安装完毕并立即投入使用，预计使用年限为5年，预计净残值为10万元，采用年数总和法计提折旧。

资料三：2×18年12月31日，A设备出现减值迹象，经过减值测试后，其公允价值减去处置费用后的净额为95万元，预计未来现金流量现值为90万元，当日预计A设备尚可使用3年，预计净残值为5万元，折旧方

法不变。

资料四：2×20年12月20日，A设备因事故报废取得报废价款2.26万元，其中包含0.26万元的增值税。

要求：

（1）编制甲公司2×16年12月15日购入A设备的会计分录；

（2）编制甲公司支付设备安装费及A设备达到预定可使用状态投入使用的会计分录；

（3）计算甲公司2×17年和2×18年A设备应计提的折旧金额；

（4）计算甲公司2×18年A设备应计提减值的金额，并编制会计分录；

（5）编制甲公司2×20年A设备报废的会计分录。

（答案中的金额单位用万元表示）

答案 ▶（1）借：在建工程　　　　　　290

　　　　应交税费—应交增值税

　　　　（进项税额）　　　37.7

　　　贷：银行存款　　　327.7

（2）借：在建工程　　　　　　20

　　　　应交税费—应交增值税(进项税额)

　　　　　　　　　　　　　1.8

　　　贷：银行存款　　　21.8

　　借：固定资产　　　　　　310

　　　贷：在建工程　　　310

（3）2×17年A设备应计提折旧金额=(310-10)×5/(5+4+3+2+1)=100(万元)；

2×18年A设备应计提折旧金额=(310-10)×4/(5+4+3+2+1)=80(万元)。

（4）2×18年年末计提减值前A设备的账面价值=310-100-80=130(万元)，可收回金额=95(万元)，应计提减值金额=130-95=35(万元)。

　　借：资产减值损失　　　　　35

　　　贷：固定资产减值准备　　　35

（5）2×19年A设备应计提折旧金额=(95-5)×3/(3+2+1)=45(万元)；

2×20年A设备应计提折旧金额=(95-5)×2/(3+2+1)=30(万元)。

借：固定资产清理 20
　累计折旧（100+80+45+30）255
　固定资产减值准备 35
　　贷：固定资产 310
借：银行存款 2.26
　营业外支出 18
　　贷：固定资产清理 20
　　应交税费——应交增值税(销项税额) 0.26

【例题 22·综合题】 ☆甲公司系增值税一般纳税人，适用的增值税税率为 13%，所得税税率为 25%，预计未来期间能够取得足够的应纳税所得额用以抵减可抵扣暂时性差异。相关资料如下。

资料一：2×12 年 12 月 10 日，甲公司以银行存款购入一台需自行安装的生产设备，取得的增值税专用发票上注明的价款为 495 万元，增值税税额为 64.35 万元，甲公司当日进行设备安装，安装过程中发生安装人员薪酬 5 万元，2×12 年 12 月 31 日安装完毕并达到预定可使用状态交付使用。

资料二：甲公司预计该设备可使用 10 年，预计净残值为 20 万元，采用双倍余额递减法计提折旧；所得税纳税申报时，该设备在其预计使用寿命内每年允许税前扣除的金额为 48 万元。该设备取得时的成本与计税基础一致。

资料三：2×15 年 12 月 31 日，该设备出现减值迹象，经减值测试，其可收回金额为 250 万元。甲公司对该设备计提减值准备后，预计该设备尚可使用 5 年，预计净残值为 10 万元，仍采用双倍余额递减法计提折旧，所得税纳税申报时，该设备在其预计使用寿命内每年允许税前扣除的金额仍为 48 万元。

资料四：2×16 年 12 月 31 日，甲公司出售该设备，开具的增值税专用发票上注明的价款为 100 万元，增值税税额为 13 万元，款项当日收讫并存入银行，甲公司另以银行存款支付清理费用 1 万元(不考虑增值税)。

假定不考虑其他因素。

要求：

（1）计算甲公司 2×12 年 12 月 31 日该设备安装完毕并达到预定可使用状态的成本，并编制设备购入、安装及达到预定可使用状态的相关会计分录；

（2）分别计算甲公司 2×13 年和 2×14 年对该设备应计提的折旧额；

（3）分别计算甲公司 2×14 年 12 月 31 日该设备的账面价值、计税基础、暂时性差异（需指出是应纳税暂时性差异还是可抵扣暂时性差异），以及相应的递延所得税负债或递延所得税资产的账面余额；

（4）计算甲公司 2×15 年 12 月 31 日对该设备应计提的减值准备金额，并编制相关会计分录；

（5）计算甲公司 2×16 年对该设备应计提的折旧额；

（6）编制甲公司 2×16 年 12 月 31 日出售该设备的相关会计分录。

（答案中金额单位以万元表示）

答案 ▶ (1) 2×12 年 12 月 31 日，甲公司该设备安装完毕并达到预定可使用状态的成本 = 495+5 = 500（万元）。

借：在建工程 495
　应交税费——应交增值税(进项税额) 64.35
　　贷：银行存款 559.35
借：在建工程 5
　　贷：应付职工薪酬 5
借：固定资产 500
　　贷：在建工程 500

（2）2×13 年该设备应计提的折旧额 = 500×2/10 = 100（万元）；

2×14 年该设备应计提的折旧额 = (500-100)×2/10 = 80（万元）。

（3）2×14 年年末该设备的账面价值 = 500-100-80 = 320（万元），计税基础 = 500-48-48 = 404（万元），账面价值小于计税基础，产生可抵扣暂时性差异，需确认递延所得税资产。

可抵扣暂时性差异期末余额 = 404-320 =

84（万元），因此递延所得税资产余额 = 84×25% = 21（万元）。

（4）2×15 年该设备应计提的折旧额 = （500−100−80）×2/10 = 64（万元）；

2×15 年 12 月 31 日，甲公司该设备计提减值前的账面价值 = 500−100−80−64 = 256（万元），可收回金额为 250 万元，因此计提减值准备的金额 = 256−250 = 6（万元）。

借：资产减值损失　　　　　　6
　　贷：固定资产减值准备　　　　　6

（5）2×16 年该设备计提的折旧额 = 250×2/5 = 100（万元）。

（6）2×16 年 12 月 31 日会计分录如下：

借：固定资产清理　　　　　　150
　　累计折旧（100+80+64+100）344
　　固定资产减值准备　　　　　6
　　　贷：固定资产　　　　　　　　500
借：固定资产清理　　　　　　　1
　　　贷：银行存款　　　　　　　　1
借：银行存款　　　　　　　　113
　　资产处置损益　　　　　　　51
　　　贷：固定资产清理　　　　　　151
　　　　应交税费——应交增值税（销项税额）
　　　　　　　　　　　　　　　　13

同步训练　限时 50min

扫我做试题

一、单项选择题

1. 甲公司 2×19 年 4 月以银行存款购入一台生产用设备，买价 200 万元，增值税 26 万元，取得货物运输业增值税专用发票，运费 20 万元，增值税 1.8 万元，保险费 1 万元，均以银行存款支付。设备安装时领用生产用原材料一批，成本 40 万元，进项税额 5.2 万元，同时领用本企业产品一批，成本 50 万元，市价 80 万元，增值税税率为 13%，消费税税率为 10%，安装过程中发生人工费 5 万元，专业人员服务费 1 万元，员工入岗培训费 0.8 万元。设备于 8 月 1 日达到预计可使用状态，不考虑其他因素，则此固定资产的入账成本为（　　）万元。

A. 317　　　　　　B. 325
C. 371.4　　　　　D. 315.6

2. 甲公司在生产经营期间以自营方式建造一条生产线。2×19 年 1 月 10 日，为建造此生产线购入工程物资一批，收到的增值税专用发票上注明的价款为 200 万元，增值税税额为 26 万元，款项已通过银行转账支付；1 月 20 日，建造生产线领用工程物资 180 万元；6 月 30 日，建造生产线的工程人员职工薪酬合计为 115 万元；截至 6 月 30 日，工程建设期间辅助生产车间为建造生产线提供的劳务支出合计为 35 万元；6 月 30 日，工程完工后对工程物资进行清查，发现工程物资减少 2 万元，经调查属保管员过失造成，根据企业管理规定，保管员应赔偿 5 000 元。剩余工程物资转用于甲公司正在建造的一栋职工宿舍；6 月 30 日，生产线工程达到预定可使用状态并交付使用。不考虑其他因素，则甲公司生产线的入账成本为（　　）万元。

A. 330　　　　　　B. 350
C. 356　　　　　　D. 376

3. 资料同前，6 月 30 日，工程完工后对工程物资进行清查，发现工程物资损失时应列入营业外支出（　　）元。

A. 20 000　　　　　B. 17 600
C. 22 600　　　　　D. 22 000

4. 甲公司以出包方式建造的核电站于 2×18 年

年末达到预定可使用状态，初始成本200 000万元，预计使用期40年，假定无残值，甲公司采用直线法提取折旧，预计未来弃置费用为10 000万元，参考市场利率10%折现。不考虑其他因素，则该核电站的入账成本为（　）万元。[（P/F，10%，40）=0.022 1]

A. 210 000　　　　B. 200 221

C. 200 000　　　　D. 202 431

5. 甲公司为增值税一般纳税人，该公司2×20年5月10日购入需安装设备一台，价款为500万元，可抵扣增值税进项税额为65万元。为购买该设备运输途中发生保险费20万元。设备安装过程中，领用材料50万元，相关增值税进项税额为6.5万元；支付安装工人工资12万元。该设备于2×20年12月30日达到预定可使用状态。甲公司对该设备采用年数总和法计提折旧，预计使用4年，预计净残值为2万元。假定不考虑其他因素，2×21年该设备应计提的折旧额为（　）万元。

A. 290　　　　　B. 291

C. 232　　　　　D. 232.8

6. *2×19年12月31日，某公司在对某项固定资产的账面价值进行检查时，发现存在减值迹象。该固定资产的原价为200万元，累计折旧为50万元，已计提固定资产减值准备为20万元。根据2×19年12月31日的市场情况，如果将该固定资产予以出售，预计可获得的出售价款为90万元，清理费用3万元；如果继续使用该固定资产，未来5年可获得的未来现金流量现值为120万元。计提减值后该固定资产的预计净残值为10万元，预计尚可使用年限为5年，采用年限平均法计提折旧。不考虑其他因素，根据上述资料完成如下问题的解答。

（1）2×20年该固定资产应计提的折旧额为（　）万元。

A. 22　　　　　B. 15

C. 20　　　　　D. 12.5

（2）2×20年年末，该固定资产的折余价值为（　）万元。

A. 90　　　　　B. 128

C. 110　　　　　D. 120

7. 2×10年5月1日，甲公司对某生产线进行改良，工程开工当天，该生产线的账面原价为500万元，已计提折旧200万元，已计提减值准备25万元。改良工程共发生人工费30万元，挪用生产用材料100万元，对应的进项税额为13万元，领用本企业的产品一批，成本为80万元，计税价为120万元，增值税税率为13%，拆下的旧零件账面价值为26万元，工程于2×10年10月1日达到预定可使用状态，改良后固定资产尚可使用年限为4年，预计净残值为30万元，采用年数总和法提取折旧。该生产线于2×12年10月1日对外出售，售价（不含增值税）为260万元，假定不考虑其他相关税费。

（1）2×10年10月1日，改良后固定资产入账成本为（　）万元。

A. 485　　　　　B. 459

C. 489　　　　　D. 589

（2）2×12年10月1日，该生产线的处置损益为（　）万元。

A. 85.05　　　　B. 83.08

C. 90.08　　　　D. 101.3

8. 下列关于固定资产后续支出的会计处理中，正确的是（　）。

A. 固定资产的大修理费用和日常修理费用，金额较大时应予以资本化

B. 固定资产的大修理费用和日常修理费用，金额较大时应采用预提或待摊方式

C. 企业行政管理部门发生的固定资产日常修理费用等后续支出应计入当期管理费用

---

* 本书中此类题型是为帮助考生理解相关知识点而设置，不属于考试题型。

D. 固定资产后续支出应予以资本化

二、多项选择题

1. 甲公司是一家商贸公司，属增值税一般纳税人。2×21 年 5 月 1 日，甲公司购入一栋办公楼，买价为 2 000 万元，增值税为 180 万元，房屋中介费为 20 万元，假定不考虑中介费的增值税及其他相关税费，则该固定资产的如下论断中，正确的有(　　)。

A. 办公楼的入账成本为 2 020 万元

B. 此办公楼的进项税购入当年可抵扣 180 万元

C. 此办公楼如为自建，其工程物资的进项税可以抵扣

D. 此办公楼如为自建，其工程领用产品时无须作视同销售处理

2. 下列有关固定资产入账成本的论断中，正确的有(　　)。

A. 接受固定资产投资的企业，应按合同或协议约定价值加上相关税费作为固定资产入账价值

B. 自营工程期内发生的工程物资盘亏损失如属合理损耗则应计入工程成本

C. 存在弃置义务的固定资产，应将弃置费用的现值计入相关固定资产的成本

D. 一揽子购入多项固定资产时，应以各项固定资产公允价值所占比例分拆其入账成本

3. 甲公司 2×16 年 4 月 1 日开始办公楼的建设，2×18 年 6 月 1 日工程达到预定可使用状态，2×18 年 10 月 1 日验收合格，2×19 年 2 月 1 日竣工决算完毕，2×19 年 8 月 8 日正式入驻。有关该业务的如下论断中，不正确的有(　　)。

A. 2×18 年 6 月 1 日按暂估价确定固定资产成本，并于当年 7 月开始计提折旧，2×19 年 2 月 1 日依据竣工决算价值调整暂估原价，但已提折旧不做调整

B. 2×18 年 10 月 1 日按暂估价确定固定资产成本，并于当年 11 月开始计提折旧，

2×19 年 2 月 1 日依据竣工决算价值调整暂估原价，但已提折旧不做调整

C. 2×19 年 2 月 1 日按竣工决算认定的价值确定固定资产的成本，并于当年 3 月开始计提折旧

D. 2×19 年 8 月 8 日按竣工决算认定的价值确定固定资产的成本，并于当年 9 月开始计提折旧

4. 下列有关固定资产折旧的论断中，不正确的有(　　)。

A. 在折旧期相同、会计采用加速折旧法、税法采用直线法的前提下，固定资产产生的是可抵扣暂时性差异

B. 固定资产减值后的折旧指标需重新测定，由此带来的变动属于会计估计变更

C. 每年年末需针对性地检测固定资产的折旧期、净残值和折旧方法，一旦不合理，应及时调整，按会计估计变更进行会计处理

D. 固定资产减值准备一经计提，不得转回

E. 固定资产的可收回价值应选择公允价值减去处置费用后的净额与未来现金流量的现值孰低口径认定

5. 企业以下列方式减少的固定资产，需要通过"固定资产清理"科目核算的有(　　)。

A. 报废的固定资产

B. 出售的固定资产

C. 进行改扩建的固定资产

D. 对外捐赠的固定资产

三、判断题

1. 对于存在弃置费用的固定资产，一旦固定资产的使用寿命结束，预计负债的所有后续变动应在发生时确认为当期损益。(　　)

2. 在固定资产使用过程中，与其有关的经济利益预期消耗方式发生变化后，企业也应相应改变其使用寿命和预计净残值。(　　)

3. 企业以出包方式建造固定资产时，发生的与该在建工程相关的待摊支出应当于发生

时计入管理费用。   （ ）

四、计算分析题

A 股份有限公司(以下简称"A 公司")为增值税一般纳税人,存货适用的增值税税率为 13%,固定资产或在建工程核算的不动产适用的增值税税率为 9%。2×19 年 1月,A 公司拟为管理部门自行建造办公楼,为此发生以下业务。

(1)购入工程物资一批,价款为 800 000 元,支付的增值税进项税额为 104 000 元,款项以银行存款支付;当日,领用工程物资585 000 元(不含增值税)。

(2)领用企业自产产品一批,其账面成本为 420 000 元,未计提减值准备,售价和计税价格均为 600 000 元;该自产产品生产过程中耗用原材料涉及的进项税额为52 000 元。

(3)领用生产用原材料一批,价值为80 000 元,购进该批原材料时支付的增值税进项税额为 10 400 元。

(4)辅助生产车间为工程提供有关的劳务支出为 60 000 元(不考虑相关税费)。

(5)计提工程人员工资 215 600 元。

(6)6 月底,工程达到预定可使用状态,但尚未办理竣工决算手续,工程按暂估价值结转固定资产成本。

(7)将剩余工程物资转为该公司的原材料,经税务部门核定,其所含的增值税进项税额可以抵扣。

(8)7 月中旬,该项工程决算实际成本为1 400 000 元,经查其与暂估成本的差额为

应付职工工资。

(9)该办公楼交付使用后,为了简化核算,假定该办公楼预计使用年限为 5 年,采用双倍余额递减法计提折旧,预计净残值为100 000 元。

(10)2×20 年该办公楼发生日常维修费用30 000 元,以银行存款支付。

(11)2×21 年年末 A 公司在进行检查时发现该办公楼出现减值迹象,经减值测试,其公允价值为 420 000 元,处置费用为20 000 元,未来持续使用以及使用寿命结束时处置形成的现金流量现值为390 000 元。计提减值后,该办公楼的尚可使用年限改为 2 年,预计净残值为零,并改按年限平均法计提折旧。

(12)2×22 年 12 月 30 日,因调整经营方向,将办公楼出售,不含税价款为400 000 元,销项税额为 36 000 元,款项已收存银行。另外发生清理费用 30 000 元(不考虑增值税)。

(13)假定不考虑其他相关税费。

要求:

(1)编制 2×19 年购建办公楼相关的会计分录;

(2)计算 2×19 年、2×20 年、2×21 年的折旧金额并进行相关的账务处理;

(3)编制 2×20 年固定资产维修的账务处理;

(4)计算 2×21 年计提减值准备的金额并进行账务处理;

(5)编制 2×22 年出售办公楼时的账务处理。

(答案中的金额单位用元表示)

同步训练答案及解析

一、单项选择题

1. B 【解析】固定资产的入账成本 = 200 + 20 + 1 + 40 + 50 + 80 × 10% + 5 + 1 = 325(万元)。

2. A 【解析】甲公司生产线的入账成本 = 180 + 115 + 35 = 330(万元)。

3. B 【解析】因为企业自身保管不善造成工程物资盘亏、报废及毁损净损失,其对应

的进项税额应列入损失，分录如下(单位：元)：

借：营业外支出—盘亏损失　17 600

其他应收款—保管员　5 000

贷：工程物资　20 000

应交税费—应交增值税(进项税额转出)　2 600

4. B　【解析】①弃置费的折现值=10 000×(P/F, 10%, 40)=221(万元)；②核电站的入账成本=200 000+221=200 221(万元)。

『拓展』2×19年预计负债提取的利息费用=221×10%=22.1(万元)。

5. C　【解析】2×21年该设备应计提的折旧额=[(500+20+50+12)-2]×4/10=232(万元)。

6. (1)A　【解析】①2×19年年末该固定资产的公允价值减去处置费用后的净额=90-3=87(万元)；②2×19年年末该固定资产的未来现金流量折现额=120(万元)；③2×19年年末该固定资产的可收回价值为120万元；④2×19年年末该固定资产的账面价值=200-50-20=130(万元)；⑤应计提减值准备10万元(130-120)；⑥2×20年该固定资产应计提的折旧额=(120-10)÷5=22(万元)。

(2)B　【解析】2×20年年末，该固定资产折余价值=200-50-22=128(万元)。

7. (1)B　【解析】2×10年10月1日，改良后的固定资产入账成本=(500-200-25)+30+100+80-26=459(万元)。

(2)D　【解析】①2×10年11月至其出售时累计计提折旧额=(459-30)×(4+3)÷(4+3+2+1)=300.3(万元)；②2×12年10月，该固定资产的处置损益=260-(459-300.3)=101.3(万元)。

8. C　【解析】选项A和B，固定资产的大修理费用和日常修理费用，通常不符合确认固定资产的两个特征，应当在发生时计入当期管理费用或销售费用，不得采用预提或待摊的方式处理，对于规模较大的修理费用如果符合资本化条件则计入固定资产成本；选项D，固定资产的后续支出，符合固定资产确认条件的，应当予以资本化；不符合固定资产确认条件的，应当予以费用化。

二、多项选择题

1. ABCD　【解析】购入办公楼时：

借：固定资产　(2 000+20)2 020

应交税费—应交增值税(进项税额)

180

贷：银行存款　2 200

2. BCD　【解析】选项A，接受固定资产投资的企业，应按投资合同或协议约定的价值加上应支付的相关税费作为固定资产的入账价值，但合同或协议约定价值不公允的除外。

3. BCD　【解析】固定资产入账日为达到预定可使用状态日，竣工决算价值只用于调整原价，已计提折旧不做调整。

4. BE　【解析】选项B，固定资产一旦发生减值应视为全新固定资产出现，由此带来的折旧政策的调整不是会计估计变更，也不是会计政策变更；选项E，固定资产的可收回价值应选择公允价值减去处置费用后的净额与未来现金流量的现值孰高口径认定。

5. ABD　【解析】选项C，直接将固定资产的账面价值结转至"在建工程"科目，不需要通过"固定资产清理"科目处理。

三、判断题

1. √

2. ×　【解析】与固定资产有关的经济利益预期消耗方式发生改变时，相应的折旧方法也应改变，而不是改变其使用寿命和预计净残值。

3. ×　【解析】企业以出包方式建造固定资产时，发生的与该在建工程相关的待摊支出应当分摊计入固定资产成本。

四、计算分析题

【答案】

（1）购建办公楼的账务处理：

购入工程物资：

借：工程物资 800 000

  应交税费——应交增值税（进项税额）

         104 000

   贷：银行存款 904 000

领用工程物资：

借：在建工程 585 000

   贷：工程物资 585 000

领用自产产品：

借：在建工程 420 000

   贷：库存商品 420 000

领用原材料：

借：在建工程 80 000

   贷：原材料 80 000

辅助生产车间为工程提供劳务支出：

借：在建工程 60 000

   贷：生产成本——辅助生产成本 60 000

计提工程人员工资：

借：在建工程 215 600

   贷：应付职工薪酬 215 600

6月底，工程达到预定可使用状态，尚未办理结算手续，固定资产按暂估价值入账：

借：固定资产 1 360 600

   贷：在建工程 1 360 600

将剩余工程物资转作存货：

借：原材料 215 000

   贷：工程物资 215 000

7月中旬，按竣工决算实际成本调整固定资产成本：

借：固定资产 39 400

   贷：应付职工薪酬 39 400

（2）2×19年计提折旧的金额=（1 400 000×2/5）/2=280 000（元）。

借：管理费用 280 000

   贷：累计折旧 280 000

2×20年计提折旧的金额=（1 400 000×2/5）/2+（1 400 000-1 400 000×2/5）×2/5/2=448 000（元）。

借：管理费用 448 000

   贷：累计折旧 448 000

2×21年计提折旧的金额=（1 400 000-1 400 000×2/5）×2/5/2+［1 400 000-1 400 000×2/5-（1 400 000-1 400 000×2/5）×2/5］×2/5/2=268 800（元）。

借：管理费用 268 800

   贷：累计折旧 268 800

（3）2×20年固定资产维修的账务处理为：

借：管理费用 30 000

   贷：银行存款 30 000

（4）2×21年年末计提减值准备前，账面价值=1 400 000-280 000-448 000-268 800=403 200（元）；可收回金额为400 000元（420 000-20 000）；应计提减值准备的金额=403 200-400 000=3 200（元），会计分录如下：

借：资产减值损失 3 200

   贷：固定资产减值准备 3 200

（5）至2×22年年底该项固定资产已计提的累计折旧金额=280 000+448 000+268 800+400 000/2=1 196 800（元）。

借：固定资产清理 200 000

  累计折旧 1 196 800

  固定资产减值准备 3 200

   贷：固定资产 1 400 000

借：固定资产清理 30 000

   贷：银行存款 30 000

借：银行存款 436 000

   贷：固定资产清理 400 000

    应交税费——应交增值税（销项税额）

         36 000

借：固定资产清理 170 000

   贷：资产处置损益 170 000

本章知识串联

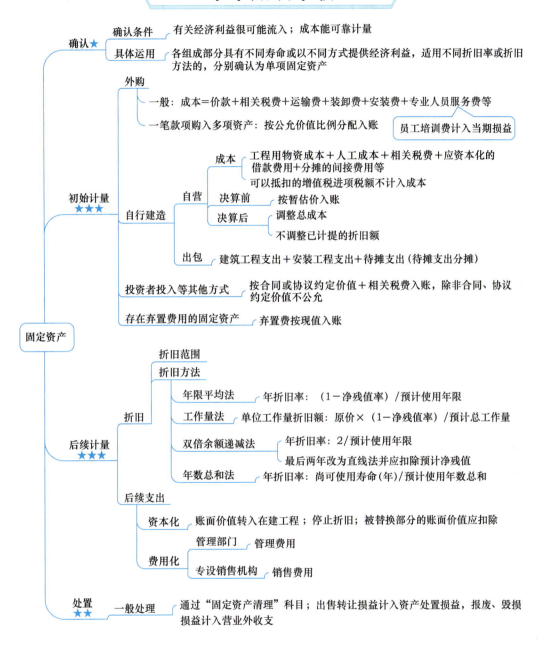

第三章 无形资产

考 情 解 密

历年考情概况

从历年考试情况来看，本章的考试题型以客观题为主，但在近几年经常以主观题形式出现，每年的分值在 3~12 分。本章常见考点是无形资产入账价值的确定、内部研发无形资产的会计处理、具有融资性质分期付款方式购买无形资产的会计处理、无形资产摊销及减值的计提等。

近年考点直击

主要考点	主要考查题型	考频指数	考查角度
无形资产的确认	多判	★	(1)土地使用权的界定；(2)土地使用权相关论断的正误判定；(3)无形资产的界定
无形资产入账价值的确定	单计	★	(1)外购无形资产入账价值的确定；(2)分期付款方式购买无形资产时入账价值的确定及其会计处理
内部研发无形资产	单多判计	★★★	(1)内部研发无形资产的会计处理；(2)内部研发无形资产入账价值的确定；(3)研发费用相关论断的正误甄别
无形资产摊销和减值的计提	单多判计	★★★	(1)计算无形资产在产量法下的摊销额和减值金额；(2)内部研发无形资产在后续期间计提减值损失；(3)无形资产摊销的范围、起始时点、摊销原则、复核、摊销费用应计入的科目等；(4)分别确定无形资产的账面价值、可收回金额，并确定减值损失金额；(5)直线法下无形资产摊销金额的计算
无形资产的处置	判计	★	(1)预期不能带来经济利益的无形资产的处理方法；(2)处置无形资产时的账务处理

2022 年考试变化

本章删除无形资产对外出租的相关内容。

考点详解及精选例题

一、无形资产的确认和初始计量

（一）无形资产的定义、特征★

无形资产，是指企业拥有或者控制的没有实物形态的可辨认非货币性资产。

无形资产具有以下特征。

（1）能为企业带来未来经济利益且由企业拥有或者控制的资源。

（2）没有实物形态。

（3）具有可辨认性。

可辨认性是指该资产能够脱离企业单独存在，比如专利权，A 企业可以用，B 企业买过来也可以用，这说明此资产可以脱离企业而存在，可以单独用于交易，即具有可辨认性。

商誉是不可单独辨认的资产。在天时、地利、人和等要素的共同作用下，企业能够创造超额收益，此能力即为商誉。

『拓展』①商誉是不可单独辨认的。

②自创商誉不入账，只有在企业合并中才会认定商誉。

a. 吸收合并记入吸收方的账册及个别报表；

b. 控股合并记入合并报表。

③商誉＝合并成本－拥有的被购买方公允可辨认净资产的份额。

④商誉不是无形资产。

（4）无形资产为非货币性资产。

（二）无形资产的确认条件★

（1）与该无形资产有关的经济利益很可能流入企业；

（2）该无形资产的成本能够可靠地计量。

（三）无形资产的初始计量★

无形资产一般按照实际成本计量。无形资产成本是指企业取得无形资产并使其达到预定可使用状态而发生的全部支出。

1. 外购方式

外购无形资产的成本，包括购买价款、相关税费以及直接归属于使该项资产达到预定用途所发生的其他支出，比如使无形资产达到预定用途发生的专业服务费用、测试无形资产是否能够正常发挥作用的费用等。

【例题 1·单选题】☆2×18 年 12 月 20 日，甲公司以银行存款 200 万元外购一项专利技术用于 W 产品生产，另支付相关税费 1 万元，达到预定用途前的专业服务费 2 万元，宣传 W 产品的广告费 4 万元。不考虑增值税及其他因素，2×18 年 12 月 20 日，该专利技术的入账价值为（　）万元。

A. 201　　　　　　B. 203

C. 207　　　　　　D. 200

解析 ▶ 广告费不属于该专利技术达到预定用途前的必要支出，因此该专利技术的入账价值＝200＋1＋2＝203（万元）。　答案 ▶ B

购买无形资产的价款超过正常信用条件延期支付，实质上具有融资性质的，无形资产的成本以购买价款的现值为基础确定。实际支付的价款与购买价款的现值之间的差额，除按照《企业会计准则第 17 号——借款费用》应予资本化的以外，应当在信用期间计入当期损益。

【例题 2·多选题】☆2×20 年 1 月 1 日，甲公司与乙公司签订合同，购买乙公司的一项专利权。合同约定，甲公司 2×20 年至 2×24 年每年年末支付 120 万元。当日该专利权的现销价格为 520 万元。甲公司的该项购买行为实质上具有重大融资性质。不考虑其他因素，下列各项关于甲公司该专利权会计处理的表述中，正确的有（　）。

A. 未确认融资费用的初始入账金额为 80 万元

B. 长期应付款的初始入账金额为 600 万元

C. 该专利权的初始入账金额为 520 万元

D. 未确认融资费用在付款期内采用直线法进行摊销

解析 选项 D，未确认融资费用在付款期内采用实际利率法进行摊销。

2×20 年 1 月 1 日：

借：无形资产　　　　　　　520

　　未确认融资费用　　　　80

　　贷：长期应付款　　　　　　600

2×20 年 12 月 31 日：

借：财务费用　（520×实际利率）

　　贷：未确认融资费用

　　　　　　　　（520×实际利率）

借：长期应付款　　　　　　120

　　贷：银行存款　　　　　　　120

答案 ABC

【例题 3·计算分析题】 ☆甲公司 2×15 年至 2×16 年与 F 专利技术有关的资料如下。

资料一：2×15 年 1 月 1 日，甲公司与乙公司签订 F 专利技术转让协议。协议约定，该专利技术的转让价款为 2 000 万元，甲公司于协议签订日支付 400 万元，其余款项自当年起连续 4 年每年年末支付 400 万元。当日，甲、乙公司办妥相关手续；甲公司以银行存款支付 400 万元，立即将该专利技术用于产品生产，预计使用 10 年，预计净残值为零，采用直线法按年摊销。

甲公司计算确定的该长期应付款项的实际年利率为 6%；年金现值系数（P/A，6%，4）为 3.47。

资料二：2×16 年 1 月 1 日，甲公司因经营方向转变，将 F 专利技术转让给丙公司，转让价款 1 500 万元收讫并存入银行。同日，甲、丙公司办妥相关手续。

假定不考虑其他因素。

要求：

（1）计算甲公司 2×15 年 1 月 1 日取得的 F 专利技术的入账价值，并编制相关会计分录；

（2）计算甲公司 2×15 年对 F 专利技术应摊销的金额，并编制相关会计分录；

（3）分别计算甲公司 2×15 年未确认融资费用的摊销额和 2×15 年 12 月 31 日长期应付款的摊余成本；

（4）编制甲公司 2×16 年 1 月 1 日转让 F 专利技术的相关会计分录。

答案 （1）F 专利技术的入账价值 = 400 + 400×3.47 = 1 788（万元），相关分录如下：

借：无形资产　　　　　　1 788

　　未确认融资费用　　　　212

　　贷：长期应付款　　　　　1 600

　　　　银行存款　　　　　　 400

（2）甲公司 2×15 年应计提的累计摊销额 = 1 788/10 = 178.8（万元），相关分录如下：

借：制造费用　　　　　　178.8

　　贷：累计摊销　　　　　　178.8

（3）2×15 年未确认融资费用分摊的金额 = （1 600−212）×6% = 83.28（万元）；

2×15 年 12 月 31 日长期应付款的摊余成本 = （1 600−212）−（400−83.28）= 1 071.28（万元）。

（4）借：银行存款　　　　　1 500

　　　累计摊销　　　　　178.8

　　　资产处置损益　　　109.2

　　　贷：无形资产　　　　　1 788

考高提示 下列费用不构成无形资产的取得成本：①企业为了引进新产品进行宣传而发生的管理费、广告费和其他间接费用；②无形资产达到预定可使用状态以后发生的费用。

【关键考点】 记住外购方式下入账成本的构成要素，特别留意延期付款方式下入账成本的计算。

2. 投资者投入方式

投资者投入无形资产的成本，应当按照投资合同或协议约定的价值确定，如果合同或协议约定价值不公允时，应按无形资产的 公允价值作为无形资产的初始成本。

3. 以政府补助方式取得

通过政府补助方式取得的无形资产，按公允价值计量，公允价值不能可靠取得的，按名义金额计量。（详见政府补助章节）

4．土地使用权的处理

企业应按实际支付的价款加上相关税费认定土地使用权的成本。如果此土地使用权用于自行建造厂房或办公楼，则与建筑物分开核算。

下列情况下土地使用权必须与房产合并反映。

（1）房地产开发企业取得的土地使用权用于开发对外出售的房产，相应的土地使用权应并入房产的成本；

（2）企业外购房屋建筑物，如果能够合理地分割土地和地上建筑物，则分开核算，否则，应当全部作为固定资产核算。

【关键考点】 土地和地上建筑物应分别用不同科目核算，这点不仅要记住，还应熟练掌握其具体的账务处理。另外，记住土地使用权与房产合并反映的两种情况。

【例题4·多选题】 ☆北方公司为从事房地产开发的上市公司，2×18年1月1日，外购位于甲地块上的一栋写字楼，作为自用办公楼，甲地块的土地使用权能够单独计量；2×18年3月1日，购入乙地块和丙地块，分别用于开发对外出售的住宅楼和写字楼，至2×19年12月31日，该住宅楼和写字楼尚未开发完成；2×19年1月1日，购入丁地块，作为办公区的绿化用地，至2×19年12月31日，丁地块的绿化已经完成。假定不考虑其他因素，下列各项中，北方公司2×19年12月31日不应单独确认为无形资产（土地使用权）的有（ ）。

A．甲地块的土地使用权

B．乙地块的土地使用权

C．丙地块的土地使用权

D．丁地块的土地使用权

解析 ▶ 乙地块和丙地块均用于建造对外出售的房屋建筑物，所以这两地块的土地使用权应该计入所建造的房屋建筑物成本，确认为存货，所以答案是B、C。 答案 ▶ BC

【例题5·多选题】 ☆企业持有的下列土地使用权中，应确认为无形资产的有（ ）。

A．外购办公楼时能够单独计量的土地使用权

B．用于建造对外出售商品房的土地使用权

C．用于建造企业自用厂房的土地使用权

D．已出租的土地使用权

解析 ▶ 选项B，用于建造对外出售商品房的土地使用权，应作为存货核算；选项D，已出租的土地使用权，应作为投资性房地产核算。 答案 ▶ AC

二、内部研究开发费用的确认和计量

（一）研究阶段与开发阶段的划分★

（1）研究阶段是独创性的有计划的调查，以此获取并且理解新的科学或技术知识。

研究阶段的特点如下。

①计划性。即研究阶段是建立在有计划的调查基础上。

②探索性。研究阶段的工作是为下一步的开发活动准备相关资料等，在这一阶段不会形成阶段性成果，其活动基本上是探索性的。

（2）开发阶段是指在进行商业生产或者使用之前，将研究成果或者其他知识应用于某项计划或者设计，以生产出新的或者有实质性改进的产品等。

开发阶段具有如下特征。

①具有针对性；

②形成成果的可能性较大。

（二）开发阶段有关支出资本化条件★

企业内部研究开发项目开发阶段的支出，同时满足下列条件的，才能确认为无形资产。

（1）完成该无形资产以使其能够使用或出售在技术上具有可行性；

（2）具有完成该无形资产并使用或出售的意图；

（3）无形资产产生经济利益的方式，无形资产是否能够为企业带来经济利益，应当对运用该无形资产生产产品的市场情况进行可靠预计，以证明所生产的产品存在市场并能够带来经济利益，或能够证明市场上存在

对该无形资产的需求；

（4）有足够的技术、财务资源和其他资源支持，以完成该无形资产的开发，并有能力使用或出售该无形资产；

（5）归属于该无形资产开发阶段的支出能够可靠地计量。

【关键考点】 记住开发支出的资本化条件。

（三）内部研究开发费用的会计处理★★★

1. 基本原则

企业内部研究开发项目研究阶段的支出，应全部计入当期损益（管理费用）；开发阶段的支出符合资本化条件时列入无形资产的成本，否则计入发生当期的损益（管理费用）。如果确实无法区分研究阶段的支出和开发阶段的支出，应将其所发生的研发支出全部费用化，计入当期损益。

2. 内部开发无形资产成本的构成因素

可直接归属成本的因素包括：开发无形资产耗费的原材料、人工成本、开发无形资产过程中耗用的其他无形资产的摊销、符合借款费用资本化条件的利息费用及注册费等。

在开发无形资产过程中发生的，除上述成本之外的其他管理费用、销售费用等间接费用，无形资产达到预定可使用状态前发生的可以辨认的无效和初始运作损失，为运行无形资产发生的员工培训支出等不计入无形资产的成本。

3. 一般会计分录

（1）发生研发费用时：

借：研发支出—费用化支出
　　　　　—资本化支出
　　贷：银行存款
　　　　原材料
　　　　应付职工薪酬等

（2）将研究费用以及不符合资本化条件的开发费用列入当期管理费用：

借：管理费用
　　贷：研发支出—费用化支出

（3）将符合资本化条件的开发费用在无形资产达到可使用状态时转入无形资产成本：

借：无形资产
　　贷：研发支出—资本化支出

【关键考点】 首先应记住研发费用的会计处理原则及账务处理，另外还要注意，研发支出的借方余额在资产负债表中应列入"开发支出"项目。

【例题6·多选题】 ☆下列各项满足资本化条件后的企业内部的研发支出，应予以资本化的有(　　)。

A. 开发过程中研发人员支出

B. 开发过程中正常耗用的材料

C. 开发过程中所用专利权的摊销

D. 开发过程中固定资产的折旧

答案 ▶ ABCD

【例题7·多选题】 ☆下列关于企业内部研发支出会计处理的表述中，正确的有(　　)。

A. 开发阶段的支出，满足资本化条件的，应予以资本化

B. 无法合理分配的多项开发活动所发生的共同支出，应全部予以费用化

C. 无法区分研究阶段和开发阶段的支出，应全部予以费用化

D. 研究阶段的支出，应全部予以费用化

解析 ▶ 选项B，在企业同时从事多项开发活动的情况下，所发生的支出同时用于支持多项开发活动的，应按照合理的标准在各项开发活动之间进行分配；无法合理分配的，应予以费用化计入当期损益，不计入开发活动的成本。　　**答案** ▶ ABCD

【例题8·单选题】 ☆企业自行研发专利技术发生的下列各项支出中，应计入无形资产入账价值的是(　　)。

A. 研究阶段发生的支出

B. 无法区分研究阶段和开发阶段的支出

C. 为有效使用自行研发的专利技术而发生的培训费

D. 专利技术的注册登记费

解析 ▶ 选项A，研究阶段发生的支出应全部费用化，不计入无形资产成本；选项B，无法区分研究阶段和开发阶段的支出应全部

费用化，不计入无形资产成本；选项C，不属于为使无形资产达到预定用途的合理必要支出，不计入无形资产成本。　　**答案▶D**

三、无形资产的摊销

（一）估计无形资产的使用寿命需考虑的因素★

（1）该资产生产的产品通常的寿命周期，以及可获得的类似资产使用寿命的信息；

（2）技术、工艺等方面的现实情况及对未来发展趋势的估计；

（3）以该资产在该行业运用的稳定性和生产的产品或服务的市场需求情况；

（4）现在或潜在的竞争者预期采取的行动；

（5）为维持该资产产生未来经济利益的能力所需要的维护支出，以及企业预计支付有关支出的能力；

（6）对该资产控制期限的相关法律规定或类似限制；

（7）与企业持有的其他资产使用寿命的关联性等。

【关键考点】 这七个因素是典型的多选题选材，常见于正误知识点甄别题。

【例题9·多选题】 ☆企业在估计无形资产使用寿命时应考虑的因素有(　)。

A. 无形资产相关技术的未来发展情况

B. 使用无形资产生产的产品的寿命周期

C. 使用无形资产生产的产品市场需求情况

D. 现在或潜在的竞争者预期将采取的研发战略

答案▶ABCD

（二）无形资产使用寿命的确定★★

（1）源自合同性权利或其他法定权利的无形资产，其使用寿命不应超过合同性权利或其他法定权利规定的期限；

（2）如果无形资产的预计使用期限短于合同性权利或其他法定权利规定的期限的，则应当按预计使用期限确认无形资产使用寿命；

（3）如果合同性权利或其他法定权利能够在到期时延续，而且此延续不需付出重大成本时，续约期应作为使用寿命的一部分；

（4）没有明确的合同或法定期限的，应合理推定。当合理推定无法实现时，应界定为使用寿命不确定的无形资产，不摊销。

【关键考点】 务必要记住无形资产摊销期限的确认标准。

（三）无形资产摊销额的计算★★★

（1）当月增加的无形资产当月开始摊销，当月减少的无形资产当月不摊销。

（2）无形资产残值的界定，除下列情况外，无形资产的残值一般为零。

①有第三方承诺在无形资产使用寿命结束时购买该无形资产，则其出售价款即为残值；②合理推定的无形资产使用寿命终了时的交易价。

【例题10·多选题】 ☆下列关于企业无形资产残值会计处理的表述中，正确的有(　)。

A. 无形资产残值的估计应以资产处置时的可收回金额为基础

B. 预计残值发生变化的，应重新调整已计提的摊销金额

C. 资产负债表日应对无形资产的残值进行复核

D. 无形资产残值高于其账面价值时，无形资产不再摊销

解析▶ 选项B，预计残值发生变化，应作为会计估计变更处理，不能重新调整已计提的摊销金额。　　**答案▶ACD**

（3）无形资产的摊销额的计算，一般采用直线法。

【例题11·分析题】 甲公司2×19年年初购买了一项提升产品品质的专利权，初始成本为203万元，法定年限为10年，预计有效使用期限为8年，采用直线法计提摊销。2×19年年初乙公司与甲公司签订协议，约定5年后，即2×24年年初购买该项专利权，交易价为53万元。不考虑其他因素，甲公司应

当如何摊销此专利权？

解析▶ ①该专利权的摊销年限应选择法定期限 10 年、有效使用期限 8 年及合同约定期限 5 年中的较低者，即 5 年摊销期；②专利权 5 年后的交易价 53 万元应界定为预计净残值；③每年的摊销额 =（203 - 53）/5 = 30（万元）；④2×19 年的会计分录如下：

借：制造费用   30
 贷：累计摊销   30

【例题 12 · 分析题】 甲公司 2×14 年年初

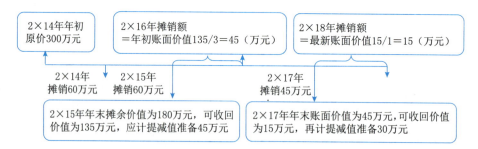

『拓展』 如果 2×17 年年末的可收回价值为 49 万元，则无形资产价值出现了恢复，但为防止企业借减值准备调节利润，准则特别规定，**无形资产减值准备不得恢复。**

【关键考点】 ①无形资产减值额的计算；②无形资产减值后摊销额的计算；③无形资产减值准备不得恢复；④无形资产减值后某时点账面价值的推算。

『链接』 无形资产减值测试，参考本书资产减值章节的相关内容。

【例题 13 · 单选题】 2×14 年 1 月 1 日，甲企业外购 M 无形资产，实际支付的价款为 100 万元，假定未发生其他税费。该无形资产使用寿命为 5 年，采用直线法计提摊销，预计净残值为零。2×15 年 12 月 31 日，由于与 M 无形资产相关的经济因素发生不利变化，致使 M 无形资产发生价值贬损，甲企业估计其可收回金额为 18 万元。2×17 年 12 月 31 日，甲企业发现，导致 M 无形资产在 2×15 年发生减值的不利经济因素已全部消失，且此时估计 M 无形资产的可收回金额为 22 万元。假定减值后，无形资产原预计使用寿命、摊销方法等不变。不考虑其他因素，

购买一项商标权，初始成本为 300 万元，法定期限 5 年，假定无残值，采用直线法计提摊销。2×15 年年末此商标权的可收回价值为 135 万元，2×17 年年末此商标权的可收回价值为 15 万元。假定计提减值准备后，该商标权的原预计使用年限、摊销方法、预计净残值等均不变。不考虑其他因素，该项无形资产在 2×18 年的摊销额为多少？

解析▶

则此无形资产在 2×17 年年末的账面价值为（ ）万元。

A. 20   B. 10
C. 6   D. 22

解析▶ ①M 无形资产的初始入账成本 = 100（万元）；②2×14 年的摊销额 = 100/5 = 20（万元）；③2×15 年的摊销额 = 100/5 = 20（万元）；④2×15 年年末的摊余价值 = 100 - 20 - 20 = 60（万元）；⑤2×15 年年末的可收回价值为 18 万元，则甲公司应提取 42 万元的减值准备；⑥2×16 年的摊销额 = 18/3 = 6（万元），2×17 年的摊销额与 2×16 年相同；⑦2×17 年末的账面价值 = 18 - 6 - 6 = 6（万元），虽然此时其可收回价值已经有所恢复，升至 22 万元，但资产减值准则规定，无形资产一旦计提减值，不得转回，所以 2×17 年末的账面价值依然是 6 万元。   **答案▶** C

【例题 14 · 单选题】 ☆2×13 年 1 月 1 日，甲公司某项特许使用权的原价为 960 万元，已摊销 600 万元，已计提减值准备 60 万元。预计尚可使用年限为 2 年，预计净残值为零，采用直线法按月摊销。不考虑其他因素，2×13 年 1 月甲公司该项特许使用权应摊销的

金额为(　)万元。

　　A. 12.5　　　　B. 15

　　C. 37.5　　　　D. 40

解析 2×13 年 1 月甲公司该项特许使用权应摊销的金额=(960－600－60)/2/12＝12.5(万元)。　　**答案** A

【例题 15·单选题】 ☆2×16 年 2 月 1 日甲公司以 2 800 万元购入一项专门用于生产 H 设备的专利技术。该专利技术按产量进行摊销，预计净残值为零，预计该专利技术可用于生产 500 台 H 设备。甲公司 2×16 年共生产 90 台 H 设备。2×16 年 12 月 31 日经减值测试，该专利技术的可收回金额为 2 100 万元。不考虑增值税等相关税费及其他因素。甲公司 2×16 年 12 月 31 日应该确认的资产减值损失金额为(　)万元。

　　A. 700　　　　B. 0

　　C. 196　　　　D. 504

解析 2×16 年年末，无形资产的账面价值=2 800－2 800/500×90＝2 296(万元)，应计提的减值损失金额=2 296－2 100＝196(万元)。　　**答案** C

【例题 16·多选题】 ☆下列关于企业无形资产会计处理的表述中，正确的有(　)。

　　A. 计提的减值准备在以后会计期间可以转回

　　B. 使用寿命不确定的，不进行摊销

　　C. 使用寿命不确定的，至少应在每年年末进行减值测试

　　D. 使用寿命有限的，摊销方法由年限平均法变更为产量法，按会计估计变更处理

解析 选项 A，无形资产减值准备一经计提不得转回；选项 B、C，使用寿命不确定的无形资产，不需要计提摊销，但至少应于每年年末进行减值测试；选项 D，摊销方法的变更属于会计估计变更。　　**答案** BCD

【例题 17·单选题】 ☆2×18 年 1 月 1 日，甲公司以银行存款 240 万元购入一项专利技术并立即投入使用，预计使用年限为 5 年、预计净残值为零，采用直线法摊销。2×19 年

1 月 1 日，甲公司和乙公司签订协议，甲公司将于 2×21 年 1 月 1 日以 100 万元的价格向乙公司转让该专利技术，甲公司对该专利技术仍采用直线法摊销。不考虑其他因素，甲公司 2×19 年应对该专利技术摊销的金额为(　)万元。

　　A. 48　　　　B. 96

　　C. 46　　　　D. 50

解析 2×18 年年末该专利技术的账面价值=240－240/5＝192(万元)，2×19 年 1 月 1 日该专利技术的预计净残值变更为 100 万元，预计尚可使用寿命变更为 2 年，应作为会计估计变更采用未来适用法处理，则甲公司 2×19 年应对该专利技术摊销的金额=(192－100)/2＝46(万元)。　　**答案** C

(四)无形资产摊销的分录★

借：制造费用[用于特定产品生产的列入该产品的成本]
　　管理费用[自用的一般无形资产]
　　其他业务成本[出租的无形资产]
　贷：累计摊销

【关键考点】 无形资产摊销费用的归属科目认定，尤其是制造费用的认定。

(五)无形资产摊销期、摊销方法等的复核★

无形资产摊销期和摊销方法等需定期复核，如果发生调整应按会计估计变更处理。

【关键考点】 无形资产摊销期、残值及摊销方法的变更与固定资产处理原则相同。

【例题 18·分析题】 甲公司为增值税一般纳税人，于 2×17 年 1 月 1 日从乙公司购入一项管理用商标权，取得的增值税专用发票上注明的价款为 5 000 万元，增值税税额为 300 万元，款项以银行存款支付。甲公司预计该商标权的使用年限为 10 年，预计净残值为零，采用直线法进行摊销。2×20 年 1 月 1 日，受市场影响，甲公司预计该商标权的使用寿命缩减，尚可使用年限为 5 年，预计

净残值和摊销方法不变。不考虑其他因素，甲公司该项无形资产在2×17年至2×20年的会计处理是怎样的？

解析 ▶ 甲公司的账务处理如下。

(1)2×17年1月1日：

借：无形资产——商标权　　　5 000
　　应交税费——应交增值税(进项税额)
　　　　　　　　　　　　　　　　300
　　　贷：银行存款　　　　　　5 300

(2)2×17年12月31日、2×18年12月31日、2×19年12月31日：

借：管理费用　　(5 000/10)500
　　　贷：累计摊销　　　　　　500

(3)2×20年12月31日：

2×20年应计提的摊销额＝(5 000 - 500×3)/5＝700(万元)。

借：管理费用　　　　　　　　700
　　　贷：累计摊销　　　　　　700

【例题19·单选题】 ☆2×13年1月1日起，企业对其确认为无形资产的某项非专利技术按照5年的期限进行摊销，由于替代技术研发进程的加快，2×14年1月，企业将该无形资产的剩余摊销年限缩短为2年，这一变更属于(　　)。

A. 会计政策变更　　B. 会计估计变更
C. 前期差错更正　　D. 本期差错更正

解析 ▶ 无形资产摊销年限的变更，属于会计估计变更。　　　　**答案** ▶ B

【例题20·多选题】 ☆下列关于专门用于产品生产的专利权会计处理的表述中，正确的有(　　)。

A. 该专利权的摊销金额应计入管理费用

B. 该专利权的使用寿命至少应于每年年度终了进行复核

C. 该专利权的摊销方法至少应于每年年度终了进行复核

D. 该专利权应以成本减去累计摊销和减值准备后的余额进行后续计量

解析 ▶ 无形资产摊销一般是计入管理费用，但若专门用于生产产品的无形资产，其

摊销费用是计入相关成本的。对于无形资产的使用寿命和摊销方法都是至少于每年年末复核的，无形资产是以历史成本减去累计摊销和减值准备后的余额进行后续计量。

答案 ▶ BCD

四、无形资产的处置

(一)无形资产的出售 ★★★

借：银行存款
　　无形资产减值准备
　　资产处置损益[出售发生损失时]
　　累计摊销
　　　贷：无形资产
　　　　　应交税费——应交增值税(销项税额)
　　　　　资产处置损益[出售实现收益时]

老高提示 土地使用权的增值税税率为9%，其他无形资产的增值税税率一般为6%(其中，专利权、非专利技术等免征增值税)。

【关键考点】 重点记住损益归属的科目，并熟练掌握损益额的计算，此知识点常用于单选题中的指标计算模式。

【例题21·单选题】 甲公司2×17年9月12日，以银行存款440万元购入一项专利权，另支付相关税费10万元，该无形资产的预计使用年限为10年，假定无残值，采用直线法摊销。2×20年12月31日该无形资产的可收回金额为205万元，原预计使用年限、残值、摊销方法均不变。2×21年12月31日该无形资产的可收回金额为68万元，原预计使用年限、残值、摊销方法均不变。2×22年6月16日，将该无形资产对外出售，取得价款150万元并收存银行。不考虑增值税等其他因素，甲公司出售此无形资产的损益额为(　　)万元。

A. 81　　　　　　　B. 87
C. 63　　　　　　　D. 79.5

解析 ▶ ①2×17年9月购入此无形资产

时的入账成本 = 440 + 10 = 450（万元）；②2×17年无形资产的摊销额 = 450/10×4/12 = 15（万元）；③2×18年、2×19年、2×20年每年无形资产的摊销额 = 450/10 = 45（万元）；④2×20年年末无形资产的摊余价值 = 450 - 15 - 45 - 45 - 45 = 300（万元）；⑤2×20年年末的可收回价值为205万元，则甲公司应提取减值准备95万元；⑥2×21年无形资产的摊销额 = 205/(6×12+8)×12 = 30.75（万元）；⑦2×21年年末无形资产的账面价值 = 205 - 30.75 = 174.25（万元）；⑧2×21年年末无形资产的可收回价值为68万元，应继续提取减值准备106.25万元（174.25 - 68）；⑨2×22年6月出售时此无形资产的账面价值 = 68 - 68/(5×12+8)×5 = 63（万元）；⑩甲公司出售此无形资产的收益额 = 150 - 63 = 87（万元）。

答案▶ B

（二）无形资产的报废★

借：营业外支出
　　累计摊销
　　无形资产减值准备
　　贷：无形资产

【例题22·单选题】 ☆下列关于无形资产会计处理的表述中，正确的是（　）。

A. 将自创的商誉确认为无形资产

B. 将已转让所有权的无形资产的账面价值计入其他业务成本

C. 将预期不能为企业带来经济利益的无形资产账面价值计入管理费用

D. 将以支付土地出让金方式取得的自用土地使用权单独确认为无形资产

解析▶ 选项A，自创商誉因为不具有可辨认性，所以不能作为无形资产核算；选项B，属于无形资产出售转让，那么应该将账面价值结转，然后按照公允价值与账面价值之间的差额，确认资产处置损益；选项C，应计入营业外支出。

答案▶ D

【例题23·多选题】 ☆下列各项关于企业无形资产减值会计处理的表述中，正确的有（　）。

A. 计提的无形资产减值准备在以后期间不得转回

B. 使用寿命有限的无形资产只有存在减值迹象时才需要进行减值测试

C. 使用寿命不确定的无形资产每年都应进行减值测试

D. 处置无形资产时应将转销的减值准备冲减资产减值损失

解析▶ 选项D，处置无形资产时应转销无形资产减值准备科目余额。出售时分录：

借：银行存款等
　　无形资产减值准备
　　累计摊销
　　贷：无形资产
　　　　资产处置损益［或借方］

如果是无形资产报废，差额计入营业外收支。

答案▶ ABC

限时 40min

同步训练

扫我做试题

一、单项选择题

1. 2×18年10月1日，A公司以1 800万元的价格从产权交易中心竞价取得一项商标权，另支付相关税费75万元。为推广由该商标权生产的产品，A公司发生广告宣传费用20万元、展览费10万元。不考虑增值税及其他因素，A公司竞价取得商标权的入账价值为（　）万元。

A. 1 800
B. 1 875

C. 1 895   D. 1 905

2. 甲公司2×18年1月1日开始自行研究开发一项管理用无形资产，12月1日达到预定用途。其中，研究阶段发生职工薪酬30万元、计提专用设备折旧40万元；进入开发阶段后，相关支出符合资本化条件前发生职工薪酬30万元、计提专用设备折旧30万元，符合资本化条件后发生职工薪酬100万元、计提专用设备折旧200万元。预计使用年限为10年，采用直线法摊销，不考虑净残值等因素。甲公司2×18年对上述业务进行的下列会计处理中，不正确的是( )。

A. 研发项目确认的管理费用为130万元

B. 无形资产达到预定用途确认的成本为300万元

C. 影响2×18年管理费用科目的金额为157.5万元

D. 2×18年年末无形资产的账面价值为297.5万元

3. 关于无形资产残值的确定，下列表述不正确的是( )。

A. 估计无形资产的残值应以资产处置时的可收回金额为基础确定

B. 残值确定以后，在持有无形资产的期间内，至少应于每年年末进行复核

C. 使用寿命有限的无形资产一定无残值

D. 无形资产的残值重新估计以后高于其账面价值的，无形资产不再摊销，直至残值降至低于账面价值时再恢复摊销

4. 2×18年1月1日，A公司与B公司签订一项购买专利权的合同，合同规定，该项专利权的价款为2 000万元，双方约定采取分期付款方式支付，从2×18年起分5次于每年年末支付400万元。A公司在签订合同当日另支付了相关税费24万元。该项专利权是B公司在2×17年年初研发成功申请获得的，法律有效年限为10年。A公司估计取得的该项专利权受益期限为8年，净残值为零，采用直线法摊销。假定银行

同期贷款利率为5%，已知(P/A，5%，5)= 4.329 5，不考虑增值税等相关税费及其他因素，2×19年该项专利权的摊销额为( )万元。

A. 253   B. 175.58

C. 219.475   D. 173.18

5. 甲公司2×15年自行研究开发一项新产品的专利技术，在研究开发过程中，发生的材料费用为448万元，人工费用为150万元，其他费用为200万元。上述费用中的598万元符合资本化条件。2×16年年初该专利技术已经达到预定用途，并成功申请专利，发生注册申请费2万元，以银行存款支付。该专利权预计使用寿命为8年，预计8年后该专利权尚可实现处置净额50万元，采用直线法摊销。2×17年年末该专利权发生贬值，预计可收回价值为240万元，预计净残值为零，预计使用寿命、摊销方法不变。2×20年年末该专利权的可收回价值为190万元，预计净残值为零，预计使用寿命、摊销方法不变。2×21年1月，甲公司出售该专利权，实收款项150万元存入银行，税法规定，专利权转让免征增值税。不考虑其他因素，2×17年年末专利权应计提减值准备( )万元。

A. 222.5   B. 210

C. 195   D. 123.6

6. 资料同上，甲公司出售此专利的损益额为( )万元。

A. 23   B. -40

C. 30   D. 22.5

二、多项选择题

1. 下列各项中，应计入发生当期损益的有( )。

A. 开发无形资产时发生的符合资本化条件的支出

B. 无形资产的研究费用

C. 不符合资本化条件的无形资产后续支出

D. 为宣传企业商标而支付的广告费

2. 下列有关无形资产的论断中，正确的有( )。

A. 无形资产"研发支出"期末余额列示于报表的"开发支出"项目，表示未完工的无形资产累计发生的资本化的开发支出

B. 无形资产的报废损失列支于"营业外支出"

C. 无形资产的摊销期限通常选择法定期限和合同期限的较短期

D. 如果无形资产摊销期限不确定，则不用摊销，但每年年末需检测其是否减值

3. 下列有关无形资产的论断中，正确的有( )。

A. 无形资产转让收益属于利得

B. 甲公司2×18年年初购入一项商标权，入账成本300万元，法定期限10年，采用直线法摊销，到期续注商标权时需花费30万元，并延期5年，则2×18年应摊销22万元

C. 年末"研发支出"的借方余额代表着未完工的无形资产累计发生的资本化的开发支出，因其价值不稳定，需每年年末检测其是否减值

D. 作为非房地产企业，自用土地使用权和地上建筑物一般应分别作为无形资产和固定资产核算，并分别确定摊销和折旧政策

E. 房地产企业用于商品房开发的土地使用权属于企业的存货，不得摊销

4. 下列有关无形资产会计处理的表述中，正确的有( )。

A. 用于建造厂房的土地使用权的账面价值应计入所建厂房的建造成本

B. 使用寿命不确定的无形资产应每年进行减值计提

C. 服务于产品生产的专利权的价值摊销应列支于制造费用

D. 内部研发项目研究阶段发生的支出不应确认为无形资产

5. 甲公司2×19年年初购入一项专利权，入账成本为300万元，法定使用期限为5年，预计有效使用期限为4年，乙公司于2×19年年初与甲公司签订协议，约定于3年后交易此专利权，交易价为60万元。甲公司采用直线法摊销。因新技术的出现

导致该专利权发生贬值，2×19年年末预计处置价格为150万元，预计处置费用为15万元，而预计未来现金流量的折现值为110万元，甲公司适用的所得税税率为25%，采用资产负债表债务法核算所得税，甲公司能够产生足够的应纳税所得额用以抵减可抵扣暂时性差异。税法认为此专利权的摊销口径为6年，到期时无残值，采用直线法摊销。此专利权的摊销费用列支于"管理费用"，该专利权对甲公司2×19年报表项目的影响有( )。

A. 追加资产减值损失85万元

B. 冲减所得税费用28.75万元

C. 冲减净利润123.75万元

D. 减少应交所得税12.5万元

6. 下列关于无形资产的会计处理中，正确的有( )。

A. 超过正常信用期分期付款且具有融资性质的购入无形资产，应按购买价款的现值确定其成本

B. 使用寿命不确定的无形资产，在持有期间不需要摊销，但至少应于每年年末进行减值测试

C. 外购土地使用权及建筑物的价款难以在两者之间进行分配时，应全部作为无形资产入账

D. 无形资产只能在其使用年限内采用直线法计提摊销

三、判断题

1. 使用寿命确定的无形资产的摊销均应计入管理费用。 ( )

2. 使用寿命有限但无法可靠确定与该项无形资产有关的经济利益的预期消耗方式的无形资产，不需要摊销，但应于每个会计期末对其进行减值测试。 ( )

3. 内部开发的无形资产的成本包括开发无形资产时耗费的材料、劳务成本以及其他销售费用、管理费用等间接费用。 ( )

4. 企业内部研发无形资产的费用，在研发

项目达到预定用途形成无形资产时，应将原计入损益的开发费用转入无形资产的成本。 （ ）

5. 企业取得土地使用权用于建造自用厂房时，土地使用权的账面价值应计入地上建筑物成本。 （ ）

6. 无形资产计提减值准备后，如果后续期间原导致减值的因素消失，那么应当将原计提的减值准备转回。 （ ）

7. 专门用于生产某种产品的非专利技术，其摊销金额应计入当期管理费用。 （ ）

四、计算分析题

☆2×17年至2×20年，甲公司发生的与A非专利技术相关的交易或事项如下：

资料一：2×17年7月1日，甲公司开始自行研发A非专利技术以生产新产品。2×17年7月1日至8月31日为研究阶段，耗用原材料150万元、应付研发人员薪酬400万元、计提研发专用设备折旧250万元。

资料二：2×17年9月1日，A非专利技术研发活动进入开发阶段，至2×17年12月31日，耗用原材料700万元、应付研发人员薪酬800万元、计提研发专用设备折旧500万元，上述研发支出均满足资本化条件。2×18年1月1日，该非专利技术研

发成功并达到预定用途。甲公司无法合理估计该非专利技术的使用寿命。

资料三：2×18年12月31日，经减值测试，该非专利技术的可收回金额为2 050万元。2×19年12月31日，经减值测试，该非专利技术的可收回金额为1 950万元。

资料四：2×20年7月1日，甲公司以1 900万元将A非专利技术对外出售，款项已收存银行。

本题不考虑增值税等相关税费及其他因素。

要求：

（1）编制甲公司2×17年7月1日至12月31日研发A非专利技术时发生相关支出的会计分录；

（2）编制甲公司2×18年1月1日A非专利技术达到预定用途时的会计分录；

（3）计算甲公司2×19年12月31日对A非专利技术应计提减值准备的金额，并编制相关会计分录；

（4）计算甲公司2×20年7月1日对外出售A非专利技术应确认损益的金额，并编制相关会计分录。

（"研发支出"科目应写出必要的明细科目，答案中的金额单位用万元表示）

同步训练答案及解析

一、单项选择题

1. B 【解析】A公司竞价取得商标权的入账价值 = 1 800+75 = 1 875（万元）。

2. C 【解析】选项A，管理费用的金额 = 30+40+30+30 = 130（万元）；选项B，无形资产达到预定用途确认的成本 = 100+200 = 300（万元）；选项C，影响2×18年管理费用的金额 = 130+无形资产2×18年摊销额2.5

（300/10×1/12）= 132.5（万元）；选项D，2×18年年末无形资产的账面价值 = 300-2.5 = 297.5（万元）。

3. C 【解析】无形资产的预计净残值一般为零，但也存在例外情况，比如有第三方承诺在无形资产使用寿命结束时愿意以一定的价格购买该无形资产。

4. C 【解析】A公司购买该项专利权的入账价值 = 400×4.329 5+24 = 1 755.8（万元），

2×19 年的摊销额 = 1 755.8/8 = 219.475（万元）。

5. A 【解析】①专利权的入账成本 = 598 + 2 = 600（万元）；②2×16 年至 2×17 年，每年的摊销额 = (600-50)/8 = 68.75（万元）；③2×17 年年末专利权的摊余价值 = 600 - 68.75×2 = 462.5（万元）；④2×17 年年末专利权的可收回价值为 240 万元，应提取减值准备 222.5 万元(462.5-240)。

6. C 【解析】①2×20 年年末的账面价值为 120 万元[240-240/(8-2)×3]；②相比此时的可收回价值 190 万元，不予恢复；③2×21 年年初出售专利权的损益 = 150 - 120 = 30（万元）。

二、多项选择题

1. BCD 【解析】选项 A，符合资本化条件的开发支出计入无形资产成本；选项 B，无形资产研究费用列入管理费用；选项 C，不符合资本化条件的无形资产后续支出一般列入管理费用；选项 D，广告费列入销售费用。

2. ABD 【解析】选项 C，无形资产摊销期限应选择法定期限、合同期限和有效使用期限三者中的最短者。

3. CDE 【解析】选项 A，无形资产转让包括转让使用权和转让所有权两种情况，转让使用权属于其他业务范畴，相关收益不属于利得，而属于收入，转让所有权的损益则属于损失或利得；选项 B，由于续注花费较大，应当作一个全新无形资产另行摊销，所以，前 10 年的年摊销额为 30 万元(300/10)，后 5 年的年摊销额为 6 万元(30/5)。

4. CD 【解析】选项 A，用于建造厂房的土地使用权的账面价值不需要转入所建造厂房的建造成本；选项 B，使用寿命不确定的无形资产应每年进行减值测试，并非每年一定都会计提减值。

5. ABCD 【解析】①2×19 年专利权的摊销

额 = (300-60)/3 = 80（万元）；②2×19 年年末未提减值前专利权的账面价值为 220 万元，相比此时的可收回价值 135 万元(150-15)，提取 85 万元的减值；③因新增可抵扣暂时性差异冲减所得税费用 28.75 万元[(300-300/6-135)×25%]；④减少应交所得税金额 = 300/6×25% = 12.5（万元）；⑤此专利权 2×19 年冲减甲公司当年净利润 123.75 万元(165×75%)。

6. AB 【解析】选项 C，无法合理分配的，应全部作为固定资产入账；选项 D，无形资产可以采用合理的方法，如产量法进行摊销。

三、判断题

1. × 【解析】无形资产的摊销额一般计入管理费用，但为产品生产服务的无形资产，其摊销额计入产品成本，出租的无形资产摊销额计入其他业务成本。

2. × 【解析】这种情况下应按直线法进行摊销。

3. × 【解析】其他销售费用、管理费用等间接费用不属于必要支出的组成，不构成无形资产的成本。

4. × 【解析】无形资产在开发过程中达到资本化条件之前已经费用化计入当期损益的支出不再进行调整。

5. × 【解析】土地使用权应单独作为无形资产核算，不需要与地上建筑物合并计入固定资产成本。

6. × 【解析】无形资产减值准备一经计提，以后期间不得转回。

7. × 【解析】摊销额计入制造费用。

四、计算分析题

【答案】
(1)2×17 年 7 月 1 日至 12 月 31 日研发 A 非专利技术发生相关支出时：
借：研发支出—费用化支出
　　　　　　　　　(150+400+250)800

—资本化支出

(700+800+500)2 000

　　贷：原材料　　　　　　(150+700)850

　　　　应付职工薪酬　(400+800)1 200

　　　　累计折旧　　　　　(250+500)750

2×17 年 12 月 31 日将费用化部分转入管理费用(可不写该笔分录)：

　　借：管理费用　　　　　　　　　800

　　　　贷：研发支出—费用化支出　　800

(2)2×18 年 1 月 1 日 A 非专利技术达到预定用途时：

　　借：无形资产　　　　　　　　2 000

　　　　贷：研发支出—资本化支出　2 000

(3)2×19 年 12 月 31 日 A 非专利技术计提减值前的账面价值是 2 000 万元，可收回金额是 1 950 万元，计提减值准备的金额 = 2 000－1 950 = 50(万元)。

　　借：资产减值损失　　　　　　　　50

　　　　贷：无形资产减值准备　　　　　50

(4)2×20 年 7 月 1 日，出售 A 非专利技术应确认的损益金额 = 1 900－1 950 = －50(万元)。

　　借：银行存款　　　　　　　　1 900

　　　　无形资产减值准备　　　　　　50

　　　　资产处置损益　　　　　　　　50

　　　　贷：无形资产　　　　　　　2 000

本章知识串联

无形资产

- 无形资产的确认和初始计量 ★
  - 概述
    - 商誉不属于无形资产
    - 没有实物形态的可辨认非货币性资产
  - 初始计量
    - 外购
      - 一般方式：购买价款＋相关税费＋直接归属于使该项资产达到预定用途所发生的直接支出
      - 分期付款方式
        - 购买价款与现值的差额，计入未确认融资费用
        - 以购买价款的现值入账
    - 投资者投入
      - 合同或协议约定价，但约定价不公允的除外
    - 土地使用权
      - 与建筑物一并购入，分别确认无形资产和固定资产；价款无法区分，全部作固定资产
      - 房地产开发企业建造对外出售的建筑物或持有以备增值后转让，计入开发产品
      - 赚取租金或资本增值，转为投资性房地产
      - 自用，确认为无形资产

- 内部研究开发支出的确认和计量 ★★★
  - 确认原则
    - 研究阶段
      - 费用化
    - 开发阶段
      - 符合资本化条件，资本化
      - 不符合资本化条件，费用化
    - 无法区分阶段
      - 全部费用化
  - 账务处理
    - 费用化的，先计入研发支出—费用化支出，期末转为管理费用
    - 资本化的，先计入研发支出—资本化支出，研发成功时转为无形资产

- 无形资产的后续计量 ★★★
  - 使用寿命的确定
    - 孰短原则（法定期限、有效使用期限、合同期限，三者最短）
    - 每年复核寿命、摊销方法等
  - 寿命有限
    - 摊销期限
      - 当月增加，当月开始摊销，当月减少，当月不摊销
    - 摊销方法
      - 直线法、加速摊销法、产量法等
    - 残值
      - 一般为零
      - 特殊情况下不为零
        - 有第三方承诺
        - 根据活跃市场可得到残值信息
    - 摊销的账务处理
      - 根据受益对象计入管理费用等科目
    - 存在减值迹象，减值测试
  - 寿命不确定
    - 每年年末对使用寿命进行复核
    - 每年年末进行减值测试

- 无形资产的处置 ★
  - 出售
    - 价款与账面价值、相关税费的差额确认为资产处置损益
  - 报废
    - 账面价值转入营业外支出

第四章　长期股权投资和合营安排

历年考情概况

在历年考试中，本章既是重点也是难点，即使有些年份本章没有直接出题，也丝毫不影响其重要性，因为本章相关知识是学习合并财务报表的基础，每年的分值在 7~15 分。本章内容在各类题型中均有可能出现，主要涉及长期股权投资初始投资成本的计算、权益法的会计处理、成本法和权益法以及金融资产的转换等知识点，考查形式涉及文字描述、金额计算和会计处理等。

近年考点直击

主要考点	主要考查题型	考频指数	考查角度
长期股权投资的初始计量	单多判计综	★★★	(1)同一控制下企业合并形成的长期股权投资初始投资成本的计算；(2)同一控制下企业合并初始计量处理原则；(3)取得联营企业投资相关税费的处理；(4)非同一控制下企业合并投出非现金资产的处理
成本法	单多	★★	(1)成本法核算下的处理原则；(2)被投资单位宣告分配现金股利时投资单位的处理
权益法	单多判综	★★★	(1)权益法下影响长期股权投资账面价值的因素；(2)存在内部交易未实现损益时被投资单位净利润的调整；(3)计算长期股权投资期末报表列示金额；(4)权益法下的账务处理
成本法核算转为权益法核算	多综	★★★	(1)追溯调整对资产负债表相关项目的影响金额计算；(2)处置部分和剩余股权投资的核算原则；(3)因减资造成的成本法转权益法的会计处理
权益法核算转为成本法核算	综	★★★	因增资造成的权益法转成本法的会计处理
权益法核算转为公允价值计量	综	★★★	相关会计分录的编制
公允价值计量转为权益法核算	计综	★★★	相关会计分录的编制
长期股权投资的处置	单	★★	权益法下处置时投资收益的计算

2022 年考试变化

本章新增"合营安排"的相关内容。

考点详解及精选例题

一、长期股权投资的范围

（一）达到**控制**影响程度的长期股权投资——对**子公司**的股权投资★★

1. 母子公司关系的界定条件

（1）二者之间必须有投资关系；

（2）二者之间必须有控制关系。

2. 控制的界定

详见财务报告章节中控制的界定。

（二）达到**共同控制**影响程度的长期股权投资——合营方对**合营企业**的股权投资★★

关于合营企业相关内容，具体参照"七、合营安排"。

（三）达到**重大影响**程度的长期股权投资——联营方对**联营企业**的股权投资★★

1. 联营企业的概念

当投资方通过投资达到对被投资方的重大影响时（对被投资方的财务、经营政策有参与权但达不到共同控制或控制程度），投资方称为被投资方的联营方，被投资方称为投资方的联营企业。

2. 重大影响的界定

（1）一般标准。

投资方**直接**或通过子公司**间接**持有被投资单位**20%以上但低于 50%的表决权**时，一般认为对被投资单位具有重大影响，除非有明确的证据表明该种情况下不能参与被投资单位的生产经营决策，不形成重大影响。

在确定能否对被投资单位施加重大影响时，一方面应考虑投资方直接或间接持有被投资单位的表决权股份；另一方面要考虑投资方及其他方持有的**当期可执行潜在表决权**在假定转换为对被投资单位的股权后产生的影响，如被投资单位发行的当期可转换的认股权证、股份期权及可转换公司债券等的影响。

（2）特殊标准。

企业通常可以通过以下一种或几种情形来判断是否对被投资单位具有重大影响。

①在被投资单位的董事会或类似权力机构中**派有代表**。在这种情况下，由于在被投资单位的董事会或类似权力机构中派有代表，并相应享有实质性的参与决策权，投资方可以通过该代表参与被投资单位财务和经营政策的制定，从而能够对被投资单位施加重大影响。

②**参与**被投资单位财务和经营政策的**制定过程**。这种情况下，在制定政策过程中可以为其自身利益提出建议和意见，从而可以对被投资单位施加重大影响。

③与被投资单位之间发生**重要交易**。有关的交易因对被投资单位的日常经营具有重要性，进而在一定程度上可以影响到被投资单位的生产经营决策。

④向被投资单位派出**管理人员**。在这种情况下，管理人员有权力主导被投资单位的相关活动，从而能够对被投资单位施加重大影响。

⑤向被投资单位提供**关键技术资料**。因被投资单位的生产经营需要依赖投资方的技术或技术资料，表明投资方对被投资单位具有重大影响。

存在上述一种或多种情形并不意味着投资方一定对被投资单位具有重大影响。企业需要综合考虑所有事实和情况来做出恰当的判断。

『拓展1』达不到重大影响的权益性投资的资产类别划分见表4-1。

表 4-1　达不到重大影响的权益性投资的资产类别划分

项目	资产类别划分		
达不到重大影响的权益性投资	被投资方是上市公司	短线运作	交易性金融资产
		长线运作	其他权益工具投资
	被投资方是非上市公司	其他权益工具投资	

『拓展2』长期股权投资准则规范的权益性投资不包括风险投资机构、共同基金以及类似主体(如投资连结保险产品)持有的、在初始确认时按照金融工具确认和计量准则的规定以公允价值计量且其变动计入当期损益的金融资产,这类金融资产即使符合持有待售条件也应继续按金融工具确认和计量准则进行会计处理。**投资性主体**对不纳入合并财务报表的子公司的权益性投资,应按照公允价值计量且其变动计入当期损益。

【关键考点】掌握长期股权投资的分类、重大影响的界定标准及达不到重大影响的股权投资的分类。

【例题1·单选题】☆母公司是投资性主体的,对不纳入合并范围的子公司的投资应按照公允价值进行后续计量。公允价值变动应当计入的财务报表项目是( )。

A. 公允价值变动收益

B. 资本公积

C. 投资收益

D. 其他综合收益

解析 ▶ 如果母公司是投资性主体,对不纳入合并范围的子公司的投资应当按照公允价值计量且其变动计入公允价值变动损益,报表项目为"公允价值变动收益"项目。

答案 ▶ A

二、长期股权投资的初始计量

长期股权投资在取得时,应按初始投资成本入账。长期股权投资的初始投资成本,应分企业合并和非企业合并两种情况确定。

(一)企业合并概述★

1. 企业合并的概念

企业合并是指将两个或两个以上的企业合并形成一个报告主体的交易或事项。

2. 企业合并的方式(见表4-2)

表 4-2　企业合并的方式

合并方式	购买方(合并方)	被购买方(被合并方)
吸收合并	取得对方资产并承担负债	解散
新设合并	由新成立企业持有参与合并各方的资产、负债	参与合并各方均解散
控股合并	取得控制权体现为长期股权投资	保持独立成为子公司

只有控股合并才会形成长期股权投资

3. 企业合并的类型

根据参与合并的企业在合并前后是否受同一方或相同的多方最终控制,分为同一控制下的企业合并与非同一控制下的企业合并。

(1)同一控制下的企业合并的界定。

参与合并的各方在合并前后均受同一方或相同的多方最终控制,且该控制并非暂时性的。

同一控制下企业合并的特点:

①不属于交易,本质上是资产、负债的重新组合;

②交易作价往往不公允。

(2)非同一控制下的企业合并的界定。

参与合并的各方在合并前后不属于同一

方或相同的多方最终控制的情况下进行的合并。

非同一控制下企业合并的特点：

①非关联的企业之间进行的合并；

②以市价为基础，交易作价相对公平合理。

老高提示 企业合并类型的划分是多选题的一个选材角度，考生应通过理解上述知识点掌握实务中合并类型的归属判定。

(二)控股合并形成的长期股权投资的初始计量★★★

【案例引入1】2×19年1月15日甲公司以账面原价150万元、累计摊销20万元、减值准备4万元、公允价值200万元的自用土地使用权作为对价，自同一集团内丙公司取得其持有乙公司60%的股权并达到控制。转让土地使用权适用的增值税税率为9%，合并日乙公司账面净资产为120万元。合并当日甲公司"资本公积—资本溢价"科目余额为10万元，"盈余公积"科目余额为5万元。甲公司与乙公司的会计年度和采用的会计政策相同。不考虑其他因素，甲公司对该项长期股权投资应如何处理？

解析 (1)长期股权投资的初始投资成本=120×60%=72(万元)。

(2)甲公司的会计分录如下：

借：长期股权投资　　　　　　72
　　资本公积　　　　　　　　10
　　盈余公积　　　　　　　　5
　　利润分配—未分配利润　　57
　　累计摊销　　　　　　　　20
　　无形资产减值准备　　　　4
　　贷：无形资产—土地使用权　　150
　　　　应交税费—应交增值税(销项税额)　(200×9%)18

【案例引入2】2×19年7月25日，甲公司以账面余额800万元、存货跌价准备100万元、公允价值1 000万元的库存商品自同一集团的丁公司换取乙公司70%的股权并

达到控制，该商品适用的增值税税率为13%，消费税税率为5%。乙公司账面净资产为800万元。投资当日甲公司"资本公积—资本溢价"科目余额为70万元，"盈余公积"科目余额为50万元。甲公司与乙公司的会计年度和采用的会计政策相同。不考虑其他因素，甲公司对该项长期股权投资应如何处理？

解析 (1)长期股权投资的初始投资成本=800×70%=560(万元)。

(2)甲公司的会计分录如下：

借：长期股权投资　　　　　　560
　　资本公积　　　　　　　　70
　　盈余公积　　　　　　　　50
　　利润分配—未分配利润　　200
　　存货跌价准备　　　　　　100
　　贷：库存商品　　　　　　　800
　　　　应交税费—应交增值税(销项税额)　(1 000×13%)130
　　　　　　　　　—应交消费税　(1 000×5%)50

【案例引入3】2×19年5月20日，甲公司以一台生产设备作为合并对价，取得其母公司控制的乙公司80%的股权，并于当日起能够对乙公司实施控制。合并日，该设备的账面原价为700万元，已计提折旧200万元，已计提减值准备30万元，公允价值为800万元，转让动产适用的增值税税率为13%。乙公司净资产的账面价值为600万元。甲公司与乙公司的会计年度和采用的会计政策相同。投资当日甲公司"资本公积—资本溢价"科目余额为50万元，"盈余公积"科目余额为20万元。不考虑其他因素，甲公司对该项长期股权投资应如何处理？

解析 (1)长期股权投资的初始投资成本=600×80%=480(万元)。

(2)甲公司的会计分录如下：

借：固定资产清理　　　　　　470
　　累计折旧　　　　　　　　200
　　固定资产减值准备　　　　30
　　贷：固定资产　　　　　　　700

借：长期股权投资　480
　　资本公积　　　　50
　　盈余公积　　　　20
　　利润分配—未分配利润　24
　　贷：固定资产清理　　470
　　　　应交税费—应交增值税（销项税额）　（800×13%）104

【案例引入4】2×19年5月20日，甲公司以代母公司偿还负债的方式取得母公司控制的乙公司90%的股权，并于当日起能够对乙公司实施控制。合并日此负债的账面价值为450万元，乙公司净资产的账面价值为600万元。甲公司与乙公司的会计年度和采用的会计政策相同。不考虑其他因素，甲公司对该项长期股权投资应如何处理？

解析　（1）长期股权投资的初始投资成本=600×90%=540（万元）。
（2）甲公司的会计分录如下：
借：长期股权投资　540
　　贷：其他应付款　450
　　　　资本公积—股本溢价　90

【理论总结】
1. 同一控制下的企业合并
（1）以支付现金、转让非现金资产或承担债务方式作为合并对价。
合并方以支付现金、转让非现金资产或承担债务方式作为合并对价的，应当在合并日按取得被合并方所有者权益在最终控制方合并财务报表中的账面价值的份额作为长期股权投资的初始投资成本。长期股权投资初始投资成本与支付的现金、转让的非现金资产以及所承担债务账面价值之间的差额，应当调整资本公积；资本公积（资本溢价或股本溢价）不足冲减的，调整留存收益。
合并方的一般分录如下：
借：长期股权投资[合并当日最终控制方认可的被投资方账面净资产×合并方取得的股份比例]
①资本公积[转让资产或代偿负债的账面价值高于长期股权投资初始

成本的差额先冲资本公积]
②盈余公积
③利润分配—未分配利润[当资本公积不够冲时再冲盈余公积，如果仍不够冲，最后冲未分配利润]
贷：转让的资产或代偿的负债[账面价值]
　　应交税费—应交增值税（销项税额）
　　—应交消费税
　　资本公积[转让资产或代偿负债的账面价值低于长期股权投资初始成本的差额]

老高提示　关键点有两个：一是长期股权投资入账成本的计算；二是转让资产或代偿负债的账面价值与长期股权投资初始成本的差额的调账顺序。

（2）以发行权益性证券方式作为合并对价。
合并方以发行权益性证券作为合并对价的，应当在合并日按取得被合并方所有者权益在最终控制方合并财务报表中的账面价值的份额作为长期股权投资的初始投资成本。按照发行股份的面值总额作为股本，长期股权投资初始投资成本与所发行股份面值总额之间的差额，应当调整资本公积；资本公积（资本溢价或股本溢价）不足冲减的，调整留存收益。
合并方的一般会计分录如下：
借：长期股权投资[合并当日最终控制方认可的被投资方账面净资产×合并方取得的股份比例]
贷：股本或实收资本[发行股份的面值或新增的实收资本]
　　资本公积—股本溢价或资本溢价[当长期股权投资的入账成本大于股份面值时挤入贷方；反之挤入借方，如果资本公积不够冲减则冲减留存收益]

【关键考点】关键考点有两个：一是长期股权投资入账成本的计算；二是资本公积

金额的认定。

【例题2·分析题】甲、乙、丙三家公司同属一个集团，丙公司持有乙公司60%的股权，甲公司发行600万股普通股（每股面值1元）作为对价自丙公司取得其持有乙公司60%的股权并达到控制，所发行普通股每股的公允价值为10元。甲公司为此以银行存款支付给券商8万元的发行费用。合并日乙公司所有者权益在最终控制方合并财务报表中的账面价值为1 300万元。甲公司与乙公司的会计年度和采用的会计政策均相同。不考虑其他因素，甲公司对该项长期股权投资应如何处理？

解析 ▶ 发行股票时：

借：长期股权投资（1 300×60%）780
　　贷：股本 600
　　　　资本公积—股本溢价 180

支付发行费用时：

借：资本公积—股本溢价 8
　　贷：银行存款 8

（3）合并直接费用及证券发行费用的会计处理原则。

①同一控制下的企业合并中，合并方为企业合并发生的审计、法律服务、评估咨询等中介费用以及其他相关直接费用，应当于发生时直接计入管理费用。

②股票发行费用应冲减"资本公积—股本溢价"，如果溢价不够冲或无溢价时则冲减留存收益。

③债券发行费用应记入"应付债券—利息调整"科目，即冲减溢价或追加折价。

老高提示 非同一控制下的企业合并直接费用和股票、证券发行费用与同一控制相同。

【例题3·分析题】2×19年5月20日，甲公司以发行公司债券的方式取得母公司控制的乙公司90%的股权，并于当日起能够对乙公司实施控制。甲公司所发行的公司债券的面值为500万元，票面年利率为6%，每年年末付息到期还本，甲公司另以银行存款支付发行费用2万元。合并日，乙公司所有者权益在最终控制方合并财务报表中的账面价

值为600万元。甲公司与乙公司的会计年度和采用的会计政策相同。不考虑其他因素，甲公司对该项长期股权投资应如何处理？

解析 ▶（1）长期股权投资的入账成本＝600×90%＝540（万元）。

（2）甲公司的会计分录如下：

借：长期股权投资 540
　　贷：应付债券—面值 500
　　　　—利息调整 40

同时，支付发行费用时：

借：应付债券—利息调整 2
　　贷：银行存款 2

【例题4·多选题】M公司以定向增发股票的方式购买同一集团内N公司持有的F公司80%的股权并达到控制。为取得该股权，M公司增发200万股普通股，每股面值为1元，每股公允价值为10元；以银行存款支付承销商佣金20万元，合并中发生审计费用12万元，合并当日F公司所有者权益在最终控制方合并财务报表中的账面价值为700万元，公允价值为1 000万元。M公司和F公司的会计年度和采用的会计政策相同，基于上述资料，如下论断中正确的有（　）。

A. 该合并属于同一控制下的换股合并

B. 长期股权投资的入账成本为560万元

C. 支付承销商的佣金和合并中的审计费用均列入发生当期的管理费用

D. M公司因此合并应贷记"资本公积—股本溢价"360万元

E. 此业务直接造成M公司所有者权益追加540万元

解析 ▶（1）换股合并时：

借：长期股权投资（700×80%）560
　　贷：股本 200
　　　　资本公积—股本溢价 360

（2）支付承销商佣金时：

借：资本公积—股本溢价 20
　　贷：银行存款 20

（3）支付审计费用时：

借：管理费用 12

贷：银行存款   12

答案 ▶ ABE

【例题5·多选题】☆下列关于同一控制下企业合并形成的长期股权投资的会计处理表述中，正确的有( )。

A.合并方发生的评估咨询费用，应计入当期损益

B.与发行债务工具作为合并对价直接相关的交易费用，应计入债务工具的初始确认金额

C.与发行权益工具作为合并对价直接相关的交易费用，应计入当期损益

D.合并成本与合并对价账面价值之间的差额，应计入其他综合收益

解析 ▶ 选项C，与发行权益工具作为合并对价直接相关的交易费用，应冲减资本公积——资本溢价/股本溢价，资本公积不足冲减的，调整留存收益；选项D，合并成本与合并对价账面价值之间的差额，应计入资本公积——资本溢价/股本溢价，资本公积不足以冲减的，调整留存收益。
答案 ▶ AB

(4)被合并方账面所有者权益的确定。

对于被合并方账面所有者权益，应当在考虑以下几个因素的基础上计算确定形成长期股权投资的初始投资成本。

①被合并方与合并方的会计政策、会计期间是否一致。如果合并前合并方与被合并方的会计政策、会计期间不同的，应首先按照合并方的会计政策、会计期间对被合并方资产、负债的账面价值进行调整，在此基础上计算确定被合并方的账面所有者权益，并计算确定长期股权投资的初始投资成本。

②被合并方账面所有者权益是指被合并方的所有者权益相对于最终控制方而言的账面价值。

【例题6·分析题】甲公司2×19年年初自非关联方丙公司购入乙公司80%的股份，初始投资成本为1 000万元，并于当日实质控制了乙公司。购买日乙公司的账面净资产为700万元，公允可辨认净资产为900万元。2×19年乙公司实现账面净利润300万元，基于2×19年年初的公允可辨认净资产口径推定的当年净利润为370万元，当年乙公司分配现金股利40万元，乙公司当年无其他所有者权益变动事项。2×20年年初甲公司的另一子公司丁公司自甲公司购得其持有乙公司80%的股份。不考虑其他因素，丁公司应如何确定长期股权投资的入账成本？

解析 ▶

单位：万元

事项	乙公司账面口径	最终控制方甲公司认可的口径
乙公司2×19年年初可辨认净资产	700	900
乙公司2×19年的净利润	300	370
乙公司2×19年的分红	40	40
乙公司2×20年年初可辨认净资产	960	1 230
丁公司长期股权投资入账成本	不得采纳	1 230×80%+(1 000−900×80%)=1 264

『拓展』假如丁公司只取得了乙公司70%的股份，则丁公司长期股权投资的入账成本=最终控制方角度的乙公司账面可辨认净资产(900+370−40)×持股比例70%+最终控制方角度的商誉(1 000−900×80%)=1 230×70%+280=1 141(万元)。

即虽然未取得80%的股份，但商誉要全部接手过来，不存在只接手70%的情况。

【例题7·单选题】甲公司2×19年7月1日自母公司(丁公司)取得乙公司60%股权并达到控制，当日，乙公司个别财务报表中净资产的账面价值为3 200万元。该股权系丁公司于2×17年6月自公开市场购入，丁公司在购入乙公司60%股权时确认了800万元商誉。2×19年7月1日，按丁公司取得该股权时乙公司可辨认净资产公允价值为基础持续计算的乙公司可辨

认净资产价值为 4 800 万元。为进行该项交易，甲公司支付有关审计等中介机构费用 120 万元。不考虑其他因素，甲公司应确认对乙公司股权投资的初始投资成本为(　)万元。

　　A．1 920　　　　B．2 040
　　C．2 880　　　　D．3 680

解析 ▶ 甲公司应确认对乙公司股权投资的初始投资成本 = 4 800×60% + 800 = 3 680 (万元)。

答案 ▶ D

③如果是被合并方本身编制合并财务报表的，被合并方的账面所有者权益的价值应当以其合并财务报表为基础确定。

老高提示 被合并方在合并日的账面净资产如果是负数，则长期股权投资成本按零确定。

【关键考点】 掌握上述会计处理原则。

【例题 8·单选题】 ☆丙公司为甲、乙公司的母公司，2×18 年 1 月 1 日，甲公司以银行存款 7 000 万元取得乙公司 60% 有表决权的股份，另以银行存款 100 万元支付与合并直接相关的中介费用，当日办妥相关股权划转手续后，取得了乙公司的控制权；乙公司在丙公司合并财务报表中的净资产账面价值为 9 000 万元。不考虑其他因素，甲公司该项长期股权投资在合并日的初始投资成本为(　)万元。

　　A．7 100　　　　B．7 000
　　C．5 400　　　　D．5 500

解析 ▶ 同一控制下企业合并形成的长期股权投资的初始投资成本 = 被合并方在最终控制方角度下的账面净资产×持股比例 = 9 000×60% = 5 400 (万元)。

答案 ▶ C

2．非同一控制下的企业合并

(1)购买日的确定。

①购买日是指购买方实际取得对被购买方控制权的日期(本质)；

②通常以法律手续办妥日或款项结清日为准(表现形式)；

③题中常用表述方式：……于×年×月×日，改组了董事局，完成了控制……

【关键考点】 掌握购买日的确定标准。

(2)非同一控制下企业合并形成的长期股权投资的初始计量原则。

【案例引入 1】 2×19 年 1 月 15 日，甲公司以账面原价 150 万元、累计摊销 20 万元、减值准备 4 万元、公允价值 200 万元的自用土地使用权作为对价，自丙公司取得其持有乙公司 60% 的股权并达到控制。转让土地使用权适用的增值税税率为 9%，合并日乙公司账面净资产为 120 万元。合并当日甲公司"资本公积—资本溢价"科目余额为 10 万元，"盈余公积"科目余额为 5 万元。甲公司与乙公司的会计年度和采用的会计政策相同。不考虑其他因素，同一控制下和非同一控制下，甲公司对该项长期股权投资分别应如何处理？

解析 ▶

同一控制下		非同一控制下	
借：长期股权投资	72		
资本公积	10	借：长期股权投资 (200+200×9%)218	
盈余公积	5	累计摊销	20
利润分配—未分配利润	57	无形资产减值准备	4
累计摊销	20	贷：无形资产	150
无形资产减值准备	4	应交税费—应交增值税(销项税额)	18
贷：无形资产	150	资产处置损益 [200-(150-20-4)]74	
应交税费—应交增值税(销项税额)	18		

【案例引入 2】 2×19 年 7 月 25 日，甲公司以账面余额为 800 万元、存货跌价准备为 100 万元、公允价值为 1 000 万元的库存商品换取乙公司 70% 的股权并达到控制，该商品适用的增值税税率为 13%，消费税税率为 5%。乙公司账面净资产为 800 万元。投资当

日甲公司"资本公积—资本溢价"科目余额为 70 万元，"盈余公积"科目余额为 50 万元。甲公司与乙公司的会计年度和采用的会计政策相同。不考虑其他因素，同一控制下和非同一控制下，甲公司对该项长期股权投资分别应如何处理？

解析 ➡

同一控制下		非同一控制下	
借：长期股权投资	560	借：长期股权投资	1 130
资本公积	70	贷：主营业务收入	1 000
盈余公积	50	应交税费—应交增值税(销项税额)	130
利润分配—未分配利润	200	借：主营业务成本	700
存货跌价准备	100	存货跌价准备	100
贷：库存商品	800	贷：库存商品	800
应交税费—应交增值税(销项税额)	130	借：税金及附加	50
—应交消费税	50	贷：应交税费—应交消费税	50

【案例引入 3】 2×19 年 5 月 20 日，甲公司以一台生产设备为合并对价，取得乙公司 80% 的股权，并于当日起能够对乙公司实施控制。合并日，该设备的账面原价为 700 万元，已提折旧 200 万元，已计提减值准备 30 万元，公允价值为 800 万元，转让动产适用的增值税税率为 13%。乙公司净资产的账面价值为 600 万元。甲公司与乙公司的会计年度和采用的会计政策相同。投资当日甲公司"资本公积—资本溢价"科目余额为 50 万元，"盈余公积"科目余额为 20 万元。不考虑其他因素，同一控制下和非同一控制下，甲公司对该项长期股权投资分别应如何处理？

解析 ➡

同一控制下		非同一控制下	
借：固定资产清理	470	借：固定资产清理	470
累计折旧	200	累计折旧	200
固定资产减值准备	30	固定资产减值准备	30
贷：固定资产	700	贷：固定资产	700
借：长期股权投资	480	借：长期股权投资	904
资本公积	50	贷：固定资产清理	800
盈余公积	20	应交税费—应交增值税(销项税额)	104
利润分配—未分配利润	24	借：固定资产清理	330
贷：固定资产清理	470	贷：资产处置损益	330
应交税费—应交增值税(销项税额)			
	(800×13%)104		

【案例引入 4】 甲公司定向增发 600 万股普通股(每股面值 1 元)作为对价自丙公司取得其持有乙公司 60% 的股权并达到控制，所发行普通股每股的公允价值为 10 元。甲公司为此以银行存款支付给券商 8 万元的发行费用。合并日乙公司账面净资产总额为 1 300 万元。甲公司与乙公司的会计年度和采用的会计政策相同。不考虑其他因素，同一控制下和非同一控制下，甲公司对该项长期股权投资分别应如何处理？

解析 ▶

同一控制下		非同一控制下	
借：长期股权投资　（1 300×60%）780		借：长期股权投资　（600×10）6 000	
贷：股本　600		贷：股本　600	
资本公积—股本溢价　180		资本公积—股本溢价　5 400	
借：资本公积—股本溢价　8		借：资本公积—股本溢价　8	
贷：银行存款　8		贷：银行存款　8	

【理论总结】

①非同一控制下的控股合并中，购买方应当以付出的资产、发生或承担的负债以及发行的权益性证券的**公允价值**，作为长期股权投资的成本。企业合并发生的**审计费用、法律服务费用、咨询费用和评估费**列入合并方的**管理费用**(同一控制下也是这样处理)。债券的发行费用**追加折价或冲减溢价**，权益性证券的发行费用在溢价发行前提下**冲抵溢价**，如果溢价不够抵或按面值发行的应冲减盈余公积和未分配利润(同一控制下也是这样处理)。

【关键考点】掌握长期股权投资入账成本的计算、非现金资产转让损益的计算、合并直接费用和证券发行费用的会计处理。

②无论是同一控制下的企业合并还是非同一控制下的企业合并形成的长期股权投资，实际支付的价款或对价中包含的已宣告但尚未发放的现金股利或利润，都应作为**应收项目**处理。

(3)一般会计分录。

①如果投出的是无形资产，按正常转让无形资产所有权处理：

借：长期股权投资
　　累计摊销
　　无形资产减值准备
　贷：无形资产
　　　应交税费—应交增值税(销项税额)
　　　资产处置损益[或借记]

老高提示　专利技术、非专利技术免征增值税，商标权、著作权及特许经营权需按照6%计列销项税额，土地使用权转让适用的增值税税率为9%。

②如果投出的是固定资产，按正常出售

固定资产处理：

借：固定资产清理
　　累计折旧
　　固定资产减值准备
　贷：固定资产
借：长期股权投资
　贷：固定资产清理
　　　应交税费—应交增值税(销项税额)
借：固定资产清理
　贷：资产处置损益

或相反分录。

③如果投出的是存货，则按正常销售收入处理：

借：长期股权投资
　贷：主营业务收入
　　　应交税费—应交增值税(销项税额)
借：主营业务成本
　　存货跌价准备
　贷：库存商品
借：税金及附加
　贷：应交税费—应交消费税

④如果是换股合并方式，则应作如下处理：

借：长期股权投资[按发行股份的公允价值入账]
　贷：股本[按股票面值入账]
　　　资本公积—股本溢价[倒挤]

在另付发行费用时：

借：资本公积—股本溢价
　贷：银行存款

【例题9·单选题】☆2×18年1月1日，

71

甲公司发行1 500万股普通股股票从非关联方取得乙公司80%的股权，发行的股票每股面值1元，取得股权当日，每股公允价值6元，为发行股票以银行存款支付给券商佣金300万元。相关手续于当日完成，甲公司取得了乙公司的控制权，该企业合并不属于反向购买。乙公司2×18年1月1日所有者权益账面价值总额为12 000万元，可辨认净资产的公允价值与账面价值相同。不考虑其他因素，甲公司应确认的长期股权投资初始投资成本为( )万元。

A. 9 000　　　　B. 9 600

C. 8 700　　　　D. 9 300

解析 非同一控制下企业合并，长期股权投资的初始投资成本=支付对价公允价值=1 500×6=9 000(万元)；为发行股票支付的佣金、手续费冲减"资本公积—股本溢价"。

答案 ▶ A

【例题10·多选题】 2×19年6月1日，甲公司以库存商品及专利权取得同一集团乙公司90%的股权，并于当日起能够对乙公司实施控制。合并日，库存商品的账面余额为60万元，未计提存货跌价准备，公允价值为100万元，适用的增值税税率为13%、消费税税率为5%；专利权的账面余额为500万元，累计摊销为100万元，未计提减值准备，公允价值为600万元。合并日乙公司所有者权益在最终控制方合并财务报表中的账面价值为800万元，公允可辨认净资产为900万元。甲公司与乙公司的会计年度和采用的会计政策相同。不考虑其他因素，甲公司基于上述资料的如下核算指标中，正确的有( )。

A. 确认长期股权投资720万元

B. 增加资本公积242万元

C. 确认长期股权投资713万元

D. 确认商品转让收益35万元，确认专利权转让收益200万元

解析 甲公司的会计分录如下：

借：长期股权投资 (800×90%)720

　　累计摊销　　　　　　　　100

　　　贷：无形资产　　　　　　　　500
　　　　　库存商品　　　　　　　　 60
　　　　　应交税费—应交增值税(销项
　　　　　　税额)　　　　　　　　　13
　　　　　　　　　—应交消费税　　　5
　　　　　资本公积—股本溢价　　　242

答案 ▶ AB

『拓展』如果此合并是非同一控制下的，则应选择CD，具体分录如下：

借：长期股权投资

　　　　(100×1.13+600)713

　　累计摊销　　　　　　　　100

　　　贷：主营业务收入　　　　　　100
　　　　　应交税费—应交增值税(销项
　　　　　　税额)　　　　　　　　　13
　　　　　无形资产　　　　　　　　500
　　　　　资产处置损益　　　　　　200

借：主营业务成本　　　　　　　 60

　　　贷：库存商品　　　　　　　　 60

借：税金及附加　　　　　　　　　 5

　　　贷：应交税费—应交消费税　　　5

(三)非企业合并形成的长期股权投资的初始计量★★★

1. 以支付现金方式取得长期股权投资

以支付现金取得的长期股权投资，应当按照实际支付的购买价款作为初始投资成本。初始投资成本包括与取得长期股权投资直接相关的费用、税金及其他必要支出。企业取得长期股权投资，实际支付的价款或对价中包含的已宣告但尚未发放的现金股利或利润，应作为应收项目处理。

一般分录如下：

借：长期股权投资—投资成本

　　应收股利

　　　贷：银行存款

2. 以发行权益性证券方式取得长期股权投资

以发行权益性证券取得的长期股权投资，应当按照发行权益性证券的公允价值作为初

始投资成本。权益性证券的发行费用在溢价发行前提下冲抵溢价，如果溢价不够抵或是按面值发行的，则剩余部分应冲减盈余公积和未分配利润。

一般分录如下：

借：长期股权投资—投资成本
　　贷：股本
　　　　资本公积—股本溢价
借：资本公积—股本溢价
　　贷：银行存款

【例题 11·分析题】甲公司发行 100 万股普通股(每股面值 1 元)作为对价自丙公司取得其持有乙公司 24% 的股权，并能够对其施加重大影响，每股普通股的公允价值为 10 元。甲公司为此以银行存款支付给券商 8 万元的发行费用。不考虑其他因素，甲公司对该项长期股权投资应如何处理？

解析 ▶ 甲公司定向增发股票时：

借：长期股权投资—投资成本
　　　　　　　　　　　(100×10)1 000
　　贷：股本　　　　　　　　　100
　　　　资本公积—股本溢价　　900
甲公司支付发行费用时：
借：资本公积—股本溢价　　　　8
　　贷：银行存款　　　　　　　8

老高提示 非企业合并形成的长期股权投资的初始计量与非同一控制下企业合并形成的长期股权投资的处理原则相似，考生可对比掌握。

三、长期股权投资的后续计量

(一)长期股权投资核算的成本法★★

1. 成本法的适用范围
投资企业能够对被投资单位实施控制的长期股权投资。

【关键考点】成本法与权益法的适用范围要对比掌握。

2. 成本法核算
(1)初始投资时的会计处理(见"长期股权投资的初始计量"的讲解)。
(2)成本法下收到现金股利的会计处理。
①处理原则。采用成本法核算的长期股权投资，除取得投资时实际支付的价款或对价中包含的已宣告但尚未发放的现金股利或利润外，投资企业应当按照享有被投资单位宣告发放的现金股利或利润的份额确认投资收益。

企业按照上述规定确认自被投资单位应分得的现金股利或利润后，应当考虑长期股权投资是否发生减值。在判断该类长期股权投资是否存在减值迹象时，应当关注长期股权投资的账面价值是否大于享有被投资单位净资产(包括相关商誉)账面价值的份额等类似情况。出现类似情况时，企业应当按照《企业会计准则第 8 号——资产减值》对长期股权投资进行减值测试，可收回金额低于长期股权投资账面价值的，应当计提减值准备。

子公司将未分配利润或盈余公积转增股本(或实收资本)，且未向投资方提供等值现金股利或利润的选择权时，投资方并没有获得收取现金或者利润的权利，该项交易通常属于子公司自身权益结构的重分类，投资方不应确认相关的投资收益。

②会计分录。
a. 宣告时：
借：应收股利
　　贷：投资收益
b. 发放时：
借：银行存款
　　贷：应收股利

【关键考点】掌握成本法的会计处理原则。

(二)长期股权投资核算的权益法★★★

1. 权益法的适用范围
投资企业对被投资单位具有共同控制或重大影响的长期股权投资，应当采用权益法核算。

【关键考点】权益法的适用范围要与成本法对比掌握。

2. 权益法核算

(1)初始投资成本与被投资方公允可辨认净资产中属于投资方的部分之间的差额处理。

①处理原则。

a. 长期股权投资的初始投资成本<u>大于</u>投资时应享有被投资单位可辨认净资产公允价值份额的，<u>不调整</u>长期股权投资的初始投资成本；

b. 长期股权投资的初始投资成本<u>小于</u>投资时应享有被投资单位可辨认净资产公允价值份额的，其差额应当<u>计入当期损益</u>，同时调整长期股权投资的成本。

②会计分录。

a. 当初始投资成本大于在被投资方所拥有的可辨认净资产公允价值份额时：

借：长期股权投资—投资成本
    贷：银行存款等

b. 当初始投资成本小于在被投资方所拥有的可辨认净资产公允价值份额时：

先确认初始投资成本：

借：长期股权投资—投资成本
    贷：银行存款等

再将差额作如下处理：

借：长期股权投资—投资成本
    贷：<u>营业外收入</u>

【关键考点】掌握被投资方公允可辨认净资产中属于投资方的部分与初始投资成本之差的会计处理。

(2)被投资方发生盈亏时投资方的会计处理。

①被投资方实现盈余时投资方的会计处理。

a. 当被投资方实现盈余时，先将此盈余口径<u>调整为公允口径</u>，再根据调整为公允口径后的净利润乘以投资方的持股比例即为投资收益额，具体分录如下：

借：长期股权投资—损益调整[被投资方实现的公允净利润×投资方的持股比例]
    贷：投资收益

b. 符合如下条件之一的，可按被投资方账面净利润认定投资收益：

投资企业无法合理确定取得投资时被投资方各项可辨认资产等的公允价值；

投资时被投资方可辨认净资产的公允价值与账面价值相差无几；

其他原因导致无法取得被投资方的相关资料，不能按照准则中规定的原则对被投资方的净损益进行调整的。

c. 如果被投资方采用的会计政策及会计期间与投资企业不一致的，应当按照投资企业的会计政策及会计期间对被投资单位的财务报表进行调整，并据以确认投资损益。

d. 在评估投资方对被投资方是否具有重大影响时，应当考虑潜在表决权的影响，但在确定应享有的被投资方实现的净损益、其他综合收益和其他所有者权益变动的份额时，<u>潜在表决权</u>所对应的权益份额<u>不应予以考虑</u>。

e. 在确认应享有或应分担的被投资方净利润(或亏损)时，法规或章程规定不属于投资方的净损益应当予以剔除后计算。

【例题 12·分析题】甲公司于 2×19 年 1 月 1 日取得乙企业 30% 的股权，能够对其施加重大影响。取得投资时乙企业的一项管理用固定资产公允价值为 1 200 万元，账面价值为 600 万元，固定资产的预计尚可使用年限为 10 年，预计净残值为零，按照年限平均法计提折旧，其他可辨认资产、负债的公允价值和账面价值均相等。乙企业 2×19 年度利润表中净利润为 500 万元。不考虑其他因素，甲公司在 2×19 年年末对该项长期股权投资应如何处理？

解析 ▶ ①被投资方管理用固定资产的公允口径折旧 = 1 200÷10 = 120(万元)；②被投资方的账面口径折旧 = 600÷10 = 60(万元)；③因折旧造成的差异为 60 万元(120 − 60)；

④由此调整后的被投资方公允净利润 = 500-60 = 440（万元）；⑤投资方由此认定的投资收益 = 440×30% = 132（万元）；⑥会计分录如下：

借：长期股权投资—损益调整　132

　　贷：投资收益　　　　　　　132

【例题 13·分析题】2×17 年 7 月 1 日，A 公司从乙公司购买其持有的 B 公司 30% 的股份，支付乙公司银行存款 2 200 万元。取得投资后，A 公司在 B 公司董事会中派出一名代表，能够对其施加重大影响。当日，B 公司可辨认净资产公允价值为 7 000 万元，除下列项目外，B 公司其他资产、负债的公允价值与账面价值相同。

项目	账面原价（万元）	已提折旧（万元）	公允价值（万元）	原预计使用年限（年）	剩余使用年限（年）
存货	500		600		
固定资产	1 000	200	1 500	10	8

2×17 年 B 公司实现净利润 600 万元，假定每月利润均衡实现。当年 B 公司的上述存货对外出售了 60%。B 公司上述固定资产采用年限平均法计提折旧，预计净残值为零。A 公司与 B 公司的会计年度和采用的会计政策相同。假定不考虑相关税费等其他因素，A 公司在 2×17 年年末对该项长期股权投资应如何处理？

解析 ▶（1）B 公司下半年调整后的净利润 = 600×6/12-（600-500）×60%-（1 500/8-1 000/10）×6/12 = 196.25（万元）；

（2）A 公司应享有份额 = 196.25×30% = 58.88（万元）。

（3）借：长期股权投资—损益调整

　　　　　　　　　　　　　　58.88

　　　贷：投资收益　　　　　58.88

②被投资方发生超额亏损时投资方的会计处理。

【案例引入 1】（1）甲公司 2×19 年年初取得乙公司 40% 的股权，能够对其施加重大影响，初始投资成本为 2 000 万元，投资当日乙公司各项资产、负债公允价值等于账面价值，双方采用的会计政策、会计期间相同，乙公司 2×19 年年初公允可辨认净资产为 4 000 万元。假定不考虑所得税等其他因素，初始投资时甲公司对该项长期股权投资应如何处理？

解析 ▶借：长期股权投资—投资成本

　　　　　　　　　　　　　　2 000

　　　贷：银行存款　　　　　2 000

初始投资成本 2 000 万元大于应享有乙公司公允可辨认净资产的份额 1 600 万元（4 000×40%），不需要调整。

（2）2×19 年乙公司实现净利润 500 万元，此时甲公司对该项长期股权投资应如何处理？

解析 ▶借：长期股权投资—损益调整

　　　　　　　　　　（500×40%）200

　　　贷：投资收益　　　　　　200

（3）乙公司 2×20 年亏损 6 000 万元，甲公司拥有对乙公司"长期应收款"80 万元（实质上构成对乙公司的净投资），且甲公司对乙公司亏损承担连带责任（最高限额 50 万元），甲公司对该项长期股权投资应如何处理？

解析 ▶借：投资收益　　　　 2 330

　　　贷：长期股权投资—损益

　　　　　调整　　　　　　　 2 200

　　　　长期应收款　　　　　　 80

　　　　预计负债　　　　　　　 50

同时，在备查簿中登记未入账亏损 70 万元（6 000×40%-2 200-80-50）。

（4）乙公司 2×21 年实现净利润 80 万元，且持有的其他债权投资公允价值上升 70 万元。甲公司对该项长期股权投资应如何处理？

解析 ▶甲公司应分享的乙公司实现净利润及其他综合收益增加额 = 80×40%+70×40% = 60（万元）。

此时不作账务处理，仅在备查簿中分别

登记应享有乙公司实现净利润的份额32万元和其他综合收益的份额28万元。

【案例引入2】 承【案例引入1】。假定(1)乙公司2×20年亏损6 000万元，甲公司无应收乙公司的长期债权，且甲公司对乙公司亏损不承担连带责任，甲公司对该项长期股权投资应如何处理？

解析 ▶ 借：投资收益　　　　　2 200
　　　　　贷：长期股权投资—损益
　　　　　　　调整　　　　　　2 200

同时，在备查簿中登记未入账亏损200万元(6 000×40%–2 200)。

(2)乙公司2×21年实现净利润400万元，且持有的其他债权投资公允价值上升300万元。甲公司对该项长期股权投资应如何处理？

解析 ▶ 甲公司应分享的乙公司实现净利润及其他综合收益增加额=400×40%+300×40%=280(万元)，会计分录为：

借：长期股权投资—其他综合收益
　　　　　　　　　　　　　　120
　　投资收益　　　　　　　40
　　贷：其他综合收益　　　120
　　　　长期股权投资—损益调整　40

【理论总结】

A. 被投资方发生亏损时投资方的会计处理原则。

投资企业确认被投资单位发生的净亏损，应当**以长期股权投资的账面价值以及其他实质上构成对被投资单位净投资的长期权益(长期应收款等)减记至零为限**，投资企业负有承担额外损失义务的除外。因此，在确认应分担被投资单位发生的亏损时，应当按照以下顺序进行处理。

a. 冲减**长期股权投资的账面价值**。

b. 如果长期股权投资的账面价值不足以冲减的，应当以其他实质上构成对被投资单位净投资的长期权益账面价值为限继续确认投资损失，冲减**长期权益的账面价值**。

c. 在进行上述处理后，按照投资合同或

协议约定企业仍承担额外义务的，应按预计承担的义务确认**预计负债**，计入当期投资损失。

被投资单位以后期间实现盈利的，扣除未确认的亏损分担额后，应按与上述顺序**相反的顺序**处理，减记已确认预计负债的账面余额、恢复其他长期权益以及长期股权投资的账面价值，同时确认投资收益。

投资企业在确认应享有被投资单位净损益的份额时，均应当以取得投资时被投资单位各项可辨认资产等的公允价值为基础，对被投资单位的净损益进行调整后确认。

B. 被投资方亏损时的一般会计分录。

借：投资收益
　　贷：长期股权投资—损益调整
　　　　长期应收款
　　　　预计负债

C. 将来被投资方实现盈余或其他综合收益增加时的会计处理原则。

将来被投资方实现盈余或其他综合收益增加时，投资方应当按照上述确认有关投资净损失时的相反顺序进行会计处理，即依次减记未确认投资净损失金额、冲减预计负债金额、恢复其他长期权益和恢复长期股权投资的账面价值。

a. 投资方当期对被投资单位净利润和其他综合收益增加净额的分享额小于或等于前期未确认投资净损失的，根据登记的未确认投资净损失的类型，弥补前期未确认的应分担的被投资单位净亏损或其他综合收益减少净额等投资净损失。此时，不作账务处理。

b. 投资方当期对被投资单位净利润和其他综合收益增加净额的分享额大于前期未确认投资净损失的，应先按照以上A的规定弥补前期未确认投资净损失；对于前者大于后者的差额部分，减记已确认预计负债的账面价值，依次恢复其他长期权益的账面价值和长期股权投资的账面价值，同时按权益法确认该差额。

【关键考点】 掌握被投资方盈亏时投资方的会计处理，尤其需关注：a. 被投资方盈亏的公允修正；b. 被投资方亏损时投资方冲抵科目的顺序及将来被投资方盈余时科目的反调顺序。

③在确认投资收益时，除考虑公允价值的调整外，对于投资企业与其联营企业及合营企业之间发生的未实现内部交易损益应予抵销。

【案例引入 1】甲公司于 2×19 年 1 月取得乙公司 20% 有表决权股份，具备重大影响能力。投资当日，乙公司各项可辨认资产、负债的公允价值与其账面价值相同。2×19 年 8 月，乙公司将其成本为 300 万元的商品以 400 万元的价格卖给甲公司，甲公司将取得的商品作为存货，至 2×19 年 12 月 31 日，甲公司已将该批存货的 40% 卖给了外部独立第三方。乙公司 2×19 年实现净利润 1 000 万元。假定不考虑所得税等因素，甲公司对该项长期股权投资应如何处理？

解析 ▶（1）乙公司销售商品给甲公司，甲公司当年并未售出的部分，应界定递销形成的未实现内部收益 60 万元［（400－300）×60%］。

（2）甲公司在按照权益法确认应享有乙公司 2×19 年净损益时：

借：长期股权投资—损益调整
　　　　　［（1 000－60）×20%］188
　　贷：投资收益　　　　　　　　　188

（3）假定 2×20 年，甲公司将余下的存货出售给了外部独立第三方，则该部分内部交易损益已经实现，甲公司在确认应享有乙公司 2×20 年净损益时，应考虑将原未确认的该部分内部交易损益计入投资损益。乙公司 2×20 年实现的净利润为 800 万元。甲公司的会计处理如下：

借：长期股权投资—损益调整
　　　　　［（800＋60）×20%］172
　　贷：投资收益　　　　　　　　　172

【案例引入 2】甲公司持有乙公司 20% 有表决权的股份，能够对乙公司施加重大影响。2×19 年 9 月，甲公司将其账面价值为 400 万元的商品以 600 万元的价格出售给乙公司，乙公司将取得的商品作为管理用固定资产核算，采用年限平均法计提折旧，预计使用寿命为 10 年，预计净残值为零。假定甲公司取得该项投资时，乙公司各项可辨认资产、负债的公允价值与其账面价值相同，双方在以前期间未发生过内部交易。乙公司 2×19 年实现净利润 900 万元。不考虑相关税费等其他因素影响，甲公司对该项长期股权投资应如何处理？

解析 ▶（1）甲公司将商品出售给乙公司实现盈余 200 万元（600－400），而乙公司当作固定资产，当年计提折旧三个月，即折旧进度为 1/40（1/10×3/12），此业务应界定为顺销形成的总收益 200 万元，因折旧而实现了收益 5 万元（200×1/40），即截至年末累计未实现内部收益为 195 万元。

（2）甲公司基于乙公司当年的净利润作出如下账务处理：

借：长期股权投资—损益调整
　　　｛［900－（200－200/10×3/12）］×
　　　　20%｝　　　　　　　　　　141
　　贷：投资收益　　　　　　　　　141

（3）假设乙公司 2×20 年实现净利润 500 万元，当年因提取折旧又实现了 20 万元的未实现内部收益，则甲公司当年的投资收益认定如下：

借：长期股权投资—损益调整
　　　　［（500＋200/10）×20%］104
　　贷：投资收益　　　　　　　　　104

【案例引入 3】甲公司持有乙公司 20% 有表决权的股份，能够对乙公司施加重大影响。2×19 年，甲公司将其账面价值为 200 万元的商品以 160 万元的价格出售给乙公司，乙公司将取得的商品作为存货，至 2×19 年 12 月 31 日，该批商品尚未对外部第三方出售。假定甲公司取得该项投资时，乙公司各项可辨认资产、负债的公允价值与其账面价值相同，双方在以前期间未发生过内部交易。乙公司 2×19 年实现净利润为 300 万元。不考虑相关税费等其他因素影响，甲公司对该项长期股权投资应如何处理?

解析 ▶ (1)甲公司将账面价值为 200 万元的商品以 160 万元的低价卖给乙公司,如非客观损失,则界定为未实现内部交易损失 40 万元,甲公司当年的投资收益处理如下:

借:长期股权投资—损益调整

[(300+40)×20%]68

　　贷:投资收益　　　　　　　68

(2)2×20 年乙公司实现净利润为 500 万元,且乙公司将此存货卖给了外部独立第三方,则甲公司投资收益处理如下:

借:长期股权投资—损益调整

[(500-40)×20%]92

　　贷:投资收益　　　　　　　92

(3)如果当初的低价交易形成的损失是客观损失,则不能界定为未实现内部交易损失,此时甲公司 2×19 年的投资收益处理如下:

借:长期股权投资—损益调整

(300×20%)60

　　贷:投资收益　　　　　　　60

【理论总结】

内部交易未实现损益的界定和会计处理见表 4-3。

表 4-3　内部交易未实现损益的界定和会计处理

项目	顺销(投资方卖商品给被投资方)	逆销(被投资方卖商品给投资方)
未实现内部交易损益的界定	如购入方作为存货核算,则指的是未将商品出售给第三方(非关联方企业)的部分;如购入方作为固定资产核算,则指的是未提取折旧的部分	
权益法下投资方个别报表中的分录	内部交易当期: 借:长期股权投资 　　贷:投资收益[(被投资方的净利润-未实现内部交易收益)×持股比例] 未实现内部交易实现时: 借:长期股权投资 　　贷:投资收益[(被投资方的净利润+未实现内部收益的实现部分)×持股比例]	
投资企业与其联营企业及合营企业之间发生的无论是顺流交易还是逆流交易产生的未实现内部交易损失,属于所转让资产发生减值损失的,不应予以抵销,只应抵销非客观损失的未实现内部交易损失,具体处理如下: 调整后的净利润=调整前的净利润+未实现内部交易损失-未实现内部交易损失的实现部分		

【例题 14·分析题】 2×18 年年初甲公司购买乙公司 30% 的股份,能够对其施加重大影响,2×18 年乙公司实现净利润 400 万元,当年发生如下四项业务。

(1)2×18 年年初乙公司有一项专利权账面价值为 30 万元,公允价值为 40 万元,尚余摊销期 5 年,预计净残值为零,采用直线法摊销;

(2)2×18 年年初乙公司有一批商品账面价值为 20 万元,公允价值为 50 万元,当年卖出 40%,留存 60%;

(3)当年甲公司卖商品给乙公司,售价为 20 万元,成本为 10 万元,乙公司取得后作为存货核算,当年卖出 50%,留存 50%;

(4)当年乙公司卖商品给甲公司,售价为 60 万元,成本为 30 万元,甲公司购入后当作固定资产用于销售部门,折旧期 5 年,预计净残值为零,当年采用年限平均法提取了半年折旧。

不考虑其他因素,2×18 年甲公司对该项长期股权投资应确认多少投资收益?

解析 ▶ 根据上述资料,甲公司当年投资收益的推导过程如下:

(1)乙公司公允净利润(未剔除未实现内部交易损益)= 400-(40-30)/5-(50-20)×40% =386(万元);

(2)剔除未实现内部交易损益后乙公司的净利润 = 386-(20-10)×50%-[(60-30)-(60-30)/5×6/12]=354(万元);

（3）甲公司应确认的投资收益＝354×30%＝106.2（万元）。

【关键考点】 掌握未实现内部交易损益的会计处理原则。

④投资方与联营、合营企业之间发生的投出或出售资产的交易构成业务的，应当按照《企业会计准则第20号——企业合并》《企业会计准则第33号——合并财务报表》有关规定进行会计处理。

【例题15·单选题】 ☆2×15年1月1日，甲公司以银行存款2 500万元取得乙公司20%有表决权的股份，对乙公司具有重大影响，采用权益法核算；乙公司当日可辨认净资产的账面价值为12 000万元，各项可辨认资产、负债的公允价值与其账面价值均相同。乙公司2×15年度实现的净利润为1 000万元。不考虑其他因素，2×15年12月31日，甲公司该项投资在资产负债表中应列示的年末余额为（　）万元。

A. 2 400　　　　B. 2 500

C. 2 600　　　　D. 2 700

解析 ▶ 2×15年12月31日，甲公司长期股权投资在资产负债表中应列示的年末余额＝2 500+1 000×20%＝2 700（万元）。相关会计分录为：

2×15年1月1日：

借：长期股权投资—投资成本 2 500

　　贷：银行存款　　　　　　　 2 500

对乙公司具有重大影响，后续采用权益法核算，初始投资成本2 500万元大于享有的乙公司可辨认净资产公允价值份额2 400万元（12 000×20%），不调整长期股权投资的账面价值。

2×15年12月31日：

借：长期股权投资—损益调整　200

　　贷：投资收益　　　　　　　　200

答案 ▶ D

（3）被投资方分红时投资方的会计处理。

①被投资方分派现金股利时。直接根据总的分红额乘以持股比例认定投资方享有的现金股利额作如下会计处理：

a. 宣告时：

借：应收股利

　　贷：长期股权投资—损益调整

b. 发放时：

借：银行存款

　　贷：应收股利

②被投资方分派股票股利时。由于股票股利仅是将被投资方的未分配利润转化为股本和资本公积，其本质是对现有所有者权益结构进行再调整，该业务既不会增加企业的资产，也不会增加企业的负债，更不会增加业主权益。因此，作为投资方，无论是成本法还是权益法，均不能将其认定为投资收益，只需在备查簿中登记由此而增加的股份额即可。

【关键考点】 考生要将权益法下分红的会计处理与成本法下分红的会计处理进行对比掌握。

【例题16·单选题】 2×18年4月1日甲公司以账面价值1 400万元、公允价值1 500万元的一幢房产换得丁公司持有的乙公司30%的普通股权，能够对乙公司施加重大影响。投资当日乙公司的账面净资产和可辨认净资产的公允价值均为3 500万元。甲公司另以银行存款支付直接相关税费20万元。2×18年4月21日，乙公司宣告分派现金股利200万元，并于5月10日发放。2×18年乙公司实现净利润600万元（其中1—3月净利润为200万元）。2×19年4月25日，乙公司宣告分派现金股利300万元，并于5月20日发放。2×19年乙公司实现净利润500万元。不考虑其他因素，2×19年年末甲公司长期股权投资的账面余额为（　）万元。

A. 1 640　　　　B. 1 720

C. 1 520　　　　D. 1 840

解析 ▶ ①甲公司持有的长期股权投资的初始投资成本＝1 500+20＝1 520（万元），由于甲公司按权益法核算投资，而当天乙公司公允净资产中属于甲公司的份额为1 050万元

（3 500×30%），产生商誉470万元（1 520-1 050），在账上不予确认；②2×18年甲公司因乙公司宣告发放的红利应冲减长期股权投资价值60万元（200×30%）；③2×18年年末甲公司因乙公司实现盈余而增加的长期股权投资价值=（600-200）×30%=120（万元）；④2×19年甲公司因乙公司宣告发放的红利应冲减长期股权投资价值=300×30%=90（万元）；⑤2×19年年末甲公司因乙公司实现盈余而增加的长期股权投资价值=500×30%=150（万元）；⑥甲公司2×19年年末长期股权投资的账面余额=1 520-60+120-90+150=1 640（万元）。

答案 ▶ A

【例题17·单选题】 ☆2×21年1月2日，甲公司以银行存款2 000万元取得乙公司30%的股权，投资时乙公司可辨认净资产公允价值及账面价值的总额均为8 000万元。甲公司取得投资后可派人参与乙公司生产经营决策，但无法对乙公司实施控制。2×21年5月9日，乙公司宣告分配现金股利400万元。2×21年度，乙公司实现净利润800万元。不考虑所得税等因素，该项投资对甲公司2×21年度损益的影响金额为（ ）万元。

A. 240   B. 640
C. 860   D. 400

解析 ▶ 该项投资对甲公司2×21年度损益的影响金额=（8 000×30%-2 000）+800×30%=640（万元）。甲公司的账务处理如下：

①2×21年1月2日取得乙公司30%股权时：

借：长期股权投资—投资成本2 000
　　贷：银行存款　　　　　　2 000

初始投资成本2 000万元小于应享有的被投资方可辨认净资产公允价值份额2 400万元（8 000×30%），差额400万元应调整长期股权投资账面价值：

借：长期股权投资—投资成本　400
　　贷：营业外收入　　　　　　400

②2×21年5月9日乙公司宣告分配现金股利时：

借：应收股利　　　　（400×30%）120
　　贷：长期股权投资—损益调整　120

③2×21年度乙公司实现净利润时：

借：长期股权投资—损益调整
　　　　　　　　　　（800×30%）240
　　贷：投资收益　　　　　　　240

答案 ▶ B

（4）被投资方发生其他综合收益变动时投资方的会计处理。

①其他综合收益的界定。

a. 其他权益工具投资、其他债权投资价值的波动；

b. 权益法下被投资方其他综合收益变动时投资方"长期股权投资"价值的相应调整；

c. 债权投资重分类为其他债权投资时价值的波动；

d. 自用房产、存货转为公允价值模式下的投资性房地产时形成的增值额；

e. 重新计量设定受益计划净负债或净资产所产生的变动。

②会计分录。

借：长期股权投资—其他综合收益
　　贷：其他综合收益［或反之］

③后续处理。

投资方在后续处置股权投资但对剩余股权<u>仍采用权益法核算</u>时，应按<u>处置比例</u>将这部分可重分类进损益的其他综合收益转入当期投资收益；对剩余股权<u>终止权益法核算</u>时，将这部分可重分类进损益的其他综合收益<u>全部</u>转入当期投资收益。

会计分录为：

借：其他综合收益
　　贷：投资收益［或反之］

老高提示 如果此其他综合收益源于被投资方其他权益工具投资的公允价值变动所致，则将来转入留存收益而非投资收益；如果此其他综合收益源于被投资方重新计量设定受益计划净资产、净负债形成的价值波动所致，则将来不转损益。

（5）被投资方发生除净损益、利润分配

以及其他综合收益外的所有者权益的其他变动时，投资方的会计处理。

①其他所有者权益变动的内容。

a. 被投资单位接受其他股东的资本性投入；

b. 被投资单位发行的可转债中包含的权益成分；

c. 以权益结算的股份支付；

d. 其他股东对被投资单位增资导致投资方持股比例变动等。

②会计分录。

借：长期股权投资—其他权益变动
　　贷：资本公积—其他资本公积［或反之］

③后续处理。

投资方在后续处置股权投资但对剩余股权仍采用权益法核算时，应按处置比例将这部分资本公积转入当期投资收益；对剩余股权终止权益法核算时，将这部分资本公积全部转入当期投资收益。

会计分录为：

借：资本公积—其他资本公积
　　贷：投资收益［或反之］

【关键考点】掌握被投资方其他综合收益及其他所有者权益变动时投资方的会计处理。

【例题18·分析题】2×10年3月20日，A、B、C公司分别以现金200万元、400万元和400万元出资设立D公司，分别持有D公司20%、40%、40%的股权。A公司对D公司具有重大影响，采用权益法对有关长期股权投资进行核算。D公司自设立日起至2×12年1月1日实现净损益1 000万元，除此以外，无其他影响净资产的事项。2×12年1月1日，经A、B、C公司协商，B公司对D公司增资800万元，增资后D公司净资产为2 800万元，A、B、C公司分别持有D公司15%、50%、35%的股权。相关手续于当日完成。假定A公司与D公司适用的会计政策、会计期间相同，双方在当期及以前期间未发其他内部交易。不考虑相关税费等其他因素影响，A公司2×12年对该项长期股权投资应如何处理？

解析　①2×12年年初B公司增资前，A公司应享有的D公司权益份额为400万元（2 000×20%）。

②2×12年年初B公司增资后，A公司应享有的D公司权益份额为420万元（2 800×15%）。

③A公司享有的权益变动20万元（420-400），属于D公司除净损益、其他综合收益和利润分配以外所有者权益的其他变动。A公司应作如下账务处理。

借：长期股权投资—其他权益变动
　　　　　　　　　　　　　　20
　　贷：资本公积—其他资本公积　20

【例题19·单选题】甲公司于2×18年1月1日以1 035万元（含支付的直接相关费用1万元）购入乙公司股票400万股，每股面值1元，占乙公司实际发行在外普通股股数的30%，达到重大影响程度。2×18年1月1日乙公司可辨认净资产公允价值为3 000万元。当日乙公司一项管理用固定资产的公允价值为300万元，账面价值为200万元，预计尚可使用年限为10年，假定预计净残值为零，按照年限平均法计提折旧；一项管理用无形资产的公允价值为100万元，账面价值为50万元，预计尚可使用年限为5年，预计净残值为零，采用直线法计提摊销。2×18年乙公司实现净利润200万元，2×19年乙公司发生亏损4 000万元。2×20年乙公司实现净利润520万元，2×20年乙公司持有的其他债权投资增值100万元。假定不考虑所得税及其他因素，甲公司2×20年年末长期股权投资的账面余额为（　）万元。

A. 53　　　　　　　B. 63
C. 73　　　　　　　D. 52

解析　①甲公司2×18年年初长期股权投资的初始投资成本＝1 035（万元），享有乙公司可辨认净资产公允价值的份额＝3 000×

30%＝900（万元），小于初始投资成本，不作调整；②2×18年年末因乙公司实现盈余而追加的投资价值＝［200－（300－200）/10－（100－50）/5］×30%＝54（万元）；③2×19年年末因乙公司亏损而应承担的份额＝［4 000＋（300－200）/10＋（100－50）/5］×30%＝1 206（万元），而此时长期股权投资的账面余额为1 089万元（1 035＋54），所以应冲减投资价值1 089万元，备查簿中登记117万元；④2×20年年末因乙公司实现盈余而享有的份额＝［520－（300－200）/10－（100－50）/5］×30%＝150（万元），先冲掉备查簿中所记的未入账亏损117万元，再追加投资价值33万元，同时因乙公司其他债权投资增值100万元而相应追加投资价值30万元（100×30%）；⑤2×20年年末长期股权投资账面余额＝33＋30＝63（万元）。 **答案 ▶ B**

【例题20·多选题】 ☆甲公司对乙公司的长期股权投资采用权益法核算。乙公司发生的下列交易事项中，将导致甲公司长期股权投资账面价值发生变动的有( )。

　　A. 提取法定盈余公积

　　B. 接受其他企业的现金捐赠

　　C. 宣告分派现金股利

　　D. 发行可转换公司债券

解析 ▶ 选项A，提取法定盈余公积，乙公司盈余公积增加，未分配利润减少，属于乙公司所有者权益内部项目发生增减变动，所有者权益总额未发生变化，因此，甲公司无须进行账务处理。选项B，被投资方接受其他企业的现金捐赠，应确认为营业外收入，最终会导致净利润增加；权益法下，投资方应以被投资方实现的净损益为基础，调整长期股权投资账面价值。 **答案 ▶ BCD**

【例题21·多选题】 ☆2×18年1月1日，甲公司以银行存款3 950万元取得乙公司30%的股权，另以银行存款支付直接相关费用50万元，相关手续于当日完成，甲公司能够对乙公司施加重大影响。当日，乙公司可辨认净资产的账面价值为14 000万元，各项可辨认资产、负债的公允价值均与其账面价值相同。乙公司2×18年实现净利润2 000万元，其他债权投资的公允价值上升100万元。不考虑其他因素，下列甲公司2×18年与该投资相关的会计处理中，正确的有( )。

　　A. 确认营业外收入200万元

　　B. 确认财务费用50万元

　　C. 确认其他综合收益30万元

　　D. 确认投资收益600万元

解析 ▶ 甲公司取得长期股权投资的初始投资成本＝3 950＋50＝4 000（万元），享有乙公司可辨认净资产公允价值份额＝14 000×30%＝4 200（万元），前者小于后者，产生负商誉，差额计入营业外收入；2×18年年末，甲公司确认乙公司实现的净利润份额＝2 000×30%＝600（万元），计入投资收益；2×18年年末，甲公司确认乙公司其他综合收益变动份额＝100×30%＝30（万元）。 **答案 ▶ ACD**

【例题22·多选题】 ☆甲公司对乙公司的长期股权投资采用权益法核算，乙公司发生的下列各项交易或事项中，将影响甲公司资产负债表长期股权投资项目列报金额的有( )。

　　A. 取得其他权益工具投资转让收益30万元

　　B. 收到用于补偿已发生费用的政府补助50万元

　　C. 其他债权投资公允价值增加100万元

　　D. 宣告分派现金股利1 000万元

解析 ▶ 选项A，转让收益30万元计入留存收益，导致乙公司所有者权益总额增加，甲公司应按享有的份额调增长期股权投资账面价值；选项B，导致乙公司利润总额增加50万元，甲公司应按享有的份额调增长期股权投资账面价值；选项C，导致乙公司其他综合收益增加100万元，甲公司应按照享有的份额调增长期股权投资的账面价值；选项D，导致乙公司所有者权益减少1 000万元，甲公司应按享有的份额调减长期股权投资账面价值。 **答案 ▶ ABCD**

四、长期股权投资的减值★★

长期股权投资的减值应当按照《企业会计准则第8号——资产减值》处理。长期股权投资减值准备一经计提，不得转回。

会计分录：

借：资产减值损失

　　贷：长期股权投资减值准备

【例题23·多选题】 下列各项中，影响长期股权投资账面价值增减变动的有( )。

A. 采用权益法核算的长期股权投资，持有期间被投资单位宣告分派股票股利

B. 采用权益法核算的长期股权投资，持有期间被投资单位宣告分派现金股利

C. 采用成本法核算的长期股权投资，持有期间被投资单位宣告分派股票股利

D. 采用成本法核算的长期股权投资，持有期间被投资单位宣告分派现金股利

E. 提取长期股权投资减值准备

解析 ▶ 被投资单位宣告发放股票股利，不论是成本法还是权益法核算，投资单位均不作处理，选项A、C不正确；被投资单位宣告发放现金股利，成本法核算下投资单位应借记"应收股利"科目，贷记"投资收益"科目，不影响长期股权投资的账面价值，选项D不正确。　　**答案** ▶ BE

五、长期股权投资核算方法的转换

（一）因增资造成的金融资产转权益法的核算★★★

1. 因增资由其他权益工具投资转权益法（见图4-1）

图4-1　因增资由其他权益工具投资转权益法

【案例引入】 A公司有关股权投资业务资料如下（不考虑其他因素）：

（1）2×17年1月2日，A公司以银行存款200万元购入B公司10%的有表决权股份，A公司将其划分为其他权益工具投资。此时A公司对该项股权投资应如何处理？

解析 ▶ 借：其他权益工具投资—成本

　　　　　　　　　　　　　　200

　　　贷：银行存款　　　　200

（2）2×17年12月31日，该股权投资的公允价值为360万元。此时A公司对该项股权投资应如何处理？

解析 ▶ 借：其他权益工具投资—公允价值变动　　　　　160

　　　贷：其他综合收益　　160

（3）2×18年3月1日B公司宣告派发现金股利100万元。此时A公司对该项股权投资应如何处理？

解析 ▶ 借：应收股利（100×10%）10

　　　贷：投资收益　　　　10

（4）2×18年7月1日，A公司又以800万元的银行存款从B公司其他股东处取得该公司20%的股权，至此持股比例达到30%，取得该部分股权后，按照B公司章程规定，A公司能够派人参与B公司的生产经营决策，对该项股权投资由其他权益工具投资转为采用权益法核算的长期股权投资。当日原持有的股权投资分类为其他权益工具投资的公允价值为400万元。2×18年7月1日B公司可辨认净资产公允价值总额为4 100万元，不考虑所得税影响，假定A公司按照净利润的10%计提盈余公积。此时A公司对该项股权投资应如何处理？

解析 ▶ ①2×18年7月1日追加投资时：

借：长期股权投资—投资成本　800

　　贷：银行存款　　　　　　800

②2×18年7月1日对原股权投资账面价值的调整：原持有的股权投资分类为其他权益工具投资的，其公允价值与账面价值之间的差额，以及原计入其他综合收益的累计公允价值变动应当转入改按权益法核算当期的留存收益。

借：长期股权投资——投资成本　400
　　贷：其他权益工具投资——成本　200
　　　　　　　　　　　　　　——公允价值
　　　　　　　　　　　　　　　变动　160
　　　　盈余公积　　　　　　　　　4
　　　　利润分配——未分配利润　　36
借：其他综合收益　　　　　　　160
　　贷：盈余公积　　　　　　　　　16
　　　　利润分配——未分配利润　144

改按权益法核算的初始投资成本＝原持有的股权投资的公允价值400＋新增投资成本800＝1 200（万元）。

③追加投资时，初始投资成本1 200万元，而享有被投资单位可辨认净资产公允价值份额为1 230万元（4 100×30%），应调整长期股权投资账面价值30万元。

借：长期股权投资——投资成本　30
　　贷：营业外收入　　　　　　　　30

2. 因增资由交易性金融资产转权益法（见图4-2）

图4-2　因增资由交易性金融资产转权益法

【案例引入】A公司有关股权投资业务资料如下（根据下列资料作出A公司相关账务处理）：

（1）2×17年1月2日，A公司以银行存款200万元购入B公司10%的有表决权股份，A公司将其划分为交易性金融资产。

借：交易性金融资产——成本　　200
　　贷：银行存款　　　　　　　　200

（2）2×17年12月31日，该股权投资的公允价值为360万元。

借：交易性金融资产——公允价值变动
　　　　　　　　　　　　　　　160
　　贷：公允价值变动损益　　　160

（3）2×18年3月1日，B公司宣告派发现金股利100万元。

借：应收股利　　　（100×10%）10
　　贷：投资收益　　　　　　　　10

（4）2×18年7月1日，A公司又以800万元的银行存款从B公司其他股东处受让取得该公司20%的股权，至此持股比例达到30%。取得该部分股权后，按照B公司章程规定，A公司能够派人参与B公司的生产经营决策，对该项股权投资由交易性金融资产转为采用权益法核算的长期股权投资。当日原持有的股权投资的公允价值为400万元。2×18年7月1日，B公司可辨认净资产公允价值总额为4 100万元，不考虑所得税等其他因素影响。

①2×18年7月1日追加投资时：
借：长期股权投资——投资成本　800
　　贷：银行存款　　　　　　　　800

②2×18年7月1日对原股权投资账面价值进行调整。原持有的股权投资分类为交易性金融资产，其公允价值与账面价值之间的差额，应当转入改按权益法核算期间的投资收益。

借：长期股权投资——投资成本　400
　　贷：交易性金融资产——成本　200
　　　　　　　　　　——公允价值变动
　　　　　　　　　　　　　　　160
　　　　投资收益　　　　　　　　40

改按权益法核算的初始投资成本＝原持有的股权投资的公允价值400＋新增投资成本800＝1 200（万元）。

③追加投资时，初始投资成本为1 200万元，而应享有被投资单位可辨认净资产公允价值份额为1 230万元（4 100×30%），应调增长期股权投资账面价值30万元。

借：长期股权投资——投资成本　30
　　贷：营业外收入　　　　　　　　30

【理论总结】

原持有的对被投资单位的股权投资（不具有控制、共同控制或重大影响的），按照金融工具确认和计量准则进行会计处理的，因追加投资等导致持股比例上升，能够对被投资单位施加共同控制或重大影响的，在转按权益法核算时，投资方应当按照金融工具确认和计量准则确定的原股权投资的公允价值加上为取得新增投资而应支付对价的公允价值，作为改按权益法核算的初始投资成本。原持有的股权投资分类为其他权益工具投资的，其公允价值与账面价值之间的差额，以及原计入其他综合收益的累计公允价值变动应当转入改按权益法核算的留存收益。原持有股权分类为交易性金融资产的，其公允价值与账面价值之间的差额应当计入投资收益。

然后，比较上述计算所得的初始投资成本，与按照追加投资后全新的持股比例计算确定的应享有被投资单位在追加投资日可辨认净资产公允价值份额之间的差额，前者大于后者的，不调整长期股权投资的账面价值；前者小于后者的，应调整长期股权投资的账面价值，差额计入当期营业外收入。

（二）因减资造成的成本法转权益法的核算★★★（见图4-3）

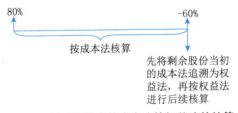

图4-3　因减资造成的成本法转权益法的核算

【案例引入】M公司2×14年1月1日购入N公司80%的股份作为长期股权投资核算，以银行存款支付买价320万元，假定无相关税费。当日N公司可辨认净资产的公允价值为350万元。M公司能够控制N公司财务经营政策，采用成本法核算。M公司按净利润的10%提取法定盈余公积。M公司与N公司交易前无关联方关系。

2×14年N公司发生如下经济业务：①宣告并以银行存款实际分红40万元；②全年实现净利润300万元；③年末N公司持有的其他债权投资增值20万元。

2×15年年初M公司卖出N公司60%的股份，假定无相关税费，卖价290万元。至此，M公司对N公司持股比例为20%且能达到重大影响。M公司对该项长期股权投资应如何处理？

解析1 ▶ 2×14年的会计处理：

（1）初始投资时。

借：长期股权投资　　　　　　320
　　贷：银行存款　　　　　　　　320

（2）N公司分红时。

宣告时：

借：应收股利　　　　（40×80%）32
　　贷：投资收益　　　　　　　　32

发放时：

借：银行存款　　　　　　　　32
　　贷：应收股利　　　　　　　　32

（3）截止到2×14年年末M公司对N公司长期股权投资的账面余额为320万元。

2×15年的会计处理：

（1）处置投资时。

借：银行存款　　　　　　　　290
　　贷：长期股权投资
　　　　　　〔320×（60%÷80%）〕240
　　　　投资收益　　　　　　　　50

（2）处置后剩余股份的账面余额为80万元。

解析2 ▶ 2×15年年初M公司因持股比例下降对长期股权投资的核算方法由成本法改为权益法，并对2×14年的成本法核算进行追溯调整，具体调整步骤如下：

追溯一：初始投资成本的追溯

成本法	追溯分录	权益法
借：长期股权投资　80 　　贷：银行存款　　　80	无须追溯	借：长期股权投资　　　　　　80 　　贷：银行存款　　　　　　　　80 占N公司可辨认净资产公允价值的份额为70万元（350×20%），形成商誉10万元，无须账务处理

成本法	追溯分录	权益法
假设 N 公司 2×14 年初可辨认净资产公允价值为 500 万元，则相关解析如下：		
借：长期股权投资　　80 　　贷：银行存款　　80	借：长期股权投资　　20 　　贷：盈余公积　　2 　　　　利润分配—未分配 　　　　利润　　18	借：长期股权投资　　80 　　贷：银行存款　　80 占 N 公司可辨认净资产公允价值的份额为 100 万元（500×20%），形成贷差 20 万元，分录如下： 借：长期股权投资　　20 　　贷：营业外收入　　20

【理论总结1】

追溯认定剩余股份原投资时被投资方公允净资产中属于投资方的部分与初始投资成本之间的差额。

①初始投资成本**大于**应享有被投资单位可辨认净资产公允价值份额的差额属于通过投资作价体现的商誉部分，**不调整**长期股权投资的账面价值；

②初始投资成本**小于**应享有被投资单位可辨认净资产公允价值份额的差额，一方面

应**调整**长期股权投资的账面价值；另一方面应调整留存收益。相应分录如下：

借：长期股权投资
　　贷：盈余公积
　　　　利润分配—未分配利润

老高提示　如果追溯的是当年的贷差，则应贷记"营业外收入"科目。

（续）【案例引入】

追溯二：被投资方盈亏的追溯

成本法	追溯分录	权益法
无	借：长期股权投资　　60 　　贷：盈余公积　　6 　　　　利润分配—未分配利润　　54	借：长期股权投资　　（300×20%）60 　　贷：投资收益　　60

【理论总结2】

追溯认定成本法核算期间被投资方盈亏的影响：

对于购买日之后到丧失控制权之间被投资单位可辨认净资产公允价值的变动相对于原持股比例的部分，属于在此期间被投资单位实现净损益中应享有份额的，一方面应当调整长期股权投资的账面价值，另一方面调整**留存收益**（截止到减资当年年初的被投资方实现损益的归属）或**投资收益**（减资当年年初至减资当日被投资方损益额的归属）。

被投资方实现盈余时投资方的一般分录

如下。

借：长期股权投资
　　贷：盈余公积　　｝截止到减资当年
　　　　利润分配—　　　年初的被投资方
　　　　未分配利润　　实现损益的归属
　　　　投资收益［减资当年年初至减资当日被投资方损益的归属］

被投资方发生亏损时投资方的一般分录与上述分录相反。

（续）【案例引入】

追溯三：被投资方分红的追溯

成本法	追溯分录	权益法
借：应收股利　　8 　　贷：投资收益　　8	借：盈余公积　　0.8 　　　　利润分配—未分配利润　　7.2 　　贷：长期股权投资　　8	借：应收股利　　8 　　贷：长期股权投资　　8

【理论总结3】

追溯认定被投资方分红的影响：

借：盈余公积

　　利润分配——未分配利润

　　贷：长期股权投资

成本法	追溯分录	权益法
无	借：长期股权投资　　　　4 　　贷：其他综合收益　　　　4	借：长期股权投资　　　　4 　　贷：其他综合收益　　　　4

至此，M公司对N公司20%长期股权投资追溯后的账面余额＝80+60-8+4＝136（万元）。

【理论总结4】

追溯认定被投资方其他综合收益或其他权益变动的影响：

因被投资方其他综合收益或其他所有者权益变动导致的长期股权投资价值调整，在调整长期股权投资账面价值的同时，应当记入"其他综合收益"或"资本公积——其他资本公积"科目，一般分录如下：

借：长期股权投资——其他综合收益

　　　　　　　　——其他权益变动

　　贷：其他综合收益

　　　　资本公积——其他资本公积

或反之。

【例题24·多选题】 ★2×17年1月1日，甲公司对子公司乙的长期股权投资账面价值为2 000万元。当日，甲公司将持有的乙公司80%股权中的一半以1 200万元出售给非关联方，丧失对乙公司的控制权但具有重大影响。甲公司原取得乙公司80%股权时，乙公司可辨认净资产的账面价值为2 500万元，各项可辨认资产、负债的公允价值与账面价值相同。自甲公司取得乙公司股权至部分处置投资前，乙公司实现净利润1 500万元，增加其他综合收益300万元。甲公司按净利润的10%提取法定盈余公积。不考虑增值税等相关税费及其他因素，下列关于2×17年1月1日甲公司个别财务报表中对长期股权投资的会计处理表述中，正确的有（　　）。

A．增加未分配利润540万元

老高提示 如果追溯的是当年的分红影响，则应借记"投资收益"科目。

（续）**【案例引入】**

追溯四：被投资方其他综合收益或其他所有者权益变动的追溯

B．增加盈余公积60万元

C．增加投资收益320万元

D．增加其他综合收益120万元

解析 相关会计分录如下：

（1）甲公司卖掉乙公司40%股份时：

借：银行存款　　　　　　　1 200

　　贷：长期股权投资　　　　　1 000

　　　　投资收益　　　　　　　　200

（2）甲公司剩余的乙公司40%股份由成本法追溯为权益法的会计处理：

①初始投资成本是1 000万元，享有的被投资方可辨认净资产公允价值份额也是1 000万元（2 500×40%），无须追溯。

②基于乙公司净利润的追溯处理：

借：长期股权投资——损益调整

　　　　　　　　（1 500×40%）600

　　贷：盈余公积　　　　　　　　60

　　　　利润分配——未分配利润　540

③基于乙公司其他综合收益的追溯处理：

借：长期股权投资——其他综合收益

　　　　　　　　（300×40%）120

　　贷：其他综合收益　　　　　120

答案 ABD

（三）因减资造成的权益法转金融资产的核算★★★（见图4-4）

图4-4　因减资造成的权益法转金融资产的核算

【案例引入】(1)2×18 年 1 月 1 日,甲公司以银行存款 1 000 万元购入 A 公司 40%的股权,对 A 公司具有重大影响,A 公司可辨认净资产的公允价值为 2 000 万元。不考虑其他因素,此时甲公司对该项股权投资应如何处理?

解析 ▶ 借:长期股权投资——投资成本
　　　　　　　　　　1 000
　　　贷:银行存款　　1 000

初始投资成本 1 000 万元大于享有 A 公司可辨认净资产公允价值的份额 800 万元(2 000×40%),不需要做处理。

(2)2×18 年 A 公司全年实现净利润 500 万元。此时甲公司对该项股权投资应如何处理?

解析 ▶ 借:长期股权投资——损益调整
　　　　　　　　　(500×40%)200
　　　贷:投资收益　　200

(3)2×18 年年末 A 公司其他债权投资增值了 100 万元。此时甲公司对该项股权投资应如何处理?

解析 ▶ 借:长期股权投资——其他综合收益　　(100×40%)40
　　　贷:其他综合收益　　40

(4)2×19 年 1 月 1 日,甲公司出售其持有的 A 公司 30%的股权,出售股权后甲公司持有 A 公司 10%的股权,对其不具有重大影响,改按其他权益工具投资(或交易性金融资产)进行会计核算。出售取得价款为 1 200 万元,已收存银行,剩余 10%的股权公允价值为 400 万元。此时甲公司对该项股权投资应如何处理?

解析 ▶ ①出售时(长期股权投资的账面价值构成为:投资成本 1 000 万元、损益调整 200 万元、其他综合收益 40 万元)。

　　借:银行存款　　1 200
　　　贷:长期股权投资——投资成本
　　　　　　　(1 000×30%/40%)750
　　　　　　——损益调整
　　　　　　(200×30%/40%)150
　　　　　　——其他综合收益
　　　　　　(40×30%/40%)30
　　　投资收益　　270

②在丧失重大影响之日,剩余股权的公允价值与账面价值之间的差额计入当期损益。

　　借:其他权益工具投资(或交易性金融资产)　　400
　　　贷:长期股权投资——投资成本
　　　　　　　(1 000-750)250
　　　　　　——损益调整
　　　　　　(200-150)50
　　　　　　——其他综合收益
　　　　　　(40-30)10
　　　投资收益　　90

③原股权投资因采用权益法核算而确认的其他综合收益,应当在终止采用权益法核算时采用与被投资单位直接处置相关资产或负债相同的基础进行会计处理。

　　借:其他综合收益　　40
　　　贷:投资收益　　40

【理论总结】

原持有的对被投资单位具有共同控制或重大影响的长期股权投资,因部分处置等原因导致持股比例下降,不能再对被投资单位实施共同控制或重大影响的,应改按金融工具确认和计量准则对剩余股权投资进行会计处理,其在丧失共同控制或重大影响之日的公允价值与账面价值之间的差额计入当期损益。

原采用权益法核算的相关其他综合收益应当在终止采用权益法核算时,采用与被投资单位直接处置相关资产或负债相同的基础进行会计处理,因被投资方除净损益、其他综合收益和利润分配以外的其他所有者权益变动而确认的所有者权益,应当在终止采用权益法核算时全部转入当期损益。

(四)因减资造成的成本法转金融资产的核算★★(见图 4-5)

图 4-5　因减资造成的成本法转金融资产的核算

【案例引入】甲公司 2×18 年年初自非关联方购入乙公司 80% 的股份并达到控制，初始投资成本为 1 000 万元，以银行存款结算，当日乙公司可辨认净资产的公允价值为 900 万元。2×18 年 5 月 12 日乙公司宣告分红 30 万元，于 6 月 4 日发放，甲公司取得分红已收存银行。2×18 年乙公司实现净利润 200 万元，2×18 年年末乙公司增加其他综合收益 100 万元（可重分类进损益）。2×19 年 8 月 1 日甲公司将乙公司 70% 的股份卖给了非关联方，售价为 910 万元，假定无相关税费，价款已收存银行。甲公司持有的乙公司剩余股份当日公允价值为 130 万元，不能对乙公司施加重大影响，被界定为其他权益工具投资或交易性金融资产。不考虑其他因素，甲公司对该项股权投资应如何处理？

解析 ▶ （1）2×18 年年初甲公司购入乙公司 80% 股份时：

借：长期股权投资　　　　　　 1 000
　　贷：银行存款　　　　　　　　　 1 000

（2）2×18 年 5 月 12 日乙公司宣告分红时：

借：应收股利　　　（30×80%）24
　　贷：投资收益　　　　　　　　　　 24

（3）2×18 年 6 月 4 日乙公司发放红利时：

借：银行存款　　　　　　　　 24
　　贷：应收股利　　　　　　　　　 24

（4）2×19 年 8 月 1 日甲公司处置乙公司股份时：

借：银行存款　　　　　　　　 910
　　贷：长期股权投资
　　　　　　（1 000/80%×70%）875
　　　　投资收益　　　　　　　　 35

（5）2×19 年 8 月 1 日甲公司持有的乙公司剩余股份由长期股权投资转为其他权益工具投资（或交易性金融资产），即假定先售出长期股权投资，再购入其他权益工具投资（或交易性金融资产），其价值差额列入投资收益。

借：其他权益工具投资（或交易性金融
　　资产）　　　　　　　　　 130
　　贷：长期股权投资
　　　　　　（1 000/80%×10%）125

投资收益　　　　　　　　　　　　 5

【理论总结】

《企业会计准则第 2 号——长期股权投资》规定，原持有的对被投资单位具有控制的长期股权投资，因部分处置等导致持股比例下降，不能再对被投资单位实施控制、共同控制或重大影响的，应改按金融工具确认和计量准则进行会计处理，在丧失控制之日的公允价值与账面价值之间的差额计入当期投资收益。

（五）个别报表角度下多次交易分步实现企业合并的会计处理★★★

1. 同一控制下企业合并的会计处理

（1）因增资造成的金融资产转成本法的核算，如图 4-6 所示。

图 4-6　因增资造成的金融资产转成本法的核算

【案例引入 1】甲公司 2×18 年 1 月 1 日以银行存款购买了同一集团乙公司 10% 的股份，初始取得成本为 200 万元，按其他权益工具投资（或交易性金融资产）核算，2×18 年年末该权益性投资的公允价值为 210 万元。2×19 年 5 月 1 日甲公司又以银行存款购得乙公司 50% 的股份，初始成本为 386 万元，完成了对乙公司的合并。合并日原股权投资的公允价值为 222 万元。合并当日乙公司在最终控制方合并财务报表中的净资产的账面价值为 860 万元。甲公司 2×19 年 5 月 1 日资本公积（股本溢价）结余 35 万元，盈余公积结余 12 万元。上述合并不属于"一揽子交易"。不考虑其他因素，甲公司对该项股权投资应如何处理？

解析 ▶ （1）2×18 年年初甲公司购买乙公司 10% 股份时：

借：其他权益工具投资（或交易性金融
　　资产）　　　　　　　　　 200
　　贷：银行存款　　　　　　　　　 200

（2）2×18 年年末甲公司持有的乙公司股

份增值时:

借:其他权益工具投资(或交易性金融
资产)   10
贷:其他综合收益(或公允价值变动
损益)   10

(3)2×19年5月1日甲公司追加投资时:

借:长期股权投资   386
贷:银行存款   386

(4)原10%股份由其他权益工具投资(或
交易性金融资产)转为长期股权投资:

借:长期股权投资   210
贷:其他权益工具投资(或交易性金
融资产)   210

(5)合并当日甲公司长期股权投资的账
面余额=210+386=596(万元);

(6)合并当日甲公司在乙公司最终控制
方合并财务报表中净资产的账面价值中所占
份额=860×60%=516(万元);

(7)甲公司基于(5)(6)做如下调整分录:

借:资本公积   35
盈余公积   12
利润分配—未分配利润   33
贷:长期股权投资   (596-516)80

老高提示 上述是为了分析原理而设置的
过程,考试中2×19年的处理可以直接写如下分
录:

借:长期股权投资   516
资本公积   35
盈余公积   12
利润分配—未分配利润   33
贷:银行存款   386
其他权益工具投资(或交易性金
融资产)   210

(2)因增资造成的权益法转成本法的核
算,如图4-7所示。

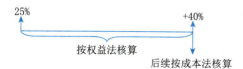

图4-7 因增资造成的权益法转成本法的核算

【**案例引入2**】2×18年1月1日,H公司
取得同一控制下的A公司25%的股份,实际
支付银行存款6 000万元,能够对A公司施加
重大影响。相关手续于当日办理完毕。当
日,A公司可辨认净资产账面价值为22 000万
元(假定与公允价值相等)。2×18年A公司实
现净利润600万元,2×18年年末A公司因持
有的其他债权投资增值形成"其他综合收益"
400万元,无其他所有者权益变动。2×19年
1月1日,H公司以定向增发2 000万股普通
股(每股面值为1元,每股公允价值为4.5
元)的方式购买同一控制下另一企业所持有
的A公司40%的股权,相关手续于当日完
成。进一步取得投资后,H公司能够对A公
司实施控制。当日,A公司在最终控制方合并
财务报表中的净资产的账面价值为23 000万
元。假定H公司和A公司采用的会计政策和
会计期间相同。H公司和A公司一直受同
一最终控制方控制。上述交易不属于"一揽
子交易"。不考虑相关税费等其他因素影响。
H公司对该项长期股权投资应如何处理?

解析 (1)2×18年年初H公司的会计
处理:

借:长期股权投资—投资成本 6 000
贷:银行存款   6 000

初始投资成本6 000万元大于享有A公
司可辨认净资产公允价值的份额5 500万元
(22 000×25%),不需要做处理。

(2)2×18年A公司实现净利润时:

借:长期股权投资—损益调整 150
贷:投资收益   (600×25%)150

(3)2×18年A公司形成其他综合收益
时:

借:长期股权投资—其他综合收益
                      100
贷:其他综合收益   (400×25%)100

(4)2×19年年初合并日长期股权投资的余
额应修正为14 950万元,即合并日H公司享
有A公司在最终控制方合并财务报表中净资产
的账面价值份额14 950万元(23 000×65%);

（5）H 公司定向增发股份时会计处理：

借：长期股权投资　　　　　14 950

　　贷：长期股权投资——投资成本 6 000

　　　　　　　　　　——损益调整　150

　　　　　　　　　　——其他综合收益

　　　　　　　　　　　　　　　　100

　　　　股本　　　　　　　　 2 000

　　　　资本公积——股本溢价　6 700

『拓展』如果 2×19 年年初 H 公司是以库存商品为对价换入 A 公司 40% 的股份，库存商品的账面余额为 5 000 万元（未计提存货跌价准备），公允价值为 6 000 万元，增值税税率为 13%，消费税税率为 10%，则 2×19 年年初账务处理如下：

借：长期股权投资　　　　　14 950

　　贷：长期股权投资——投资成本 6 000

　　　　　　　　　　——损益调整　150

　　　　　　　　　　——其他综合收益

　　　　　　　　　　　　　　　　100

　　　　库存商品　　　　　　 5 000

　　　　应交税费——应交增值税（销项

　　　　　　　　　　税额）　　　780

　　　　　　　　——应交消费税　600

　　　　资本公积——股本溢价　2 320

【理论总结】

企业通过多次交易分步取得同一控制下被投资单位的股权，最终形成企业合并的，属于"一揽子交易"的，合并方应当将各项交易作为一项取得控制权的交易进行会计处理。不属于"一揽子交易"的，取得控制权日，应按照以下步骤进行会计处理。

步骤一，在合并日，根据合并后应享有被合并方净资产在最终控制方合并财务报表中的账面价值的份额，确定长期股权投资的初始投资成本。

步骤二，合并日长期股权投资的初始投资成本，与达到合并前的股权投资账面价值加上合并日进一步取得股份新支付对价的账面价值之和的差额，调整资本公积（资本溢价或股本溢价），资本公积不足冲减的，冲

减留存收益。

步骤三，合并日之前持有的股权投资，因采用权益法核算或金融工具确认和计量准则核算而确认的其他综合收益，暂不进行会计处理，直至处置该项投资时采用与被投资单位直接处置资产或负债相同的基础进行会计处理；因采用权益法核算而确认的被投资单位净资产中除净损益、其他综合收益和利润分配以外的所有者权益其他变动，暂不进行会计处理，直至处置该项投资时转入当期损益。其中，处置后的剩余股权若采用成本法或权益法核算的，其他综合收益和其他所有者权益应按比例结转，处置后的剩余股权改按金融工具确认和计量准则进行会计处理的，其他综合收益和其他所有者权益应全部结转。

2. 非同一控制下企业合并的会计处理

（1）因增资造成的权益法转成本法的核算，如图 4-8 所示。

图 4-8　因增资造成的权益法转成本法的核算

【案例引入 1】2×18 年 1 月 1 日，甲公司以银行存款购入乙公司 30% 的股权，能对其施加重大影响。初始投资成本为 1 000 万元，当日乙公司可辨认净资产公允价值为 3 000 万元。2×18 年乙公司分红 50 万元，实现净利润 200 万元，其他综合收益增加 100 万元。2×19 年年初甲公司以银行存款 1 300 万元自非关联方购入乙公司 40% 的股份完成对乙公司的控股合并，因甲公司与乙公司合并前不属于同一集团，因此该合并应定义为非同一控制下的企业合并，且此次合并过程不属于"一揽子交易"。不考虑其他因素，甲公司对该项长期股权投资应如何处理？

解析 ▶ （1）2×18 年年末权益法下长期股权投资余额为 1 075 万元，其中"投资成本"明细账为 1 000 万元；"损益调整"明细账为

45万元[(200-50)×30%]；"其他综合收益"明细账为30万元(100×30%)。

(2)追加投资时：
借：长期股权投资　1 300
　　贷：银行存款　1 300

(3)原权益法转为成本法时：
借：长期股权投资　1 075
　　贷：长期股权投资——投资成本 1 000
　　　　　　　　　——损益调整　45
　　　　　　　　　——其他综合收益
　　　　　　　　　　　　　　　30

(2)因增资造成的金融资产转成本法的核算，如图4-9所示。

图4-9　因增资造成的金融资产转成本法的核算

【案例引入2】甲公司2×18年年初以银行存款购入乙公司10%的股份，作为其他权益工具投资(或交易性金融资产)核算，初始成本为200万元，2×18年乙公司宣告并实际分红60万元，2×18年年末此股份的公允价值为260万元。2×19年4月3日甲公司又以银行存款自非关联方购入乙公司50%的股份，初始成本为1 200万元，当日甲公司完成了对乙公司的控制，此次合并过程不属于"一揽子交易"，当日乙公司可辨认净资产的公允价值为2 200万元，原10%股份的公允价值为270万元。甲公司按净利润的10%计提盈余公积。甲公司对该项股权投资应如何处理？

解析▶(1)甲公司2×18年账务处理如下：
①初始投资时：
借：其他权益工具投资(或交易性金融资产)——成本　200
　　贷：银行存款　200
②甲公司针对乙公司分红的会计处理：
宣告分红时：
借：应收股利　6
　　贷：投资收益　6

收到股利时：
借：银行存款　6
　　贷：应收股利　6
③2×18年年末其他权益工具投资(或交易性金融资产)增值时：
借：其他权益工具投资(或交易性金融资产)——公允价值变动　60
　　贷：其他综合收益(或公允价值变动损益)　60

(2)甲公司2×19年4月3日的会计处理：
①若为其他权益工具投资，将其他权益工具投资按公允价值转为长期股权投资：
借：长期股权投资　270
　　贷：其他权益工具投资　260
　　　　盈余公积　1
　　　　利润分配——未分配利润　9
同时：
借：其他综合收益　60
　　贷：盈余公积　6
　　　　利润分配——未分配利润　54
若为交易性金融资产，则分录如下：
借：长期股权投资　270
　　贷：交易性金融资产　260
　　　　投资收益　10
②新购入50%股份时：
借：长期股权投资　1 200
　　贷：银行存款　1 200

【理论总结】

企业通过多次交易分步实现非同一控制下企业合并的，且不属于"一揽子交易"，在编制个别财务报表时，应当分别按下列两种情况处理。

购买日之前持有的股权投资，采用权益法核算的，购买日长期股权投资的初始投资成本，为原权益法下的账面价值加上购买日为取得新的股份所支付对价的公允价值之和。相关其他综合收益(可重分类进损益部分)应当在处置该项投资时转入投资收益，因被投资方除净损益、其他综合收益和利润分配以外的其他所有者权益变动而确认的所有者权益,应当在处置该项投资时相应转入处置期间的当期损益。其中,处置后的剩余股权采用成本法或权益法核算的,其他综合收益和其他所有者权益变动应按比例结转;处置后的剩余股权改按金融工具确认和计量准则进行会计处理的,其他综合收益和其他所有者权益变动应全部结转。

购买日之前持有的股权投资,采用金融工具确认和计量准则进行会计处理的,应当将按照该准则确定的原股权投资的公允价值加上新增投资成本之和,作为改按成本法核算的初始投资成本,原持有股权作为其他权益工具投资核算的,其公允价值与账面价值之间的差额以及原计入其他综合收益的累计公允价值变动应当全部转入改按成本法核算当期的留存收益。原持有股权分类为交易性金融资产的,其公允价值与账面价值之间的差额应当计入投资收益。

老高提示 不是"一揽子交易"的多次交易完成企业合并的会计处理原则对比。

(1)金融资产转成本法(见表4-4)。

表4-4 金融资产转成本法

合并类型	成本法下长期股权投资初始投资成本的确认		原金融资产转长期股权投资的口径	原其他综合收益的处理
同一控制	被合并方账面净资产×持有比例	金融资产的账面价值+追加投资的账面代价	以账面口径转长期股权投资	合并日不转留存收益,等到处置投资时转留存收益
	其差额调整"资本公积""盈余公积""利润分配—未分配利润"			
非同一控制	金融资产的公允价值+新增初始投资成本(公允代价)		以公允口径转长期股权投资,其差额转入留存收益或投资收益	合并日转留存收益

(2)权益法转成本法(见表4-5)。

表4-5 权益法转成本法

合并类型	成本法下长期股权投资初始投资成本的确认		原权益法转成本法的口径	原其他综合收益、资本公积的处理
同一控制	被合并方账面净资产×持有比例	权益法下的账面价值+追加投资的账面代价	以原账面口径结转	合并日不结转,等到处置投资时再按相关准则规定处理
	其差额调整"资本公积""盈余公积"和"利润分配—未分配利润"			
非同一控制	权益法下的账面价值+新增初始投资成本(公允代价)			

【例题25·综合题】甲公司是一家股份制有限责任公司,主营焦炭的生产与销售,一直在寻求整合业务链条,2×17年至2×19年发生如下经济业务。

(1)2×17年资料如下。

①2×17年3月1日甲公司在二级股票市场购入乙公司10%的股份,买价为300万元,交易费用为2万元。乙公司是一家煤炭企业,拥有高储量的煤矿资源,与甲公司无关联方关系。甲公司拟长期持有此股份。此股份不足以支撑甲公司对乙公司拥有重大影响能力。

②2×17年5月1日乙公司宣告分红60万元,6月3日实际发放。

③2×17年乙公司实现公允净利润200万元,假定每月利润分布均衡。

④2×17年年末乙公司因其他权益工具投

资增值而增加其他综合收益100万元。

⑤2×17年年末甲公司所持有的乙公司股份的公允价值为324万元。

（2）2×18年资料如下。

①2×18年6月1日甲公司于二级股票市场又购入乙公司20%的股份，买价为700万元，交易费用为6万元，自此甲公司持股比例达到30%，具备对乙公司的重大影响能力。当日原10%股份的公允价值为360万元。乙公司2×18年6月1日公允可辨认净资产为4 000万元。

②2×18年乙公司实现公允净利润600万元，其中1—5月的公允净利润为200万元。

③2×18年年末乙公司持有的其他权益工具投资增值追加其他综合收益60万元。

（3）2×19年资料如下。

2×19年年初甲公司以定向增发100万股普通股的方式自非关联方丙公司换入其持有乙公司40%的股份，每股面值为1元，每股公允价为22元，另付发行费用6万元。甲公司自此完成对乙公司的控制。

其他资料：甲公司按净利润的10%计提盈余公积。上述款项均以银行存款结算。不考虑其他因素。

要求：

（1）甲公司2×17年3月1日所购入的乙公司10%股份应定义为何种金融资产；

（2）基于2×17年的资料，作出甲公司相应的账务处理；

（3）基于2×18年的资料，作出甲公司相应的账务处理；

（4）基于2×19年的资料，作出甲公司相应的账务处理；

（5）计算购买日甲公司长期股权投资的账面余额。

答案 ▶（1）甲公司应将持有的乙公司10%股份定义为其他权益工具投资。

（2）2×17年甲公司的账务处理如下：

①2×17年3月1日：

借：其他权益工具投资 302

贷：银行存款 302

②2×17年5月1日宣告分红时：

借：应收股利 6

贷：投资收益 6

6月3日发放红利时：

借：银行存款 6

贷：应收股利 6

③2×17年年末甲公司所持有的乙公司股份的公允价值波动时：

借：其他权益工具投资 22

贷：其他综合收益 22

（3）2×18年甲公司账务处理如下：

①2×18年6月1日甲公司于二级股票市场又购入乙公司20%的股份时：

a. 借：长期股权投资—投资成本 706

贷：银行存款 706

b. 原10%股份需以公允口径转为长期股权投资，当初的其他综合收益需转入留存收益，分录如下：

借：长期股权投资—投资成本 360

贷：其他权益工具投资 324

盈余公积 3.6

利润分配—未分配利润 32.4

借：其他综合收益 22

贷：盈余公积 2.2

利润分配—未分配利润 19.8

c. 甲公司所持有30%乙公司股份的初始投资成本1 066万元（706+360），相比当日应享有乙公司可辨认净资产公允价值份额1 200万元（4 000×30%），形成负商誉134万元，分录如下：

借：长期股权投资—投资成本 134

贷：营业外收入 134

②2×18年乙公司实现公允净利润时：

借：长期股权投资—损益调整
[（600-200）×30%]120

贷：投资收益 120

③2×18年年末乙公司持有的其他权益工具投资增值时：

借：长期股权投资—其他综合收益

　　　　　　　　　　　　　18

　　贷：其他综合收益 （60×30%）18

（4）2×19年甲公司账务处理如下：

①定向增发股份时：

借：长期股权投资　　　　2 200

　　贷：股本　　　　　　　　100

　　　资本公积—股本溢价 2 100

同时，支付发行费用：

借：资本公积—股本溢价　　　6

　　贷：银行存款　　　　　　　6

②原权益法下的核算指标转为成本法口径：

借：长期股权投资　　　　1 338

　　贷：长期股权投资—投资成本1 200

　　　　　　—损益调整　　120

　　　　　　—其他综合收益

　　　　　　　　　　　　　18

（5）购买日长期股权投资的账面余额＝2 200+1 338＝3 538（万元）。

【例题26·综合题】☆甲公司对乙公司股权投资相关业务如下：

资料一：2×17年1月1日，甲公司以银行存款7 300万元从非关联方取得了乙公司20%的有表决权股份，对其财务和经营政策具有重大影响。当日，乙公司所有者权益的账面价值为40 000万元，各项可辨认资产、负债的公允价值与账面价值均相等。本次投资前，甲公司不持有乙公司股份且与乙公司不具有关联方关系，甲公司的会计政策、会计期间和乙公司一致。

资料二：2×17年6月15日，甲公司将生产的一台成本为600万元的设备销售给乙公司，销售价款1 000万元。当日，乙公司以银行存款支付了全部货款，并将其交付本公司专设销售机构作为固定资产立即投入使用。乙公司预计该设备使用年限10年，预计净残值为零，采用年限平均法计提折旧。

资料三：乙公司2×17年度实现的净利润为6 000万元，因持有的其他债权投资公允

价值上升计入其他综合收益380万元。

资料四：2×18年4月1日，乙公司宣告分配现金股利1 000万元；2×18年4月10日，甲公司按其持股比例收到乙公司分配的股利并存入银行。

资料五：2×18年9月1日，甲公司以定向发行普通股股票2 000万股（每股面值1元，公允价值10元）的方式，继续从非关联方购入乙公司40%的有表决权股份，至此共持有60%的有表决权股份，对其形成控制。该项合并不构成反向购买。当日，乙公司可辨认净资产的账面价值与公允价值均为45 000万元；甲公司原持有20%股权的公允价值为10 000万元。

假定不考虑增值税和所得税等税费的影响。

要求：

（1）判断2×17年1月1日甲公司是否需要调整对乙公司股权投资的初始投资成本，并编制取得投资的相关分录；

（2）计算2×17年甲公司应确认的投资收益、其他综合收益的金额，以及2×17年年末甲公司股权投资的账面价值，并编制相关分录；

（3）编制2×18年4月1日甲公司在乙公司分配现金股利时的分录以及2×18年4月10日甲公司收到现金股利的分录；

（4）计算2×18年9月1日甲公司股权投资由权益法转为成本法时应确认的初始投资成本，并编制相关分录；

（5）计算2×18年9月1日甲公司应确认的合并成本和商誉。

答案▶（1）需要调整。

甲公司应确认初始投资成本＝7 300（万元）；

当日应享有被投资方可辨认净资产公允价值的份额＝40 000×20%＝8 000（万元）；

初始投资成本小于享有被投资方可辨认净资产公允价值的份额，因此应调整长期股权投资账面价值，同时确认营业外收入，分录为：

借：长期股权投资—投资成本 8 000

  贷：银行存款   7 300

    营业外收入   700

（2）乙公司调整后净利润 = 6 000 − （1 000−600）+（1 000−600）/10/2 = 5 620（万元）；

甲公司应确认投资收益的金额 = 5 620 × 20% = 1 124（万元）；

甲公司应确认其他综合收益的金额 = 380×20% = 76（万元）；

2×17 年年末甲公司长期股权投资的账面价值 = 8 000+1 124+76 = 9 200（万元）。

借：长期股权投资—损益调整 1 124

  贷：投资收益   1 124

借：长期股权投资—其他综合收益

           76

  贷：其他综合收益   76

（3）甲公司确认现金股利：

借：应收股利   200

  贷：长期股权投资—损益调整

      （1 000×20%）200

甲公司收到现金股利：

借：银行存款   200

  贷：应收股利   200

（4）甲公司应确认初始投资成本 =（8 000+1 124+76−200）+2 000×10 = 29 000（万元）。

借：长期股权投资   29 000

  贷：股本   2 000

    资本公积   18 000

    长期股权投资—投资成本 8 000

      —损益调整 924

      —其他综合收益

           76

（5）甲公司应确认的合并成本 = 10 000+2 000×10 = 30 000（万元）；

合并商誉 = 30 000 − 45 000×60% = 3 000（万元）。

（六）因其他投资人的注资造成的本投资方的持股比例下降 ★★

因其他投资人的注资造成的本投资方

的持股比例下降，由控制转为共同控制或重大影响，相应将原成本法口径追溯为权益法。

【案例引入】 2×18 年 1 月 1 日，甲公司和乙公司分别出资 800 万元和 200 万元设立丁公司，丁公司成立当日实收资本为 1 000 万元，甲公司、乙公司的持股比例分别为 80% 和 20%，甲公司控制丁公司，乙公司对丁公司有重大影响。2×18 年丁公司实现公允净利润 100 万元，截至年末增加其他综合收益 80 万元。2×19 年 1 月 1 日，乙公司对丁公司增资 900 万元，形成在丁公司追加资本额 600 万元，资本溢价 300 万元。至此，甲公司持股比例由 80% 下降为 50%，丧失控制权，但仍对丁公司有共同控制权。相关款项均以银行存款结算。甲公司按 10% 计提盈余公积。不考虑其他因素，甲公司对该项长期股权投资应如何处理？

解析 （1）按照新的持股比例确认应享有的原子公司因增资扩股而增加的净资产的份额 = 900×50% = 450（万元）。

（2）应结转持股比例下降部分所对应的长期股权投资原账面价值 = 800×30%/80% = 300（万元）。

（3）应享有的原子公司因增资扩股而增加净资产的份额与应结转持股比例下降部分所对应的长期股权投资原账面价值之间的差额为 150 万元（450−300），应计入当期投资收益。

借：长期股权投资   150

  贷：投资收益   150

（4）长期股权投资的账面价值 = 800+150 = 950（万元）。

（5）新的持股比例视同自取得投资时即采用权益法核算进行调整。

①追溯一：初始投资成本的追溯。

因初始投资成本 500 万元（800/80%×50%）等于所占的公允可辨认净资产份额 500 万元（1 000×50%），无股权投资差额，无须追溯。

②追溯二：成本法下被投资方净利润的追

溯。

借：长期股权投资　（100×50%）50
　　贷：盈余公积　　　　　　　　5
　　　利润分配——未分配利润　45

③追溯三：成本法下被投资方其他综合收益的追溯。

借：长期股权投资　（80×50%）40
　　贷：其他综合收益　　　　　　40

（6）最终，甲公司长期股权投资的账面价值=800+150+50+40=1 040（万元）。

【理论总结】

因其他投资方注资导致企业对长期股权投资后续计量由成本法转为权益法，个别财务报表中，首先，根据新的持股比例计算确认企业应享有的原子公司因增资扩股而增加的净资产份额，与应结转持股比例下降部分所对应的长期股权投资原账面价值之间的差额，将其计入投资收益；其次，按照新的持股比例对长期股权投资视同自取得投资时即采用权益法进行追溯调整。

【例题27·多选题】 下列有关长期股权投资的论断中，正确的有（　）。

A. 甲公司先购入乙公司20%的股份具备重大影响能力，采用权益法核算，而后又购入乙公司40%的股份，完成非同一控制下的控股合并，后续计量方法采用成本法，但当初20%持股时的权益法出于可比性原则考虑应追溯为成本法

B. 甲公司先购入乙公司10%的股份作为其他权益工具投资核算，而后又购入乙公司50%的股份，完成非同一控制下的控股合并，则当初的其他权益工具投资应以其账面价值标准转为长期股权投资并与后续追加股份一并按成本法核算

C. 甲公司先购入乙公司40%的股份，具备重大影响能力，后卖掉乙公司30%的股份，剩余股份无法达到对乙公司重大影响，且不以交易为目的，以当时的公允口径改按其他权益工具投资核算，且当初权益法下所有的可重分类进损益的其他综合收益同时转入投

资收益

D. 甲公司先购入乙公司80%的股份，属于非同一控制下的控股合并，后卖掉乙公司50%的股份，余下股份具备重大影响能力，则余下股份需将原成本法追溯为权益法核算

E. 甲公司先购入乙公司6%的股份作为其他权益工具投资核算，后购入乙公司20%的股份，达到重大影响能力，则当初的其他权益工具投资应以公允价值口径转为长期股权投资，且原"其他综合收益"需转入留存收益

解析 选项A，无须追溯；选项B，只要是金融资产转长期股权投资的（转为同一控制下企业合并的除外），均应以公允价值口径转账认定。　**答案** CDE

【关键考点】 掌握长期股权投资转换的会计处理。

六、长期股权投资的处置

（一）会计处理原则★

企业处置长期股权投资时，应相应结转与所售股权相对应的长期股权投资的账面价值，出售所得价款与处置长期股权投资账面价值之间的差额，应确认为处置损益。采用权益法核算的长期股权投资，原计入其他综合收益、资本公积中的金额，在处置时亦应进行结转，将与所出售股权相对应的部分在处置时自其他综合收益（可重分类进损益部分）、资本公积转入当期损益。

老高提示 因被投资单位设定受益计划净负债或净资产变动而确认的其他综合收益，不转入投资收益。

（二）处置的账务处理★★

1. 成本法下处置长期股权投资的一般分录

借：银行存款
　　长期股权投资减值准备
　　贷：长期股权投资

投资收益[倒挤，或借记]

2. 权益法下处置长期股权投资的一般分录

①结转长期股权投资账面价值：

借：银行存款

长期股权投资减值准备

贷：长期股权投资—投资成本

—损益调整［或借记］

—其他权益变动［或借记］

—其他综合收益［或借记］

投资收益[倒挤，或借记]

②结转其他综合收益：

借：其他综合收益[可重分类进损益部分，如因被投资方其他债权投资价值变动引起]

贷：投资收益

或反之。

③结转资本公积：

借：资本公积—其他资本公积

贷：投资收益

或反之。

【关键考点】权益法下长期股权投资处置时"其他综合收益"及"资本公积—其他资本公积"转"投资收益"的会计处理。

【例题28·单选题】2×17年1月1日M公司支付270万元银行存款收购甲公司持有N公司股份总额的30%，达到重大影响程度，当日N公司可辨认净资产的公允价值为800万元，N公司各项资产、负债的公允价值与账面价值相等。2×17年5月1日，N公司宣告分配现金股利200万元，实际发放日为2×17年5月4日。2×17年6月30日，N公司持有的其他债权投资增值80万元，2×17年N公司实现净利润400万元。2×18年N公司发生净亏损200万元。2×18年12月31日，M公司对N公司投资的预计可收回金额为272万元。2×19年1月5日，M公司将其持

有的N公司股份全部对外转让，转让价款250万元。假定不考虑所得税等其他因素，M公司持有此长期股权投资产生的累计损益额为（　）万元。

A. 80　　　　　　　B. 58

C. 60　　　　　　　D. 40

解析 ▶ ①2×17年年初长期股权投资初始投资成本270万元，大于享有N公司可辨认净资产公允价值的份额240万元（800×30%），不作调整；②2×17年因N公司分配现金股利减少长期股权投资＝200×30%＝60（万元）；③2×17年因N公司盈余而产生的投资收益额＝400×30%＝120（万元）；④2×17年因N公司其他债权投资增值而追加的"其他综合收益"＝80×30%＝24（万元）；⑤2×18年因N公司亏损而产生的投资损失额＝200×30%＝60（万元）；⑥2×18年年末长期股权投资的账面余额＝270－60＋120＋24－60＝294（万元），相比此时的可收回金额应提取减值准备22万元（294－272）；⑦2×19年年初处置此投资时产生的投资收益＝250－272＋24＝2（万元）；⑧甲公司因该投资产生的累计损益额＝120－60－22＋2＝40（万元）。

答案 ▶ D

【例题29·综合题】☆甲公司2×13年至2×15年对乙公司股票投资的有关资料如下。

资料一：2×13年1月1日，甲公司定向发行每股面值为1元、公允价值为4.5元的普通股1 000万股作为对价取得乙公司30%有表决权的股份。交易前，甲公司与乙公司不存在关联方关系且不持有乙公司股份；交易后，甲公司能够对乙公司施加重大影响。取得投资日，乙公司可辨认净资产的账面价值为16 000万元，除行政管理用W固定资产外，其他各项资产、负债的公允价值分别与其账面价值相同。该固定资产原价为500万元，原预计使用年限为5年，预计净残值为零，采用年限平均法计提折旧，已计提折旧100万元；当日，该固定资产公允价值为480万元，预计尚可使用4年，与原预计剩余年限一致，预计净残值为零，继续采用

原方法计提折旧。

资料二：2×13 年 8 月 20 日，乙公司将其成本为 900 万元的 M 商品以不含增值税的价格 1 200 万元出售给甲公司。至 2×13 年 12 月 31 日，甲公司向非关联方累计售出该商品 50%，剩余 50% 作为存货，未发生减值。

资料三：2×13 年度，乙公司实现的净利润为 6 000 万元，因其他债权投资公允价值变动增加其他综合收益 200 万元，未发生其他影响乙公司所有者权益变动的交易或事项。

资料四：2×14 年 1 月 1 日，甲公司将持有乙公司股权投资的 80% 出售给非关联方，取得价款 5 600 万元，款项已存入银行，相关手续于当日完成，剩余股份当日公允价值为 1 400 万元，出售部分股份后，甲公司对乙公司不再具有重大影响，将剩余股权投资转为其他权益工具投资。

资料五：2×14 年 6 月 30 日，甲公司持有乙公司股票的公允价值下跌至 1 300 万元。

资料六：2×14 年 7 月起，乙公司股票价格持续下跌，至 2×14 年 12 月 31 日，甲公司持有乙公司股票的公允价值下跌至 800 万元。

资料七：2×15 年 1 月 8 日，甲公司以 780 万元的价格在二级市场上售出所持乙公司的全部股票，款项已收存银行。

资料八：甲公司按照净利润的 10% 计提盈余公积。甲公司和乙公司所采用的会计政策、会计期间相同，假定不考虑增值税、所得税等其他因素。

要求：

(1) 判断说明甲公司 2×13 年度对乙公司长期股权投资应采用的核算方法，并编制甲公司取得乙公司股权投资的会计分录；

(2) 计算甲公司 2×13 年度应确认的投资收益和应享有乙公司其他综合收益变动的金额，并编制相关会计分录；

(3) 计算甲公司 2×14 年 1 月 1 日处置部分股权投资交易对公司营业利润的影响额，并编制相关会计分录；

(4) 分别编制甲公司 2×14 年 6 月 30 日和

12 月 31 日与持有乙公司股票相关的会计分录；

(5) 编制甲公司 2×15 年 1 月 8 日处置乙公司股票的相关会计分录。

("长期股权投资""其他权益工具投资"科目应写出必要的明细科目)

答案 (1) 甲公司对乙公司的股权投资，应该采用权益法核算。

借：长期股权投资—投资成本

(4.5×1 000)4 500

贷：股本 1 000

资本公积—股本溢价 3 500

借：长期股权投资—投资成本

{[16 000+(480-400)]×30%-4 500}324

贷：营业外收入 324

(2) 甲公司 2×13 年应确认的投资收益额 = [6 000-(480-400)/4-(1 200-900)×50%]×30% = 1 749(万元)；

甲公司 2×13 年应享有乙公司其他综合收益变动的金额 = 200×30% = 60(万元)。

借：长期股权投资—损益调整 1 749

　　　　　　—其他综合收益 60

贷：投资收益 1 749

其他综合收益 60

(3) 甲公司 2×14 年年初处置部分股权对营业利润的影响金额 = (5 600+1 400)-(4 500+324+1 749+60)+60 = 427(万元)。

借：银行存款 5 600

贷：长期股权投资—投资成本

[(4 500+324)×80%]3 859.2

　　　　　　—损益调整

(1 749×80%)1 399.2

　　　　　　—其他综合收益

(60×80%)48

投资收益 293.6

借：其他权益工具投资—成本 1 400

贷：长期股权投资—投资成本

[(4 500+324)×20%]964.8

　　　　　　—损益调整

(1 749×20%)349.8

—其他综合收益

（60×20%）12

投资收益 73.4

借：其他综合收益 60

贷：投资收益 60

（4）①6月30日：

借：其他综合收益 100

贷：其他权益工具投资—公允价值变
动（1 400-1 300）100

②12月31日：

借：其他综合收益 500

贷：其他权益工具投资—公允价值变
动（1 300-800）500

（5）2×15年1月8日处置乙公司股票：

借：银行存款 780

盈余公积 2

利润分配—未分配利润 18

其他权益工具投资—公允价值变动
600

贷：其他权益工具投资—成本 1 400

借：盈余公积 60

利润分配—未分配利润 540

贷：其他综合收益 600

七、合营安排

（一）合营安排概述★

1. 合营安排的概念

合营安排是指一项由两个或两个以上的参与方共同控制的安排。

2. 合营安排的特征

（1）各参与方受到该安排的约束。

（2）两个或两个以上的参与方对该安排实施共同控制。

3. 合营安排的认定

要认定一项安排是否为合营安排，需要准确把握"共同控制""参与方"等概念。其中，是否存在共同控制是判断一项安排是否为合营安排的关键。

（1）共同控制。

共同控制，是指按照相关约定对某项安排所共有的控制，并且该安排的相关活动必须经过分享控制权的参与方一致同意后才能决策。

在判断是否存在共同控制时，首先判断是否由所有参与方或参与方组合集体控制该安排，其次再判断该安排相关活动的决策是否必须经过这些参与方一致同意。

当且仅当相关活动的决策要求集体控制该安排的参与方一致同意时，才存在共同控制。

如果某一个参与方能够单独主导该安排中的相关活动，则为控制。如果一组参与方或所有参与方联合起来才能够主导该安排中的相关活动，则为集体控制。尽管所有参与方联合起来一定能够控制该安排，但集体控制下，集体控制该安排的组合指的是那些既能联合起来控制该安排，又使得参与方数量最少的一个或几个参与方组合。

老高提示 能够集体控制一项安排的参与方组合很可能不止一个。如果存在两个或两个以上的参与方组合能够集体控制某项安排的，不构成共同控制。

【例题30·分析题】 A公司、B公司、C公司、D公司各持有E公司25%的表决权。E公司的主要经营活动为房屋建筑工程总承包、设计及专业施工，其最高权力机构为股东会，相关活动的决策需要60%以上的表决权通过方可作出。不考虑其他因素，请对该事项作出分析。

解析 集体控制的组合方式不仅一种，不构成共同控制，所以A公司、B公司、C公司、D公司对E公司均被推定为具有重大影响。

（2）合营安排中的不同参与方。

只要两个或两个以上的参与方对该安排实施共同控制，一项安排就可以被认定为合营安排，并不要求所有参与方都对该安排享有共同控制。对合营安排享有共同控制的参与方（分享控制权的参与方）被称为"合营方"；对合营安排不享有共同控制的参与方被称为"非合营方"。

【关键考点】掌握合营安排的界定。

(二)合营安排的分类★

1. 合营安排分为共同经营和合营企业

(1)共同经营。

共同经营是指合营方享有该安排相关资产且承担该安排相关负债的合营安排。

(2)合营企业。

合营企业是指合营方仅对该安排的净资产享有权利的合营安排。

2. 合营安排类别的鉴定

(1)单独主体。

具有可单独辨认的资产、负债、收入、费用、财务安排和会计记录，并且具有一定法律形式的主体，构成法律认可的单独可辨认的财务架构。

包括有限责任公司、合伙企业、合作企业等。某些情况下，信托、基金也可被视为单独主体。

(2)合营安排未通过单独主体达成。

当合营安排未通过单独主体达成时，该合营安排为共同经营。在这种情况下，合营方通常通过相关约定享有与该安排相关资产的权利、并承担与该安排相关负债的义务，同时，享有相应收入的权利、并承担相应费用的责任，因此该合营安排应当划分为共同经营。

(3)合营安排通过单独主体达成。

合营安排通过单独主体达成的，在辨别属于共同经营还是属于合营企业时，需要分析单独主体的法律形式、合同安排及其他事实和情况等。

合同安排中常见的某些特征或者条款可能表明该安排为共同经营或者合营企业。共同经营和合营企业的部分项目对比见表4-6。

表4-6　共同经营和合营企业部分项目对比

对比项目	共同经营	合营企业
合营安排的条款	参与方对合营安排的相关资产享有权利并对相关负债承担义务	参与方对合营安排有关的净资产享有权利，即单独主体(而不是参与方)，享有与安排相关资产的权利，并承担与安排相关负债的义务
对资产的权利	参与方按照约定的比例分享合营安排的相关资产的全部利益(例如，权利、权属或所有权等)	资产属于合营安排自身，参与方并不对资产享有权利
对负债的义务	参与方按照约定的比例分担合营安排的成本、费用、债务及义务。第三方对该安排提出的索赔要求，参与方作为义务人承担赔偿责任	合营安排对自身的债务或义务承担责任。参与方仅以其各自对该安排认缴的投资额为限对该安排承担相应的义务。合营安排的债权方无权就该安排的债务对参与方进行追索
收入、费用及损益	合营安排建立了各参与方按照约定的比例(例如按照各自所耗用的产能比例)分配收入和费用的机制。某些情况下，参与方按约定的份额比例享有合营安排产生的净损益不会必然使其被分类为合营企业，仍应当分析参与方对该安排相关资产的权利以及对该安排相关负债的义务	各参与方按照约定的份额比例享有合营安排产生的净损益
担保	参与方为合营安排提供担保(或提供担保的承诺)的行为本身并不直接导致一项安排被分类为共同经营	

(三)共同经营中合营方的会计处理★★

1. 一般会计处理原则

合营方应当确认其与共同经营中利益份额相关的下列项目，并按照相关企业会计准则的规定进行会计处理。

(1)确认单独所持有的资产，以及按其份额确认共同持有的资产；

（2）确认单独所承担的负债，以及按其份额确认共同承担的负债；

（3）确认出售其享有的共同经营产出份额所产生的收入；

（4）按其份额确认共同经营因出售产出所产生的收入；

（5）确认单独所发生的费用，以及按其份额确认共同经营发生的费用。

2. 合营方向共同经营投出或者出售不构成业务的资产的会计处理

合营方向共同经营投出或出售资产等（该资产构成业务的除外），在共同经营将相关资产出售给第三方或相关资产消耗之前，应当仅确认归属于共同经营其他参与方的利得或损失。交易表明投出或出售的资产发生资产减值损失的，合营方应当全额确认该损失。

3. 合营方自共同经营购买不构成业务的资产的会计处理

合营方自共同经营购买资产等（该资产构成业务的除外），在将该资产等出售给第三方之前，不应当确认因该交易产生的损益中该合营方应享有的部分。即，此时应当仅确认因该交易产生的损益中归属于共同经营其他参与方的部分。

4. 合营方取得构成业务的共同经营的利益份额的会计处理

合营方取得共同经营中的利益份额，且该共同经营构成业务时，应当按照企业合并准则等相关准则进行相应的会计处理。

【例题31·多选题】下列关于合营安排的说法中，正确的有（　　）。

A. 合营安排要求所有参与方都对该安排实施共同控制

B. 两个参与方组合能够集体控制某项安排的，该安排不构成共同控制

C. 能够对合营企业达到重大影响的参与方，应对其投资采用权益法核算

D. 合营安排为共同经营的，合营方按一定比例享有该安排相关资产且承担该安排相关负债

解析 ▶ 选项A，合营安排是指一项由两个或两个以上的参与方共同控制的安排。合营安排并不要求所有参与方都对该安排实施共同控制。

答案 ▶ BCD

同步训练

限时 130min

扫我做试题

一、单项选择题

1. 甲公司、乙公司和丁公司分别持有丙公司40%、30%和30%的股份，丙公司相关活动的决策需经股东大会半数以上表决通过，如下会计论断中，正确的是（　　）。

A. 甲公司、乙公司和丁公司共同控制丙公司

B. 甲公司、乙公司共同控制丙公司

C. 甲公司、丁公司共同控制丙公司

D. 甲公司、乙公司和丁公司对丙公司均具备重大影响能力

2. 资料同上，假定丙公司相关活动的决策需经股东大会75%以上表决通过，如下会计论断中，正确的是（　　）。

A. 甲公司、乙公司和丁公司共同控制丙公司

B. 甲公司、乙公司共同控制丙公司

C. 甲公司、丁公司共同控制丙公司

D. 甲公司、乙公司和丁公司对丙公司均具备重大影响能力

3. 甲公司、乙公司和丁公司分别持有丙公司60%、20%和20%的股份，丙公司相关活动的决策需经股东大会50%以上表决通

过，如下会计论断中，正确的是( )。

A. 甲公司控制丙公司

B. 甲公司、乙公司共同控制丙公司

C. 甲公司、丁公司共同控制丙公司

D. 甲公司、乙公司和丁公司对丙公司均具备重大影响能力

4. 甲公司是丁公司的母公司。2×18 年年初甲公司自非关联方丙公司购入乙公司 80%的股份，初始成本为 2 000 万元，当日乙公司可辨认净资产的公允价值为 2 200 万元，账面净资产为 1 800 万元，2×18 年乙公司实现账面净利润 600 万元，公允净利润 500 万元，分红 40 万元，除此之外未发生其他经济业务。2×19 年年初丁公司以自用土地使用权为代价自甲公司手中换取乙公司 80%的股份，该土地使用权原价为 1 400 万元，累计摊销为 100 万元，公允价值为 1 800 万元，此转让业务匹配的增值税税率为 9%。丁公司"资本公积"当日结存 300 万元，均为资本溢价，"盈余公积"结余 400 万元，丁公司因此业务形成"资本公积"( )万元。

A. 贷记 870   B. 借记 672

C. 贷记 906   D. 借记 588

5. 甲公司持有乙公司 35%的股权，采用权益法核算。2×18 年 12 月 31 日该项长期股权投资的账面余额为 1 300 万元，已计提减值准备 40 万元。此外，甲公司还有一笔金额为 300 万元的应收乙公司的长期债权，该项债权没有明确的清收计划，且在可预见的未来期间不准备收回。乙公司 2×19 年发生净亏损 5 000 万元。假定取得投资时被投资单位各项资产和负债的公允价值均等于账面价值，双方采用的会计政策、会计期间相同，且双方未发生任何内部交易。甲公司对乙公司亏损不负连带责任。不考虑其他因素，甲公司 2×19 年应确认的投资损失是( )万元。

A. 1 650   B. 1 260

C. 1 560   D. 1 750

6. 甲公司于 2×18 年 1 月 1 日以银行存款 18 000 万元购入乙公司有表决权股份的 40%，能够对乙公司施加重大影响。取得该项投资时，乙公司各项可辨认资产、负债的公允价值等于账面价值，双方采用的会计政策、会计期间相同。2×18 年 6 月 1 日，乙公司出售一批商品给甲公司，成本为 800 万元，售价为 1 000 万元，甲公司购入后作为存货管理。至 2×18 年年末，甲公司已将从乙公司购入商品的 50%出售给外部独立的第三方。乙公司 2×18 年实现净利润 1 600 万元。不考虑其他因素，甲公司 2×18 年年末因对乙公司的长期股权投资应确认投资收益的金额为( )万元。

A. 600   B. 640

C. 700   D. 720

7. 续上题，2×19 年乙公司实现净利润 1 000 万元，甲公司自乙公司购入的商品在当年全部出售给外部独立的第三方，甲公司 2×19 年年末因对乙公司的长期股权投资应确认的投资收益金额为( )万元。

A. 440   B. 360

C. 400   D. 480

8. 2×17 年 4 月 1 日甲公司自二级股票市场购得乙公司 25%的股权，甲公司对乙公司的经营决策具有重大影响，买价为 800 万元，交易费用为 6 万元。乙公司在甲公司投资当日可辨净资产的公允价值为 3 000 万元，其中一台管理用设备的账面价值为 300 万元，公允价值为 400 万元，尚余折旧期为 5 年，假定无净残值，采用年限平均法计提折旧。2×17 年 6 月 11 日乙公司宣告分红 200 万元，于 6 月 16 日实际发放。2×17 年乙公司实现净利润 1 200 万元(假定各月利润均衡)，乙公司持有的一项其他债权投资发生增值 60 万元。2×18 年乙公司发生亏损 4 000 万元，甲公司持有应收乙公司的一项长期应收款 520 万元，甲公司对乙公司的亏损不承担连带责任。

2×19 年乙公司实现净利润 1 360 万元。不考虑其他因素，甲公司 2×19 年年末长期股权投资的账面余额为( )万元。

A. 236.25   B. 255.25

C. 277.25   D. 322.25

9. 下列关于合营安排的表述中，正确的是( )。

A. 当合营安排未通过单独主体达成时，该合营安排为共同经营

B. 合营安排中参与方对合营安排提供担保的，该合营安排为共同经营

C. 两个参与方组合能够集体控制某项安排的，该安排构成合营安排

D. 合营安排为共同经营的，参与方对合营安排有关的净资产享有权利

二、多项选择题

1. 下列有关企业合并形成的长期股权投资的论断中，正确的有( )。

A. 无论是同一控制下还是非同一控制下，企业合并中的审计、咨询和评估费用均计入当期管理费用

B. 以换股合并方式完成企业合并的，股票发行费用应追加长期股权投资入账成本

C. 以发行公司债券方式完成企业合并的，公司债券的发行费用应冲减债券发行溢价或追加债券发行折价，如果折价或溢价不够冲抵时再去调整留存收益

D. 同一控制下的企业合并中如果长期股权投资的入账成本高于转让非现金资产的账面价值加其价内、价外税时，应贷记"资本公积"，其本质为利得

E. 以转让非现金资产方式完成非同一控制下企业合并的，一般应确认非现金资产的转让损益

2. 下列有关长期股权投资的论断中，正确的有( )。

A. 同一控制下企业合并形成的长期股权投资的入账成本应基于最终控制方角度认定的被投资方在最终控制方角度账面净资

产口径来认定

B. 在同一控制下控股合并前提下，如果被投资方会计政策和会计期间与投资方不同，应首先在账外调整被投资方的会计政策和会计期间口径至投资方标准，其次根据账外修正后的被投资方在最终控制方角度账面净资产乘以投资方的持股比例计算长期股权投资的入账成本

C. 同一控制下企业合并形成的长期股权投资后续计量应采用成本法核算

D. 甲公司、乙公司和丙公司同属一个企业集团，丙公司持有乙公司 100% 股份，甲公司自丙公司购入其持有乙公司 30% 的股份，达到重大影响程度，则甲公司对乙公司的长期股权投资的入账成本应根据乙公司当日在最终控制方角度账面净资产的相应比例认定

3. 甲公司 2×19 年 5 月 1 日以库存商品作为合并对价自丙公司取得其持有乙公司 80% 的股权，甲公司、乙公司和丙公司同属一个企业集团，库存商品的成本为 800 万元，公允价值为 1 000 万元，增值税税率为 13%，消费税税率为 8%，该存货已计提跌价准备为 10 万元，当天乙公司在最终控制方合并财务报表中的账面净资产为 1 000 万元，公允可辨认净资产为 1 200 万元，当日甲公司资本公积结存额为 24 万元，全部为股本溢价，盈余公积结余额为 36 万元。甲公司另行支付了审计、评估费 2 万元。不考虑其他因素，基于上述资料，下列会计核算指标中正确的有( )。

A. 长期股权投资的入账成本为 800 万元

B. 甲公司应确认商品转让收益 130 万元

C. 甲公司应冲减留存收益 176 万元

D. 甲公司因此投资冲减营业利润 2 万元

4. 资料同上，如果此合并是非同一控制下的企业合并，甲公司据此核算的会计指标中正确的有( )。

A. 长期股权投资的初始成本为 1 132 万元

B. 商品转让收益为 130 万元

C. 管理费用追加 2 万元

D. 追加营业利润 128 万元

5. 甲公司 2×19 年 10 月 1 日定向增发普通股 100 万股给丙公司，取得其持有乙公司 60% 的股份，甲公司、乙公司和丙公司同属一个企业集团，该股票每股面值为 1 元，每股市价为 10 元，当天乙公司在最终控制方合并财务报表中的账面净资产为 800 万元，公允可辨认净资产为 1 500 万元。当日甲公司资本公积结存额为 240 万元，全部为股本溢价，盈余公积结余额为 360 万元，未分配利润结存额为 1 000 万元。甲公司支付了审计、咨询费用 10 万元，证券公司收取了 45 万元的发行费用。不考虑其他因素，基于上述资料，甲公司计算的如下指标中错误的有（　　）。

A. 长期股权投资的初始入账成本为 480 万元

B. 资本公积因此投资追加 380 万元

C. 股票发行费用 45 万元列入管理费用

D. 甲公司投资当日冲减营业利润 55 万元

6. 资料同上，如果此合并属非同一控制下的企业合并，甲公司计算的如下指标中正确的有（　　）。

A. 长期股权投资的初始入账成本为 1 010 万元

B. 资本公积因此投资追加 855 万元

C. 购买日甲公司获取的商誉价值为 100 万元

D. 甲公司投资当日冲减营业利润 10 万元

7. 资料同 5，唯一不同的是，甲公司只取得了乙公司 40% 的股份，达到重大影响程度，且未发生审计、咨询费用。如下有关会计核算指标中错误的有（　　）。

A. 长期股权投资的初始入账成本为 320 万元

B. 资本公积因此投资追加 175 万元

C. 股票发行费用应计入长期股权投资成本

D. 甲公司初始投资成本高于投资当日享

有乙公司可辨认净资产公允价值份额 400 万元，属于商誉价值

8. 甲公司、乙公司和丙公司同属一个企业集团，丙公司持有乙公司 100% 股份。甲公司 2×19 年 5 月 1 日以库存商品自丙公司换得乙公司 40% 的股权，具备了重大影响能力。库存商品的成本为 800 万元，公允价值为 1 000 万元，增值税税率为 13%，消费税税率为 8%，该库存商品已计提跌价准备为 10 万元，当天乙公司在最终控制方合并财务报表中的账面净资产为 1 000 万元，公允可辨认净资产为 2 000 万元，当日甲公司资本公积结存额为 24 万元，全部为股本溢价，盈余公积结余额为 36 万元。不考虑其他因素，基于上述资料，下列会计核算指标中正确的有（　　）。

A. 长期股权投资的入账成本为 400 万元

B. 长期股权投资的入账成本为 1 130 万元

C. 甲公司初始投资成本高于被投资方投资当日可辨认净资产公允价值份额的差额 330 万元，属于商誉

D. 甲公司应确认商品转让收益 130 万元

9. 下列有关长期股权投资权益法核算的会计处理论断中，正确的有（　　）。

A. 当投资方对被投资方影响程度达到重大影响或重大影响以上时应采用权益法核算长期股权投资

B. 因被投资方可重分类进损益的其他综合收益变动造成的投资价值调整应列入"其他综合收益"，并在投资处置时转入投资收益

C. 初始投资成本如果高于投资当日在被投资方拥有的可辨认净资产公允价值的份额，应作为投资损失，在以后期间摊入各期损益

D. 当被投资方的亏损使得投资方的长期股权投资账面价值减至零时，如果投资方拥有对被投资方的长期债权且实质上构成净投资的，则应冲减此债权，如果依然不够冲抵，当投资方对被投资方承担连带亏

损责任时，应贷记"预计负债"，否则将超额亏损列入备查簿

10. 甲公司 2×18 年 4 月 1 日自二级股票市场购得乙公司 10% 的股份，买价为 560 万元，相关税费 3 万元，作其他权益工具投资核算。乙公司 3 月 15 日宣告分红 60 万元，4 月 5 日实际发放。12 月 31 日甲公司所持乙公司股份的公允价值为 600 万元。2×19 年 4 月 1 日甲公司以库存商品自丙公司换得乙公司 30% 的股份，至此，甲公司对乙公司具有重大影响。甲公司库存商品的成本为 900 万元，公允价值为 1 500 万元，增值税税率为 13%，消费税税率为 5%。当日甲公司所持乙公司 10% 股份的公允价值为 612 万元，乙公司可辨认净资产的公允价值为 6 000 万元。不考虑其他因素，如下相关指标中正确的有( )。

A. 2×18 年年末其他权益工具投资的账面余额为 600 万元

B. 2×19 年 4 月 1 日长期股权投资的初始投资成本为 2 307 万元

C. 2×19 年 4 月 1 日原 10% 的金融资产转长期股权投资，其公允价值与账面价值形成的价值差额 12 万元作留存收益认定

D. 2×19 年 4 月 1 日权益法下初始投资成本低于所占的公允可辨认净资产份额的 93 万元作营业外收入认定

11. 下列有关长期股权投资成本法、权益法以及金融资产相互转换的论断中，正确的有( )。

A. 甲公司先持有乙公司 10% 的股份，作其他权益工具投资核算，而后又购得乙公司 20% 的股份，达到重大影响，原金融资产的公允口径价值加上追加投资的初始投资成本构成长期股权投资的初始成本，后续核算转权益法处理

B. 甲公司先持有乙公司 40% 的股份，具备重大影响能力，而后又购得乙公司 15% 的股份，从而完成对乙公司非同一

控制下的控股合并，原股权投资账面价值加上新增股份的初始投资成本认定长期股权投资的初始投资成本，后续核算采用成本法

C. 甲公司先持有乙公司 40% 的股份，具有重大影响能力，后卖掉了 30% 的乙公司股份，不再具有重大影响能力，作其他权益工具投资核算，应以剩余股份的公允价值认定其初始成本

D. 甲公司先持有乙公司 60% 的股份，具有控制能力，后卖掉了乙公司 40% 的股份，对乙公司具备重大影响能力，对于剩余股份，应将原成本法口径追溯为权益法标准

12. 甲公司是一家机械制造企业，每年按净利润的 10% 提取法定盈余公积。2×18 年 4 月 1 日自非关联方丙公司购得乙公司 80% 的股份，买价为 5 600 万元，合并中的审计、咨询费为 3 万元。4 月 1 日办妥了法律手续并结清了款项，甲公司拥有对乙公司的实质控制权。购买日乙公司公允可辨认净资产为 6 000 万元，2×18 年乙公司实现净利润 600 万元，假定每月净利润均等。5 月 11 日乙公司宣告分红 80 万元，于 6 月 12 日实际发放。12 月 31 日乙公司因持有的其他债权投资增值而追加"其他综合收益"300 万元。2×19 年 4 月 1 日甲公司售出了乙公司 60% 的股份，售价为 4 000 万元，假定无相关税费，款项以银行存款方式于当日收回，剩余 20% 股份使得甲公司对乙公司财务、经营政策具备重大影响能力。乙公司 2×19 年实现净利润 700 万元，其中 1—3 月的净利润为 200 万元。当年 5 月 1 日乙公司宣告分红 60 万元，于 6 月 5 日实际发放。12 月 31 日乙公司因持有的其他债权投资发生增值而追加"其他综合收益"100 万元。不考虑其他因素，如下相关指标中正确的有( )。

A. 2×19 年年末长期股权投资的账面余

额为 1 682 万元

B. 2×18 年 4 月 1 日购买日的合并商誉为 800 万元

C. 2×18 年年末长期股权投资的账面余额为 5 600 万元

D. 2×19 年 4 月 1 日剩余 20% 的长期股权投资由成本法转权益法后的账面余额为 1 574 万元

E. 2×19 年 4 月 1 日处置投资的投资收益为−200 万元

13. 甲公司 2×18 年 4 月 1 日自二级股票市场购得乙公司 40% 的股份，买价为 800 万元，相关税费为 10 万元，达到对乙公司的重大影响程度，当日乙公司可辨认净资产公允价值为 1 500 万元。乙公司 5 月 15 日宣告分红 50 万元，6 月 5 日实际发放。乙公司全年实现净利润 200 万元，假定利润在各月间均衡分布。2×18 年年末乙公司因持有的其他债权投资增值造成其他综合收益增加 60 万元。2×19 年 1 月 1 日甲公司卖掉了所持乙公司股权的 3/4，卖价为 900 万元，剩余股份无法达到重大影响，甲公司打算长线持有，当天余下股份的公允价值为 300 万元。不考虑其他因素，如下相关指标中正确的有（ ）。

A. 2×18 年年末长期股权投资账面余额为 874 万元

B. 2×19 年 1 月 1 日确认的投资收益为 350 万元

C. 2×19 年 1 月 1 日余下 10% 乙公司股份作其他权益工具投资核算，入账成本为 218.5 万元

D. 2×19 年 1 月 1 日权益法下认定的其他综合收益 24 万元按 3/4 比例转投资收益

14. 甲公司与乙公司无关联方关系。甲公司 2×18 年 4 月 1 日自二级股票市场购得乙公司 10% 的股份，买价为 180 万元，相关税费 10 万元，达不到对乙公司的重大影响程度，拟长线持有。当日乙公司可

辨认净资产公允价值为 2 000 万元。乙公司 7 月 15 日宣告分红 50 万元，8 月 5 日实际发放。乙公司全年实现净利润 200 万元，假定利润在各月间均衡分布。2×18 年年末甲公司所持乙公司股份的公允价值为 230 万元。2×19 年 4 月 1 日甲公司再次自二级股票市场买入 50% 的乙公司股份，买价为 1 200 万元，相关税费 50 万元，达到了对乙公司的控制能力，当天原 10% 股份的公允价值为 240 万元。当日乙公司可辨认净资产公允价值为 3 000 万元。不考虑其他因素，如下相关指标中正确的有（ ）。

A. 甲公司以其他权益工具投资核算所持的乙公司 10% 股份，2×18 年年末账面余额调至 230 万元

B. 2×19 年 4 月 1 日确认的留存收益为 50 万元

C. 2×19 年 4 月 1 日对乙公司的长期股权投资的初始投资成本为 1 440 万元

D. 2×19 年 4 月 1 日合并角度确认营业外收入 360 万元

15. 资料同上，假定甲公司与乙公司同属一个企业集团。2×19 年 4 月 1 日最终控制方角度下乙公司账面净资产为 2 500 万元，可辨认净资产公允价值为 3 000 万元。如下相关指标中正确的有（ ）。

A. 甲公司以其他权益工具投资核算所持的乙公司 10% 股份，2×18 年年末账面余额调至 230 万元

B. 2×19 年 4 月 1 日确认的留存收益为 50 万元

C. 2×19 年 4 月 1 日对乙公司的长期股权投资的初始投资成本为 1 500 万元

D. 2×19 年 4 月 1 日甲公司确认资本公积增加 70 万元

16. 下列各项中，属于合营安排的有（ ）。

A. 甲公司与乙公司共同控制 A 公司，甲公司按照持股比例享有 A 公司实现的净利润份额

B. 甲公司对丙公司具有重大影响

C. 甲公司与丁公司按照 1∶1 共同出资建造一条生产线，按照相关合同规定，该输油管线建成后，甲公司按出资比例分享收入、分担费用

D. 甲公司出资设立子公司

三、判断题

1. 通过多次交易分步处置子公司直至丧失控制权属于"一揽子交易"的，则每次处置长期股权投资的账面价值与处置价款的差额应确认为投资收益。（　　）

2. 对于非同一控制下的控股合并，购买方应以享有被投资方可辨认净资产公允价值的份额作为长期股权投资的初始投资成本。（　　）

3. 增资导致其他权益工具投资转为权益法核算的长期股权投资时，应将原股权投资所确认的其他综合收益转入留存收益。（　　）

4. 同一控制下的企业合并，合并成本为合并方在合并日为取得对被合并方的控制权而付出的资产、发生或承担的负债以及发行权益性证券的账面价值。（　　）

5. 在确定能否对被投资单位施加重大影响时，不需要考虑投资方及其他方持有的当期可执行潜在表决权的影响。（　　）

6. 不论成本法转为权益法，还是权益法转为成本法，转换时都应进行相应的追溯调整。（　　）

四、综合题

1. 甲公司是一家上市公司，属于增值税一般纳税人，适用的增值税税率为 13%，适用的所得税税率为 25%，采用资产负债表债务法核算所得税，预计未来期间适用的企业所得税税率不会发生变化，未来期间能够产生足够的应纳税所得额用以抵减可抵扣暂时性差异。盈余公积按净利润的 10% 提取，2×14—2×16 年发生如下经济业务。
资料一：

①2×14 年 4 月 1 日甲公司购买了乙上市公司 15% 的股份，共计 150 万股，每股买价为 12 元，发生交易费用 3 万元，因无法达到对乙公司的重大影响，甲公司将此权益性投资界定为其他权益工具投资。当天乙公司可辨认净资产公允价值为 8 000 万元，假设可辨认净资产公允价值等于账面价值。

②2×14 年 4 月 15 日乙公司宣告分红，每股红利为 0.5 元，实际发放日为 4 月 30 日。

③2×14 年 12 月 31 日乙公司持有的其他债权投资增值 300 万元。

④2×14 年乙公司实现净利润 800 万元，其中 1—3 月实现净利润 100 万元，此净利润的账面口径等于公允口径。

⑤2×14 年年末甲公司持有的乙公司 15% 的股份公允价值为 1 900 万元。

资料二：

①2×15 年 2 月 1 日甲公司以库存商品从丙公司换得乙公司 25% 的股份，共计 250 万股，该库存商品的公允价值为 3 000 万元，账面余额为 2 200 万元，未计提存货跌价准备，增值税税率为 13%，消费税税率为 1%。至此，甲公司对乙公司的持股比例达到 40%，具备对乙公司的重大影响能力。当日乙公司可辨认净资产的公允价值为 9 000 万元。当天甲公司持有的乙公司 15% 的股份公允价值为 1 912 万元。

②2×15 年 5 月 3 日乙公司宣告分红，每股红利为 0.6 元，实际发放日为 6 月 2 日。

③2×15 年年末乙公司持有的其他债权投资公允价值下跌 80 万元。

④2×15 年度乙公司实现净利润 2 400 万元，假定各月均衡。

资料三：

①2×16 年 1 月 1 日，甲公司以增发普通股股票 200 万股的方式自非关联方丁公司换取了乙公司 15% 的股份，即 150 万股，致使甲公司的持股比例达到 55%，甲公司每股股票的面值为 1 元，公允价值为 12 元，

假定不考虑发行费用。

②当日乙公司可辨认净资产的公允价值为15 000万元。

③原40%股份当日公允价值为6 400万元。

④甲公司和乙公司采用的会计政策、会计年度均相同，假设相关款项均以银行存款结算，不考虑其他因素。

要求：

(1)根据资料一，回答如下问题。

①2×14年甲公司因持有乙公司股份对当期利润总额的影响额是多少，并作出相关处理；

②假定税法认可甲公司持有的乙公司股份的初始成本，但不认可其后续公允价值变动，据此前提，判定甲公司因其他权益工具投资形成暂时性差异的性质并作出相关会计处理。

(2)根据资料二，作如下会计处理。

①编制2×15年2月1日甲公司以库存商品换入乙公司25%股份时的会计分录；

②编制2×15年2月1日甲公司持有的乙公司原15%的股份由其他权益工具投资转为长期股权投资的会计分录；

③不考虑所得税，编制2×15年2月1日至2×15年年末长期股权投资的相关会计分录并计算出年末投资的账面余额。

(3)根据资料三，回答如下问题。

①编制2×16年年初甲公司的相关会计分录；

②计算2×16年年初甲公司长期股权投资的初始投资成本；

③计算2×16年年初甲公司对乙公司投资的合并成本及合并商誉。

(答案中的金额单位用万元表示)

2. 甲公司、乙公司2×18年度和2×19年度的有关交易或事项如下。

(1)2×18年6月12日，经乙公司股东会同意，甲公司与乙公司的股东丙公司签订股权转让协议，有关资料如下。

①以经有资质的评估公司评估后的2×18年6月20日乙公司的价值为基础，甲公司以3 800万元的价格取得乙公司15%的股权。

②该协议于6月26日分别经甲公司、丙公司股东会批准，7月1日，甲公司以银行存款向丙公司支付了全部价款，并于当日办理了乙公司的股权变更手续。

③甲公司取得乙公司15%股权后，要求乙公司对其董事会进行改选。2×18年7月1日，甲公司向乙公司派出一名董事。

④2×18年7月1日，乙公司可辨认净资产公允价值为22 000万元，除下列资产外，其他可辨认资产、负债的公允价值与其账面价值相同。

项目	成本(万元)	预计使用年限(年)	公允价值(万元)	预计尚可使用年限(年)
固定资产	2 000	10	3 200	8
无形资产	1 200	6	1 800	5

假定固定资产采用年限平均法计提折旧，无形资产采用直线法摊销；两项资产预计净残值均为零，折旧额与摊销额均计入管理费用。

(2)2×18年7月至12月，乙公司实现净利润1 200万元。除实现净利润外，乙公司于2×18年8月购入某公司股票作为其他权益工具投资核算，实际成本为650万元，至2×18年12月31日尚未出售，公

允价值为950万元。

2×19年1月至6月，乙公司实现净利润1 600万元，上年年末持有的其他权益工具投资至6月30日未予出售，公允价值为910万元。

(3)2×19年5月10日，甲公司与乙公司的股东丁公司签订协议，购买丁公司持有的乙公司40%股权。2×19年5月28日，该协议分别经甲公司、丁公司股东会批

准。相关资料如下。

①甲公司以一宗自用土地使用权和一项交易性金融资产作为对价。2×19 年 7 月 1 日，甲公司和丁公司办理完成了土地使用权变更手续和交易性金融资产的变更登记手续。上述资产在 2×19 年 7 月 1 日的账面价值及公允价值如下表所示。

单位：万元

项目	成本	累计摊销	已计提减值准备	累计已确认公允价值变动收益	公允价值
土地使用权	8 000	1 000	0		13 000
交易性金融资产	800			200	1 200

②2×19 年 7 月 1 日，甲公司对乙公司董事会进行改组。乙公司改组后董事会由 9 名董事组成，其中甲公司派出 5 名。乙公司章程规定，其财务和经营决策由董事会半数以上（含半数）成员通过即可付诸实施。

③2×19 年 7 月 1 日，乙公司可辨认净资产公允价值为 30 000 万元。当日甲公司原持有的 15% 的股份公允价值为 4 700 万元。

（4）其他有关资料。

①本题甲公司和乙公司会计年度、会计政策相同，不考虑所得税及其他相关税费影响。

②甲公司与丙公司、丁公司均不存在关联方关系。

③本题中甲公司、乙公司均按净利润的 10% 提取法定盈余公积，不提取任意盈余公积。

要求：

（1）就资料（1）与资料（2）所述的交易或事项：

①判断甲公司取得对乙公司长期股权投资应采用的核算方法，说明理由，并编制相关会计分录；

②计算甲公司对乙公司长期股权投资 2×18 年应确认的投资收益、该项长期股权投资 2×18 年 12 月 31 日的账面价值，并编制相关会计分录；

③计算甲公司对乙公司长期股权投资 2×19 年 1 月至 6 月应确认的投资收益、该项长期股权投资 2×19 年 6 月 30 日的账面价值，并编制相关会计分录。

（2）就资料（3）所述的交易或事项，编制甲公司取得乙公司 40% 长期股权投资并形成企业合并时的相关会计分录。

（3）就资料（3）所述的交易或事项，计算甲公司应确认的合并成本。

（4）就资料（3）所述的交易或事项，计算甲公司编制的合并财务报表中的商誉价值。

（答案中的金额单位用万元表示）

3. 甲股份有限公司（以下简称"甲公司"）系一家上市公司，2×17 年至 2×19 年对乙股份有限公司（以下简称"乙公司"）股权投资业务的有关资料如下。

（1）2×17 年 5 月 16 日，甲公司与乙公司的股东丙公司签订股权转让协议。该股权转让协议规定：甲公司以 5 400 万元收购丙公司持有的乙公司 2 000 万股普通股，占乙公司全部股份的 20%。收购价款于协议生效后以银行存款支付。该股权转让协议生效日期为 2×17 年 6 月 30 日。该股权转让协议于 2×17 年 6 月 15 日分别经各公司临时股东大会审议通过，并依法报有关部门批准。

（2）2×17 年 7 月 1 日，甲公司以银行存款 5 400 万元支付股权转让款，另以银行存款支付相关税费 20 万元，并办妥股权转让手续，从而对乙公司的财务和经营决策具有重大影响，采用权益法核算。

（3）2×17 年 7 月 1 日，乙公司可辨认净资产公允价值为 30 000 万元。除下表所列项目外，乙公司其他资产、负债的公允价值与账面价值相同。

项目	账面原价（万元）	预计使用年限（年）	已使用年限（年）	已计提折旧或摊销（万元）	公允价值（万元）	预计净残值（万元）	折旧或摊销方法
存货	800				1 000		
固定资产	2 100	15	5	700	1 800	0	年限平均法
无形资产	1 200	10	2	240	1 200	0	直线法
合计	4 100			940	4 000		

上述固定资产和无形资产计提的折旧和摊销额均计入当期管理费用，存货于 2×17 年对外出售 60%，2×18 年对外出售剩余的 40%。

(4)2×17 年度乙公司实现净利润 1 200 万元，其中，1—6 月实现净利润 600 万元。

(5)2×18 年 3 月 10 日，乙公司股东大会通过决议，宣告分派 2×17 年度现金股利 1 000 万元。

(6)2×18 年 3 月 25 日，甲公司收到乙公司分派的 2×17 年度现金股利，并存入银行。

(7)2×18 年 12 月 31 日，乙公司因持有的其他债权投资公允价值上升而确认其他综合收益 180 万元；2×18 年度乙公司亏损 800 万元。

(8)2×18 年 12 月 31 日，甲公司判断对乙公司的长期股权投资发生减值，经测试，该项投资预计可收回金额为 5 200 万元。

(9)2×19 年 2 月 10 日，甲公司将持有乙公司股份中的 1 500 万股转让给其他企业，收到转让款 4 000 万元存入银行，另以银行存款支付相关税费 5 万元。由于甲公司对乙公司的持股比例已经降至 5%，不再具有重大影响，甲公司将其指定为以公允价值计量且其变动计入其他综合收益的金融资产，此部分股份的公允价值为 1 350 万元。

(10)2×19 年 3 月 20 日，乙公司股东大会通过决议，宣告分派 2×18 年度现金股利 500 万元。红利于 4 月 6 日发放，甲公司将其收存银行。

(11)2×19 年年末甲公司持有的乙公司股份的公允价值为 1 500 万元。

(12)甲公司与乙公司的会计年度及采用的会计政策相同，不考虑所得税的影响。

除上述交易或事项外，甲公司和乙公司未发生导致其所有者权益变动的其他交易或事项。

要求：

(1)计算 2×17 年 7 月 1 日甲公司对乙公司长期股权投资调整后的账面价值；

(2)计算 2×17 年 12 月 31 日甲公司对乙公司长期股权投资应确认的投资收益；

(3)计算 2×18 年 12 月 31 日甲公司对乙公司长期股权投资应计提的减值准备额；

(4)编制 2×19 年甲公司的会计分录。

(答案中的金额单位用万元表示)

4. 甲公司 2×18 年至 2×20 年有关投资资料如下。

资料一：2×18 年 1 月 1 日，甲公司和乙公司分别出资 400 万元和 100 万元设立丁公司，丁公司成立当日实收资本为 500 万元，甲公司、乙公司的持股比例分别为 80% 和 20%，甲公司控制丁公司，乙公司对丁公司有重大影响。2×18 年丁公司实现公允净利润 50 万元，截至 2×18 年年末因其他债权投资增值而增加其他综合收益 40 万元。2×19 年 1 月 1 日，乙公司对丁公司增资 450 万元，形成在丁公司追加资本额 300 万元，资本溢价 150 万元。至此，甲公司持股比例由 80% 下降为 50%，丧失控制权，但仍对丁公司有共同控制权。

资料二：甲公司 2×18 年年初购入 M 公司 10%的股份，作为其他权益工具投资核算，初始成本为 100 万元，2×18 年 M 公司宣告并实际分红 20 万元，2×18 年年末此股份的公允价值为 115 万元。2×19 年 4 月 3 日甲公司又自非关联方购入 M 公司 50%的股份，初始成本为 700 万元，当日甲公司完成了对 M 公司的控制，此次合并过程不属于"一揽子交易"，当日 M 公司可辨认净资产的公允价值为 1 100 万元，原 10%股份的公允价值为 140 万元。合并前，甲公司与 M 公司无关联方关系。

资料三：甲公司 2×19 年年初自非关联方购入 T 公司 80%的股份，初始投资成本为 1 000 万元，当日 T 公司可辨认净资产的公允价值为 900 万元。2×19 年 5 月 12 日 T 公司宣告分红 30 万元，于 6 月 4 日发放。2×19 年 T 公司实现净利润 200 万元，2×19 年年末 T 公司增加其他综合收益

100 万元。2×20 年 8 月 1 日甲公司将 T 公司 70%的股份卖给了非关联方，售价为 900 万元，剩余部分达不到重大影响，假定无相关税费。甲公司持有的 T 公司剩余股份当日公允价值为 130 万元，且甲公司将其划分为以公允价值计量且其变动计入当期损益的金融资产。

其他资料：上述款项均以银行存款结算；甲公司按净利润的 10%计提盈余公积，不考虑其他因素。

要求：

(1)根据资料一，编制乙公司对丁公司增资后甲公司相应的会计分录；

(2)根据资料二，编制甲公司相应的会计分录；

(3)根据资料三，编制甲公司相应的会计分录。

(答案中的金额单位用万元表示)

同步训练答案及解析

一、单项选择题

1. D 【解析】共同控制要求集体控制组合必须是唯一的。本题中集体控制的组合有多个，比如甲公司和乙公司、甲公司和丁公司、乙公司和丁公司，不满足"唯一"的条件，所以不构成共同控制。

2. A 【解析】共同控制要求集体控制组合必须是唯一的。本题中集体控制的组合只有一个，即甲公司、乙公司和丁公司组合，所以甲公司、乙公司和丁公司共同控制丙公司。

3. A 【解析】甲公司持股60%，超出50%，甲公司可单独控制丙公司。

4. C 【解析】①丁公司"长期股权投资"的入账成本=基于最终控制方甲公司认定的当日乙公司的可辨认账面净资产(2 200+

500−40)×80%+商誉(2 000−2 200×80%)=2 368(万元)；②会计分录如下：

借：长期股权投资　　　　　　2 368
　　累计摊销　　　　　　　　　100
　　贷：无形资产　　　　　　　1 400
　　　　应交税费——应交增值税(销项税额)
　　　　　　　　　　(1 800×9%)162
　　　　资本公积——资本溢价　　906

5. C 【解析】甲公司应分担的亏损额=5 000×35%=1 750(万元)，先冲减长期股权投资账面价值 1 260 万元(1 300−40)，再冲减长期债权 300 万元，剩余 190 万元(1 750−1 260−300)备查登记。甲公司会计分录如下：

借：投资收益　　　　　　　　1 560
　　贷：长期股权投资——损益调整　1 260
　　　　长期应收款　　　　　　　300

『拓展』如果甲公司对乙公司亏损承担连带责任最高限额为 200 万元，则会计分录如下：

借：投资收益　　　　　　　　　1 750

　贷：长期股权投资—损益调整　1 260

　　　长期应收款　　　　　　　300

　　　预计负债　　　　　　　　190

6. A 【解析】甲公司 2×18 年年末应确认投资收益额 = [1 600 - (1 000 - 800) × 50%] × 40% = 600(万元)。

7. A 【解析】甲公司 2×19 年年末应确认投资收益额 = [1 000 + (1 000 - 800) × 50%] × 40% = 440(万元)。

8. D 【解析】①甲公司长期股权投资的初始投资成本 = 800 + 6 = 806(万元)；②甲公司投资当日在乙公司拥有的可辨认净资产公允价值份额 = 3 000 × 25% = 750(万元)；③甲公司初始投资成本高于投资当日在被投资方拥有的可辨认净资产的公允价值份额，属于购买商誉的代价，不予调整账面价值；④2×17 年甲公司因乙公司分红冲减的长期股权投资价值 = 200 × 25% = 50(万元)；⑤2×17 年甲公司根据乙公司的净利润应调增长期股权投资价值 221.25 万元 {[1 200 × 9/12 - (400 - 300) ÷ 5 × 9/12] × 25%}；⑥2×17 年甲公司根据乙公司其他债权投资的增值应调增长期股权投资价值 15 万元(60 × 25%)；2×17 年年末甲公司长期股权投资的账面余额 = 806 - 50 + 221.25 + 15 = 992.25(万元)；⑦2×18 年甲公司应承担的亏损额为 1 005 万元 {[4 000 + (400 - 300) ÷ 5] × 25%}，超过其账面价值 12.75 万元，应继续冲减长期应收款；⑧2×19 年甲公司在乙公司实现净利润时应恢复投资价值 322.25 万元 {[1 360 - (400 - 300) ÷ 5] × 25% - 12.75}。

9. A 【解析】选项 B，参与方为合营安排提供担保(或提供担保的承诺)的行为本身并不直接导致一项安排被分类为共同经营；选项 C，必须是具有唯一一组集体控制的组合；选项 D，合营安排划分为合营企业的，参与方对合营安排有关的净资产享有权利。

二、多项选择题

1. AE 【解析】选项 B，股票发行费用应冲减股票溢价，如果溢价不够冲减或股票是按面值发行的，则应冲减留存收益；选项 C，无论因何发行债券，债券发行费用要么追加折价要么冲减溢价，与留存收益无关；选项 D，无论是借记还是贷记"资本公积"均与利得或损失无关，其本质是资本溢价(或股本溢价)。

2. ABC 【解析】选项 D，如果达不到企业合并，普通的长期股权投资均参照公允市场交易标准认定，不分同一控制和非同一控制。

3. ACD 【解析】甲公司投资当日分录如下：

①借：长期股权投资
　　　　　　　　(1 000 × 80%)800
　　　资本公积—股本溢价　　　24
　　　盈余公积　　　　　　　　36
　　　利润分配—未分配利润　140
　　　存货跌价准备　　　　　　10
　　贷：库存商品　　　　　　　800
　　　　应交税费—应交增值税(销项税额)　　　　　　　130
　　　　　　　—应交消费税　80

②借：管理费用　　　　　　　　2
　　贷：银行存款　　　　　　　2

4. BCD 【解析】甲公司投资当日分录如下：

①借：长期股权投资—乙公司　1 130
　　贷：主营业务收入　　　　1 000
　　　　应交税费—应交增值税(销项税额)　　　　　　　130

②借：主营业务成本　　　　　790
　　　存货跌价准备　　　　　10
　　贷：库存商品　　　　　　800

③借：税金及附加　　　　　　80
　　贷：应交税费—应交消费税　80

④借：管理费用　　　　　　　　2

　　贷：银行存款　　　　　　　　2

⑤甲公司长期股权投资的入账成本为1 130万元，转让商品的损益额为130万元（1 000-790-80），追加营业利润128万元（130-2）。

5. BCD　【解析】甲公司投资当日分录如下：

①发行股票时：

借：长期股权投资—乙公司

　　　　　　　　（800×60%）480

　　贷：股本　　　　　　　　　100

　　　　资本公积—股本溢价　　380

②支付发行费用时：

借：资本公积—股本溢价　　　45

　　贷：银行存款　　　　　　　　45

则资本公积应净贷记335万元（380-45）。

③支付审计、咨询费用10万元时：

借：管理费用　　　　　　　　10

　　贷：银行存款　　　　　　　　10

④甲公司冲减营业利润10万元。

6. BCD　【解析】甲公司投资当日分录如下：

①发行股票时：

借：长期股权投资—乙公司　　1 000

　　贷：股本　　　　　　　　　100

　　　　资本公积—股本溢价　　900

②支付发行费用时：

借：资本公积—股本溢价　　　45

　　贷：银行存款　　　　　　　　45

则资本公积应净贷记855万元（900-45）。

③支付审计、咨询费用10万元时：

借：管理费用　　　　　　　　10

　　贷：银行存款　　　　　　　　10

④合并商誉=1 000-1 500×60%=100（万元）。

7. ABC　【解析】甲公司投资当日分录如下：

①发行股票时：

借：长期股权投资—乙公司　　1 000

　　贷：股本　　　　　　　　　100

　　　　资本公积—股本溢价　　900

②支付发行费用时：

借：资本公积—股本溢价　　　　45

　　贷：银行存款　　　　　　　　45

则资本公积应净贷记855万元（900-45）。

③投资当日甲公司在乙公司所占的公允可辨认净资产份额为600万元（1 500×40%），相比初始投资成本1 000万元，差额400万元为商誉价值。

8. BCD　【解析】甲公司投资当日分录如下：

①借：长期股权投资—乙公司　1 130

　　贷：主营业务收入　　　　　1 000

　　　　应交税费—应交增值税（销项税额）　　　　　　　130

初始投资成本1 130万元大于享有乙公司公允可辨认净资产份额800万元（2 000×40%），为商誉，不做调整。

②借：主营业务成本　　　　　790

　　　　存货跌价准备　　　　　10

　　贷：库存商品　　　　　　　800

③借：税金及附加　　　　　　80

　　贷：应交税费—应交消费税　80

9. BD　【解析】选项A，当投资方对被投资方达到控制程度时应采用成本法核算；选项C，初始投资成本高于投资当日在被投资方拥有的可辨认净资产公允价值的份额的，应视作购买商誉，不调整长期股权投资价值。

10. ABCD　【解析】①甲公司2×18年4月1日其他权益工具投资的初始成本=560+3-60×10%=557（万元）。②2×18年12月31日其他权益工具投资增值43万元（600-557）。③2×19年4月1日第二次投资时初始投资成本=1 500+1 500×13%=1 695（万元）。④2×19年4月1日原金融资产转长期股权投资时：

借：长期股权投资　　　　　　612

　　贷：其他权益工具投资　　　600

　　　　盈余公积　　　　　　　1.2

　　　　利润分配—未分配利润　10.8

同时：

借：其他综合收益　　　　　　43

贷：盈余公积 4.3
　　利润分配—未分配利润 38.7
⑤2×19年4月1日长期股权投资的初始投资成本 = 1 695 + 612 = 2 307(万元)。
⑥2×19年4月1日甲公司所拥有的被投资方公允可辨认净资产份额为2 400万元(6 000×40%),高于初始投资成本2 307万元,差额93万元作营业外收入认定。

11. ABCD

12. ABCDE 【解析】①2×18年4月1日为控股合乙公司的购买日。②合并成本为5 600万元,合并商誉为800万元(5 600 - 6 000×80%)。③2×19年4月1日处置乙公司60%股份的投资收益 = 4 000 - 5 600×60%/80% = -200(万元)。④2×19年4月1日甲公司持有的乙公司剩余20%股份由成本法转权益法追溯处理如下表所示。

步骤	具体追溯处理
追溯一：初始投资的追溯	初始投资成本为1 400万元(5 600×20%/80%),高于投资当日乙公司可辨认净资产公允价值份额1 200万元(6 000×20%),无须追溯
追溯二：成本法下分红的追溯	借：盈余公积 1.6 　　利润分配—未分配利润 14.4 　　贷：长期股权投资 (80%×20%)16
追溯三：成本法下净利润的追溯	借：长期股权投资 [(600×9/12+200)×20%]130 　　贷：盈余公积 (600×9/12×20%×10%)9 　　　利润分配—未分配利润 81 　　　投资收益 (200×20%)40
追溯四：成本法下其他综合收益的追溯	借：长期股权投资 (300×20%)60 　　贷：其他综合收益 60
追溯后的投资余额 = 1 400 - 16 + 130 + 60 = 1 574(万元)	

⑤2×19年年末长期股权投资的账面余额 = 1 574 + (700 - 200)×20% - 60×20% + 100×20% = 1 682(万元)。

13. AB 【解析】(1)2×18年年末长期股权投资账面余额 = 810 - 50×40% + 200×9/12×40% + 60×40% = 874(万元)。
(2)2×19年年初相关会计分录如下:
①借：银行存款 900
　　贷：长期股权投资
　　　　　(874×3/4)655.5
　　　投资收益 244.5
②借：其他权益工具投资 300
　　贷：长期股权投资
　　　　　(874 - 655.5)218.5
　　　投资收益 81.5
③借：其他综合收益 24
　　贷：投资收益 24

④投资收益 = 244.5 + 81.5 + 24 = 350(万元)。

14. ABCD 【解析】(1)2×18年其他权益工具投资会计分录如下:
①取得时：
借：其他权益工具投资 190
　　贷：银行存款 190
②乙公司分红时：
借：应收股利 (50×10%)5
　　贷：投资收益 5
借：银行存款 5
　　贷：应收股利 5
③2×18年年末调整公允价值变动：
借：其他权益工具投资 40
　　贷：其他综合收益 40
(2)2×19年会计处理如下:
①新增50%股份:

借：长期股权投资　　　　　　　1 200

管理费用　　　　　　　　　　　50

贷：银行存款　　　　　　　　1 250

②原10%股份由其他权益工具投资转长期股权投资：

借：长期股权投资　　　　　　　240

贷：其他权益工具投资　　　　230

盈余公积　　　　　　　　　1

利润分配—未分配利润　　　9

③原其他权益工具投资持有期间形成的其他综合收益转留存收益：

借：其他综合收益　　　　　　　40

贷：盈余公积　　　　　　　　　4

利润分配—未分配利润　　36

④累计留存收益＝10+40=50（万元）。

⑤合并角度下，合并成本为1 440万元（1 200+240），相比此时的乙公司公允可辨认净资产的份额1 800万元（3 000×60%），形成营业外收入360万元（1 800-1 440）。

15. ACD 【解析】（1）2×18年其他权益工具投资会计分录如下：

①取得时：

借：其他权益工具投资　　　　　190

贷：银行存款　　　　　　　　190

②乙公司分红时：

借：应收股利　　　　　　　　　5

贷：投资收益　　　　　　　　　5

借：银行存款　　　　　　　　　5

贷：应收股利　　　　　　　　　5

③2×18年年末调整公允价值变动：

借：其他权益工具投资　　　　　40

贷：其他综合收益　　　　　　40

（2）2×19年会计处理如下：

①确认长期股权投资：

借：长期股权投资

（2 500×60%）1 500

贷：其他权益工具投资　　　　230

银行存款　　　　　　　1 200

资本公积　　　　　　　　70

借：管理费用　　　　　　　　　50

贷：银行存款　　　　　　　　50

②原其他权益工具投资持有期间形成的其他综合收益暂不作处理。

16. AC 【解析】合营安排是一项由两个或两个以上的参与方共同控制的安排。合营安排分为两类：共同经营和合营企业。共同经营是指共同控制一项安排的参与方享有与该安排相关资产的权利，并承担与该安排相关负债的合营安排。合营企业是共同控制一项安排的参与方仅对该安排的净资产享有权利的合营安排。选项A，属于合营企业；选项B，乙公司是甲公司的联营企业；选项C，属于共同经营；选项D，形成控制。

三、判断题

1. × 【解析】在丧失控制权之前的每次处置，处置价款与对应的长期股权投资账面价值的差额，先计入其他综合收益，在丧失控制权时再一并转入当期损益。

2. × 【解析】非同一控制下的控股合并，购买方应以付出对价的公允价值作为长期股权投资的初始投资成本。

3. √

4. × 【解析】同一控制下的企业合并，合并成本为在合并日取得被合并方所有者权益相对于最终控制方而言的账面价值的份额。

5. × 【解析】在确定能否对被投资单位施加重大影响时，一方面应考虑投资方直接或间接持有被投资单位的有表决权股份，另一方面要考虑投资方及其他方持有的当期可执行潜在表决权在假定转换为被投资单位的股权后产生的影响。

6. × 【解析】权益法转为成本法，不需要追溯调整。

四、综合题

1.【答案】

（1）①2×14年甲公司因持有乙公司股份对

当期利润总额的影响金额＝0.5×150＝75（万元）。2×14年4月15日乙公司宣告分红时，甲公司作如下账务处理：

借：应收股利　　　　　　　　75
　　贷：投资收益　　　　　　　75

②此股份年末账面价值为1 900万元，相比计税基础1 803万元（150×12＋3），形成应纳税暂时性差异97万元，相关会计处理如下：

借：其他权益工具投资　　　　97
　　贷：其他综合收益　　　　　97

同时：

借：其他综合收益　（97×25%）24.25
　　贷：递延所得税负债　　　24.25

（2）①借：长期股权投资—投资成本
　　　　　　　　　　　　　　　3 390
　　　　贷：主营业务收入　　3 000
　　　　　　应交税费—应交增值税（销项税额）　　　　　　　390

借：主营业务成本　　　　　2 200
　　贷：库存商品　　　　　　2 200

借：税金及附加　　（3000×1%）30
　　贷：应交税费—应交消费税　30

②借：长期股权投资—投资成本1 912
　　　贷：其他权益工具投资　　1 900
　　　　　盈余公积　　　　　　　1.2
　　　　　利润分配—未分配利润　10.8

同时：

借：其他综合收益　　　　　　97
　　贷：盈余公积　　　　　　　9.7
　　　　利润分配—未分配利润　87.3

③a. 2×15年2月1日长期股权投资的初始投资成本＝1 912＋3 390＝5 302（万元），相比当日乙公司可辨认净资产公允价值所占份额3 600万元（9 000×40%），形成商誉1 702万元，无相关账务处理。

b. 2×15年5月3日宣告分红时：

借：应收股利　　　　（0.6×400）240
　　贷：长期股权投资—损益调整　240

c. 2×15年6月2日发放红利时：

借：银行存款　　　　　　　　240
　　贷：应收股利　　　　　　　240

d. 2×15年乙公司持有的其他债权投资发生贬值时：

借：其他综合收益　　（80×40%）32
　　贷：长期股权投资—其他综合收益32

e. 2×15年度乙公司实现净利润时：

借：长期股权投资—损益调整
　　　　　　（2 400×11/12×40%）880
　　贷：投资收益　　　　　　　880

f. 年末长期股权投资的账面余额＝5 302－240－32＋880＝5 910（万元）。

（3）①2×16年年初甲公司通过股权交换取得乙公司15%股份时：

借：长期股权投资　　（200×12）2 400
　　贷：股本　　　　　　　　　200
　　　　资本公积—股本溢价　2 200

同时：

借：长期股权投资　　　　　5 910
　　长期股权投资—其他综合收益32
　　贷：长期股权投资—投资成本　5 302
　　　　　　　　　　—损益调整　640

②2×16年年初长期股权投资的初始投资成本＝5 910＋2 400＝8 310（万元）。

③a. 合并成本＝原40%股份的公允价值6 400＋新取得的15%股份的初始投资成本2 400＝8 800（万元）；

b. 合并商誉＝合并成本8 800－购买日所拥有的乙公司公允可辨认净资产份额15 000×55%＝550（万元）。

2.【答案】

（1）①长期股权投资应采用权益法核算。理由：甲公司取得股权后，要求乙公司对其董事会进行改选，并向乙公司董事会派出一名董事，对乙公司具有重大影响。

分录为：

借：长期股权投资—投资成本　3 800
　　贷：银行存款　　　　　　3 800

初始投资成本3 800万元大于应享有乙公司可辨认净资产公允价值的份额3 300万

元(22 000×15%),不需要调整长期股权投资的账面价值。

②a. 乙公司调整后的净利润=1 200-(3 200/8-2 000/10)/2-(1 800/5-1 200/6)/2=1 020(万元),甲公司2×18年应确认的投资收益=1 020×15%=153(万元)。

b. 借:长期股权投资—损益调整 153
  贷:投资收益 153

c. 借:长期股权投资—其他综合收益
    〔(950-650)×15%〕45
  贷:其他综合收益 45

d. 2×18年年末该长期股权投资的账面价值=3 800+153+45=3 998(万元)。

③a. 乙公司调整后的净利润=1 600-(3 200/8-2 000/10)/2-(1 800/5-1 200/6)/2=1 420(万元),甲公司2×19年1—6月应确认的投资收益=1 420×15%=213(万元)。

b. 借:长期股权投资—损益调整 213
  贷:投资收益 213

c. 借:其他综合收益
    〔(950-910)×15%〕6
  贷:长期股权投资—其他综合收益 6

d. 2×19年6月30日该长期股权投资的账面价值=3 998+213-6=4 205(万元)。

(2)甲公司以一宗土地使用权和一项交易性金融资产作为对价,交换丁公司持有的乙公司40%股权时:

借:长期股权投资
    (13 000+1 200)14 200
 累计摊销 1 000
 贷:无形资产 8 000
  资产处置损益
    (13 000-7 000)6 000
  交易性金融资产—成本 800
     —公允价值变动 200
  投资收益 (1 200-1 000)200

同时,将原15%持股部分的长期股权投资

由权益法转为成本法:

借:长期股权投资 4 205
  贷:长期股权投资—投资成本 3 800
    —损益调整 366
    —其他综合收益 39

(3)合并成本=原15%股权投资在合并日的公允价值4 700+新取得的40%的股份的初始投资成本14 200=18 900(万元)。

(4)合并报表中应确认的商誉金额=18 900-30 000×55%=2 400(万元)。

3.【答案】

(1)2×17年7月1日甲公司对乙公司长期股权投资的初始投资成本=5 400+20=5 420(万元),低于应享有的被投资单位可辨认净资产公允价值份额6 000万元(30 000×20%)。因此2×17年7月1日甲公司对乙公司长期股权投资调整后的账面价值为6 000万元。

(2)2×17年下半年乙公司调整后的净利润=(1 200-600)-(1 000-800)×60%-(1 800/10-2 100/15)/2-(1 200/8-1 200/10)/2=445(万元),2×17年12月31日甲公司对乙公司长期股权投资应确认的投资收益=445×20%=89(万元)。

(3)①2×17年年末长期股权投资的账面价值=6 000+89=6 089(万元)。

②2×18年乙公司调整后的净利润=-800-(1 000-800)×40%-〔1 800-(2 100-700)〕/10-〔1 200-(1 200-240)〕/8=-950(万元)。

③2×18年12月31日甲公司对乙公司长期股权投资应确认的投资收益=-950×20%=-190(万元)。

④2×18年12月31日减值前长期股权投资的账面价值=6 089-1 000×20%+180×20%-190=5 735(万元)。

⑤2×18年12月31日应计提减值准备额=5 735-5 200=535(万元)。

(4)①2×19年2月10日甲公司处置乙公司股份:

借：银行存款　　　　　　　　 3 995
　　长期股权投资减值准备
　　　　 （535÷20%×15%）401. 25
　　长期股权投资—损益调整
　 [（89-190-200）×15%÷20%]225. 75
　　贷：长期股权投资—投资成本
　　　　 （6 000×15%÷20%）4 500
　　　　　　—其他综合收益
　　　　　　 （36×15%÷20%）27
　　　　投资收益　　　　　　　　 95
②2×19 年 2 月 10 日甲公司将剩余股份由长期股权投资转为其他权益工具投资：
借：其他权益工具投资　　　 1 350
　　长期股权投资减值准备
　　　　 （535÷20%×5%）133. 75
　　长期股权投资—损益调整
　 [（89-190-200）×5%÷20%]75. 25
　　贷：长期股权投资—投资成本
　　　　 （6 000×5%÷20%）1 500
　　　　　　—其他综合收益
　　　　　　 （36×5%÷20%）9
　　　　投资收益　　　　　　　　 50
③原权益法下的其他综合收益全部转入投资收益：
借：其他综合收益　　　　　　　 36
　　贷：投资收益　　　　　　　　 36
④2×19 年 3 月 20 日乙公司宣告分红时：
借：应收股利　　　 （500×5%）25
　　贷：投资收益　　　　　　　　 25
⑤2×19 年 4 月 6 日乙公司发放红利时：
借：银行存款　　　　　　　　　 25
　　贷：应收股利　　　　　　　　 25
⑥2×19 年年末甲公司持有的乙公司股份公允价值波动时：
借：其他权益工具投资
　　　　　　 （1 500-1 350）150
　　贷：其他综合收益　　　　　 150

4. 【答案】
（1）①按照新的持股比例确认应享有的原子公司因增资扩股而增加的净资产的份

额=450×50%=225（万元）；
②应结转持股比例下降部分所对应的长期股权投资原账面价值 = 400×30%/80% = 150（万元）；
③应享有的原子公司因增资扩股而增加净资产的份额与应结转持股比例下降部分所对应的长期股权投资原账面价值之间的差额 75 万元（225 - 150）应计入当期投资收益。
借：长期股权投资　　　　　　　 75
　　贷：投资收益　　　　　　　　 75
④长期股权投资的账面价值 = 400 + 75 = 475（万元）。
⑤新的持股比例视同自取得投资时即采用权益法核算进行调整：
追溯一：初始投资成本的追溯。
因初始投资成本 250 万元（400×50%÷ 80%）等于所占的公允可辨认净资产份额 250 万元（500×50%），无股权投资差额，无须追溯。
追溯二：被投资方净利润的追溯。
借：长期股权投资　　 （50×50%）25
　　贷：盈余公积　　　　　　　 2.5
　　　　利润分配—未分配利润　 22.5
追溯三：被投资方其他综合收益的追溯。
借：长期股权投资　　 （40×50%）20
　　贷：其他综合收益　　　　　　 20
⑥最终，甲公司长期股权投资的账面价值 = 400 + 75 + 25 + 20 = 520（万元）。
（2）①甲公司 2×18 年的账务处理如下：
初始投资时：
借：其他权益工具投资—成本　 100
　　贷：银行存款　　　　　　　 100
甲公司针对 M 公司分红的会计处理：
借：应收股利　　　 （20×10%）2
　　贷：投资收益　　　　　　　　 2
借：银行存款　　　　　　　　　 2
　　贷：应收股利　　　　　　　　 2
2×18 年年末其他权益工具投资增值时：
借：其他权益工具投资—公允价值变动
　　　　　　 （115-100）15

贷：其他综合收益   15

②甲公司 2×19 年 4 月 3 日的会计处理：

将其他权益工具投资转为长期股权投资：

借：长期股权投资   140

  贷：其他权益工具投资 115

    盈余公积   2.5

    利润分配—未分配利润 22.5

同时：

借：其他综合收益   15

  贷：盈余公积   1.5

    利润分配—未分配利润 13.5

新购 50%股份时：

借：长期股权投资   700

  贷：银行存款   700

（3）①2×19 年年初甲公司购入 T 公司 80%

股份时：

借：长期股权投资   1 000

  贷：银行存款   1 000

②2×19 年 5 月 12 日 T 公司宣告分红时：

借：应收股利   24

  贷：投资收益   24

③2×19 年 6 月 4 日 T 公司发放红利时：

借：银行存款   24

  贷：应收股利   24

④2×20 年 8 月 1 日甲公司处置 T 公司股

份时：

借：银行存款   900

  贷：长期股权投资

       （1 000/80%×70%）875

    投资收益   25

⑤2×20 年 8 月 1 日甲公司持有的 T 公司剩余股份由长期股权投资转为交易性金融资产，即假定先售出长期股权投资，再购入交易性金融资产，其价值差额列入投资收益。

借：交易性金融资产   130

  贷：长期股权投资

      （1 000/80%×10%）125

    投资收益   5

本章知识串联

长期股权投资和合营安排

- **初始计量 ★★★**
  - 企业合并
    - 同一控制下
      - 投资成本：享有被合并方在最终控制方合并报表中净资产账面价值的份额
      - 投出非现金资产不确认处置损益
      - 借贷方差额计入资本公积，资本公积不足的，冲减留存收益
      - 为合并发生的相关费用均计入损益
    - 非同一控制下
      - 投资成本：付出对价的公允价值（含增值税）
      - 投出非现金资产一般确认处置损益
  - 非企业合并
    - 投资成本：付出对价的公允价值（含增值税）＋手续费等必要支出
    - 投出非现金资产一般确认处置损益

- **后续计量 ★★★**
  - 成本法
    - 按初始投资成本确认
    - 现金股利：投资前宣告，对应银行存款等；投资后宣告，计入投资收益
    - 实现净损益、其他权益变动、其他综合收益变动：不作处理
  - 权益法
    - 对初始入账价值调整
      - 初始投资成本＞享有份额：不作处理
      - 初始投资成本＜享有份额：计入营业外收入
    - 现金股利
      - 投资前宣告：对应银行存款等
      - 投资后宣告：冲减长期股权投资
    - 实现净损益
      - 调整净损益
        - 投资时被投资方资产/负债公允价值与账面价值不等
        - 顺逆流交易
    - 其他综合收益变动：计入其他综合收益，同时调整长期股权投资
    - 其他权益变动：计入资本公积，同时调整长期股权投资
    - 超额亏损：冲减长期股权投资、长期应收款，确认预计负债等
      - 实现净利润或其他综合收益增加时，按以前确认或登记损失相反的顺序处理
  - 核算方法的转换
    - 成本法转为权益法——对剩余部分追溯调整
    - 权益法转为成本法
      - 同一控制下，初始成本＝享有份额
      - 非同一控制下，初始成本＝原投资账面价+新投资对价公允价
    - 金融资产转为成本法
      - 同一控制下，初始成本＝享有份额
      - 非同一控制下，初始成本＝原投资公允价+新投资对价公允价
    - 成本法转为金融资产——剩余部分按公允价确认
    - 金融资产转为权益法——初始成本＝原投资公允价+新投资对价公允价
    - 权益法转为金融资产——剩余部分按公允价确认
    - 《对比》
    - 除同一控制外，金融资产与长投转换，按出售原投资、购入新投资处理

- 处置
  - 处置所得价款计入银行存款等　按账面价值结转长期股权投资　差额计入投资收益　相关其他资本公积、其他综合收益转入投资收益等

- **合营安排 ★★**
  - 概念：一项由两个或两个以上的参与方共同控制的安排
  - 分类
    - 共同经营：对资产、负债、收入、费用享有份额
    - 合营企业：对净资产享有权利
  - 共同经营中的会计处理
    - 合营方：按份额确认资产、负债、收入和费用
    - 不享有共同控制的参与方
      - 具有重大影响：按长期股权投资核算
      - 不具有重大影响：按金融资产核算

第五章　投资性房地产

历年考情概况

从历年考试情况来看，本章重要性日趋增加，在客观题和主观题中均有出现，每年的分值在 5~12 分。客观题主要考查投资性房地产的范围、后续计量及转换的处理，主观题主要考查投资性房地产转换、计量模式变更、处置等。本章 2018 年、2019 年、2020 年单独考查了计算分析题，2017 年与固定资产、所得税等内容结合考查了一道综合题。另外，本章也可能与会计政策变更及差错更正等章节结合在主观题中考查，因此要全面掌握本章相关内容。

近年考点直击

主要考点	主要考查题型	考频指数	考查角度
投资性房地产的范围	多判	★★	投资性房地产的核算范围
投资性房地产的后续支出	单多判	★★	投资性房地产的后续支出处理
成本模式计量的投资性房地产的核算	单多计	★★	(1)投资性房地产的折旧、减值金额的计算；(2)成本模式下投资性房地产的会计处理
公允价值模式计量的投资性房地产的核算	多多计	★★★	(1)资产负债表日公允价值变动的处理；(2)公允价值模式下投资性房地产的会计处理
投资性房地产计量模式的变更	多计	★★★	投资性房地产成本模式转为公允价值模式的会计处理
投资性房地产的转换	单多判综	★★★	(1)自有固定资产转为投资性房地产的处理；(2)投资性房地产的初始计量、公允价值模式计量以及转为自用的处理
投资性房地产的处置	计	★★	公允价值模式计量的投资性房地产的处置处理

2022 年考试变化

本章考试内容未发生实质性变化。

考点详解及精选例题

一、投资性房地产的特征与范围

（一）投资性房地产的定义及特征★

1. 投资性房地产的定义

所谓投资性房地产，是指为赚取租金或资本增值，或者两者兼有而持有的房地产。

2. 投资性房地产的特征

（1）是企业的一种经营活动。

（2）投资性房地产在状态、用途、目的等方面区别于房地产开发企业用于销售的房地产和企业自用的房地产。

（二）投资性房地产的范围★★

1. 投资性房地产的范围

（1）已出租的土地使用权。

（2）持有并准备增值后转让的土地使用权。

按照国家有关规定认定的闲置土地，不属于持有并准备增值后转让的土地使用权。

（3）已出租的建筑物。

①企业对用于以经营租赁方式出租的建筑物拥有产权。

②企业已经与其他方签订了租赁协议。

（4）特殊情况。

①空置建筑物。只要企业管理当局（董事会或类似机构）作出正式书面决议，明确表明将其用于出租且持有意图短期内不再发生变化的，则视为投资性房地产。

老高提示 空置建筑物是指企业新购入、自行建造或开发完工但尚未使用的建筑物，以及不再用于日常生产经营活动且经整理后达到可供出租状态的建筑物。

②在建房产。只要管理当局作出正式书面决议，明确表示在房产完工后用于出租，则决议当日即视为投资性房地产，以"投资性房地产—在建"科目核算。

③某项房地产，部分用于赚取租金或资本增值、部分用于生产商品、提供劳务或经营管理，能够单独计量和出售的，用于赚取租金或资本增值的部分，应当确认为投资性房地产；不能够单独计量和出售的、用于赚取租金或资本增值的部分，不确认为投资性房地产。

④企业将建筑物出租，按租赁协议向承租人提供的相关辅助服务在整个协议中不重大的，如企业将办公楼出租并向承租人提供保安、维修等辅助服务，应当将该建筑物确认为投资性房地产。

2. 不属于投资性房地产的资产

（1）自用房地产。企业持有自用房地产的目标是为了生产商品、提供劳务或者经营管理。

（2）房地产开发企业作为存货而持有的房地产。

【关键考点】 投资性房地产的辨认。

【例题1·多选题】 ☆下列各项中，应作为投资性房地产核算的有（　　）。

A. 已出租的土地使用权

B. 租入后再转租的建筑物

C. 持有并准备增值后转让的土地使用权

D. 出租给本企业职工居住的自建宿舍楼

解析 选项B，租入后再转租的建筑物，所有权不属于转租人，因此不是转租人的投资性房地产。选项D，出租给职工的自建宿舍楼，是间接为企业生产经营服务的，应作为自有固定资产核算，不属于投资性房地产。**答案** AC

二、投资性房地产的确认及初始计量

（一）投资性房地产的确认★

1. 投资性房地产的确认条件

投资性房地产在符合定义并同时满足下列条件时予以确认：

（1）企业很可能取得与该项投资性房地产相关的租金收入或增值收益；

（2）该项投资性房地产的成本能够可靠地计量。

2. 投资性房地产的确认时点

（1）用于出租的投资性房地产以租赁开始日为确认日。

（2）持有以备出租的空置建筑物，以企业管理当局就该事项作出正式书面决议的日期为准。

（3）持有以备增值后转让的土地使用权以企业将自用土地使用权停止自用，准备增值后转让的日期为准。

（二）投资性房地产入账价值的确认★

1. 总的原则

历史成本原则。即企业取得投资性房地产时，应当按照取得时的实际成本进行初始计量，在这点上与普通资产的核算标准相同。

2. 不同取得渠道下投资性房地产的入账成本构成

（1）外购的投资性房地产。按买价和可直接归属于该资产的相关税费作为其入账价值。

（2）自行建造的投资性房地产。按建造该资产达到预定可使用状态前所发生的必要支出作为入账价值。在建造过程中发生的非正常损失，直接计入当期损益，不计入投资性房地产的成本。

（3）以其他方式取得的投资性房地产。原则上也是按其取得时的实际成本作为入账价值，符合其他相关准则规定的按照相应的准则规定予以确定。

三、投资性房地产的后续计量

（一）后续计量模式的选择★

企业通常应当采用成本模式对投资性房地产进行后续计量，也可采用公允价值模式对投资性房地产进行后续计量。但同一企业只能采用一种模式对所有投资性房地产进行后续计量，不得同时采用两种计量模式。成本模式在满足规定条件时可以转为公允价值模式，按会计政策变更进行追溯调整，但公允价值模式不能转为成本模式。

【关键考点】掌握后续计量模式的选择原则。

（二）采用成本模式进行后续计量的投资性房地产★★

在成本模式下，应当按照固定资产或无形资产的相关规定，按期计提折旧或摊销；存在减值迹象的，还应当按照资产减值的相关规定进行处理。

1. 折旧或摊销时
借：其他业务成本
　　贷：投资性房地产累计折旧（摊销）

2. 取得租金收入时
借：银行存款
　　贷：其他业务收入
　　　　应交税费—应交增值税（销项税额）

3. 投资性房地产提取减值时
借：资产减值损失
　　贷：投资性房地产减值准备

【关键考点】掌握成本模式下投资性房地产相关损益的归属科目。

【例题2·分析题】甲公司为增值税一般纳税人，不动产及不动产租赁服务适用的增值税税率均为9%。甲公司2×20年6月30日以银行存款购入一幢商务楼，当天即用于对外出租。该资产的买价为3 000万元（不含增值税），相关税费为20万元（以银行存款支付），预计使用寿命为40年，预计残值为21万元，预计清理费用为1万元，甲公司采用年限平均法提取折旧。该商务楼的年租金为400万元，于每年年末一次结清，并同时开具增值税专用发票。甲公司对此房产采用成本模式进行后续计量。2×21年年末该商务楼的可收回金额为

2 330万元。假设每年收取租金后均存入银行，假定发生减值后净残值、预计使用年限、折旧方法等因素均未发生变化。不考虑其他因素，甲公司对此项投资性房地产在2×20—2×22年应如何进行账务处理？

解析 (1)2×20年会计处理如下：

①该投资性房地产的入账成本 = 3 000 + 20 = 3 020(万元)；

②2×20年的折旧额 = [3 020 - (21 - 1)]/40×6/12 = 37.5(万元)；

③2×20年的会计分录如下：

a. 取得投资性房地产时：

借：投资性房地产　　　　　3 020
　　应交税费——应交增值税(进项税额)
　　　　　　　　　　　　　270
　　贷：银行存款　　　　　3 290

b. 收取租金时：

借：银行存款　　　　　　218
　　贷：其他业务收入　　　200
　　　　应交税费——应交增值税(销项税额)　　　　　　　18

c. 提取当年折旧时：

借：其他业务成本　　　　37.5
　　贷：投资性房地产累计折旧　37.5

(2)2×21年会计处理如下：

①2×21年的折旧额 = [3 020 - (21 - 1)]/40 = 75(万元)；

②2×21年年末的折余价值为2 907.5万元(3 020 - 37.5 - 75)，相比此时的可收回金额2 330万元，发生减值577.5万元；

③2×21年的会计分录如下：

a. 收取租金时：

借：银行存款　　　　　　436
　　贷：其他业务收入　　　400
　　　　应交税费——应交增值税(销项税额)　　　　　　　36

b. 提取当年折旧时：

借：其他业务成本　　　　75
　　贷：投资性房地产累计折旧　75

c. 计提减值准备时：

借：资产减值损失　　　　577.5
　　贷：投资性房地产减值准备　577.5

(3)2×22年会计处理如下：

①2×22年的折旧额 = [2 330 - (21 - 1)]/(40 - 1.5) = 60(万元)；

②2×22年的会计分录如下：

a. 提取当年折旧时：

借：其他业务成本　　　　60
　　贷：投资性房地产累计折旧　60

b. 收取租金时：

借：银行存款　　　　　　436
　　贷：其他业务收入　　　400
　　　　应交税费——应交增值税(销项税额)　　　　　　　36

[例题3·单选题] ☆甲公司对投资性房地产以成本模式进行后续计量，2×17年1月10日甲公司以银行存款9 600万元购入一栋写字楼并立即以经营租赁方式租出，甲公司预计该写字楼的使用寿命为40年，预计净残值为120万元。采用年限平均法计提折旧，不考虑相关税费及其他因素，2×17年甲公司应对该写字楼计提的折旧金额为(　)万元。

A. 240　　　　B. 220

C. 217.25　　D. 237

解析 2×17年应计提折旧金额 = (9 600 - 120)/40/12×11 = 217.25(万元)。　**答案** C

[例题4·单选题] ☆2×18年12月31日，甲公司以银行存款12 000万元外购一栋写字楼并立即出租给乙公司使用，租期5年，每年年末收取租金1 000万元。该写字楼的预计使用年限为20年，预计净残值为零，采用年限平均法计提折旧。甲公司对投资性房地产采用成本模式进行后续计量。2×19年12月31日，该写字楼出现减值迹象，可收回金额为11 200万元。不考虑其他因素，与该写字楼相关的交易或事项对甲公司2×19年度营业利润的影响金额为(　)万元。

A. 400　　　　B. 800

C. 200　　　　D. 1 000

解析 ▶ (1)2×19年写字楼计提折旧金额=12 000/20=600(万元),计入其他业务成本;

(2)2×19年年末,减值测试前写字楼的账面价值=12 000-600=11 400(万元),大于其可收回金额,应计提减值准备的金额=11 400-11 200=200(万元),计入资产减值损失;

(3)2×19年确认租金收入1 000万元,计入其他业务收入;

综上,与该写字楼相关的交易或事项对甲公司2×19年度营业利润的影响金额=-600-200+1 000=200(万元),选项C正确。

答案 ▶ C

(三)采用公允价值模式进行后续计量的投资性房地产 ★★★

1. 采用公允价值模式的前提条件

只有当有确凿证据表明投资性房地产的公允价值能够持续可靠获得时,企业才能对其采用公允价值模式进行后续计量。企业选择采用公允价值计量模式后,其所有的投资性房地产均应采用公允价值模式进行后续计量。

2. 采用公允价值模式的具体条件

投资性房地产采用公允价值模式后续计量的,应当同时满足下列条件:

(1)投资性房地产所在地有活跃的房地产交易市场;

(2)企业能够从房地产交易市场上取得同类或类似房地产的市场价格及其他相关信息,从而对投资性房地产的公允价值作出合理的估计。

3. 采用公允价值模式进行后续计量的会计处理

(1)会计处理原则。

企业采用公允价值模式进行后续计量的,不对投资性房地产计提减值准备、折旧或摊销,而应当按公允价值计量,资产负债表日公允价值变动计入当期损益(公允价值变动损益)。投资性房地产取得的租金收入,确认为其他业务收入。

(2)一般分录。

①期末公允价值大于账面价值时:

借:投资性房地产—公允价值变动
　　贷:公允价值变动损益

②期末公允价值小于账面价值时:

借:公允价值变动损益
　　贷:投资性房地产—公允价值变动

③收取租金时:

借:银行存款
　　贷:其他业务收入
　　　　应交税费—应交增值税(销项税额)

另外,采用此模式形成的初始入账成本应列入"投资性房地产—成本"科目。

【关键考点】 对公允价值模式下投资性房地产的会计处理应作全面掌握。

【例题5·分析题】 戊公司于2×19年7月1日以银行存款购入一幢楼房,取得增值税专用发票上注明的价款为3 000万元,增值税额为270万元。戊公司购入当日决定将其用于出租。于2×19年10月1日与丁公司签订了租赁协议,将上述楼房出租,租期为10年,年租金为120万元,租金于每年年末以银行存款结清,同时开具增值税专用发票。按照当地的房地产交易市场的价格体系,该楼房2×19年年末的公允价值为3 200万元,2×20年年末的公允价值为3 120万元。戊公司对其投资性房地产按照公允价值进行后续计量。上述公司均为增值税一般纳税人,不动产及不动产租赁服务适用的增值税税率均为9%。不考虑其他因素,戊公司对此业务应如何进行账务处理?

解析 ▶ (1)该投资性房地产的入账成本=3 000(万元)。

借:投资性房地产—成本　　　3 000
　　应交税费—应交增值税(进项税额)
　　　　　　　　　　　　　　　　　270
　　贷:银行存款　　　　　　　　3 270

(2)2×19年年末取得租金时:

借：银行存款 32.7

贷：其他业务收入 （120/12×3）30

应交税费——应交增值税（销项

税额） 2.7

（3）2×19 年年末当楼房的公允价值达到 3 200 万元时，此时的账面价值为 3 000 万元，由此产生的增值 200 万元应确认为当年的公允价值变动收益，具体处理如下：

借：投资性房地产——公允价值变动

200

贷：公允价值变动损益 200

（4）2×20 年年末取得租金时：

借：银行存款 130.8

贷：其他业务收入 120

应交税费——应交增值税（销项

税额） 10.8

（5）2×20 年年末当楼房的公允价值达到 3 120 万元时，此时的账面价值为 3 200 万元，由此产生的贬值 80 万元应确认为当年的公允价值变动损失，具体处理如下：

借：公允价值变动损益 80

贷：投资性房地产——公允价值变动

80

【例题 6·单选题】 ☆企业采用公允价值模式计量投资性房地产，下列会计处理的表述中正确的是（ ）。

A. 资产负债表日应该对投资性房地产进行减值测试

B. 不需要对投资性房地产计提折旧或摊销

C. 取得的租金收入计入投资收益

D. 资产负债表日公允价值高于账面价值的差额计入其他综合收益

解析 ▶ 选项 A、B，采用公允价值模式进行后续计量的投资性房地产，不计提折旧或摊销，不计提减值准备；选项 C，取得的租金收入计入其他业务收入；选项 D，资产负债表日公允价值高于其账面价值的差额计入公允价值变动损益。 **答案** ▶ B

（四）投资性房地产后续计量模式的变更 ★★★

企业对投资性房地产的计量模式一经确定，不得随意变更。成本模式转为公允价值模式的，应当作为会计政策变更处理，将计量模式变更时公允价值与账面价值的差额，调整期初留存收益（盈余公积、未分配利润）。已采用公允价值模式计量的投资性房地产，不得从公允价值模式转为成本模式。

借：投资性房地产——成本

投资性房地产累计折旧（摊销）

投资性房地产减值准备

贷：投资性房地产

递延所得税负债或递延所得税资产 〔有可能在借方

盈余公积

利润分配——未分配利润

【关键考点】 成本模式转为公允价值模式属于会计政策变更，此知识点与政策变更结合是一个较为典型的出题角度。

【例题 7·多选题】 ☆投资性房地产的后续计量由成本模式变为公允价值模式时，其公允价值与账面价值的差额，对企业下列财务报表项目产生影响的有（ ）。

A. 资本公积 B. 盈余公积

C. 其他综合收益 D. 未分配利润

解析 ▶ 投资性房地产由成本模式转为公允价值模式，属于会计政策变更，应进行追溯调整，所以变更当日公允价值与原账面价值的差额，应当计入留存收益。 **答案** ▶ BD

【例题 8·多选题】 ☆下列各项关于企业投资性房地产后续计量的表述中，正确的有（ ）。

A. 采用公允价值模式计量的投资性房地产，不得计提折旧或摊销

B. 投资性房地产的后续计量由成本模式转为公允价值模式的，应作为会计政策变更处理

C. 采用成本模式计量的投资性房地产，不得确认减值损失

D. 已经采用公允价值模式计量的投资性

房地产，不得从公允价值模式转为成本模式

解析 选项A，采用公允价值模式计量的投资性房地产，不计提折旧或摊销、不确认减值；选项B、D，满足条件时，投资性房地产可以从成本模式转为公允价值模式计量（属于会计政策变更），但是不得从公允价值模式转为成本模式计量；选项C，采用成本模式进行后续计量的投资性房地产，存在减值迹象时，应进行减值测试，确定发生减值的，应当计提减值准备。 答案 ABD

（五）投资性房地产的后续支出 ★

1. 资本化的后续支出

（1）成本模式下。

①转入改扩建时：

借：投资性房地产—在建

　　投资性房地产累计折旧（摊销）

　　投资性房地产减值准备

　　贷：投资性房地产

②发生改扩建支出时：

借：投资性房地产—在建

　　贷：银行存款、应付账款等

③完工时：

借：投资性房地产

　　贷：投资性房地产—在建

（2）公允价值模式下。

①转入改扩建时：

借：投资性房地产—在建

　　贷：投资性房地产—成本

　　　　　　　　　　—公允价值变动

　　　　　　　　　　　　［或借记］

②发生改扩建支出时：

借：投资性房地产—在建

　　贷：银行存款、应付账款等

③完工时：

借：投资性房地产—成本

　　贷：投资性房地产—在建

2. 费用化的后续支出

借：其他业务成本

　　贷：银行存款等科目

【关键考点】 投资性房地产的资本化后续支出与固定资产基本一致，可参照固定资产后续支出原则来理解，其费用化后续支出记入"其他业务成本"科目。

【例题9·单选题】 ☆企业对其分类为投资性房地产的写字楼进行日常维护所发生的相关支出，应当计入的财务报表项目是（　　）。

A. 管理费用　　　　B. 营业外支出

C. 营业成本　　　　D. 投资收益

解析 投资性房地产日常维护所发生的相关支出，应记入"其他业务成本"科目，在利润表中列示于"营业成本"项目。 答案 C

四、投资性房地产的转换与处置

（一）转换情形 ★

在下列情况下，当有确凿证据表明房地产用途发生改变时，企业应当将投资性房地产转换为其他资产或将其他资产转换为投资性房地产：

（1）投资性房地产开始自用，相应地由投资性房地产转换为自用房地产。比如，原来出租的房地产现改为自用房地产。

（2）房地产开发企业将其存货以经营租赁方式租出，相应地由存货转换为投资性房地产。

（3）自用土地使用权停止自用，用于赚取租金或资本增值，相应地由无形资产转为投资性房地产。

（4）自用建筑物停止自用，改为出租，相应地由固定资产转换为投资性房地产。

（5）房地产开发企业重新开发出售原用于经营租赁的房地产时，应将投资性房地产转为存货。

（二）转换日的确定 ★

（1）投资性房地产转为自用，转换日为企业开始将房地产用于经营管理、生产商品或提供劳务的日期，即房地产达到自用状态的日期。

（2）作为存货的房地产改为出租，或者自用建筑物或土地使用权停止自用改为出租，转换日为租赁期开始日。

（3）自用土地使用权停止自用，改为用于资本增值，转换日为企业停止将该项土地使用权用于生产商品、提供劳务或经营管理且管理当局作出房地产转换决议的日期。

（4）房地产开发企业重新开发出售原用于经营租赁的房地产时，应将投资性房地产转为存货，转换日为租赁期满，企业董事会或类似机构作出书面决议，明确表示将房地产重新开发用于对外出售的日期。

（三）转换时入账口径的选择★★★

（1）在成本模式下，房地产转换后的入账价值，以其**转换前的账面价值**确定。

会计分录为：

①由自用房地产、存货转为投资性房地产时：

借：投资性房地产［按转换时的原账面余额计量；若转换前为存货，则按账面价值计量］

　　累计折旧（摊销）

　　固定资产（无形资产）减值准备、存货跌价准备

　贷：固定资产、无形资产或开发产品

　　　投资性房地产累计折旧（摊销）

　　　投资性房地产减值准备

②由投资性房地产转为自用房地产、存货时：

借：固定资产、无形资产［按转换时的原账面余额计量］

　　开发产品［按转换时的原账面价值计量］

　　投资性房地产累计折旧（摊销）

　　投资性房地产减值准备

　贷：投资性房地产

　　　累计折旧（摊销）

固定资产（无形资产）减值准备

（2）以公允价值模式计量的投资性房地产转换为自用房地产或存货时，应当以其转换当日的**公允价值**作为自用房地产或存货的入账价值，转换当日的公允价值与投资性房地产原账面价值之间的差额计入**当期损益**。

会计分录为：

借：固定资产、无形资产或开发产品［以转换当日的公允价值计量］

　　公允价值变动损益［公允价值小于账面价值的差额列为损失］

　贷：投资性房地产［按转换当日的账面价值结转］

　　　公允价值变动损益［公允价值大于账面价值的差额计入收益］

（3）自用房地产或存货转换为以公允价值模式计量的投资性房地产时，如果转换当日的公允价值**小于**原账面价值，应当将差额计入**当期损益**；如果转换当日的公允价值**大于**原账面价值，应当将其差额计入**其他综合收益**。

会计分录为：

借：投资性房地产［以转换当日的公允价值计量］

　　累计折旧（摊销）

　　固定资产（无形资产）减值准备、存货跌价准备［转换当日已计提减值准备］

　　公允价值变动损益［公允价值小于账面价值的差额列为损失］

　贷：固定资产、无形资产或开发产品［按转换当日的账面余额结转］

　　　其他综合收益［公允价值大于账面价值的差额不得列为收益，而是追加为其他综合收益］

【关键考点】 这三组分录中需重点关注后两种情况中转化差额的处理方式，尤其是自用房产、存货转为公允价值模式下的投资性房地产形成增值时的会计处理。

【例题10·多选题】 ☆企业将自用房地产转换为以公允价值模式计量的投资性房地

中级会计实务应试指南

产时，转换日公允价值与原账面价值的差额，可能影响的财务报表项目有( )。

A. 资本公积

B. 投资收益

C. 公允价值变动收益

D. 其他综合收益

解析 企业将自用房地产转换为以公允价值模式计量的投资性房地产时，转换日公允价值与原账面价值的差额，如果是借方差额，计入公允价值变动损益(报表项目为"公允价值变动收益")，如果是贷方差额，则计入其他综合收益(报表项目为"其他综合收益")。 **答案** CD

[例题11·单选题] ☆企业将自用房地产转为以公允价值模式计量的投资性房地产。下列关于转换日该房地产公允价值小于账面价值的差额的会计处理表述中，正确的是( )。

A. 计入递延收益

B. 计入当期损益

C. 计入其他综合收益

D. 计入资本公积

解析 企业将自用房地产转为公允价值模式计量的投资性房地产，当日公允价值小于账面价值的差额，应该计入公允价值变动损益。 **答案** B

[例题12·单选题] 自用房地产转换为采用公允价值模式计量的投资性房地产，转换日该房地产公允价值大于账面价值的差额，正确的会计处理是( )。

A. 计入其他综合收益

B. 计入期初留存收益

C. 计入营业外收入

D. 计入公允价值变动损益

解析 自用房地产转换为公允价值模式计量的投资性房地产时，转换日公允价值大于账面价值的差额记入"其他综合收益"科目。 **答案** A

(四)投资性房地产的处置★★

1. 成本模式下

企业出售、转让、报废投资性房地产或者发生投资性房地产毁损时，应当将处置收入扣除其账面价值和相关税费后的金额计入当期损益(将实际收到的处置收入计入其他业务收入，所处置投资性房地产的账面价值计入其他业务成本)。

(1)收到处置收入时：

借：银行存款

　　贷：其他业务收入

　　　　应交税费—应交增值税(销项税额)

(2)结转投资性房地产账面价值：

借：其他业务成本

　　投资性房地产累计折旧(或摊销)

　　投资性房地产减值准备

　　贷：投资性房地产

[例题13·分析题] 甲公司是增值税一般纳税人，不动产及不动产租赁服务适用的增值税税率均为9%。甲公司2×19年12月31日将2×18年12月31日取得并开始使用的一幢办公楼用于对外出租。由于公允价值不能持续可靠估计，甲公司采用成本模式进行后续计量。该办公楼当初买价为3 020万元，进项税额为271.8万元，假定不考虑其他税费。预计使用寿命为40年，预计净残值为20万元，甲公司采用年限平均法提取折旧。该办公楼的年租金为400万元，于每年年末以银行存款一次结清，租赁期开始日为2×19年12月31日。2×20年年末该办公楼的可收回价值为2 560万元，预计净残值变为14万元，预计使用年限和折旧方法不变。2×21年12月31日，甲公司以2 800万元(不含增值税)的价格对外转让该办公楼，款项已收存银行。不考虑其他因素，根据上述业务，作出甲公司2×19—2×21年的相关账务处理。

解析 (1)2×19年年末累计计提的折旧额=(3 020-20)/40=75(万元)。

(2)2×19年12月31日办公楼出租时：

借：投资性房地产　　　　　3 020

　　累计折旧　　　　　　　　75

　　贷：固定资产　　　　　　　3 020

130

投资性房地产累计折旧　　75

（3）2×20 年计提的折旧额 =（3 020-20）/40=75（万元），会计分录如下：

借：其他业务成本　　75

　　贷：投资性房地产累计折旧　　75

（4）2×20 年收取租金时：

借：银行存款　　436

　　贷：其他业务收入　　400

　　　　应交税费—应交增值税（销项税额）

　　　　　　36

（5）2×20 年年末办公楼的账面价值为 2 870 万元（3 020-75-75），相比此时的可收回价值 2 560 万元，发生减值 310 万元，分录如下：

借：资产减值损失　　310

　　贷：投资性房地产减值准备　　310

（6）2×21 年计提的折旧额 =（2 560-14）/38=67（万元），相关分录如下：

借：其他业务成本　　67

　　贷：投资性房地产累计折旧　　67

（7）2×21 年收取租金时：

借：银行存款　　436

　　贷：其他业务收入　　400

　　　　应交税费—应交增值税（销项税额）

　　　　　　36

（8）2×21 年 12 月 31 日以 2 800 万元的价格对外转让该办公楼时：

借：银行存款　　3 052

　　贷：其他业务收入　　2 800

　　　　应交税费—应交增值税（销项税额）

　　　　　　252

借：其他业务成本　　2 493

　　投资性房地产累计折旧　　217

　　投资性房地产减值准备　　310

　　贷：投资性房地产　　3 020

『拓展』 此房产处置时对营业利润的影响——追加营业利润 307 万元（2 800-2 493）。

【例题 14·单选题】丙公司于 2×17 年 12 月 31 日将一幢办公楼对外出租并采用成本模式进行后续计量，租期为 5 年，每年 12 月 31 日收取租金 150 万元，出租时该办公楼的账面原价为 2 800 万元，已计提折旧 500 万元，已计提减值准备 300 万元，尚可使用年限 20 年，丙公司对该办公楼采用年限平均法计提折旧，假定无残值。2×19 年年末、2×21 年年末该办公楼的可收回金额分别为 1 710 万元和 1 560 万元。假定办公楼的折旧方法、预计折旧年限和预计净残值一直未发生变化。2×22 年 3 月 5 日丙公司将其出售，收到不含税价款 1 600 万元存入银行，不动产适用的增值税税率为 9%。丙公司因出售该办公楼影响营业利润的金额为（　）万元。

A. 103.75　　　B. 105.26

C. 105.21　　　D. 106.45

解析 ①2×18 年年末办公楼的账面价值 =2 800-500-300-（2 800-500-300）/20=1 900（万元）；②2×19 年年末办公楼的账面价值 =1 900-（2 800-500-300）/20=1 800（万元）；③2×19 年年末办公楼的可收回金额为 1 710 万元，则应计提减值准备 90 万元（1 800-1 710）；④2×20 年办公楼的折旧额 =1 710/18=95（万元）；⑤2×20 年年末办公楼的账面价值 =1 710-95=1 615（万元）；⑥2×21 年年末办公楼的账面价值 =1 710-95-95=1 520（万元）；⑦2×21 年年末办公楼的可收回金额为 1 560 万元，办公楼价值有所恢复，但不应确认；⑧2×22 年出售时办公楼的账面价值为 1 496.25 万元（1 520-95×3/12），则该办公楼出售时影响营业利润的金额 =1 600-1 496.25=103.75（万元）。

答案 A

2. 公允价值模式下

（1）按实际收到的款项：

借：银行存款

　　贷：其他业务收入

　　　　应交税费—应交增值税（销项税额）

（2）按当时投资性房地产的账面余额：

借：其他业务成本

　　贷：投资性房地产—成本

—公允价值变动

[也可能在借方]

(3)将**累计公允价值变动转入其他业务成本**：

借：公允价值变动损益

　　贷：其他业务成本

或反之。

(4)将转换时原计入**其他综合收益的部分转入其他业务成本**：

借：其他综合收益

　　贷：其他业务成本

【关键考点】 掌握投资性房地产处置损益的计算，尤其需关注公允价值模式下投资性房地产处置时"公允价值变动损益"转"其他业务成本"不影响损益总额。

【例题15·单选题】 2×16年12月20日，甲公司与乙公司签订协议，将自用的办公楼出租给乙公司，租期为3年，每年租金为500万元，于每年年初收取，2×17年1月1日为租赁期开始日，2×19年12月31日到期。甲公司采用公允价值模式计量投资性房地产。2×17年1月1日此办公楼的公允价值为900万元，账面原价为2 000万元，已计提折旧为1 200万元，未计提减值准备。2×17年12月31日该办公楼的公允价值为1 200万元，2×18年12月31日该办公楼的公允价值为1 800万元，2×19年12月31日该办公楼的公允价值为1 700万元。2×19年12月31日租赁协议到期，甲公司与乙公司达成协议，将该办公楼出售给乙公司，不含税价款为3 000万元，增值税税率为9%。2×20年年初完成交易。不考虑其他因素，则甲公司出售办公楼时影响营业利润的金额为( )万元。

A. 1 300　　　　　B. 1 400

C. 1 050　　　　　D. 1 200

解析 ①2×17年年初自用办公楼转为以公允价值模式计量的投资性房地产时产生的价值增值额＝900－(2 000－1 200)＝100(万元)，列入"其他综合收益"贷方；②2×17年年末根据当时的公允价值1 200万元，应认定投资性

房地产暂时增值额＝1 200－900＝300(万元)；③2×18年年末根据当时的公允价值1 800万元，应认定投资性房地产暂时增值额＝1 800－1 200＝600(万元)；④2×19年年末根据当时的公允价值1 700万元，应认定投资性房地产暂时贬值额＝1 800－1 700＝100(万元)；⑤2×20年年初出售办公楼时产生的其他业务收入＝3 000(万元)；⑥2×20年年初出售办公楼时产生的其他业务成本＝1 700(万元)；⑦2×20年年初出售办公楼时由其持有期间产生的暂时净增值冲减其他业务成本＝300＋600－100＝800(万元)；⑧当初自用房产转为公允价值模式计量的投资性房地产形成的"其他综合收益"在出售办公楼时冲减"其他业务成本"100万元；⑨2×20年年初出售办公楼时影响营业利润的金额＝3 000－1 700＋100＝1 400(万元)。

答案 ▶ B

【例题16·多选题】 ☆甲公司发生的与投资性房地产有关的下列交易或事项中，将影响其利润表营业利润项目列报金额的有( )。

A. 作为存货的房地产转换为以公允价值模式计量的投资性房地产时，公允价值大于账面价值的差额

B. 以公允价值模式计量的投资性房地产，资产负债表日公允价值小于账面价值的差额

C. 将投资性房地产由成本模式计量变更为公允价值模式计量时，公允价值大于账面价值的差额

D. 将公允价值模式计量的投资性房地产转换为自用房地产时，公允价值小于账面价值的差额

解析 ▶ 选项A，差额记入"其他综合收益"科目，不影响营业利润；选项B，差额记入"公允价值变动损益"科目，影响营业利润；选项C，属于会计政策变更，差额计入留存收益，不影响营业利润；选项D，差额记入"公允价值变动损益"科目，影响营业利润。

答案 ▶ BD

【例题 17・计算分析题】 ☆2×16 年至 2×19 年，甲公司发生的与 A 仓库相关的交易或事项如下。

资料一：2×16 年 12 月 31 日，甲公司以银行存款 7 240 万元购入 A 仓库并于当日出租给乙公司，相关手续已办妥，租期为 3 年，年租金为 600 万元，于每年年末收取，并存入银行。甲公司预计 A 仓库的使用年限为 20 年，预计净残值为 40 万元，采用年限平均法计提折旧。甲公司对投资性房地产采用成本模式进行后续计量。

资料二：2×19 年 1 月 1 日，甲公司对投资性房地产由成本模式变更为公允价值模式进行后续计量。当日，A 仓库的公允价值为 7 000 万元。

资料三：2×19 年 12 月 31 日，A 仓库租期届满，甲公司将其收回并以 7 600 万元出售给丙公司，款项已收存银行。

甲公司按净利润的 10% 计提法定盈余公积。本题不考虑增值税、企业所得税等相关税费及其他因素。

要求：

(1) 编制甲公司 2×16 年 12 月 31 日购入 A 仓库的相关会计分录；

(2) 计算投资性房地产相关业务影响甲公司 2×18 年损益的金额；

(3) 计算甲公司 2×19 年 1 月 1 日将投资性房地产由成本模式变更为公允价值模式对留存收益的影响金额，并编制相关会计分录；

(4) 计算甲公司 2×19 年 12 月 31 日出售 A 仓库影响营业利润的金额，并编制相关会计分录。

答案 ▶ (1) 2×16 年 12 月 31 日购入 A 仓库时：

借：投资性房地产　　　　　　7 240
　　贷：银行存款　　　　　　　　7 240

(2) 2×18 年计提折旧金额＝(7 240−40)/20＝360(万元)，计入其他业务成本；租金 600 万元计入其他业务收入；因此，影响甲公司 2×18 年损益的金额＝600−360＝240(万元)。

(3) 2×19 年 1 月 1 日后续计量模式变更时对留存收益的影响金额＝7 000−(7 240−360×2)＝480(万元)。相关分录如下：

借：投资性房地产—成本　　　7 000
　　投资性房地产累计折旧
　　　　　　　　　(360×2) 720
　　贷：投资性房地产　　　　　7 240
　　　　盈余公积　　　(480×10%) 48
　　　　利润分配—未分配利润
　　　　　　　　　(480×90%) 432

(4) 2×19 年 12 月 31 日出售 A 仓库影响营业利润的金额＝7 600−7 000＝600(万元)。相关分录如下：

借：银行存款　　　　　　　　7 600
　　贷：其他业务收入　　　　　　7 600
借：其他业务成本　　　　　　7 000
　　贷：投资性房地产—成本　　　7 000

同步训练　限时 50min

扫我做试题

一、单项选择题

1. 下列关于投资性房地产会计处理的表述中，正确的是(　　)。

A. 采用成本模式计量的投资性房地产，期末计提的折旧费用计入管理费用

B. 采用成本模式计量的投资性房地产，不得再转为公允价值模式计量

C. 按国家规定认定的闲置土地，不应确认为投资性房地产

D. 企业可以根据需要改变其投资性房地产的计量模式，但应在会计报表附注中披露

2. 甲公司 2×16 年至 2×19 年发生以下交易或事项：2×16 年 12 月 31 日购入一栋办公楼，实际取得成本为 3 000 万元。该办公楼预计使用年限为 20 年，预计净残值为零，采用年限平均法计提折旧。因公司迁址，2×19 年 6 月 30 日甲公司与乙公司签订租赁协议。该协议约定：甲公司将上述办公楼租赁给乙公司，租赁期开始日为协议签订日，租期为 2 年，年租金为 150 万元，每半年支付一次。租赁协议签订日该办公楼的公允价值为 2 800 万元。甲公司对投资性房地产采用公允价值模式进行后续计量。2×19 年 12 月 31 日，该办公楼的公允价值为 2 200 万元。基于上述资料，下列各项关于甲公司会计处理的表述中，正确的是( )。

A. 出租办公楼应于 2×19 年计提折旧 150 万元

B. 出租办公楼应于租赁期开始日确认其他综合收益 175 万元

C. 出租办公楼应于租赁期开始日按其原价 3 000 万元确认为投资性房地产

D. 出租办公楼 2×19 年取得的 75 万元租金应冲减投资性房地产的账面价值

3. 基于题 2 的资料，上述交易或事项对甲公司 2×19 年度营业利润的影响金额是( )万元。

A. 0
B. -75
C. -600
D. -675

4. 甲公司于 2×17 年 7 月 1 日开始对一栋生产用厂房进行改扩建，改扩建前该厂房的原价为 2 000 万元，已计提折旧 200 万元，已计提减值准备 100 万元。在改扩建过程中领用工程物资 400 万元，领用生产用原材料 200 万元。发生改扩建人员薪酬 50 万元，用银行存款支付其他费用 66 万元。该厂房于 2×17 年 12 月 20 日达到预定可

使用状态。该公司对改扩建后的厂房采用双倍余额递减法计提折旧，预计尚可使用年限为 8 年，预计净残值为 50 万元。2×19 年 12 月 10 日，由于所生产的产品停产，甲公司决定将上述厂房以经营租赁方式对外出租，租赁期为 2 年，每年年末收取租金，每年租金为 400 万元，起租日为 2×19 年 12 月 31 日，到期日为 2×21 年 12 月 31 日，甲公司对投资性房地产采用成本模式计量，出租后，该厂房仍按原折旧方法、折旧年限和预计净残值计提折旧。不考虑其他因素，2×20 年因出租此厂房影响甲公司营业利润的金额为( )万元。

A. 62.25
B. 60.25
C. 65.85
D. 66.25

5. 甲公司将一栋商业大楼出租给乙公司使用，并一直采用成本模式进行后续计量，税法对其成本模式计量口径是认可的。2×18 年 1 月 1 日，由于房地产交易市场的成熟，具备了采用公允价值模式计量的条件，甲公司决定对该投资性房地产从成本模式转换为公允价值模式计量。该大楼原价 6 000 万元，已计提折旧 3 500 万元，未计提减值准备。当日该大楼的公允价值为 7 000 万元。甲公司按净利润的 10% 计提法定盈余公积，按资产负债表债务法核算所得税，所得税税率为 25%。甲公司因此调整 2×18 年年初未分配利润的金额为( )万元。

A. 3 037.5
B. 4 050
C. 4 500
D. 1 485

6. 乙公司于 2×17 年 8 月自行建造的办公大楼达到了预定可使用状态并投入使用，建设期间耗费工程物资 1 638 万元，并领用了本企业生产的库存商品一批，成本为 160 万元，计税价格为 200 万元，增值税税率为 13%，另支付在建工程人员薪酬 362 万元。该办公楼预计使用寿命为 20 年，预计净残值为 60 万元，采用年限平

均法计提折旧。2×19年1月1日乙公司将该办公大楼租赁给丙公司，租赁期为2年，年租金为240万元，租金于每年年末结清，乙公司对投资性房地产采用公允价值模式计量。与该办公大楼同类的房地产在2×19年年初的公允价值为2 200万元，2×19年年末的公允价值为2 400万元。2×20年1月，乙公司以2 500万元的价格将该项办公大楼转让给丙公司。假定适用的所得税税率为25%，根据上述资料完成如下问题的解答。

（1）办公大楼由自用转为出租时形成的增值应列入（　　）。

A. "其他综合收益"146万元

B. "公允价值变动损益"146万元

C. "公允价值变动损益"180万元

D. "其他综合收益"180万元

（2）如果税法认可此房产出租前的折旧标准，则2×19年因此房产形成的递延所得税费用为（　　）万元。

A. 76.25　　　　　B. 112.75

C. 36.5　　　　　D. 0

（3）乙公司2×20年因此办公楼而追加的营业利润为（　　）万元。

A. 100　　　　　B. 435

C. 235　　　　　D. 280

7. 2×21年6月30日，A公司的一项采用公允价值模式计量的投资性房地产租赁期届满，A公司将其收回后作为办公楼供本企业行政部门使用，该房地产2×20年12月31日的公允价值为2 000万元，2×21年6月30日的公允价值为1 900万元，2×21年上半年的租金收入为60万元。转换日预计尚可使用年限10年，采用年限平均法计提折旧，无残值。不考虑其他因素，则该项房地产对A公司2×21年度损益的影响金额为（　　）万元。

A. −95　　　　　B. 65

C. 160　　　　　D. −135

8. 2×16年6月30日，甲公司与乙公司签订

租赁合同，合同规定甲公司将一栋自用办公楼出租给乙公司，租赁期为1年，年租金为200万元。当日，出租办公楼的公允价值为8 000万元，大于其账面价值的差额为5 500万元。2×16年12月31日，该办公楼的公允价值为9 000万元。2×17年6月30日，甲公司收回租赁期届满的办公楼并对外出售，取得价款9 500万元。甲公司采用公允价值模式对投资性房地产进行后续计量，不考虑其他因素。上述交易或事项对甲公司2×17年度损益的影响金额是（　　）万元。

A. 500　　　　　B. 6 000

C. 6 100　　　　　D. 7 000

二、多项选择题

1. 下列有关投资性房地产的论断中，不正确的有（　　）。

A. 自用房产转为公允价值模式计量的投资性房地产时如果产生了增值则列入当期"公允价值变动损益"科目

B. 由公允价值模式计量的投资性房地产转化为自用房产时，不论增值、贬值均列入当期的"公允价值变动损益"科目

C. 以成本模式计量的投资性房地产在计提减值准备后不得在其价值恢复时转回

D. 同一企业可以同时采用两种计量模式对投资性房地产进行后续计量

E. 成本模式转为公允价值模式应当作为会计估计变更，采用未来适用法进行处理

2. 下列关于投资性房地产初始计量的表述中，正确的有（　　）。

A. 采用成本模式进行后续计量的投资性房地产，取得时按照取得成本进行初始计量

B. 采用公允价值模式进行后续计量的投资性房地产，取得时按照公允价值进行初始计量

C. 自行建造投资性房地产的成本，由建造该项资产达到预定可使用状态前所发生

的必要支出构成

D. 外购投资性房地产的成本，包括购买价款、相关税费和可直接归属于该资产的其他支出

3. 下列关于投资性房地产的会计处理中，表述正确的有（　）。

A. 采用公允价值模式计量的投资性房地产转换为自用房地产时，应当以其转换当日的账面价值作为自用房地产的入账价值

B. 已经采用公允价值模式对投资性房地产进行后续计量的企业，对于新取得的投资性房地产，如果确实无法持续可靠取得其公允价值，应当对其采用成本模式计量直至处置，并假设无残值

C. 采用成本模式对投资性房地产进行后续计量的企业，即使有证据表明，企业首次取得某项投资性房地产时，该投资性房地产的公允价值能够持续可靠取得的，也应对该项房地产采用成本模式计量

D. 对投资性房地产进行改扩建等再开发且将来仍作为投资性房地产的，再开发期间应继续将其作为投资性房地产核算，再开发期间照旧计提折旧或摊销

4. 关于投资性房地产的处置，下列表述中不正确的有（　）。

A. 应将相关的其他综合收益转入投资收益

B. 应将相关的公允价值变动损益转入投资收益

C. 应将取得的价款与其账面价值的差额计入投资收益

D. 应将投资性房地产的账面价值计入其他业务成本

5. 下列关于投资性房地产日常业务的会计处理中，说法正确的有（　）。

A. 投资性房地产的租金收入，应当计入其他业务收入

B. 投资性房地产的日常维修费用，应计入管理费用

C. 成本模式下投资性房地产的折旧费用

或摊销费用，应计入其他业务成本

D. 投资性房地产的装修支出，符合资本化条件时，应计入长期待摊费用

三、判断题

1. 企业将某项房地产部分用于出租，部分自用，如果出租部分能单独计量和出售，企业应将该房地产整体确认为投资性房地产。（　）

2. 成本模式下，已计提减值准备的投资性房地产，在后续期间其价值回升时，减值损失可以转回。（　）

3. 已采用公允价值模式计量的投资性房地产，不得从公允价值模式转为成本模式。（　）

4. 公允价值模式计量的投资性房地产转为存货，公允价值与账面价值之间的贷方差额应记入"其他综合收益"科目。（　）

5. 按照国家有关规定认定的闲置土地使用权，不属于投资性房地产。（　）

四、计算分析题

甲公司为房地产开发企业，采用公允价值模式计量投资性房地产。有关资料如下。

(1)2×16年12月1日，甲公司与A公司签订协议，将一栋商品房出租给A公司，租期为3年，每年租金为1 000万元，于每年年初收取，2×17年1月1日为租赁期开始日，2×19年12月31日到期。2×17年1月1日，该商品房的公允价值为30 000万元，账面余额为10 000万元，未计提减值准备。每年1月1日均收到当年租金，并存入银行。

(2)2×17年12月31日，该投资性房地产的公允价值为30 500万元。

(3)2×18年12月31日，该投资性房地产的公允价值为30 800万元。

(4)为了提高商品房的租金收入，甲公司决定在租赁期届满后对商品房进行改扩建和装修，并与B公司签订租赁合同，约定完工时将其出租给B公司，每季度初收取

租金 600 万元。2×19 年 12 月 31 日，租赁协议到期，甲公司收回该商品房并转入改扩建和装修工程。

（5）2×20 年 1 月 1 日，从银行取得专门借款 1 000 万元用于改扩建和装修工程，款项存入银行。年利率为 6%，3 年期，按年付息。2×20 年 1 月 1 日，以银行存款支付工程款项 1 000 万元。

（6）2×21 年 3 月 31 日工程完工，以银行存款支付工程款项 500 万元，并于当日将该房地产出租给 B 公司。

（7）2×24 年 3 月 31 日，出租给 B 公司的商品房租赁期届满，收回后直接出售给 C 公司，取得价款 60 000 万元，并存入银行。2×21 年 3 月 31 日至 2×24 年 3 月 31 日累计公允价值变动收益为 2 000 万元。

假定不考虑相关税费。

要求：

（1）编制甲公司 2×17 年 1 月 1 日转换房地产的有关会计分录；

（2）编制甲公司每年收到 A 公司租金以及确认租金收入的会计分录（假定年末一次性确认租金收入）；

（3）编制甲公司 2×17 年年末和 2×18 年年末投资性房地产公允价值变动的相关分录；

（4）编制甲公司对该商品房进行改建和装修的相关分录；

（5）编制甲公司出售投资性房地产的相关会计分录。

（答案中的金额单位用万元表示）

同步训练答案及解析

一、单项选择题

1. C 【解析】选项 A，期末计提的折旧费用应计入其他业务成本；选项 B，采用成本模式计量的投资性房地产在满足一定条件下可以转为公允价值模式计量；选项 D，对于采用公允价值模式计量的投资性房地产不得再转为成本模式计量。

2. B 【解析】因为采用公允价值模式计量，转换前的账面价值 = 3 000 - 3 000/20 × 2.5 = 2 625（万元）。转换日公允价值为 2 800 万元，转换资产的公允价值大于账面价值，所以差额应该计入其他综合收益，金额 = 2 800 - 2 625 = 175（万元）。

3. C 【解析】转换前折旧金额 = 3 000/20 × 1/2 = 75（万元）；转换后确认半年租金 = 150/2 = 75（万元）；当期期末，公允价值与账面价值之间的差额即公允价值下降金额 = 2 800 - 2 200 = 600（万元），综合考虑之后影响甲公司 2×19 年度营业利润

的金额 = -75 + 75 - 600 = -600（万元）。

4. B 【解析】①2×17 年 12 月 20 日该厂房改扩建后的成本 = 2 000 - 200 - 100 + 400 + 200 + 50 + 66 = 2 416（万元）；②2×18 年厂房的折旧额 = 2 416 × 2/8 = 604（万元）；③2×19 年厂房的折旧额 = （2 416 - 604）×2/8 = 453（万元）；④2×20 年厂房的折旧额 = （2 416 - 604 - 453）× 2/8 = 339.75（万元）；⑤2×20 年的租金收入为 400 万元；⑥2×20 年因出租厂房而追加的营业利润 = 400 - 339.75 = 60.25（万元）。

5. A 【解析】甲公司所做的会计分录是：
借：投资性房地产—成本　　7 000
　　投资性房地产累计折旧　3 500
　　贷：投资性房地产　　　　　6 000
　　　　递延所得税负债
　　　　（4 500×25%）1 125
　　　　盈余公积
　　　　（4 500×75%×10%）337.5

利润分配—未分配利润

(4 500×75%×90%)3 037.5

6.（1）D 【解析】①办公大楼的入账成本＝1 638+160+362＝2 160（万元）；②2×17年办公楼提取的折旧额＝（2 160-60）/20×4/12＝35（万元）；③2×18年办公楼提取的折旧额＝（2 160-60）/20＝105（万元）；④2×19年因出租转为以公允价值模式计量的投资性房地产时产生的暂时增值额＝2 200-（2 160-35-105）＝180（万元），为贷方差额，记入"其他综合收益"科目。

（2）A 【解析】①2×19年年初此房产的计税基础为2 020万元（2 160-35-105），相比公允口径2 200万元，形成应纳税暂时性差异180万元，由于此增值未列支于损益，此差异的纳税影响分录如下：

借：其他综合收益　　　　45

　　贷：递延所得税负债　　　　45

②2×19年年末的账面价值为2 400万元，此时的计税基础为1 915万元（2 020-105），形成应纳税暂时性差异485万元，相比已经认定的差异180万元，年末新增应纳税暂时性差异305万元，其相应的纳税影响分录为：

借：所得税费用　　　　76.25

　　贷：递延所得税负债　　　　76.25

（3）D 【解析】①2×19年年末因公允价值调整产生的暂时增值额＝2 400-2 200＝200（万元）；②2×20年出售办公楼时产生的其他业务收入＝2 500（万元）；③2×20年出售办公楼时产生的其他业务成本＝2 400（万元）；④2×20年出售办公楼时由暂时增值额冲减的其他业务成本额＝180+200＝380（万元）；⑤2×20年出售办公楼追加的营业利润＝2 500-2 400+180＝280（万元）。

7. D 【解析】2×21年上半年的租金收入60万元：

借：银行存款　　　　60

　　贷：其他业务收入　　　　60

采用公允价值模式计量的投资性房地产转换为自用房地产：

借：固定资产　　　　1 900

　　公允价值变动损益　　　　100

　　贷：投资性房地产　　　　2 000

转换日该项固定资产的账面价值为1 900万元，2×21年应计提的折旧额＝1 900/10×6/12＝95（万元），计入管理费用。

借：管理费用　　　　95

　　贷：累计折旧　　　　95

该项房地产对A公司2×21年度损益的影响金额＝60-100-95＝-135（万元）。

8. C 【解析】对甲公司2×17年度损益的影响金额＝（9 500-9 000）（出售损益）+5 500（其他综合收益转入损益的金额）+200/2（半年的租金收入）＝6 100（万元）。

二、多项选择题

1. ADE 【解析】选项A，自用房产转为公允价值模式计量的投资性房地产时如果产生了增值则列入当期"其他综合收益"；选项D，同一企业只能采用一种模式对所有投资性房地产进行后续计量，不得同时采用两种计量模式；选项E，成本模式转为公允价值模式的，应当作为会计政策变更，将转换时公允价值与账面价值的差额，调整期初留存收益。

2. ACD 【解析】投资性房地产按照取得成本进行初始计量。

3. BC 【解析】选项A，应当以其转换当日的公允价值作为自用房地产的入账价值，公允价值与原账面价值的差额计入当期损益（公允价值变动损益）；选项D，再开发期间不计提折旧或摊销。

4. ABC 【解析】处置投资性房地产时，应将相关的其他综合收益和公允价值变动损益转入其他业务成本，选项A、B不正确；处置投资性房地产，应通过其他业务收入与其他业务成本核算，不涉及投资收益，选项C不正确。

138

5. AC　【解析】选项 B，应计入其他业务成本；选项 D，应通过"投资性房地产——在建"科目进行归集，完工后转入"投资性房地产"科目。

三、判断题

1. ×　【解析】出租部分确认为投资性房地产，自用部分则作为固定资产或无形资产核算。

2. ×　【解析】成本模式下，已计提减值准备的投资性房地产，其减值损失在以后期间不得转回。

3. √

4. ×　【解析】采用公允价值模式计量的投资性房地产转为非投资性房地产时，不管是借方差额还是贷方差额，都应计入公允价值变动损益。

5. √

四、计算分析题

【答案】

(1) 借：投资性房地产——成本　　30 000

　　　　贷：开发产品　　　　　　　10 000

　　　　　　其他综合收益　　　　　20 000

(2) 甲公司每年收到 A 公司租金：

借：银行存款　　　　　　　　　1 000

　　贷：预收账款　　　　　　　　1 000

年末确认租金收入：

借：预收账款　　　　　　　　　1 000

　　贷：其他业务收入　　　　　　1 000

(3) 2×17 年 12 月 31 日：

借：投资性房地产——公允价值变动

　　　　　　　　　　　　　　　500

　　贷：公允价值变动损益

　　　　　　　　(30 500-30 000) 500

2×18 年 12 月 31 日：

借：投资性房地产——公允价值变动

　　　　　　　　　　　　　　　300

　　贷：公允价值变动损益

　　　　　　　　(30 800-30 500) 300

(4) 借：投资性房地产——在建　　30 800

　　　　贷：投资性房地产——成本　30 000

　　　　　　　　　　——公允价值变动

　　　　　　　　　　(500+300) 800

借：投资性房地产——在建　　　1 000

　　贷：银行存款　　　　　　　　1 000

借：投资性房地产——在建　　　　60

　　贷：应付利息　　　　(1 000×6%) 60

借：投资性房地产——在建

　　　　　　　　(1 000×6%×3/12) 15

　　贷：应付利息　　　　　　　　　15

借：投资性房地产——在建　　　　500

　　贷：银行存款　　　　　　　　　500

借：投资性房地产——成本

　　　(30 800+1 000+60+15+500) 32 375

　　贷：投资性房地产——在建　　32 375

(5) 借：银行存款　　　　　　　　60 000

　　　　贷：其他业务收入　　　　　60 000

借：其他业务成本　　　　　　11 575

　　公允价值变动损益

　　　　　　　　(800+2 000) 2 800

　　其他综合收益　　　　　　20 000

　　贷：投资性房地产——成本　32 375

　　　　　　　　——公允价值变动

　　　　　　　　　　　　　　　2 000

本章知识串联

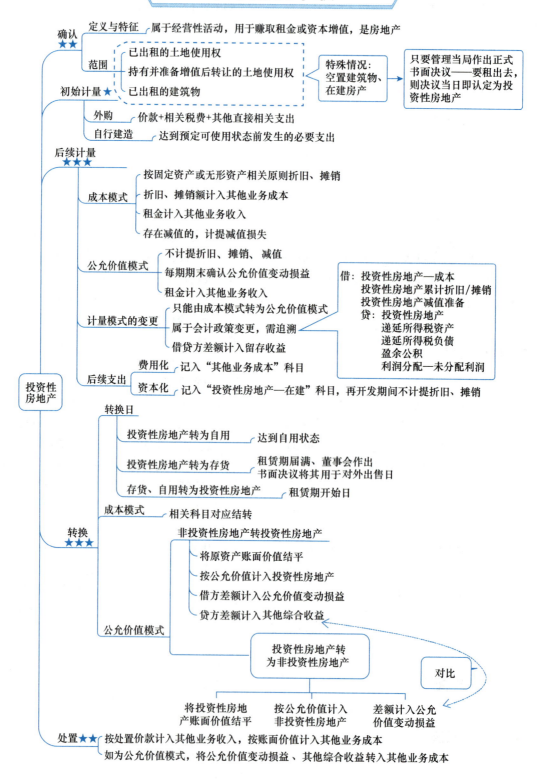

第六章　资产减值

📝 历年考情概况

本章内容虽然篇幅不大，但在历年考试中曾多次以客观题的形式出现，且题目选材具有一定的综合性，是考试的重点且有一定的难度，每年的分值在2~5分。在近年考试中，客观题主要考查的内容有可收回金额的确定、折现率的确定、资产组的定义等，主观题则主要考查资产组、总部资产等的减值测试过程。

📑 近年考点直击

主要考点	主要考查题型	考频指数	考查角度
资产减值概述	单多	★★	(1)减值准备是否可以转回的资产的界定；(2)定期测试减值的资产的界定；(3)固定资产减值迹象的界定；(4)资产减值准则适用范围的界定
可收回金额的确定	单多判	★★★	(1)资产可收回金额的确定与计量；(2)资产预计未来现金流量的界定；(3)外币未来现金流量现值的计算原则；(4)确定资产预计未来现金流量现值需考虑的因素
单项资产减值的核算	单多	★★★	固定资产、无形资产减值准备的计算
资产组的认定	判	★	资产组的认定
商誉减值	判	★	商誉减值的会计处理原则
总部资产减值测试	计	★	总部资产可以按照合理和一致的基础分摊至资产组的减值测试

✍️ 2022 年考试变化

本章考试内容未发生实质性变化。

一、资产减值概述

(一)资产减值的概念 ★

资产减值是指资产的可收回金额低于其账面价值。

(二)资产减值准则适用的范围 ★

(1)长期股权投资(对子公司、联营企业和合营企业的投资)。

(2)成本模式后续计量的投资性房地产。

中级会计实务应试指南

(3)固定资产。

(4)生产性生物资产。

(5)油气资产(探明石油天然气矿区权益和井及相关设施)。

(6)无形资产。

(7)商誉。

【关键考点】资产减值准则规范的这七项资产一旦提取了减值准备,不得在其处置前转回。

(三)其他资产的减值★

(1)存货减值适用于存货准则,减值后可以在已计提减值幅度内恢复,并贷记"资产减值损失"。

(2)应收款项、债权投资及其他债权投资适用于金融工具确认和计量准则,减值损失列入"信用减值损失"科目。

(3)应收款项和债权投资在已计提减值幅度内可以恢复减值,并贷记"信用减值损失"。

(4)其他债权投资在减值幅度内恢复贷记"信用减值损失"。

(5)其他权益工具投资不认定减值。

【关键考点】掌握存货、应收款项、债权投资和其他债权投资的减值认定原则。

【例题1·多选题】 ☆下列资产中,资产减值损失一经确认,在以后会计期间不得转回的有( )。

A. 在建工程

B. 长期股权投资

C. 其他债权投资

D. 以成本模式计量的投资性房地产

解析 选项C,其他债权投资价值回升时,其减值可以通过"信用减值损失"科目转回。 答案 ABD

【例题2·单选题】 ☆企业对下列各项资产计提的减值准备在以后期间不可转回的是( )。

A. 合同取得成本 B. 合同资产

C. 长期股权投资 D. 库存商品

解析 选项C,长期股权投资的减值适用《企业会计准则第8号——资产减值》准则,减值一经计提不得转回。 答案 C

【例题3·多选题】 ☆下列各项资产中,企业应采用可收回金额与账面价值孰低的方法进行减值测试的有( )。

A. 债权投资 B. 固定资产

C. 长期股权投资 D. 存货

解析 选项A,债权投资按预期信用损失法计提减值;选项B、C,固定资产、长期股权投资适用《企业会计准则第8号——资产减值》准则,应按可收回金额与账面价值孰低的方法进行减值测试;选项D,存货期末按成本与可变现净值孰低计量。 答案 BC

(四)资产减值的迹象与测试★

1. 资产减值的迹象

(1)来自企业外部信息的迹象。

①资产的市价当期大幅度下跌,其跌幅明显高于因时间的推移或者正常使用而预计的下跌。

②企业经营所处的经济、技术或者法律等环境以及资产所处的市场在当期或者将在近期发生重大变化,从而对企业产生不利影响。

③市场利率或者其他市场投资报酬率在当期已经提高,从而影响企业计算资产预计未来现金流量现值的折现率,导致资产可收回金额大幅度降低。

④企业所有者权益(净资产)的账面价值远高于其市值。

(2)来自企业内部信息的迹象。

①有证据表明资产已经陈旧过时或者其实体已经损坏。

②资产已经或者将被闲置、终止使用或者计划提前处置。

③企业内部报告的证据表明资产的经济绩效已经低于或者将低于预期,如资产所创造的净现金流量或者实现的营业利润或者亏损远远低于或者高于预计金额等。

老高提示 上述所列举的资产减值迹象并不能穷尽所有的减值迹象，企业应当根据实际情况来认定资产可能发生减值的迹象。

【关键考点】 熟悉减值迹象。

2. 定期测试减值的资产

（1）使用寿命不确定的无形资产。

（2）尚未达到预定可使用状态的无形资产（见图6-1）。

```
尚未达到预定可使用状态的无形资产    "研发支出"科目的借方余额，资产负债表中称为"开发支出"项目
```

图6-1 尚未达到预定可使用状态的无形资产

（3）因企业合并形成的商誉。

【关键考点】 记住定期"体检"的资产。

【例题4·多选题】 ☆下列各项资产中，无论是否发生减值迹象，企业均应于每年年末进行减值测试的有（ ）。

A. 使用寿命确定的无形资产

B. 商誉

C. 以成本模式计量的投资性房地产

D. 使用寿命不确定的无形资产

解析 资产即使未存在减值迹象，至少应当于每年年末进行减值测试的有：①使用寿命不确定的无形资产；②尚未达到预定可使用状态的无形资产；③因企业合并形成的商誉。

答案 BD

二、资产可收回金额的计量

（一）资产可收回金额的确认原则 ★★

【案例引入】 甲公司是一家出租车公司，2×19年年末甲公司持有的10台出租车出现减值迹象，需进行减值测试。如果当即处置这批车，其公允售价为80万元，预计处置中会产生相关处置费用13万元；如果继续使用，预计尚可使用3年，每年产生的现金流入为80万元，同时每年需支付54万元的现金支出，三年后的残值处置还可净收回5万元，假定市场利率为10%。2×19年年末，甲公司该批出租车的可收回价值是多少？

解析 该批出租车的可收回价值的计算过程如下：

（1）出租车的公允价值减去处置费用后的净额=80-13=67（万元）；

（2）出租车的未来现金流量折现=$(80-54)/(1+10\%)+(80-54)/(1+10\%)^2+[(80-54)+5]/(1+10\%)^3=68.41$（万元）；

（3）出租车的可收回价值为68.41万元。

【理论总结】

资产的可收回金额应当根据资产的公允价值减去处置费用后的净额与资产预计未来现金流量的现值两者之间较高者确定。

【关键考点】 资产可收回价值的确认标准。

（二）"公允价值—处置费用"的确认方法 ★★

```
处置费用包括与处置资产有关的法律费用、相关税费、搬运费以及为使资产达到可销售状态所发生的直接费用等。注意财务费用和所得税费用不在此列
```

首先，资产的公允价值减去处置费用后的净额，应当根据公平交易中资产的销售协议价格减去可直接归属于该资产处置费用的金额确定。

其次，不存在销售协议但存在资产活跃市场的，应当按照该资产的市场价格减去处置费用后的金额确定。资产的市场价格通常应当根据资产的买方出价确定。

再次，在不存在销售协议和资产活跃市场的情况下，应当以可获取的最佳信息为基础，估计资产的公允价值减去处置费用后的净额，该净额可以参考同行业类似资产的最近交易价格或者结果进行估计。

最后，企业按照上述规定仍然无法可靠估计资产的公允价值减去处置费用后的净额的，应当以该资产预计未来现金流量的现值作为其可收回金额。

（三）资产预计未来现金流量现值的估计 ★★

1. 资产未来现金流量的预计

（1）预计资产未来现金流量的基础。

①企业管理层应当在合理和有依据的基础上对资产剩余使用寿命内整个经济状况进行最佳估计，并以经企业管理层批准的最近财务预算或预测数据为基础，估计资产的未来现金流量。建立在预算或者预测基础上的预计现金流量最多涵盖5年，企业管理层如能证明更长的期间是合理的，可以涵盖更长的期间。

②如果资产未来现金流量的预计还包括最近财务预算或者预测期之后的现金流量，企业应根据该预算或者预测期之后年份稳定的或者递减的增长率为基础估计。

③在一般情况下，企业管理层应确保预计当期现金流量所依据的假设与前期实际结果相一致。

（2）预计资产未来现金流量应当包括的内容。

①资产持续使用过程中预计产生的现金流入。

②为实现资产持续使用过程中产生的现金流入所必需的预计现金流出（包括为使资产达到预定可使用状态所发生的现金流出）。

③资产使用寿命结束时，处置资产所收到或者支付的净现金流量。

【关键考点】 掌握资产预计未来现金流量的构成内容。

（3）预计资产未来现金流量应当考虑的因素。

①预计资产未来现金流量，应当以资产的当前状况为基础，不应当包括与将来可能会发生的、尚未作出承诺的重组事项或者与资产改良有关的预计未来现金流量。

②预计资产的未来现金流量也不应当包括筹资活动及与所得税收付有关的现金流量。

③对通货膨胀因素的考虑应当和折现率相一致。

④涉及内部转移价格的需要做调整，即调整成公平交易中的公允价格。

【关键考点】 掌握以上四因素。

【例题5·单选题】 ☆下列关于企业为固定资产减值测试目的预计未来现金流量的表述中，不正确的是（　　）。

A. 预计未来现金流量包括与所得税相关的现金流量

B. 预计未来现金流量应当以固定资产的当前状况为基础

C. 预计未来现金流量不包括与筹资活动相关现金流量

D. 预计未来现金流量不包括与固定资产改良相关的现金流量

解析 ▶ 企业为固定资产减值测试目的预计未来现金流量不应当包括筹资活动和与所得税收付有关的现金流量，因此选项A是不正确的，符合题目要求。 答案 ▶ A

（4）预计资产未来现金流量的方法。

①传统法。即计算资产未来现金流量的现值时，使用的是单一的未来每期预计现金流量和单一的折现率。

②期望现金流量法。即根据每期现金流量期望值进行估计，按照每种可能情况下的现金流量与其发生概率加权计算每期现金流量期望值。

【例题6·分析题】 A公司采用期望现金流量法预计资产未来现金流量，2×16年年末，X设备出现减值迹象，其剩余使用年限为2年。该设备的现金流量受市场因素的影响较大，在生产的产品行情好、一般、差三种可能情况下，其实现的现金流量有较大差异。有关该设备预计未来2年每年的现金流量情况如下表所示。

单位：万元

项目	30%的可能性	50%的可能性	20%的可能性
第1年	250	200	150
第2年	180	140	100

假定计算该生产线未来现金流量的现值时适用的折现率为5%，已知部分时间价值系数如下表所示。

年数	1年	2年
5%的复利现值系数	0.952 4	0.907 0

假定有关现金流量均发生于年末，不考虑其他因素，X 设备 2×16 年年末预计未来现金流量的现值是多少？

解析 ▶ 在期望现金流量法下：

预计第 1 年的现金流量（期望现金流量）= 250×30% + 200×50% + 150×20% = 205（万元）；

预计第 2 年的现金流量（期望现金流量）= 180×30% + 140×50% + 100×20% = 144（万元）；

所以 X 设备的预计未来现金流量的现值 = 205×0.952 4+144×0.907 0=325.85（万元）。

【关键考点】 掌握期望现金流量的测算方法。

2. 折现率的预计

折现率的确定，应当首先以该资产的市场利率为依据。无法从市场上获得，可以使用替代利率估计折现率。

替代利率可以根据企业加权平均资金成本、增量借款利率或者其他相关市场借款利率作当调整后确定。调整时，应当考虑与资产预计未来现金流量有关的特定风险以及其他有关货币风险和价格风险等。

估计资产未来现金流量现值，通常应当使用单一的折现率。但是，若资产未来现金流量的现值对未来不同期间的风险差异或者利率的期限结构反应敏感的，应当使用不同的折现率。

3. 资产未来现金流量现值的预计

资产未来现金流量的现值（PV）

$$= \sum \frac{\text{第 } t \text{ 年预计资产未来现金流量}(NCF_t)}{[1+\text{折现率}(R)]^t}$$

4. 外币未来现金流量及其现值的预计

【案例引入】 甲公司以人民币为记账本位币，以当日市场汇率为记账汇率，2×18 年年末某全新生产设备账面余额为 800 万人民币元，公允价值减去处置费用后的净额为 730 万人民币元，预计尚可使用 3 年，2×19 年年末可创造现金净流入 40 万美元，2×20 年年末可创造现金净流入 42 万美元，2×21 年年末可创造现金净流入 40 万美元，2×21 年年末处置设备还可创造现金流入 5 万美元。2×18 年年末的市场汇率为 1：7；2×19 年年末市场汇率预计为 1：7.1；2×20 年年末市场汇率预计为 1：7.2；2×21 年年末市场汇率预计为 1：7.3。资本市场利率为 10%。甲公司该设备在 2×18 年的可收回价值是多少？减值计提额是多少？

解析 ▶ 设备的预计未来现金流量折现值 = [40/(1+10%)¹+42/(1+10%)²+45/(1+10%)³]×7=734.18（万人民币元）；

设备的可收回价值 = 734.18（万人民币元）（与公允价值减去处置费用后的净额 730 万人民币元相比，预计未来现金流量折现值 734.18 万人民币元较高，应选 734.18 万人民币元作为可收回价值）；

设备的减值计提额 = 800 − 734.18 = 65.82（万人民币元）。

【理论总结】

企业应当按照以下顺序确定外币资产未来现金流量的现值。

(1)以结算货币为基础预计其未来现金流量,并按其适用的折现率计算资产的现值。

(2)将此现值按计算资产未来现金流量现值当日的即期汇率折算。

(3)在此基础上,比较资产公允价值减去处置费用后的净额与资产预计未来现金流量的现值,按较高者确定资产的可收回金额,然后再对比资产的账面价值,以确定是否需要确认减值损失以及确认多少减值损失。

【关键考点】 掌握外币未来现金流量折现流程。

【例题7·多选题】 ☆企业在资产减值测试时,下列关于预计资产未来现金流量的表述,正确的有( )。

A. 不包括与企业所得税收付有关的现金流量

B. 包括处置时取得的净现金流量

C. 包括将来可能会发生的尚未做出承诺的重组事项现金流量

D. 不包括筹资活动产生的现金流量

解析 选项C,在预计未来现金流量时,企业应当以资产的当前状况为基础,不应当包括与将来可能会发生的、尚未做出承诺的重组事项或者与资产改良有关的预计未来现金流量。 **答案** ABD

三、资产减值损失的确认与计量 ★★★

资产减值损失的相关处理如下。

(1)如果资产的可收回金额低于其账面价值的,企业应当将资产的账面价值减记至可收回金额,减记的金额确认为资产减值损失,计入当期损益,同时计提相应的资产减值准备。分录如下:

借:资产减值损失

贷:长期股权投资减值准备

固定资产减值准备

在建工程减值准备

工程物资减值准备

生产性生物资产减值准备

无形资产减值准备

投资性房地产减值准备

(2)资产减值损失确认后,减值资产的折旧或者摊销费用应当在未来期间作相应调整,以使该资产在剩余使用寿命内,系统地分摊调整后的资产账面价值(扣除预计净残值)。

(3)资产减值损失一经确认,在以后会计期间不得转回。但是,遇到资产报废、出售、对外投资等情况,符合资产终止确认条件的,企业应当将相关资产减值准备予以转销。

【关键考点】 关键考点有三个:一是会计分录如何编制;二是减值准备计提额的认定及后续折旧或摊销额的计算;三是此类资产减值提取后在其持有期间不得转回。

【例题8·单选题】 甲公司2×13年开始研发某专利,研究费用支付了300万元,开发费用支付了700万元,假定此开发费用均符合资本化条件,该专利权于当年的7月1日达到预定可使用状态,注册费用和律师费用共支付了80万元,会计上采用5年期直线法摊销,预计5年后该专利权可售得30万元。2×15年年末该专利权因新技术的出现产生减值,预计可收回价值为330万元,预计到期时的净残值降为10万元。2×16年年末因新技术不成熟被市场淘汰,甲公司的专利权价值有所恢复,经估计专利权的可收回价值为420万元,净残值仍为10万元。2×17年年末此专利权的账面价值为( )万元。

A. 149   B. 780

C. 74   D. 631

解析 ①专利权的入账成本=700+80=780(万元);②2×13年专利权的摊销额=(780-30)/5×6/12=75(万元);③2×14年专利权的摊销额=(780-30)÷5=150(万元);④2×15年

专利权的摊销额=（780-30）÷5=150（万元）；⑤2×15年年末专利权的账面价值=780-75-150-150=405（万元）；⑥2×15年年末专利权的可收回价值为330万元，应提取75万元（405-330）的减值准备；⑦2×16年专利权的摊销额=（330-10）÷2.5=128（万元）；⑧2×16年年末专利权的账面价值为202万元（330-128），此时专利权的可收回价值为420万元，即专利权的价值有所恢复，但不允许转回减值损失；⑨2×17年专利权的摊销额=（330-10）÷2.5=128（万元）；⑩2×17年年末专利权的账面价值=202-128=74（万元）。

答案 ▶ C

老高提示 2×17年年末专利权的摊余价值=780-（75+150+150+128+128）=149（万元）。

四、资产组的认定及减值处理

（一）资产组的认定★

1. 资产组的定义

资产组是企业可以认定的最小资产组合，其产生的现金流入应当基本上独立于其他资产或者资产组。资产组应当由创造现金流入相关的资产组成。

2. 认定资产组应当考虑的因素

（1）认定资产组最关键的因素是该资产组能否独立产生现金流入。

【例题9·分析题】 甲乳业加工制造企业（以下简称"甲企业"）拥有一个奶牛生产基地，与牛奶的生产和运输相配套，建设有一条飞机专用线，专门用于每日新鲜牛奶的运输。该飞机专用线除非报废出售，其在持续使用过程中，难以脱离与牛奶生产和运输相关的资产而产生单独现金流入。因此，甲企业难以对该飞机专用线的可收回金额进行单独估计。不考虑其他因素，甲企业应如何认定资产组？

解析 ▶ 因为甲企业飞机专用线难以脱离与牛奶生产和运输相关的资产而单独产生现金流量，所以必须和其他牛奶加工的相关资产结合在一起，成为一个资产组，以估计该资产组的可收回金额。

（2）企业对生产经营活动的管理或者监控方式以及对资产使用或者处置的决策方式等，也是认定资产组应考虑的重要因素。

【例题10·分析题】 甲制造企业（以下简称"甲企业"）有A、B、C三个生产车间，A车间专门生产零件，B车间专门生产部件，该零部件不存在活跃市场，A车间、B车间生产完成后由C车间负责组装产品，甲企业对A车间、B车间、C车间资产的使用和处置等决策是一体的，在这种情况下，不考虑其他因素，甲企业应如何认定资产组？

解析 ▶ 因为A车间、B车间生产的零件、部件是由C车间组装的，该企业对A车间、B车间、C车间资产的使用和处置等决策是一体的，故A车间、B车间、C车间认定为一个资产组。

3. 资产组认定后不得随意变更

【关键考点】 资产组的辨认是关键考点。

【例题11·多选题】 ☆下列关于资产减值测试时认定资产组的表述中，正确的有（　）。

A. 资产组是企业可以认定的最小资产组合

B. 认定资产组应当考虑对资产的持续使用或处置的决策方式

C. 认定资产组应当考虑企业管理层管理生产经营活动的方式

D. 资产组产生的现金流入应当独立于其他资产或资产组产生的现金流入

答案 ▶ ABCD

（二）资产组减值测试★★★

1. 资产组账面价值和可收回金额的确定基础

（1）资产组的可收回金额等同于单项资产的确认标准，即资产组的公允价值减去处置费用后的净额与预计未来现金流量的折现值的较高者。

（2）资产组账面价值的确定基础应当与其可收回金额的确定方式一致。

【例题12·分析题】H公司是一个以贵金属的地质勘探、采矿选矿、冶炼加工为主的企业。自2×18年开始经营一座贵金属矿山。国家法律规定，在矿山开采完成后，企业应承担环境保护和生态恢复等义务。H公司预计此矿山的弃置费用为900万元，并按其现值确认了800万元的预计负债，计入矿山成本。2×19年12月31日，H公司发现矿山中的贵金属储量远低于预期，贵金属矿山有可能发生减值，因此，对该矿山进行减值测试。相关资料如下。

（1）该资产组在2×19年年末的账面价值为1 500万元（包括恢复生态环境的预计负债）。

（2）假设H公司在2×19年12月31日将该矿山出售给甲公司，甲公司支付1 150万元（包括恢复生态环境的成本，即已经扣除该成本因素）。预计处置费用为50万元。

（3）H公司估计矿山的未来现金流量现值为1 550万元，不包括弃置费用。

（4）整座矿山被认定为一个资产组。

不考虑其他因素，H公司该资产组的可收回价值为多少？是否发生减值？

解析 ▶ 在甲公司承担环境保护和生态恢复义务的前提下：

（1）该资产组的账面价值=1 500-800=700（万元）；

（2）该资产组的公允处置净额=1 150-50=1 100（万元）；

（3）该资产组的未来现金流量现值=1 550-800=750（万元）；

（4）该资产组的可收回价值为1 100万元，相比其账面价值700万元，未发生减值。

『结论』 在确认此矿山的账面价值及可收回价值时，必须都站在由买方承担环境保护和生态恢复义务的同一前提下确认，才可保证信息的可比性。

2.资产组减值损失的确认程序

【案例引入】2×16年年末，甲公司自建的一条新生产线达到预定可使用状态，该生产线由A、B、C三台设备构成，成本分别为800万元、1 000万元、1 200万元，使用寿命均为10年，全部采用年限平均法计提折旧。2×17年年末，由于新产品的市场前景未达到预期，该生产线出现减值迹象，其可收回价值为2 400万元，其中A设备的可收回价值为700万元，B设备、C设备的可收回价值不能合理确定。不考虑其他因素，甲公司应如何对生产线进行减值测试？

解析 ▶ 资产组减值损失在组内资产之间的分配如下。

方法一：简化分解法

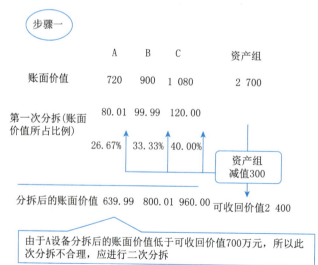

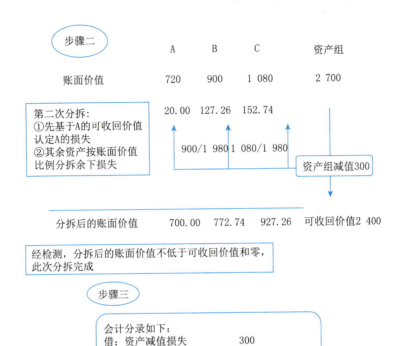

步骤二

	A	B	C	资产组
账面价值	720	900	1 080	2 700

第二次分拆：
①先基于A的可收回价值认定A的损失
②其余资产按账面价值比例分拆余下损失

20.00 127.26 152.74

900/1 980 1 080/1 980

资产组减值300

分拆后的账面价值   700.00 772.74 927.26   可收回价值2 400

经检测，分拆后的账面价值不低于可收回价值和零，此次分拆完成

步骤三

会计分录如下：
借：资产减值损失   300
  贷：固定资产减值准备——A设备   20
                    ——B设备 127.26
                    ——C设备 152.74

方法二：表格分解法

单位：万元

项目	A 设备	B 设备	C 设备	整条生产线（资产组）
账面价值	720.00	900.00	1 080.00	2 700.00
可收回价值				2 400.00
减值损失				300.00
减值损失分摊比例	26.67%	33.33%	40.00%	100.00%
分摊减值损失	20.00	99.99	120.00	239.99
分摊后账面价值	700.00	800.01	960.00	
尚未分摊的减值损失				60.01
二次分摊比例		45.45%	54.55%	100.00%
二次分摊减值损失		27.27	32.74	60.01
二次分摊后应确认减值损失总额	20.00	127.26	152.74	300.00
二次分摊后账面价值	700.00	772.74	927.26	2 400.00

注：按照减值损失分摊比例计算，A设备应分摊的减值损失金额=300×26.67%=80.01（万元），分摊减值后，A设备的账面价值=720-80.01=639.99（万元），低于A设备的预计可收回价值700万元，因此应当按照20万元（720-700）计提减值准备；未分摊的减值准备60.01万元在B设备和C设备之间进行二次分摊。

根据上述计算和分摊结果，构成生产线的A设备、B设备和C设备应当分别确认减值损失20万元、127.26万元和152.74万元，账务处理如下：

借：资产减值损失   300

贷：固定资产减值准备——A设备 20
                ——B设备
                      127.26
                ——C设备
                      152.74

【理论总结】

(1)首先计算资产组的可收回金额低于其账面价值的差额(应提足减值准备)。

(2)将应提减值准备**先冲减商誉**。

(3)当商誉不够抵或没有商誉时,再将此损失按资产组中**各资产的账面价值比例**分摊至各项资产。

(4)抵减后的资产账面价值**不得低于**以下三项指标的最高者:

①公允价值-处置费用;

②预计未来现金流量现值;

③零。

【关键考点】 资产组的减值测试相对较为独立,需熟练掌握减值损失的分配方法,题型以单选题中的计算模式为主。

【例题13·单选题】 甲公司有一条生产线由A、B、C、D四台设备组成,这四台设备无法单独使用,不能单独产生现金流量,因此作为一个资产组来管理。2×17年年末对该资产组进行减值测试,2×17年年末资产组的账面价值为300万元,其中A、B、C、D设备的账面价值分别为80万元、70万元、50万元、100万元。A设备的公允价值减去处置费用后的净额为71万元,无法获知其未来现金流量现值;B设备的预计未来现金流量现值为40万元,无法确认其公允价值减去处置费用后的净额;其他两台设备无法获取其可收回价值。甲公司确定该资产组的公允价值减去处置费用后的净额为225万元,预计未来现金流量的现值为175万元。则A、B、C和D设备承担的减值损失分别为( )万元。

A. 20、17.5、12.5、25

B. 9、21、15、30

C. 18、16、25、16

D. 10、22、14、29

解析 ①资产组的公允价值减去处置费用后的净额为225万元,预计未来现金流量的现值为175万元,所以该资产组的可收回价值为225万元,对比其账面价值300万元,

此资产组期末应计提减值准备75万元。

②第一次分配如下:

A设备承担的损失=75×(80/300)=20(万元);

B设备承担的损失=75×(70/300)=17.5(万元);

C设备承担的损失=75×(50/300)=12.5(万元);

D设备承担的损失=75×(100/300)=25(万元);

在此次分配中,B设备承担损失后的账面价值为52.5万元(70-17.5),高于其预计未来现金流量现值40万元,但A设备承担损失后的账面价值为60万元(80-20),低于其公允价值减处置费用后的净额71万元,不符合资产组减值损失的分配原则,所以此次分配无效。

③第二次分配如下:

A设备承担的损失=80-71=9(万元);

B设备承担的损失=(75-9)×[70/(70+50+100)]=21(万元);

C设备承担的损失=(75-9)×[50/(70+50+100)]=15(万元);

D设备承担的损失=(75-9)×[100/(70+50+100)]=30(万元);

在此次分配中,A设备承担损失后的账面价值为71万元(80-9),等于公允价值减处置费用后的净额71万元,B设备承担损失后的账面价值为49万元(70-21),高于其预计未来现金流量现值40万元,所以此次分配符合资产组减值损失分配原则。 **答案** ▶ B

(三)涉及总部资产的减值损失的处理 ★★

【案例引入】 耀华公司拥有企业总部(办公楼)和三条独立生产线(第一、第二、第三生产线),三条生产线被认定为三个资产组。2×07年年末总部资产和三个资产组的账面价值分别为200万元、300万元、400万元和500万元。其中第一条生产线由A、B、C三

台设备组成，当年年末的账面价值分别为100万元、50万元和150万元，其中A设备的可收回价值为80万元，B设备的可收回价值为45万元。三个资产组的剩余使用寿命分别为5年、10年和20年。

由于三条生产线所生产的产品市场竞争激烈，同类产品价优物美，而导致产品滞销，开工严重不足，产能大大过剩，使生产线出现减值迹象，需要进行减值测试。在测试过程中，办公楼的账面价值可以在合理和一致的基础上分摊至各资产组，其分摊标准是各资产组的账面价值和剩余使用寿命加权平均计算的账面价值。

经调查研究得到的三个资产组（第一、第二、第三生产线）的可收回金额分别为280万元、500万元和550万元。则该公司应如何进行减值测试？

解析 （1）涉及总部资产减值损失的处理如下。

首先要将总部资产采用合理的方法分配至各资产组，其次比较各资产组的可收回值与账面价值，最后将各资产组的资产减值额在总部资产和各资产组之间分配。

①将总部资产分配至各资产组。

总部资产的账面价值，应当首先根据各资产组的账面价值和剩余使用寿命加权平均计算的账面价值分摊比例进行分摊，具体分配过程如下表所示。

单位：万元

项目	第一生产线	第二生产线	第三生产线	合计
各资产组账面价值	300.00	400.00	500.00	1 200.00
各资产组剩余使用寿命	5年	10年	20年	
按使用寿命计算的权重	1	2	4	
加权计算后的账面价值	300.00	800.00	2 000.00	3 100.00
总部资产分摊比例	9.68%	25.81%	64.51%	100.00%
总部资产账面价值分摊到各资产组的金额	19.36	51.62	129.02	200.00
包括分摊的总部资产账面价值部分的各资产组账面价值	319.36	451.62	629.02	1 400.00

②将分摊总部资产后的资产组账面价值与其可收回金额进行比较，确定计提减值金额见下表。

单位：万元

资产组合	分摊总部资产后账面价值	可收回金额	应计提减值准备金额
第一生产线	319.36	280.00	39.36
第二生产线	451.62	500.00	0
第三生产线	629.02	550.00	79.02

③将各资产组的减值额在总部资产和各资产组之间分配。

第一生产线减值额分配给总部资产的数额 = 39.36×（19.36/319.36）= 2.39（万元），分配给第一生产线本身的数额 = 39.36×（300/319.36）= 36.97（万元）；

第三生产线减值额分配给总部资产的数额 = 79.02×（129.02/629.02）= 16.21（万元），分配给第三生产线本身的数额 = 79.02×（500/629.02）= 62.81（万元）。

（2）将第一生产线的损失分配至每个具体设备见下表。

单位：万元

项目	A 设备	B 设备	C 设备	第一生产线资产组
账面价值	100.00	50.00	150.00	300.00
减值损失				36.97
减值损失分配比例	33.33%	16.67%	50.00%	100.00%
分摊减值损失	12.32	5.00	18.49	35.81
分摊后账面价值	87.68	45.00	131.51	
尚未分摊的减值损失				1.16
二次分摊损失比例	40.00%		60.00%	100.00%
二次分摊减值损失	0.46		0.70	
二次分摊后应确认减值损失总额	12.78	5.00	19.19	36.97

注：按照减值损失分摊比例计算，B 设备应分摊的减值损失金额 = 36.97×16.67% = 6.16(万元)，分摊减值后，B 设备的账面价值 = 50-6.16 = 43.84(万元)，低于 B 设备的可收回价值 45 万元，因此应当按照 5 万元(50-45)计提减值准备；未分摊的减值损失 1.16 万元(6.16-5)在 A 设备和 C 设备之间进行二次分摊。

【理论总结】

企业对某一资产组进行减值测试，应当先认定所有与该资产组相关的总部资产，再根据相关总部资产能否按照合理和一致的基础分摊至该资产组，分别按照下列情况处理。

(1)对于相关总部资产能够按照合理和一致的基础分摊至该资产组的部分，应当将该部分总部资产的账面价值分摊至该资产组，再据以比较该资产组的账面价值(包括已分摊的总部资产的账面价值部分)和可收回金额，相关减值损失的处理顺序和方法与资产组减值损失的处理相同。

(2)对于相关总部资产中有部分资产难以按照合理和一致的基础分摊至该资产组的，应当按照下列步骤处理。

首先，在不考虑相关总部资产的情况下，估计和比较资产组的账面价值和可收回金额，并按照前述有关资产组减值测试的规定处理。

其次，认定由若干个资产组组成的最小资产组组合，该资产组组合应当包括所测试的资产组与可以按照合理和一致的基础将该部分总部资产的账面价值分摊其上的部分。

再次，比较所认定的资产组组合的账面价值(包括已分摊的总部资产的账面价值部分)和可收回金额，相关减值损失的处理顺序和方法与资产组减值损失的处理相同。

最后，经上述步骤调整相应资产账面价值后，比较包含未分摊的总部资产在内的资产组组合的账面价值与其可收回金额，并按照前述有关资产组减值测试的规定处理。

【关键考点】总部资产的减值分配是资产组减值分配的前一个环节，即减值损失先在总部资产和各个资产组之间分配，再将资产组的减值损失分配至各个具体资产。对减值损失的分配流程要熟悉，理解并掌握减值损失自总部资产和各个资产组至各个具体资产的数据链。

【例题 14·计算分析题】☆甲公司拥有一栋办公楼和 M、P、V 三条生产线，办公楼为与 M、P、V 生产线相关的总部资产。2×19 年 12 月 31 日，办公楼、M、P、V 生产线的账面价值分别为 200 万元、80 万元、120 万元和 150 万元。2×19 年 12 月 31 日，办公楼、M、P、V 生产线出现减值迹象，甲公司决定进行减值测试，办公楼无法单独进行减值测试。M、P、V 生产线分别被认定为资产组。

资料一：2×19 年 12 月 31 日，甲公司运用合理和一致的基础将办公楼账面价值分摊到 M、P、V 生产线的金额分别为 40 万元、60 万元和 100 万元。

资料二：2×19 年 12 月 31 日，分摊了办公楼账面价值的 M、P、V 生产线的可收回金额分别为 140 万元、150 万元和 200 万元。

资料三：P 生产线由 E、F 两台设备构成，E、F 设备均无法产生单独的现金流量。2×19 年 12 月 31 日，E、F 设备的账面价值分别为 48 万元和 72 万元，甲公司估计 E 设备的公允价值和处置费用分别为 45 万元和 1 万元，F 设备的公允价值和处置费用均无法合理估计。不考虑其他因素。

要求：

（1）分别计算分摊了办公楼账面价值的 M、P、V 生产线应确认减值损失的金额；

（2）计算办公楼应确认减值损失的金额，并编制相关会计分录；

（3）分别计算 P 生产线中 E、F 设备应确认减值损失的金额。

答案 ▶（1）M 生产线包含总部资产的账面价值 = 80 + 40 = 120（万元），可收回金额是 140 万元，未发生减值。

P 生产线包含总部资产的账面价值 =

120 + 60 = 180（万元），可收回金额是 150 万元，应确认的减值损失金额 = 180 − 150 = 30（万元）。

V 生产线包含总部资产的账面价值 = 150 + 100 = 250（万元），可收回金额是 200 万元，应确认的减值损失金额 = 250 − 200 = 50（万元）。

（2）办公楼应确认的减值损失金额 = 30 × 60 / (120 + 60) + 50 × 100 / (100 + 150) = 30（万元）。

借：资产减值损失　　　　　30

　　贷：固定资产减值准备　　　　30

（3）P 生产线应确认的减值损失金额 = 30 × 120 / (120 + 60) = 20（万元）；

E 设备应分摊的减值损失金额 = 20 × 48 / 120 = 8（万元），大于该设备的最大减值额 4 万元 [48 − (45 − 1)]，因此 E 设备应确认的减值损失金额为 4 万元；

F 设备应确认的减值损失金额 = 20 − 4 = 16（万元）。

同步训练

限时 20min

扫 我 做 试 题

一、单项选择题

1. 甲公司以人民币为记账本位币，以业务当日的市场汇率为记账汇率。2×17 年年末有迹象表明一台设备发生减值。公允价值减去处置费用后的净额为 100 万人民币元，账面价值为 200 万元。预计未来尚可使用 3 年，每年预计现金净流入 8 万美元，到期报废残值回收 1 万美元。2×17 年年末美元对人民币的市场汇率为 1∶7，2×18 年年末市场汇率为 1∶7.1，2×19 年年末市场汇率为 1∶7.2，2×20 年年末市场汇率为 1∶7.3，折现率为 10%。2×17 年

年末该设备提取减值（　　）万人民币元。

A. 100　　　　　　B. 55.48

C. 54.41　　　　　D. 55.35

2. 甲公司有一条生产线，由 A、B、C 三台设备组成，2×18 年年末 A 设备的账面价值为 60 万元，B 设备的账面价值为 40 万元，C 设备的账面价值为 100 万元。三部机器均无法单独产生现金流量，但整条生产线构成完整的产销单位，属于一个资产组。2×18 年该生产线所生产产品的替代产品上市，到年底导致企业产品销路锐减。因此，甲公司于年末对该条生产线进行减值测试。其中，A 设备的公允价值减

去处置费用后的净额为 50 万元，B、C 设备都无法合理估计其公允价值减去处置费用后的净额以及未来现金流量的现值。整条生产线预计尚可使用 5 年，预计未来现金流量现值为 120 万元。B 设备应计提减值额为( )万元。

A. 16   B. 24

C. 30   D. 20

3. 某公司采用期望现金流量法估计未来现金流量，预计 2×17 年 A 设备在不同的经营情况下产生的现金流量分别为：该公司经营好的可能性为 40%，产生的现金流量为 60 万元；经营一般的可能性是 30%，产生的现金流量为 50 万元；经营差的可能性是 30%，产生的现金流量是 40 万元，该公司 A 设备 2×17 年预计的现金流量是( )万元。

A. 30   B. 51

C. 15   D. 8

二、多项选择题

1. 下列有关资产减值的表述中，正确的有( )。

A. 进行资产减值测试时，预计未来现金流量通常应当以财务预算或者预测数据为基础，难以对单项资产的可收回金额进行估计的，应当以该资产所属的资产组为基础确定资产组的可收回金额

B. 有迹象表明某项总部资产可能发生减值的，应当计算确定该总部资产所归属的资产组或资产组组合的可收回金额，然后将其与相应的账面价值相比较，据以判断是否需要确认减值损失

C. 其他权益工具投资减值准备以后期间可以恢复

D. 商誉计提的减值准备可能会产生可抵扣暂时性差异

2. 下列各项关于资产组认定及减值处理的表述中，正确的有( )。

A. 主要现金流入是否独立于其他资产或资产组是认定资产组的依据

B. 资产组账面价值的确定基础应当与其可收回金额的确定方式一致

C. 资产组的认定与企业管理层对生产经营活动的管理或者监控方式密切相关

D. 资产组的减值损失应当全部按账面价值比例分摊至该资产组中的各单项资产

3. 下列项目中，属于"确定资产公允价值减去处置费用后的净额"中的处置费用的有( )。

A. 与资产处置有关的法律费用

B. 与资产处置有关的相关税费

C. 与资产处置有关的搬运费

D. 所得税费用

4. 当企业存在下列情况时，可以不进行减值测试的有( )。

A. 资产的市价在当期大幅度下跌，其跌幅明显高于因时间的推移或者正常使用而预计的下跌

B. 市场利率或者其他市场投资报酬率在当期已经提高，从而影响企业计算资产预计未来现金流量现值的折现率，导致资产可收回金额大幅度降低

C. 以前报告期间的计算结果表明，资产可收回金额显著高于其账面价值，之后又没有发生消除这一差异的交易或者事项

D. 以前报告期间的计算和分析表明，资产可收回金额相对于某种减值迹象反应不敏感，在本报告期间又发生了该减值迹象

5. 下列关于总部资产减值测试的说法中，不正确的有( )。

A. 总部资产一般难以脱离其他资产或资产组产生独立的现金流入

B. 企业至少应于每年年末对总部资产进行减值测试

C. 不能按照合理方法分摊的总部资产不需要计提减值

D. 总部资产通常难以单独进行减值测试，需要结合其他相关资产组或者资产组组合进行

三、判断题

1. 若某资产生产的产品供企业内部使用，应以内部转移价格为基础预计资产未来现金流量。（　）

2. 资产的未来现金流量为外币的，应当首先以资产产生的未来现金流量的结算货币为基础预计其未来现金流量，其次按照计算现金流当日的即期汇率折算为记账本位币，最后根据记账本位币适用的折现率计算未来现金流量的现值。（　）

3. 资产减值准则中的资产减值损失一经确认，在持有期间不可以转回，但当企业相关资产处置或者用于对外投资等交易，符合资产终止确认条件的，应将其减值准备予以转销。（　）

同步训练答案及解析

一、单项选择题

1. B　【解析】未来现金流量现值＝[8/(1+10%)^1＋8/(1+10%)^2＋9/(1+10%)^3]×7＝144.52(万人民币元)，相比公允价值减去处置费用后的净额100万元，认定可收回价值为144.52万元，相比账面价值200万元，应提取减值55.48万元(200-144.52)。

2. D　【解析】此生产线的减值测试过程如下：①2×18年年末，资产组的账面价值＝60＋40＋100＝200(万元)；②资产组的可收回价值为120万元，因此该资产组应计提减值准备＝200-120＝80(万元)；③先在三项资产之间进行分配：分配后A设备的账面价值＝60-80×60/200＝36(万元)，低于其公允价值减去处置费用后的净额50万元，所以该设备不能计提24万元的减值，而只能计提10万元的减值准备，B设备应计提减值准备＝(80-10)×40/140＝20(万元)，C设备应计提减值准备＝(80-10)×100/140＝50(万元)；④会计分录如下：

借：资产减值损失—固定资产减值准备　　　　　　　　　80
　　贷：固定资产减值准备—A设备　10
　　　　　　　　　　—B设备　20
　　　　　　　　　　—C设备　50

3. B　【解析】A设备2×17年预计的现金流量＝60×40%＋50×30%＋40×30%＝51(万元)。

二、多项选择题

1. ABD　【解析】其他权益工具投资不认定减值。

2. ABC　【解析】资产组的减值损失应当首先抵减分摊至该资产组中商誉的账面价值，其次剩余部分再在该资产组中的各单项资产之间分摊，因此选项D不正确。

3. ABC　【解析】处置费用不包括财务费用和所得税费用。

4. CD

5. BC　【解析】选项B，总部资产只有出现减值迹象的，才需要减值测试；选项C，某些总部资产，难以按照合理和一致的基础分摊至资产组的，可以认定最小资产组组合，再对其进行减值测试。

三、判断题

1. ×　【解析】若某资产生产的产品供企业内部使用，内部转移价格往往与市场公平交易价格不同，为了如实测算资产的价值，就应当以公平交易中企业管理层能够达到的最佳未来价格估计数进行预计。

2. ×　【解析】应当首先计算外币现金流量，其次用外币折现率计算现值，最后按照计算资产未来现金流量现值当日的即期汇率

折算成按照记账本位币表示的资产未来现
金流量的现值。

3. √

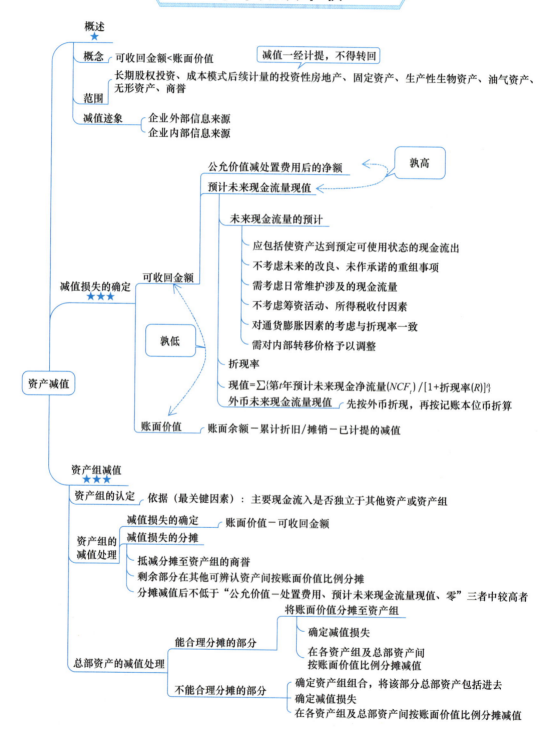

本章知识串联

概述 ★

概念 —— 可收回金额<账面价值

减值一经计提，不得转回

范围 —— 长期股权投资、成本模式后续计量的投资性房地产、固定资产、生产性生物资产、油气资产、
无形资产、商誉

减值迹象 —— 企业外部信息来源
企业内部信息来源

公允价值减处置费用后的净额 ← 孰高

预计未来现金流量现值 ←

未来现金流量的预计

应包括使资产达到预定可使用状态的现金流出

不考虑未来的改良、未作承诺的重组事项

需考虑日常维护涉及的现金流量

不考虑筹资活动、所得税收付因素

对通货膨胀因素的考虑与折现率一致

需对内部转移价格予以调整

减值损失的确定 ★★★

可收回金额

孰低

折现率

现值=∑{第 t 年预计未来现金净流量(NCF_t)/[1+折现率(R)]^t}
外币未来现金流量现值 —— 先按外币折现，再按记账本位币折算

账面价值 —— 账面余额－累计折旧/摊销－已计提的减值

资产减值

资产组减值 ★★★

资产组的认定 —— 依据（最关键因素）：主要现金流入是否独立于其他资产或资产组

减值损失的确定 —— 账面价值－可收回金额

资产组的
减值处理

减值损失的分摊

抵减分摊至资产组的商誉

剩余部分在其他可辨认资产间按账面价值比例分摊

分摊减值后不低于"公允价值－处置费用、预计未来现金流量现值、零"三者中较高者

将账面价值分摊至资产组

能合理分摊的部分

确定减值损失

在各资产组及总部资产间
按账面价值比例分摊减值

总部资产的减值处理

不能合理分摊的部分

确定资产组组合，将该部分总部资产包括进去

确定减值损失

在各资产组及总部资产间按账面价值比例分摊减值

第七章　金融资产和金融负债

考 情 解 密

历年考情概况

本章内容比较多，同时也非常重要，是每年必考的重点章节，分值在 4~14 分。本章客观题主要考查内容有各金融资产的分类、初始计量、后续计量等，主观题可以单独考查，也可以与长期股权投资、所得税、前期差错更正、资产负债表日后事项等章节结合考查。要全面掌握本章的内容。

近年考点直击

主要考点	主要考查题型	考频指数	考查角度
金融工具的分类与重分类	单 判	★★	(1)金融资产的具体分类；(2)以摊余成本计量的金融资产重分类为以公允价值计量且其变动计入当期损益的金融资产的处理；(3)金融负债的分类及能否重分类的判断
以公允价值计量且其变动计入当期损益的金融资产	单 多 判 计 综	★★★	(1)取得金融资产时交易费用的处理；(2)交易性金融资产持有期间对营业利润的影响；(3)交易性金融资产的后续计量原则；(4)交易性金融资产初始计量、后续计量及处置
以摊余成本计量的金融资产	单 多 判 计	★★★	(1)债权投资实际利息收益的计算；(2)债权投资取得、持有期间至处置的会计处理；(3)债权投资的后续计量原则；(4)影响以摊余成本计量的金融资产的处置损益的因素；(5)债权投资的减值测试方法
以公允价值计量且其变动计入其他综合收益的金融资产	单 多 综	★★★	(1)其他权益工具投资公允价值变动计入的会计科目；(2)以公允价值计量且其变动计入其他综合收益的金融资产后续计量原则；(3)其他债权投资的账务处理
金融负债的计量	单 多 判	★★	(1)以摊余成本后续计量的金融负债的界定；(2)应付债券的初始计量

2022 年考试变化

本章删除公允价值确定的相关内容，其他内容无实质性变化。

考点详解及精选例题

一、金融工具概述 ★

金融工具是指形成一方的金融资产并形成其他方的金融负债或权益工具的合同。金融工具包括金融资产、金融负债和权益工具。

老高提示 非合同的资产和负债不属于金融工具。例如：①"应交税费"是基于税法规定的义务而非合同产生的义务，因此不能定义为金融工具；②"预计负债"属于推定义务，也不能定义为金融工具。

二、金融资产的分类

（一）金融资产的分类 ★

企业根据其管理金融资产的业务模式和金融资产的合同现金流量特征，将金融资产分为以下三类：

（1）以摊余成本计量的金融资产（比如：应收账款、贷款和债权投资）；

（2）以公允价值计量且其变动计入其他综合收益的金融资产（比如：其他债权投资、其他权益工具投资）；

（3）以公允价值计量且其变动计入当期损益的金融资产（比如：交易性金融资产）。

老高提示 ①对金融资产的分类一经确定，不得随意变更。

②在初始确认时，如果能够消除或显著减少会计错配，企业可以将金融资产指定为以公允价值计量且其变动计入当期损益的金融资产。该指定一经作出，不得撤销。

（二）企业管理金融资产的业务模式 ★

1. 业务模式评估

企业管理金融资产的业务模式，是指企业如何管理其金融资产以产生现金流量。业务模式决定企业所管理金融资产现金流量的来源是收取合同现金流量、出售金融资产还是两者兼有。

企业确定其管理金融资产的业务模式时，应当注意以下方面。

（1）在金融资产组合的层次上确定管理金融资产的业务模式，而不必按照单个金融资产逐项确定业务模式。

（2）一个企业可能会采用多个业务模式管理其金融资产。

（3）企业应当以企业关键管理人员决定的对金融资产进行管理的特定业务目标为基础，确定管理金融资产的业务模式。关键管理人员是指有权力并负责计划、指挥和控制企业活动的人员。

（4）企业的业务模式不等于企业持有金融资产的意图，而是一种客观事实，通常可以从企业为实现其设定目标而开展的特定活动中得以反映。

（5）企业应当以客观事实为依据，确定管理金融资产的业务模式，不得以按照合理预期不会发生的情形为基础确定。

2. 以收取合同现金流量为目标的业务模式

在以收取合同现金流量为目标的业务模式下，企业管理金融资产旨在通过金融资产存续期内收取合同付款来实现现金流量，而不是通过持有并出售金融资产产生整体回报。

老高提示 （1）为减少因信用恶化所导致的潜在信用损失而进行的风险管理活动与以收取合同现金流量为目标的业务模式并不矛盾；

（2）到期日前出售金融资产，即使与信用风险管理活动无关，在出售只是偶然发生（即使价值重大），或者单独及汇总出售的价值非常小（即使频繁发生）的情况下，金融资产的业务模式仍然可能是以收取合同现金流量为目标；

（3）出于可解释的原因并且证明出售并不反映业务模式的改变，出售频率或者出售价值在特定时期内增加不一定与收取合同现金流量为目标的业务模式相矛盾；

（4）如果出售发生在金融资产临近到期时，且出售所得接近待收取的剩余合同现金流量，金融资产的业务模式仍然可能是以收取合同现金流量为目标。

【案例解析】甲企业购买了一个贷款组合，且该组合中包含已发生信用减值的贷款。如果贷款不能按时偿付，甲企业将通过各类方式尽可能实现合同现金流量，例如通过邮件、电话或其他方法与借款人联系催收。同时，甲企业签订了一项利率互换合同，将贷款组合的利率由浮动利率转换为固定利率。

本例中，甲企业管理该贷款组合的业务模式是以收取合同现金流量为目标。即使甲企业预期无法收取全部合同现金流量（部分贷款已发生信用减值），但并不影响其业务模式。此外，该公司签订利率互换合同也不影响贷款组合的业务模式。

3. 以收取合同现金流量和出售金融资产为目标的业务模式

在以收取合同现金流量和出售金融资产为目标的业务模式下，企业的关键管理人员认为收取合同现金流量和出售金融资产对于实现其管理目标而言都是不可或缺的。

与以收取合同现金流量为目标的业务模式相比，此业务模式涉及的出售通常频率更高、价值更大。因为出售金融资产是此业务模式的目标之一，在该业务模式下不存在出售金融资产的频率或者价值的明确界限。

【案例解析】甲银行持有金融资产组合以满足其每日流动性需求。甲银行为了降低其管理流动性需求的成本，高度关注该金融资产组合的回报。组合回报包括收取的合同付款和出售金融资产的利得或损失。

本例中，甲银行管理该金融资产组合的业务模式以收取合同现金流量和出售金融资产为目标。

4. 其他业务模式

如果企业管理金融资产的业务模式，不是以收取合同现金流量为目标，也不是以收取合同现金流量和出售金融资产来实现其目标，则该企业管理金融资产的业务模式是其他业务模式，该金融资产应当分类为以公允价值计量且其变动计入当期损益的金融资产。

（三）关于金融资产的合同现金流量特征★

金融资产的合同现金流量特征，是指金融工具合同约定的、反映相关金融资产经济特征的现金流量属性。

企业分类为以摊余成本计量的金融资产和以公允价值计量且其变动计入其他综合收益的金融资产，其合同现金流量特征应当与基本借贷安排相一致。即相关金融资产在特定日期产生的合同现金流量仅为对本金和以未偿付本金金额为基础的利息的支付。

本金是指金融资产在初始确认时的公允价值，本金金额可能因提前还款等原因在金融资产的存续期内发生变动；利息包括对货币时间价值、与特定时期未偿付本金金额相关的信用风险以及其他基本借贷风险、成本和利润的对价。

（四）金融资产的具体分类★★

（1）金融资产同时符合下列条件的，应当分类为以摊余成本计量的金融资产：

①企业管理该金融资产的业务模式是以收取合同现金流量为目标；

②该金融资产的合同条款规定，在特定日期产生的现金流量，仅为对本金和以未偿付本金金额为基础的利息的支付。

企业一般应当设置"贷款""应收账款""债权投资"等科目核算分类为以摊余成本计量的金融资产。

（2）金融资产同时符合下列条件的，应当分类为以公允价值计量且其变动计入其他综合收益的金融资产：

①企业管理该金融资产的业务模式既以收取合同现金流量为目标又以出售该金融资产为目标；

②该金融资产的合同条款规定，在特定日期产生的现金流量，仅为对本金和以未偿付本金金额为基础的利息的支付。

企业应当设置"其他债权投资"科目核算分类为以公允价值计量且其变动计入其他综合收益的金融资产。

（3）按照上述（1）和（2）分类为以摊余成本计量的金融资产和以公允价值计量且其变动计入其他综合收益的金融资产之外的金融资产，企业应当将其分类为以公允价值计量且其变动计入当期损益的金融资产。

企业应当设置"交易性金融资产"科目核算以公允价值计量且其变动计入当期损益的金融资产。企业持有的直接指定为以公允价值计量且其变动计入当期损益的金融资产，

也在本科目核算。

『拓展』金融资产或金融负债满足下列条件之一的，表明企业持有该金融资产或承担该金融负债的目的是交易性的。

①取得相关金融资产或承担相关金融负债，主要是为了近期出售或回购；

②相关金融资产或金融负债在初始确认时属于集中管理的可辨认金融工具组合的一部分，且有客观证据表明近期实际存在短期获利模式；

③相关金融资产或金融负债属于衍生工具。但符合财务担保合同定义的衍生工具以及被指定为有效套期工具的衍生工具除外。

企业在非同一控制下的企业合并中确认的或有对价构成金融资产的，该金融资产应当分类为以公允价值计量且其变动计入当期损益的金融资产，不得指定为以公允价值计量且其变动计入其他综合收益的金融资产。

（4）权益工具投资的分类如表7-1所示。

表7-1　权益工具投资的分类

项目		分类	
达到重大影响或以上	控制	成本法核算的长期股权投资	
	共同控制	权益法核算的长期股权投资	
	重大影响		
达不到重大影响	上市公司股份	短线操作	交易性金融资产
		长线持有	其他权益工具投资
	非上市公司股份	其他权益工具投资	

【总结】金融资产的分类如表7-2所示。

表7-2　金融资产的分类

业务模式	金融资产类型	科目
以收取合同现金流量为目标的业务模式	以摊余成本计量的金融资产	"银行存款""贷款""应收账款""债权投资"等科目
以收取合同现金流量和出售金融资产为目标的业务模式	以公允价值计量且其变动计入其他综合收益的金融资产	"其他债权投资"科目
其他业务模式（以出售金融资产为目标）	以公允价值计量且其变动计入当期损益的金融资产	"交易性金融资产"科目

续表

业务模式	金融资产类型	科目
持有上市公司股份未达到重大影响且不做短线运作的股权投资、持有非上市公司股份未达到重大影响的股权投资	以公允价值计量且其变动计入其他综合收益的金融资产	"其他权益工具投资"科目

【例题1·单选题】☆甲公司对其购入债券的业务管理模式是以收取合同现金流量为目标。该债券的合同条款规定，在特定日期产生的现金流量仅为对本金和以未偿还本金金额为基础的利息的支付。不考虑其他因素，甲公司应将该债券投资分类为(　　)。

A. 其他货币资金

B. 以公允价值计量且其变动计入其他综合收益的金融资产

C. 以摊余成本计量的金融资产

D. 以公允价值计量且其变动计入当期损益的金融资产

解析 ▶ 甲公司购入债券的业务管理模式是以收取合同现金流量为目标，同时该债券的合同条款规定，在特定日期产生的现金流量仅为对本金和以未偿还本金金额为基础的利息的支付，满足以摊余成本计量的金融资产确认条件，选项C正确。　答案 ▶ C

三、交易性金融资产

【案例引入1】根据下述资料作出甲公司相关账务处理。

资料一：甲公司2×12年5月1日以银行存款购入乙公司股票10万股，作为交易性金融资产核算，每股买价30元，另支付交易费用5万元，款项均以银行存款支付。乙公司已于4月25日宣告分红，每股红利为2元，于5月6日发放。

解析 ▶ ①交易性金融资产的入账成本=30×10-2×10=280(万元)；

②5月1日会计分录：

借：交易性金融资产　　　　　280
　　应收股利　　　　　　　　 20
　　投资收益　　　　　　　　　5

　　贷：银行存款　　　　　　 305

③5月6日收到股利时：

借：银行存款　　　　　　　　 20
　　贷：应收股利　　　　　　　20

资料二：6月30日每股市价为25元。

解析 ▶ 6月30日会计分录：

借：公允价值变动损益　　　　 30
　　贷：交易性金融资产　　　　30

资料三：10月3日乙公司再次宣告分红，每股红利为1.5元，于10月25日发放。

解析 ▶ ①10月3日宣告分红时：

借：应收股利　　　　　　　　 15
　　贷：投资收益　　　　　　　15

②10月25日收到股利时：

借：银行存款　　　　　　　　 15
　　贷：应收股利　　　　　　　15

资料四：12月31日，每股市价为19元。2×13年1月6日甲公司抛售所持股份，每股售价为17元，交易费用为2万元，所得款项已存入银行。

解析 ▶ ①12月31日会计分录：

借：公允价值变动损益　　　　 60
　　贷：交易性金融资产　　　　60

②2×13年1月6日会计分录：

借：银行存款　　　　　　　　168
　　投资收益　　　　　　　　 22
　　贷：交易性金融资产　　　 190

【拓展】①出售时的投资收益=168-190=-22(万元)；

②出售时的损益影响=168-190=-22(万元)；

③累计投资收益=-5+15-22=-12(万元)。

【案例引入2】根据下述资料作出M公司相关账务处理。

资料一：M公司2×12年5月1日购入N公司债券作为交易性金融资产核算，债券面值为 100 万元，票面利率为 6%，每年 4 月 1 日、10 月 1 日各付息一次，N 公司本应于 4 月 1 日结付的利息因资金紧张延至 5 月 6 日才兑付。债券买价为 110 万元，另支付交易费用 1.7 万元。所有款项均以银行存款收付。

解析 ①入账成本 = 110 - 100×6%×6/12 = 107（万元）。

②5 月 1 日会计分录：

借：交易性金融资产 　　　　107
　　应收利息 　　　　　　　　3
　　投资收益 　　　　　　　1.7
　　贷：银行存款 　　　　111.7

③5 月 6 日会计分录：

借：银行存款 　　　　　　　3
　　贷：应收利息 　　　　　　3

资料二：6 月 30 日债券市价为 120 万元（不含利息）。

解析 6 月 30 日会计分录：

借：交易性金融资产 　　　　13
　　贷：公允价值变动损益 　　13

资料三：M 公司 9 月 30 日计提利息收益，10 月 1 日如期收到利息。

解析 ①9 月 30 日计提利息时：

借：应收利息 　　　　　　　3
　　贷：投资收益 　　　　　　3

②10 月 1 日实际收到利息时：

借：银行存款 　　　　　　　3
　　贷：应收利息 　　　　　　3

资料四：年末债券公允价值为 137 万元（不含利息），2×13 年 1 月 20 日 M 公司处置债券，售价为 145 万元（不含利息），交易费用 5 万元，款项已收存银行。

解析 ①年末账务处理：

借：交易性金融资产 　　　　17
　　贷：公允价值变动损益 　　17

②2×13 年 1 月 20 日会计分录：

借：银行存款 　　　　　　140
　　贷：交易性金融资产 　　137
　　　　投资收益 　　　　　　3

【拓展】 ①出售时的投资收益 = 140 -

137 = 3（万元）；

②出售时的损益影响额 = 140-137 = 3（万元）；

③累计投资收益 = -1.7+3+3 = 4.3（万元）。

【理论总结】

(一)交易性金融资产的初始计量 ★★★

1. 初始成本的认定

（1）入账成本 = 买价-已经宣告未发放的现金股利（或已经到期未收到的利息）；

（2）交易费用计入投资收益借方，交易费用包括支付给代理机构、咨询公司、券商等的手续费和佣金及其他必要支出。不包括债券溢价、折价、融资费用、内部管理成本及其他与交易不直接相关的费用。企业为发行金融工具所发生的差旅费等，不属于交易费用。

2. 一般会计分录

借：交易性金融资产—成本［按公允价值入账］

　　投资收益 ［交易费用］

　　应收股利［或应收利息］

　　贷：银行存款 ［支付的总价款］

(二)交易性金融资产的期末计量 ★★

1. 会计处理原则

交易性金融资产采用公允价值进行后续计量，公允价值的变动计入当期损益。

2. 一般会计分录

（1）当公允价值大于账面价值时：

借：交易性金融资产—公允价值变动
　　贷：公允价值变动损益

（2）当公允价值小于账面价值时：

借：公允价值变动损益
　　贷：交易性金融资产—公允价值变动

(三)持有期内的红利收益和利息收益 ★★

（1）当被投资方宣告分红或利息到期时：

借：应收股利［或应收利息］
　　贷：投资收益

（2）收到现金股利或利息时：

借：银行存款

　　贷：应收股利[或应收利息]

(四)处置时★★

借：银行存款[净售价=售价-交易费用]

　　贷：交易性金融资产[账面余额]

　　　　投资收益[倒挤认定，损失记借方，收益记贷方]

【关键考点】(1)交易性金融资产出售时投资收益=净售价-处置时的账面价值；

(2)交易性金融资产处置时的损益影响=净售价-处置时的账面价值；

(3)交易性金融资产在持有期间所实现的投资收益额=-交易费用+计提的利息收益或宣告分红时认定的投资收益+转让时的投资收益。

【例题2·多选题】甲公司2×13年2月1日买入乙公司债券作为交易性金融资产核算，面值500万元，票面利率为6%，债券于2×12年年初发行，期限5年，每年年末付息，到期还本。乙公司本应于2×12年年末结付的利息延至2×13年3月5日兑付。该债券买价为520万元，交易费用为0.8万元，2×13年6月30日债券的公允价值为535万元(不含利息)，2×13年年末债券的公允价值为543万元(不含利息)，2×13年年末利息到期，乙公司如约付款，2×14年3月1日甲公司将债券抛售，卖价为530万元，交易费用为0.9万元。基于以上资料，如下指标正确的有( )。

A. 交易性金融资产入账成本为490万元

B. 2×13年因该债券投资影响营业利润额为82.2万元

C. 2×14年该交易性金融资产处置时的投资收益为39.1万元

D. 2×14年该债券投资影响营业利润额为-13.9万元

E. 该交易性金融资产形成的累计投资收益为68.3万元

解析 ①交易性金融资产初始成本=

520-500×6%=490(万元)；

②2×13年利息收益30万元，公允价值变动收益53万元，交易费用0.8万元，追加营业利润82.2万元(30+53-0.8)；

③2×14年处置时的投资收益=529.1-543=-13.9(万元)；

④2×14年处置时损益影响额=529.1-543=-13.9(万元)；

⑤交易性金融资产累计投资收益=-0.8+30-13.9=15.3(万元)。　**答案** ABD

【例题3·多选题】H公司2×14年8月5日买入M公司10万股股票，作为交易性金融资产核算，每股买价为41元，交易费用为0.4万元，M公司于当年8月1日宣告分红，每股红利为0.8元，于8月24日发放。2×14年年末股票每股市价为38元，2×15年3月7日M公司宣告分红，每股红利为0.6元，4月1日发放，2×15年6月30日每股市价为35元，2×15年7月6日H公司将股票抛售，每股卖价为36元，交易费用为0.3万元。基于以上资料，如下指标正确的有( )。

A. 交易性金融资产入账成本为402万元

B. 2×14年因该股票投资影响营业利润额为-22.4万元

C. 2×15年该交易性金融资产处置时的投资收益为-42.3万元

D. 2×15年该股票处置时的损益影响额为9.7万元

E. 该交易性金融资产形成的累计投资收益为-36.7万元

解析 ①交易性金融资产初始成本=410-8=402(万元)；

②2×14年公允价值变动损失22万元，交易费用0.4万元，冲减营业利润22.4万元；

③2×15年处置时的投资收益=359.7-350=9.7(万元)；

④2×15年处置时损益影响额=359.7-350=9.7(万元)；

⑤交易性金融资产累计投资收益=-0.4+

$0.6×10+9.7=15.3$(万元)。　**答案** ABD

【例题4·单选题】 ☆2×17年1月10日，甲公司以银行存款5 110万元(含交易费用10万元)购入乙公司股票，将其作为交易性金融资产核算。2×17年4月28日，甲公司收到乙公司2×17年4月24日宣告分派的现金股利80万元。2×17年12月31日，甲公司持有的该股票公允价值为5 600万元，不考虑其他因素，该项投资使甲公司2×17年营业利润增加的金额为(　)万元。

A. 580　　　　B. 490

C. 500　　　　D. 570

解析 取得交易性金融资产发生的初始直接费用计入投资收益的借方，不影响交易性金融资产的初始确认金额。该项投资使甲公司2×17年营业利润增加的金额 $=-10+80+[5\,600-(5\,110-10)]=570$(万元)。　**答案** D

【例题5·多选题】 ☆下列关于企业交易性金融资产会计处理的表述中，正确的有(　)。

A. 处置时实际收到的金额与交易性金融资产初始入账价值之间的差额计入投资收益

B. 资产负债表日的公允价值变动金额计入投资收益

C. 取得时发生的交易费用计入投资收益

D. 持有期间享有的被投资单位宣告分派的现金股利计入投资收益

解析 选项A，处置时实际收到的金额与交易性金融资产账面余额之间的差额计入投资收益；选项B，应该计入公允价值变动损益。　**答案** CD

【例题6·单选题】 ☆2×19年1月1日，甲公司以银行存款602万元(含交易费用2万元)购入乙公司股票，分类为以公允价值计量且其变动计入当期损益的金融资产。2×19年12月31日甲公司所持乙公司股票的公允价值为700万元。2×20年1月5日甲公司将所持乙公司股票以750万元的价格全部出售，另支付交易费用3万元，共收到银行存款747万元。不考虑其他因素，甲公司出售所持乙公司股票对其2×20年营业利润的影响金

额为(　)万元。

A. 50　　　　B. 147

C. 47　　　　D. 145

解析 影响营业利润的金额 $=747-700=47$(万元)。　**答案** C

【例题7·综合题】 ☆甲公司所得税税率为25%，预计未来期间适用的企业所得税税率不变，未来能够产生足够的应纳税所得额用以抵减可抵扣暂时性差异，2×18年1月1日，甲公司递延所得税资产、负债的年初余额均为0。甲公司与以公允价值计量且其变动计入当期损益的金融资产相关的交易或事项如下。

(1)2×18年10月10日，甲公司以银行存款600万元购入乙公司股票200万股，将其分类为以公允价值计量且其变动计入当期损益的金融资产，该金融资产的计税基础与初始入账金额一致。

(2)2×18年12月31日，甲公司持有上述乙公司股票的公允价值为660万元。

(3)甲公司2×18年度的利润总额为1 500万元，税法规定，金融资产的公允价值变动损益不计入当期应纳税所得额，待转让时一并计入转让当期的应纳税所得额，除该事项外，甲公司不存在其他纳税调整事项。

(4)2×19年3月20日，乙公司宣告每股分派现金股利0.3元，2×19年3月27日，甲公司收到乙公司发放的现金股利并存入银行。

2×19年3月31日，甲公司持有上述乙公司股票的公允价值为660万元。

(5)2×19年4月25日，甲公司将持有的乙公司股票全部转让，转让所得648万元存入银行，不考虑企业所得税以外的税费及其他因素。

要求：

(1)编制甲公司2×18年10月10日购入乙公司股票的会计分录；

(2)编制甲公司2×18年12月31日对乙公司股票投资期末计量的会计分录；

(3)分别计算甲公司2×18年度的应纳税

所得额，当期应交所得税，递延所得税负债和所得税费用的金额，并编制会计分录；

（4）编制甲公司 2×19 年 3 月 20 日在乙公司宣告分派现金股利时的会计分录；

（5）编制甲公司 2×19 年 3 月 27 日收到现金股利的会计分录；

（6）编制甲公司 2×19 年 4 月 25 日转让乙公司股票的会计分录。

（"交易性金融资产"科目应写出必要的明细科目）

答案 ▶（1）2×18 年 10 月 10 日购入乙公司股票：

借：交易性金融资产—成本　　600
　　贷：银行存款　　　　　　　　　600

（2）2×18 年 12 月 31 日期末计量：

借：交易性金融资产—公允价值变动
　　　　　　　　　　（660-600）60
　　贷：公允价值变动损益　　　　　60

（3）2×18 年应纳税所得额 =1 500-60=1 440（万元）；

2×18 年当期应交所得税 =1 440×25%=360（万元）；

2×18 年递延所得税负债 =60×25%=15（万元）；

2×18 年所得税费用 =360+15=375（万元）。

会计分录：

借：所得税费用　　　　　　　375
　　贷：应交税费—应交所得税　　360
　　　　递延所得税负债　　　　　　15

（4）2×19 年 3 月 20 日宣告分配现金股利：

借：应收股利　　　　　（200×0.3）60
　　贷：投资收益　　　　　　　　　60

（5）2×19 年 3 月 27 日收到发放的现金股利：

借：银行存款　　　　　　　　60
　　贷：应收股利　　　　　　　　　60

（6）2×19 年 4 月 25 日转让乙公司股票：

借：银行存款　　　　　　　　648
　　投资收益　　　　　　　　　12
　　贷：交易性金融资产—成本　　600

　　　　　　—公允价值变动
　　　　　　　　　　　　　　　60

【例题 8 · 计算分析题】　☆2×19 年至 2×20 年，甲公司发生的与债券投资相关的交易或事项如下。

资料一：2×19 年 1 月 1 日，甲公司以银行存款 5 000 万元购入乙公司当日发行的期限为 5 年、分期付息、到期偿还面值、不可提前赎回的债券。该债券的面值为 5 000 万元，票面年利率为 6%，每年的利息在次年 1 月 1 日以银行存款支付。甲公司将购入的乙公司债券分类为以公允价值计量且其变动计入当期损益的金融资产。

资料二：2×19 年 12 月 31 日，甲公司所持乙公司债券的公允价值为 5 100 万元（不含利息）。

资料三：2×20 年 1 月 2 日，甲公司将所持乙公司债券全部出售，取得价款 5 150 万元存入银行。

不考虑相关税费及其他因素。

要求：

（1）编制甲公司 2×19 年 1 月 1 日购入乙公司债券的会计分录；

（2）分别编制甲公司 2×19 年 12 月 31 日确认债券利息收入的会计分录和 2×20 年 1 月 1 日收到利息的会计分录；

（3）编制甲公司 2×19 年 12 月 31 日对乙公司债券投资按公允价值计量的会计分录；

（4）编制甲公司 2×20 年 1 月 2 日出售乙公司债券的会计分录。

（"交易性金融资产"科目应写出必要的明细科目）

答案 ▶（1）2×19 年 1 月 1 日购买时：

借：交易性金融资产—成本　5 000
　　贷：银行存款　　　　　　　　5 000

（2）2×19 年 12 月 31 日计提利息：

借：应收利息　　　　（5 000×6%）300
　　贷：投资收益　　　　　　　　300

2×20 年 1 月 1 日收到利息：

借：银行存款　　　　　　　　300

贷：应收利息　　　　300

（3）2×19年12月31日确认公允价值变动：

借：交易性金融资产—公允价值变动

（5 100-5 000）100

贷：公允价值变动损益　　100

（4）2×20年1月2日出售时：

借：银行存款　　　　　5 150

贷：交易性金融资产—成本　5 000

—公允价值变动

100

投资收益　　　50

四、债权投资

（一）债权投资的初始计量★★★

1. 初始成本的认定

入账成本=买价-到期未收到的利息+交易费用

【案例引入】A公司2×15年2月1日以银行存款购入B公司债券，划分为以摊余成本计量的金融资产。债券面值为1 000万元，票面利率为9%，该债券于2×14年年初发行，每年年末付息，到期还本。假定B公司本应于2×14年年末结付的利息延至2×15年4月6日才兑付。该债券买价为1 100万元，另付交易费用7万元。A公司应如何进行账务处理？

解析　①债权投资入账成本=买价1 100-已到付息期但尚未收到的利息1 000×9%+交易费用7=1 017（万元）。

②会计分录如下：

借：债权投资—成本　　　1 000

—应计利息

（90×1/12）7.5

—利息调整　　　9.5

应收利息　（1 000×9%）90

贷：银行存款　　　　1 107

2. 一般会计分录

借：债权投资—成本［面值］

—应计利息［未到期利息］

—利息调整［初始入账成本-债券购入时所含的未到期利息-债券面值；溢价记借方，折价记贷方］

应收利息［分期付息债券买入时所含的已到付息期但尚未领取的利息］

贷：银行存款

【关键考点】债权投资的入账成本要与交易性金融资产区分开，关键在于交易费用的处理上。

（二）债权投资的后续计量★★★

【案例引入1】2×14年年初，甲公司购买了一项债券，剩余年限为5年，划分为债权投资，买价为90万元，另支付交易费用5万元，款项均以银行存款支付。该债券面值为100万元，票面利率为4%，每年年末付息，到期还本。甲公司应如何进行账务处理？

解析　（1）首先计算内含报酬率。

设内含利率为r，该利率应满足如下条件：

$4/(1+r)^1 + 4/(1+r)^2 + \cdots + 104/(1+r)^5 = 95$

采用插值法，计算得出$r \approx 5.16\%$。

（2）2×14年年初购入该债券时：

借：债权投资—成本　　　100

贷：银行存款　　　　95

债权投资—利息调整　　5

（3）每年利息收益计算过程如下表所示。

单位：万元

年份	①年初摊余成本	②利息收益=①×r	③现金流入	④年末摊余成本=①+②-③
2×14	95.00	4.90	4.00	95.90

年份	①年初摊余成本	②利息收益=①×r	③现金流入	④年末摊余成本=①+②-③
2×15	95.90	4.95	4.00	96.85
2×16	96.85	5.00	4.00	97.85
2×17	97.85	5.05	4.00	98.90
2×18	98.90	5.10⑤	104.00	0

备注⑤：此数据应采取倒挤的方法认定，否则会出现计算偏差，具体计算过程为：

5.10=104-98.90

每年的分录如下：

借：应收利息③

　　债权投资—利息调整②-③

　　贷：投资收益②

考高提示 "债权投资—利息调整"科目最后一年数据采用倒挤的方法认定。

收到利息时：

借：银行存款③

　　贷：应收利息③

（4）到期时：

借：银行存款　　　　　　　　100

　　贷：债权投资—成本　　　　　100

【案例引入2】 2×14年年初，甲公司购买了一项债券，剩余年限5年，划分为债权投资，买价为101万元，另付交易费用3万元，款项均以银行存款支付。该债券面值为100万元，票面利率为4%，每年年末付息，到期还本。甲公司应如何进行账务处理？

解析 （1）首先计算内含报酬率。

设内含利率为r，该利率应满足如下条件：

$$4/(1+r)^1 + 4/(1+r)^2 + \cdots + 104/(1+r)^5 = 104$$

采用插值法，计算得出r≈3.12%。

（2）2×14年年初购入该债券时：

借：债权投资—成本　　　　　100

　　　　　　　　—利息调整　　　4

　　贷：银行存款　　　　　　　　104

（3）每年利息收益计算过程如下表所示。

单位：万元

年份	①年初摊余成本	②利息收益=①×r	③现金流入	④年末摊余成本=①+②-③
2×14	104.00	3.24	4.00	103.24
2×15	103.24	3.22	4.00	102.46
2×16	102.46	3.20	4.00	101.66
2×17	101.66	3.17	4.00	100.83
2×18	100.83	3.17⑤	104.00	0

备注⑤：此数据应采取倒挤的方法认定，否则会出现计算偏差，具体计算过程为：

3.17=104-100.83

每年的分录如下：

借：应收利息③

　　贷：投资收益②

　　　　债权投资—利息调整③-②

收到利息时：

借：银行存款③

　　贷：应收利息③

（4）到期时：

借：银行存款　　　　　　　　100

　　贷：债权投资—成本　　　　　100

【案例引入3】 2×14年1月2日甲公司购买了乙公司于2×14年年初发行的公司债券，期限为5年，划分为债权投资，买价为90万元，交易费用为5万元，以银行存款支付。该债券面值为100万元，票面利率为4%，到期一次还本付息。甲公司应如何进行账务处理？

解析 ▶ (1)首先计算内含报酬率。

设内含利率为r，该利率应满足如下条件：

$120/(1+r)^5=95$

经测算，计算结果：$r\approx4.78\%$

单位：万元

年份	①年初摊余成本	②利息收益=①×r	③现金流入	④年末摊余成本=①+②-③
2×14	95.00	4.54	0.00	99.54
2×15	99.54	4.76	0.00	104.30
2×16	104.30	4.99	0.00	109.29
2×17	109.29	5.22	0.00	114.51
2×18	114.51	5.49⑤	120.00	0

备注⑤：此数据应采取倒挤的方法认定，否则会出现计算偏差，具体计算过程为：

5.49=120-114.51

每年的分录如下：

借：债权投资—应计利息 4
　　　　　—利息调整 ②-4
　　贷：投资收益 ②

(4)到期时：

借：银行存款　　　　　　120
　　贷：债权投资—成本　　　100
　　　　　—应计利息　　　 20

【理论总结】

1. 会计处理原则

(2)2×14年年初购入该债券时：

借：债权投资—成本　　　 100
　　贷：银行存款　　　　　　95
　　　　债权投资—利息调整　 5

(3)每年利息收益计算过程如下表所示。

以债券的期初摊余成本乘以实际利率测算各期利息收益。

2. 一般账务处理

借：应收利息或债权投资—应计利息
　　　［票面利息］
　　债权投资—利息调整［折价前提下，
　　　一般倒挤在借方］
　　贷：投资收益［期初债券的实际价
　　　　值×实际利率］
　　　债权投资—利息调整［溢价前
　　　　提下，一般倒挤在贷方］

【总结】 投资收益和摊余成本规律如表7-3所示。

表7-3　投资收益和摊余成本规律

分次付息到期还本债券	折价	每期实际投资收益>票面利息→差额追加本金直至面值；每期的投资收益和摊余成本呈上升态势
	溢价	每期实际投资收益<票面利息→差额冲减本金直至面值；每期的投资收益和摊余成本呈下降态势
到期一次还本付息债券		每期的投资收益和摊余成本呈上升态势

【关键考点】 债权投资的各期利息收益的计算及期初或期末摊余成本的计算。

【例题9·单选题】 ☆2×16年1月1日，甲公司以3 133.5万元购入乙公司当日发行的面值总额为3 000万元的债券，作为债权

投资核算。该债券期限为5年，票面年利率为5%，实际年利率为4%，每年年末付息一次，到期偿还本金。不考虑增值税等相关税费及其他因素，2×16年12月31日，甲公司该债权投资的投资收益为(　　)万元。

A. 125.34　　　　B. 120

C. 150　　　　D. 24.66

解析 ▶ 2×16 年年末确认的投资收益=3 133.5×4%=125.34(万元)。　　**答案** ▶ A

【**例题 10·单选题**】★2×17 年 1 月 1 日，甲公司溢价购入乙公司当日发行的到期一次还本付息的 3 年期债券，作为债权投资核算，并于每年年末计提利息。2×17 年年末，甲公司按票面利率确认当年的应计利息 590 万元，利息调整的摊销金额 10 万元，不考虑相关税费及其他因素，2×17 年度甲公司对该债券投资应确认的投资收益为(　)万元。

A. 600　　　　B. 580

C. 10　　　　D. 590

解析 ▶ 借：债权投资—应计利息

　　　　　　　　　　　　590

　　贷：债权投资—利息调整 10

　　　　投资收益　　　　580

答案 ▶ B

(三)到期时 ★

借：银行存款

　　贷：债权投资—成本

　　　　　　　—应计利息

【**例题 11·单选题**】甲公司 2×08 年 1 月 3 日按每张 1 049 元的溢价价格购入乙公司于 2×08 年 1 月 1 日发行的期限为 5 年、面值为 1 000 元、票面年利率为 6% 的普通债券 8 000 张，发生交易费用 8 000 元，票款以银行存款支付。该债券每年付息一次，最后一年归还本金和最后一次利息。假设实际年利率为 5.33%，甲公司将其作为债权投资核算，2×09 年甲公司因持有该批债券应确认实际利息收入为(　)元。

A. 340 010　　　　B. 445 999

C. 447 720　　　　D. 480 000

解析 ▶ 2×09 年年初的债券摊余成本=(1 049×8 000+8 000)+(1 049×8 000+8 000)×5.33%−1 000×8 000×6%=8 367 720(元)；

2×09 年甲公司应确认的实际利息收入=

8 367 720×5.33%≈445 999(元)。　　**答案** ▶ B

【**例题 12·单选题**】★2×11 年 1 月 1 日，甲公司以银行存款 1 100 万元购入乙公司当日发行的面值为 1 000 万元的 5 年期不可赎回债券，将其划分为债权投资。该债券票面年利率为 10%，每年付息一次，实际年利率为 7.53%，2×11 年 12 月 31 日，该债券的公允价值上涨至 1 150 万元。假定不考虑其他因素，2×11 年 12 月 31 日甲公司该债券投资的账面价值为(　)万元。

A. 1 082.83　　　　B. 1 150

C. 1 182.83　　　　D. 1 200

解析 ▶ 2×11 年 12 月 31 日债权投资的账面价值=1 100×(1+7.53%)−1 000×10%=1 082.83(万元)，选项 A 正确。　　**答案** ▶ A

(四)提前收本的特殊处理 ★

【**案例引入**】2×14 年年初，甲公司购买了一项债券，剩余年限 5 年，划分为债权投资，买价为 90 万元，另付交易费用 5 万元，均以银行存款支付。该债券面值为 100 万元，票面利率为 4%，每年年末付息，到期还本。相关折现系数如下表所示。

(P/A，5%，5)=4.329 5	(P/F，5%，5)=0.783 5
(P/A，6,%，5)=4.212 4	(P/F，6%，5)=0.747 3

解析 ▶ (1)首先计算内含报酬率。

①设内含利率为 r，该利率应满足如下条件：

$$4/(1+r)^1+4/(1+r)^2+\cdots+104/(1+r)^5=95$$

即：$4×(P/A，r，5)+100×(P/F，r，5)=95$

②采用插值法计算内含报酬率。

当 r=5% 时：

$4×(P/A，5%，5)+100×(P/F，5%，5)=4×4.329\ 5+100×0.783\ 5=95.668>95$，则内含报酬率>5%；

当 r=6% 时：

$4×(P/A，6%，5)+100×(P/F，6%，$

5)= 4×4.212 4+100×0.747 3 = 91.579 6<95，则内含报酬率<6%；

则：

$$\frac{r-5\%}{6\%-5\%}=\frac{95-95.668}{91.579\ 6-95.668}$$

$r\approx5.16\%$。

（2）2×14年年初购入该债券时：

借：债权投资——成本　　　　100

　　贷：银行存款　　　　　　　　95

　　　　债权投资——利息调整　　　5

（3）2×14至2×15年每年利息收益计算过程如下表所示。

单位：万元

年份	①年初摊余成本	②利息收益=①×r	③现金流入	④年末摊余成本=①+②-③
2×14	95.00	4.90	4.00	95.90
2×15	95.90	4.95	4.00	96.85

每年的分录如下：

借：应收利息③

　　债权投资——利息调整②-③

　　贷：投资收益②

收到利息时：

借：银行存款③

　　贷：应收利息③

（4）如果2×16年年初预计年末会收回一半本金时：

①重新测算2×16年年初的摊余成本。

2×16年年初新本金= 50/（1+5.16%）¹+ 4/（1+5.16%）¹+ 2/（1+5.16%）²+52/（1+5.16%）³=97.87（万元）；

②相比旧的摊余成本96.85万元，增加了1.02（万元）；

③会计分录如下：

借：债权投资——利息调整　　1.02

　　贷：投资收益　　　　　　　　1.02

④每年利息收益计算如下表所示。

单位：万元

年份	①年初摊余成本	②利息收益=①×r	③现金流入	④年末摊余成本=①+②-③
2×14	95.00	4.90	4.00	95.90
2×15	95.90	4.95	4.00	96.85
2×16	97.87	5.05	54	48.92
2×17	48.92	2.52	2*	49.44
2×18	49.44	2.56	52	0

*2=50×4%

⑤2×16年年末计提利息收益如下：

借：应收利息　　　　　　　　4

　　债权投资——利息调整　　1.05

　　贷：投资收益　　　　　　　　5.05

⑥收到利息时：

借：银行存款　　　　　　　　4

　　贷：应收利息　　　　　　　　4

⑦收一半本金时：

借：银行存款　　　　　　　　50

　　贷：债权投资——成本　　　　50

⑧2×17年年末计提利息收益如下：

借：应收利息　　　　　　　　　2

　　债权投资——利息调整　　0.52

　　贷：投资收益　　　　　　　　2.52

收到利息时：

借：银行存款　　　　　　　　2

　　贷：应收利息　　　　　　　　2

⑨2×18年年末收回本息时：

借：应收利息　　　　　　　　　2

　　债权投资——利息调整　　0.56

贷：投资收益　　　　　　　2.56

收到利息时：

借：银行存款　　　　　　　　2

　　贷：应收利息　　　　　　　　2

借：银行存款　　　　　　　　50

　　贷：债权投资——成本　　　　50

【理论总结】

(1)提前收本，应重新测算摊余成本，其价值波动追入"债权投资——利息调整"；

(2)新的摊余成本按新的现金流量匹配旧的内含报酬率测算。

(五)债权投资减值的会计处理★

借：信用减值损失

　　贷：债权投资减值准备

(六)未到期前出售债权投资时★★

借：银行存款

　　债权投资减值准备

　　贷：债权投资——成本

　　　　　　　——利息调整[也可能记借方]

　　　　　　　——应计利息

　　　　投资收益[可能记借方也可能记贷方]

【例题 13·多选题】 ☆企业支付的下列各项中介费用中，应直接计入当期损益的有( )。

A. 为企业合并支付的法律服务费

B. 支付的年度财务报表审计费用

C. 为发行股票支付给证券承销商的佣金

D. 为取得以摊余成本计量的金融资产支付的手续费

解析 ▶选项 C，支付给证券承销商的佣金冲减资本溢价，资本公积不足冲减的冲减留存收益；选项 D，支付的手续费计入债权投资的入账价值。　　**答案** ▶AB

【例题 14·多选题】 ☆下列各项中，将影响企业以摊余成本计量的金融资产处置损益的有( )。

A. 卖价

B. 账面价值

C. 缴纳的印花税

D. 支付给代理机构的佣金

　　答案 ▶ABCD

【例题 15·计算分析题】 ☆甲公司 2×11 年度至 2×13 年度对乙公司债券投资业务的相关资料如下：

(1)2×11 年 1 月 1 日，甲公司以银行存款 900 万元购入乙公司当日发行的 5 年期公司债券，作为债权投资核算，该债券面值总额为 1 000 万元，票面年利率为 5%，每年年末支付利息，到期一次偿还本金，但不得提前赎回。甲公司该债券投资的实际年利率为 7.47%。

(2)2×11 年 12 月 31 日，甲公司收到乙公司支付的债券利息 50 万元。

(3)2×12 年 12 月 31 日，甲公司收到乙公司支付的债券利息 50 万元。当日，甲公司认为该债券信用风险自初始确认以来并未显著增加，应按 12 个月内预期信用损失计量损失准备，损失准备金额为 135.75 万元。

(4)2×13 年 1 月 1 日，甲公司以 801 万元的价格全部售出所持有的乙公司债券，款项已收存银行。

假定甲公司债权投资全部为对乙公司的债券投资。除上述资料外，不考虑其他因素。

要求：

(1)计算甲公司 2×11 年度债权投资的投资收益；

(2)计算甲公司 2×13 年 1 月 1 日出售债权投资的损益；

(3)根据资料(1)~(4)，逐笔编制甲公司债权投资相关的会计分录。

("债权投资"科目要求写出必要的明细科目)

答案 ▶(1)甲公司 2×11 年度债权投资的投资收益金额=900×7.47%=67.23(万元)。

(2)2×12 年 12 月 31 日：

投资收益=[900+(67.23−50)]×7.47%=68.52(万元)；

利息调整＝68.52－50＝18.52（万元）；

账面余额＝900＋（67.23－50）＋18.52＝935.75（万元）；

甲公司2×13年1月1日出售债权投资的损益＝801－（935.75－135.75）＝1（万元）。

（3）2×11年1月1日：

借：债权投资—成本　　　　　1 000

　　贷：银行存款　　　　　　　　900

　　　　债权投资—利息调整　　　100

2×11年12月31日：

借：应收利息　　　（1 000×5%）50

　　债权投资—利息调整　　17.23

　　贷：投资收益　　（900×7.47%）67.23

借：银行存款　　　　　　　　　50

　　贷：应收利息　　　　　　　　　50

2×12年12月31日：

借：应收利息　　　（1 000×5%）50

　　债权投资—利息调整　　18.52

　　贷：投资收益

　　　　〔（900＋17.23）×7.47%〕68.52

借：银行存款　　　　　　　　　50

　　贷：应收利息　　　　　　　　　50

借：信用减值损失　　　　　135.75

　　贷：债权投资减值准备　　　135.75

2×13年1月1日：

借：银行存款　　　　　　　　801

　　债权投资减值准备　　　135.75

　　债权投资—利息调整

　　　　（100－17.23－18.52）64.25

　　贷：债权投资—成本　　　　1 000

　　　　投资收益　　　　　　　　　1

五、其他债权投资

（一）其他债权投资的会计处理原则★★★

（1）初始成本的认定。

①初始入账成本＝买价－到期未收利息＋交易费用；

②类似于"债权投资"。

（2）公允价值变动形成的利得或损失，

应当计入所有者权益（其他综合收益），在该金融资产终止确认时转出，计入当期损益（投资收益）。

（3）采用实际利率法计算的其他债权投资的利息，应当计入投资收益。

> **老高提示** 掌握其他债权投资的会计处理原则。

（二）其他债权投资的一般会计分录★★★

1. 取得其他债权投资时

借：其他债权投资—成本〔面值〕

　　　　　　　　—应计利息

　　　　　　　　—利息调整〔溢价时〕

　　应收利息

　　贷：银行存款

　　　　其他债权投资—利息调整〔折价时〕

2. 以债券为投资对象的其他债权投资持有期间的会计处理

（1）每期投资收益＝期初摊余成本×内含报酬率；

（2）利息收益的账务处理。

同"债权投资"的核算，只需替换总账科目为"其他债权投资"。

3. 期末公允价值波动时的会计处理

（1）计算过程：

a. 由摊余成本与公允价值比对出期末应认定的累计增值或累计减值额；

b. 基于已经确认的累计增值或累计减值额，倒挤出当期应追加的增值额或减值额。

（2）会计分录：

a. 增值时：

借：其他债权投资—公允价值变动

　　贷：其他综合收益

b. 暂时贬值时：

借：其他综合收益

　　贷：其他债权投资—公允价值变动

【例题16·分析题】2×14年年初，甲公司购买了一项债券，剩余年限为5年，公允价值为90万元，交易费用为5万元，根据其管理该债券的业务模式和该债券的合同现金流量特征，将该债券分类为以公允价值计量且其变动计入其他综合收益的金融资产。该债券面值为100万元，票面年利率为4%，每年年末付息，到期还本。2×14年年末的公允价值为90万元(不含利息)，2×15年年末的公允价值为97万元(不含利息)，2×16年年初售出此金融资产，售价为110万元，假定无交易费用。上述款项均以银行存款收付。甲公司应如何进行账务处理？

解析 ▶ (1)首先计算内含报酬率：

设内含利率为r，该利率应满足如下条件：

$$4/(1+r)^1+4/(1+r)^2+\cdots+104/(1+r)^5=95$$

采用插值法，计算得出$r\approx5.16\%$。

(2)2×14年年初购入该债券时：

借：其他债权投资——成本　　　　　100

　　贷：银行存款　　　　　　　　　　　95

　　　　其他债权投资——利息调整　　　5

(3)2×14年利息收益计算过程如下表所示。

单位：万元

年份	①年初摊余成本	②利息收益=①×r	③现金流入	④年末摊余成本=①+②-③	⑤本期公允价值变动额=⑥-上年的⑥	⑥期末累计公允价值变动额=⑦-④	⑦年末公允价值
2×14	95.00	4.90	4.00	95.90	-5.90	-5.90	90.00

(4)2×14年年末计提利息收益时：

借：应收利息　　　　　　　　　　　4

　　其他债权投资——利息调整　0.9

　　贷：投资收益　　　　　　　　　4.9

收到利息时：

借：银行存款　　　　　　　　　　　4

　　贷：应收利息　　　　　　　　　　4

(5)2×14年年末公允价值变动时：

借：其他综合收益　　　　　　　　5.9

　　贷：其他债权投资——公允价值变动

　　　　　　　　　　　　　　　　5.9

(6)2×15年利息收益计算过程如下表所示。

单位：万元

年份	①年初摊余成本	②利息收益=①×r	③现金流入	④年末摊余成本=①+②-③	⑤本期公允价值变动额=⑥-上年的⑥	⑥期末累计公允价值变动额=⑦-④	⑦年末公允价值
2×14	95.00	4.90	4.00	95.90	-5.90	-5.90	90.00
2×15	95.90	4.95	4.00	96.85	6.05	0.15	97.00

(7)2×15年年末计提利息收益时：

借：应收利息　　　　　　　　　　　4

　　其他债权投资——利息调整　0.95

　　贷：投资收益　　　　　　　　　4.95

收到利息时：

借：银行存款　　　　　　　　　　　4

　　贷：应收利息　　　　　　　　　　4

(8)2×15年年末公允价值变动时：

借：其他债权投资——公允价值变动

　　　　　　　　　　　　　　　6.05

　　贷：其他综合收益　　　　　　6.05

(9)2×16年年初出售金融资产时：

借：银行存款　　　　　　　　　　110

　　其他债权投资——利息调整

　　　　　　　　　(5-0.9-0.95)3.15

　　贷：其他债权投资——成本　　　100

　　　　——公允价值变动

　　　　　　　　　　(6.05-5.9)0.15

　　　　投资收益　　　　　　　　　13

同时将持有期间的暂时公允价值变动转入投资收益：

借：其他综合收益　　　　　　　　0.15

　　贷：投资收益　　　　　　　　　0.15

4. 其他债权投资减值的一般处理

(1)减值与价值下滑的关系。

①认定总的价值下滑：

借：其他综合收益—其他债权投资公允
价值变动[价值下滑总量]
　　贷：其他债权投资[价值下滑总量]
②认定事实贬值部分：
借：信用减值损失
　　贷：其他综合收益—信用减值准备
(2)减值恢复。
①减值幅度内恢复：
借：其他综合收益—信用减值准备
　　贷：信用减值损失
②超过减值幅度的公允价值上升部分，
确认为公允价值变动：
借：其他债权投资—公允价值变动
　　贷：其他综合收益—其他债权投资
公允价值变动

老高提示 其他债权投资减值的会计处
理原则。

　　5.出售其他债权投资时
借：银行存款
　　其他综合收益[或贷方]
　　贷：其他债权投资—成本
　　　　　　　　　—公允价值变动
　　　　　　　　　[或借方]
　　　　　　　　　—利息调整[或
　　　　　　　　　借方]
　　　　　　　　　—应计利息
　　　　投资收益[差额，或借方]

老高提示 其他债权投资处置时其他综
合收益转投资收益的处理。

[例题17·单选题] ☆2×18年1月1日，
甲公司以银行存款1 100万元购入乙公司当
日发行的5年期债券，面值为1 000万元，票
面年利率为10%，每年年末支付利息，到期
偿还债券面值。甲公司将该债券投资分类为
以公允价值计量且其变动计入其他综合收益
的金融资产。该债券投资的实际年利率为
7.53%。2×18年12月31日该债券公允价值为
1 095万元(不含利息)，预期信用损失为20万
元。不考虑其他因素，2×18年12月31日，甲

公司该债券投资的账面价值为( )万元。
　　A.1 095　　　　　B.1 075
　　C.1 082.83　　　D.1 062.83
　　解析 其他债权投资按照公允价值后
续计量，计提减值不影响其账面价值，因此
2×18年12月31日，甲公司该债券投资的账
面价值就等于当日公允价值，即1 095万元，
选项A正确。　　　　　　　**答案** A

[例题18·计算分析题] ☆2×19年度，
甲公司发生的与债券投资相关的交易或事项
如下：
　　资料一：2×19年1月1日，甲公司以银
行存款2 055.5万元取得乙公司当日发行的期
限为3年、分期付息、到期偿还面值、不可提
前赎回的债券。该债券的面值为2 000万元，
票面年利率为5%，每年的利息在当年年末支
付。甲公司将该债券投资分类为以公允价值计
量且其变动计入其他综合收益的金融资产。该
债券投资的实际年利率为4%。
　　资料二：2×19年12月31日，甲公司所
持乙公司债券的公允价值为2 010万元(不含
利息)。
　　资料三：2×19年12月31日，甲公司所
持乙公司债券的预期信用损失为10万元。
　　不考虑其他因素。
　　要求：
　　(1)编制甲公司2×19年1月1日购入乙
公司债券的会计分录；
　　(2)计算甲公司2×19年12月31日应确
认对乙公司债券投资的实际利息收入金额，
并编制相关会计分录；
　　(3)编制甲公司2×19年12月31日对乙
公司债券投资按公允价值计量的会计分录；
　　(4)编制甲公司2×19年12月31日对乙
公司债券投资确认预期信用损失的会计分录。
　　("其他债权投资"科目应写出必要的明
细科目)
　　答案 (1)2×19年1月1日购入乙公司
债券时：
　　借：其他债权投资—成本　　　2 000

　　　　　　—利息调整　55.5

　　　贷：银行存款　　　　　　2 055.5

　　（2）2×19 年 12 月 31 日应确认的实际利息收入金额 = 2 055.5×4% = 82.22（万元），相关分录如下：

　　　借：应收利息　　　（2 000×5%）100

　　　　　贷：投资收益　　　　　　　82.22

　　　　　　其他债权投资—利息调整 17.78

　　　借：银行存款　　　　　　　　　100

　　　　　贷：应收利息　　　　　　　　100

　　（3）2×19 年 12 月 31 日确认公允价值变动：

　　　借：其他综合收益

　　　　　[2 010-（2 055.5-17.78）]27.72

　　　　　贷：其他债权投资—公允价值变动

　　　　　　　　　　　　　　　　　27.72

　　（4）2×19 年 12 月 31 日确认预期信用损失：

　　　借：信用减值损失　　　　　　　10

　　　　　贷：其他综合收益　　　　　　10

六、其他权益工具投资

（一）其他权益工具投资的会计处理原则
★★★

　　（1）初始成本的认定。

　　初始入账成本 = 买价-已宣告而未发放的股利+交易费用；

　　（2）公允价值变动形成的利得或损失，应当计入所有者权益（其他综合收益），在该金融资产终止确认时转出，计入留存收益。

　　（3）持有期间的现金股利，应当在被投资单位宣告发放股利时计入当期损益（投资收益）。

　　（4）此类投资不认定减值损失。

　　（5）此类投资处置的利得或损失归入留存收益。

　　老高提示　掌握其他权益工具投资的会计处理原则。

（二）其他权益工具投资的一般会计分录
★★★

　　1. 取得其他权益工具投资时的会计处理

　　借：其他权益工具投资—成本[买价-已宣告未发放的股利+交易费用]

　　　　应收股利

　　　　贷：银行存款

　　2. 被投资方分红时投资方的会计处理

　　（1）被投资方宣告分红时：

　　借：应收股利

　　　　贷：投资收益

　　（2）收到股利时：

　　借：银行存款

　　　　贷：应收股利

　　3. 期末公允价值波动时的会计处理

　　（1）增值时：

　　借：其他权益工具投资

　　　　贷：其他综合收益

　　（2）贬值时：

　　借：其他综合收益

　　　　贷：其他权益工具投资

　　4. 出售其他权益工具投资时

　　借：银行存款

　　　　其他综合收益[持有期间公允价值的调整额可能列借方也可能列贷方]

　　　　贷：其他权益工具投资

　　　　　　盈余公积[倒挤额，可能列借方也可能列贷方]

　　　　　　利润分配—未分配利润[倒挤额，可能列借方也可能列贷方]

　　老高提示　其他权益工具投资处置时其他综合收益转留存收益的处理。

　　【例题 19·分析题】2×16 年 5 月 6 日，甲公司支付价款 1 016 万元（含交易费用 1 万元和已宣告发放现金股利 15 万元），购入乙公司发行的股票 200 万股，占乙公司有表决权股份的 0.5%。甲公司将其指定为以公允价值计量且其变动计入其他综合收益的非交易性权益工具投资。2×16 年 5 月 10 日，甲公司收到乙公司发放的现金股利 15 万元。2×16 年 6 月 30 日, 该股票市价为每股 5.2 元。2×16 年 12 月 31 日, 甲公司仍持有该股票; 当日, 该股票市价为每股 5 元。2×17 年 5 月 9 日, 乙公司宣告发放股利 4 000 万元。2×17 年 5 月 13 日, 甲公司收到乙公司发放的现金股利。2×17 年 5 月 20 日, 甲公司由于某特殊原因, 以每股 4.9 元的价格将股票全部转让。甲公司按照净利润的 10% 计提盈余公积。假定不考虑其他因素, 甲公司应如何进行账务处理?

解析 ➡ (1)2×16 年 5 月 6 日, 购入股票:

借: 应收股利　　　　　　　　15
　　其他权益工具投资　　　1 001
　　　贷: 银行存款　　　　　　　1 016

(2)2×16 年 5 月 10 日, 收到现金股利:

借: 银行存款　　　　　　　　15
　　　贷: 应收股利　　　　　　　　15

(3)2×16 年 6 月 30 日, 确认股票价格变动:

借: 其他权益工具投资　　　　39
　　　贷: 其他综合收益　　　　　　39

(4)2×16 年 12 月 31 日, 确认股票价格变动:

借: 其他综合收益　　　　　　40
　　　贷: 其他权益工具投资　　　　40

(5)2×17 年 5 月 9 日, 确认应收现金股利:

借: 应收股利　　　　　　　　20
　　　贷: 投资收益　　　　　　　　20

(6)2×17 年 5 月 13 日, 收到现金股利:

借: 银行存款　　　　　　　　20
　　　贷: 应收股利　　　　　　　　20

(7)2×17 年 5 月 20 日, 出售股票:

借: 银行存款　　　　　　　980
　　盈余公积　　　　　　　　2.1
　　利润分配—未分配利润　18.9
　　　贷: 其他权益工具投资　　1 000
　　　　　其他综合收益　　　　　　1

七、金融工具的重分类

(一)金融工具重分类的原则★★

(1)企业改变其管理金融资产的业务模式时, 应当按照规定对所有受影响的相关金融资产进行重分类。金融资产(非衍生债权资产)可以在以摊余成本计量、以公允价值计量且其变动计入其他综合收益和以公允价值计量且其变动计入当期损益之间进行重分类。

(2)重分类日是指导致企业对金融资产进行重分类的业务模式发生变更后的首个报告期间的第一天。

(3)企业对金融资产进行重分类, 应当自重分类日起采用未来适用法进行相关会计处理, 不得对以前已经确认的利得、损失(包括减值损失或利得)或利息进行追溯调整。

(4)企业对所有金融负债均不得进行重分类。

老高提示 ①如果企业管理金融资产的业务模式没有发生变更, 而金融资产的条款发生变更但未导致终止确认时, 不允许重分类。

②如果金融资产条款发生变更导致金融资产终止确认的, 不属于重分类, 企业应当终止确认原金融资产, 同时按照变更后的条款确认一项新金融资产。

(二)金融资产重分类的计量★★

1. 以摊余成本计量的金融资产的重分类

(1)企业将一项以摊余成本计量的金融资产重分类为以公允价值计量且其变动计入当期损益的金融资产的, 应当按照该资产在重分类日的公允价值进行计量。原账面价值与公允价值之间的差额计入当期损益。

(2)企业将一项以摊余成本计量的金融资产重分类为以公允价值计量且其变动计入

其他综合收益的金融资产的，应当按照该金融资产在**重分类日的公允价值进行计量**。原账面价值与公允价值之间的**差额计入其他综合收益**。该金融资产重分类不影响其实际利率和预期信用损失的计量。

【例题 20·分析题】 2×16 年 10 月 15 日，甲银行以公允价值 500 000 元购入一项债券投资，并按规定将其分类为以摊余成本计量的金融资产，该债券的账面余额为 500 000 元，2×17 年 10 月 15 日，甲银行变更了其管理债券投资组合的业务模式，其变更符合重分类的要求。甲银行于 2×18 年年初将该债券从以摊余成本计量重分类为以公允价值计量且其变动计入当期损益，当天债券的公允价值为 490 000 元，已确认的信用减值准备为 6 000 元，假定不考虑利息收入。则甲银行重分类日应如何进行账务处理？

解析 ▶ 甲银行重分类的账务处理如下：

借：交易性金融资产　　　　490 000
　　债权投资减值准备　　　　6 000
　　公允价值变动损益　　　　4 000
　　贷：债权投资　　　　　　500 000

2. 以公允价值计量且其变动计入其他综合收益的金融资产的重分类

（1）企业将一项以公允价值计量且其变动计入其他综合收益的金融资产重分类为以摊余成本计量的金融资产的，应当将之前计入**其他综合收益的累计利得或损失转出**，调整该金融资产在**重分类日的公允价值**，并以调整后的金额作为新的账面价值，即视同该金融资产一直以摊余成本计量。该金融资产重分类不影响其实际利率和预期信用损失的计量。

（2）企业将一项以公允价值计量且其变动计入其他综合收益的金融资产重分类为以公允价值计量且其变动计入当期损益的金融资产的，应当继续以公允价值计量该金融资产。同时，企业应当将之前计入其他综合收益的累计利得或损失从其他综合收益转入**当期损益**。

【例题 21·分析题】 2×16 年 9 月 15 日，甲银行以公允价值 500 000 元购入一项债券投资，并按规定将其分类为以公允价值计量且其变动计入其他综合收益的金融资产，该债券的账面余额为 500 000 元。2×17 年 10 月 15 日，甲银行变更了其管理债券投资组合的业务模式，其变更符合重分类的要求，因此甲银行于 2×18 年年初将该债券从以公允价值计量且其变动计入其他综合收益的金融资产重分类为以摊余成本计量的金融资产。2×18 年年初，该债券的公允价值为 490 000 元，已确认的信用减值准备为 6 000 元，假定不考虑利息收入。则甲银行重分类日应如何进行账务处理？

解析 ▶ 甲银行重分类的账务处理如下：

借：债权投资　　　　　　　500 000
　　其他债权投资—公允价值变动
　　　　　　　　　　　　　 10 000
　　其他综合收益—信用减值准备
　　　　　　　　　　　　　　6 000
　　贷：其他债权投资—成本　500 000
　　　　其他综合收益—其他债权投资
　　　　公允价值变动　　　　 10 000
　　　　债权投资减值准备　　　6 000

3. 以公允价值计量且其变动计入当期损益的金融资产的重分类

（1）企业将一项以公允价值计量且其变动计入当期损益的金融资产重分类为以摊余成本计量的金融资产的，应当**以其在重分类日的公允价值作为新的账面余额**。

（2）企业将一项以公允价值计量且其变动计入当期损益的金融资产重分类为以公允价值计量且其变动计入其他综合收益的金融资产的，应当继续以公允价值计量该金融资产。

（3）对以公允价值计量且其变动计入当期损益的金融资产进行重分类的，企业应当根据该金融资产在**重分类日的公允价值确定其实际利率**。同时，企业应当自重分类日起对该金融资产适用金融资产减值的相关规定，并将重分类日视为初始确认日。

【总结】 金融资产重分类如图 7-1 所示。

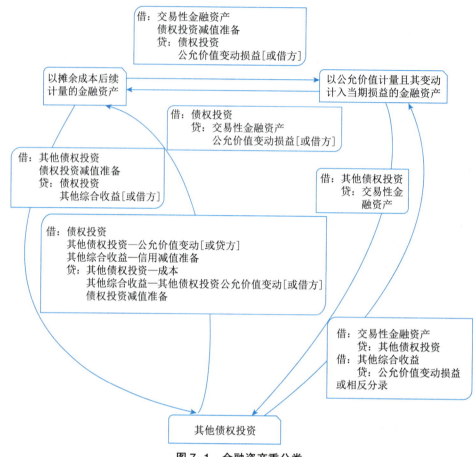

借：交易性金融资产
　　债权投资减值准备
　贷：债权投资
　　　公允价值变动损益[或借方]

以摊余成本后续计量的金融资产

以公允价值计量且其变动计入当期损益的金融资产

借：债权投资
　贷：交易性金融资产
　　　公允价值变动损益[或借方]

借：其他债权投资
　　债权投资减值准备
　贷：债权投资
　　　其他综合收益[或借方]

借：其他债权投资
　贷：交易性金融资产

借：债权投资
　　其他债权投资—公允价值变动[或贷方]
　　其他综合收益—信用减值准备
　贷：其他债权投资—成本
　　　其他综合收益—其他债权投资公允价值变动[或借方]
　　　债权投资减值准备

借：交易性金融资产
　贷：其他债权投资
借：其他综合收益
　贷：公允价值变动损益
或相反分录

其他债权投资

图7-1　金融资产重分类

【例题22·判断题】☆企业将以摊余成本计量的金融资产重分类为以公允价值计量且其变动计入当期损益的金融资产，应当按金融资产在重分类日的公允价值进行计量。　　（　）

答案 ▶ √

【例题23·多选题】☆下列各项交易或事项中，将导致企业所有者权益总额发生变动的有（　）。

A. 其他权益工具投资的公允价值发生变动

B. 其他债权投资发生减值

C. 账面价值与公允价值不同的债权投资重分类为其他债权投资

D. 权益法下收到被投资单位发放的现金股利

解析 ▶ 选项A，其他权益工具投资的公允价值发生变动计入其他综合收益，影响所有者权益总额；选项B，其他债权投资发生减值，应借记"信用减值损失"科目（增加了损失，最终减少所有者权益），贷记"其他综合收益"科目，所有者权益一减一增，不影响所有者权益总额；选项C，账面价值与公允价值不同的债权投资重分类为其他债权投资，差额计入其他综合收益，会影响所有者权益总额；选项D，权益法下收到被投资单位发放的现金股利，借记"银行存款"科目，贷记"应收股利"科目，不影响所有者权益总额。

答案 ▶ AC

八、金融负债

（一）金融负债的确认 ★

金融负债是指企业符合下列条件之一的负债。

（1）向其他方交付现金或其他金融资产

的合同义务。例如，企业的应付账款、应付票据和应付债券等均属于金融负债。而预收账款不是金融负债，因其导致的未来经济利益流出是商品或服务，不是交付现金或其他金融资产的合同义务。

(2)在潜在不利条件下，与其他方交换金融资产或金融负债的合同义务。

(3)将来须用或可用企业自身权益工具进行结算的非衍生工具合同，且企业根据该合同将交付可变数量的自身权益工具。

(4)将来须用或可用企业自身权益工具进行结算的衍生工具合同，但以固定数量的自身权益工具交换固定金额的现金或其他金融资产的衍生工具合同除外。

(二)金融负债的分类★

(1)除下列各项外，企业应当将金融负债分类为以摊余成本计量的金融负债：

①以公允价值计量且其变动计入当期损益的金融负债，包括交易性金融负债(含属于金融负债的衍生工具)和指定为以公允价值计量且其变动计入当期损益的金融负债；

②不符合终止确认条件的金融资产转移或继续涉入被转移金融资产所形成的金融负债；

③部分财务担保合同，以及不属于以公允价值计量且其变动计入当期损益的金融负债的以低于市场利率贷款的贷款承诺。

(2)金融负债的分类一经确定，不得变更。

【例题24·多选题】 ☆制造企业的下列各项负债中，应当采用摊余成本进行后续计量的有( )。

A. 交易性金融负债

B. 长期借款

C. 长期应付款

D. 应付债券

解析 选项A，交易性金融负债以公允价值进行后续计量。 **答案** BCD

(三)金融负债的计量★★

1. 以公允价值计量且其变动计入当期损益的金融负债

(1)以实际交易价格，即所收到或支付对价的公允价值为基础确定，交易费用列入当期损益。

借：银行存款等
　　财务费用[交易费用]
　　贷：交易性金融负债

(2)期末按公允价值口径调整其计价。

增值时：

借：公允价值变动损益
　　贷：交易性金融负债

贬值时：

借：交易性金融负债
　　贷：公允价值变动损益

(3)计提利息费用时。

借：财务费用
　　贷：应付利息

(4)到期时。

借：交易性金融负债
　　应付利息
　　贷：银行存款
　　　　公允价值变动损益[或者借方]

老高提示 掌握交易性金融负债公允价值变动的归属科目。

2. 以摊余成本后续计量的金融负债

以摊余成本计量且不属于任何套期关系一部分的金融负债所产生的利得或损失，应当在终止确认时计入当期损益或在按照实际利率法摊销时计入相关期间损益。

(1)发行债券时。

借：银行存款
　　应付债券—利息调整[折价时]
　　贷：应付债券—面值
　　　　应付债券—利息调整[溢价时]

【例题25·单选题】 ☆下列各项中，不应计入相关金融资产或金融负债初始入账价值的是( )。

中级会计实务应试指南

A. 发行长期债券发生的交易费用

B. 取得交易性金融资产发生的交易费用

C. 取得债权投资发生的交易费用

D. 取得其他债权投资发生的交易费用

解析 ▶ 交易性金融资产发生的相关费用应计入投资收益，其他几项涉及的相关交易费用均计入其初始入账价值。　**答案** ▶ B

【例题26·单选题】 ☆2×21年1月1日，甲公司以2 100万元的价格发行期限为5年、分期付息到期偿还面值、不可提前赎回的债券，发行费用为13.46万元，实际收到的发行所得为2 086.54万元。该债券的面值为2 000万元，票面年利率为6%，实际年利率为5%，每年利息在次年1月1日支付。不考虑其他因素，2×21年1月1日该应付债券的初始入账金额为(　)万元。

A. 2 100　　　B. 2 086.54

C. 2 000　　　D. 2 113.46

解析 ▶ 应付债券的初始入账金额＝实际收到的发行所得2 086.54万元。发行债券的会计分录为：

借：银行存款　　　　2 086.54

贷：应付债券—面值　　　　2 000

　　　—利息调整　　　　86.54

答案 ▶ B

(2)每年计提利息费用时。

【案例引入1】 甲公司经批准于2×15年1月1日发行债券10 000张，每张面值100元，票面利率6%，期限4年，每年年末付息，到期还本。发行价为每张98元，券商发行费用为3万元，自发行收入中内扣。债券溢折价采用实际利率法摊销。不考虑其他因素，甲公司应如何进行账务处理？(利息费用计算结果保留整数)

解析 ▶ ①首先计算此债券的内含利率 r：

$98×10\ 000-30\ 000=100×10\ 000×6\%×(P/A,r,4)+100×10\ 000×(P/F,r,4)$

经内插法测定，$r≈7.49\%$。

②发行时的会计分录：

借：银行存款　　　　950 000

　　应付债券—利息调整　　50 000

贷：应付债券—面值　　1 000 000

③各期利息费用计算见下表。

单位：元

年份	年初摊余成本	利息费用	付现	年末摊余成本
2×15年	950 000	71 155	60 000	961 155
2×16年	961 155	71 991	60 000	973 146
2×17年	973 146	72 889	60 000	986 035
2×18年	986 035	73 965	1 060 000	0

2×15年年末利息费用的账务处理如下：

借：财务费用或在建工程　　71 155

贷：应付利息　　　　60 000

　　应付债券—利息调整　11 155

借：应付利息　　　　60 000

贷：银行存款　　　　60 000

2×16年年末、2×17年年末、2×18年年末的分录均参照上述处理。

④到期还本时：

借：应付债券—面值　　1 000 000

贷：银行存款　　　　1 000 000

【案例引入2】 甲公司经批准于2×15年12月31日发行债券10 000张，每张面值100元，票面利率6%，期限4年，每年年末付息，到期还本。发行价为每张110元，券商发行费用为3万元，自发行收入中内扣。债券溢折价采用实际利率法摊销。不考虑其他因素，甲公司应如何进行账务处理？(利息费用计算结果保留整数)

解析 ▶ ①首先计算此债券的内含利率 r：

180

$110 \times 10\ 000 - 30\ 000 = 100 \times 10\ 000 \times 6\% \times (P/A,\ r,\ 4) + 100 \times 10\ 000 \times (P/F,\ r,\ 4)$

经内插法测定，$r \approx 4.07\%$。

②发行时的会计分录：

日期	利息费用	支付现金	应付债券摊余成本
2×15 年 12 月 31 日			1 070 000
2×16 年 12 月 31 日	43 549	60 000	1 053 549
2×17 年 12 月 31 日	42 879	60 000	1 036 428
2×18 年 12 月 31 日	42 183	60 000	1 018 611
2×19 年 12 月 31 日	41 389	1 060 000	0

2×16 年年末利息费用的账务处理如下：

借：财务费用或在建工程　43 549

　　应付债券—利息调整　16 451

　　贷：应付利息　　　　　　　60 000

借：应付利息　　　　　　60 000

　　贷：银行存款　　　　　　　60 000

2×17 年年末、2×18 年年末、2×19 年年末的分录均参照上述处理。

④到期还本时：

借：应付债券—面值　　1 000 000

　　贷：银行存款　　　　　1 000 000

【案例引入 3】甲公司经批准于 2×07 年 12 月 31 日发行债券 10 000 万张，每张面值 100 元，票面年利率 6%，期限 5 年，到期一次还本付息，假定不考虑发行费用。发行债券当时的市场年利率为 7%，债券溢折价采用实际利率法摊销，$(P/F, 7\%, 5) = 0.713$。不考虑其他因素，甲公司应如何进行账务处理？（利息费用计算结果保留整数）

借：银行存款　　　　　　1 070 000

　　贷：应付债券—面值　　1 000 000

　　　　　　　　—利息调整　　70 000

③各期利息费用计算见下表。

单位：元

单位：元（表上方）

解析 ①首先计算实际发行净价：

$(100 \times 10\ 000 + 100 \times 10\ 000 \times 6\% \times 5) \times (P/F, 7\%, 5) = 1\ 300\ 000 \times 0.713 = 926\ 900$（万元）。

②发行时的会计分录：

借：银行存款　　　　　　926 900

　　应付债券—利息调整　73 100

　　贷：应付债券—面值　　1 000 000

③各期利息费用计算见下表。

单位：万元

日期	利息费用	支付现金	应付债券摊余成本
2×07 年 12 月 31 日			926 900
2×08 年 12 月 31 日	64 883	0	991 783
2×09 年 12 月 31 日	69 425	0	1 061 208
2×10 年 12 月 31 日	74 285	0	1 135 493
2×11 年 12 月 31 日	79 485	0	1 214 978
2×12 年 12 月 31 日	85 022	1 300 000	0

2×08 年年末利息费用的账务处理如下：

借：财务费用或在建工程　64 883

　　贷：应付债券—应计利息　60 000

　　　　　　　　—利息调整　　4 883

2×09 年年末、2×10 年年末、2×11 年末和 2×12 年年末的分录均参照上述处理。

④到期还本付息时：

借：应付债券——面值　　1 000 000

　　　　　——应计利息　　300 000

　贷：银行存款　　　　　1 300 000

【理论总结】

借：财务费用或在建工程［期初债券的摊余价值×市场利率×当期期限］

　贷：应付债券——应计利息［债券票面价值×票面利率×当期期限，到期一次还本付息债券］

　　　应付利息［分期付息债券］

　　　应付债券——利息调整［倒挤，也可能记借方］

考高提示 ①分次付息债券在折价前提下，每期的实际利息费用大于票面利息，其差额会追加债券摊余成本，直至面值。每期的摊余成本和利息费用呈上升态势。

②分次付息债券在溢价前提下，每期的实际利息费用小于票面利息，其差额会冲减债券摊余成本，直至面值。每期的摊余成本和利息费用呈下降态势。

③到期一次还本付息债券，无论是折价还是溢价，每期的利息费用和摊余成本都呈上升态势。

（3）到期时。

借：应付债券——面值

　　　　　——应计利息［到期一次还本付息债券］

　　应付利息［分期付息债券］

　贷：银行存款

【关键考点】 应付债券的常见测试点有三个：①每期利息费用的计算；②每期末应付债券账面余额的计算；③应付债券利息费用资本化的金额计算，此测试点需结合借款费用掌握。

【例题27·单选题】 下列关于公司债券的论断中，不正确的是(　　)。

A. 折价前提下，分次付息到期还本的债券摊余成本会越来越高

B. 溢价前提下，分次付息到期还本的债

券摊余成本会越来越低

C. 到期一次还本付息的债券无论是折价还是溢价其摊余成本都会越来越高

D. 债权投资的每期利息收入等于发行方每期的利息费用

解析 ▶ 选项D，债券发行方和购买方即使是一级市场的交易双方，由于其交易环节的费用不同，双方摊余成本也就不一样，后续的利息损益口径可能不一致，如果再加上多次转手的因素就更不可能了。　**答案** ▶ D

【例题28·单选题】 ☆2×12 年 1 月 1 日，甲公司发行分期付息、到期一次还本的 5 年期公司债券，实际收到的款项为 18 800 万元，该债券面值总额为 18 000 万元，票面年利率为 5%。利息于每年年末支付；实际年利率为 4%，2×12 年 12 月 31 日，甲公司该项应付债券的摊余成本为(　　)万元。

A. 18 000　　　　B. 18 652

C. 18 800　　　　D. 18 948

解析 ▶ 2×12 年 12 月 31 日该应付债券的摊余成本 = 18 800 + 18 800×4% - 18 000×5% = 18 652(万元)，所以选择B。　**答案** ▶ B

九、金融资产终止确认★

金融资产终止确认是指企业将之前确认的金融资产从其资产负债表中予以转出。

金融资产满足下列条件之一的，应当终止确认：①收取该金融资产现金流量的合同权利终止；②该金融资产已转移，且该转移满足关于终止确认的规定。

金融资产的一部分满足下列三个条件之一的，企业应当将终止确认的规定适用于该金融资产部分，否则，适用于该金融资产整体。

（1）该金融资产部分仅包括金融资产所产生的特定可辨认现金流量。如企业就某债务工具与转入方签订一项利息剥离合同，合同规定转入方有获得该债务工具利息现金流量的权利，但无权获得该债务工具本金现金

流量,则终止确认的规定适用于该债务工具的利息现金流量。

(2)该金融资产部分仅包括与该金融资产所产生的全部现金流量完全成比例的现金流量部分。如企业就某债务工具与转入方签订转让合同,合同规定转入方拥有获得该债务工具全部现金流量90%份额的权利,终止确认的规定适用于这些现金流量的90%。

(3)该金融资产部分仅包括与该金融资产所产生的特定可辨认现金流量完全成比例的现金流量部分。如企业就某债务工具与转入方签订转让合同,合同规定转入方拥有获得该债务工具利息现金流量90%份额的权利,终止确认的规定适用于该债务工具利息现金流量90%的部分。

限时 100min

同步训练

扫我做试题

一、单项选择题

1. 甲公司2×18年4月3日自证券市场购入乙公司发行的股票1万股,每股买价30元,另付交易费用1万元。乙公司已于3月1日宣告分红,每股红利为0.7元,于4月10日发放,甲公司根据其管理该股票的业务模式和该股票的合同现金流量,将购入的乙公司股票作为交易性金融资产核算。2×18年6月30日股价为每股31元,2×18年8月10日乙公司再次宣告分红,每股0.8元,于8月15日发放。2×18年12月31日股价为每股33元。2×19年2月5日甲公司出售该投资,卖价为每股40元,交易费用2万元。甲公司因该交易性金融资产应确认的累计投资收益为( )万元。

   A. -1　　　　　B. 8.5

   C. 4.8　　　　　D. 0.8

2. M公司以赚取差价为目的于2×11年4月1日购入N公司的债券,该债券面值为100万元,票面年利率为6%,每年的3月1日、9月1日各付息一次。N公司本应于2×11年3月1日偿付的利息直至4月6日才予支付。M公司支付买价110万元,另支付交易费用0.7万元。2×11年6月

30日该债券的公允价值为97万元。M公司9月1日如期收到利息。2×11年12月31日债券的公允价值为90万元。2×12年4月1日M公司抛售此投资,售价为89万元,交易费用1万元,M公司因该投资产生的累计投资收益为( )万元。

   A. -19　　　　　B. -13.7

   C. -0.7　　　　　D. 3.3

3. 2×17年1月1日,甲公司从二级市场购入乙公司分期付息、到期还本的债券12万张,以银行存款支付价款1 050万元,另支付相关交易费用12万元。该债券系乙公司于2×16年1月1日发行,每张债券面值为100元,期限为3年,票面年利率为5%,每年年末支付当年度利息。甲公司将其划分为债权投资核算。甲公司持有乙公司债券至到期累计应确认的投资收益是( )万元。

   A. 120　　　　　B. 258

   C. 270　　　　　D. 318

4. 2×16年1月1日,甲公司自证券市场购入面值总额为1 000万元的债券,该债券发行日为2×15年1月1日,系分期付息、到期还本债券,期限为5年,票面年利率为5%,每年12月31日支付当年利息。甲公司购入该债券时,上一年的利息尚未

兑付，甲公司实际支付价款 1 078.98 万元，另外支付交易费用 10 万元。经测算甲公司的内含报酬率为 3.93%，甲公司将该债券作为债权投资核算。该债权投资 2×17 年 12 月 31 日的账面价值为（ ）万元。

A. 1 062.14   B. 1 068.98

C. 1 020.28   D. 1 083.43

5. 甲公司于 2×16 年 1 月 2 日购入乙公司于 1 月 1 日发行的公司债券，该债券的面值为 1 000 万元，票面年利率为 10%，期限为 5 年，每年年末付息，到期还本。该债券投资被甲公司界定为债权投资。甲公司支付了买价 1 100 万元，另支付经纪人佣金 10 万元，印花税 2 000 元。出于简化，假定实际利率为 7.29%，2×16 年年初债权投资的入账成本为（ ）万元。

A. 1 110.2   B. 1 100.2

C. 1 101.1   D. 1 100.0

6. 资料同前，2×16 年年末计提的利息收益为（ ）万元。

A. 90.11   B. 80.93

C. 100.00   D. 111.10

7. 2×11 年 10 月 12 日，甲公司以每股 10 元的价格从二级市场购入乙公司股票 10 万股，支付价款 100 万元，另支付交易费用 2 万元。甲公司将购入的乙公司股票指定为其他权益工具投资核算。2×11 年 12 月 31 日，乙公司股票市场价格为每股 18 元。2×12 年 3 月 15 日，甲公司收到乙公司当年宣告分派的现金股利 4 万元。2×12 年 4 月 4 日，甲公司将所持有乙公司股票以每股 16 元的价格全部出售，在支付相关交易费用 2.5 万元后实际取得款项 157.5 万元。则甲公司因投资乙公司股票对 2×12 年度的影响为（ ）。

A. 追加留存收益 59.5 万元

B. 追加留存收益 55.5 万元

C. 冲减留存收益 59.5 万元

D. 冲减留存收益 51.5 万元

8. 2×16 年 5 月 8 日，甲公司以每股 16 元的价格自二级市场购入乙公司股票 100 万股，支付价款 1 600 万元，另支付相关交易费用 30 万元。甲公司将其指定为其他权益工具投资。2×16 年 12 月 31 日，乙公司股票的市场价格为每股 17 元。2×17 年 12 月 31 日，乙公司股票的市场价格为每股 5 元，甲公司预计乙公司股票的市场价格还将持续下跌。不考虑其他因素，甲公司在 2×17 年年末对该项股权投资应作的会计处理是（ ）。

A. 确认其他综合收益 -1 200 万元

B. 确认信用减值损失 1 270 万元

C. 确认公允价值变动损益 1 130 万元

D. 确认信用减值损失 1 130 万元

9. 下列关于金融资产重分类的说法中不正确的是（ ）。

A. 以公允价值计量且其变动计入当期损益的金融资产重分类为以摊余成本计量的金融资产的，应以其在重分类日的公允价值作为新的账面余额

B. 以摊余成本计量的金融资产重分类为以公允价值计量且其变动计入当期损益的金融资产的，应当按照其在重分类日的公允价值计量，原账面价值与公允价值之间的差额计入当期损益

C. 以摊余成本计量的金融资产重分类为以公允价值计量且其变动计入其他综合收益的金融资产的，应当按照其在重分类日的公允价值计量，原账面价值与公允价值之间的差额计入其他综合收益

D. 企业对金融资产重分类，应当自重分类日起采用追溯调整法进行相关处理，要对以前已经确认的利得、损失等进行追溯调整

二、多项选择题

1. 下列有关交易性金融资产的论断中，正确的有（ ）。

A. 甲公司购买了乙上市公司 10% 的股份，

达不到重大影响能力，此投资应界定为交易性金融资产

B. 交易性金融资产持有期间收到的股利，除非是购入时已宣告但未发放的股利，否则均列入投资收益

C. 交易性金融资产持有期间发生的公允价值变动损益在处置时转入投资收益

D. 交易费用不构成交易性金融资产的入账成本

E. 交易性金融资产在税务上只承认其初始成本，不认可后续公允价值变动，其产生的暂时性差异属于应纳税暂时性差异

2. 下列有关金融资产会计处理的论断中，正确的有（　　）。

A. 初始购入金融资产时，交易性金融资产与其他两类金融资产的区别在于交易费用的处理方式不同，交易性金融资产发生的交易费用计入投资损失，而其他两类金融资产发生的交易费用计入成本

B. 初始购入金融资产时，购买价款中包含的已经到付息期但尚未领取的利息或已经宣告但尚未发放的现金股利均应作为应收项目单独核算

C. 交易性金融资产和其他权益工具投资均不计提减值准备

D. 其他权益工具投资持有期间累计确认的其他综合收益应在资产处置时转入留存收益

E. 债权投资的摊余成本就是债权投资的账面余额

3. 下列有关债权投资的论断中，正确的有（　　）。

A. 债权投资对象如果是到期一次还本付息债券，则到期时收回的应计利息应是自其购入日至到期日的利息，而非全部票面利息

B. 分次结息到期还本的债券，如果是折价购入，其每年的利息收益会高于票面利息，差额追加债券投资成本

C. 分次结息到期还本的债券，如果是溢

价购入，说明其票面利率高于市场利率

D. 无论是折价购入还是溢价购入，如果所购债券是到期一次还本付息债券，则其摊余成本会逐年上升，直至达到票面价值加所有的票面利息，每年的投资收益也会逐年上升

4. 下列关于以公允价值计量且其变动计入其他综合收益的金融资产的表述中，不正确的有（　　）。

A. 应当按照取得时的公允价值和相关交易费用之和作为初始确认金额

B. 持有期间取得的实际利息，应当计入投资收益

C. 资产负债表日，应当以公允价值计量，且公允价值变动计入资本公积

D. 处置其他债权投资时，确认的投资收益为取得的价款与该金融资产账面价值之间的差额

5. 下列有关以公允价值计量且其变动计入其他综合收益的金融资产会计处理的表述中，正确的有（　　）。

A. 其他债权投资发生减值时会导致其账面价值减少

B. 其他债权投资，其后续利息收益的计算不受其公允价值暂时变动的影响

C. 以外币计价的其他权益工具投资发生的汇兑差额应计入其他综合收益

D. 以外币计价的其他债权投资发生的汇兑差额应计入当期损益

6. 甲公司2×17年5月1日在二级股票市场购入乙公司的股票30万股，占有乙公司总股份的1%，该股票每股买价8元，发生交易费用5万元，此权益投资指定为其他权益工具投资，乙公司于2×17年6月15日宣告分红，每股红利为0.7元，7月3日实际发放。6月30日，乙公司股票的公允价值为每股6.8元。乙公司因投资失误致使股价大跌，预计短期内无法恢复，截至2×17年12月31日股价跌至每股3元，基于上述资料，下列会计核算指标

中正确的有( )。

A. 其他权益工具投资的入账成本为245万元

B. 2×17年6月分红时甲公司确认投资收益21万元

C. 2×17年6月30日甲公司确认信用值损失41万元

D. 2×17年年末甲公司确认信用减值损失114万元

7. 下列各项中，应确认投资收益的有( )。

A. 债权投资在持有期间按摊余成本和实际利率计算确认的利息收入

B. 其他权益工具投资在持有期间确认的应收现金股利

C. 交易性金融资产在资产负债表日的公允价值与账面价值的差额

D. 其他债权投资出售时，实际收到款项与其账面价值的差额

E. 其他权益工具投资出售时，实际收到款项与其账面价值的差额

8. 企业因持有意图的改变，将债权投资重分类为其他债权投资时，下列会计处理不正确的有( )。

A. 按原账面价值结转债权投资

B. 按重分类日公允价值结转债权投资

C. 按重分类日债权投资账面价值与公允价值孰低结转

D. 不作账务处理

9. 关于以公允价值计量且其变动计入其他综合收益的金融资产的重分类，下列表述正确的有( )。

A. 以公允价值计量且其变动计入其他综合收益的金融资产重分类为以摊余成本计量的金融资产的，应将之前计入其他综合收益的累计利得或损失转出，调整该金融资产在重分类日的公允价值，并以调整后的金额作为新的账面价值

B. 以公允价值计量且其变动计入其他综合收益的金融资产与以摊余成本计量的金融资产之间的重分类，不影响实际利率和

预期信用损失的计量

C. 以公允价值计量且其变动计入其他综合收益的金融资产重分类为以公允价值计量且其变动计入当期损益的金融资产的，应当继续以公允价值计量该金融资产

D. 以公允价值计量且其变动计入其他综合收益的金融资产重分类为以公允价值计量且其变动计入当期损益的金融资产的，之前计入其他综合收益的累计利得或损失不必作转出处理

10. 下列有关公司债券的论断中，正确的有( )。

A. 分次结息的债券在折价前提下，每年的实际利息费用均大于票面利息

B. 分次结息的债券在溢价前提下，每年的票面利息均大于实际利息费用

C. 到期一次还本付息的债券，每年的实际利息费用和票面利息呈上升态势

D. 当市场利率小于票面利率时，分次付息债券的理论发行价为溢价

11. M公司经批准于2×18年1月1日发行债券10 000张，每张面值100元，票面年利率8%，期限5年，每年年末付息一次，发行债券时的市场利率为6.1%，债券发行价格为108万元。债券溢折价采用实际利率法摊销。基于上述资料，如下会计指标中正确的有( )。

A. 2×18年年末应付债券的账面余额为106.59万元

B. 2×19年的实际利息费用为6.5万元

C. 分次付息到期还本的债券在溢价前提下，每期的利息费用呈下降态势

D. 分次付息到期还本的债券在溢价前提下，每期的摊余成本呈上升态势

12. 甲公司2×19年1月1日购入乙公司于2×18年年初发行的公司债券，面值100万元，票面年利率为6%，期限5年，每年年末结息，到期还本。买价为107万元，另付交易费用2万元，乙公司本应于2×18年年末结算的利息因资金困

难，延至 2×19 年 2 月 1 日才偿付。如果甲公司意图持有至到期，则此投资的内含报酬率为 5.15%。2×19 年 12 月 31 日该债券投资的公允价值为 110 万元，年末利息如约结算。2×20 年 12 月 31 日该债券投资的公允价值为 112 万元，年末利息如约结付。2×21 年 5 月 3 日甲公司将乙公司债券抛售，售价为 120 万元，交易费用 5 万元。假定不考虑其他相关税费。如果甲公司将此债券投资定义为交易性金融资产，则根据如上资料，下列相关论断中正确的有(　　)。

A. 甲公司处置债券时的投资收益为 3 万元

B. 2×19 年营业利润因此追加 15 万元

C. 2×20 年营业利润因此追加 8 万元

D. 此债券投资全部投资收益实现额为 13 万元

13. 资料同前，如果甲公司将此债券投资定义为债权投资，则根据如上资料，下列相关论断中正确的有(　　)。

A. 甲公司处置债券时的投资收益为 13.43 万元

B. 2×19 年营业利润因此追加 5.3 万元

C. 2×20 年营业利润因此追加 5.27 万元

D. 如果 2×20 年末此债券投资可收回价值为 101 万元，则应提取信用减值损失 0.57 万元

E. 债权投资的减值准备能够反冲，但应以提取额为冲减上限

14. 资料同前，如果甲公司将此债券投资定义为其他债权投资，则根据如上资料，下列相关论断中正确的有(　　)。

A. 甲公司处置债券时的投资收益为 13.43 万元

B. 2×19 年因此债券形成利得 7.7 万元

C. 2×20 年因此债券形成利得 2.73 万元

D. 2×21 年因此债券追加所有者权益 3 万元

15. 甲公司 2×19 年 5 月 1 日购入乙公司股票 10 万股，占股比例为 1%，达不到重大影响程度。每股买价为 20 元，另付交易费

用 2 万元，乙公司于 2×19 年 4 月 20 日宣告分红，每股红利为 0.7 元，2×19 年 5 月 11 日发放。2×19 年 6 月 30 日每股乙公司股票公允价值为 21 元，2×19 年 12 月 31 日乙公司股价为每股 30 元。2×20 年 2 月 1 日乙公司宣告发放红利，每股红利为 1 元，于 3 月 11 日发放。2×20 年 5 月 3 日甲公司将乙公司股票抛售，每股售价为 40 元，另支付交易费用 5 万元。根据如上资料，下列相关论断中正确的有(　　)。

A. 如果甲公司持有乙公司股份被定义为交易性金融资产，则处置时的投资收益为 95 万元

B. 如果甲公司持有乙公司股份被定义为交易性金融资产，则 2×19 年营业利润因此追加 105 万元

C. 如果甲公司持有乙公司股份被定义为其他权益工具投资，则 2×19 年利得为 105 万元

D. 如果甲公司持有乙公司股份被定义为其他权益工具投资，则 2×20 年所有者权益因此追加 195 万元

E. 如果甲公司持有乙公司股份被定义为其他权益工具投资，则 2×20 年追加留存收益 200 万元

三、判断题

1. 划分为其他债权投资的金融资产，后续发生减值时，不影响该金融资产的账面价值。(　　)

2. 购入的股权投资，不符合债权投资的条件，不能划分为债权投资。(　　)

3. 划分为以公允价值计量且其变动计入当期损益的金融资产，后续计量时不可以和其他类别的金融资产重分类。(　　)

4. 指定为以公允价值计量且其变动计入其他综合收益的金融资产，不得计提减值准备。(　　)

5. 企业应当在资产负债表日对所有的金融资

产的账面价值进行检查，发生减值的，应
当计提减值准备。 （ ）

6. 合同到期而使合同权利终止，金融资产不
能再为企业带来经济利益时，应当终止确
认该金融资产。 （ ）

四、计算分析题

1. 甲公司为上市金融企业，2×17 年至 2×19 年
有关投资如下。

(1)2×17 年 1 月 1 日，按面值购入 100 万
份乙公司公开发行的分次付息、一次还本
债券，款项已用银行存款支付，该债券每
份面值 100 元，票面年利率为 5%，每年
年末支付利息，期限为 5 年。甲公司将该
债券投资划分为其他债权投资。

2×17 年 6 月 1 日，自公开市场购入 1 000 万
股丙公司股票，每股 20 元，实际支付价
款 20 000 万元。甲公司将该股票投资指定
为其他权益工具投资。

(2)2×17 年 10 月，丙公司股票价格开始
下跌。2×17 年 12 月 31 日丙公司股票收盘
价为每股 16 元。2×18 年，丙公司股票价
格持续下跌，2×18 年 12 月 31 日收盘价为
每股 10 元。

2×17 年 11 月，乙公司债券价格发生暂时
性下跌。2×17 年 12 月 31 日乙公司债券价
格为每份 90 元。2×18 年，乙公司债券价
格持续下跌，2×18 年 12 月 31 日乙公司债
券价格跌至为每份 50 元，甲公司认为，
该工具的信用风险自初始确认后并无显著
增加，应按 12 个月内预期信用损失计量
损失准备，损失金额为 1 000 万元。

(3)2×19 年 1 月 1 日，甲公司以当日的公
允价值 5 000 万元出售乙公司债券。
本题不考虑所得税及其他相关税费。
要求：

(1)编制甲公司取得乙公司债券和丙公司
股票时的会计分录；

(2)计算甲公司 2×17 年因持有乙公司债券
和丙公司股票对当年损益或所有者权益的

直接影响金额，并编制相关会计分录；

(3)编制甲公司 2×18 年 12 月 31 日对持有的
乙公司债券和丙公司股票相关会计分录；

(4)编制甲公司 2×19 年出售乙公司债券的
相关会计分录。

(答案中的金额单位用万元表示)

2. 甲公司有关投资的资料如下。

(1)2×13 年 1 月 1 日，甲公司购入乙公司当
日发行的债券 30 万份，面值为 100 元/份，
票面年利率为 8%，每年年末支付利息，到
期还本。甲公司共支付价款 2 809.25 万元，
另支付交易费用 40.75 万元，甲公司将其作
为以摊余成本计量的金融资产核算。该债
券实际利率为 10%。

(2)2×13 年年末和 2×14 年年末乙公司都
分别支付了当年度利息。

(3)2×15 年 3 月 1 日，甲公司因急需资金
将持有的乙公司债券的 50% 出售，取得价
款 1 600 万元，存入银行。剩余债券不再
适合划分为债权投资，甲公司将其重分类
为以公允价值计量且其变动计入其他综合
收益的金融资产。

要求：

(1)根据资料(1)和资料(2)，请做出甲公
司与该投资相关的会计分录；

(2)根据资料(3)，计算甲公司处置该投
资应确认的投资收益，并做出与处置相关
的会计分录；

(3)根据资料(3)，对出售后剩余的债券
投资作出相关处理。

(答案中金额单位用万元表示)

3. 甲公司有关投资的资料如下。

(1)2×16 年 5 月 20 日，甲公司以银行存
款 292.5 万元购入乙公司 10 万股普通股，
占乙公司总股份的 5%。此外，甲公司为
取得该项股权投资发生手续费等相关交易
费用 2 万元。甲公司将该股票投资指定为
其他权益工具投资。

(2)2×16 年 6 月 30 日，乙公司股票收盘
价跌至每股 27 元。

（3）2×16 年 7 月起，乙公司股票价格持续下跌；至 12 月 31 日，乙公司股票收盘价跌至每股 15 元。

（4）2×17 年 4 月 26 日，乙公司宣告发放现金股利每股 0.1 元。

（5）2×17 年 5 月 10 日，甲公司收到乙公司发放的现金股利 1 万元。

（6）2×17 年 1 月起，乙公司股票价格持续上升；至 6 月 30 日，乙公司股票收盘价升至每股 25 元。

（7）2×17 年 12 月 24 日，甲公司以市场公允价值每股 28 元的价格从二级市场购入

40 万股乙公司股票，占乙公司总股份的 20%。至此，甲公司共持有乙公司 25% 的股权，对乙公司具有重大影响。

其他资料：假定甲公司按照净利润的 10% 计提盈余公积，所有款项均以银行存款收付，不考虑其他因素。

要求：

（1）根据上述资料，逐笔编制甲公司 2×16 年相关业务的会计分录；

（2）根据上述资料，逐笔编制甲公司 2×17 年相关业务的会计分录。

（答案中的金额单位用万元表示）

同步训练答案及解析

一、单项选择题

1. C 【解析】应确认的投资收益 $= -1 + 1 \times 0.8 + [(40-2) - 1 \times 33] = 4.8$（万元）。注意：交易性金融资产处置时，持有期间累计确认的公允价值变动损益**不再转入投资收益**。

『拓展』处置时的损益影响金额 = 处置时的投资收益影响金额 $= 40 - 2 - 33 = 5$（万元）。

2. D 【解析】①M 公司以赚取差价为目的而购买的债券投资应划分为交易性金融资产；②交易费用 0.7 万元列入当期的投资损失；③2×11 年 9 月 1 日和 2×12 年 3 月 1 日分别计提利息收益认定的投资收益 = $100 \times 6\% \times 6/12 = 3$（万元）；④2×12 年 4 月 1 日 M 公司抛售债券投资时，产生的投资收益 = $(89-1) - 90 = -2$（万元）；⑤M 公司持有该债券投资累计实现的投资收益 = $-0.7 + 3 + 3 - 2 = 3.3$（万元）。

『拓展』因该投资累计确认的损益影响 = 累计实现的投资收益 3.3 + 累计实现的公允价值变动损益 $[90 - (110 - 100 \times 6\% \times 6/12)] = -13.7$（万元）。

3. B 【解析】①甲公司购入乙公司债券的入账价值 = $1\,050 + 12 = 1\,062$（万元）；②甲公司持有乙公司债券至到期累计应确认的投资收益 = 票面利息 $12 \times 100 \times 5\% \times 2 +$ 所有的折价 $(12 \times 100 - 1\,062) = 258$（万元）。

4. C 【解析】2×16 年年初债权投资的初始成本 = $1\,078.98 - 1\,000 \times 5\% + 10 = 1\,038.98$（万元）；2×16 年 12 月 31 日账面价值 = $1\,038.98 + 1\,038.98 \times 3.93\% - 1\,000 \times 5\% = 1\,029.81$（万元）；2×17 年 12 月 31 日账面价值 = $1\,029.81 + 1\,029.81 \times 3.93\% - 1\,000 \times 5\% = 1\,020.28$（万元）。

5. A 【解析】2×16 年年初债权投资的入账成本 = $1\,100 + 10 + 0.2 = 1\,110.2$（万元）。

6. B 【解析】

单位：万元

年份	年初摊余成本	当年利息收益	票面利息	年末摊余成本
2×16 年	1 110.20	80.93	100.00	1 091.13

7. A 【解析】①现金股利 4 万元形成 2×12 年的投资收益，最终追加留存收益 4 万元；②2×12 年 4 月 4 日出售该股票时形成的留存收益 =（157.5 − 180）+（180 − 102）= 55.5(万元)；③2×12 年累计追加留存收益 59.5 万元(4+55.5)。

8. A 【解析】2×16 年 5 月 8 日：
借：其他权益工具投资　　　　　1 630
　　贷：银行存款　　　　　　　1 630
2×16 年 12 月 31 日：
借：其他权益工具投资
　　　　　　　　　（1 700−1 630）70
　　贷：其他综合收益　　　　　　70
2×17 年 12 月 31 日：
借：其他综合收益　　　　　1 200
　　贷：其他权益工具投资
　　　　　　　　　（500−1 700）1 200

9. D 【解析】企业对金融资产重分类，应当自重分类日起采用未来适用法进行相关处理，不得对以前已经确认的利得、损失或利息进行追溯调整。

二、多项选择题

1. BD 【解析】选项 A，持有上市公司股份达不到重大影响的，如为长线投资，应划分为其他权益工具投资，如为短线投资，应划分为交易性金融资产；选项 C，交易性金融资产持有期间发生的公允价值变动损益在处置时不再转入投资收益；选项 E，交易性金融资产如果增值则匹配应纳税暂时性差异，如为贬值则匹配可抵扣暂时性差异，其差异定性是不确定的。

2. ABCD 【解析】选项 E，债权投资的摊余成本=债权投资的账面价值=债权投资账面余额−债权投资减值准备。

3. BCD 【解析】选项 A，债权投资如果购入的是到期一次还本付息债券，则无论其购入时点在哪，到期收回的都是所有的票面利息。

4. CD 【解析】选项 C，公允价值变动记入

"其他综合收益"科目；选项 D，其他债权投资对外处置时，其持有期间累计计入其他综合收益的金额也要转入投资收益中，所以其处置时确认的投资收益并不一定等于取得的价款与账面价值的差额。

5. BCD 【解析】选项 A，其他债权投资发生减值时，应按照其损失金额借记"信用减值损失"科目，贷记"其他综合收益—信用减值准备"科目，不影响其他债权投资账面价值。

6. AB 【解析】①甲公司持有的其他权益工具投资的初始入账成本 = 30×8+5 = 245（万元）；②6 月 15 日乙公司宣告分红时，甲公司应确认投资收益 21 万元（30×0.7）；③6 月 30 日其他权益工具投资公允价值贬损额 41 万元（245−6.8×30），记入"其他综合收益"科目的借方；④12 月 31 日其他权益工具投资公允价值贬损额 114 万元（3×30−6.8×30），记入"其他综合收益"科目的借方：
借：其他综合收益　　　　　114
　　贷：其他权益工具投资　　114

7. ABD 【解析】选项 C，应计入公允价值变动损益；选项 E，计入留存收益。

8. BCD 【解析】债权投资重分类为其他债权投资时，应按账面价值结转债权投资，按重分类日公允价值确认其他债权投资，账面价值与公允价值的差额计入其他综合收益。

9. ABC 【解析】选项 D，以公允价值计量且其变动计入其他综合收益的金融资产重分类为以公允价值计量且其变动计入当期损益的金融资产的，应当继续以公允价值计量该金融资产；同时，企业应当将之前计入其他综合收益的累计利得或损失从其他综合收益转入当期损益。

10. ABD 【解析】选项 C，到期一次还本付息债券的票面利息每期均相等。

11. ABC 【解析】公司债券每年的利息费用和摊余成本结果如下表所示。

单位：万元

日期	支付现金	利息费用	应付债券摊余成本
2×18 年 1 月 1 日			108.00
2×18 年 12 月 31 日	8.00	6.59	106.59
2×19 年 12 月 31 日	8.00	6.50	105.09
2×20 年 12 月 31 日	8.00	6.41	103.50
2×21 年 12 月 31 日	8.00	6.31	101.81
2×22 年 12 月 31 日	108.00	6.19	0.00

12. ACD　【解析】选项 B，2×19 年营业利润追加金额＝－2＋6＋9＝13（万元）。见 14 题表格解析。

13. ABCDE　【解析】见 14 题表格解析。

14. ABCD　【解析】甲公司相关账务处理如下表所示。

业务内容	定义为交易性金融资产	定义为债权投资	定义为其他债权投资
2×19 年 1 月 1 日	借：交易性金融资产 　　　　（107－6）101 　　应收利息　　　6 　　投资收益　　　2 　贷：银行存款（107＋2）109	借：债权投资—成本　　100 　　　　　—利息调整3 　　应收利息　　　6 　贷：银行存款　　　109	借：其他债权投资—成本 　　　　　　　　100 　　　　—利息调整 　　　　　　　　3 　　应收利息　　　6 　贷：银行存款　　　109
2×19 年 12 月 31 日利息到期时	借：应收利息　　　6 　贷：投资收益　　　6 借：银行存款　　　6 　贷：应收利息　　　6	借：应收利息　　　6 　贷：投资收益 　　　（103×5.15%）5.3 　　债权投资—利息调整 　　　　　　　　0.7 借：银行存款　　　6 　贷：应收利息　　　6	借：应收利息　　　6 　贷：投资收益　　5.3 　　其他债权投资—利息 　　调整　　　　0.7 借：银行存款　　　6 　贷：应收利息　　　6
2×19 年 12 月 31 日公允价值变动时	借：交易性金融资产　　9 　贷：公允价值变动损益 　　　（110－101）9	不认定	借：其他债权投资—公允价值 　变动　　　　7.7 　贷：其他综合收益 　　［110－（103－0.7）］7.7
2×20 年 12 月 31 日利息到期时	借：应收利息　　　6 　贷：投资收益　　　6 借：银行存款　　　6 　贷：应收利息　　　6	借：应收利息　　　6 　贷：投资收益 　　［（103－0.7）×5.15%］5.27 　　债权投资—利息调整 　　　　　　　　0.73 借：银行存款　　　6 　贷：应收利息　　　6	借：应收利息　　　6 　贷：投资收益　　5.27 　　其他债权投资—利息 　　调整　　　　0.73 借：银行存款　　　6 　贷：应收利息　　　6

业务内容	定义为交易性金融资产	定义为债权投资	定义为其他债权投资
2×20年12月31日公允价值变动时	借：交易性金融资产　2 　　贷：公允价值变动损益 　　　　　　　　（112-110）2	不认定	借：其他债权投资—公允价值 　　　　　　变动　2.73 　　贷：其他综合收益 　　　　［112-（110-0.73）］2.73
2×21年5月3日卖掉此债券时	借：银行存款　115 　　贷：交易性金融资产　112 　　　　投资收益　3	借：银行存款　115 　　贷：债权投资—成本　100 　　　　　　—利息调整 　　　　　　　　　　1.57 　　　　投资收益　13.43	借：银行存款　115 　　贷：其他债权投资—成本 　　　　　　　　　100 　　　　　　—利息 　　　　　　调整 　　　　　　　1.57 　　　　　　—公允 　　　　　　价值变 　　　　　　动10.43 　　　　投资收益　3 同时： 借：其他综合收益　10.43 　　贷：投资收益　10.43

15. ABC　【解析】甲公司相关账务处理如下表所示。

业务内容	定义为交易性金融资产	定义为其他权益工具投资
2×19年5月1日	借：交易性金融资产 　　　　　　［（20-0.7）×10]193 　　应收股利　7 　　投资收益　2 　　贷：银行存款　202	借：其他权益工具投资 　　　　［（20-0.7）×10+2]195 　　应收股利　7 　　贷：银行存款　202
2×19年6月30日	借：交易性金融资产　（210-193）17 　　贷：公允价值变动损益　17	借：其他权益工具投资　（210-195）15 　　贷：其他综合收益　15
2×19年12月31日	借：交易性金融资产　（300-210）90 　　贷：公允价值变动损益　90	借：其他权益工具投资　90 　　贷：其他综合收益　90
2×20年2月1日、2×20年3月11日	借：应收股利　10 　　贷：投资收益　10 借：银行存款　10 　　贷：应收股利　10	同左

业务内容	定义为交易性金融资产	定义为其他权益工具投资
2×20 年 5 月 3 日	借：银行存款　　　（400-5）395 　　贷：交易性金融资产　　　300 　　　　投资收益　　　　　　95	假定按净利润的 10% 提取盈余公积： 借：银行存款　　　　　　　395 　　贷：其他权益工具投资　　300 　　　　盈余公积　　　　　9.5 　　　　利润分配—未分配利润　85.5 同时： 借：其他综合收益　　　　　105 　　贷：盈余公积　　　　　10.5 　　　　利润分配—未分配利润　94.5

三、判断题

1. √　【解析】其他债权投资发生减值时，应借记"信用减值损失"科目，贷记"其他综合收益—信用减值准备"科目，不影响其他债权投资的账面价值。

2. √　【解析】债权投资都是债券投资。

3. ×　【解析】划分为以公允价值计量且其变动计入当期损益的金融资产，满足条件时可以和其他类别的金融资产重分类。

4. √

5. ×　【解析】交易性金融资产、其他权益工具投资均不需要计提减值准备。

6. √

四、计算分析题

1.【答案】

(1) 2×17 年 1 月 1 日甲公司取得乙公司债券时的分录：

借：其他债权投资—成本　　10 000
　　贷：银行存款　　　　　　10 000

2×17 年 6 月 1 日甲公司取得丙公司股票时的分录：

借：其他权益工具投资—成本　20 000
　　贷：银行存款　　　　　　20 000

(2) 甲公司 2×17 年因持有乙公司债券对当年损益的影响金额为 500 万元，对当年所有者权益的直接影响金额为 -1 000 万元，相关会计分录如下：

借：应收利息　　　　　　　　500
　　贷：投资收益　（100×100×5%）500

借：其他综合收益—其他债权投资公允价值变动　　　　　　1 000
　　贷：其他债权投资—公允价值变动
　　　　　　（90×100-10 000）1 000

甲公司 2×17 年因持有丙公司股票对当年损益的影响金额为 0，对当年所有者权益的直接影响金额为 -4 000 万元，相关会计分录如下：

借：其他综合收益—其他权益工具投资公允价值变动　　　4 000
　　贷：其他权益工具投资—公允价值变动
　　　　　　（16×1 000-20 000）4 000

(3) 甲公司 2×18 年 12 月 31 日持有的乙公司债券相关分录如下：

借：应收利息　　　　　　　　500
　　贷：投资收益　（100×100×5%）500

借：信用减值损失　　　　　　1 000
　　其他综合收益—其他债权投资公允价值变动　　　　　　4 000
　　贷：其他债权投资—公允价值变动
　　　　　　（50×100-90×100）4 000
　　　　其他综合收益—信用减值准备
　　　　　　　　　　　　　　　1 000

甲公司 2×18 年 12 月 31 日因持有丙公司股票相关会计分录如下：

借：其他综合收益—其他权益工具投资公允价值变动　　　6 000

贷：其他权益工具投资—公允价值变动

（10×1 000-16×1 000）6 000

（4）甲公司2×19年出售乙公司债券相关分录如下：

借：银行存款 5 000

投资收益 4 000

其他综合收益—信用减值准备

1 000

其他债权投资—公允价值变动

（1 000+4 000）5 000

贷：其他综合收益—其他债权投资公允价值变动

（1 000+4 000）5 000

其他债权投资—成本 10 000

2.【答案】

（1）2×13年：

借：债权投资—成本 （30×100）3 000

贷：银行存款（2 809.25+40.75）2 850

债权投资—利息调整 150

借：应收利息 （3 000×8%）240

债权投资—利息调整 45

贷：投资收益 （2 850×10%）285

借：银行存款 240

贷：应收利息 240

2×14年：

借：应收利息 240

债权投资—利息调整 49.5

贷：投资收益 （2 895×10%）289.5

借：银行存款 240

贷：应收利息 240

（2）2×14年年末债权投资的账面价值=2 895+49.5=2 944.5（万元），甲公司处置该投资应确认的投资收益=1 600-2 944.5/2=127.75（万元），分录为：

借：银行存款 1 600

债权投资—利息调整 27.75

贷：债权投资—成本 1 500

投资收益 127.75

（3）相关分录如下：

借：其他债权投资—成本 1 600

债权投资—利息调整 27.75

贷：债权投资—成本 1 500

其他综合收益 127.75

3.【答案】

（1）2×16年5月20日：

借：其他权益工具投资—成本 294.5

贷：银行存款 294.5

2×16年6月30日：

借：其他综合收益 24.5

贷：其他权益工具投资—公允价值变动

24.5

2×16年12月31日：

借：其他综合收益 120

贷：其他权益工具投资—公允价值变动

（15×10-27×10）120

（2）2×17年4月26日：

借：应收股利 1

贷：投资收益 1

2×17年5月10日：

借：银行存款 1

贷：应收股利 1

2×17年6月30日：

借：其他权益工具投资—公允价值变动

100

贷：其他综合收益 100

2×17年12月24日：

借：长期股权投资—投资成本

（28×50）1 400

其他权益工具投资—公允价值变动

44.5

贷：银行存款 （28×40）1 120

其他权益工具投资—成本 294.5

盈余公积 3

利润分配—未分配利润 27

借：盈余公积 4.45

利润分配—未分配利润 40.05

贷：其他综合收益 44.5

本章知识串联

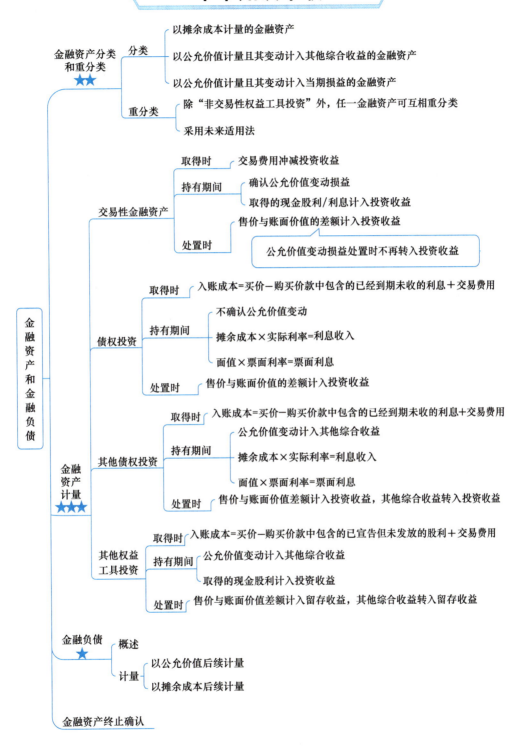

金融资产和金融负债

- 金融资产分类和重分类 ★★
  - 分类
    - 以摊余成本计量的金融资产
    - 以公允价值计量且其变动计入其他综合收益的金融资产
    - 以公允价值计量且其变动计入当期损益的金融资产
  - 重分类
    - 除"非交易性权益工具投资"外,任一金融资产可互相重分类
    - 采用未来适用法
- 金融资产计量 ★★★
  - 交易性金融资产
    - 取得时：交易费用冲减投资收益
    - 持有期间
      - 确认公允价值变动损益
      - 取得的现金股利/利息计入投资收益
    - 处置时：售价与账面价值的差额计入投资收益
      - 公允价值变动损益处置时不再转入投资收益
  - 债权投资
    - 取得时：入账成本=买价－购买价款中包含的已经到期未收的利息＋交易费用
    - 持有期间
      - 不确认公允价值变动
      - 摊余成本×实际利率=利息收入
      - 面值×票面利率=票面利息
    - 处置时：售价与账面价值的差额计入投资收益
  - 其他债权投资
    - 取得时：入账成本=买价－购买价款中包含的已经到期未收的利息+交易费用
    - 持有期间
      - 公允价值变动计入其他综合收益
      - 摊余成本×实际利率=利息收入
      - 面值×票面利率=票面利息
    - 处置时：售价与账面价值差额计入投资收益,其他综合收益转入投资收益
  - 其他权益工具投资
    - 取得时：入账成本=买价－购买价款中包含的已宣告但未发放的股利＋交易费用
    - 持有期间
      - 公允价值变动计入其他综合收益
      - 取得的现金股利计入投资收益
    - 处置时：售价与账面价值差额计入留存收益,其他综合收益转入留存收益
- 金融负债 ★
  - 概述
  - 计量
    - 以公允价值后续计量
    - 以摊余成本后续计量
- 金融资产终止确认

第八章　职工薪酬及借款费用

📝 历年考情概况

从历年考试情况来看，本章职工薪酬部分以客观题为主，借款费用部分既可以考查客观题，也可以考查主观题。每年的分值在 2~5 分。

📋 近年考点直击

主要考点	主要考查题型	考频指数	考查角度
职工薪酬的内容	多	★	职工薪酬的核算内容
短期薪酬的内容和核算	单 多 判	★★★	(1)短期薪酬的界定；(2)非货币性福利的计量；(3)非货币性福利的计量属性；(4)短期利润分享计划的确认和计量；(5)职工薪酬的账务处理
辞退福利	判	★	(1)辞退福利的界定；(2)支付给内退职工工资的账务处理
借款费用的范围	单 多	★★	借款费用的范围
借款费用符合资本化时点的判断	单 判	★★★	(1)借款费用暂停资本化的条件；(2)借款费用开始资本化时点的判断
借款费用的计量	单 判 计	★★★	借款利息费用资本化和费用化金额的确定及相关会计处理

📝 2022 年考试变化

本章考试内容未发生实质性变化。

一、应付职工薪酬

（一）职工薪酬 ★

1. 职工薪酬的概念

所谓职工薪酬，是指企业为获得职工提供的服务或解除劳动关系而给予的各种形式的报酬或补偿。

2. 职工薪酬的内容

（1）短期薪酬。

短期薪酬是指企业在职工提供相关服务的年度报告期间结束后十二个月内需要全部予以支付的职工薪酬，因解除与职工的劳动关系给予的补偿除外。

短期薪酬具体包括以下几点。

①职工工资、奖金、津贴和补贴。

②职工福利费。

③医疗保险费、工伤保险费等社会保险费。

④住房公积金。

⑤工会经费和职工教育经费。

⑥短期带薪缺勤。带薪缺勤是指企业支付工资或提供补偿的职工缺勤，包括年休假、病假、短期伤残、婚假、产假、丧假、探亲假等。

⑦短期利润分享计划。利润分享计划是指因职工提供服务而与职工达成的基于利润或其他经营成果提供薪酬的协议。

⑧非货币性福利。

⑨其他短期薪酬。

【例题 1·多选题】　☆下列各项中，企业应作为短期薪酬进行会计处理的有(　　)。

　　A. 由企业负担的职工医疗保险费

　　B. 向职工发放的高温补贴

　　C. 由企业负担的职工住房公积金

　　D. 向职工发放的工资

答案 ▶ ABCD

(2)离职后福利。

离职后福利是指企业为获得职工提供的服务而在职工退休或与企业解除劳动关系后，提供的各种形式的报酬和福利，属于短期薪酬和辞退福利的除外。

(3)辞退福利。

辞退福利是指企业在职工劳动合同到期之前解除与职工的劳动关系，或者为鼓励职工自愿接受裁减而给予职工的补偿。

(4)其他长期职工福利。

其他长期职工福利是指除短期薪酬、离职后福利、辞退福利之外所有的职工薪酬，包括长期带薪缺勤、其他长期服务福利、长期残疾福利、长期利润分享计划和长期奖金计划等。

老高提示　企业提供给职工配偶、子女、受赡养人、已故员工遗属及其他受益人等的福利，也属于职工薪酬。

【例题 2·多选题】　☆下列各项中，企业应作为职工薪酬核算的有(　　)。

　　A. 累积带薪缺勤

　　B. 职工教育经费

　　C. 非货币性福利

　　D. 长期残疾福利

答案 ▶ ABCD

【例题 3·多选题】　☆下列各项中，企业应通过应付职工薪酬核算的有(　　)。

　　A. 作为福利发放给职工的自产产品

　　B. 支付给职工的业绩奖金

　　C. 支付给职工的辞退补偿

　　D. 支付给职工的加班费

解析 ▶ 职工薪酬，是指企业为获得职工提供的服务或解除劳动关系而给予的各种形式的报酬或补偿。职工薪酬包括短期薪酬、离职后福利、辞退福利和其他长期职工福利。选项 A、B、C、D 均应通过应付职工薪酬核算。

答案 ▶ ABCD

3. 职工的界定

(1)与企业订立劳动合同的所有人员，含全职、兼职和临时职工。

(2)虽未与企业订立劳动合同但由企业正式任命的人员，如独立董事。

(3)未与企业订立劳动合同或未由其正式任命，但向企业所提供服务与职工所提供服务类似的人员，包括通过企业与劳务中介公司签订用工合同而向企业提供服务的人员。

(二)短期薪酬 ★★★

1. 短期薪酬的一般会计处理原则

【案例引入▲】 2×19 年 7 月，甲公司应发工资 1 560 万元，其中：生产部门生产工人工资 1 000 万元；生产部门管理人员工资 200 万元；管理部门管理人员工资 360 万元。

根据甲公司所在地政府规定，甲公司应当按照职工工资总额的 10% 和 8% 计提并缴存医疗保险费和住房公积金。甲公司分别按照职工工资总额的 2% 和 8% 计提工会经费和职工教育经费。

假定不考虑其他因素以及所得税影响，甲公司应如何进行账务处理？

解析 ▶ 根据上述资料，甲公司计算其 2×19 年 7 月的职工薪酬金额如下。

应当计入生产成本的职工薪酬金额 = $1\,000 + 1\,000 \times (10\% + 8\% + 2\% + 8\%) = 1\,280$

（万元）。

应当计入制造费用的职工薪酬金额 = 200+200×（10%+8%+2%+8%）= 256（万元）。

应当计入管理费用的职工薪酬金额 = 360+360×（10%+8%+2%+8%）= 460.8（万元）。

甲公司有关账务处理如下：

借：生产成本　　　　　　　1 280
　　制造费用　　　　　　　　256
　　管理费用　　　　　　　460.8
　　贷：应付职工薪酬——工资　　1 560
　　　　　　　　——医疗保险费 156
　　　　　　　　——住房公积金
　　　　　　　　　　　　　124.8
　　　　　　　　——工会经费 31.2
　　　　　　　　——职工教育经费
　　　　　　　　　　　　　124.8

【理论总结】

企业应当在职工为其提供服务的会计期间，将实际发生的短期薪酬确认为负债，并计入当期损益，其他会计准则要求或允许计入资产成本的除外。

一般会计分录如下：

借：生产成本［一线工人薪酬］
　　制造费用［生产管理人员薪酬］
　　管理费用［行政人员薪酬］
　　销售费用［销售人员薪酬］
　　研发支出［从事研发人员的薪酬］
　　在建工程［从事工程建设人员的薪酬］
　　贷：应付职工薪酬

【关键考点】记住薪酬的费用归属方向。

2. 职工福利费的会计处理

企业发生的职工福利费，应当在实际发生时根据实际发生额计入当期损益或相关资产成本。职工福利费为非货币性福利的，应当按照公允价值计量。

企业以其自产产品作为非货币性福利发放给职工的，应当根据受益对象，按照该产品的公允价值和相关税费，计入相关资产成本或当期损益，同时确认应付职工薪酬。

【例题4·分析题】甲公司是一家生产笔记本电脑的企业，共有职工2 000名。2×19年1月15日，甲公司决定以其生产的笔记本电脑作为节日福利发放给公司每名职工。每台笔记本电脑的售价为1.40万元，成本为1.00万元。甲公司适用的增值税税率为13%，已开具了增值税专用发票。假定2 000名职工中1 700名为直接参加生产的职工，300名为总部管理人员。假定甲公司于当日将笔记本电脑发放给各职工。甲公司应如何进行账务处理？

解析　根据上述资料，计算甲公司笔记本电脑的售价总额及其增值税销项税额如下：

笔记本电脑的售价总额 = 1.40×1 700 + 1.40×300 = 2 380+420 = 2 800（万元）。

笔记本电脑的增值税销项税额 = 1 700×1.40×13% + 300×1.40×13% = 309.4 + 54.6 = 364（万元）。

应当计入生产成本的职工薪酬金额 = 2 380+309.4 = 2 689.4（万元）。

应当计入管理费用的职工薪酬金额 = 420+54.6 = 474.6（万元）。

甲公司有关账务处理如下：

借：生产成本　　　　　　2 689.4
　　管理费用　　　　　　　474.6
　　贷：应付职工薪酬——非货币性福利
　　　　　　　　　　　　　3 164

借：应付职工薪酬——非货币性福利
　　　　　　　　　　　　　3 164
　　贷：主营业务收入　　　2 800
　　　　应交税费——应交增值税（销项税额）　　　　　　　　364

借：主营业务成本　　　　2 000
　　贷：库存商品　　　　　2 000

【例题5·单选题】☆甲公司为增值税一般纳税人，其生产的M产品适用的增值税税率为13%。2×21年6月30日，甲公司将单位成本为0.8万元的100件M产品作为福利发放给职工，M产品的公允价值和计税价格均为1万元/件。2×21年6月30日，甲公司因该事项计入应付职工薪酬的金额为（　）万元。

A. 113　　　　　　B. 100

C. 80　　　　　D. 90.4

解析 ▶ 甲公司计入应付职工薪酬的金额=100×1×(1+13%)=113(万元)。

借：管理费用等　　　　　　113
　　贷：应付职工薪酬　　　　　113
借：应付职工薪酬　　　　　　113
　　贷：主营业务收入　　　　　100
　　　　应交税费——应交增值税(销项税额)　　　　　　　　　13
借：主营业务成本　(100×0.8)80
　　贷：库存商品　　　　　　　80

答案 ▶ A

3. 社会保险费的会计处理

企业为职工缴纳的医疗保险费、工伤保险费等社会保险费和住房公积金，以及按规定提取的工会经费和职工教育经费，应当在职工为其提供服务的会计期间，根据规定的计提基础和计提比例计算确定相应的职工薪酬金额，并确认相应负债，计入当期损益或相关资产成本。

4. 带薪缺勤

(1)带薪缺勤的内容。

①累积带薪缺勤，是指带薪缺勤权利可以结转下期的带薪缺勤，本期尚未用完的带薪缺勤权利可以在未来期间使用。

②非累积带薪缺勤，是指带薪缺勤权利不能结转下期的带薪缺勤，本期尚未用完的带薪缺勤权利将予以取消，并且职工离开企业时也无权获得现金支付。

(2)带薪缺勤的会计处理。

企业应当在职工提供服务从而增加了其未来享有的带薪缺勤权利时，确认与累积带薪缺勤相关的职工薪酬，并以累积未行使权利而增加的预期支付金额计量。企业应当在职工实际发生缺勤的会计期间确认与非累积带薪缺勤相关的职工薪酬。

[例题6·分析题] 乙公司共有1 000名职工。从2×18年1月1日起，该公司实行累积带薪缺勤制度。该制度规定，每个职工每年可享受5个工作日带薪年休假，未使用的年休假只能向后结转一个日历年度，超过一年未使用的权利作废；职工休年休假时，首先使用当年可享受的权利，不足部分再从上年结转的带薪年休假中扣除；职工离开公司时，对未使用的累积带薪年休假无权获得现金支付。

2×18年12月31日，每个职工当年平均未使用带薪年休假为2天。乙公司预计2×19年有950名职工将享受不超过5天的带薪年休假，剩余50名职工每人将平均享受6天半年休假，假定这50名职工全部为总部管理人员，该公司平均每名职工每个工作日工资为500元。根据上述资料，说明乙公司应如何进行账务处理？

解析 ▶ 根据上述资料，乙公司职工2×18年已休带薪年休假的，由于在休假期间照发工资，因此相应的薪酬已经计入公司每月确认的薪酬金额中。与此同时，公司还需要预计职工2×18年享有但尚未使用的、预期将在下一年度使用的累积带薪缺勤，并计入当期损益或者相关资产成本。在本例中，乙公司在2×18年12月31日预计由于职工累积未使用的带薪年休假权利而导致预期将支付的工资负债，即75天(50×1.5)的年休假工资金额37 500元(75×500)，并作如下账务处理：

借：管理费用　　　　　　37 500
　　贷：应付职工薪酬——累积带薪缺勤　　　　　　　　　　37 500

5. 利润分享计划的会计处理

利润分享计划同时满足下列条件的，企业应当确认相关的应付职工薪酬：

(1)企业因过去事项导致现在具有支付职工薪酬的法定义务或推定义务；

(2)因利润分享计划所产生的应付职工薪酬义务金额能够可靠估计。

属于下列三种情形之一的，视为义务金额能够可靠估计：

①在财务报告批准报出之前企业已确定应支付的薪酬金额；

②该短期利润分享计划的正式条款中包括确定薪酬金额的方式；

③过去的惯例为企业确定推定义务金额提供了明显证据。

职工只有在企业工作一段特定期间才能分享利润的，企业在计量利润分享计划产生的应付职工薪酬时，应当反映职工因离职而无法享受利润分享计划福利的可能性。

如果企业在职工为其提供相关服务的年度报告期间结束后十二个月内，不需要全部支付利润分享计划产生的应付职工薪酬，该利润分享计划应当适用其他长期职工福利的有关规定。

【例题 7·分析题】 2×18 年 1 月 1 日，甲公司制订并开始实施利润分享计划。计划规定，如果 2×18 年度公司净利润能超过 2 500 万元，对于超出部分，管理层可以享有 8% 的额外回报。假定截至 2×18 年年末，甲公司全年实现净利润 2 800 万元。不考虑其他因素，甲公司管理层可以分享的净利润是多少？

解析 甲公司管理层可以分享的净利润 = (2 800-2 500)×8% = 24(万元)。

借：管理费用　　　　　　　24
　　贷：应付职工薪酬——利润分享计划
　　　　　　　　　　　　　　24

【例题 8·单选题】 ☆2×19 年 1 月 1 日，甲公司实施对管理层的一项奖金计划。该计划规定，如果甲公司 2×19 年度实现的净利润超过 2 000 万元，其超过部分的 20% 将作为奖金发放给管理层。2×19 年度甲公司实现净利润 2 500 万元。甲公司实施该奖金计划影响的财务报表项目是(　　)。

A. 营业外支出　　B. 管理费用

C. 资本公积　　　D. 其他综合收益

解析 甲公司实施的奖金计划属于短期利润分享计划，受益对象为甲公司的管理层，所以应将其计入管理费用，其金额为 100 万元[(2 500-2 000)×20%]。　　**答案** B

(三)离职后福利★★

1. 离职后福利的概念

离职后福利是指企业与职工就离职后福利达成的协议，或者企业为向职工提供离职后福利制定的规章或办法等。

2. 离职后福利的内容

离职后福利，包括退休福利(如养老金和一次性的退休支付)及其他离职后福利(如离职后人寿保险和离职后医疗保障)。企业应当将离职后福利计划分类为设定提存计划和设定受益计划。其中，设定提存计划是指向独立的基金缴存固定费用后，企业不再承担进一步支付义务的离职后福利计划。

3. 设定提存计划的会计处理

企业应当在职工为其提供服务的会计期间，将根据设定提存计划计算的应缴存金额确认为负债，并计入当期损益或相关资产成本。根据设定提存计划，预期不会在职工提供相关服务的年度报告期结束后十二个月内支付全部应缴存金额的，应当参照规定的折现率，将全部应缴存金额以折现后的金额计量应付职工薪酬。

【例题 9·分析题】 承【案例引入▲】，甲公司根据所在地政府规定，按照职工工资总额的 12% 计提基本养老保险费，缴存当地社会保险经办机构。2×19 年 7 月，甲公司缴存的基本养老保险费，应计入生产成本的金额为 120 万元，应计入制造费用的金额为 24 万元，应计入管理费用的金额为 43.2 万元。甲公司应如何进行账务处理？

解析 甲公司 2×19 年 7 月的账务处理如下：

借：生产成本　　　　　　120
　　制造费用　　　　　　　24
　　管理费用　　　　　　43.2
　　贷：应付职工薪酬——设定提存计划
　　　　　　　　　　　　187.2

(四)辞退福利★★

(1)企业向职工提供辞退福利的，应当在下列两者孰早日确认辞退福利产生的职工薪酬负债，并计入当期损益：

①企业不能单方面撤回因解除劳动关系

计划或裁减建议所提供的辞退福利时；

②企业确认与涉及支付辞退福利的重组相关的成本或费用时。

（2）企业应当按照辞退计划条款的规定，合理预计并确认辞退福利产生的应付职工薪酬。辞退福利预期在其确认的年度报告期结束后十二个月内完全支付的，应当适用短期薪酬的相关规定；辞退福利预期在年度报告期结束后十二个月内不能完全支付的，应当适用关于其他长期职工福利的有关规定。

（3）辞退福利的会计处理：

借：**管理费用**

　　贷：应付职工薪酬

（五）其他长期职工福利★

企业向职工提供的其他长期职工福利，符合设定提存计划条件的，应当按照设定提存计划相同的原则进行处理。此外，企业应当按照适用关于设定受益计划的有关规定，确认和计量其他长期职工福利净负债或净资产。在报告期末，企业应当将其他长期职工福利产生的职工薪酬成本确认为下列组成部分。

（1）服务成本；

（2）其他长期职工福利净负债或净资产的利息净额；

（3）重新计量其他长期职工福利净负债或净资产所产生的变动。

为简化相关会计处理，上述项目的总净额应计入当期损益或相关资产成本。

【例题10·多选题】　☆下列各项关于企业职工薪酬会计处理的表述中，正确的有（　）。

A. 营销人员的辞退补偿应当计入管理费用

B. 内退职工的工资应当计入营业外支出

C. 生活困难职工的补助应当计入营业外支出

D. 产品生产工人的工资应当计入生产成本

解析　企业确认的因辞退福利产生的职工薪酬，应一次计入管理费用；实施职工内部退休计划的，企业应当比照辞退福利处理，选项A正确，选项B错误。生活困难职工的补

助应根据受益对象计入当期损益或资产成本中，选项C错误；产品生产工人的工资应当计入产品生产成本，选项D正确。　**答案**▶AD

二、借款费用

（一）借款费用概述★★

1. 借款费用的范围

（1）实际利息费用。

①银行借款利息。

②公司债券的实际利息＝公司债券的票面利息＋/－折、溢价摊销。

（2）汇兑差额。

（3）辅助费用。

2. 借款的范围

借款包括专门借款和一般借款。

3. 符合资本化条件的资产

符合资本化条件的资产是指需要经过相当长时间的购建或者生产活动才能达到预定可使用或者可销售状态的固定资产、投资性房地产和存货等资产。这里所指的"相当长时间"应当是指为资产的购建或者生产所必要的时间，通常为**一年以上（含一年）**。

【关键考点】　掌握借款费用的内容及符合资本化条件的资产类别。

【例题11·单选题】　☆企业发生的下列各项融资费用中，不属于借款费用的是（　）。

A. 股票发行费用

B. 长期借款的手续费

C. 外币借款的汇兑差额

D. 溢价发行债券的利息调整摊销额

解析　借款费用是企业因借入资金所付出的代价，包括借款利息、折价或者溢价的摊销、辅助费用以及因外币借款而发生的汇兑差额等。股票发行费用不属于借款费用。

答案▶A

（二）借款费用的归属方向★

（1）符合**资本化条件**的记入"在建工程"

"投资性房地产"和"制造费用"等科目。

（2）不符合资本化条件而且属于筹建期内发生的部分则记入"管理费用"科目。

（3）既不符合资本化条件又未发生在筹建期内的部分则记入"财务费用"科目。

【关键考点】记住这三个借款费用归属

原则。

（三）借款费用符合资本化的必备条件 ★★★

1. 各项借款费用资本化条件对比（见表8-1）

表8-1　各项借款费用资本化条件对比

项目	辅助费用	外币专门借款汇兑差额	利息费用	
			专门借款	一般借款
自开始资本化之日起		√	√	√
截至停止资本化之日	√	√	√	√
需结合资产支出来计算资本化认定额				√

【关键考点】对比掌握这三种借款费用的资本化条件。

2. 开始资本化日的确认

开始资本化日应选择以下三个时点的最晚点。

（1）资产支出发生日，确认资产支出点，应以是否真正为工程付出了代价为准，即是否真正垫付了钱。垫钱方式有三种：

①支付货币资金，即以货币资金支付满足资本化条件的资产的生产或购建支出；

②转移非现金资产，指企业直接将其非现金资产用于满足资本化条件的资产的生产或购建；

③承担带息债务，即企业为了生产或购建满足资本化条件的资产所需用物资材料等而承担的带息应付款项。当该带息应付款项发生时，应当视同资产支出已经发生。

应选择资产支出的最早点作为认定开始资本化日的参照点。

（2）借款费用发生日，一般而言，借款日即为借款费用发生日。

（3）工程正式开工日，即为使资产达到预定可使用或者可销售状态所必要的购建或者生产活动开始的日期。

【例题12·单选题】☆2×18年2月18日，甲公司以自有资金支付了建造厂房的

首期工程款，工程于2×18年3月2日开始施工。2×18年6月1日甲公司从银行借入于当日开始计息的专门借款，并于2×18年6月26日使用该项专门借款支付第二期工程款，该项专门借款利息开始资本化的时点为（　　）。

A. 2×18年6月26日

B. 2×18年3月2日

C. 2×18年2月18日

D. 2×18年6月1日

解析 ▶ 开始资本化时点要同时满足三个条件，即资产支出已经发生、借款费用已经发生、为使资产达到预定可使用或者可销售状态所必要的购建或者生产活动已经开始。

答案 ▶ D

3. 停止资本化日的确认——总的原则是资产达到预定可使用状态或可销售状态时即可停止资本化

（1）一般而言，具备以下三条件之一的即可停止资本化：

①实体建造已经全部完成或实质上已经全部完成；

②与设计要求基本相符，即使有极个别与设计或者合同要求不相符的，但不影响其正常使用；

③继续发生在所购建或生产的符合资本

化条件的资产上的支出金额很少或者几乎不再发生。

（2）另外，试运行或试生产只要能产出合格品或能正常运转，就可以停止资本化，而不管资产是否达到设计要求的生产能力。

（3）最后，对于分批完工的要按以下原则来认定停止资本化时点：

①分批完工，分别投入使用的，则分别停止资本化；

②分批完工，最终一次投入使用的，则最终完工时认定停止资本化时点。

【例题 13·单选题】 2×15 年 1 月 1 日，甲公司从银行取得 3 年期专门借款开工兴建一栋厂房。2×17 年 6 月 30 日该厂房达到预定可使用状态并投入使用，7 月 31 日验收合格，8 月 5 日办理竣工决算，8 月 31 日完成资产移交手续。甲公司该专门借款费用在 2×17 年停止资本化的时点为（　）。

　　A. 6 月 30 日　　B. 7 月 31 日
　　C. 8 月 5 日　　　D. 8 月 31 日

解析▶购建或者生产符合资本化条件的资产达到预定可使用或者可销售状态时，借款费用应当停止资本化，即 6 月 30 日。

答案▶A

4. 借款费用暂停资本化的条件

当同时满足以下两个条件时，应暂停资本化：

（1）非正常停工；

（2）连续停工超过 3 个月。

【例题 14·多选题】 ☆在确定借款费用暂停资本化的期间时，应当区别正常中断和非正常中断，下列各项中，属于非正常中断的有（　）。

　　A. 质量纠纷导致的中断
　　B. 安全事故导致的中断
　　C. 劳动纠纷导致的中断
　　D. 资金周转困难导致的中断

解析▶非正常中断，通常是企业管理决策上的原因或者其他不可预见的原因等所导致的中断。例如，企业因与施工方发生了质

量纠纷，或者工程、生产用料没有及时供应，或者资金周转发生了困难，或者施工、生产发生了安全事故，或者发生了与资产购建、生产有关的劳动纠纷等原因，导致资产购建或者生产活动发生中断，均属于非正常中断。

答案▶ABCD

【例题 15·单选题】 ☆2×10 年 2 月 1 日，甲公司为建造一栋厂房向银行取得一笔专门借款。2×10 年 3 月 5 日，以该贷款支付前期订购的工程物资款，因征地拆迁发生纠纷，该厂房延迟至 2×10 年 7 月 1 日才开工兴建，开始支付其他工程款，2×11 年 2 月 28 日，该厂房建造完成，达到预定可使用状态。2×11 年 4 月 30 日，甲公司办理工程竣工决算，不考虑其他因素，甲公司该笔借款费用的资本化期间为（　）。

　　A. 2×10 年 2 月 1 日至 2×11 年 4 月 30 日
　　B. 2×10 年 3 月 5 日至 2×11 年 2 月 28 日
　　C. 2×10 年 7 月 1 日至 2×11 年 2 月 28 日
　　D. 2×10 年 7 月 1 日至 2×11 年 4 月 30 日

答案▶C

【例题 16·单选题】 ☆企业专门借款利息开始资本化后发生的下列各项建造中断事项中，将导致其应暂停借款利息资本化的事项是（　）。

　　A. 因工程质量纠纷造成建造多次中断累计 3 个月

　　B. 因可预见的冰冻季节造成建造中断连续超过 3 个月

　　C. 因发生安全事故造成建造中断连续超过 3 个月

　　D. 因劳务纠纷造成建造中断 2 个月

解析▶符合资本化条件的资产在购建或者生产过程中发生非正常中断且中断时间连续超过 3 个月的，应当暂停借款费用的资本化。选项 A、D，中断的时间不是连续超过 3 个月，不应暂停借款费用资本化；选项 B，可预见的冰冻季节造成的停工不属于非正常中断，不应暂停借款费用资本化；选项 C，安全事故造成的停工属于非正常中断，且中

断时间连续超过 3 个月，应暂停借款费用资本化。

答案 ▶ C

【关键考点】掌握开始资本化日及停止资本化日的确认方法。

(四)借款费用的计量 ★★★

1. 辅助费用资本化的实务认定

专门借款发生的辅助费用，在所购建或者生产的符合资本化条件的资产达到预定可使用或者可销售状态之前发生的，应当在发生时根据其发生额予以资本化。在所购建或者生产的符合资本化条件的资产达到预定可使用状态或者可销售状态之后所发生的，应当在发生时根据其发生额确认为费用，计入当期损益。

【关键考点】掌握辅助费用资本化的会计处理原则。

2. 外币专门借款汇兑差额资本化的实务认定

由于企业取得外币借款日、使用外币借款日和会计结算日往往不一致，而外汇汇率又在随时发生变化，因此，外币借款会产生汇兑差额。相应地，在借款费用资本化期间

内，为购建固定资产而专门借入的外币借款所产生的汇兑差额，是购建固定资产的一项代价，应当予以资本化，计入固定资产成本。在资本化期间内，外币专门借款本金及其利息的汇兑差额，应当予以资本化，计入符合资本化条件的资产的成本。而外币一般借款本金及其利息所产生的汇兑差额应当费用化，计入财务费用。

【关键考点】掌握外币专门借款汇兑差额资本化的会计处理原则。

【例题 17·分析题】甲公司记账本位币为人民币，以当日市场汇率为记账汇率。甲公司发生的与外币借款有关的交易或事项如下。

(1)为节约成本在美国建造工厂，2×16 年 1 月 1 日，为该工程项目专门向当地银行借入美金 2 000 万元，年利率为 8%，期限为 3 年，假定不考虑与借款有关的辅助费用。合同约定，甲公司于每年 1 月 1 日支付上年度借款利息，到期偿还借款本金。

(2)工程于 2×16 年 1 月 1 日开始实体建造，2×17 年 6 月 30 日完工，达到预定可使用状态，期间发生的资产支出见下表。

时点	美元支出额(万元)	当日市场汇率(美元：人民币)
2×16 年 1 月 1 日	400	1 : 6.70
2×16 年 7 月 1 日	1 000	
2×16 年 12 月 31 日		1 : 6.75
2×17 年 1 月 1 日	600	1 : 6.77
2×17 年 6 月 30 日		1 : 6.80

假定不考虑闲置资金收益。根据上述资料，甲公司应如何进行账务处理？

解析 ▶ 本题中，开始资本化日为 2×16 年 1 月 1 日，停止资本化日为 2×17 年 6 月 30 日，这一年半均为资本化期间。

资本化期间内的汇兑差额均计入资本化。因不考虑闲置资金收益，资本化期间内专门借款的所有利息费用均计入资本化，具体计算过程如下。

(1)2×16 年资本化金额计算。

①专门借款利息费用资本化额 = 2 000 × 8% × 6.75 = 1 080(万元)。

借：在建工程　　　　　1 080
　　贷：应付利息—美元　　　　1 080

②外币专门借款汇兑差额的资本化额 = 2 000 × (6.75 - 6.70) + 160 × (6.75 - 6.75) = 100(万元)。

借：在建工程　　　　　100
　　贷：长期借款—美元　　　　100

(2)2×17 年年初兑付美元利息时形成的

汇兑差额归入资本化。

借：应付利息—美元　　　　　1 080

在建工程　　　　　　　　3.2

贷：银行存款　（160×6.77）1 083.2

（3）截至 2×17 年 6 月 30 日的专门借款利息费用资本化额 = 2 000×8%×1/2×6.80 = 544（万元）。

借：在建工程　　　　　　　　544

贷：应付利息—美元　　　　　544

（4）截至 2×17 年 6 月 30 日外币借款汇兑差额的资本化额 = 2 000×（6.80－6.75）+80×（6.80－6.80）= 100（万元）。

借：在建工程　　　　　　　　100

贷：长期借款—美元　　　　　100

3. 借款利息资本化金额的确定

（1）专门借款利息费用资本化金额的计算过程。

①计算原理。

利息资本化额 = 发生在资本化期间的专门借款所有利息费用－闲置专门借款派生的利息收益或投资收益

【关键考点】掌握专门借款利息费用资本化的实务计算方法。

【例题 18·分析题】甲公司为建造一条生产线于 2×15 年 12 月 31 日借入一笔长期借款，本金为 1 000 万元，年利率为 6%，期限为 4 年，每年年末支付利息，到期还本。工程采用出包方式，于 2×16 年 2 月 1 日开工，工程期为 2 年，2×16 年相关资产支出如下：2 月 1 日支付工程预付款 200 万元；5 月 1 日支付工程进度款 300 万元；7 月 1 日因工程事故一直停工至 11 月 1 日，11 月 1 日支付了工程进度款 300 万元。2×17 年 3 月 1 日支付工程进度款 100 万元，6 月 1 日支付工程进度款 100 万元，工程于 2×17 年 9 月 30 日完工。闲置资金因购买国债可取得 0.1% 的月收益。甲公司 2×16 年和 2×17 年专门借款利息费用资本化金额是多少，如何计算？

解析 ➡ 2×16 年、2×17 年专门借款利息费用资本化计算过程如下：

a. 开始资本化日为 2×16 年 2 月 1 日；

b. 2×16 年 2—6 月和 11—12 月为资本化期间；

c. 2×16 年专门借款在工程期内产生的利息费用 = 1 000×6%×7/12 = 35（万元）；

d. 2×16 年专门借款资本化期间内因投资国债而创造的收益 = 800×0.1%×3 + 500×0.1%×2+200×0.1%×2 = 3.8（万元）；

e. 2×16 年专门借款利息费用资本化金额 = 35－3.8 = 31.2（万元）；

f. 2×16 年专门借款利息归入当期"财务费用"的金额合计 = 非资本化期间的专门借款利息－非资本化期间闲置资金的利息收益 = 1 000×6%×5/12 － 1 000×0.1%×1 － 500×0.1%×4 = 22（万元）；

g. 2×17 年专门借款利息费用资本化额 = 1 000×6%×9/12－200×0.1%×2－100×0.1%×3 = 44.3（万元）；

h. 2×17 年专门借款利息归入"财务费用"的金额合计 = 非资本化期间的专门借款利息－非资本化期间闲置资金的利息收益 = 1 000×6%×3/12 = 15（万元）。

②一般会计分录。

a. 长期借款筹款方式：

借：财务费用

在建工程

应收利息（或银行存款）［闲置资金创造的收益］

贷：应付利息（或长期贷款—应计利息）

b. 公司债券筹款方式：

借：在建工程

财务费用

应收利息（或银行存款）［闲置资金创造的收益］

应付债券—利息调整

贷：应付债券—利息调整

应付债券—应计利息（或应付利息）

【例题 19·单选题】甲公司 2×17 年 1 月

1日发行面值总额为10 000万元的债券，取得的款项专门用于建造厂房。该债券系分期付息、到期还本债券，借款期限为4年，票面年利率为10%，每年12月31日支付当年利息。该债券年实际利率为8%。债券发行价格总额为10 662.10万元，款项已存入银行。厂房于2×17年1月1日开工建造，2×17年年初发生第一笔资产支出，截至年末累计发生建造工程支出4 600万元。经批准，当年甲公司将尚未使用的债券资金投资于国债，取得投资收益760万元。2×17年12月31日工程尚未完工，该在建工程的账面余额为（　）万元。

A. 4 692.97　　　B. 906.21

C. 5 452.97　　　D. 5 600

解析 ▶ 专门借款的借款费用资本化金额＝10 662.10×8%−760＝92.97（万元），在建工程的账面余额＝4 600＋92.97＝4 692.97（万元）。　**答案** ▶ A

【例题20·单选题】 ☆某公司于2×10年7月1日从银行取得专门借款5 000万元用于新建一座厂房，年利率为5%，利息分季支付，借款期限为2年。2×10年10月1日正式开始建设厂房，预计工期15个月，采用出包方式建设。该公司于开始建设日、2×10年12月31日和2×11年5月1日分别向承包方付款1 200万元、1 000万元和1 500万元。由于可预见的冰冻气候，工程在2×11年1月12日至3月12日暂停施工。2×11年12月31日工程达到预定可使用状态，并向承包方支付了剩余工程款800万元，该公司从取得专门借款开始，将闲置的借款资金投资于月收益率为0.4%的固定收益债券。不考虑其他因素，该公司在2×11年应予资本化的上述专门借款利息金额为（　）万元。

A. 121.93　　　B. 163.60

C. 205.20　　　D. 250.00

解析 ▶ 该公司在2×11年应予资本化的专门借款利息金额＝5 000×5%−（5 000−1 200−1 000）×0.4%×4−（5 000−1 200−1 000−1 500）×0.4%×8＝163.6（万元）。　**答案** ▶ B

【例题21·分析题】 A公司于2×16年1月1日开始建造一栋办公大楼，并于2×17年6月30日完工，达到预定可使用状态。有关资料如下。

（1）为建造该办公大楼A公司于2×16年1月1日从银行借入专门借款1 500万元，借款期限为3年，年利率为5%，每年年末付息，到期还本；并于2×16年7月1日再次从银行专门借入3 000万元，期限为5年，年利率为6%，每年年末付息，到期还本。

（2）工程采用出包方式，相关资产支出如下表所示。

日期	资产支出金额（万元）
2×16年1月1日	750
2×16年7月1日	1 750
2×17年1月1日	1 750

（3）闲置借款资金用于固定收益债券短期投资，该短期投资月收益率为0.5%。

根据上述资料，A公司2×16年、2×17年与专门借款有关的资本化利息费用金额是多少？

解析 ▶ （1）借款费用资本化期间为2×16年1月1日至2×17年6月30日。

（2）2×16年借款费用的会计处理：

①2×16年专门借款发生的利息金额＝1 500×5%＋3 000×6%×6/12＝165（万元）；

②2×16年专门借款闲置资金收益＝750×0.5%×6＋2 000×0.5%×6＝82.5（万元）；

③2×16年的专门借款利息费用资本化额＝165−82.5＝82.5（万元）；

④年末计提利息的会计分录：

借：在建工程　　　　　　　　82.5

　　应收利息（或银行存款）　82.5

　　贷：应付利息　　　　　　　　165

（3）2×17年借款费用的会计处理：

①2×17年专门借款资本化期内发生的利息＝1 500×5%×6/12＋3 000×6%×6/12＝127.5（万元）；

②2×17年专门借款资本化期内闲置资金

收益＝250×0.5%×6＝7.5（万元）；

③2×17年的专门借款利息费用资本化金额＝127.5－7.5＝120（万元）；

④2×17年专门借款非资本化期内的利息＝1 500×5%×6/12＋3 000×6%×6/12＝127.5（万元）；

⑤2×17年专门借款非资本化期内闲置资金收益＝250×0.5%×6＝7.5（万元）；

⑥2×17年的专门借款利息列入当期损益的金额合计＝非资本化期间的专门借款利息－非资本化期间闲置资金的利息收益＝127.5－7.5＝120（万元）；

⑦年末计提利息的会计分录：

借：在建工程　　　　　　　　　120

　　财务费用　　　　　　　　　120

　　应收利息（或银行存款）　　 15

　　贷：应付利息　　　　　　　255

（2）占用的一般借款利息费用资本化金额的计算过程。

【案例引入1】A公司为工程建设动用了于2×15年12月31日借入的一笔银行借款1 000万元，年利率为10%，期限为5年，每年年末付息，到期还本。工程开工日为2×16年1月1日，工程期为3年，2×16年有关支出见下表。

日期	支付金额（万元）
1月1日	100
4月1日	100
7月1日	100
10月1日	100

2×16年借款利息费用的资本化金额为多少？

解析 ①认定开始资本化日为2×16年1月1日；

②当年累计资产支出加权平均数＝100×12/12＋100×9/12＋100×6/12＋100×3/12＝250（万元）；

③当年资本化率为借款利率10%；

④当年利息费用资本化金额＝250×10%＝25（万元）；

⑤当年总的利息费用＝1 000×10%＝100（万元）；

⑥当年计入财务费用的利息费用＝100－25＝75（万元）；

⑦会计分录如下：

借：在建工程　　　　　　　　　25

　　财务费用　　　　　　　　　75

　　贷：应付利息　　　　　　　100

【案例引入2】（续上例）A公司2×17年第一季度有关支出见下表。

日期	支付金额（万元）
1月1日	100
2月1日	100
3月1日	100

2×17年第一季度借款利息费用的资本化金额为多少？

解析 ①季度累计支出加权平均数＝400×3/3＋100×3/3＋100×2/3＋100×1/3＝600（万元）；

②当季度资本化率为借款季度利率2.5%（10%×3/12）；

③当季度利息费用资本化金额＝600×2.5%＝15（万元）；

④当季度总的利息费用＝1 000×10%×3/12＝25（万元）；

⑤当季度计入财务费用的利息费用＝25－15＝10（万元）；

⑥会计分录如下：

借：在建工程　　　　　　　　　15

　　财务费用　　　　　　　　　10

　　贷：应付利息　　　　　　　25

【案例引入3】（续上例）A公司2×17年第二季度有关支出见下表。

日期	支付金额（万元）
4月1日	200
5月1日	200

续表

日期	支付金额(万元)
并于 5 月 1 日再次挪用一般借款 2 000 万元，该笔借款假定于当日借入，年利率为 12%，期限为 5 年，每年年末付息，到期还本。	
6 月 1 日	200

2×17 年第二季度借款利息费用的资本化金额为多少？

解析 ①季度累计支出加权平均数 = 700×3/3 + 200×3/3 + 200×2/3 + 200×1/3 = 1 100(万元)；

②当季度资本化率为两笔借款的加权利率，即加权资本化率 = (1 000×10%×3/12 + 2 000×12%×2/12)/(1 000×3/3 + 2 000×2/3)×100% ≈ 2.79%；

③当季度利息费用资本化金额 = 1 100×2.79% = 30.69(万元)；

④当季度总的利息费用 = 1 000×10%×3/12 + 2 000×12%×2/12 = 65(万元)；

⑤当季度计入财务费用的利息费用 = 65-30.69 = 34.31(万元)；

⑥会计分录如下：

借：在建工程　　　　30.69
　　财务费用　　　　34.31
　　贷：应付利息　　　　　65

【案例引入 4】 (续上例)A 公司 2×17 年第三季度、第四季度有关支出见下表。

日期	支付金额(万元)
7 月 1 日	100
8 月 1 日因地震停工长达 4 个月，至 2×17 年 12 月 1 日才重新开工。	
12 月 1 日	100

2×17 年第三季度、第四季度借款利息费用的资本化金额为多少？

解析 (1)第三季度借款利息资本化金额计算过程如下：

①由于非正常停工且连续停工超过 3 个月，所以在计算累计资产支出加权平均数时不能再包括停工期间，即本季度累计资产支出加权平均数 = 1 300×1/3 + 100×1/3 ≈ 466.67(万元)；

②当季度资本化率为两笔借款的加权利率，即加权资本化率 = (1 000×10%×3/12 + 2 000×12%×3/12)/(1 000×3/3 + 2 000×3/3)×100% ≈ 2.83%；

③当季度利息费用资本化金额 = 466.67×2.83% = 13.21(万元)；

④当季度总的利息费用 = 1 000×10%×3/12 + 2 000×12%×3/12 = 85(万元)；

⑤当季度计入财务费用的利息费用 = 85-13.21 = 71.79(万元)；

⑥会计分录如下：

借：在建工程　　　　13.21
　　财务费用　　　　71.79
　　贷：应付利息　　　　　85

(2)第四季度借款利息资本化金额计算过程如下：

①本季度累计资产支出加权平均数 = 1 400×1/3 + 100×1/3 = 500(万元)；

②当季度资本化率为两笔借款的加权利率，即加权资本化率 ≈ 2.83%；

③当季度利息费用资本化金额 = 500×2.83% = 14.15(万元)；

④当季度总的利息费用 = 1 000×10%×3/12 + 2 000×12%×3/12 = 85(万元)；

⑤当季度计入财务费用的利息费用 = 85-14.15 = 70.85(万元)；

⑥会计分录如下：

借：在建工程　　　　14.15
　　财务费用　　　　70.85
　　贷：应付利息　　　　　85

【理论总结】

①累计资产支出加权平均数的计算。

累计资产支出加权平均数 = ∑(累计资产支出额超过专门借款的部分×每笔资产支出实际占用的天数/会计期间涵盖的天数)

②一般借款加权平均资本化利率的计算。

资本化率的确定原则为：企业为购建或生产符合资本化条件的资产只占用了一笔一

般借款，如为银行借款则其资本化率为该项借款的利率，如为公司债券方式还需测定一下其实际利率（通常题目条件会直接给出）；如果企业为购建或生产符合资本化条件的资产占用了一笔以上的一般借款，资本化率为这些借款的加权平均利率。加权平均利率的计算公式如下：

加权平均利率＝一般借款当期实际发生的利息之和／一般借款本金加权平均数×100%

一般借款本金加权平均数＝∑（每笔一般借款本金×每笔一般借款实际占用的天数／会计期间涵盖的天数）

③认定当期资本化额。

每一会计期间一般借款利息的资本化金额＝至当期末止购建固定资产累计资产支出加权平均数×一般借款加权资本化率

④一般账务处理。

a. 长期借款筹款方式：

借：财务费用
　　在建工程
　　贷：应付利息等

b. 公司债券筹款方式：

借：在建工程
　　财务费用
　　应付债券—利息调整
　　贷：应付债券—利息调整
　　　　应付债券—应计利息（或应付利息）

【关键考点】掌握一般借款利息费用资本化的实务计算方法。

【例题22·分析题】A公司于2×16年1月1日开始兴建一幢仓库，并于2×17年6月30日完工，达到预定可使用状态。有关资料如下。

（1）A公司未借入专门借款，建造仓库只占用了两笔一般借款，分别为：

①2×15年12月1日从银行借入的3年期贷款1 000万元，年利率为6%，按年支付利息；

②2×15年1月1日按面值发行的5年期公司债券5 000万元，年利率为8%，按年支

付利息；

③这两笔一般借款除了用于厂房建设外，没有用于其他符合资本化条件的资产的购建或者生产活动。

（2）工程采用出包方式，相关资产支出如下表所示。

日期	资产支出金额（万元）
2×16年1月1日	750
2×16年7月1日	1 750
2×17年1月1日	1 750

根据上述资料，A公司2×16年、2×17年与一般借款有关的资本化和费用化利息费用应如何计算？

解析 （1）一般借款加权平均资本化率＝（1 000×6%＋5 000×8%）/（1 000×12/12＋5 000×12/12）＝7.67%。

（2）2×16年借款费用的会计处理：

①2×16年累计资产支出加权平均数＝750×12/12＋1 750×6/12＝1 625（万元）；

②2×16年一般借款利息费用资本化金额＝1 625×7.67%＝124.64（万元）；

③2×16年一般借款总的利息费用＝1 000×6%＋5 000×8%＝460（万元）；

④2×16年一般借款利息费用列入当期损益的金额＝460－124.64＝335.36（万元）；

⑤年末计提利息的会计分录：

借：财务费用　　335.36
　　在建工程　　124.64
　　贷：应付利息　　　　460

（3）2×17年借款费用的会计处理：

①2×17年累计资产支出加权平均数＝2 500×6/12＋1 750×6/12＝2 125（万元）；

②2×17年一般借款利息费用资本化金额＝2 125×7.67%＝162.99（万元）；

③2×17年一般借款总的利息费用＝1 000×6%＋5 000×8%＝460（万元）；

④2×17年一般借款利息费用列入当期损益的金额＝460－162.99＝297.01（万元）；

⑤年末计提利息的会计分录：

借：财务费用 297.01
在建工程 162.99
　　贷：应付利息 460

【例题23·单选题】 ☆2×20年1月1日，甲公司取得专门借款4 000万元用于当日开工建造的厂房，借款期限为2年，该借款的合同年利率与实际年利率均为5%。按年支付利息，到期还本。同日，甲公司借入一般借款1 000万元，借款期限为5年，该借款的合同年利率与实际年利率均为6%，按年支付利息，到期还本。甲公司于2×20年1月1日支付工程款3 600万元。2×21年1月1日支付工程款800万元，2×21年12月31日，该厂房建造完毕达到预定可使用状态，并立即投入使用。不考虑其他因素，甲公司2×21年一般借款利息应予资本化的金额为（ ）万元。

A. 200　　　　　B. 48
C. 60　　　　　D. 24

解析 ▶ 2×21年一般借款资本化金额＝（3 600+800-4 000）×6%＝24（万元）。

答案 ▶ D

4. 混合占用时

原则上，先计算专门借款利息资本化金额，再计算一般借款利息资本化金额。

【关键考点】 掌握专门借款与一般借款混合使用时利息费用资本化的实务计算方法。

【例题24·多选题】 下列有关借款费用的论断中，正确的有（ ）。

A. 具有融资性质的分次付款购入固定资产时，如果固定资产需要安装（安装期超过1年），则安装期内的利息费用计入工程成本

B. 一般借款费用资本化的计算需考虑闲置资金收益

C. 当专门借款和一般借款混合使用时，应区分二者并分别按各自处理原则进行核算

D. 无论是专门借款还是一般借款，只要达到两笔或两笔以上时均需加权计算平均利率

E. 公司债券的发行费用以提高内含利率增加各期利息费用的方式列入资本化

解析 ▶ 选项B，只有专门借款需考虑闲置资金收益；选项D，只有一般借款需要计算加权平均利率。

答案 ▶ ACE

【例题25·分析题】 A公司于2×16年1月1日开始建造一栋办公楼，并于2×17年6月30日完工，达到预定可使用状态。有关资料如下。

（1）为建造厂房A公司于2×16年1月1日从银行专门借入1 500万元，借款期限为3年，年利率为5%，每年年末付息，到期还本。

（2）为建造厂房占用的一般借款有两笔，具体如下：

①2×15年12月1日从银行借入的3年期贷款1 000万元，年利率为6%，按年支付利息；

②2×15年1月1日按面值发行的5年期公司债券5 000万元，年利率为8%，按年支付利息；

③这两笔一般借款除了用于厂房建设外，没有用于其他符合资本化条件的资产的购建或者生产活动。

（3）工程采用出包方式，相关资产支出如下表所示。

日期	资产支出金额（万元）
2×16年1月1日	750
2×16年7月1日	1 750
2×17年1月1日	1 750

（4）专门借款闲置借款资金用于固定收益债券短期投资，该短期投资月收益率为0.5%。

根据上述资料，计算A公司2×16年、2×17年与借款利息费用有关的资本化和费用化金额是多少？

解析 ▶ （1）2×16年借款费用的会计处理：

专门借款利息资本化金额＝1 500×5%-750×0.5%×6＝52.5（万元）；

一般借款利息费用相关计算如下：

①一般借款加权平均资本化率＝(1 000×6%＋5 000×8%)/(1 000×12/12＋5 000×12/12)＝7.67%；

②2×16年一般借款所对应的累计资产支出加权平均数＝1 000×6/12＝500(万元)；

③2×16年一般借款利息费用资本化金额＝500×7.67%＝38.35(万元)；

④2×16年一般借款利息费用列入当期损益的金额＝(1 000×6%＋5 000×8%)－38.35＝421.65(万元)；

年末计提利息的会计分录：

借：在建工程　　(52.5+38.35)90.85

　　财务费用　　　　　　　421.65

　　应收利息(或银行存款)　22.5

　　贷：应付利息　　　(75+460)535

(2)2×17年借款费用的会计处理：

专门借款利息费用相关计算如下：

①专门借款利息资本化金额＝1 500×5%×6/12＝37.5(万元)；

②专门借款利息费用列入当期损益的金额＝1 500×5%×6/12＝37.5(万元)；

一般借款利息费用相关计算如下：

①一般借款加权平均资本化率＝(1 000×6%×6/12＋5 000×8%×6/12)/(1 000×6/12＋5 000×6/12)＝7.67%；

②2×17年一般借款所对应的累计资产支出加权平均数＝1 000×6/12＋1 750×6/12＝1 375(万元)；

③2×17年一般借款利息费用资本化额＝1 375×7.67%＝105.46(万元)；

④2×17年一般借款利息费用列入当期损益的金额＝(1 000×6%＋5 000×8%)－105.46＝354.54(万元)；

年末计提利息的会计分录：

借：在建工程

　　　　　(37.5+105.46)142.96

　　财务费用

　　　　　(37.5+354.54)392.04

　　贷：应付利息　　(75+460)535

【例题26·分析题】2×16年1月1日A

公司计划建造一栋员工宿舍，有关资料如下。

(1)为建造该宿舍，A公司于2×16年1月1日向银行专门借入3 000万元，借款期限为3年，年利率为6%，每年1月5日付息。

(2)该工程还占用了一笔一般借款，系A公司于2×15年12月31日借入的长期借款3 600万元，期限为5年，年利率为8%，每年1月1日付息。

(3)建造工程于2×16年4月1日正式动工。

(4)相关资产支出情况如下表所示。

日期	资产支出金额(万元)
2×16年4月1日	1 200
2×16年6月1日	600
2×16年7月1日	1 800
2×17年1月1日	600
2×17年4月1日	300
2×17年7月1日	300

(5)由于出现工程事故，工程于2×16年9月1日至12月31日停工4个月。

(6)A公司将闲置的专门借款全部存入银行，月利率为0.25%。

(7)工程于2×17年9月30日完工，并达到预定可使用状态。

根据上述资料，计算A公司2×16年、2×17年与借款利息费用有关的资本化和费用化金额是多少？并编制相关会计分录。

解析▶　本题中，开始资本化日为2×16年4月1日，停止资本化日为2×17年9月30日，2×16年9月1日至12月31日暂停资本化4个月。

(1)2×16年借款费用的会计处理。

专门借款利息费用相关计算如下：

①2×16年专门借款资本化期间利息费用＝3 000×6%×5/12＝75(万元)；

②2×16年闲置专门借款在资本化期间的利息收益＝1 800×0.25%×2＋1 200×0.25%×1＝12(万元)；

③2×16年专门借款资本化利息费用＝

75−12=63（万元）；

④2×16年专门借款在非资本化期间的总利息＝3 000×6%×7/12＝105（万元）；

⑤2×16年闲置专门借款在非资本化期间的利息收益＝3 000×0.25%×3＝22.5（万元）；

⑥2×16年专门借款计入财务费用的金额合计＝非资本化期间的专门借款利息−非资本化期间闲置资金的利息收益＝105−22.5＝82.5（万元）。

一般借款利息费用相关计算如下：

①一般借款资本化率为8%；

②2×16年一般借款所对应的累计资产支出加权平均数＝600×2/12＝100（万元）；

③2×16年一般借款利息费用资本化金额＝100×8%＝8（万元）；

④2×16年一般借款利息费用列入当期损益的金额＝3 600×8%−8＝280（万元）；

年末计提利息的会计分录：

借：在建工程　　　　　（63＋8）71
　　财务费用　　　（82.5＋280）362.5
　　应收利息（或银行存款）
　　　　　　　　　（12＋22.5）34.5
　　贷：应付利息
　　　　　（3 000×6%＋3 600×8%）468

（2）2×17年借款费用的会计处理。

专门借款利息费用相关计算如下：

①专门借款利息资本化金额＝3 000×6%×9/12＝135（万元）；

②专门借款利息费用列入当期损益的金额＝3 000×6%×3/12＝45（万元）；

一般借款利息费用相关计算如下：

①一般借款资本化率为8%；

②2×17年一般借款所对应的累计资产支出加权平均数＝600×9/12＋600×9/12＋300×6/12＋300×3/12＝1 125（万元）；

③2×17年一般借款利息费用资本化金额＝1 125×8%＝90（万元）；

④2×17年一般借款利息费用列入当期损益的金额＝3 600×8%−90＝198（万元）；

年末计提利息的会计分录：

借：在建工程　　　　（135＋90）225
　　财务费用　　　（45＋198）243
　　贷：应付利息
　　　　　（3 000×6%＋3 600×8%）468

【例题27·计算分析题】☆甲公司2×16年1月1日采用出包的方式建造一栋厂房，预期2年完工。

资料一：经批准，甲公司2×16年1月1日为建造厂房发行面值20 000万元，期限3年，分期付息、一次还本，不得提前赎回的债券，票面利率为7%（与实际利率一致）。甲公司将建造期间未使用的闲置资金对外投资，取得固定收益，月收益率为0.3%。

资料二：为建造厂房甲公司还占用两笔一般借款：①2×16年1月1日，借入款项5 000万元，期限3年，年利率6%；②2×17年1月1日，借入款项3 000万元，期限5年，年利率8%。

资料三：甲公司分别于2×16年1月1日、2×16年7月1日、2×17年1月1日、2×17年7月1日支付工程进度款15 000万元、5 000万元、4 000万元和2 000万元。

资料四：2×17年12月31日该建筑达到预定可使用状态。

本题所涉及利息均为每年年末计提，1月1日支付。假定全年按照360天计算，每月按照30天计算。

要求：

（1）写出发行债券的分录；

（2）计算2×16年予以资本化的利息金额并写出相关分录；

（3）计算2×17年予以资本化和费用化的利息金额并写出相关分录。

答案▶（1）发行债券：

借：银行存款　　　　　　　20 000
　　贷：应付债券—面值　　　　20 000

（2）2×16年：

专门借款实际利息费用＝20 000×7%＝1 400（万元），专门借款闲置资金收益＝（20 000−15 000）×0.3%×6＝90（万元），专门借款利息资本化金额 = 1 400 - 90 = 1 310（万元）；一般借款实际利息费用 = 5 000 × 6% = 300（万元），应全部费用化。

因此，2×16 年应予资本化的利息金额 = 1 310（万元）。

相关分录为：

借：在建工程　　　　　　　1 310

　　应收利息（或银行存款）　　90

　　　贷：应付利息　　　　　　　1 400

借：财务费用　　　　　　　　300

　　　贷：应付利息　　　　　　　　300

（3）2×17 年：

专门借款利息资本化金额 = 20 000 × 7% = 1 400（万元）；占用一般借款的累计资产支出加权平均数 = 4 000 × 12/12 + 2 000 × 6/12 =

5 000（万元），一般借款加权平均资本化率 = （5 000 × 6% + 3 000 × 8%）/（5 000 + 3 000）× 100% = 6.75%，一般借款利息资本化金额 = 5 000 × 6.75% = 337.5（万元）。

一般借款实际利息费用 = 5 000 × 6% + 3 000 × 8% = 540（万元）；一般借款利息费用化金额 = 540 - 337.5 = 202.5（万元）。

因此，2×17 年应予资本化的金额 = 1 400 + 337.5 = 1 737.5（万元），应予费用化的金额 = 202.5（万元）。

相关分录为：

借：在建工程　　　　　　　1 737.5

　　财务费用　　　　　　　　202.5

　　　贷：应付利息　　（1 400 + 540）1 940

同步训练

限时 60min

扫我做试题

一、单项选择题

1. 乙公司共有 100 名职工，自 2×14 年 1 月 1 日起，该公司实行累积带薪缺勤制度。每个职工每年可享受 10 个工作日带薪年休假，未使用的年休假只能向后结转一个日历年度，超过 1 年未使用的权利作废；职工休年休假时，首先使用当年可享受的权利，不足部分再从上年结转的带薪年休假中扣除；职工离开公司时，对未使用的累积带薪年休假无权获得现金支付。2×14 年 12 月 31 日，每个职工当年平均未使用带薪年休假为 5 天，预计 2×15 年有 95 名职工将享受不超过 10 天的带薪年休假，有 5 名总部职工每人将平均享受 12 天年休假（假定均为管理人员），假定日工资为 1 000 元，乙公司在 2×14 年 12 月 31 日预计由于职工累积未使用的带薪年休假权利而导致预期

将支付的工资负债为（　）元。

A. 10 000　　　　　B. 60 000

C. 70 000　　　　　D. 25 000

2. 甲公司为筹建一栋厂房于 2×18 年年初借入专门借款 1 000 万元，年利率为 9%，期限为 3 年，每年年末付息，到期还本。工程于 2×18 年 4 月 1 日开工，工程期 2 年。8 月 1 日因洪灾停工，直至 12 月 1 日才重新开工，当年工程支出状况为：4 月 1 日支出 300 万元；6 月 1 日支出 200 万元；7 月 1 日支出 50 万元；12 月 1 日支出 100 万元。甲公司将闲置资金用于基金投资，月收益率为 8‰，甲公司当年专门借款利息费用予以资本化的金额为（　）万元。

A. 15.9　　　　　　B. 52.5

C. 14.1　　　　　　D. 38.4

3. 2×17 年 1 月 1 日，甲公司取得专门借款 2 000 万元直接用于当日开工建造的厂房，2×17 年累计发生建造支出 1 800 万元。

2×18 年 1 月 1 日，甲公司又取得一般借款 500 万元，年利率为 6%，当天发生建造支出 300 万元，以借入款项支付（无其他一般借款）。不考虑其他因素，甲公司按季度计算利息费用资本化金额。截至 2×18 年第一季度末，该厂房尚未建造完成。2×18 年第一季度该公司应予资本化的一般借款利息费用金额为（　）万元。

A. 1.5　　　　　B. 3

C. 4.5　　　　　D. 7.5

4. 甲公司于 2×18 年 1 月 1 日正式动工兴建一栋办公楼，工期预计为 1 年，工程采用出包方式，合同约定分别于 2×18 年 1 月 1 日、7 月 1 日和 10 月 1 日支付工程进度款 1 500 万元、3 500 万元和 2 000 万元。甲公司为建造办公楼借入两笔专门借款。①2×18 年 1 月 1 日，借入专门借款 2 000 万元，借款期限为 3 年，年利率为 8%，利息按年支付；②2×18 年 7 月 1 日，借入专门借款 2 000 万元，借款期限为 5 年，年利率为 10%，利息按年支付。闲置的专门借款资金用于固定收益债券的短期投资，月收益率为 0.5%。甲公司为建造办公楼占用了两笔一般借款：①2×16 年 8 月 1 日向某商业银行借入长期借款 1 000 万元，期限为 3 年，年利率为 6%，按年支付利息，到期还本；②2×17 年 1 月 1 日按面值发行公司债券 10 000 万元，期限为 3 年，年利率为 8%，按年支付利息，到期还本。该项目如期达到预定可使用状态。2×18 年，甲公司一般借款的借款费用资本化率是（　）。

A. 7.68%　　　　B. 7.76%

C. 7.82%　　　　D. 7.91%

5. 资料同前，甲公司 2×18 年一般借款利息应计入财务费用的金额是（　）万元。

A. 783.2　　　　B. 782.4

C. 781.8　　　　D. 860.0

6. 资料同前，甲公司 2×18 年为建造该办公楼的借款利息资本化金额是（　）万元。

A. 322.6　　　　B. 323.2

C. 347.6　　　　D. 348.2

7. 甲公司采用出包方式交付承建商建设一条生产线，生产线建设工程于 2×17 年 1 月 1 日开工，当日发生资产支出，至 2×17 年 12 月 31 日尚未完工，专门为该生产线建设筹集资金的情况如下。①2×17 年 1 月 1 日，按每张 98 元的价格折价发行分期付息、到期还本的公司债券 30 万张，该债券每张面值为 100 元，期限为 3 年，票面年利率为 5%。利息于每年年末支付。在扣除手续费 20.25 万元后，发行债券所得资金 2 919.75 万元已存入银行。经测算，此债券的内含利率为 6%，2×17 年度未使用债券资金的银行存款利息收入为 50 万元。②2×17 年 7 月 1 日，以每股 5.2 元的价格增发本公司普通股 3 000 万股，每股面值 1 元，在扣除佣金 600 万元后，增发股票所得资金 15 000 万元已存入银行。甲公司 2×17 年应予资本化的借款利息费用是（　）万元。

A. 120.25　　　　B. 125.19

C. 170.25　　　　D. 175.19

二、多项选择题

1. 下列有关职工薪酬的论断中，不正确的有（　）。

A. 原生产工人的辞退福利计入生产成本

B. 婚假属于累积带薪缺勤

C. 设定提存计划属于其他长期职工福利

D. 企业提供给职工配偶、子女、受赡养人、已故员工遗属及其他受益人等的福利，也属于职工薪酬

2. 职工薪酬准则所界定的职工范围包括（　）。

A. 与企业订立劳动合同的所有人员，含全职、兼职和临时职工

B. 虽未与企业订立劳动合同但由企业正式任命的人员，如独立董事

C. 未与企业订立劳动合同或未由其正式任命，但向企业所提供服务与职工所提供服务

类似的人员,包括通过企业与劳务中介公司签订用工合同而向企业提供服务的人员

D. 企业的股东

3. 甲公司以其100件产品作为福利发放给生产工人,单位产品的成本为0.8万元、市场价为1万元,适用的增值税税率为13%、消费税税率为1%。甲公司计算的如下指标中,不正确的有( )。

A. 认定"税金及附加"1万元

B. 认定"生产成本"100万元

C. 认定"主营业务收入"100万元

D. 认定"管理费用"113万元

4. 下列有关借款费用资本化的表述中,正确的有( )。

A. 所建造固定资产的支出基本不再发生,应停止借款费用资本化

B. 固定资产建造中发生正常中断且连续超过3个月的,应暂停借款费用资本化

C. 固定资产建造中发生非正常中断且连续超过1个月的,应暂停借款费用资本化

D. 所建造固定资产基本达到设计要求,不影响正常使用的,应停止借款费用资本化

三、判断题

1. 根据设定提存计划,预期不会在职工提供相关服务的年度报告期结束后12个月内支付全部应缴存金额的,企业应按全部应缴存金额计量应付职工薪酬。 ( )

2. 资产支出只包括为购建或者生产符合资本化条件的资产而以支付现金、转移非现金资产或者承担不带息债务形式发生的支出。 ( )

3. 一般借款在资本化期间取得的闲置资金收益,应抵减一般借款的利息资本化金额。 ( )

4. 关于职工内退,在符合职工薪酬准则确认条件时,企业应当将职工停止提供服务至正常退休日期间的工资福利,在职工内退后各期分期确认因支付内退职工工资等产生的义务。 ( )

四、计算分析题

1. 甲公司是一家上市公司,采用资产负债表债务法核算所得税,所得税税率为25%,2×16—2×19年发生如下业务。

(1)甲公司以出包方式筹建某生产线,由于工程资金需要于2×16年1月1日借入一笔长期借款1 500万元,年利率为6%,期限为4年,每年年末付息,到期还本。甲公司将闲置的专门借款资金用于国债投资,月收益率为2‰。工程于2×16年6月1日正式开工,相关资产支出如下表所示。

时间	资产支出金额(万元)
6月1日	100
9月1日	200
11月1日	150
12月1日	50

(2)2×17年年初,甲公司以1 010万元的价格发行面值为1 000万元到期一次还本付息的债券,票面利率为8%,期限为3年,所筹资金未指定用途。甲公司委托M证券公司代为发行此债券,M公司按发行价格的3%收取发行费用。经计算该债券的实际利率为8.17%。2×17年2月1日甲公司又从银行贷款600万元,年利率为5%,期限为3年,每年2月1日付息,到期还本。该借款属于一般借款。当生产线专门借款用完后以上述两笔一般借款资金补足。2×17年有关工程的支出见下表。

日期	资产支出金额(万元)
3月1日	400
7月1日	900
8月1日因工程事故发生停工,直至12月1日才重新开工	
12月1日	270

(3)2×18年有关工程的支出见下表。

日期	资产支出金额(万元)
2月1日	100
4月1日	300
10月1日	150

工程于2×18年10月31日达到预定可使用状态，于2×18年11月2日验收合格，2×18年12月25日正式投入使用。

要求：

(1)作出甲公司2×16年专门借款利息费用的会计处理；

(2)作出甲公司2×17年借款费用的会计处理；

(3)作出甲公司2×18年借款费用的会计处理；

(4)计算甲公司工程完工时固定资产的入账成本。

(金额单位用万元表示，计算结果保留两位小数)

2. 甲公司是一家洗衣机生产企业，职工总数为1 000人，其中700人是生产工人，200人为行政管理人员，100人为生产管理人员。2×19年甲公司发生如下经济业务。

(1)7月，甲公司当月应发工资2 000万元，其中：生产工人工资1 500万元；生产管理人员工资200万元，管理部门管理人员工资300万元。根据甲公司所在地政府规定，甲公司应当按照职工工资总额的10%和8%计提并缴存医疗保险费和住房公积金。甲公司分别按照职工工资总额的2%和8%计提工会经费和职工教育经费。假定不考虑其他因素以及所得税影响。

(2)9月15日，甲公司决定以其生产的洗衣机为节日福利发放给公司每名职工。每台洗衣机的售价为1万元，成本为0.7万元。甲公司适用的增值税税率为13%。假定甲公司于当日将洗衣机发放给各职工。

(3)自2×19年1月1日起，甲公司实行累积带薪缺勤制度。该制度规定，每个职工每年可享受10个工作日带薪年休假，未使用的年休假只能向后结转一个日历年度，超过1年未使用的权利作废；职工休年休假时，首先使用当年可享受的权利，不足部分再从上年结转的带薪年休假中扣除；职工离开公司时，对未使用的累积带薪年休假无权获得现金支付。

2×19年12月31日，每个职工当年平均未使用带薪年休假为7天。甲公司预计2×20年有950名职工将享受不超过8天的带薪年休假，剩余50名职工每人将平均享受12天年休假，假定这50名职工全部为总部管理人员，该公司平均每名职工每个工作日工资为500元。

(4)甲公司于2×19年年初制订和实施了一项短期利润分享计划，以对公司管理层进行激励。该计划规定，公司全年的净利润指标为1 000万元，如果在公司管理层的努力下完成的净利润超过1 000万元，公司管理层将可以分享超过1 000万元净利润部分的10%作为额外报酬。假定至2×19年12月31日，甲公司全年实际完成净利润1 600万元。假定不考虑离职等其他因素。

要求：

(1)根据资料(1)，作出甲公司2×19年7月与职工薪酬相关的会计处理；

(2)根据资料(2)，作出甲公司关于非货币性职工福利的会计处理；

(3)根据资料(3)，作出甲公司关于累积带薪缺勤的会计处理；

(4)根据资料(4)，作出甲公司关于利润分享计划的会计处理。

(金额单位用万元表示，计算结果保留两位小数)

同步训练答案及解析

一、单项选择题

1. A 【解析】5×2×1 000=10 000(元),分录如下:

   借:管理费用　　　　　　10 000
   　　贷:应付职工薪酬　　　　　　10 000

   『拓展』如果2×15年这5名员工平均每人休了13天年休假,则2×15年账务处理如下:

   (1)兑现此年休假工资时:

   借:应付职工薪酬　　　　　15 000
   　　贷:银行存款　　　　　　　　15 000

   (2)补提少认定的职工薪酬:

   借:管理费用　　　　　　　5 000
   　　贷:应付职工薪酬　　　　　　5 000

2. A 【解析】2×18年专门借款利息费用予以资本化的金额计算:

   (1)资本化期间为5个月;

   (2)资本化期间内的专门借款利息=1 000×9%×5/12=37.5(万元);

   (3)资本化期间内的闲置资金收益=700×8‰×2+500×8‰×1+450×8‰×1+350×8‰×1=21.6(万元);

   (4)专门借款利息费用资本化金额=37.5-21.6=15.9(万元)。

3. A 【解析】专门借款共计2 000万元,2×17年累计支出1 800万元,2×18年支出的300万元中有200万元属于专门借款,一般借款占用100万元,因此,2×18年甲公司应予资本化的一般借款利息费用=100×6%×3/12=1.5(万元)。

4. C 【解析】2×18年,甲公司一般借款的资本化率=(1 000×6%+10 000×8%)/(1 000+10 000)×100%=7.82%。

5. C 【解析】2×18年甲公司累计资产支出超过专门借款部分的资产支出加权平均数=(1 500+3 500-2 000-2 000)×6/12+2 000×3/12=1 000(万元);甲公司2×18年一般借款利息的资本化金额=1 000×7.82%=78.2(万元);甲公司2×18年一般借款利息应计入财务费用的金额=1 000×6%+10 000×8%-78.2=781.8(万元)。

6. B 【解析】2×18年的专门借款利息资本化金额=2 000×8%+2 000×10%×6/12-500×0.5‰×6=245(万元);甲公司2×18年为建造该办公楼的借款利息资本化金额=245+78.2=323.2(万元)。

7. B 【解析】资本化的借款利息费用=2 919.75×6%-50=125.19(万元)。

二、多项选择题

1. ABC 【解析】选项A,辞退福利计入管理费用,与原岗位无关;选项B,婚假属于非累积带薪缺勤;选项C,设定提存计划属于离职后福利。

2. ABC

3. BD 【解析】甲公司账务处理如下:

   借:生产成本　　(100×1×1.13)113
   　　贷:应付职工薪酬　　　　　　113

   借:应付职工薪酬　　　　　　113
   　　贷:主营业务收入　　　　　100
   　　　　应交税费—应交增值税(销项税额)
   　　　　　　　　　　　　　　　　13

   借:主营业务成本　　　　　　80
   　　贷:库存商品　　(100×0.8)80

   借:税金及附加　　　　　　　1
   　　贷:应交税费—应交消费税
   　　　　　　　　　　(100×1×1%)1

4. AD 【解析】选项B应是非正常中断;选项C应是3个月。

三、判断题

1. × 【解析】企业应当参照规定的折现率,

将全部应缴存金额以折现后的金额计量应付职工薪酬。

2. × 【解析】以承担不带息债务形式发生的支出不属于资产支出，只有承担**带息债务**，才属于资产支出。

3. × 【解析】一般借款的闲置资金收益，应当费用化计入财务费用，不抵减资本化的利息金额。

4. × 【解析】应当确认为应付职工薪酬，一次性计入当期损益。

四、计算分析题

1.【答案】

(1) 甲公司 2×16 年专门借款利息费用的会计处理如下：

①开始资本化日为 2×16 年 6 月 1 日；

②停止资本化日为 2×18 年 10 月 31 日；

③2×16 年借款费用资本化期间为 6 月 1 日至 12 月 31 日；

④2×16 年资本化期间专门借款利息总额 = 1 500×6%×7/12 = 52.5（万元）；

⑤2×16 年资本化期间闲置资金创造的收益 = 1 400×2‰×3 + 1 200×2‰×2 + 1 050×2‰×1 + 1 000×2‰×1 = 17.3（万元）；

⑥2×16 年专门借款利息资本化金额 = 52.5−17.3 = 35.2（万元）；

⑦2×16 年非资本化期间专门借款利息总额 = 1 500×6%×5/12 = 37.5（万元）；

⑧2×16 年非资本化期间专门借款闲置资金创造的收益 = 1 500×2‰×5 = 15（万元）；

⑨2×16 年非资本化期间形成的财务费用合计 = 非资本化期间的专门借款利息−非资本化期间闲置资金的利息收益 = 37.5−15 = 22.5（万元）；

⑩会计分录如下：

借：在建工程 35.2
　　财务费用 22.5
　　应收利息 （17.3+15）32.3
　　　贷：应付利息 90

(2) 甲公司 2×17 年借款费用的会计处理如下：

①专门借款费用在当年资本化期间的利息费用总额 = 1 500×6%×8/12 = 60（万元）；

②专门借款费用在当年创造的闲置资金收益 = 1 000×2‰×2 + 600×2‰×4 = 8.8（万元）；

③专门借款费用在当年利息费用资本化额 = 60−8.8 = 51.2（万元）；

④一般借款当年加权平均利率 = （979.7×8.17% + 600×5%×11/12）÷（979.7 + 600×11/12）×100% ≈ 7.03%；

⑤一般借款本年的资产支出的加权平均数 = 300×2/12 + 270×1/12 = 72.5（万元）；

⑥一般借款利息资本化金额 = 72.5×7.03% ≈ 5.10（万元）；

⑦2×17 年利息资本化总额 = 51.2 + 5.10 = 56.30（万元）；

⑧专门借款利息费用的会计处理如下：

借：在建工程 51.2
　　应收利息 8.8
　　财务费用 （1 500×6%×4/12）30
　　　贷：应付利息 90

⑨一般借款的会计处理如下：

借：在建工程 5.10
　　财务费用
　　（979.7×8.17% + 600×5%×11/12−5.1）
　　　　　　　102.44
　　　贷：应付债券—应计利息 80
　　　　　　　—利息调整
　　　　　（979.7×8.17%−80）0.04
　　　应付利息 （600×5%×11/12）27.5

(3) 甲公司 2×18 年借款费用的会计处理如下：

①专门借款利息资本化额 = 1 500×6%×10/12 = 75（万元）；

②一般借款当年加权平均利率 = ［979.7×（1 + 8.17%）×8.17%×10/12 + 600×5%×10/12］÷［979.7×（1 + 8.17%）×10/12 + 600×10/12］×100% ≈ 7.02%；

③一般借款本年的资产支出的加权平均数 = 570×10/12 + 100×9/12 + 300×7/12 +

$150 \times 1/12 = 737.5$（万元）；

④一般借款利息资本化额 $= 737.5 \times 7.02\% = 51.77$（万元）；

⑤2×18 年利息资本化总额 $= 75 + 51.77 = 126.77$（万元）；

⑥会计分录如下：

借：在建工程　　　　　　　　126.77
　　财务费用　　　　　　　　 79.81
　　　贷：应付债券—应计利息　　　　80
　　　　　　　　—利息调整
　　　（979.7×108.17%×8.17%−80）6.58
　　　　　应付利息
　　　　　（600×5%+1 500×6%）120

（4）甲公司工程完工时固定资产的入账成本 $= (100 + 200 + 150 + 50) + (400 + 900 + 270) + (100 + 300 + 150) + (35.2 + 56.3 + 126.77) = 2\,838.27$（万元）。

2.【答案】

（1）根据资料（1），甲公司计算其 2×19 年 7 月的职工薪酬金额如下：

①应当计入生产成本的职工薪酬金额 $= 1\,500 + 1\,500 \times (10\% + 8\% + 2\% + 8\%) = 1\,920$（万元）；

②应当计入制造费用的职工薪酬金额 $= 200 + 200 \times (10\% + 8\% + 2\% + 8\%) = 256$（万元）；

③应当计入管理费用的职工薪酬金额 $= 300 + 300 \times (10\% + 8\% + 2\% + 8\%) = 384$（万元）；

④甲公司有关账务处理如下：

借：生产成本　　　　　　　　1 920
　　制造费用　　　　　　　　 256
　　管理费用　　　　　　　　 384
　　　贷：应付职工薪酬—工资　　2 000
　　　　　　　　—医疗保险费　200
　　　　　　　　—住房公积金　160
　　　　　　　　—工会经费　　 40
　　　　　　　　—职工教育经费
　　　　　　　　　　　　　　　160

（2）甲公司针对此非货币性职工福利的会计处理：

①应当计入生产成本的职工薪酬金额 $= 700 \times 1 \times (1 + 13\%) = 791$（万元）；

②应当计入管理费用的职工薪酬金额 $= 200 \times 1 \times (1 + 13\%) = 226$（万元）；

③应当计入制造费用的职工薪酬金额 $= 100 \times 1 \times (1 + 13\%) = 113$（万元）；

④甲公司有关账务处理如下：

借：生产成本　　　　　　　　 791
　　管理费用　　　　　　　　 226
　　制造费用　　　　　　　　 113
　　　贷：应付职工薪酬—非货币性福利
　　　　　　　　　　　　　　1 130

借：应付职工薪酬—非货币性福利
　　　　　　　　　　　　　　1 130
　　　贷：主营业务收入　　　　1 000
　　　　　应交税费—应交增值税（销项税额）
　　　　　　　　　　　　　　　130

借：主营业务成本　　　　　　 700
　　　贷：库存商品　　　　　　 700

（3）甲公司在 2×19 年 12 月 31 日预计由于职工累积未使用的带薪年休假权利而导致预期将支付的工资负债即为 100 天（50×2）的年休假工资，金额为 5 万元（100×500/10 000），并作如下账务处理：

借：管理费用　　　　　　　　　5
　　　贷：应付职工薪酬—累积带薪缺勤　5

（4）甲公司管理层按照利润分享计划可以分享利润 60 万元 [（1 600−1 000）×10%] 作为其额外的薪酬。2×19 年 12 月 31 日的相关账务处理如下：

借：管理费用　　　　　　　　　60
　　　贷：应付职工薪酬—利润分享计划 60

本章知识串联

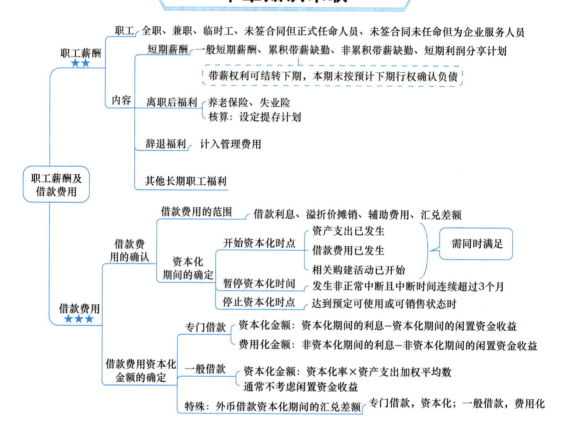

第九章 或有事项

历年考情概况

本章主要介绍何时确认预计负债以及如何确认预计负债，历年考试中也是主要围绕这两个问题进行考查，每年的分值在2~5分。本章内容可以单独考查，也可以与所得税、差错更正、日后调整事项等章节紧密结合以主观题形式考查，因此对本章内容，要熟练掌握。

近年考点直击

主要考点	主要考查题型	考频指数	考查角度
或有事项概述	多	★	常见或有事项的界定
或有事项的会计处理	单 判	★★	(1)或有资产的披露；(2)预期可获得的补偿确认资产的条件；(3)或有事项会计处理原则
预计负债的计量	单 多 判 计 综	★★★	(1)或有事项确认预计负债的条件；(2)资产负债表日预计负债账面价值的复核；(3)未决诉讼中预计负债的确认；(4)计提产品质量保证费用时预计负债的确认
亏损合同的会计处理	多 判	★★★	(1)亏损合同中预计负债的确认；(2)亏损合同中预计负债金额的计量原则；(3)有标的资产的亏损合同的会计处理
债务担保的会计处理	多	★	债务担保的相关处理
重组义务的确认与计量	单 多 判	★★	与重组有关的直接支出的界定、计算

2022 年考试变化

本章考试内容未发生实质性变化。

考点详解及精选例题

一、或有事项的概念、特征及分类

(一)或有事项的概念★

或有事项是指过去的交易或者事项形成的，其结果须由某些未来事项的发生或不发生才能决定的不确定事项。

(二)或有事项的主要特征★

(1)由企业过去的事项或交易形成；

(2)或有事项的结果是不确定的；

(3)或有事项的结果由企业未来事项决定。

（三）或有事项的分类★

（1）满足预计负债确认条件的或有事项——预计负债。

（2）不满足预计负债确认条件的或有事项——或有负债。

（3）或有资产。

【例题1·多选题】 ☆下列各项中，属于企业或有事项的有（　）。

A. 与管理人员签订利润分享计划

B. 为其他单位提供的债务担保

C. 未决仲裁

D. 产品质保期内的质量保证

解析 ▶ 选项A，不是过去的交易或事项形成的，不属于或有事项。　　**答案** ▶ BCD

二、或有事项的确认和计量

（一）或有事项的确认★★

与或有事项有关的义务应当在同时符合以下三个条件时确认为负债，作为预计负债进行确认和计量：

（1）或有事项产生的义务是企业的现时义务。

（2）义务的履行很可能导致经济利益的流出。

（3）该义务的金额能够可靠地计量。

重点把握"很可能"的标准确认（可能性的判断标准见表9-1）。

表9-1　可能性的判断标准

可能性	范围标准
基本确定	大于95%小于100%
很可能	大于50%小于等于95%
可能	大于5%小于等于50%
极小可能	大于0小于等于5%

【例题2·多选题】 ☆桂江公司为甲公司、乙公司、丙公司和丁公司提供了银行借款担保，下列各项中，桂江公司不应确认预计负债的有（　）。

A. 甲公司运营良好，桂江公司极小可能承担连带还款责任

B. 乙公司发生暂时财务困难，桂江公司可能承担连带还款责任

C. 丙公司发生财务困难，桂江公司很可能承担连带还款责任

D. 丁公司发生严重财务困难，桂江公司基本确定承担还款责任

解析 ▶ 选项A、B，都达不到"很可能导致经济利益流出"的情况，因此不符合预计负债的确认条件。　　**答案** ▶ AB

（二）预计负债的计量★★★

1. 预计负债的初始计量

（1）最佳估计数的确认。

①当清偿因或有事项而确认的负债所需支出存在一个连续金额范围时，且该范围内各种结果发生的可能性相同的，最佳估计数应当按照该范围内的中间值（即上下限平均值）确定。

【例题3·单选题】 ☆甲公司因违约被起诉，至2×11年12月31日，人民法院尚未作出判决，经向公司法律顾问咨询，人民法院的最终判决很可能对本公司不利，预计赔偿额为20万元至50万元，而该区间内每个金额发生的可能性大致相同。甲公司2×11年12月31日由此应确认预计负债的金额为（　）万元。

A. 20　　　　　　B. 30

C. 35　　　　　　D. 50

解析 ▶ 预计负债金额＝（20＋50）/2＝35（万元），会计分录为：

借：营业外支出　　　　　　35

　　贷：预计负债　　　　　　35

　　　　　　　　　　　　答案 ▶ C

②如果不存在一个金额范围时，则最佳估计数按以下标准认定：

a. 如果涉及单个项目，则最佳估计数为

最可能发生数。

【例题 4·分析题】 2×17 年 11 月，A 公司因污水排放对环境造成污染被周围居民提起诉讼。2×17 年 12 月 31 日，该案件尚未一审判决。根据以往类似案例及公司法律顾问的判断，A 公司很可能败诉。如败诉，预计赔偿 1 500 万元的可能性为 70%，预计赔偿 1 200 万元的可能性为 30%。假定不考虑其他因素，该事项对 A 公司 2×17 年利润总额的影响金额为多少？

解析 该事项对 A 公司 2×17 年利润总额的影响金额为 1 500 万元(最可能发生的金额)。

借：营业外支出　　　　　　　1 500
　贷：预计负债　　　　　　　　　　1 500

b. 如果涉及**多个项目**，则最佳估计数按各种可能发生额及发生概率计算确认——**"加权平均数"**。

【例题 5·分析题】 2×17 年甲公司销售 A 产品 300 件，收入为 2 000 万元。甲公司的产品质量保证条款规定：产品售出后一年内，如发生正常质量问题，甲公司将免费负责修理。根据以往的经验，如果出现较小的质量问题，则发生的修理费为销售收入的 1%；而如果出现较大的质量问题，则发生的修理费为销售收入的 2%。据预测，本年度已售产品中，估计有 80% 不会发生质量问题，有 15% 将发生较小质量问题，有 5% 将发生较大质量问题。假定该质量保证为法定要求。据此，2×17 年年末甲公司应确认的负债是多少？

解析 2×17 年年末，甲公司应确认的负债金额 = 2 000×80%×0 + 2 000×15%×1% + 2 000×5%×2% = 5(万元)。

借：销售费用　　　　　　　　　5
　贷：预计负债　　　　　　　　　　5
将来在履行保修服务时：
借：预计负债
　贷：原材料
　　　应付职工薪酬
　　　银行存款

(2)预期可获得补偿的处理。

如果清偿因或有事项而确认的负债所需支出全部或部分预期由第三方补偿，则补偿金额只能在基本确定能收到时，才能作为资产单独确认，且确认的补偿金额不应超过所确认负债的账面价值。

此处的重点是三个内容：

①只有在**基本确定**能收到时，才能作为资产认定；

②资产的金额**不能超过**其所匹配的负债账面价值；

③资产的入账要单独设账反映即记入"其他应收款"科目，而**不能与"预计负债"科目对冲**。

【例题 6·单选题】 ☆2×17 年 12 月 31 日，甲公司有一项未决诉讼，预计在 2×17 年度财务报告批准报出日后判决，胜诉的可能性为 60%。如甲公司胜诉，将获得 40 万元至 60 万元的补偿，且这个区间内每个金额发生的可能性相同。不考虑其他因素，该未决诉讼对甲公司 2×17 年 12 月 31 日资产负债表资产的影响为( )万元。

A. 40　　　　　　　　B. 0
C. 50　　　　　　　　D. 60

解析 或有事项形成的或有资产只有在企业基本确定能够收到的情况下，才能转变为真正的资产，从而予以确认。因预计有 60% 的可能会获得补偿，未达到基本确定，所以不能确认资产。　　　　**答案** B

【例题 7·分析题】 甲公司为乙公司贷款提供全额担保，乙公司在贷款到期时因一时资金困难无法偿付所有本息 100 万元，银行起诉甲公司要求其履约支付全部本息，甲公司预计很可能偿付此款项，但同时甲公司起诉乙公司要求其赔付其损失，乙公司以房产典当方式基本确定可以补偿 30 万元。甲公司应如何进行账务处理？

解析 (1)甲公司首先确认预计负债 100 万元，分录如下：

借：营业外支出　　　　　　　100

贷：预计负债　　　　　100

（2）在乙公司基本确定可以补偿30万元时，作如下分录：

借：其他应收款　　　　30

贷：营业外支出　　　　30

【例题8·单选题】 ☆2×12年12月31日，甲公司根据类似案件的经验判断，一起未决诉讼的最终判决很可能对公司不利，预计将要支付的赔偿金额在500万元至900万元之间，且在此区间每个金额发生的可能性大致相同；基本确定可从第三方获得补偿款40万元。甲公司应对该项未决诉讼确认预计负债的金额为（　）万元。

A. 460　　　　B. 660

C. 700　　　　D. 860

解析 应确认的预计负债＝（500＋900）/2＝700（万元），基本确定收到的补偿是不能冲减预计负债的确认金额的。

答案 C

【例题9·多选题】 如果清偿因或有事项而确认的负债所需支出预期全部或部分由第三方补偿，下列说法正确的有（　）。

A. 补偿金额只有在很可能收到时，才能作为资产单独确认，且确认的补偿金额不应超过预计负债的账面价值

B. 补偿金额只有在基本确定能够收到时，才能作为资产单独确认，且确认的补偿金额不应超过预计负债的账面价值

C. 补偿金额只有在基本确定能够收到时，才能确认并从所需支出的预计负债中扣除，且确认的补偿金额不应超过预计负债的账面价值

D. 补偿金额只有在基本确定能够收到时，才能确认为资产，同时仍应按所需支出单独确认预计负债，且所确认的资产金额不应超过预计负债金额

E. 补偿金额只有在能够收到时，才能单独确认并从所需支出中扣除

解析 第三方补偿确认为资产应注意：①基本确定能够收到；②确认的补偿金额不

应超过预计负债的账面价值；③补偿金额确认资产与支出确认预计负债独立进行。所以选项A、C、E表述不正确。 **答案** BD

2. 预计负债的后续计量

企业应当在资产负债表日对预计负债的账面价值进行**复核**，有确凿证据表明账面价值不能真实反映当前最佳估计数的，应作相应调整。

3. 相关会计分录

（1）在确认负债时：

借：销售费用［按法定要求计提的产品质量保证费用］

管理费用［一般是诉讼费或各项杂费］

营业外支出［通常是罚款或赔偿额］

贷：预计负债

（2）当该负债转化为事实时：

借：预计负债

贷：其他应付款

借：其他应付款

贷：银行存款

老高提示 ①如果属于产品质量保证情况的，则不必转入"其他应付款"科目，而是直接对冲"预计负债"科目；②质量担保费用如果出现实际发生数与预估数相差较大，应及时调整预计比例；③针对特定批次产品确认的预计负债，在保修期满时则将其对应的"预计负债"冲为零，同时冲减"销售费用"科目；④不再生产的产品所提取的"预计负债"在**保证期满时冲销为零**，同时冲减"**销售费用**"科目。

（3）对于预期可获得补偿的认定：

借：其他应收款

贷：营业外支出

4. 报表披露

根据企业会计制度的规定，因或有事项确认的负债除了在报表中反映外，还要在会计报表附注中相应地披露其形成的原因及金额，以使会计报表使用者获得充分、详细的有关或有事项的信息。

【例题10·单选题】 ☆甲公司于2×14年

1月1日成立，按法定要求承诺产品售后3年内向消费者免费提供维修服务，预计保修期内将发生的保修费为销售收入的3%至5%，且这个区间内每个金额发生的可能性相同。当年甲公司实现的销售收入为1 000万元，实际发生的保修费为15万元。不考虑其他因素，甲公司2×14年12月31日资产负债表预计负债项目的期末余额为(　)万元。

A. 15　　　　B. 25

C. 35　　　　D. 40

解析▶　当年计提保修费用＝1 000×(3%＋5%)/2＝40(万元)，确认预计负债40万元，当年实际发生保修费冲减预计负债15万元，所以2×14年年末资产负债表中预计负债＝40-15＝25(万元)。　答案▶ B

【例题11·单选题】☆2×18年12月31日，甲公司涉及的一项产品质量未决诉讼案，败诉的可能性为80%。如果胜诉，不需要支付任何费用；如果败诉，需支付赔偿金及诉讼费共计60万元，同时基本确定可从保险公司获得45万元的赔偿。当日，甲公司应确认预计负债的金额为(　)万元。

A. 15　　　　B. 0

C. 48　　　　D. 60

解析▶　甲公司应按照预计支付的赔偿金和诉讼费确认预计负债60万元，同时基本确定收到的赔偿款确认为其他应收款，不冲减预计负债的确认金额，因此，选项D正确。分录为：

借：营业外支出/管理费用　　　15

　　其他应收款　　　　　　　45

　　贷：预计负债　　　　　　　　60

　　　　　　　　　　　　答案▶ D

（三）或有负债的会计处理★

1. 或有负债的概念

或有负债是指过去的交易或事项形成的潜在义务，其存在须通过未来不确定事项的发生或不发生予以证实；或过去的交易或事项形成的现时义务，履行该义务不是很可能导致经济利益流出企业或该义务的金额不能可靠地计量。

2. 或有负债的确认条件

其实就是不符合或有事项确认预计负债的那些条件。

3. 或有负债的特点

(1)由过去的交易或事项产生的；

(2)结果具有不确定性。

或有负债涉及两类义务：

①潜在义务。

②现时义务，虽然是现时义务，但要么是经济利益流出企业的可能性达不到"很可能"；要么是金额无法可靠地计量。

4. 或有负债的会计处理

对于或有负债，会计上只作披露。

(1)披露的范围。

除可能性极小的或有负债不作披露外，其余或有负债均作披露(但对于"未决诉讼""担保责任""商业承兑汇票贴现所产生的或有负债""未决仲裁"则不论其可能性大小，均需披露)。

(2)披露的内容。

①或有负债形成的原因；

②预计产生的财务影响(如无法预计应说明理由)；

③获得补偿的可能性。

(3)例外情况。

如果披露未决诉讼或仲裁的全部或部分信息预期会对企业造成重大不利影响，则企业无须披露这些信息，但是企业至少应披露未决诉讼、仲裁的形成原因。

【例题12·单选题】下列或有负债中，不应在会计报表附注中披露的是(　)。

A. 已贴现商业承兑汇票形成的或有负债

B. 未决诉讼、仲裁形成的或有负债

C. 为其他单位债务担保形成的或有负债

D. 极小可能导致经济利益流出企业的或有负债

解析▶　企业会计准则规定，或有事项如果不能同时符合确认为负债的三个条件，则不能将其确认为一项负债,只能作为或有负债处理。极小可能(可能性小于等于5%)导致经济利益流出企业的或有负债一般不予披露。

答案 ▶ D

(四)或有资产的会计处理★

1. 概念

或有资产是指过去的交易或事项形成的潜在资产,其存在须通过未来不确定事项的发生或不发生予以证实。

2. 特点

(1)或有资产是由过去的交易或事项产生的;

(2)或有资产的结果具有不确定性。

3. 披露

(1)条件限定。

只有很可能会给企业带来经济利益的或有资产,才够条件披露。

(2)披露的内容。

①形成原因;

②财务影响。

【例题 13·单选题】 ☆下列关于或有事项会计处理的表述,正确的是( )。

A. 现时义务导致的预计负债,在资产负债表日无须复核

B. 潜在义务导致的或有负债,不能在资产负债表中列为负债

C. 现时义务导致的预计负债,不能在资产负债表中列为负债

D. 或有事项形成的或有资产,应在资产负债表中列为资产

解析 ▶ 企业应当在资产负债表日对预计负债的账面价值进行复核,选项 A 错误;现时义务导致的预计负债,应该在资产负债表中列为负债,选项 C 错误;或有事项形成的或有资产,不符合资产确认条件,因而不能在财务报表中确认,选项 D 错误。 答案 ▶ B

【例题 14·多选题】 ☆下列关于企业或有事项会计处理的表述中,正确的有( )。

A. 因或有事项承担的义务,符合负债定义且满足负债确认条件的,应确认预计负债

B. 因或有事项承担的潜在义务,不应确认为预计负债

C. 因或有事项形成的潜在资产,应单独确认为一项资产

D. 因或有事项预期从第三方获得的补偿,补偿金额很可能收到的,应单独确认为一项资产

解析 ▶ 选项 C,因或有事项形成的潜在资产是或有资产,不能单独确认为资产;选项 D,因或有事项预期从第三方获得的补偿,补偿金额基本确定能够收到的,应单独确认为一项资产。 答案 ▶ AB

【例题 15·多选题】 ☆下列关于或有事项的表述中,正确的有( )。

A. 或有资产由过去的交易或事项形成

B. 或有负债应在资产负债表内予以确认

C. 或有资产不应在资产负债表内予以确认

D. 因或有事项所确认负债的偿债时间或金额不确定

解析 ▶ 或有负债尚未满足确认负债的条件,不能在资产负债表中确认。 答案 ▶ ACD

【例题 16·计算分析题】 ☆甲公司系增值税一般纳税人,适用的增值税税率为13%。有关资料如下。

资料一:2×14 年 8 月 1 日,甲公司从乙公司购入 1 台不需安装的 A 生产设备并投入使用,已收到增值税专用发票,价款 1 000 万元,增值税税额为 130 万元,付款期为 3 个月。

资料二:2×14 年 11 月 1 日,应付乙公司款项到期,甲公司虽有付款能力,但因该设备在使用过程中出现过故障,与乙公司协商未果,未按时支付。2×14 年 12 月 1 日,乙公司向人民法院提起诉讼,至当年 12 月 31 日,人民法院尚未判决。甲公司法律顾问认为败诉的可能性为 70%,预计支付诉讼费 5 万元,逾期利息在 20 万元至 30 万元之间,且这个区间内每个金额发生的可能性相同。

资料三：2×15年5月8日，人民法院判决甲公司败诉，承担诉讼费5万元，并在10日内向乙公司支付欠款1 130万元和逾期利息50万元。甲公司和乙公司均服从判决，甲公司于2×15年5月16日以银行存款支付上述所有款项。

资料四：甲公司2×14年度财务报告已于2×15年4月20日报出；不考虑其他因素。

要求：

（1）编制甲公司购进固定资产的相关会计分录。

（2）判断说明甲公司2×14年年末就该未决诉讼案件是否应当确认预计负债及其理由；如果应当确认预计负债，编制相关会计分录。

（3）编制甲公司服从判决支付款项的相关会计分录。

答案 （1）甲公司购进固定资产的分录：

借：固定资产　　　　　　　1 000
　　应交税费—应交增值税（进项税额）
　　　　　　　　　　　　　　 130
　　贷：应付账款　　　　　 1 130

（2）该未决诉讼案件应当确认为预计负债。

理由：①至当年12月31日，人民法院尚未判决，甲公司法律顾问认为败诉可能性为70%，满足履行该义务很可能导致经济利益流出企业的条件；②预计支付诉讼费5万元，逾期利息在20万元至30万元之间，且这个区间内每个金额发生的可能性相同，满足该义务的金额能够可靠计量的条件；③该义务同时是企业承担的现时义务。

预计负债的金额＝5+（20+30）/2=30（万元）。

借：营业外支出　　　　　　　 25
　　管理费用　　　　　　　　　 5
　　贷：预计负债　　　　　　　 30

（3）2×15年5月8日：

借：预计负债　　　　　　　　 30
　　营业外支出　　　　　　　 25
　　贷：其他应付款　　　　　 55

2×15年5月16日：

借：其他应付款　　　　　　　 55

　　贷：银行存款　　　　　　 55
借：应付账款　　　　　　　 1 130
　　贷：银行存款　　　　　 1 130

（五）待执行合同形成的或有事项的确认和计量★★★

1. 待执行合同的概念

待执行合同是指合同各方尚未履行任何合同义务，或部分地履行了同等义务的合同。

2. 亏损合同的概念

亏损合同是指履行合同义务不可避免会发生的成本超过预期经济利益的合同。

考高提示 企业履行合同的成本主要包括：

①履行合同的增量成本例如直接人工、直接材料等；

②与履行合同直接相关的其他成本的分摊金额例如用于履行合同的固定资产的折旧费用分摊金额等。

3. 待执行合同形成的或有事项的确认原则

待执行合同变成亏损合同的，该亏损合同产生的义务满足预计负债确认条件的，应当确认为预计负债。企业不应当就未来经营亏损确认预计负债。

4. 待执行合同形成的预计负债的计量

待执行合同变成亏损合同时，企业拥有合同标的资产的，应当先对标的资产进行减值测试并按规定确认减值损失，如预计亏损超过该减值损失，应将超过部分确认为预计负债。企业没有合同标的资产的，亏损合同相关义务满足规定条件时，应当确认为预计负债。

[例题17·多选题] ☆下列关于企业亏损合同会计处理的表述中，正确的有（　　）。

A. 有标的资产的亏损合同，应对标的资产进行减值测试并按减值金额确认预计负债

B. 无标的资产的亏损合同相关义务满足预计负债确认条件时，应确认预计负债

C. 因亏损合同确认的预计负债，应以履行该合同的成本与未能履行该合同而发生的补偿或处罚两者之中的较高者计量

D. 与亏损合同相关的义务可无偿撤销

的，不应确认预计负债

解析 ▶ 选项 A，应按照减值的全额确认资产减值损失，如果预计亏损超过该减值损失，应将超过部分确认为预计负债；选项 C，预计负债的计量应当反映退出该合同的最低净成本，即履行该合同的成本与未能履行该合同而发生的补偿或处罚两者之中的较低者。

答案 ▶ BD

5. 待执行合同转为亏损合同的会计处理

(1)产品尚未生产出来就已经损失的情况。

【例题 18 · 分析题】 甲公司 2×16 年 11 月初与乙公司签订了 A 产品的产销合同，合同约定甲公司在 2×17 年 4 月前要生产 100 件 A 产品，以每件 1 万元的价格销售给乙公司，如果未按合同约定发货则由甲公司支付总价款40%的违约金。甲公司在开始 A 产品生产时发现由于材料、人工费用的上涨，A 产品的单位生产成本已升至每件 1.1 万元。则甲公司只有继续履约才会将损失降至最低。甲公司应如何对该业务进行账务处理？

解析 ▶ 2×16 年年末应作如下账务处理：

借：营业外支出　　　　　　　　　10
　　贷：预计负债　　　　　　　　　　　10

等产品生产出来后再作如下调整分录：

借：预计负债　　　　　　　　　　10
　　贷：库存商品　　　　　　　　　　　10

如果违约金只有 3 万元时，甲公司不会履行此合同，只会承担违约金，账务处理如下：

借：营业外支出　　　　　　　　　3
　　贷：预计负债　　　　　　　　　　　3

(2)对已经存在的产品进行削价处理。

【例题 19 · 分析题】 因产品过时，甲公司的 A 产品出现积压，为回笼资金，甲公司于 2×16 年年末与乙公司签订 100 件 A 产品的销售合同，合同约定 2×17 年 4 月 1 日按每件 0.8 万元的价格销售 A 产品，而 A 产品的单位成本为每件 1 万元，假定不考虑销售税费。甲公司在 2×16 年年末应如何进行账务处理？

解析 ▶ 甲公司 2×16 年年末应作如下账

务处理：

借：资产减值损失　　　　　　　　20
　　贷：存货跌价准备　　　　　　　　　20

【例题 20 · 多选题】 下列有关待执行合同的论断中，正确的有(　　)。

A. 待执行合同变成亏损合同的，该亏损合同产生的义务满足预计负债确认条件的，应当确认为预计负债

B. 待执行合同均属于或有事项

C. 待执行合同变成亏损合同时，有合同标的资产的，应当先对标的资产进行减值测试并按规定确认减值损失，如预计亏损超过该减值损失，应将超过部分确认为预计负债

D. 无合同标的资产的，亏损合同相关义务满足预计负债确认条件的，应当确认为预计负债

解析 ▶ 企业与其他方签订的尚未履行或部分履行了同等义务的合同，如商品买卖合同、劳务合同、租赁合同等，均属于待执行合同。待执行合同不属于或有事项准则规范的内容，但待执行合同变成亏损合同的，应当作为或有事项处理。　**答案** ▶ ACD

【例题 21 · 分析题】 甲公司为增值税一般纳税人，适用的增值税税率为13%。2×17 年 9 月与乙公司签订 A 商品购销合同，合同规定甲公司在 2×18 年 1 月销售 800 件 A 商品给乙公司，合同价格为每件 20 万元，如 2×18 年 1 月未交货，延迟交货部分的商品价格降为每件 12 万元。2×17 年 12 月 31 日，甲公司因生产线超负荷生产导致多部电机烧毁，该电机需要从国外进口，预期短时期内无法恢复生产。截至当日，甲公司仅生产了 600 件 A 商品并验收入库，实际单位成本为 13.5 万元，其余 200 件尚未投入生产。甲公司预计待生产线正常运转后，其余 200 件可在 2×18 年 5 月交货。

2×18 年 3 月其余 200 件投入生产并于当月完工入库，实际单位成本为 13.5 万元。当年 4 月甲公司将这 200 件商品销售给乙公司，同时收到货款。

根据上述资料，2×17 年 12 月 31 日、2×18 年 3 月 31 日和 2×18 年 4 月，甲公司对 A 商品分别如何进行账务处理？

解析 ▶ (1)2×17 年 12 月 31 日：

借：营业外支出

　　　　[（13.5-12）×200]300

　　贷：预计负债　　　　　　300

(2)2×18 年 3 月 31 日，产品完工验收入库：

借：库存商品　（200×13.5）2 700

　　贷：生产成本　　　　　2 700

借：预计负债　　　　　　　300

　　贷：库存商品　　　　　　300

(3)2×18 年 4 月：

借：银行存款　　　　　　2 712

　　贷：主营业务收入（200×12）2 400

　　　　应交税费—应交增值税（销项税额）　　　　　　　312

借：主营业务成本

　　　　　　（2 700-300）2 400

　　贷：库存商品　　　　　2 400

（六）重组事项形成的或有事项的确认和计量★★

1. 重组的概念

重组是指企业制定和控制的，将显著改变企业组织形式、经营范围或经营方式的计划实施行为。

属于重组的事项主要包括：

(1)出售或终止企业的部分经营业务；

(2)对企业的组织结构进行较大调整；

(3)关闭企业的部分营业场所，或将营业活动由一个国家或地区迁移到其他国家或地区。

2. 重组事项形成的或有事项的确认原则

企业承担的重组义务满足预计负债确认条件的，应当确认预计负债。

同时存在下列情况时，表明企业承担了重组义务：

(1)有详细、正式的重组计划，包括重组涉及的业务、主要地点、需要补偿的职工人数及其岗位性质、预计重组支出、计划实施时间等；

(2)该重组计划已对外公告。

3. 重组形成的或有事项的计量

企业应当按照与重组有关的直接支出确定预计负债金额。

直接支出不包括留用职工岗前培训、市场推广、新系统和营销网络投入等支出。与重组有关支出的判断见表 9-2。

表 9-2 与重组有关支出的判断

项目	是否属于与重组有关的直接支出	不属于原因
职工遣散费(包括自愿遣散费和强制遣散费)	属于	—
厂房、设备等不再使用的租赁撤销费		
将设备、职工从拟关闭的工厂转移到继续使用的工厂发生的支出	不属于	属于与继续进行的活动相关的支出
留用职工的再培训支出		
新经理等的招聘支出		
公司新形象推广的营销成本		
新系统、新营销网络投入支出		
重组的预计未来可辨认经营损失		
固定资产减值损失		按照资产减值准则规定处理

4. 重组有关直接支出确认的账务处理

（1）不再使用的厂房的租赁撤销费：

借：营业外支出

　　贷：预计负债

（2）强制遣散费和自愿遣散费（属于辞退福利）：

借：管理费用

　　贷：应付职工薪酬

【例题 22·多选题】 ☆企业重组发生的下列支出中，属于与重组有关的直接支出的有（　　）。

A. 撤销设备租赁合同的违约金

B. 留用员工的培训费

C. 设备的迁移费

D. 遣散职工安置费

解析 ▶遣散职工的安置费、撤销设备或厂房等租赁合同的违约金属于与重组有关的直接支出，但留用员工的培训费、市场推广费、新系统和营销网络投入、设备的迁移费等支出不属于与重组有关的直接支出。

答案 ▶AD

【例题 23·单选题】 ☆甲公司由于受国际金融危机的不利影响，决定对乙事业部进行重组，将相关业务转移到其他事业部。经履行相关报批手续，甲公司对外正式公告其重组方案。甲公司根据该重组方案预计很可能发生的下列各项支出中，不应当确认为预计负债的是（　　）。

A. 自愿遣散费

B. 强制遣散费

C. 剩余职工岗前培训费

D. 不再使用厂房的租赁撤销费

解析 ▶企业应当按照与重组有关的直接支出确定预计负债金额。其中，直接支出是企业重组必须承担的直接支出，并且是与主体继续进行的活动无关的支出，不包括留用

职工岗前培训、市场推广、新系统和营销网络投入等支出。

答案 ▶C

【例题 24·单选题】 ☆2×19 年 12 月 10 日，甲公司董事会决定关闭一个事业部。2×19 年 12 月 25 日，该重组计划获得批准并正式对外公告。该重组义务很可能导致经济利益流出且金额能够可靠计量。下列与该重组有关的各项支出中，甲公司应当确认为预计负债的是（　　）。

A. 留用员工的岗前培训费

B. 推广公司新形象的营销支出

C. 设备的预计处置损失

D. 不再使用厂房的租赁撤销费

解析 ▶企业应当按照与重组有关的直接支出确认预计负债。直接支出是企业重组必须承担的，并且与主体继续进行的活动无关的支出，不包括留用职工的岗前培训、市场推广、新系统和营销网络投入等支出。选项 A、B 不属于与重组直接相关的支出，选项 C 按照资产减值准则规定处理，均不确认预计负债。

答案 ▶D

【例题 25·单选题】 ☆2×20 年 12 月 31 日甲公司经有关部门批准，决定于 2×21 年 1 月 1 日关闭 W 工厂。预计未来 3 个月有关支出如下：支付辞退职工补偿金 2 000 万元，转岗职工培训费 50 万元，提前解除工厂租赁合同违约金 300 万元。不考虑相关因素，关闭 W 工厂导致甲公司 2×20 年 12 月 31 日增加的负债金额是（　　）万元。

A. 2 000　　　　B. 2 300

C. 2 350　　　　D. 2 050

解析 ▶支付辞退职工补偿金，应确认应付职工薪酬 2 000 万元，因撤销租赁合同支付违约金，应确认预计负债 300 万元，所以增加的负债金额 = 2 000+300 = 2 300（万元）。

答案 ▶B

扫 我 做 试 题

同 步 训 练

限时 50min

一、单项选择题

1. 某公司 2×22 年实现销售收入 5 000 万元。按法定要求，在产品售出后一年内公司负责免费保修。根据以往的产品维修经验，小质量问题导致的修理费用预计为销售收入的 1%；大质量问题导致的维修费用预计为销售收入的 2%。2×22 年度销售的产品中估计 80% 不会出现质量问题，15% 将发生小质量问题，5% 将发生大质量问题。则该公司在 2×22 年度因上述产品质量保证应确认的预计负债为（　）万元。

   A. 5　　　　　　　B. 7.5

   C. 12.5　　　　　　D. 150

2. 2×22 年 8 月 1 日，甲公司因产品质量不合格而被乙公司起诉。至 2×22 年 12 月 31 日，该起诉讼尚未判决，甲公司估计很可能承担违约赔偿责任，需要赔偿 200 万元的可能性为 70%，需要赔偿 100 万元的可能性为 30%。甲公司基本确定能够从直接责任人处获得赔偿 50 万元。2×22 年 12 月 31 日，甲公司对该起诉讼应确认的预计负债金额为（　）万元。

   A. 120　　　　　　B. 150

   C. 170　　　　　　D. 200

3. 甲企业是一家大型机床制造企业。2×22 年 12 月 1 日，甲企业与乙公司签订了一项不可撤销的销售合同，约定于 2×23 年 4 月 1 日以 300 万元的价格向乙公司销售大型机床一台。若不能按期交货，甲企业需按照总价款的 10% 支付违约金。至 2×22 年 12 月 31 日，甲企业尚未开始生产该机床，由于原材料价格上涨等因素，甲企业预计生产该机床成本不可避免地升至 320 万

元。假定不考虑其他因素。2×22 年 12 月 31 日，甲企业的下列会计处理中，正确的是（　）。

   A. 确认预计负债 20 万元

   B. 确认预计负债 30 万元

   C. 确认存货跌价准备 20 万元

   D. 确认存货跌价准备 30 万元

4. 关于最佳估计数的确定，下列说法中不正确的是（　）。

   A. 如果所需支出存在一个连续的金额范围且该范围内各种结果发生的可能性相同，则最佳估计数应按该范围的上限、下限金额的平均数确定

   B. 如果所需支出不存在一个连续的金额范围，或有事项涉及多个项目时，最佳估计数按各种可能发生额的算术平均数确定

   C. 如果所需支出不存在一个连续的金额范围，或有事项涉及多个项目时，最佳估计数按各种可能发生额的加权平均数确定

   D. 如果所需支出不存在一个连续的金额范围，或有事项涉及单个项目时，最佳估计数按最可能发生金额确认

5. 因 B 公司未履行经济合同，给 A 公司造成损失 60 万元，A 公司要求 B 公司赔偿损失 60 万元，但 B 公司不同意。A 公司遂于 2×22 年 12 月 10 日向法院提起诉讼，至 12 月 31 日法院尚未作出判决。A 公司预计胜诉可能性为 90%，可获得 60 万元赔偿的可能性为 70%，可获得 40 万元赔偿的可能性为 40%，对于该项业务，A 公司在 2×22 年 12 月 31 日应作的会计处理是（　）。

   A. 借记"其他应收款"，贷记"营业外收入"60 万元

B. 借记"其他应收款"，贷记"营业外收入"40万元

C. 不编制会计分录，只在报表附注中披露其形成原因和预计影响

D. 不编制会计分录，也不在报表附注中披露

二、多项选择题

1. 甲企业2×22年12月1日与乙公司签订了一项不可撤销的销售合同，约定于2×23年5月1日以每台10万元的价格向乙公司销售机床两台。若不能按期交货，甲企业需按照未交货部分价款的30%支付违约金。由于原材料价格上涨等因素，甲企业生产出的第一台机床成本不可避免地升至12万元，第二台尚未开始生产。假定不考虑其他因素。2×22年12月31日，甲企业的下列会计处理中，正确的有(　　)。

A. 应对第一台机床提取减值准备2万元

B. 应继续生产第二台机床并确认预计负债2万元

C. 应停止生产第二台机床并确认营业外支出3万元

D. 冲减利润总额4万元

2. 下列涉及预计负债的会计处理中，不正确的有(　　)。

A. 待执行合同变成亏损合同时，应当立即确认预计负债

B. 重组计划对外公告前不应就重组义务确认预计负债

C. 因某产品质量保证而确认的预计负债，如企业不再生产该产品，应将其余额立即冲销

D. 企业当期实际发生的担保诉讼损失金额与上期合理预计的预计负债相差较大时，应按重大会计差错更正的方法进行调整

E. 对于未决诉讼，如果其引起的相关义务可能导致经济利益流出，企业就应当确认预计负债

3. 甲公司因或有事项很可能赔偿A公司120万元，同时，因该或有事项甲公司基本确定可以从B公司获得80万元的补偿金，甲公司正确的会计处理有(　　)。

A. 确认营业外支出40万元和预计负债120万元

B. 确认营业外支出和预计负债40万元

C. 确认其他应收款80万元

D. 不确认其他应收款

4. 下列关于或有事项的表述中，不正确的有(　　)。

A. 或有事项形成的预计负债是企业承担的现时义务

B. 或有事项形成的或有资产应当在很可能收到时予以确认

C. 预计负债计量应考虑与其相关的或有资产预期处置产生的损益

D. 预计负债应当按与相关的或有资产相抵后的金额进行确认

5. 下列有关经济业务确认为预计负债的表述，正确的有(　　)。

A. 待执行合同变成亏损合同的，且该亏损合同产生的义务满足预计负债的确认条件的，应当确认为预计负债

B. 企业应当就未来经营亏损确认预计负债

C. 企业承担的重组义务满足或有事项相关的义务确认为预计负债规定的，应当确认预计负债

D. 债务担保涉及未决诉讼时，如果企业已被判决败诉但仍在上诉的，企业一般应确认预计负债

6. 下列有关或有事项会计处理的表述中，正确的有(　　)。

A. 预计负债应当按照履行相关现时义务所需支出的最佳估计数进行初始计量

B. 企业在确定最佳估计数时，应当综合考虑与或有事项有关的风险、不确定性和货币时间价值等因素

C. 预计负债一经确定，不得再进行调整

D. 企业清偿预计负债所需支出全部或部分预期由第三方补偿的，补偿金额只有在基本确定能够收到时才能作为资产单独确认，确认的补偿金额不应当超过预计负债的账面价值

7. 对于因产品质量保证而确认的预计负债，下列表述中正确的有（　　）。

A. 如果企业针对特定批次产品确认预计负债，则在保修期结束时，应将该项预计负债的余额冲销

B. 如果发现保证费用的实际发生额与预计数相差较大，应及时对预计金额进行调整

C. 如果保修期结束或确认预计负债的产品不再生产了，应将相关预计负债余额转入其他产品对应的预计负债项下，不需要冲销

D. 已对其确认预计负债的产品，如不再生产了，应在相应产品的质量保证期满后，将相关预计负债余额冲销

8. 将重组义务确认为预计负债需同时满足的条件有（　　）。

A. 有详细、正式的重组计划，包括重组涉及的业务、主要地点、需要补偿的职工人数、预计重组支出、计划实施时间等

B. 该重组义务是现时义务

C. 该重组计划已对外公告

D. 履行该重组义务很可能导致经济利益流出企业且金额能够可靠计量

三、判断题

1. 有确凿证据表明预计负债账面价值不能真实反映当前最佳估计数的，应当作为差错更正处理。（　　）

2. 对于企业重组业务中的遣散支出，在满足预计负债确认条件时，应当记入"预计负债"科目。（　　）

3. 未来可能发生的自然灾害、交通事故等事项，由于其结果具有不确定性，属于或有事项。（　　）

4. 任何情况下，确认预计负债均需考虑货币时间价值，采用现值计量。（　　）

5. 或有负债只能是一种潜在义务，不可能是现时义务。（　　）

6. 待执行合同变为亏损合同时，需要确认预计负债。（　　）

7. 制订了详细、正式的重组计划，表明企业已经承担了重组义务。（　　）

8. 如果与亏损合同相关的义务不需要支付任何补偿即可撤销，企业通常不应确认预计负债。（　　）

四、综合题

A公司为工业生产企业，其财务经理在2×19年年底复核2×19年度财务报表时，对以下交易或事项的会计处理提出疑问：

(1) A公司因合同违约而涉及一桩诉讼案，2×19年12月31日，该案件尚未作出判决，根据公司的法律顾问判断，A公司败诉的可能性为40%，据专业人士估计，如果败诉，A公司需要支付的赔偿金额和诉讼费等费用在100万元至120万元之间，而且这个区间内每个金额发生的可能性都大致相同，其中诉讼费为2万元。A公司对该事项的会计处理如下：

借：管理费用　　　　　　　　　　2
　　营业外支出　　　　　　　　108
　　贷：预计负债　　　　　　　　110

(2) 2×19年11月，A公司与丙公司签订一份Z产品销售合同，约定在2×20年6月末以每件2万元的价格向丙公司销售120件Z产品，未按期交货的部分，其违约金为该部分合同价款的20%。至2×19年12月31日，A公司只生产了Z产品30件，每件成本2.3万元，市场单位售价为2.3万元。其余90件产品因原材料短缺暂时停产。由于生产Z产品所用原材料需要从某国进口，而该国出现金融危机，所需原材料预计2×20年8月以后才能进口，恢复生产的日期很可能在2×20年8月以

后。假定不考虑销售相关税费。A 公司对该事项的会计处理如下：

借：资产减值损失   36

    贷：存货跌价准备   36

（3）A 公司 2×19 年 12 月共销售 X 产品 6 万件，销售收入为 36 000 万元。根据法定要求，该产品售出后一年内，如发生正常质量问题，公司将负责免费维修。根据以前年度的维修记录表明，如果发生较小的质量问题，发生的维修费用为销售收入的 1%；如果发生较大的质量问题，发生的维修费用为销售收入的 2%。根据公司技术部门的预测，本月销售的产品中，80% 不会发生质量问题；15% 可能发生较小质量问题；5% 可能发生较大质量问题。据此，2×19 年 12 月 31 日，A 公司在资产负债表中确认的预计负债金额为 90 万元。对该事项的会计处理如下：

借：销售费用   90

    贷：预计负债   90

（4）A 公司于 2×19 年 12 月 1 日决定终止企业的某项经营业务，有关计划已获批准，2×19 年 12 月 31 日，该计划已向社会公告，受影响的公司职工、客户及供应商均收到了通知。

由此需要辞退 10 名员工，由于是否接受辞退，职工可以作出选择，经合理估计，预计发生 150 万元辞退费用的可能性为 60%，发生 100 万元辞退费用的可能性为 40%。对于留用职工，将予以转岗，转岗职工上岗前将进行培训，预计培训费为 20 万元。A 公司没有将辞退职工的补偿确认为重组义务，未作相关处理。

其他资料：假定不考虑所得税因素。

要求：分别根据资料（1）至资料（4），判断 A 公司 2×19 年 12 月 31 日的会计处理是否正确，并说明理由；如果 A 公司的会计处理不正确，请编制更正的会计分录。（需要计算的请写出计算过程，答案中的金额单位用万元表示）

同步训练答案及解析

一、单项选择题

1. C 【解析】该公司在 2×22 年度因产品质量保证应确认的预计负债 = 5 000 ×（1%×15%+2%×5%）= 12.5（万元）。

2. D 【解析】甲公司应按最可能发生的金额 200 万元确认预计负债。

『拓展』 甲公司应确认"其他应收款"50 万元。

3. A 【解析】2×22 年 12 月 31 日，待执行合同转为亏损合同，没有标的资产，因此按 20 万元（320−300）确认预计负债。

『拓展1』 如果违约金为总价款的 1%，则甲公司不会生产机床，而是负担违约金，应作如下处理：

借：营业外支出   3

    贷：预计负债   3

『拓展2』 如果产品已经制造了一部分，已经发生成本 100 万元，预计总成本为 320 万元，则作减值提取处理：

借：资产减值损失   （320−300）20

    贷：存货跌价准备   20

老高提示 此类题目，首先应计算比较执行合同的损失和不执行合同的损失，其次看是否存在标的资产，具体情况有：

（1）执行合同、有标的资产，计提存货跌价准备；

（2）执行合同、无标的资产，确认预计负债；

（3）不执行合同、无标的资产，确认预计负债；

（4）不执行合同、有标的资产，违约金确

认预计负债，同时按市场价对标的资产减值测试。

4. B 【解析】选项 B，这种情形下，最佳估计数应按各种可能结果及其相关概率计算确定，亦即加权平均计算。

5. C 【解析】只有在已经确认了预计负债的前提下，基本确定可以收回的资产才可以确认为资产，因此 A 公司在 2×22 年年末不需要编制会计分录。企业会计准则规定，或有资产一般不应在会计报表附注中披露；但或有资产很可能会给企业带来经济利益时，则应在会计报表附注中披露。

二、多项选择题

1. ABD 【解析】第一台机床有标的资产，因此计提 2 万元(12-10)的减值损失，会计分录为：

借：资产减值损失 　　　　　　2
　　贷：存货跌价准备 　　　　　　2

第二台机床尚未开始生产，因此没有标的资产，继续生产的亏损 = 12-10 = 2(万元)，如果不再生产则支付的违约金损失 = 10×30% = 3(万元)，因此应选择继续生产方案，会计分录为：

借：营业外支出 　　　　　　　2
　　贷：预计负债 　　　　　　　2

两台机床减少的利润总额 = 2 + 2 = 4(万元)。

『拓展』如果违约金为价款的 10%，则甲公司针对第一台机床应提取减值 2 万元，第二台则停止履约，负担违约金 1 万元，作营业外支出处理。

2. ACDE 【解析】选项 A，待执行合同变为亏损合同时，应先分析是否存在标的资产，若不存在标的资产，则直接将预计损失确认为预计负债。若存在标的资产，则应判断标的资产是否发生减值，若标的资产发生了减值，应计提资产减值损失，预计损失超出资产减值的部分才能确认预计负债。选项 C，因某产品质量保证而确认的预计负

债，如企业不再生产该产品，应在相应的产品质量保证期满后，将预计负债的余额冲销。选项 D，因前期是根据合理预计的金额确认的预计负债，不属于会计差错。选项 E，预计负债的确认条件是"经济利益很可能流出企业"，而不是"可能"。

3. AC 【解析】企业由于或有事项而确认的负债所需的支出全部或部分预期由第三方补偿或其他方补偿的，对于这些补偿金额，只有在基本确定能收到时才可能作为资产单独确认，确认的补偿金额不能超过所确认预计负债的金额。本题符合确认预计负债和资产的条件，所以选择 A、C。

4. BCD 【解析】选项 B，基本确定收到时才能确认为资产；选项 C，预计负债计量不应考虑与其相关的或有资产预期处置产生的损益；选项 D，预计负债与或有资产不能相互抵销。

5. ACD 【解析】选项 B，企业不应当就未来经营亏损确认预计负债。

6. ABD 【解析】选项 C，资产负债表日有确凿证据表明预计负债账面价值不能真实反映当前最佳估计数的，应当按照当前最佳估计数对预计负债的账面价值进行调整。

7. ABD 【解析】选项 C，如果保修期结束或确认预计负债的产品不再生产了，应在保修期满时，将"预计负债—产品保证费用"余额冲销，同时冲销销售费用。

8. ABCD

三、判断题

1. × 【解析】这种情况，一般按照会计估计变更采用未来适用法处理，只需要按照当前最佳估计数调整预计负债的金额，同时计入当期损益即可。

2. × 【解析】对于企业重组业务中的遣散支出，在满足预计负债确认条件时，应当计入应付职工薪酬。

3. × 【解析】或有事项的特征之一是由过去

的交易或事项形成的，未来可能发生的自然灾害、交通事故等不符合这一特征，因此不属于或有事项。

4. × 【解析】确认预计负债时，如果预计负债的确认时点与实际清偿的时间跨度较大，货币时间价值影响重大，则需采用现值计量，而不是所有预计负债均按现值计量。

5. × 【解析】或有负债涉及两类义务：一类是潜在义务，另一类是现时义务。

6. × 【解析】待执行合同变为亏损合同，且满足预计负债确认条件时，才确认预计负债。

7. × 【解析】表明企业承担了重组义务的条件包括：①有详细、正式的重组计划；②该重组计划已经对外公告。

8. √ 【解析】如果与亏损合同相关的义务不需要支付任何补偿即可撤销，企业通常不存在现时义务，因此一般不应确认预计负债。

四、综合题

【答案】

(1)该会计处理不正确。

理由：因为根据 A 公司的法律顾问判断，A 公司败诉的可能性为40%，没有达到"很可能"的条件，所以不符合预计负债的确认条件，不需要确认预计负债。

更正分录：

借：预计负债 110
　　贷：管理费用 2
　　　　营业外支出 108

(2)该会计处理不正确。

理由：待执行合同变为亏损合同时，存在一部分合同标的资产，而且无合同标的资产部分很可能不能生产，那么需要将存在标的资产的部分和不存在标的资产的部分分别进行核算，不能合并进行考虑。

①对于存在标的资产的30件产品：执行合同损失=30×2.3−30×2=9（万元）；不执行合同违约金损失=30×2×20%=12（万元），因此应选择执行合同方案。对存在的30件Z产品计提减值准备9万元。

②对于不存在标的资产的90件产品：因原材料短缺，很可能无法按期交货，违约金损失=90×2×20%=36（万元），应确认预计负债36万元。

更正分录：

借：存货跌价准备 27
　　贷：资产减值损失 27
借：营业外支出 36
　　贷：预计负债 36

(3)该会计处理正确。

理由：预计产品质量保证费用=36 000×(0×80%+1%×15%+2%×5%)=90（万元）。

(4)该会计处理不正确。

理由：辞退职工的补偿属于重组义务的直接支出，应确认为重组义务。公司所需支出不存在连续范围，且属于单个项目，因此应该按照最可能发生的金额150万元确认预计负债，发生的职工上岗前培训费不属于与重组义务有关的直接支出，在2×19年12月31日不需要确认。

更正分录：

借：管理费用 150
　　贷：应付职工薪酬 150

本章知识串联

或有事项

概述★
- 或有事项的特征 — 过去的交易或者事项形成的，结果具有不确定性，结果须由未来事项决定
- 或有资产和或有负债
  - 或有资产 — 潜在资产
  - 或有负债
    - 潜在义务
    - 现时义务 — 经济利益不是很可能流出企业或金额不能可靠计量
  - 特征
    - 不能确认，符合条件的予以披露
    - 一定条件下可以转化为资产、负债

确认和计量★★★
- 或有事项的确认
  - 预计负债确认条件 — 现时义务，很可能导致经济利益流出企业，金额能够可靠计量
  - 资产确认条件 — 基本确定能收到
- 或有事项的计量
  - 最佳估计数的确定
    - 等概率连续区间：中间值
    - 涉及单个项目：最可能发生的金额
    - 涉及多个项目：期望值
  - 预期可获得补偿的确认要求
    - 单独确认，不抵减预计负债
    - 金额不能超过所确认的预计负债
  - 需考虑的其他因素 — 风险和不确定性、货币时间价值、未来事项

或有事项会计处理原则的应用★★★
- 未决诉讼或未决仲裁
  - 预计赔款：营业外支出；诉讼费：管理费用
  - 预计数与实际金额的差异
    - 日后期间判决：作为日后调整事项
    - 非日后期间判决
      - 原先合理预计或无法预计——调整当期损益
      - 原先预计不合理——作为差错更正
- 产品质量保证
  - 按法定要求计提时，确认预计负债和销售费用
  - 实际发生时，冲减预计负债
  - 保修期满，结清预计负债
- 亏损合同
  - 有标的
    - 执行合同，确认资产减值
    - 不执行合同，违约金确认预计负债，按市场价对资产减值测试
  - 无标的 — 确认预计负债
- 重组义务
  - 确认条件
    - 有详细正式的重组计划
    - 该重组计划已对外公告 — 遣散职工支出，计入应付职工薪酬
  - 计量
    - 按重组有关的直接支出确认预计负债
    - 与继续进行的活动相关的支出不确认预计负债 — 不属于重组有关的直接支出
    - 特定固定资产减值损失
      - 确认为资产减值损失

第十章 收 入

历年考情概况

本章主要讲解收入这一会计要素，内容较多。2020 年、2021 年本章内容既以主观题的形式独立出题又以客观题形式考查，每年的分值在 10~15 分。在未来的考试中本章内容以主观题的形式出现的概率还是比较高的，因此不能掉以轻心，需重点掌握。

近年考点直击

主要考点	主要考查题型	考频指数	考查角度
收入的确认	判	★	(1)合同合并的处理；(2)履约期间收入的确认
交易价格的确定	判 综	★	销售合同约定客户支付对价的形式为非现金对价的，其交易价格的确定
将交易价格分摊至各单项履约义务	单 计 综	★★★	将交易价格分摊至各单项履约义务
在某一时段内履行的履约义务	计	★★	在某一时段内履行的履约义务的收入和成本的确定
合同取得成本	多	★	合同取得成本的辨别及处理
特定交易的会计处理	多 计 综	★★★	(1)附有销售退回条款的销售处理；(2)附有质量保证条款的销售处理；(3)主要责任人和代理人的区分；(4)附有客户额外购买选择权的销售处理；(5)售后回购的处理

2022 年考试变化

本章考试内容未发生实质变化。

一、收入的概念

收入是指企业在日常活动中形成的、会导致所有者权益增加的、与所有者投入资本无关的经济利益的总流入。

二、收入的确认和计量

(一)收入确认和计量的五步法原则★(见表10-1)

表 10-1 收入确认和计量的五步法原则

步骤	内容	本质
第一步	识别与客户订立的合同	收入确认
第二步	识别合同中的单项履约义务	
第三步	确定交易价格	收入计量
第四步	将交易价格分摊至各单项履约义务	
第五步	履行各单项履约义务时确认收入	收入确认

(二)识别与客户订立的合同★★

1. 合同的概念

合同是指双方或多方之间订立有法律约束力的权利义务的协议,包括书面形式、口头形式以及其他形式(如隐含于商业惯例或企业以往的习惯做法中等)。

2. 收入确认的原则

企业应当在履行了合同中的履约义务时,即在客户取得相关商品控制权时确认收入。

取得相关商品控制权,是指能够主导该商品的使用并从中获得几乎全部的经济利益,也包括有能力阻止其他方主导该商品的使用并从中获得经济利益。

老高提示 取得商品控制权包括以下三个要素:

(1)能力,也就是客户拥有现时权利,能够主导该商品的使用并从中获得几乎全部经济利益。

(2)客户有能力主导该商品的使用。

(3)客户能够获得几乎全部的经济利益。

3. 收入确认的前提条件

(1)收入确认的一般条件。

企业与客户之间的合同同时满足下列条件的,企业应当在客户取得相关商品控制权时确认收入:

①合同各方已批准该合同并承诺将履行各自义务。

②该合同明确了合同各方与所转让的商品(或提供的服务,以下简称"转让的商品")相关的权利和义务。

老高提示 合同约定的权利和义务是否具有法律约束力,需要根据企业所处的法律环境和实务操作进行判断,包括合同订立的方式和流程、具有法律约束力的权利和义务的时间等。

对于合同各方均有权单方面终止完全未执行的合同,且无须对合同其他方作出补偿的,企业应当视为该合同不存在。其中,完全未执行的合同,是指企业尚未向客户转让任何合同中承诺的商品,也尚未收取且尚未有权收取已承诺商品的任何对价的合同。

③该合同有明确的与所转让的商品相关的支付条款。

④该合同具有商业实质,即履行该合同将改变企业未来现金流量的风险、时间分布或金额。

⑤企业因向客户转让商品而有权取得的对价很可能收回。

企业在评估其因向客户转让商品而有权取得的对价是否很可能收回时,仅应考虑客户到期时支付对价的能力和意图(客户的信用风险)。当企业预计很可能无法收回全部合同对价时,应当判断是由于企业向客户提供了价格折让还是客户的信用风险所致。

【案例解析】甲房地产开发公司与乙公司签订合同,向其销售一栋建筑物,合同价款为100万元。该建筑物的成本为60万元,乙公司在合同开始日即取得了该建筑物的控制权。根据合同约定,乙公司在合同开始日支付了5%的保证金5万元,并就剩余95%的价款与甲公司签订了不附追索权的长期融资协议,如果乙公司违约,甲公司可重新拥有该建筑物,即使收回的建筑物不能涵盖所欠款项的总额,甲公司也不能向乙公司索取进一步的赔偿。乙公司计划在该建筑物内开设一家餐馆,并以该餐馆的收益偿还甲公司的欠款。在该建筑物所在的地区,餐饮行业面临激烈的竞争,且乙公司缺乏餐饮行业的经营经验。甲公司应如何进行账务处理?

解析 ▶ 本例中,乙公司计划以该餐馆产生的收益偿还甲公司的欠款,除此之外并无其他的经济来源,乙公司也未对该笔欠款设定任何担保。如果乙公司违约,甲公司虽然可重新拥有该建筑物,但即使收回的建筑物不能涵盖所欠款项的总额,甲公司也不能向乙公司索取进一步的赔偿。因此,甲公司对乙公司还款的能力和意图存在疑虑,认为该合同不满足合同价款很可能收回的条件。甲公司应当将收到的5万元确认为一项负债。

借:银行存款　　　　　　　　5
　　贷:合同负债　　　　　　　5

『拓展』①假设该项合同取消,且不需将收到的价款退还给乙公司,则甲公司应当将收到的价款确认为收入;

②甲公司应当在后续期间对其进行持续评估,以判断其能否满足收入确认条件。

(2)收入确认的特殊情况。

①对于不能同时满足上述收入确认的五个条件的合同,企业只有在不再负有向客户转让商品的剩余义务(例如,合同已完成或取消),且已向客户收取的对价(包括全部或部分对价)无需退回时,才能将已收取的对价确认为收入;否则,应当将已收取的对价作为负债进行会计处理。

②企业向客户收取无需退回的对价的,应当在已经将该部分对价所对应的商品的控制权转移给客户,并且已不再向客户转让额外的商品且不再负有此类义务时,将该部分对价确认为收入;或者,在相关合同已经终止时,将该部分对价确认为收入。

③对于在合同开始日即满足上述收入确认条件的合同,企业在后续期间无须对其进行重新评估,除非有迹象表明相关事实和情况发生重大变化。

【案例解析】甲公司与乙公司签订合同,将一项专利技术授权给乙公司使用,并按其使用情况收取特许权使用费。甲公司评估认为,该合同在合同开始日满足合同确认收入的五个条件。该专利技术在合同开始日即授权给乙公司使用。在合同开始日后的第一年内,乙公司每季度向甲公司提供该专利技术的使用情况报告,并在约定的期间内支付特许权使用费。在合同开始日后的第二年内,乙公司继续使用该专利技术,但是乙公司的财务状况下滑,融资能力下降,可用现金不足,因此,乙公司仅按合同支付了当年第一季度的特许权使用费,而后三个季度仅按象征性金额付款。在合同开始日后的第三年内,乙公司继续使用甲公司的专利技术。但是,甲公司得知,乙公司已经完全丧失了融资能力,且流失了大部分客户,因此,乙公司的付款能力进一步恶化,信用风险显著升高。甲公司应如何进行账务处理?

解析 ▶ 本例中,该合同在合同开始日满足收入确认的前提条件,因此,甲公司在乙公司使用该专利技术的行为发生时,按照约定的特许权使用费确认收入。合同开始日后的第二年,由于乙公司的信用风险升高,甲公司在确认收入的同时,按照金融资产减值的要求对乙公司的应收款项进行减值测试。合同开始日后的第三年,由于乙公司的财务状况恶化，信用风险显著升高，甲公司对该合同进行了重新评估，认为"企业因向客户转让商品而有权取得的对价很可能收回"这一条件不再满足，因此，甲公司不再确认特许权使用费收入，同时对现有应收款项是否发生减值继续进行评估。

④对于不满足上述收入确认条件的合同，企业应当在后续期间对其进行持续评估，以判断其能否满足这些条件。企业如果在合同满足相关条件之前已经向客户转移了部分商品，当该合同在后续期间满足收入确认的五个条件时，企业应当将在此之前已经转移的商品所分摊的交易价格确认为收入。

⑤没有商业实质的非货币性资产交换，无论何时，均不应确认收入。从事相同业务经营的企业之间，为便于向客户或潜在客户销售而进行的非货币性资产交换（例如，两家石油公司之间相互交换石油，以便及时满足各自不同地点客户的需求），不应确认收入。

4. 合同合并

企业与同一客户（或该客户的关联方）同时订立或在相近时间内先后订立的两份或多份合同，在满足下列条件之一时，应当合并为一份合同进行会计处理。

（1）该两份或多份合同基于同一商业目的而订立并构成一揽子交易，如一份合同在不考虑另一份合同的对价的情况下将会发生亏损；

（2）该两份或多份合同中的一份合同的对价金额取决于其他合同的定价或履行情况，如一份合同如果发生违约，将会影响另一份合同的对价金额；

（3）该两份或多份合同中所承诺的商品（或每份合同中所承诺的部分商品）构成后文所述的单项履约义务。

两份或多份合同合并为一份合同进行会计处理的，仍然需要区分该一份合同中包含的各单项履约义务。

5. 合同变更

合同变更是指经合同各方批准对原合同范围或价格做出的变更。企业应当区分下列三种情形对合同变更分别进行会计处理。

（1）合同变更部分作为单独合同进行会计处理的情形。

合同变更增加了可明确区分的商品及合同价款，且新增合同价款反映了新增商品单独售价的，应当将该合同变更作为一份单独的合同进行会计处理。

【案例解析】甲公司承诺向某客户销售120件产品，每件产品售价100元，该批产品彼此之间可明确区分，且将于未来6个月陆续转让给该客户。甲公司将其中的60件产品转让给该客户后，双方对合同进行了变更，甲公司承诺向该客户额外销售30件相同的产品，这30件产品与原合同中的产品可明确区分，其售价为每件95元（假定该价格反映了合同变更时该产品的单独售价）。根据上述资料分析该合同变更属于哪种类型。

解析▶ 由于新增的30件产品可明确区分且新增的合同价款反映了新增产品的单独售价，应按单价100元继续执行原合同并将此30件产品销售作为一项新合同认定。

（2）合同变更作为原合同终止及新合同订立进行会计处理的情形。

合同变更不属于上述第（1）种情形，且在合同变更日已转让商品与未转让商品之间可明确区分的，应当视为原合同终止，同时，将原合同未履约部分与合同变更部分合并为新合同进行会计处理。新合同的交易价格应当为下列两项金额之和：一是原合同交易价格中尚未确认为收入的部分（包括已从客户收取的金额）；二是合同变更中客户已承诺的对价金额。

【案例解析1】沿用上例，甲公司新增销售的30件产品售价为每件80元，且该价格不能反映合同变更时的该产品的单独售价，同时，客户发现已提供的60件产品有瑕疵，双方约定每件折扣15元，共计900元，并从后续30件产品的合同价款中扣减。根据上述资料分析甲公司应如何进行账务处理。

解析 ▶①销售折让应在发生时冲减当期销售收入；

②新增 30 件产品的售价不能反映变更合同时的单独售价，且这 30 件产品及未交付的 60 件产品与已转让的 60 件产品可以明确区分，则应终止原合同，并将后续的 60 件产品和 30 件产品合并为一项新合同，单价为 93.33 元 [（60×100+30×80）/（60+30）]。

【案例解析 2】 A 公司与客户签订合同，每周为客户的办公楼提供保洁服务，合同期限为 3 年，客户每年向 A 公司支付服务费 10 万元（假定该价格反映了合同开始日该项服务的单独售价）。在第二年年末，合同双方对合同进行了变更，将第三年的服务费调整为 8 万元（假定该价格反映了合同变更日该项服务的单独售价），同时以 20 万元的价格将合同期限延长三年（假定该价格不反映合同变更日该三年服务的单独售价），即每年的服务费为 6.67 万元，于每年年初支付。上述价格均不包含增值税。根据上述资料分析 A 公司应如何进行账务处理。

解析 ▶①在合同开始日，A 公司认为其每周为客户提供的保洁服务是可明确区分的，由于 A 公司向客户转让的是一系列实质相同且转让模式相同的、可明确区分的服务，因此将其作为单项履约义务（见后文所述）。

②在合同开始的前两年，即合同变更之前，A 公司每年确认收入 10 万元。

③在合同变更日，由于新增的三年保洁服务的价格不能反映该项服务在合同变更时的单独售价，因此，该合同变更不能作为单独的合同进行会计处理，由于在剩余合同期间需提供的服务与已提供的服务是可明确区分的，A 公司应当将该合同变更作为原合同终止，同时，将原合同中未履约的部分与合同变更合并为一份新合同进行会计处理。

④该新合同的合同期限为四年，对价为

28 万元，即原合同下尚未确认收入的对价 8 万元与新增的三年服务相应的对价 20 万元之和，新合同中 A 公司每年确认的收入为 7 万元（28÷4）。

（3）合同变更部分作为原合同的组成部分进行会计处理的情形。

合同变更不属于上述第（1）种情形，且在合同变更日已转让商品与未转让商品之间<u>不可明确区分</u>的，应当将该合同变更部分作为原合同的组成部分，在合同变更日重新计算履约进度，并调整当期收入和相应成本等。

【案例解析】 2×17 年 1 月 15 日，乙建筑公司和客户签订了一项总金额为 1 000 万元的固定造价合同，在客户自有土地上建造一幢办公楼，预计合同总成本为 700 万元。假定该建造服务属于在某一时段内履行的履约义务，并根据累计发生的合同成本占合同预计总成本的比例确定履约进度。截至 2×17 年年末，乙公司累计已发生成本 420 万元，履约进度为 60%（420÷700）。因此，乙公司在 2×17 年确认收入 600 万元（1 000×60%）。2×18 年年初，合同双方同意更改该办公楼屋顶的设计，合同价格和预计总成本因此而分别增加 200 万元和 120 万元。根据上述资料分析乙公司应如何进行账务处理。

解析 ▶①由于合同变更后拟提供的剩余服务与在合同变更日或之前已提供的服务不可明确区分（该合同仍为单项履约义务），因此，乙公司应当将合同变更作为原合同的组成部分进行会计处理。

②合同变更后的交易价格为 1 200 万元（1 000+200），乙公司重新估计的履约进度为 51.2% [420÷（700+120）]，乙公司在合同变更日应额外确认收入 14.4 万元（51.2%×1 200-600）。

『总结』合同变更确认步骤（见图 10-1）。

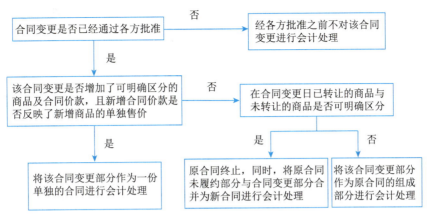

图 10-1　合同变更确认步骤

（三）识别合同中的单项履约义务★★

合同开始日，企业应当对合同进行评估，识别该合同包含的各单项履约义务，并确定各单项履约义务是在某一时段内履行，还是在某一时点履行，然后，在履行了各单项履约义务时分别确认收入。

履约义务是指合同中企业向客户转让可明确区分商品的承诺。

企业应当将下列向客户转让商品的承诺作为单项履约义务。

1. 企业向客户转让可明确区分商品（或者商品的组合）的承诺

（1）企业向客户承诺的商品同时满足下列两项条件的，应当作为可明确区分商品。

一是，客户能够从该商品本身或从该商品与其他易于获得的资源一起使用中受益，即该商品能够明确区分；

二是，企业向客户转让该商品的承诺与合同中其他承诺可单独区分，即转让该商品的承诺在合同中是可明确区分的。

企业确定了商品本身能够明确区分后，还应当在合同层面继续评估转让该商品的承诺是否与合同中其他承诺彼此之间可明确区分。

（2）下列情形通常表明企业向客户转让商品的承诺与合同中的其他承诺不可单独区分。

一是，企业需提供重大的服务以将该商品与合同中承诺的其他商品进行整合，形成合同约定的某个或某些组合产出转让给客户。

『案例』在为客户建造办公楼的合同中，企业向客户提供的砖块、水泥和劳动力可以使客户受益。然而，根据合同，企业向客户承诺建造一座办公楼，而不是提供这些砖、水泥和劳动力。企业需要提供重大服务来整合这些商品或服务，形成合同中约定的组合输出（办公楼），并将其转让给客户。因此，在本合同中，砖块、水泥和劳动力等商品或服务不能单独区分。

『结论』此合同为一项履约义务。

二是，该商品将对合同中承诺的其他商品予以重大修改或定制。

『案例』企业承诺向客户提供其开发的一款现有软件，并提供安装服务，虽然该软件无需更新、技术支持也可直接使用，但是企业在安装过程中需要在该软件现有基础上对其进行定制化的重大修改，以使其能够与客户现有的信息系统相兼容。在这种情况下，转让软件的承诺与提供定制化重大修改的承诺在合同层面是不可明确区分的。

『结论』此合同为一项履约义务。

三是，该商品与合同中承诺的其他商品具有高度关联性。也就是说，合同中承诺的每一单项商品均受到合同中其他商品的重大影响。

『案例』企业承诺为客户设计一种新产品并负责生产 10 个样品，企业在生产和测试样

243

品的过程中需要对产品的设计进行不断的修正，导致已生产的样品均可能需要进行不同程度的返工。在这种情况下，企业提供的设计服务和生产样品的服务是不断交替反复进行的，两者高度关联，在合同层面是不可明确区分的。

『结论』 此合同为一项履约义务。

2. 企业向客户转让一系列实质相同且转让模式相同的、可明确区分商品的承诺

企业应当将实质相同且转让模式相同的一系列商品作为单项履约义务，即使这些商品可明确区分。

(1)转让模式相同，是指每一项可明确区分商品均满足本章在某一时段内履行履约义务的条件，且采用相同方法确定其履约进度。

『案例』 每天为客户提供保洁服务的长期劳务合同。

『结论』 此合同为一项履约义务。

(2)企业在判断所转让的一系列商品是否实质相同时，应当考虑合同中承诺的性质，如果企业承诺的是提供确定数量的商品，那么需要考虑这些商品本身是否实质相同；如果企业承诺的是在某一期间内随时向客户提供某项服务，则需要考虑企业在该期间内的各个时间段(如每天或每小时)的承诺是否相同，而并非具体的服务行为本身。

『案例』 企业向客户提供2年的酒店管理服务，具体包括保洁、维修、安保等，但没有具体的服务次数或时间的要求，尽管企业每天提供的具体服务不一定相同，但是企业每天对于客户的承诺都是相同的，因此，该服务符合"实质相同"的条件。

『结论』 此合同为一项履约义务。

(四)确定交易价格★★★

1. 交易价格的界定

交易价格是指企业因向客户转让商品而预期有权收取的对价金额。

考高提示 (1)企业代第三方收取的款项(例如增值税)以及企业预期将退还给客户的

款项，应当作为负债进行会计处理，不计入交易价格。

(2)合同标价并不一定代表交易价格，企业应当根据合同条款，并结合以往的习惯做法等确定交易价格。

2. 可变对价

(1)可变对价的情形。

①企业与客户的合同中约定的对价金额可能会因折扣、价格折让、返利、退款、奖励积分、激励措施、业绩奖金、索赔等因素而变化。

②根据一项或多项或有事项的发生而收取不同对价金额的合同，也属于可变对价的情形。

(2)可变对价的确认。

企业在判断合同中是否存在可变对价时，不仅应当考虑合同条款的约定，还应当考虑下列情况：

①根据企业已公开宣布的政策、特定声明或者以往的习惯做法等，客户能够合理预期企业将会接受低于合同约定的对价金额，即企业会以折扣、返利等形式提供价格折让；

②其他相关事实和情况表明企业在与客户签订合同时即打算向客户提供价格折让。

合同中存在可变对价的，企业应当对计入交易价格的可变对价进行估计。

(3)可变对价最佳估计数的确定。

企业应当按照期望值或最可能发生金额确定可变对价的最佳估计数。

期望值是按照各种可能发生的对价金额及相关概率计算确定的金额。最可能发生金额是一系列可能发生的对价金额中最可能发生的单一金额，即合同最可能产生的单一结果。

企业采用期望值或最可能发生金额估计可变对价时，应当选择能够更好地预测其有权收取的对价金额的方法，不能在两种方法之间随意选择。

【案例解析】 A公司承揽了一项安装劳

务，合同期限为 3 个月，合同价款为 100 万元，每提前完工一天加收 1 万元，相关概率如下表所示。

提前天数（天）	概率（%）	可变对价（万元）
3	60	3
2	20	2
1	10	1
按时完工	10	0

根据上述资料计算 A 公司该项劳务可变对价的期望值。

解析 ▶ 可变对价期望值 = 3×60% + 2×20% + 1×10% + 0×10% = 2.3（万元）。

（4）计入交易价格的可变对价金额的限制。

【案例引入】2×18 年 12 月 1 日，甲公司与其分销商乙公司签订合同，向乙公司销售 1 000 件产品，每件产品合同价格为 100 元，合同总额为 10 万元，乙公司当天取得产品的控制权。乙公司通常在取得产品后的 90 天内将其售出，且乙公司在这些产品售出后才向甲公司支付货款。根据过往实务经验，甲公司通常都会给乙公司 20% 的价格折扣，以促进乙公司以更低的价格卖给消费者。甲公司给乙公司的折扣从未超过 20% 标准。分析该合同对价是否可变以及对收入确认的影响。

解析 ▶ ①合同对价是可变的；②根据惯例，期望交易价格为 80 000 元［100×（1-20%）×1 000］；且 20% 折扣是最高标准，在不确定性消除时（最终折扣确定时），此价格极可能不会发生重大转回，因此，甲公司应当于 2×18 年 12 月 1 日将产品控制权转移给乙公司时，确认 80 000 元收入。

『拓展』 如果根据历史数据，此折扣幅度在 20%~60%，但在 15%~50% 的折扣标准下均可有效地提高促销效果，因此达到提高产品周转率的最保守标准为 50%，则依此认定的交易价格 50 000 元才是符合限制条件的交易价格标准。

【理论总结】 企业按照期望值或最可能

发生金额确定可变对价金额之后，计入交易价格的可变对价金额还应该满足限制条件，即包含可变对价的交易价格，应当**不超过**在相关不确定性消除时，累计已确认的收入**极可能**不会发生重大转回的金额。

考高提示 ①极可能是指发生概率在很可能（概率>50%）与基本确定（概率>95%）之间的可能性；

②将可变对价计入交易价格的限制条件**不适用于**企业向客户授予知识产权许可并约定按客户实际销售或使用情况收取特许权使用费的情况；

③每一资产负债表日，企业应当**重新估计**应计入交易价格的可变对价金额，包括重新评估将估计的可变对价计入交易价格是否受到限制，以如实反映报告期末存在的情况以及报告期内发生的情况变化。

【案例解析】 2×18 年 1 月 1 日，甲公司签订合同，为一只股票型基金提供资产管理服务，合同期限为 3 年。甲公司所能获得的报酬包括两部分：一是每季度按照季度末该基金净值的 1% 收取管理费，该管理费不会因基金净值的后续变化而调整或被要求退回；二是该基金在 3 年内的累计回报如果超过 10%，则甲公司可以获得超额回报部分的 20% 作为业绩奖励。在 2×18 年 12 月 31 日，该基金的净值为 5 亿元。假定不考虑相关税费影响。根据上述资料分析甲公司应如何进行账务处理。

解析 ▶ ①甲公司在该项合同中收取的管理费和业绩奖励均为可变对价，其金额极易受到股票价格波动的影响，这是在甲公司影响范围之外的，虽然甲公司过往有类似合同的经验，但是该经验在确定未来市场表现方面并不具有预测价值。因此，在合同开始日，甲公司无法对其能够收取的管理费和业绩奖励进行估计，不满足累计已确认的收入金额极可能不会发生重大转回的条件。

②2×18 年 12 月 31 日，甲公司重新估计该合同的交易价格时，影响该季度管理费收

245

入金额的不确定性已经消除，甲公司确认管理费收入 500 万元(50 000×1%)。

③甲公司未确认业绩奖励收入。因为该业绩奖励仍然会受到基金未来累计回报的影响，有关将可变对价计入交易价格的限制条件仍然没有得到满足。甲公司应当在后续的每一资产负债表日，估计业绩奖励是否满足上述条件，以确定其收入金额。

3. 合同中存在重大融资成分

(1)符合融资性质的情形。

当合同各方在合同中(或者以隐含的方式)约定的付款时间为客户或企业就该交易提供了重大融资利益时，合同中即包含了重大融资成分。合同中存在重大融资成分的，企业应当按照假定客户在取得商品控制权时即以现金支付的应付金额(即，现销价格)确定交易价格。

在评估合同中是否存在融资成分以及该融资成分对于该合同而言是否重大时，企业应当考虑所有相关的事实和情况，包括①已承诺的对价金额与已承诺的商品现销价格之间的差额；②下列两项的共同影响：一是企业将承诺的商品转让给客户与客户支付相关款项之间的预计时间间隔，二是相应的市场现行利率。

(2)不符合融资性质的情形。

①客户就商品支付了预付款，且可以自行决定这些商品的转让时间(例如，企业向客户出售其发行的储值卡，客户可随时到该企业持卡购物；企业向客户授予奖励积分，客户可随时到该企业兑换这些积分等)；

②客户承诺支付的对价中有相当大的部分是可变的，该对价金额或付款时间取决于某一未来事项是否发生，且该事项实质上不受客户或企业控制(例如，按照实际销量收取的特许权使用费)；

③合同承诺的对价金额与现销价格之间的差额是由于向客户或企业提供融资利益以外的其他原因所导致的，且这一差额与产生该差额的原因是相称的(例如，合同约定的

支付条款目的是向企业或客户提供保护，以防止另一方未能依照合同充分履行其部分或全部义务)。

【案例解析】2×18 年 1 月，甲公司与乙公司签订了一项施工总承包合同。合同约定的工期为 30 个月，工程造价为 8 亿元(不含税价)，甲乙双方每季度进行一次工程结算，并于完工时进行竣工结算，每次工程结算额(除质保金及相应的增值税外)由客户于工程结算后 5 个工作日内支付，除质保金外的工程尾款于竣工结算后 10 个工作日内支付，合同金额的 3% 作为质保金，用以保证项目在竣工后 2 年内正常运行，在质保期满后 5 个工作日内支付。

解析 ▶ 乙公司保留了 3% 的质保金直到项目竣工 2 年后支付，虽然服务完成时间与乙公司付款时间间隔较长，但是，该质保金旨在为乙公司提供工程质量保证，以防甲公司未能完成其合同义务，而并非向乙公司提供融资。因此，甲公司认为该合同中不包含重大融资成分，无需就延期支付质保金的影响调整交易价格。

(3)具有融资性质的分期收款销售商品的会计处理原则。

【案例引入】乙公司于 2×14 年年初销售商品给甲公司，不含税总价款为 1 000 万元，成本 700 万元。双方约定分三次结款，2×14 年年末收取 400 万元，2×15 年年末收取 300 万元，2×16 年年末收取 300 万元。税法规定，在约定的结款点按约定的结款额计算并开出增值税专用发票。假定资本市场利率为 10%，增值税税率为 13%，无其他相关税费。对于该事项，乙公司应如何进行账务处理？

解析 ▶ (1)此业务的本质是：

①2×14 年年初实现收入 836.96 万元 $[400/(1+10\%)+300/(1+10\%)^2+300/(1+10\%)^3]$；

②放贷资金 836.96 万元，收回本息 1 000 万元，实现利息收益 163.04 万元。

(2)会计分录如下：

①2×14 年年初销售商品时：

借：长期应收款　　　　　　1 000
　　贷：主营业务收入　　　　　　　836.96
　　　　未实现融资收益　　　　　　163.04

借：主营业务成本　　　　　　　700
　　贷：库存商品　　　　　　　　　　700

②每年利息收益的推算表如下。

单位：万元

年份	年初本金	当年利息收益	当年收款额	当年收本额
2×14	836.96	83.70	400	316.30
2×15	520.66	52.07	300	247.93
2×16	272.73	27.27	300	272.73

③2×14 年年末收到商品款及增值税销项税，并认定利息收益时：

借：未实现融资收益　　　　83.70
　　贷：财务费用　　　　　　　　　83.70
借：银行存款　　　　　　　　400
　　贷：长期应收款　　　　　　　　400
借：银行存款　　　　　　　　52
　　贷：应交税费—应交增值税(销项税
　　　　额)　　　　　　　　　　　52

④2×15 年年末收到商品款及增值税销项税，并认定利息收益时：

借：未实现融资收益　　　　52.07
　　贷：财务费用　　　　　　　　　52.07
借：银行存款　　　　　　　　300
　　贷：长期应收款　　　　　　　　300
借：银行存款　　　　　　　　39
　　贷：应交税费—应交增值税(销项税
　　　　额)　　　　　　　　　　　39

⑤2×16 年年末收到商品款及增值税销项税，并认定利息收益时：

借：未实现融资收益　　　　27.27
　　贷：财务费用　　　　　　　　　27.27
借：银行存款　　　　　　　　300
　　贷：长期应收款　　　　　　　　300
借：银行存款　　　　　　　　39
　　贷：应交税费—应交增值税(销项税
　　　　额)　　　　　　　　　　　39

【理论总结】

①会计处理原则。

合同或协议价款的收取采用递延方式，实质上具有融资性质的，应当按照应收的合同或协议价款的公允价值确定销售商品收入金额。应收的合同或协议价款与其公允价值之间的差额，应当在合同或协议期间内采用实际利率法进行摊销，计入当期损益。

②分期收款销售商品的一般账务处理。

a. 发出商品时：
借：长期应收款
　　贷：主营业务收入
　　　　未实现融资收益
借：主营业务成本
　　贷：库存商品

b. 每期收款时：
借：银行存款
　　贷：长期应收款
　　　　应交税费—应交增值税(销项税额)

c. 每期计算确认各期利息收益：
借：未实现融资收益
　　贷：财务费用

(4) 先收款再发货的重大融资行为。

【案例引入】2×18 年 1 月 1 日，甲公司与乙公司签订合同，向其销售一批产品，合同约定，该批产品将于 2 年后交货，合同中包含两种可供选择的付款方式，即乙公司可以在 2 年后交付产品时支付 449.44 万元，或者在合同签订时支付 400 万元，乙公司选择在合同签订时支付货款，此产品的控制权在交货时转移，甲公司于 2×18 年 1 月 1 日收到乙公司支付的货款。上述价格不包含增值税，且假定不考虑相关税费影响。则甲公司应如何进行账务处理？

解析 ▶ 按照上述两种付款方式计算的内含利率为6%，考虑到乙公司付款时间和产品交付时间之间的间隔以及现行市场利率水平，甲公司认为该合同包含重大融资成分，在确定交易价格时，应当对合同承诺的对价金额进行调整，以反映该重大融资成分的影响。假定不考虑借款费用资本化因素。甲公司账务处理如下（答案中的金额单位用元表示）。

①2×18年年初收到货款时：

借：银行存款　　　　　　4 000 000
　　未确认融资费用　　　　494 400
　　贷：合同负债　　　　　　4 494 400

②2×18年年末确认融资成分的影响：

借：财务费用　　　　　　240 000
　　贷：未确认融资费用　　　240 000

③2×19年年末交付产品时：

借：财务费用　　　　　　254 400
　　贷：未确认融资费用　　　254 400

借：合同负债　　　　　　4 494 400
　　贷：主营业务收入　　　　4 494 400

【理论总结】 先收款再发货的重大融资行为的会计处理如下。

①收到货款时：

借：银行存款
　　未确认融资费用
　　贷：合同负债

②每期计算确认各期利息支出：

借：财务费用
　　贷：未确认融资费用

③交付产品时：

借：合同负债
　　贷：主营业务收入

4. 非现金对价

非现金对价包括实物资产、无形资产、股权、客户提供的广告服务等。

（1）按照非现金对价在合同开始日的公允价值确定交易价格；

（2）非现金对价公允价值不能合理估计的，企业应当参照其承诺向客户转让商品的单独售价间接确定交易价格；

（3）合同开始日后，非现金对价的公允价值因对价形式而发生变动的，其变动金额不应计入交易价格；

（4）合同开始日后，非现金对价的公允价值因对价形式以外的原因而发生变动的，应当作为可变对价，按照与计入交易价格的可变对价金额的限制条件相关的规定进行处理。

【例题1·判断题】 ☆销售合同约定客户支付对价的形式为股票的，企业应当根据合同开始日后股票公允价值的变动调整合同的交易价格。　　　　　（　　）

解析 ▶ 销售合同约定客户支付对价的形式为股票的，交易价格应以股票在合同开始日的公允价值确定；合同开始日后，股票公允价值的变动金额不应调整原交易价格。**答案** ▶×

5. 应付客户对价

企业在向客户转让商品的同时，需要向客户或第三方支付对价的，应当将该应付对价**冲减交易价格**，但应付客户对价是为了向客户取得其他可明确区分商品的除外。

企业应付客户对价是为了向客户取得其他可明确区分商品的，应当采用与企业其他采购相一致的方式确认所购买的商品。

企业应付客户对价**超过向客户取得可明确区分商品公允价值**的，超过金额应当作为应付客户对价**冲减交易价格**。向客户取得的可明确区分商品**公允价值不能合理估计**的，企业应当将应付客户对价**全额冲减交易价格**。在将应付客户对价冲减交易价格处理时，企业应当在确认相关收入与支付（或承诺支付）客户对价二者**孰晚的时点**冲减当期收入。

（五）将交易价格分摊至各单项履约义务 ★★★

1. 会计处理原则

当合同中包含两项或多项履约义务时，为了使企业分摊至每一单项履约义务（或可明确区分的商品）的交易价格能够反映其因向客户转让已承诺的相关商品(或提供已承诺的相关服务)而预期有权收取的对价金额,企业应当在合同开始日,按照各单项履约义务所承诺商品的**单独售价的相对比例**,将交易价格分摊至各单项履约义务。

2. 单独售价的确认

(1)单独售价是指企业向客户单独销售商品的价格。

(2)单独售价无法直接观察的,企业应当综合考虑其能够合理取得的全部相关信息,采用市场调整法、成本加成法、余值法等方法合理估计单独售价。

老高提示 ①市场调整法是指企业根据某商品或类似商品的市场售价,考虑本企业的成本和毛利等进行适当调整后的金额,确定其单独售价的方法;

②成本加成法是指企业根据某商品的预计成本加上其合理毛利后的金额,确定其单独售价的方法;

③余值法是指企业根据合同交易价格减去合同中其他商品可观察单独售价后的余额,确定某商品单独售价的方法。

【案例解析】 2×17 年 3 月 1 日,甲公司与客户签订合同,向其销售 A、B 两项商品,A 商品的单独售价为 6 000 元,B 商品的单独售价为 24 000 元,合同价款为 25 000 元。合同约定,A 商品于合同开始日交付,B 商品在一个月之后交付,只有当两项商品全部交付之后,甲公司才有权收取 25 000 元的合同对价。假定 A 商品和 B 商品分别构成单项履约义务,其控制权在交付时转移给客户。上述价格均不包含增值税,且假定不考虑相关税费影响。根据上述资料分析甲公司应如何进行账务处理。

解析 分摊至 A 商品的合同价款为 5 000 元[6 000/(6 000+24 000)×25 000];

分摊至 B 商品的合同价款为 20 000 元[24 000/(6 000+24 000)×25 000]。

甲公司的账务处理如下:

(1)交付 A 商品时:

借:合同资产	5 000	
贷:主营业务收入		5 000

(2)交付 B 商品时:

借:应收账款	25 000	
贷:合同资产		5 000
主营业务收入		20 000

老高提示 ①合同资产是指企业已向客户转让商品而有权收取对价的权利,且该权利取决于时间流逝之外的其他因素,该权利既承揽信用风险,还承揽履约风险。

②应收账款是企业无条件收取合同对价的权利,该权利应当作为应收账款项目单独列示,此权利只有信用风险。

3. 分摊合同折扣

(1)合同折扣是指合同中各单项履约义务所承诺商品的单独售价之和高于合同交易价格的金额。

(2)企业应当在各单项履约义务之间按比例分摊合同折扣。有确凿证据表明合同折扣仅与合同中一项或多项(而非全部)履约义务相关的,应当将此合同折扣分摊至相关的一项或多项履约义务。

同时满足如下三个条件时,企业应当将合同折扣全部分摊至合同中的一项或多项(而非全部)履约义务:①企业经常将该合同中的各项可明确区分商品单独销售或者以组合的方式单独销售;②企业也经常将其中部分可明确区分的商品以组合的方式按折扣价格单独销售;③归属于上述第二项中每一组合的商品的折扣与该合同中的折扣基本相同,且针对每一组合中的商品的分析为将该合同的整体折扣归属于某一项或多项履约义务提供了可观察的证据。

4. 分摊可变对价

(1)合同中包含可变对价的,该可变对价可能与整个合同相关,也可能仅与合同中的某一特定组成部分相关。仅与合同中的某一特定组成部分相关包括两种情形:①可变对价与合同中的一项或多项(而非全部)履约义务相关,如是否获得奖金取决于企业能否在指定时期内转让某项已承诺的商品；②可变对价与企业向客户转让的构成单项履约义务的一系列可明确区分商品中的一项或多项（而非全部）商品相关，如为期两年的保洁服务合同中，第二年的服务价格将根据指定的通货膨胀率确定。

（2）同时满足如下两个条件，企业应当将可变对价及其后续变动额全部分摊至与之相关的某项履约义务，或构成单项履约义务的一系列可明确区分商品中的某项商品：①可变对价的条款专门针对企业为履行该项履约义务或转让该项可明确区分商品所作的努力；②企业在考虑了合同中的全部履约义务及支付条款后，将合同对价中的可变金额全部分摊至该项履约义务或该项可明确区分商品符合分摊交易价格的目标。

（3）不满足上述条件的可变对价及可变对价的后续变动额，以及可变对价及其后续变动额中未满足上述条件的剩余部分，企业应当按照分摊交易价格的一般原则，将其分摊至合同中的各单项履约义务。对于已履行的履约义务，其分摊的可变对价后续变动额应当调整变动当期的收入。

（六）履行每一单项履约义务时确认收入 ★★

1. 会计处理原则

企业应当在履行了合同中的履约义务，即客户取得相关商品控制权时确认收入。

企业应当根据实际情况，首先判断履约义务是否满足在某一时段内履行的条件，如不满足，则该履约义务属于在某一时点履行的履约义务。对于在某一时段内履行的履约义务，企业应当选取恰当的方法来确定履约进度；对于在某一时点履行的履约义务，企业应当综合分析控制权转移的迹象，判断其转移时点。

2. 在某一时段内履行的履约义务的收入确认条件

满足下列条件之一的，属于在某一时段内履行的履约义务，相关收入应当在该履约义务履行的期间内确认。

（1）客户在企业履约的同时即取得并消耗企业履约所带来的经济利益。

企业在履约过程中是持续地向客户转移企业履约所带来的经济利益的，该履约义务属于在某一时段内履行的履约义务，企业应当在履行履约义务的期间确认收入。

企业在进行判断时，可以假定在企业履约的过程中更换为其他企业继续履行剩余履约义务，当该继续履行合同的企业实质上无需重新执行企业累计至今已经完成的工作，则表明客户在企业履约的同时即取得并消耗了企业履约所带来的经济利益。

『案例』企业承诺将客户的一批货物从 A 市运送到 B 市，假定该批货物在途经 C 市时，由另外一家运输公司接替企业继续提供该运输服务，由于 A 市到 C 市的运输服务是无需重新执行的，因此，表明客户在企业履约的同时即取得并消耗了企业履约所带来的经济利益。

『结论』 企业提供的运输服务属于在某一时段内履行的履约义务。

（2）客户能够控制企业履约过程中在建的商品。

企业在履约过程中在建的商品包括在产品、在建工程、尚未完成的研发项目、正在进行的服务等，由于客户在企业创建该商品的过程中就能够控制这些商品，从而获得其利益，应当认为企业提供该商品的履约义务属于在某一时段内履行的履约义务。

【案例解析】 企业与客户签订合同，在客户拥有的土地上按照客户的设计要求为其建造厂房。在建造过程中客户有权修改厂房设计，并与企业重新协商设计变更后的合同价款。客户每月末按当月工程进度向企业支付工程款。如果客户终止合同，已完成建造部分的厂房归客户所有。根据相关资料分析企业应如何确认收入？

解析 企业为客户建造厂房，该厂房位于客户的土地上，客户终止合同时，已建造的厂房归客户所有。这些均表明客户在该厂房建造的过程中就能够控制该在建的厂房。因此，企业提供的该建造服务属于在某一时段内履行的履约义务，企业应当在提供该服务的期间内确认收入。

（3）企业履约过程中所产出的商品具有**不可替代用途**，且该企业在整个合同期间内**有权就累计至今已完成的履约部分收取款项**。

①商品具有不可替代用途，是指因合同限制或实际可行性限制，企业不能轻易地将商品用于其他用途。企业在判断商品是否具有不可替代用途时，需要注意下列四点：

第一，判断时点是合同开始日。

第二，考虑合同限制。当合同中存在实质性的限制条款，导致企业不能将合同约定的商品用于其他用途时，该商品满足具有不可替代用途的条件。

第三，考虑实际可行性限制。虽然合同中没有限制条款，但是，当企业将合同约定的商品用作其他用途，将导致企业遭受重大的经济损失时，企业将该商品用作其他用途的能力实际上受到了限制。

第四，基于最终转移给客户的商品的特征判断。

②有权就累计至今已完成的履约部分收取款项，是指在由于客户或其他方原因终止合同的情况下，企业有权就累计至今已完成的履约部分收取能够补偿其已发生成本和合理利润的款项，并且该权利具有法律约束力。

老高提示 a. 企业有权就累计至今已完成的履约部分收取的款项应当大致相当于累计至今已经转移给客户的商品的售价，即该金额应当能够补偿企业已经发生的成本和合理利润。

b. 企业有权就累计至今已完成的履约部分收取款项，并不意味着企业拥有随时可行使的无条件收款权。当合同约定客户在约定的某一时点、重要事项完成的时点或者整个合同完成之后才支付合同价款时，企业才有取得收款的权利。

c. 当客户只有在某些特定时点才有权终止合同，或者根本无权终止合同时，客户终止了合同（包括客户没有按照合同约定履行其义务），如果合同条款或法律法规赋予了企业继续执行合同（企业继续向客户转移合同中承诺的商品并要求客户支付对价）的权利，则表明企业有权就累计至今已完成的履约部分收取款项。

d. 企业在进行相关判断时，不仅要考虑合同条款的约定，还应当充分考虑所处的法律环境（包括适用的法律法规、以往的司法实践以及类似案例的结果等）是否对合同条款形成了补充，或者会凌驾于合同条款之上。

e. 企业和客户在合同中约定的具体付款时间表，不一定意味着企业有权就累计至今已完成的履约部分收取款项。

【案例解析】 甲公司是一家造船企业，与乙公司签订了一份船舶建造合同，按照乙公司的具体要求设计和建造船舶。甲公司在自己的厂区内完成该船舶的建造，乙公司无法控制在建过程中的船舶。甲公司如果想把该船舶出售给其他客户，需要发生重大的改造成本。双方约定，如果乙公司单方面解约，乙公司需向甲公司支付相当于合同总价30%的违约金，且建造中的船舶归甲公司所有。假定该合同仅包含一项履约义务，即设计和建造船舶。根据相关资料分析判断甲公司为乙公司设计和建造船舶是否属于在某一时段内履行的履约义务。

解析 船舶是按照乙公司的具体要求进行设计和建造的，甲公司需要发生重大的改造成本将该船舶改造之后才能将其出售给其他客户，因此，该船舶具有不可替代用途。然而，如果乙公司单方面解约，仅需向甲公司支付相当于合同总价30%的违约金，表明甲公司无法在整个合同期间内都有权就累计至今已完成的履约部分收取能够补偿其已发生成本和合理利润的款项。因此，甲公司为乙公司设计和建造船舶不属于在某一时段内履行的履约义务。

3. 在某一时段内履行的履约义务的收入确认方法

对于在某一时段内履行的履约义务，企业应当在该段时间内按照履约进度确认收入，履约进度不能合理确定的除外。企业应当采用恰当的方法确定履约进度，以使其如实反映企业向客户转让商品的履约情况。企业应当考虑商品的性质，采用产出法或投入法确定恰当的履约进度，并且在确定履约进度时，应当扣除那些控制权尚未转移给客户的商品和服务。

（1）产出法。

①产出法主要是根据已转移给客户的商品对于客户的价值确定履约进度的方法，通常可采用实际测量的完工进度、评估已实现的结果、已达到的里程碑、时间进度、已完工或交付的产品等确定履约进度。

【案例解析】甲公司与客户签订合同，为该客户拥有的一条铁路更换100根铁轨，合同价格为10万元（不含税价）。截至2×17年12月31日，甲公司共更换铁轨60根，剩余部分预计在2×18年3月31日之前完成。该合同仅包含一项履约义务，且该履约义务满足在某一时段内履行的条件。假定不考虑其他情况，根据相关资料分析计算甲公司应确认的收入金额。

解析 ▶ 甲公司提供的更换铁轨的服务属于在某一时段内履行的履约义务，甲公司按照已完成的工作量确定履约进度。因此，截至2×17年12月31日，该合同的履约进度为60%（60÷100），甲公司应确认的收入为6万元（10×60%）。

②当产出法所需要的信息可能无法直接通过观察获得，或者为获得这些信息需要花费很高的成本时，可采用投入法。

（2）投入法。

①投入法主要是根据企业履行履约义务的投入确定履约进度的方法，通常可采用以投入的材料数量、花费的人工工时或机器工时、发生的成本和时间进度等为投入指标确定履约进度。

②当企业从事的工作或发生的投入是在整个履约期间内平均发生时，按照直线法确认收入是合适的。

③由于企业的投入与向客户转移商品的控制权之间未必存在直接的对应关系，因此，企业在采用投入法时，应当扣除那些虽然已经发生，但是未导致向客户转移商品的投入。

④实务中，企业通常按照累计实际发生的成本占预计总成本的比例（成本法）确定履约进度，累计实际发生的成本包括企业向客户转移商品过程中所发生的直接成本和间接成本，如直接人工、直接材料、分包成本以及其他与合同相关的成本。

『拓展』企业在采用成本法确定履约进度时，可能需要对已发生的成本进行适当调整的情形有以下两种。

a. 已发生的成本并未反映企业履行其履约义务的进度。例如因企业生产效率低下等原因而导致的非正常消耗，包括非正常消耗的直接材料、直接人工及制造费用等，不应包括在累计实际发生的成本中，但是，企业和客户在订立合同时已经预见会发生这些成本并将其包括在合同价款中的除外。

b. 已发生的成本与企业履行其履约义务的进度不成比例。

当企业在合同开始日就能够预期将满足下列所有条件时，企业在采用成本法确认履约进度时不应包括该商品的成本，而是应当按照其成本金额确认收入：

一是该商品不构成单项履约义务；

二是客户先取得该商品的控制权，之后才接受与之相关的服务；

三是该商品的成本占预计总成本的比重较大；

四是企业自第三方采购该商品，且未深入参与其设计和制造，对于包含该商品的履约义务而言企业是主要责任人。

【案例解析】2×18年10月，甲公司与客户签订一份合同，为客户装修一栋办公楼并安装一部电梯，合同总金额为100万元。甲公司预计的合同总成本为80万元，其中包括电梯的采购成本30万元。

2×18年12月，甲公司将电梯运达施工现场并经过客户验收，客户已取得对电梯的控制权，但是根据装修进度，预计到2×19年2月才会安装该电梯。截至2×18年12月，甲公司累计发生成本40万元，其中包括支付给电梯供应商的采购成本30万元以及因采购电梯发生的运输和人工等相关成本5万元。

假定该装修服务(包括安装电梯)构成单项履约义务，并属于在某一时段内履行的履约义务，甲公司是主要责任人，但不参与电梯的设计和制造；甲公司采用成本法确定履约进度。上述金额均不含增值税。根据相关资料分析计算甲公司应确认的收入和成本金额。

解析 ▶ 截至2×18年12月，甲公司发生成本40万元(包括电梯采购成本30万元以及因采购电梯发生的运输和人工等相关成本5万元)，甲公司认为其已发生的成本和履约进度不成比例，因此需要对履约进度的计算作出调整，将电梯的采购成本排除在已发生成本和预计总成本之外。在该合同中，该电梯不构成单项履约义务，其成本相对于预计总成本而言是重大的，甲公司是主要责任人，但是未参与该电梯的设计和制造，客户先取得了电梯的控制权，随后才接受与之相关的安装服务，因此，甲公司在客户取得该电梯控制权时，按照该电梯采购成本的金额确认转让电梯产生的收入。

2×18年12月，该合同的履约进度为20%［(40-30)÷(80-30)］，应确认的收入和成本金额分别为44万元［(100-30)×20%＋30］和40万元［(80-30)×20%＋30］。

⑤资产负债表日，企业应当按照合同的交易价格总额乘以履约进度扣除以前会计期间累计已确认的收入后的金额，确认为当期收入。

⑥当履约进度不能合理确定时，企业已经发生的成本预计能够得到补偿的，应当按照已经发生的成本金额确认收入，直到履约进度能够合理确定为止。

⑦每一资产负债表日，企业应当对履约进度进行重新估计。当客观环境发生变化时，企业也需要重新评估履约进度是否发生变化，以确保履约进度能够反映履约情况的变化，该变化应当作为会计估计变更进行会计处理。

4. 在某一时点履行的履约义务

对于在某一时点履行的履约义务，企业应当在客户取得相关商品控制权时点确认收入。

在判断客户是否已取得商品控制权时，企业应当考虑下列迹象。

(1)企业就该商品享有现时收款权利，即客户就该商品负有现时付款义务。如果企业就该商品享有现时的收款权利，则可能表明客户已经有能力主导该商品的使用并从中获得几乎全部的经济利益。

(2)企业已将该商品的法定所有权转移给客户，即客户已拥有该商品的法定所有权。客户如果取得了商品的法定所有权，则可能表明其已经有能力主导该商品的使用并从中获得几乎全部的经济利益，或者能够阻止其他企业获得这些经济利益。如果企业仅仅是为了确保到期收回货款而保留商品的法定所有权，那么企业所保留的这项权利通常不会对客户取得对该商品的控制权构成障碍。

(3)企业已将该商品实物转移给客户，即客户已占有该商品实物。客户如果已经实物占有该商品，则可能表明其有能力主导该商品的使用并从中获得其几乎全部的经济利益，或者使其他企业无法获得这些利益。需要说明的是，客户占有了某项商品的实物并不意味着其就一定取得了该商品的控制权，反之亦然。

①委托代销安排。

A. 非包销视同买断的会计处理

【案例引入】A公司委托B公司采用非包销视同买断的方式代销商品100件,单件成本0.8万元,单件协议价1万元,增值税税率为13%,B公司将商品以单价2万元标准卖给C公司。对于上述事项,A公司和B公司分别应如何进行会计处理?

解析 ▶ A公司和B公司的会计处理如下。

业务	会计处理	
	A公司	B公司
交付商品	借:发出商品　80 　贷:库存商品　80	借:受托代销商品　100 　贷:受托代销商品款　100
受托方实际销售商品,委托方收到代销清单	借:应收账款　113 　贷:主营业务收入　100 　　应交税费—应交增值税(销项税额)　13 借:主营业务成本　80 　贷:发出商品　80	借:银行存款　226 　贷:主营业务收入　200 　　应交税费—应交增值税(销项税额)　26 借:主营业务成本　100 　贷:受托代销商品　100 借:受托代销商品款　100 　应交税费—应交增值税(进项税额)　13 　贷:应付账款　113
结算货款	借:银行存款　113 　贷:应收账款　113	借:应付账款　113 　贷:银行存款　113

【理论总结】非包销视同买断的会计处理(见表10-2)。

表10-2　非包销视同买断的会计处理

业务	会计处理	
	委托方	受托方
交付商品	借:发出商品 　贷:库存商品	借:受托代销商品 　贷:受托代销商品款
受托方实际销售商品,委托方收到代销清单	借:应收账款—受托方 　贷:主营业务收入 　　应交税费—应交增值税(销项税额) 借:主营业务成本 　贷:发出商品	借:银行存款 　贷:主营业务收入 　　应交税费—应交增值税(销项税额) 借:主营业务成本 　贷:受托代销商品 借:受托代销商品款 　应交税费—应交增值税(进项税额) 　贷:应付账款—委托方
结算货款	借:银行存款 　贷:应收账款—受托方	借:应付账款—委托方 　贷:银行存款

B. 收取手续费方式委托代销的会计处理

【案例引入】A公司委托B公司代销商品100件,单件成本0.8万元,单件协议价1万元,增值税税率13%,按售价的10%给B公司提成。B公司将商品以单价1万元标准卖给C公司。假定不考虑手续费增值税因素。对于上述事项,A公司和B公司分别应如何进行会计处理?

解析 ▶ A 公司和 B 公司的会计处理 如下。

业务	会计处理	
	A 公司	B 公司
交付商品	借：发出商品　　　　　　　　80　　　贷：库存商品　　　　　　　　　80	借：受托代销商品　　　　　　　100　　　贷：受托代销商品款　　　　　　　100
受托方实际销售商品，委托方收到代销清单	借：应收账款　　　　　　　　113　　　贷：主营业务收入　　　　　　100　　　　应交税费—应交增值税(销项税额)　　　　　　　　　　　　　　　13　借：主营业务成本　　　　　　80　　　贷：发出商品　　　　　　　　80	借：银行存款　　　　　　　　113　　　贷：受托代销商品　　　　　　　100　　　　应交税费—应交增值税(销项税额)　13　借：受托代销商品款　　　　　　100　　　应交税费—应交增值税(进项税额)　13　　　贷：应付账款　　　　　　　　113
结算货款和手续费	借：销售费用　　　　　　　　10　　　贷：应收账款　　　　　　　　10　借：银行存款　　　　　　　　103　　　贷：应收账款　　　　　　　　103	借：应付账款　　　　　　　　113　　　贷：银行存款　　　　　　　　103　　　主营业务收入(或其他业务收入)　10

【理论总结】以收取手续费方式委托代销的会计处理(见表 10-3)。

表 10-3　以收取手续费方式委托代销的会计处理

业务	会计处理	
	委托方	受托方
交付商品	借：发出商品　　　贷：库存商品	借：受托代销商品　　　贷：受托代销商品款
受托方实际销售商品，委托方收到代销清单	借：应收账款—受托方　　　贷：主营业务收入　　　　应交税费—应交增值税(销项税额)　借：主营业务成本　　　贷：发出商品	借：银行存款　　　贷：受托代销商品　　　　应交税费—应交增值税(销项税额)　借：受托代销商品款　　　应交税费—应交增值税(进项税额)　　　贷：应付账款—委托方
结算货款和手续费	借：销售费用　　　贷：应收账款—受托方　借：银行存款　　　贷：应收账款—受托方	借：应付账款—委托方　　　贷：银行存款　　　　主营业务收入(或其他业务收入)

C. 视同买断方式与收取手续费方式的区别(见表 10-4)

表 10-4　视同买断方式与收取手续费方式的区别

方式	委托方确认收入的时间	受托方有无定价权	受托方确认收入的时间	受托方的收入方式
非包销形式的视同买断	收到代销清单时确认收入	有	在卖出商品时即可确认收入	视为自有商品的销售，以价差方式赚取收益
收到手续费		无	在有权收取手续费时确认收入	以手续费方式认定收入

续表

方式	委托方确认收入的时间	受托方有无定价权	受托方确认收入的时间	受托方的收入方式
包销形式的视同买断	委托方与受托方完全按正常商品购销行为进行处理			

②售后代管商品安排。

企业有时根据合同已经就销售的商品向客户收款或取得了收款权利，但是，由于客户缺乏足够的仓储空间或生产进度延迟等原因，直到在未来某一时点将该商品交付客户之前，企业仍然继续持有该商品实物，这种情况通常被称为"售后代管商品"安排。

在售后代管商品安排下，企业除了考虑客户是否取得商品控制权的迹象之外，还应当同时满足下列条件，才表明客户取得了该商品的控制权。

a. 该安排必须具有商业实质，例如，该安排是应客户的要求而订立的；

b. 属于客户的商品必须能够单独识别，例如，将属于客户的商品单独存放在指定地点；

c. 该商品可以随时交付客户；

d. 企业不能自行使用该商品或将该商品提供给其他客户。

【案例解析1】2×18年1月1日甲公司与乙公司签订合同，向其销售一台设备和专用零部件。该设备和零部件的制造期为2年。甲公司在完成设备和零部件的生产之后，能够证明其符合合同约定的规格。假定企业向客户转让设备和零部件为两个单项履约义务，且都属于在某一时点履行的履约义务。

2×19年12月31日，乙公司支付了该设备和零部件的合同价款，并对其进行了验收。乙公司运走了设备，但是考虑到其自身的仓储能力有限，且其工厂紧邻甲公司的仓库，因此要求将零部件存放于甲公司的仓库中，并且要求甲公司按照其指令随时安排发货。乙公司已拥有零部件的法定所有权，且这些零部件可明确识别为属于乙公司的物品。甲公司在其仓库内的单独区域内存放这些零部件，并且应乙公司的要求可随时发货，甲公

司不能使用这些零部件，也不能将其提供给其他客户使用。根据相关资料分析甲公司应如何进行账务处理。

解析 2×19年12月31日，该设备的控制权已经转移给乙公司；对于零部件而言，甲公司已经收取合同价款，但是应乙公司的要求尚未发货，乙公司已拥有零部件的法定所有权并且对其进行了验收，虽然这些零部件实物尚由甲公司持有，但是其满足在"售后代管商品"的安排下客户取得商品控制权的条件，这些零部件的控制权也已经转移给了乙公司。因此，甲公司应当确认销售设备和零部件的相关收入。除销售设备和零部件之外，甲公司还为乙公司提供了仓储保管服务，该服务与设备和零部件可明确区分，构成单项履约义务，甲公司需要将部分交易价格分摊至该项服务，并在提供该项服务的期间确认收入。

【案例解析2】A公司生产并销售笔记本电脑。2×17年，A公司与零售商B公司签订销售合同，向其销售1万台电脑。由于B公司的仓储能力有限，无法在2×17年年底之前接收该批电脑，双方约定A公司在2×18年按照B公司的指令按时发货，并将电脑运送至B公司指定的地点。2×17年12月31日，A公司共有上述电脑库存1.2万台，其中包括1万台将要销售给B公司的电脑。然而，这1万台电脑和其余2 000台电脑一起存放并统一管理，并且彼此之间可以互相替换。根据相关资料分析A公司该业务是否满足"售后代管商品"安排下确认收入的条件。

解析 尽管是由于B公司没有足够的仓储空间才要求A公司暂不发货，并按照其指定的时间发货，但是由于这1万台电脑与A公司的其他产品可以互相替换，且未单独存

放保管，A 公司在向 B 公司交付这些电脑之前，能够将其提供给其他客户或者自行使用。因此，这 1 万台电脑在 2×17 年 12 月 31 日不满足"售后代管商品"安排下确认收入的条件。

(4)企业已将该商品所有权上的主要风险和报酬转移给客户，即客户已取得该商品所有权上的主要风险和报酬。

(5)客户已接受该商品。企业在判断是否已经将商品的控制权转移给客户时，应当考虑客户是否已接受该商品，特别是客户的验收是否仅仅是一个形式。

(6)其他表明客户已取得商品控制权的迹象。

三、合同成本

(一)合同履约成本★★

1. 合同履约成本确认为资产的条件

企业为履行合同可能会发生各种成本，企业在确认收入的同时应当对这些成本进行分析，属于存货、固定资产、无形资产等规范范围的，应当按照相关章节进行会计处理；不属于其他章节规范范围且同时满足下列条件的，应当作为合同履约成本确认为一项资产。

(1)该成本与一份当前或预期取得的合同直接相关。

与合同直接相关的成本包括：

①直接人工(例如支付给直接为客户提供所承诺服务的人员的工资、奖金等)；

②直接材料(例如为履行合同耗用的原材料、辅助材料、构配件、零件、半成品的成本和周转材料的摊销及租赁费用等)；

③制造费用或类似费用(例如与组织和管理相关生产、施工、服务等活动发生的费用，包括管理人员的职工薪酬、劳动保护费、固定资产折旧费及修理费、物料消耗、取暖费、水电费、办公费、差旅费、财产保险费、工程保修费、排污费、临时设施摊销费等)；

④明确由客户承担的成本以及仅因该合同而发生的其他成本(例如支付给分包商的成本、机械使用费、设计和技术援助费用、施工现场二次搬运费、生产工具和用具使用费、检验试验费、工程定位复测费、工程点交费用、场地清理费等)。

(2)该成本增加了企业未来用于履行(包括持续履行)履约义务的资源。

(3)该成本预期能够收回。

2. 计入相关损益的相关支出

企业应当在下列支出发生时，将其计入当期损益：

(1)管理费用，除非这些费用明确由客户承担；

(2)非正常消耗的直接材料、直接人工和制造费用(或类似费用)，这些支出为履行合同发生，但未反映在合同价格中；

(3)与履约义务中已履行(包括已全部履行或部分履行)部分相关的支出，即该支出与企业过去的履约活动相关；

(4)无法在尚未履行的与已履行(或已部分履行)的履约义务之间区分的相关支出。

【案例解析】甲公司与乙公司签订合同，为其信息中心提供管理服务，合同期限为 5 年。在向乙公司提供服务之前，甲公司设计并搭建了一个信息技术平台供其内部使用，该信息技术平台由相关的硬件和软件组成。甲公司需要提供设计方案，将该信息技术平台与乙公司现有的信息系统对接，并进行相关测试。该平台并不会转让给乙公司，但是将用于向乙公司提供服务。甲公司为该平台的设计、购买硬件和软件以及信息中心的测试发生了成本。除此之外，甲公司专门指派两名员工，负责向乙公司提供服务。根据相关资料分析甲公司应如何进行账务处理。

解析 ▶▶ 甲公司为履行合同发生的上述成本中，购买硬件和软件的成本应当分别按照固定资产和无形资产进行会计处理；设计服务成本和信息中心的测试成本不属于其他章节的规范范围，但是这些成本与履行该合同直接相关，并且增加了甲公司未来用于履行履约义务(提供管理服务)的资源，如果甲公司预期该成本可通过未来提供服务收取的对价收回，则甲公司应当将这些成本确认为一项资产。甲公司向两名负责该项目的员工支付的工资费用，虽然与向乙公司提供服务有关，但是由于其并未增加企业未来用于履行履约义务的资源，因此，应当于发生时计入当期损益。

『拓展』①设置"合同履约成本"科目。

②报表列示为"存货"项目或"其他非流动资产"项目。"合同履约成本"科目的明细科目中初始确认时摊销期限不超过一年或一个正常营业周期的期末余额合计，减去"合同履约成本减值准备"科目中相应的期末余额后的金额填列"存货"项目；初始确认时摊销期限在一年或一个正常营业周期以上的期末余额合计，减去"合同履约成本减值准备"科目中相应的期末余额后的金额填列为"其他非流动资产"项目。

(二)合同取得成本★★

(1)企业为取得合同发生的增量成本预期能够收回的，应当作为合同取得成本确认为一项资产。

老高提示 增量成本是指企业不取得合同就不会发生的成本，例如销售佣金等。

(2)该资产摊销期限不超过一年的，可以在发生时计入当期损益。

(3)企业为取得合同发生的、除预期能够收回的增量成本之外的其他支出，例如，无论是否取得合同均会发生的差旅费、投标费、为准备投标资料发生的相关费用等，应当在发生时计入当期损益，除非这些支出明确由客户承担。

【案例解析】甲公司是一家咨询公司，其通过竞标赢得一个新客户，为取得和该客户的合同，甲公司发生下列支出：①聘请外部律师进行尽职调查的支出为15 000元；②因投标发生的差旅费为10 000元；③销售人员佣金为

5 000元。甲公司预期这些支出未来能够收回。此外，甲公司根据其年度销售目标、整体盈利情况及个人业绩等，向销售部门经理支付年度奖金10 000元。根据相关资料分析判断上述支出应如何进行账务处理。

解析 ①甲公司向销售人员支付的佣金属于为取得合同发生的增量成本，应当将其作为合同取得成本确认为一项资产。

②甲公司聘请外部律师进行尽职调查发生的支出、为投标发生的差旅费，无论是否取得合同都会发生，不属于增量成本，因此，应当于发生时直接计入当期损益。

③甲公司向销售部门经理支付的年度奖金也不是为取得合同发生的增量成本，这是因为该奖金发放与否以及发放金额还取决于其他因素(包括公司的盈利情况和个人业绩)，其并不能直接归属于可识别的合同。

【例题2·多选题】☆企业为取得销售合同发生的且由企业承担的下列支出，应在发生时计入当期损益的有( )。

A. 尽职调查发生的费用

B. 投标活动发生的交通费

C. 投标文件制作费

D. 招标文件购买费

解析 差旅费、投标费、为准备投标资料发生的相关费用等，这些支出无论是否取得合同均会发生，应当在发生时计入当期损益，除非这些支出明确由客户承担。

答案 ABCD

(4)企业因现有合同续约或发生合同变更需要支付的额外佣金，也属于为取得合同发生的增量成本。

【案例解析】甲公司相关政策规定，销售部门的员工每取得一份新的合同，可以获得提成100元，现有合同每续约一次员工可以获得提成60元。甲公司预期上述提成均能够收回。根据相关资产分析甲公司应如何进行账务处理。

解析 ①甲公司为取得新合同支付给员工的提成100元，属于为取得合同发生的增

量成本，且预期能够收回，因此，应当确认为一项资产。

②甲公司为现有合同续约支付给员工的提成60元，也属于为取得合同发生的增量成本，这是因为如果不发生合同续约，就不会支付相应的提成，由于该提成预期能够收回，甲公司应当在每次续约时将应支付的相关提成确认为一项资产。

③假定甲公司相关政策规定，当合同变更时，如果客户在原合同的基础上，向甲公司支付额外的对价以购买额外的商品，甲公司需根据该新增的合同金额向销售人员支付一定的提成。此时，无论相关合同变更属于合同变更的哪一种情形，甲公司均应当将应支付的提成视为取得合同(变更后的合同)发

生的增量成本进行会计处理。

『拓展』①设置"合同取得成本"科目。

②满足条件确认为资产的合同取得成本，初始确认时摊销期限不超过一年或一个正常营业周期的，减去"合同取得成本减值准备"科目相应的期末余额在资产负债表中列示为"其他流动资产"；初始确认时摊销期限在一年或一个正常营业周期以上的期末余额合计，减去"合同取得成本减值准备"科目相应的期末余额列示为"其他非流动资产"项目。

③合同取得成本，摊销期限不超过一年的，可以在发生时计入当期损益。

【总结】合同履约成本与合同取得成本列示区分(见表10-5)。

表10-5 合同履约成本与合同取得成本列示区分

摊销期	合同履约成本	合同取得成本
摊销期在一年内	减"合同履约成本减值准备"列示为"存货"项目	计入当期损益，或减"合同取得成本减值准备"列示为"其他流动资产"项目
摊销期超一年的	减"合同履约成本减值准备"列示为"其他非流动资产"项目	减"合同取得成本减值准备"列示为"其他非流动资产"项目

(三)与合同履约成本和合同取得成本有关的资产的摊销和减值★

1. 摊销

对于确认为资产的合同履约成本和合同取得成本，企业应当采用与该资产相关的商品收入确认相同的基础(在履约义务履行的时点或按照履约义务的履约进度)进行摊销，计入当期损益。

会计分录如下：

借：主营业务成本、其他业务成本等
　　合同履约成本减值准备
　　　　贷：合同履约成本
借：销售费用等
　　合同取得成本减值准备
　　　　贷：合同取得成本

2. 减值

(1)合同履约成本和合同取得成本的账面价值高于下列两项的差额的，超出部分应当计提减值准备，并确认为资产减值损失：

①企业因转让与该资产相关的商品预期能够取得的剩余对价；

②为转让该相关商品估计将要发生的成本。

『拓展』①-②=合同履约成本和合同取得成本的公允处置净额。

(2)以前期间减值的因素之后发生变化，使得公允处置净额高于该资产账面价值的，应当转回原已计提的资产减值准备，并计入当期损益，但转回后的资产账面价值不应超过假定不计提减值准备情况下该资产在转回日的账面价值。

四、建造合同收入的确认与计量★★

【案例引入】2×18年1月1日，甲建筑

公司与乙公司签订一项大型设备建造工程合同，根据双方合同，该工程的造价为 6 300 万元，工程期限为 1 年半，甲公司负责工程的施工及全面管理，乙公司按照第三方工程监理公司确认的工程完工量，每半年与甲公司结算一次；预计 2×19 年 6 月 30 日竣工；预计可能发生的总成本为 4 000 万元。假定该建造工程整体构成单项履约义务，并属于在某一时段履行的履约义务，甲公司按照已发生成本占预计总成本的比例确定履约进度，增值税税率为 9%，不考虑其他相关因素。相关数据如下表所示。

单位：万元

项目	2×18 年 6 月 30 日	2×18 年 12 月 31 日	2×19 年 6 月 30 日
累计发生成本	1 500	3 000	4 100
预计尚需发生成本	2 500	1 000	0
合同约定结款	2 500	1 100	2 700
实际收款	2 000	1 000	3 300

上述价款均不含增值税额。假定甲公司与乙公司结算时即发生增值税纳税义务，乙公司在实际支付工程价款的同时支付其对应的增值税款。则甲公司应如何进行账务处理？

解析 ▶ 甲公司的会计处理如下：

(1) 2×18 年 1 月 1 日至 6 月 30 日实际发生工程成本时：

借：合同履约成本　　　　　1 500
　　贷：原材料、应付职工薪酬等
　　　　　　　　　　　　　　1 500

(2) 2×18 年 6 月 30 日：

① 履约进度 = 1 500 ÷ 4 000 × 100% = 37.5%；

② 合同收入 = 6 300 × 37.5% - 0 = 2 362.5（万元）；

③ 合同成本 = 4 000 × 37.5% - 0 = 1 500（万元）。

④ 会计分录如下：

借：合同结算—收入结转　　2 362.5
　　贷：主营业务收入　　　　　2 362.5
借：主营业务成本　　　　　1 500
　　贷：合同履约成本　　　　　1 500
借：应收账款　　　　　　　2 725
　　贷：合同结算—价款结算　　2 500
　　　应交税费—应交增值税(销项税额)
　　　　　　　　　　　　　　225
借：银行存款　　　　　　　2 180

贷：应收账款　（2 000×1.09）2 180

⑤ 期末"合同结算"科目的余额为贷方 137.5 万元(2 500 - 2 362.5)，表明甲公司已经与客户结算但尚未履行履约义务的金额为 137.5 万元，由于甲公司预计该部分履约义务将在 2×18 年内完成，因此，应在资产负债表中作为合同负债列示。

(3) 2×18 年 7 月 1 日至 12 月 31 日实际发生工程成本时：

借：合同履约成本　　　　　1 500
　　贷：原材料、应付职工薪酬等 1 500

(4) 2×18 年 12 月 31 日：

① 履约进度 = 3 000 ÷ 4 000 × 100% = 75%；

② 合同收入 = 6 300 × 75% - 2 362.5 = 2 362.5（万元）；

③ 合同成本 = 4 000 × 75% - 1 500 = 1 500（万元）；

④ 会计分录如下：

借：合同结算—收入结转　　2 362.5
　　贷：主营业务收入　　　　　2 362.5
借：主营业务成本　　　　　1 500
　　贷：合同履约成本　　　　　1 500
借：应收账款　　　　　　　1 199
　　贷：合同结算—价款结算　　1 100
　　　应交税费—应交增值税(销项税额)
　　　　　　　　　　　　　　99
借：银行存款　　　　　　　1 090

贷：应收账款　（1 000×1.09）1 090

⑤期末，"合同结算"科目的余额为借方1 125万元（2 362.5-1 100-137.5），表明甲公司已经履行履约义务但尚未与客户结算的金额为1 125万元，由于该部分金额将在2×19年内结算，因此，应在资产负债表中作为合同资产列示。

(5)2×19年1月1日至6月30日实际发生工程成本时：

借：合同履约成本　　　　　　1 100
　　贷：原材料、应付职工薪酬等1 100

(6)2×19年6月30日：

①由于当日该工程已竣工结算，其履约进度为100%；

②合同收入=6 300-2 362.5-2 362.5=1 575（万元）；

③合同成本=4 100-1 500-1 500=1 100（万元）；

④会计分录如下：

借：合同结算—收入结转　　1 575
　　贷：主营业务收入　　　　　1 575
借：主营业务成本　　　　　1 100
　　贷：合同履约成本　　　　　1 100
借：应收账款　　　　　　　2 943
　　贷：合同结算　　　　　　　2 700
　　　　应交税费—应交增值税（销项税额）
　　　　　　　　　　　　　　　　243
借：银行存款　　　　　　　3 597
　　贷：应收账款　（3 300×1.09）3 597

⑤期末，"合同结算"科目的余额为0（1 125+1 575-2 700）。

【理论总结】

(1)成本法下收入和成本的计算。

①合同收入=总收入×履约进度-已确认的收入；

②合同成本=预计总成本×履约进度-已确认的成本；

③合同预计损失=预计总损失×(1-履约进度)-已确认过的损失。

(2)会计分录。

①核定当期发生的履约成本：

借：合同履约成本
　　贷：原材料
　　　　应付职工薪酬等

②确认合同收入：

借：合同结算—收入结转
　　贷：主营业务收入

③确认合同成本：

借：主营业务成本
　　贷：合同履约成本

④合同约定结款及增值税额的认定：

借：应收账款
　　贷：合同结算—价款结算
　　　　应交税费—应交增值税（销项税额）

⑤实际收款：

借：银行存款
　　贷：应收账款

⑥合同预计损失：

借：主营业务成本
　　贷：预计负债

或反之。

【例题3·计算分析题】☆甲公司2×18年12月发生的与收入相关的交易或事项如下。

资料一：2×18年12月1日，甲公司与客户乙公司签订一项销售并安装合同，合同期限2个月，交易价格270万元。合同约定，当甲公司履约完毕时，才能从乙公司收取全部合同金额，甲公司对设备质量和安装质量承担责任。该设备单独售价200万元，安装劳务单独售价100万元。2×18年12月5日，甲公司以银行存款170万元从丙公司购入并取得该设备的控制权，于当日按合同约定直接运抵乙公司指定地点并安装，乙公司对其验收并取得控制权，此时甲公司向客户乙公司销售设备履约义务已完成。

资料二：至2×18年12月31日，甲公司实际发生安装费用48万元（均系甲公司员工薪酬），估计还将发生安装费用32万元，甲公司向乙公司提供设备安装劳务属于一个时段履行的履约义务，按实际发生的成本占估计总成本的比例确定履约进度，假定不考虑增值税及其他因素。

要求：

(1)判断甲公司向乙公司销售设备时的身份是主要责任人还是代理人，并说明理由。

(2)计算甲公司将交易价格分摊到设备销售与安装的金额。

(3)编制 2×18 年 12 月 5 日甲公司销售设备时确认销售收入并结转销售成本的会计分录。

(4)编制甲公司 2×18 年 12 月发生设备安装费用的会计分录。

(5)分别计算甲公司 2×18 年 12 月 31 日设备安装履约进度和应确认设备安装收入金额，并编制确认安装收入和结转安装成本的会计分录。

答案 (1)甲公司是主要责任人。

理由：2×18 年 12 月 5 日，甲公司从丙公司购入设备并取得该设备的控制权，甲公司对设备质量和安装质量承担责任。因此甲公司是主要责任人。

(2)设备销售应分摊的交易价格 = 270×200/(200+100) = 180(万元)；

设备安装应分摊的交易价格 = 270 × 100/(200+100) = 90(万元)。

(3)甲公司销售设备时确认销售收入并结转销售成本：

借：库存商品 170
　　贷：银行存款 170
借：合同资产 180
　　贷：主营业务收入—设备销售 180
借：主营业务成本—设备销售 170
　　贷：库存商品 170

(4)甲公司 12 月发生设备安装费用：

借：合同履约成本—设备安装 48
　　贷：应付职工薪酬 48

(5)2×18 年 12 月 31 日，甲公司安装履约进度 = 48/(48+32)×100% = 60%；

2×18 年 12 月 31 日，甲公司应确认安装收入金额 = 90×60% = 54(万元)。

借：合同资产 54
　　贷：主营业务收入—设备安装 54
借：主营业务成本—设备安装 48
　　贷：合同履约成本—设备安装 48

五、关于特定交易的会计处理

(一)附有销售退回条款的销售 ★★★

【案例引入】 甲公司是一家健身器材销售公司。2×17 年 11 月 1 日，甲公司向乙公司销售 5 000 件健身器材，单位销售价格为 500 元，单位成本为 400 元，开出的增值税专用发票上注明的销售价格为 250 万元，增值税税额为 32.5 万元。健身器材已经发出，但款项尚未收到。根据协议约定，乙公司应于 2×17 年 12 月 31 日之前支付货款，在 2×18 年 3 月 31 日之前有权退还健身器材。甲公司根据过去的经验，估计该批健身器材的退货率约为 20%。在 2×17 年 12 月 31 日，甲公司对退货率进行了重新评估，认为只有 10% 的健身器材会被退回。2×18 年 3 月 31 日发生销售退回，实际退货量为 400 件，退货款项已经支付。甲公司为增值税一般纳税人，健身器材发出时纳税义务已经发生，实际发生退回时取得税务机关开具的红字增值税专用发票。假定健身器材发出时控制权转移给乙公司。则甲公司应如何进行账务处理？

解析 甲公司的账务处理如下(单位：元)。

(1)2×17 年 11 月 1 日发出健身器材时：

借：应收账款 2 825 000
　　贷：主营业务收入 2 000 000
　　　预计负债—应付退货款 500 000
　　　应交税费—应交增值税(销项税额) 325 000
借：主营业务成本 1 600 000
　　应收退货成本 400 000
　　贷：库存商品 2 000 000

(2)2×17 年 12 月 31 日前收到货款时：

借：银行存款 2 825 000
    贷：应收账款 2 825 000

(3)2×17 年 12 月 31 日，甲公司对退货率进行重新评估：

借：预计负债—应付退货款 250 000
    贷：主营业务收入 250 000
借：主营业务成本 200 000
    贷：应收退货成本 200 000

(4)2×18 年 3 月 31 日发生销售退回：

借：库存商品 160 000
    应交税费—应交增值税(销项税额)
                     26 000
    预计负债—应付退货款 250 000
    贷：应收退货成本 160 000
        主营业务收入 50 000
        银行存款 226 000
借：主营业务成本 40 000
    贷：应收退货成本 40 000

【理论总结】 附有销售退回条款的销售相关处理。

(1)对于附有销售退回条款的销售，企业应当在客户取得相关商品控制权时，按照因向客户转让商品而预期有权收取的对价金额(不包含预期因销售退回将退还的金额)确认收入，按照预期因销售退回将退还的金额确认负债；同时，按照预期将退回商品转让时的账面价值，扣除收回该商品预计发生的成本(包括退回商品的价值减损)后的余额，确认为一项资产，按照所转让商品转让时的账面价值，扣除上述资产成本的净额结转成本。

(2)每一资产负债表日，企业应当重新估计未来销售退回情况，如有变化，应当作为会计估计变更进行会计处理。

(3)一般账务处理。

①赊销实现收入时：

借：应收账款[全部价税]
    贷：主营业务收入[总售价×预计不会退货的比率]
        预计负债[总售价×预计退货率]

应交税费—应交增值税(销项税额)

同时：

借：主营业务成本[总成本×预计不会退货的比率]
    应收退货成本[总成本×预计退货率]
    贷：库存商品[总成本]

②到期收款时：

借：银行存款
    贷：应收账款

③预计退货率调整时：

如果调低退货率：

借：预计负债
    贷：主营业务收入

同时：

借：主营业务成本
    贷：应收退货成本

如果调高退货率，则反之。

④退货期满时：

如果退货率与预计相同：

借：库存商品
    预计负债
    应交税费—应交增值税(销项税额)
    贷：银行存款
        应收退货成本

如果退货率低于预计标准：

借：库存商品
    预计负债
    应交税费—应交增值税(销项税额)
    贷：银行存款
        应收退货成本
        主营业务收入

同时：

借：主营业务成本
    贷：应收退货成本

如果退货率高于预计标准：

借：库存商品
    预计负债
    应交税费—应交增值税(销项税额)

　　主营业务收入
　　贷：银行存款
　　　　应收退货成本
　　　　主营业务成本

（二）附有质量保证条款的销售 ★★★

（1）法定义务的质量保证条款应与商品合并一起作为单项履约义务，其相关处理按照或有事项准则处理；

（2）额外质量保证条款应作为单项履约义务进行会计处理；

（3）质量保证期限越长，越有可能是单项履约义务；

（4）企业提供的质量保证同时包含保证类质量保证和服务类质量保证两类的，应当分别对其进行会计处理，无法合理区分的，应当将这两类质量保证一起作为单项履约义务进行会计处理。

【案例解析1】 甲公司与客户签订合同，销售一部手机。该手机自售出起一年内如果发生质量问题甲公司负责提供质量保证服务。此外，在此期间内，由于客户使用不当（如手机进水）等原因造成的产品故障，甲公司也免费提供维修服务。该维修服务不能单独购买。

　　解析 ➡️ ①甲公司的承诺包括：销售手机、提供质量保证服务以及维修服务。甲公司针对产品的质量问题提供的质量保证服务是为了向客户保证所销售商品符合既定标准，因此不构成单项履约义务。

②甲公司对由于客户使用不当而导致的产品故障提供的免费维修服务，属于在向客户保证所销售商品符合既定标准之外提供的单独服务，尽管其没有单独销售，该服务与手机可明确区分，应该作为单项履约义务。

③因此，在该合同下，甲公司的履约义务有两项：销售手机和提供维修服务。甲公司应当按照其各自单独售价的相对比例，将交易价格分摊至这两项履约义务，并在各项履约义务履行时分别确认收入。甲公司提供

的质量保证服务，应当按照或有事项准则进行会计处理。

【案例解析2】 甲公司为一家轮胎企业，丙公司是一家汽车生产企业，甲公司与丙公司签订一项销售轮胎合同，售价为100万元。甲公司承诺售出后1年内如出现非意外事件造成的故障或质量问题，免费保修，同时还提供2年延保服务，轮胎单独标价80万元，延保服务单独标价20万元。甲公司根据以往经验估计在法定保修期（1年）内将发生的保修费用为6万元。该批轮胎的成本为70万元。合同签订当日，甲公司将该轮胎交付丙公司，同时丙公司向甲公司支付了100万元价款。不考虑增值税等相关税费及其他因素，则甲公司应如何进行账务处理？

　　解析 ➡️ ①甲公司的会计处理如下：
　　借：银行存款　　　　　　100
　　　　贷：主营业务收入　　　　　　80
　　　　　　合同负债　　　　　　　　20
　　借：主营业务成本　　　　70
　　　　贷：库存商品　　　　　　　　70
　　借：销售费用　　　　　　6
　　　　贷：预计负债　　　　　　　　6
　　②此延保服务收费20万元应当在延保期间根据延保服务进度确认为收入。

　　延保服务发生时：
　　借：合同负债
　　　　贷：主营业务收入

（三）主要责任人和代理人 ★★

（1）企业应当根据其在向客户转让商品前是否拥有对该商品的控制权，来判断其从事交易时的身份是主要责任人还是代理人。

（2）企业在向客户**转让商品前能够控制该商品**的，该企业为**主要责任人**，应当按照已收或应收对价总额确认收入；否则，该企业为代理人，应当按照预期有权收取的佣金或手续费的金额确认收入，该金额应当按照已收或应收对价总额扣除应支付给其他相关方的价款后的净额，或者按照既定的佣金金

额或比例等确定。

（3）企业与客户订立的包含多项可明确区分商品的合同中，企业需要分别判断其在不同履约义务中的身份是主要责任人还是代理人。

（4）当存在第三方参与企业向客户提供商品时，企业向客户转让特定商品之前能够控制该商品，从而应当作为主要责任人的情形包括以下三种。

①企业自该第三方取得商品或其他资产控制权后，再转让给客户，此时，企业应当考虑该权利是仅在转让给客户时才产生，还是在转让给客户之前就已经存在，且企业一直能够主导其使用，如果该权利在转让给客户之前并不存在，表明企业实质上并不能在该权利转让给客户之前控制该权利。

【案例解析】甲公司经营购物网站，在该网站购物的消费者可以明确获知在该网站上销售的商品均为其他零售商直接销售的商品，这些零售商负责发货以及售后服务等。甲公司与零售商签订的合同约定，该网站所售商品的采购、定价、发货以及售后服务等均由零售商自行负责，甲公司仅负责协助零售商和消费者结算货款，并按照每笔交易的实际销售额收取5%的佣金。分析并判断甲公司在该交易中的身份是主要责任人还是代理人。

解析 ▶甲公司经营的购物网站是一个购物平台，零售商在该平台发布所销售商品信息，消费者可以从该平台购买零售商销售的商品。消费者在该网站购物时，向其提供的特定商品为零售商在网站上销售的商品，除此之外，甲公司并未提供任何其他商品或服务。这些特定商品在转移给消费者之前，甲公司从未有能力主导这些商品的使用，例如，甲公司不能将这些商品提供给购买该商品的消费者之外的其他方；也不能阻止零售商向该消费者转移这些商品，甲公司不能控制零售商用于完成该网站订单的相关存货。因此，

消费者在该网站购物时，在相关商品转移给消费者之前，甲公司并未控制这些商品，甲公司的履约义务是安排零售商向消费者提供相关商品，而并未自行提供这些商品，甲公司在该交易中的身份是代理人。

②企业能够主导该第三方代表本企业向客户提供服务，说明企业在相关服务提供给客户之前能够控制该相关服务。

【案例解析】甲公司与乙公司签订合同，为其写字楼提供保洁服务，并商定了服务范围及价格。甲公司每月按照约定的价格向乙公司开具发票，乙公司按照约定的日期向甲公司付款。双方签订合同后，甲公司委托服务供应商丙公司代表其为乙公司提供该保洁服务，与其签订了合同。甲公司与丙公司商定了服务价格，双方签订的合同付款条款大致上与甲公司和乙公司约定的付款条款一致。当丙公司按照与甲公司的合同约定提供了服务时，无论乙公司是否向甲公司付款，甲公司都必须向丙公司付款。乙公司无权主导丙公司提供未经甲公司同意的服务。分析并判断甲公司在该交易中的身份是主要责任人还是代理人。

解析 ▶甲公司向乙公司提供的特定服务是写字楼的保洁服务，除此之外，甲公司并没有向乙公司承诺任何其他的商品。根据甲公司与丙公司签订的合同，甲公司能够主导丙公司所提供的服务，包括要求丙公司代表甲公司向乙公司提供保洁服务，相当于甲公司利用其自身资源履行了该合同。乙公司无权主导丙公司提供未经甲公司同意的服务。因此，甲公司在丙公司向乙公司提供保洁服务之前控制了该服务，甲公司在该交易中的身份是主要责任人。

③企业自第三方取得商品控制权后，通过提供重大的服务将该商品与其他商品整合成合同约定的某组合产出转让给客户，此时，企业承诺提供的特定商品就是合同约定的组合产出。企业只有获得为生产该特定商品所需要的投入的控制权，才能够将这些投入加

工整合为合同约定的组合产出。

【案例解析】甲公司与乙公司签订合同，向其销售一台特种设备，并商定了该设备的具体规格和销售价格，甲公司负责按照约定的规格设计该设备，并按双方商定的销售价格向乙公司开具发票，该特种设备的设计和制造高度相关。为履行该合同，甲公司与其供应商丙公司签订合同，委托丙公司按照其设计方案制造该设备，并安排丙公司直接向乙公司交付设备。丙公司将设备交付乙公司后，甲公司按与丙公司约定的价格向丙公司支付制造设备的对价，丙公司负责设备质量问题，甲公司负责设备由于设计原因引起的问题。分析并判断甲公司在该交易中的身份是主要责任人还是代理人。

解析 ▶ 甲公司向乙公司提供的特定商品是其设计的专用设备。虽然甲公司将设备的制造工作分包给丙公司进行，但是，甲公司认为该设备的设计和制造高度相关，不能明确区分，应当作为单项履约义务，由于甲公司负责该合同的整体管理，如果在设备制造过程中发现需要对设备规格作出任何调整，甲公司需要负责制订相关的修订方案，通知丙公司进行相关调整，并确保任何调整均符合修订后的规格要求，甲公司主导了丙公司的制造服务，并通过必需的重大整合服务，将其整合作为向乙公司转让的组合产出的一部分，在该专用设备转让给客户前控制了该专用设备，因此，甲公司在该交易中的身份为主要责任人。

(5)企业在判断其在向客户转让特定商品之前是否已经拥有对该商品的控制权时，不应仅局限于合同的法律形式，而应当综合考虑所有相关事实和情况进行判断，这些事实和情况包括以下三方面。

①企业承担向客户转让商品的主要责任。企业在判断其是否承担客户转让商品的主要责任时，应当从客户的角度进行评估，即客户认为哪一方承担了主要责任，例如客户认为谁对商品的质量或性能负责、谁负责提

供售后服务、谁负责解决客户投诉等。

②企业在转让商品之前或之后承担了该商品的存货风险。

③企业有权自主决定所交易商品的价格。

(6)需要强调的是，企业在判断其是主要责任人还是代理人时，应当以该企业在特定商品转让给客户之前是否能够控制这些商品为原则。

【案例解析】2×17年1月，甲旅行社从A航空公司购买了一定数量的折扣机票，并对外销售。甲旅行社向旅客销售机票时，可自行决定机票的价格等，未售出的机票不能退还给A航空公司。根据相关资料分析判断甲旅行社的身份是主要责任人还是代理人。

解析 ▶ 甲旅行社向客户提供的特定商品为机票，并在确定特定客户之前已经预先从航空公司购买了机票，因此，该权利在转让给客户之前已经存在。甲旅行社从A航空公司购入机票后，可以自行决定该机票的价格、向哪些客户销售等，甲旅行社有能力主导该机票的使用并且能够获得其几乎全部的经济利益。因此，甲旅行社将机票销售给客户之前，能够控制该机票，甲旅行社的身份是主要责任人。

(四)附有客户额外购买选择权的销售 ★★

(1)对于附有客户额外购买选择权的销售，企业应当评估该选择权是否向客户提供了一项重大权利。企业提供重大权利的，应当作为单项履约义务，按照有关交易价格分摊的要求将交易价格分摊至该履约义务，在客户未来行使购买选择权取得相关商品控制权时，或者该选择权失效时，确认相应的收入。

(2)额外购买选择权的情况包括销售激励、客户奖励积分、未来购买商品的折扣券以及合同续约选择权等。

(3)如果客户只有在订立了一项合同的前提下才取得了额外购买选择权，并且客户行使该选择权购买额外商品时，能够享受到

超过该地区或该市场中其他同类客户所能够享有的折扣，则通常认为该选择权向客户提供了一项重大权利。该选择权向客户提供了重大权利的，应当作为单项履约义务。

（4）客户虽然有额外购买商品选择权，但客户行使该选择权购买商品时的价格反映了这些商品单独售价的，不应被视为企业向该客户提供了一项重大权利，应直接把其预计将提供的额外商品的数量以及预计将收取的相应对价金额纳入原合同，并进行相应的会计处理。

【案例解析】2×17 年 1 月 1 日，甲公司开始推行一项奖励积分计划。根据该计划，客户在甲公司每消费 10 元可获得 1 个积分，每个积分从次月开始在购物时可以抵减 1 元。截至 2×17 年 1 月 31 日，客户共消费 100 000 元，可获得 10 000 个积分，根据历史经验，甲公司估计该积分的兑换率为 95%。假定不考虑相关税费的影响。则甲公司应如何进行账务处理。

解析 ▶ ①甲公司认为其授予客户的积分为客户提供了一项重大权利，应当作为一项单独的履约义务。

②客户购买商品的单独售价合计为 100 000 元，考虑积分的兑换率，甲公司估计积分的单独售价为 9 500 元（1×10 000×95%）。

甲公司按照商品和积分单独售价的相对比例对交易价格进行分摊，具体如下：

分摊至商品的交易价格 =［100 000÷（100 000+9 500）］×100 000 = 91 324（元）；

分摊至积分的交易价格 =［9 500÷（100 000+9 500）］×100 000 = 8 676（元）。

③甲公司应当在商品的控制权转移时确认收入 91 324 元，同时确认合同负债 8 676 元。

借：银行存款　　　　　　 100 000
　　贷：主营业务收入　　　　 91 324
　　　　合同负债　　　　　　 8 676

④假定截至 2×17 年 12 月 31 日，客户共兑换了 4 500 个积分，甲公司对该积分的兑换率进行了重新估计，仍然预计客户总共将

会兑换 9 500 个积分。因此，甲公司以客户兑换的积分数占预期将兑换的积分总数的比例为基础确认收入。

积分应当确认的收入 = 4 500÷9 500×8 676 = 4 110（元）；

剩余未兑换的积分 = 8 676 - 4 110 = 4 566（元），仍然作为合同负债。

借：合同负债　　　　　　　 4 110
　　贷：主营业务收入　　　　 4 110

⑤假定截至 2×18 年 12 月 31 日，客户累计兑换了 8 500 个积分。甲公司对该积分的兑换率进行了重新估计，预计客户总共将会兑换 9 700 个积分。

积分应当确认的收入 = 8 500÷9 700×8 676-4 110 = 3 493（元）；

剩余未兑换的积分 = 8 676 - 4 110 - 3 493 = 1 073（元），仍然作为合同负债。

借：合同负债　　　　　　　 3 493
　　贷：主营业务收入　　　　 3 493

『拓展』①合同负债是指企业已收或应收客户对价而应向客户转让商品的义务。

②合同资产和合同负债应当在资产负债表中单独列示，并按流动性分别列示为"合同资产"或"其他非流动资产"以及"合同负债"或"其他非流动负债"。

③同一合同下的合同资产和合同负债应当以净额列示，不同合同下的合同资产和合同负债不能互相抵销。

（五）授予知识产权许可★

（1）企业向客户授予的知识产权，常见的包括软件和技术、影视和音乐等的版权、特许经营权以及专利权、商标权和其他版权等。

（2）企业向客户授予知识产权许可的，应当评估该知识产权许可是否构成单项履约义务。对于不构成单项履约义务的，企业应当将该知识产权许可和所售商品一起作为一项履约义务进行会计处理。

授予知识产权许可不构成单项履约义务

的情形包括两种。

①该知识产权许可构成有形商品的组成部分并且对于该商品的正常使用不可或缺。例如，企业向客户销售设备和相关软件，该软件内嵌于设备之中，该设备必须安装了该软件之后才能正常使用。

②客户只有将该知识产权许可和相关服务一起使用才能够从中获益。例如，客户取得授权许可，但是只有通过企业提供的在线服务才能访问相关内容。

【案例解析】甲生物制药公司将其拥有的某合成药的专利权许可证授予乙公司，授权期10年。同时，甲公司承诺为乙公司生产该种药品。除此之外，甲公司不会从事任何与支持该药品相关的活动。该药品生产流程特殊性极高，没有其他公司能够生产该药品。根据相关资料分析甲公司应如何进行账务处理。

解析 ▶ 甲公司向乙公司授予专利权许可，并为其提供生产服务。由于市场上没有其他公司能够生产该药品，客户将无法从该专利许可中单独获益，因此，该专利权许可和生产服务不可明确区分，应当将其一起作为单项履约义务进行会计处理。

『拓展』如果该药品的生产流程特殊性不高，其他公司也能够生产该药品，则该专利权许可和生产服务可明确区分，应当各自分别作为单项履约义务进行会计处理。

(3)对于构成单项履约义务的，应当进一步确定其是在某一时段内履行还是在某一时点履行。

同时满足下列条件时，应当作为在某一时段内履行的履约义务确认相关收入；否则，应当作为在某一时点履行的履约义务确认相关收入：

①合同要求或客户能够合理预期企业将从事对该项知识产权有重大影响的活动；

②该活动对客户将产生有利或不利影响；

③该活动不会导致向客户转让商品。

【案例解析】甲公司是一家设计制作连环漫画的公司。甲公司授权乙公司可在4年内使用其3部连环漫画中的角色形象和名称。甲公司的每部连环漫画都有相应的主要角色。但是，甲公司会定期创造新的角色，且角色的形象也会随时演变。乙公司是一家大型游轮的运营商，乙公司可以以不同的方式（例如，展览或演出）使用这些漫画中的角色。合同要求乙公司必须使用最新的角色形象。在授权期内，甲公司每年向乙公司收取1 000万元。根据相关资料分析甲公司应如何进行账务处理。

解析 ▶ a. 甲公司除了授予知识产权许可外不存在其他履约义务。也就是说与知识产权许可相关的额外活动并未向客户提供其他商品或服务，因为这些活动是企业授予知识产权许可所承诺的一部分，且实际上改变了客户享有知识产权许可的内容。

b. 甲公司需要评估该知识产权许可相关的收入应当在某一时段内确认还是在某一时点确认。甲公司考虑了下列因素：一是乙公司合理预期（根据甲公司以往的习惯做法），甲公司将实施对该知识产权许可产生重大影响的活动，包括创作角色及出版包含这些角色的连环漫画等；二是这些活动直接对乙公司产生的有利或不利影响，这是因为合同要求乙公司必须使用甲公司创作的最新角色，这些角色塑造得成功与否，会直接对乙公司产生影响；三是尽管乙公司可以通过该知识产权许可从这些活动中获益，但在这些活动发生时并没有导致向乙公司转让任何商品或服务。因此，甲公司授予该知识产权许可的相关收入应当在某一时段内确认。

c. 由于合同规定乙公司在一段固定期间内可无限制地使用其取得授权许可的角色，因此，甲公司按照时间进度确定履约进度可能是最恰当的方法。

(4)企业向客户授予知识产权许可，并约定按客户实际销售或使用情况收取特许权使用费的，应当在下列两项孰晚的时点确认收入：

①客户后续销售或使用行为实际发生；
②企业履行相关履约义务。

【案例解析】 甲公司是一家著名的足球俱乐部。甲公司授权乙公司在其设计生产的服装、帽子、水杯以及毛巾等产品上使用甲公司球队的名称和图标，授权期间为2年。合同约定，甲公司收取的合同对价由两部分组成：一是200万元固定金额的使用费；二是按照乙公司销售上述商品所取得销售额的5%计算的提成。乙公司预期甲公司会继续参加当地顶级联赛，并取得优异的成绩。根据相关资料分析甲公司应如何进行账务处理。

解析 ▶ 该合同仅包括一项履约义务，即授予使用权许可，甲公司继续参加比赛并取得优异成绩等活动是该许可的组成部分，而并未向客户转让任何可明确区分的商品或服务。由于乙公司能够合理预期甲公司将继续参加比赛，甲公司的成绩将会对其品牌（包括名称和图标等）的价值产生重大影响，而该品牌价值可能会进一步影响乙公司产品的销量，甲公司从事的上述活动并未向乙公司转让任何可明确区分的商品，因此，甲公司授予的该使用权许可，属于在某一时段内履行的履约义务。甲公司收取的200万元固定金额的使用费应当在2年内平均确认收入，按照乙公司销售相关商品所取得销售额的5%计算的提成应当在乙公司的销售实际完成时确认收入。

（六）售后回购 ★★

1. 企业因存在与客户的远期安排而负有回购义务或享有回购权利

企业因存在与客户的远期安排而负有回购义务或企业享有回购权利的，表明客户在销售时点并未取得相关商品控制权，企业应当作为租赁交易或融资交易进行相应的会计处理。

（1）回购价格**低于**原售价的，应当视为**租赁交易**，按照《企业会计准则第21号——租赁》的相关规定进行会计处理。

【案例解析】 甲公司向乙公司销售一台设备，销售价格为200万元，同时双方约定两年之后，甲公司将以120万元的价格回购该设备。假定不考虑货币时间价值等其他因素的影响。根据相关资料分析判断该交易的类型。

解析 ▶ 根据合同有关甲公司在两年后回购该设备的约定，乙公司并未取得该设备的控制权。不考虑货币时间价值等其他因素的影响，该交易的实质是乙公司支付了80万元（200-120）的对价取得了该设备2年的使用权。因此，甲公司应当将该交易作为租赁交易进行会计处理。

（2）回购价格**不低于**原售价的，应当视为**融资交易**，在收到客户款项时确认金融负债，并将该款项和回购价格的差额在回购期间内确认为利息费用等。

【案例解析】 2×17年5月1日，甲公司向乙公司销售一批商品，开出的增值税专用发票上注明的销售价款为100万元，增值税税额为13万元。该批商品成本为80万元；商品并未发出，但款项已经收到。协议约定，甲公司应于2×17年9月30日将所售商品购回，回购价为110万元（不含增值税额）。则甲公司应如何进行账务处理？

解析 ▶ 甲公司的账务处理如下：

①2×17年5月1日销售商品开出增值税专用发票时：

借：银行存款　　　　　　　　113
　　贷：其他应付款　　　　　　100
　　　　应交税费——应交增值税（销项税额）　　　　　　　　13

②回购价大于原售价的差额，应在回购期间按期计提利息费用，计入当期财务费用。由于回购期间为5个月，货币时间价值影响不大，采用直线法计提利息费用，每月计提利息费用为2万元（10÷5）。

借：财务费用　　　　　　　　　2
　　贷：其他应付款　　　　　　　2

③2×17年9月30日回购商品时，收到的增值税专用发票上注明的商品价格为110万元，增值税税额为14.3万元，款项已经支付。

借：财务费用   2

 贷：其他应付款   2

借：其他应付款   110

 应交税费—应交增值税(进项税额)

         14.3

 贷：银行存款   124.3

『拓展』企业到期未行使回购权利的，应当在该回购权利到期时终止确认金融负债，同时确认收入。

2. 企业负有应客户要求回购商品义务

企业负有应客户要求回购商品义务的，应当在合同开始日评估客户是否具有行使该要求权的重大经济动因。客户具有行使该要求权重大经济动因的(客户行使该要求权的可能性很大)，企业应当将售后回购作为租赁交易或融资交易，按照第1种情形的规定进行会计处理；否则，企业应当将其作为附有销售退回条款的销售交易，进行会计处理。

【案例解析】甲公司向乙公司销售其生产的一台设备，销售价格为2 000万元，双方约定，乙公司在5年后有权要求甲公司以1 500万元的价格回购该设备。甲公司预计该设备在回购时的市场价值将远低于1 500万元。假定不考虑货币时间价值的影响，根据相关资料分析判断该交易的类型。

解析 ► 假定不考虑时间价值的影响，甲公司的回购价格低于原售价，但远高于该设备在回购时的市场价值，甲公司判断乙公司有重大的经济动因行使其权利要求甲公司回购该设备。因此，甲公司应当将该交易作为租赁交易进行会计处理。

(七)客户未行使的权利★★

(1)企业向客户预收销售商品款项的，应当首先将该款项确认为负债，待履行了相关履约义务时再转为收入。

(2)当企业预收款项无需退回，且客户可能会放弃其全部或部分合同权利时，例如，放弃储值卡的使用等，企业预期将有权获得与客户所放弃的合同权利相关的金额的，应

当按照客户行使合同权利的模式按比例将上述金额确认为收入；否则，企业只有在客户要求其履行剩余履约义务的可能性极低时，才能将上述负债的相关余额转为收入。

【案例解析】甲公司经营连锁面包店，其为增值税一般纳税人，适用的增值税税率为13%。2×19年甲公司向客户销售了5 000张储值卡，每张卡面值为200元，总额100万元(含增值税)，客户可在甲公司经营的任何一家门店使用该储值卡进行消费。根据历史经验，甲公司预期客户购买的储值卡中有大约5%(面值金额50 000元即客户预计未行使权利为50 000元)不会被消费，截至2×19年年末客户使用该储值卡消费的金额为40万元，在客户使用该储值卡消费时发生增值税纳税义务。甲公司应如何进行账务处理？

解析 ► 甲公司账务处理如下(单位：元，计算结果保留整数)。

①销售储值卡时：

借：库存现金   1 000 000

 贷：合同负债

  [1 000 000÷(1+13%)] 884 956

  应交税费—待转销项税额

  [1 000 000÷(1+13%)×13%]

        115 044

②2×19年年末：

借：合同负债

  [(400 000+50 000×400 000/

  950 000)÷(1+13%)]372 613

  应交税费—待转销项税额

  [400 000÷(1+13%)×13%]

        46 018

 贷：主营业务收入 372 613

  应交税费—应交增值税(销项税额)

        46 018

(八)无需退回的初始费(俱乐部的入会费、接驳费和初装费等)★

(1)企业在合同开始(或接近合同开始)日向客户收取的无需退回的初始费应当

计入交易价格(见表10-6)。

表10-6 无需退回的初始费的处理

项目	内容
该初始费与向客户转让已承诺的商品相关,并且该商品构成单项履约义务	企业应当在转让该商品时,按照分摊至该商品的交易价格确认收入
该初始费与向客户转让已承诺的商品相关,但该商品不构成单项履约义务	企业应当在包含该商品的单项履约义务履行时,按照分摊至该单项履约义务的交易价格确认收入
该初始费与向客户转让已承诺的商品不相关	该初始费应当作为未来将转让商品的预收款,在未来转让该商品时确认为收入

(2)企业收取了无需退回的初始费且为履行合同应开展初始活动,但这些活动本身并没有向客户转让已承诺的商品的(例如,企业为履行会员健身合同开展了一些行政管理性质的准备工作,该初始费与未来将转让的已承诺商品相关,应当在未来转让该商品时确认为收入),企业在确定履约进度时不应考虑这些初始活动。

(3)企业为该初始活动发生的支出应当按照合同成本部分的要求确认为一项资产或计入当期损益。

【案例解析】甲公司经营一家会员制健身俱乐部。甲公司与客户签订了为期2年的合同,客户入会之后可以随时在该俱乐部健身。除俱乐部的年费2 000元之外,甲公司还向客户收取了50元的入会费,用于补偿俱乐部为客户进行注册登记、准备会籍资料以及制作会员卡等初始活动所花费的成本。甲公司收取的入会费和年费均无需返还。

解析 甲公司承诺的服务是向客户提供健身服务,而甲公司为会员入会所进行的初始活动并未向客户提供其所承诺的服务,而只是一些内部行政管理性质的工作。因此,甲公司虽然为补偿这些初始活动向客户收取了50元入会费,但是该入会费实质上是客户为健身服务所支付的对价的一部分,故应当作为健身服务的预收款,与收取的年费一起在2年内分摊确认为收入。

【例题4·计算分析题】☆2×20年度,甲公司发生与销售相关的交易和事项如下。

资料一:2×20年10月1日,甲公司推出7天节日促销活动,截至2×20年10月7日,甲公司因现销410万元的商品共发放了面值为100万元的消费券,消费券于次月1日开始可以使用,有效期为3个月,根据历史经验,甲公司估计消费券的使用率为90%。

资料二:2×20年11月1日,甲公司与乙公司签订一项设备安装合同,安装期为4个月,合同总价款为200万元,当日,甲公司预收合同款120万元。至2×20年12月31日,甲公司实际发生安装费用96万元,估计还将发生安装费用64万元,甲公司向乙公司提供的设备安装服务属于某一时段内履行的履约义务,甲公司按照实际发生成本占总成本的比例确定履约进度。

资料三:2×20年12月31日,甲公司向丙公司销售200件商品,单件销售价格为1万元,单位成本为0.8万元,商品控制权已转移,款项已收存银行。合同约定,丙公司在2×21年1月31日之前有权退货,根据历史经验,甲公司估计该商品的退货率为5%。

本题不考虑增值税及其他因素。

要求:

(1)计算甲公司2×20年10月促销活动销售410万元商品应确认的收入并编制相关分录。

(2)计算甲公司2×20年提供设备安装服务应确认收入的金额,并编制相关分录。

（3）编制甲公司 2×20 年 12 月 31 日向丙公司销售商品时确认销售收入并结转销售成本的会计分录。

答案 ▶（1）消费券的单独售价 = 100 × 90% = 90（万元）；

商品分摊的交易价格 = 410/（410 + 90）× 410 = 336.2（万元）；

消费券分摊的交易价格 = 90/（410 + 90）× 410 = 73.8（万元）；

因此，甲公司 10 月促销活动销售商品应确认的收入为 336.2 万元。

借：银行存款　　　　　　410
　　贷：主营业务收入　　　336.2
　　　　合同负债　　　　　73.8

（2）履约进度 = 96/（96 + 64）× 100% = 60%；

设备安装服务应确认的收入 = 200 × 60% = 120（万元）。

2×20 年 12 月 31 日：

借：合同负债　　　　　　120
　　贷：主营业务收入　　　120
借：主营业务成本　　　　96
　　贷：合同履约成本　　　96

（3）借：银行存款　　　　200
　　贷：主营业务收入
　　　　　　　　（200×95%）190
　　　　预计负债　（200×5%）10
借：主营业务成本（160×95%）152
　　应收退货成本（160×5%）8
　　贷：库存商品　　　　　160

［例题 5·综合题］ ☆2×20 年至 2×22 年，甲公司发生的与销售相关的交易或事项如下。

资料一：2×20 年 11 月 1 日，甲公司与乙公司签订一份不可撤销合同，约定在 2×21 年 2 月 1 日以每台 20 万元的价格向乙公司销售 A 产品 80 台。2×20 年 12 月 31 日，甲公司已完工入库的 50 台 A 产品的单位生产成本为 21 万元；甲公司无生产 A 产品的原材料储备，预计剩余 30 台 A 产品的单位生产成本为

22 万元。

资料二：2×20 年 11 月 10 日，甲公司与丙公司签订合同，约定以 950 万元的价格向丙公司销售其生产的 B 设备，并负责安装调试。甲公司转移 B 设备的控制权与对其安装调试是两个可明确区分的承诺。合同开始日，B 设备的销售与安装的单独售价分别为 900 万元和 100 万元。2×20 年 11 月 30 日，甲公司将 B 设备运抵丙公司指定地点。当日，丙公司以银行存款向甲公司支付全部价款并取得 B 设备的控制权。

资料三：2×20 年 12 月 1 日，甲公司开始为丙公司安装 B 设备，预计 2×21 年 1 月 20 日完工。截至 2×20 年 12 月 31 日，甲公司已发生安装费 63 万元（全部为人工薪酬），预计尚需发生安装费 27 万元。甲公司向丙公司提供的 B 设备安装服务属于在某一时段内履行的履约义务，甲公司按实际发生的成本占预计总成本的比例确定履约进度。

资料四：2×20 年 12 月 31 日，甲公司与丁公司签订合同，向其销售一批 C 产品。合同约定，该批 C 产品将于两年后交货。合同中包含两种可供选择的付款方式，即丁公司可以在两年后交付 C 产品时支付 330.75 万元，或者在合同签订时支付 300 万元。丁公司选择在合同签订时支付货款。当日，甲公司收到丁公司支付的货款 300 万元并存入银行。该合同包含重大融资成分，按照上述两种付款方式计算的内含年利率为 5%，该融资费用不符合借款费用资本化条件。

资料五：2×22 年 12 月 31 日，甲公司按照合同约定将 C 产品的控制权转移给丁公司，满足收入确认条件。

本题不考虑增值税等相关税费及其他因素。

要求：

（1）分别计算甲公司 2×20 年 12 月 31 日应确认的 A 产品存货跌价准备金额和与不可撤销合同相关的预计负债金额，并编制相关会计分录。

（2）判断甲公司 2×20 年 11 月 10 日与丙公司签订销售并安装 B 设备的合同中包含几个单项履约义务；如果包含两个或两个以上单项履约义务，分别计算各单项履约义务应分摊的交易价格。

（3）编制甲公司 2×20 年 11 月 30 日将 B 设备运抵丙公司指定地点并收取全部价款的相关会计分录。

（4）编制甲公司 2×20 年 12 月 31 日应确认 B 设备安装收入的会计分录。

（5）分别编制甲公司 2×20 年 12 月 31 日收到丁公司货款和 2×21 年 12 月 31 日摊销未确认融资费用的相关会计分录。

（6）分别编制甲公司 2×22 年 12 月 31 日摊销未确认融资费用和确认 C 产品销售收入的相关会计分录。

答案 ▶（1）已经完工的 50 台 A 产品存在标的物，应该计提存货跌价准备，金额 =（21−20）×50 = 50（万元）；没有完工的 30 台 A 产品没有标的物，应确认预计负债，金额 =（22−20）×30 = 60（万元）。相关会计分录：

借：资产减值损失　　　　　　 50
　　贷：存货跌价准备　　　　　　 50
借：营业外支出　　　　　　　 60
　　贷：预计负债　　　　　　　　 60

（2）甲公司 2×20 年 11 月 10 日与丙公司签订销售并安装 B 设备的合同中包含两个单项履约义务。

销售 B 设备分摊的交易价格 = 950×900/(900+100) = 855（万元）；

提供安装调试服务分摊的交易价格 = 950×100/(900+100) = 95（万元）。

（3）2×20 年 11 月 30 日相关会计分录：

借：银行存款　　　　　　　　 950
　　贷：主营业务收入　　　　　 855
　　　　合同负债　　　　　　　 95

（4）2×20 年履约进度 = 63/(63+27)×100% = 70%；

B 设备安装收入的金额 = 95×70% = 66.5（万元）。

借：合同负债　　　　　　　 66.5
　　贷：主营业务收入　　　　 66.5
借：主营业务成本　　　　　 63
　　贷：合同履约成本　　　　 63

（5）2×20 年 12 月 31 日：

借：银行存款　　　　　　　 300
　　未确认融资费用　　　 30.75
　　贷：合同负债　　　　　 330.75

2×21 年 12 月 31 日：

借：财务费用　　　（300×5%）15
　　贷：未确认融资费用　　　 15

（6）2×22 年 12 月 31 日：

借：财务费用　（30.75−15）15.75
　　贷：未确认融资费用　　 15.75
借：合同负债　　　　　　 330.75
　　贷：主营业务收入　　　 330.75

同步训练

限时 80min

扫我做试题

一、单项选择题

1. 2×17 年 2 月 1 日，甲公司与乙公司签订了一项总额为 20 000 万元的固定造价合同，在乙公司自有土地上为乙公司建造一栋办公楼。截至 2×17 年 12 月 31 日，甲公司累计已发生成本 6 500 万元，2×18 年 1 月 25 日，经协商合同双方同意变更合同范围，附加装修办公楼的服务内容，合同价格相应增加 3 400 万元，假定上述新增合同价款不能反映装修服务的单独售价。不考虑其他因素，下列各项关于上述合同变更会计处理的表述中，正确的是( )。

A. 合同变更部分作为单独合同进行会计处理

B. 合同变更部分作为原合同组成部分进行会计处理

C. 合同变更部分作为单项履约义务于完成装修时确认收入

D. 原合同未履约部分与合同变更部分作为新合同进行会计处理

2. 甲公司2×20年12月3日与乙公司签订产品销售合同。合同约定，甲公司向乙公司销售A产品400件，单位售价650元(不含增值税)，增值税税率为13%；乙公司应在甲公司发出产品后1个月内支付款项，乙公司收到A产品后3个月内如发现质量问题有权退货。A产品单位成本500元。甲公司于2×20年12月10日发出A产品，并开具增值税专用发票。根据历史经验，甲公司估计A产品的退货率为30%。截至2×20年12月31日，上述已销售的A产品尚未发生退回。按照税法规定，销货方于收到购货方提供的开具红字增值税专用发票申请单时开具红字增值税专用发票，并作减少当期应纳税所得额处理。甲公司适用的所得税税率为25%，预计未来期间不会变更；甲公司预计未来期间能够产生足够的应纳税所得额以利用可抵扣暂时性差异。甲公司于2×20年度财务报告批准对外报出前，A产品尚未发生退回；截至2×21年3月10日，2×20年出售的A产品实际退货率为35%。不考虑其他因素，甲公司因销售A产品对2×20年度利润总额的影响是( )元。

A. 0　　　　　　　　　B. 42 000

C. 45 000　　　　　　　D. 60 000

3. 资料同前，甲公司因销售A产品对2×20年度确认的递延所得税费用是( )元。

A. −4 500　　　　　　　B. 0

C. 4 000　　　　　　　 D. −15 000

4. 资料同前，下列关于甲公司2×21年A产品销售退回会计处理的表述中，正确的是( )。

A. 原估计退货率的部分追溯调整原已确认的收入

B. 高于原估计退货率的部分追溯调整原已确认的收入

C. 原估计退货率的部分在退货发生时冲减退货当期销售收入

D. 高于原估计退货率的部分在退货发生时冲减退货当期的收入

5. 2×19年1月1日，甲公司采用分期收款方式向乙公司销售一套大型设备，合同约定的销售价格为1 000万元(不含增值税)，分5次于每年12月31日等额收取。该大型设备成本为800万元。假定该销售商品符合收入确认条件，同期银行贷款年利率为6%，$(P/A, 6\%, 5) = 4.212\,4$。不考虑其他因素，甲公司2×19年1月1日应确认的销售商品收入金额为( )万元。(计算结果保留整数)

A. 800　　　　　　　　 B. 842

C. 1 000　　　　　　　 D. 1 170

6. 甲公司采用分期收款方式销售商品给乙公司，2×20年1月10日发出商品1 000件，价款总计500万元，销售成本率为80%，增值税税率为13%。合同约定当日支付40%的合同价款，余款分3年于每年12月31日支付，该笔价款的公允价值为450万元。假定甲公司在合同签订当日开出增值税专用发票，收取增值税税额65万元，内含报酬率为9.5%。不考虑其他因素，甲公司2×20年影响营业利润的金额为( )万元。

A. 50　　　　　　　　　B. 100

C. 73.75　　　　　　　 D. 123.75

7. 甲公司2×20年度发生的有关交易或事项如下：①因出租房屋取得租金收入120万

元；②因出售固定资产产生净收益30万元；③收到联营企业分派的现金股利60万元；④因收发差错造成存货短缺净损失10万元；⑤管理用机器设备发生日常维护支出40万元；⑥办公楼所在地块的土地使用权摊销300万元；⑦持有的交易性金融资产公允价值上升60万元；⑧因存货市价上升转回上年计提的存货跌价准备100万元。不考虑其他因素，甲公司2×20年度因上述交易或事项而确认的管理费用金额是( )万元。

A. 240　　　　B. 250
C. 340　　　　D. 350

8. 资料同前，上述交易或事项对甲公司2×20年度营业利润的影响是( )万元。

A. -10　　　　B. -40
C. -70　　　　D. 20

二、多项选择题

1. 对于在某一时点履行的履约义务，企业应当在客户取得相关商品控制权时确认收入，在判断客户是否取得商品的控制权时，企业应当考虑的迹象有( )。

A. 客户已拥有该商品的法定所有权
B. 客户就该商品负有现时付款义务
C. 客户已实物占有该商品
D. 客户已取得该商品所有权上的主要风险和报酬

2. 甲公司是一家咨询公司，其通过竞标赢得一个新客户，为取得和该客户的合同，甲公司发生下列支出：聘请外部律师进行尽职调查的支出为2万元，因投标发生的差旅费为5000元、业务招待费用为6000元，销售人员佣金为8000元，甲公司预期这些支出未来能够收回。此外，甲公司根据其年度销售目标、整体盈利情况及个人业绩等，向市场部门经理支付年度奖金2万元。基于上述资料，如下论断中正确的有( )。

A. 销售人员佣金属于增量成本，应当将其作为合同取得成本确认为一项资产

B. 律师费、差旅费和业务招待费用不属于增量成本，应直接计入当期损益

C. 市场部门经理的奖金不属于增量成本，不能认定为合同取得成本

D. 如果合同续约，追加支付的销售佣金也属于合同取得成本

3. 甲公司生产并销售台式计算机。2×21年，甲公司与零售商乙公司签订销售合同，向其销售2000台电脑，每台售价1万元。由于乙公司的仓储能力有限，无法在2×21年年底之前接收该批电脑，双方约定甲公司在2×22年按照乙公司的指令按时发货，并将电脑运送至乙公司指定的地点。2×21年12月31日，甲公司共有上述电脑库存1万台，其中包括2000台将要销售给乙公司的电脑。然而，这2000台电脑和其余8000台电脑一起存放并统一管理，并且彼此之间可以互相替换。基于上述资料，如下论断中不正确的有( )。

A. 甲公司应该在交付电脑时才可确认收入

B. 甲公司2×21年合同生效日即可确认收入

C. 甲公司销售此电脑的行为属于售后代管情形

D. 甲公司2×21年应确认商品销售收入2000万元

4. 甲公司经营连锁美发店，为增值税一般纳税人，增值税税率为6%，2×21年甲公司向客户销售了1000张储值卡，每张卡面值为500元，总额为50万元，客户可在甲公司经营的任何一家门店使用该储值卡进行消费。根据历史经验，甲公司预期客户购买的储值卡中有大约10%(面值金额5万元)不会被消费，即预计客户未行使权利为5万元。截至2×21年年末客户使用该储值卡消费的金额为40万元，在客户使用该储值卡消费时发生增值税纳税义务。如下指标中正确的有( )。

A. 销售储值卡时应确认主营业务收入

500 000 元

B. 销售储值卡时应确认合同负债 500 000 元

C. 销售储值卡时应确认合同负债 471 698 元

D. 截至 2×21 年年末实现收入 419 287 元

5. 2×19 年 3 月 1 日，甲公司与丙公司签订合同，向其销售 A、B 两项商品，A 商品的单独售价为 10 000 元，B 商品的单独售价为 30 000 元，合同价款为 35 000 元。合同约定，A 商品于合同开始日交付，B 商品在一个月之后交付，只有当两项商品全部交付之后，甲公司才有权收取 35 000 元的合同对价。假定 A 商品和 B 商品分别构成单项履约义务，其控制权在交付时转移给客户。假定不考虑相关税费影响。基于上述资料，如下指标中正确的有（　　）。

A. 分摊至 A 商品的合同价款为 8 750 元

B. 分摊至 B 商品的合同价款为 26 250 元

C. 交付 A 商品时确认 35 000 元的收入

D. 交付 B 商品时确认 26 250 元的收入

6. 甲公司与丙公司签订合同，约定向丙公司销售 10 台笔记本电脑。售价总额为 20 万元，商品成本为 11 万元，假定不考虑增值税因素。甲公司承诺该电脑自售出起一年内如果发生非意外事件造成的故障或质量问题，甲公司负责免费保修，同时还承诺免费提供两年延保，市场上单独购买两年延保需要支付 0.3 万元，按消费者权益保护法规定，所有电子产品必须质保一年。甲公司根据以往经验估计在法定保修期（1 年）内将发生的保修费用为 0.2 万元。根据上述资料，如下指标正确的有（　　）。

A. 甲公司应确认两项履约义务，其中商品销售及法定质保确认为一项履约义务，报价 19.7 万元，两年延保确认一项履约义务，报价 0.3 万元

B. 甲公司应确认预计负债 0.5 万元

C. 甲公司应确认合同负债 0.3 万元

D. 甲公司应确认销售费用 0.2 万元

7. 2×17 年 1 月 1 日，甲公司开始推行一项奖励积分计划。根据该计划，客户在甲公司每消费 100 元可获得 5 个积分，每个积分从次月开始在购物时可以抵减 1 元。截至 2×17 年 1 月 31 日，客户共消费 100 万元，获得 5 万个积分，根据历史经验，甲公司估计该积分的兑换率为 80%。2×17 年 2 月客户兑换了 3 万个积分。假定上述金额均不包含增值税等因素的影响。根据上述资料，如下论断中正确的有（　　）。

A. 授予客户的奖励积分应作为一项单独的履约义务

B. 1 月商品销售收入为 961 538.46 元

C. 1 月应确认合同负债 38 461.54 元

D. 2 月应结转合同负债 28 846.16 元为主营业务收入

8. 乙公司与丙公司均为增值税一般纳税人企业，适用的增值税率为 13%。乙公司 2×18 年 3 月 1 日与丙公司签订合同。合同规定，乙公司销售给丙公司 100 件商品，每件销售价格为 30 万元。乙公司已于当日收到货款，每件销售成本为 10 万元（未计提跌价准备）。同时，乙公司应于 2×18 年 7 月 31 日按每件 35 万元的价格购回全部商品。2×18 年 3 月 1 日乙公司开具增值税专用发票，并发出商品。假定乙公司按月平均计提利息费用。根据上述资料，对于售后回购的说法中正确的有（　　）。

A. 如果回购价是以回购当时的交易价来确定的，则销售的商品按售价确认收入，回购的商品作为购进商品处理

B. 2×18 年 3 月 1 日销售商品时计入其他应付款的金额为 3 000 万元

C. 2×18 年 3 月 31 日计提利息费用的金额为 100 万元

D. 如果回购价为每件 25 万元，此业务应界定为乙公司出租资产收取 500 万元租金行为

9. 2×17 年 1 月 1 日，甲公司与乙公司签订一份办公楼建造合同，甲公司负责工程的施工及全面管理，乙公司按照第三方工程监

理公司确认的工程完工量，每年年末与甲公司结算一次。预计 2×19 年 12 月 31 日完工，工程预计总造价为 12 000 万元，预计总成本为 10 000 万元。截至 2×17 年 12 月 31 日，甲公司实际发生履约成本 3 000 万元。2×18 年由于物价上涨的原因，预计总成本将为 11 000 万元，截至

2×18 年 12 月 31 日，甲公司实际发生合同成本 7 700 万元，假定该建造工程整体构成单项履约义务，并属于在某一时段履行的履约义务，甲公司按照累计实际发生成本占预计总成本的比例确定履约进度，增值税税率为 9%，相关数据如下表所示。

单位：万元

项目	2×17 年 12 月 31 日	2×18 年 12 月 31 日	2×19 年 12 月 31 日
截至年末累计成本	3 000	7 700	11 000
预计尚需发生成本	7 000	3 300	0
合同约定结款	4 000	5 000	3 000
实际收款	3 000	4 000	5 000

上述价款均不含增值税额。假定甲公司与乙公司结算时即发生增值税纳税义务，乙公司在实际支付工程价款的同时支付其对应的增值税款。2×17 年度甲公司对该项合同确认的如下相关指标中正确的有（　　）。

A. 合同收入 3 600 万元

B. 合同成本 3 000 万元

C. 合同结算余额为贷方 400 万元，应列示于资产负债表的合同负债项目

D. 此业务追加当年营业利润 600 万元

三、判断题

1. 合同变更增加了可明确区分的商品及合同价款，且新增合同价款反映了新增商品单独售价的，企业应当将该合同变更作为原合同的终止及新合同的订立进行会计处理。（　　）

2. 资产负债表日，企业应当对履约进度进行重新估计，发生变化的作为会计估计变更处理。且对于每一项履约义务，企业只能采用一种方法确认其履约进度。（　　）

3. 对于某一时段内履行的履约义务，当履约进度不能合理确定时，企业不能确认收入。（　　）

4. 企业为取得合同发生的增量成本预期能够收回的，应当作为合同取得成本确认为一项资产。（　　）

5. 与合同有关的资产发生减值后应确认资产减值损失，且后续期间不可以转回。（　　）

6. 对于负有应客户要求回购商品义务的售后回购，如果客户不具有行使该要求权的重大经济动因，企业应将该售后回购作为附有销售退回条款的销售交易进行处理。（　　）

四、综合题

1. ☆2×18 年 9 月至 12 月，甲公司发生的部分交易或事项如下。

资料一：2×18 年 9 月 1 日，甲公司向乙公司销售 A 产品 2 000 件，单位销售价格为 0.4 万元，单位成本为 0.3 万元。销售货款已收存银行。根据销售合同约定，在 2×18 年 10 月 31 日之前乙公司有权退还 A 产品。2×18 年 9 月 1 日，甲公司根据以往经验估计该批 A 产品的退货率为 10%。2×18 年 9 月 30 日，甲公司对该批 A 产品的退货率重新评估为 5%。2×18 年 10 月 31 日，甲公司收到退回的 120 件 A 产品，并以银行存款退还相应的销售款。

资料二：2×18 年 12 月 1 日，甲公司向客户销售成本为 300 万元的 B 产品，售价 400 万元已收存银行。客户为此获得 125 万个奖励积分，每个积分可在 2×19 年

购物时抵减 1 元。根据历史经验,甲公司估计该积分的兑换率为 80%。

资料三:2×18 年 12 月 10 日,甲公司向联营企业丙公司销售成本为 100 万元的 C 产品,售价 150 万元已收存银行。至 2×18 年 12 月 31 日,该批产品未向外部第三方出售。甲公司在 2×17 年 11 月 20 日取得丙公司 20% 有表决权股份,当日,丙公司各项可辨认资产、负债的公允价值均与其账面价值相同。甲公司采用的会计政策、会计期间与丙公司的相同。丙公司 2×18 年度实现净利润 3 050 万元。

资料四:2×18 年 12 月 31 日,甲公司根据产品质量保证条款,对其 2×18 年第四季度销售的 D 产品计提保修费。根据历史经验,所售 D 产品的 80% 不会发生质量问题;15% 将发生较小质量问题,其修理费为销售收入的 3%;5% 将发生较大质量问题,其修理费为销售收入的 6%。2×18 年第四季度,甲公司 D 产品的销售收入为 1 500 万元。

A 产品、B 产品、C 产品转移给客户时,控制权随之转移。

本题不考虑增值税等相关税费及其他因素。

要求:

(1)根据资料一,分别编制甲公司 2×18 年 9 月 1 日确认 A 产品销售收入并结转成本、2×18 年 9 月 30 日重新估计退货率和 2×18 年 10 月 31 实际发生销售退回时的相关会计分录。

(2)根据资料二,计算甲公司 2×18 年 12 月 1 日应确认的收入和合同负债金额,并编制确认收入、结转成本的相关会计分录。

(3)根据资料三,计算甲公司 2×18 年年末在其个别报表中对丙公司股权投资应确认的投资收益,并编制相关会计分录。

(4)根据资料四,计算甲公司 2×18 年第四季度应确认保修费的金额,并编制相关会计分录。

(答案中的金额单位以万元表示)

2. ☆2×19 年度,甲公司与销售业务相关的会计处理如下:

资料一:2×19 年 9 月 1 日,甲公司将其生产的成本为 350 万元的 A 产品以 500 万元的价格出售给乙公司,该产品已经发出,款项已收存银行。双方约定,乙公司在 8 个月后有权要求甲公司以 540 万元的价格回购 A 产品。甲公司预计 A 产品在回购时的市场价格远低于 540 万元。2×19 年 9 月 1 日,甲公司确认了销售收入 500 万元,结转了销售成本 350 万元。

资料二:2×19 年 12 月 15 日,甲公司作为政府推广使用的 B 产品的中标企业,以市场价格 300 万元减去财政补贴资金 30 万元后的价格,将其生产的成本为 260 万元的 B 产品出售给丙公司,该产品的控制权已转移,甲公司确认销售收入 270 万元并结转了销售成本 260 万元。2×19 年 12 月 20 日,甲公司收到销售 B 产品的财政补贴资金 30 万元并存入银行,甲公司将其确认为其他收益。

资料三:2×19 年 12 月 31 日,甲公司将其生产的成本为 800 万元的 C 产品以 995 万元的价格出售给丁公司,该产品的控制权已转移,款项已收存银行。合同约定,该产品自售出之日起一年内如果发生质量问题,甲公司提供免费维修服务,该维修服务构成单项履约义务。C 产品的单独售价为 990 万元,一年期维修服务的单独售价为 10 万元。2×19 年 12 月 31 日,甲公司确认了销售收入 995 万元,结转了销售成本 800 万元。

本题不考虑增值税、企业所得税等税费以及其他因素。

要求:

(1)判断甲公司 2×19 年 9 月 1 日向乙公司销售 A 产品时确认销售收入和结转销售成本的会计处理是否正确,并说明理由;如果不正确,请编制正确的会计分录。

（2）判断甲公司 2×19 年 12 月 20 日将收到的财政补贴资金计入其他收益的会计处理是否正确，并说明理由；如果不正确，请编制正确的会计分录。

（3）判断甲公司 2×19 年 12 月 31 日确认收入和结转销售成本的会计处理是否正确，并说明理由；如果不正确，请编制正确的会计分录。

（答案中的金额单位以万元表示）

同步训练答案及解析

一、单项选择题

1. B 【解析】在合同变更日已转让商品与未转让商品之间不可明确区分的，应当将该合同变更部分作为原合同的组成部分，在合同变更日重新计算履约进度，并调整当期收入和相应成本等。

2. B 【解析】（1）甲公司销售产品时作如下分录（单位：元）：

借：应收账款
　　[650×400×（1+13%）]293 800
　　贷：主营业务收入
　　　　（650×400×70%）182 000
　　　　预计负债（650×400×30%）78 000
　　　　应交税费—应交增值税（销项税额）
　　　　　　（650×400×13%）33 800

借：主营业务成本
　　　　（400×500×70%）140 000
　　应收退货成本
　　　　（400×500×30%）60 000
　　贷：库存商品　　　　　　200 000

（2）甲公司 2×20 年因此业务形成的利润总额=（650-500）×400×70%=42 000（元）。

3. A 【解析】预计负债账面价值=78 000元，计税基础=账面价值78 000-未来期间可税前扣除的金额78 000=0，负债账面价值大于计税基础，产生可抵扣暂时性差异78 000元，确认递延所得税资产=78 000×25%=19 500（元）；应收退货成本账面价值=60 000元，计税基础=未来期间可税前扣除的金额=0，资产账面价值大于计

税基础，产生应纳税暂时性差异60 000元，确认递延所得税负债=60 000×25%=15 000（元）；2×20 年确认递延所得税费用=15 000-19 500=-4 500（元）。

4. D 【解析】实际退货率高于预计的部分，应冲减退货当期的收入和成本。2×21 年 3 月 10 日会计分录如下：

借：主营业务收入
　　（260 000×5%）13 000
　　预计负债　　　　　　78 000
　　库存商品（200 000×35%）70 000
　　应交税费—应交增值税（销项税额）
　　　　（260 000×35%×13%）11 830
　　贷：银行存款
　　　　（260 000×113%×35%）102 830
　　　　应收退货成本　　　　60 000
　　　　主营业务成本
　　　　（200 000×5%）10 000

5. B 【解析】2×19 年 1 月 1 日应确认的销售商品收入额=200×（P/A，6%，5）=842（万元）。

『拓展』2×19 年"未实现融资收益"的分摊额=842×6%=51（万元）。

6. C 【解析】（1）2×20 年甲公司的账务处理如下：

借：长期应收款　　　　　　300
　　银行存款　（500×40%+65）265
　　贷：主营业务收入　　　　450
　　　　未实现融资收益　　　50
　　　　应交税费—应交增值税（销项税额）
　　　　　　　　　　　　　　65

借：主营业务成本　　（500×80%）400

　　　贷：库存商品　　　　　　　　400

2×20 年应当分摊的未实现融资收益金额 =（300-50）×9.5% = 23.75（万元）。

借：未实现融资收益　　　23.75

　　　贷：财务费用　　　　　　　23.75

（2）2×20 年影响营业利润的金额 = 450-400+23.75 = 73.75（万元）。

7. D　【解析】管理费用 = 10 + 40 + 300 = 350（万元）。

8. B　【解析】甲公司 2×20 年营业利润的影响额 = 120 + 30 - 10 - 40 - 300 + 60 + 100 = -40（万元）。

二、多项选择题

1. ABCD　【解析】在判断客户是否已取得商品控制权时企业应当考虑下列迹象。

（1）企业就该商品享有现时收款权利，即客户就该商品负有现时付款义务；

（2）企业已将该商品的法定所有权转移给客户，即客户已拥有该商品的法定所有权；

（3）企业已将该商品实物转移给客户，即客户已实物占有该商品；

（4）企业已将该商品所有权上的主要风险和报酬转移给客户，即客户已取得该商品所有权上的主要风险和报酬；

（5）客户已接受该商品；

（6）其他表明客户已取得商品控制权的迹象。

2. ABCD　【解析】选项 A，甲公司向销售人员支付的佣金属于为取得合同发生的增量成本，应当将其作为合同取得成本确认为一项资产；选项 B，甲公司聘请外部律师进行尽职调查发生的支出、为投标发生的差旅费，无论是否取得合同都会发生，不属于增量成本，因此，应当于发生时直接计入当期损益；选项 C，甲公司向销售部门经理支付的年度奖金也不是为取得合同发生的增量成本，这是因为该奖金发放与

否以及发放金额还取决于其他因素（包括公司的盈利情况和个人业绩），其并不能直接归属于可识别的合同；选项 D，续约合同的追加佣金也属于增量成本，应定义为合同取得成本。

3. BCD　【解析】尽管是由于乙公司没有足够的仓储空间才要求甲公司暂不发货，并按照其指定的时间发货，但是由于这 2 000 台电脑与甲公司的其他产品可以互相替换，且未单独存放保管，甲公司在向乙公司交付这些电脑之前，能够将其提供给其他客户或者自行使用。因此，这 2 000 台电脑在 2×21 年 12 月 31 日不满足"售后代管商品"安排下确认收入的条件。

4. CD　【解析】（1）销售储值卡时：

借：库存现金　　　　　　　　500 000

　　　贷：合同负债

　　　　　　［500 000÷(1+6%)］471 698

　　　　应交税费—待转销项税额

　　　　　［500 000÷(1+6%)×6%］28 302

（2）2×21 年年末：

借：合同负债

　　［(400 000+50 000×400 000/450 000)÷

　　　　　　　　　　(1+6%)］419 287

　　　应交税费—待转销项税额

　　　［400 000÷(1+6%)×6%］22 642

　　　贷：主营业务收入　　　　419 287

　　　　应交税费—应交增值税（销项税额）

　　　　　　　　　　　　　　　22 642

5. ABD　【解析】（1）分摊至 A 商品的合同价款为 8 750 元［10 000÷(10 000+ 30 000)× 35 000］；

（2）分摊至 B 商品的合同价款为 26 250 元［30 000÷(10 000+30 000)×35 000］；

（3）交付 A 商品时：

借：合同资产　　　　　　　　8 750

　　　贷：主营业务收入　　　　　8 750

（4）交付 B 商品时：

借：应收账款　　　　　　　　35 000

　　　贷：合同资产　　　　　　　8 750

主营业务收入　　　　　　26 250

6. ACD　【解析】(1)笔记本电脑分摊的交易价格=20×20/(20+0.3)=19.7(万元);延保服务分摊的交易价格=20×0.3/(20+0.3)=0.3(万元)。

(2)甲公司的会计处理如下:

借:银行存款　　　　　　　　20
　　贷:主营业务收入　　　　　19.7
　　　　合同负债　　　　　　　0.3

借:主营业务成本　　　　　　11
　　贷:库存商品　　　　　　　11

借:销售费用　　　　　　　　0.2
　　贷:预计负债　　　　　　　0.2

(3)此延保服务收费0.3万元应当在延保期间根据延保服务进度确认为收入,相关分录如下:

借:合同负债　　　　　　　　0.3
　　贷:主营业务收入　　　　　0.3

7. ABCD　【解析】(1)1月商品销售收入=1 000 000÷(1 000 000+50 000×1×80%)×1 000 000=961 538.46(元);

(2)1月应确认合同负债=50 000×1×80%÷(1 000 000+50 000×1×80%)×1 000 000=38 461.54(元);

(3)2月应转合同负债为主营业务收入的金额=30 000÷(50 000×80%)×38 461.54=28 846.16(元)。

(4)相关会计分录如下表所示。

商品控制权转移时	借:银行存款　　　　　　　　1 000 000 　　贷:主营业务收入　　　　961 538.46 　　　　合同负债　　　　　　38 461.54
积分兑换时	借:合同负债　　　　　　　28 846.16 　　贷:主营业务收入　　　　28 846.16

8. ABCD　【解析】当售后回购的回购价高于售价时,应界定为融资行为;反之,则界定为出租行为。

9. ABCD　【解析】(1)2×17年年末止,合同履约进度=3 000/10 000=30%;

(2)2×17年度合同收入=12 000×30%-0=3 600(万元);

(3)2×17年度合同成本=10 000×30%-0=3 000(万元);

(4)相关会计分录如下表所示。

项目	2×17年相关处理
确认合同履约成本	借:合同履约成本　　　　　　3 000 　　贷:原材料、应付职工薪酬等　　3 000
确认合同收入	借:合同结算　　　　　　　　3 600 　　贷:主营业务收入　　　　　3 600
确认合同成本	借:主营业务成本　　　　　　3 000 　　贷:合同履约成本　　　　　3 000
合同约定结款	借:应收账款　　　　　　　　4 360 　　贷:合同结算　　　　　　　4 000 　　　　应交税费—应交增值税(销项税额)　360
实际收款	借:银行存款　　　　　　　　3 270 　　贷:应收账款　　　　　　　3 270

三、判断题

1. × 【解析】企业应当将该合同变更作为一份单独的合同（一项新的合同）进行会计处理。

2. √

3. × 【解析】当履约进度不能合理确定时，企业已经发生的成本预计能够得到补偿的，应按照已经发生的成本金额确认收入。

4. √

5. × 【解析】资产价值恢复后可以转回原已计提的减值准备，但转回后的资产账面价值不应超过假定不计提减值准备情况下该资产在转回日的账面价值。

6. √

四、综合题

1.【答案】

(1) 2×18 年 9 月 1 日：

借：银行存款　　　（2 000×0.4）800
　　贷：主营业务收入　（800×90%）720
　　　　预计负债　　　（800×10%）80
借：主营业务成本　（600×90%）540
　　应收退货成本　（600×10%）60
　　贷：库存商品　　（2 000×0.3）600

2×18 年 9 月 30 日：

借：预计负债　　　（800×5%）40
　　贷：主营业务收入　　　　40
借：主营业务成本　（600×5%）30
　　贷：应收退货成本　　　　30

2×18 年 10 月 31 日：

借：库存商品　　　（120×0.3）36
　　预计负债　　　　　　　40
　　主营业务收入
　　　［(120-2 000×5%)×0.4］8
　　贷：银行存款　　　（120×0.4）48
　　　　应收退货成本　　　　30
　　　　主营业务成本
　　　　　［(120-2 000×5%)×0.3］6

(2) 客户购买商品的单独售价合计 = 400

万元；

考虑积分兑换率之后甲公司估计奖励积分单独售价 = 125×1×80% = 100（万元）；

分摊至商品的交易价格 = 400/(400 + 100)×400 = 320（万元）；

分摊至奖励积分的交易价格 = 100/(400 + 100)×400 = 80（万元）；

因此，甲公司销售 B 产品应确认的收入金额 = 320 万元，应确认的合同负债金额 = 80 万元。

借：银行存款　　　　　　400
　　贷：主营业务收入　　　320
　　　　合同负债　　　　　80
借：主营业务成本　　　　300
　　贷：库存商品　　　　　300

(3) 丙公司调整后的净利润 = 3 050 - (150-100) = 3 000（万元）；

甲公司个别报表应确认的投资收益 = 3 000×20% = 600（万元）。

借：长期股权投资—损益调整　600
　　贷：投资收益　　　　　　600

(4) 甲公司 2×18 年第四季度应确认的保修费金额 = (80%×0 + 15%×3% + 5%×6%)×1 500 = 11.25（万元）。

借：销售费用　　　　　　11.25
　　贷：预计负债　　　　　11.25

2.【答案】

(1) 甲公司 2×19 年 9 月 1 日向乙公司销售 A 产品时确认销售收入和结转销售成本的会计处理不正确。

理由：甲公司负有应乙公司要求回购商品义务，且甲公司预计回购时的市场价格远低于回购价格，表明乙公司具有行使该要求权的重大经济动因；同时回购价高于销售价格，所以应视同融资交易，甲公司在收到乙公司款项时应确认金融负债。

正确的会计分录如下：

2×19 年 9 月 1 日：

借：银行存款　　　　　　500
　　贷：其他应付款　　　　500

借：发出商品　　　　　　　　　350

　　贷：库存商品　　　　　　　　　　350

2×19 年 9 月至 2×20 年 4 月，每月月末：

借：财务费用　　　　　　　　　　　5

　　贷：其他应付款　　[（540−500）/8]5

（2）甲公司 2×19 年 12 月 20 日将收到的财政补贴资金计入其他收益的会计处理不正确。

理由：甲公司收到的 30 万元政府补贴实际上与日常经营活动密切相关且构成了甲公司销售 B 产品对价的组成部分，因此应当确认为收入。

正确的会计分录如下：

借：银行存款　　　　　　　　　　30

　　贷：主营业务收入　　　　　　　　30

（3）甲公司 2×19 年 12 月 31 日确认收入的金额不正确，结转销售成本的会计处理正确。

理由：甲公司的履约义务有两项：销售 C 产品和提供维修服务。甲公司应当按照其各自单独售价的相对比例，将交易价格分摊至这两项履约义务，销售的 C 产品在控制权转移时确认收入，而免费维修服务应当在提供服务期间确认收入。

2×19 年 12 月 31 日正确处理如下：

甲公司销售的 C 产品分摊的交易价格 = 995×990/（990+10）= 985.05（万元）；

甲公司提供维修服务分摊的交易价格 = 995×10/（990+10）= 9.95（万元）。

借：银行存款　　　　　　　　　995

　　贷：主营业务收入　　　　　985.05

　　　　合同负债　　　　　　　　9.95

借：主营业务成本　　　　　　　800

　　贷：库存商品　　　　　　　　　800

本章知识串联

收入的定义及其分类 ★ —— 日常活动中形成的、会导致所有者权益增加的、与所有者投入资本无关的经济利益总流入

收入的确认和计量 ★★★
- 识别与客户订立的合同：客户取得商品控制权时确认收入
- 识别合同中的单项履约义务
- 确定交易价格 —— 考虑因素：可变对价、合同中存在的重大融资成分、非现金对价、应付客户对价
- 将交易价格分摊至各单项履约义务 —— 市场调整法、成本加成法、余值法
- 履行每一单项履约义务时确认收入 —— 区分某一时段履行和某一时点履行的履约义务

合同成本 ★★
- 合同履约成本、合同取得成本
- 与合同履约成本和合同取得成本有关的资产摊销和减值 —— （合同履约成本和取得成本的账面价值）＞（预计转让商品剩余对价—估计发生成本），差额确认减值

收入

特定交易会计处理 ★★★
- 附有销售退回条款的销售
  - 按有权收取的对价确认收入
  - 商品转让时账面价值—（预期退回商品转让时账面价值—收回商品预计发生成本）确认成本
- 附有质量保证条款的销售 —— 提供额外服务的，作为单项履约义务处理，否则按照或有事项要求处理
- 主要责任人和代理人 —— 根据客户转让商品前是否拥有商品控制权判断
- 附有客户额外购买选择权的销售
  - 需评估该选择权是否向客户提供了一项重大权利
  - 常见业务：销售激励、客户奖励积分、未来购买商品的折扣券、合同续约选择权
- 授予知识产权许可
  - 不构成单项履约义务的：将知识产权许可和其他商品一起作为一项履约义务处理
  - 构成单项履约义务的，进一步确定在某一时点履行还是某一时段履行
- 售后回购
  - 存在与客户的远期安排：回购价＜原售价，租赁交易；否则为融资交易
  - 负有应客户要求回购商品义务时
    - 客户具有行使该要求权重大经济动因的：根据不同情况作为租赁交易或融资交易
    - 客户没有行使该要求权重大经济动因的：作为附有销售退回条款的销售处理
- 客户未行使的权利 —— 预收的销售商品款确认为负债，待履行了相关履约义务时确认收入
- 无需退回的初始费 —— 合同开始或接近合同开始日将其计入交易价格

第十一章　政府补助

考情解密

历年考情概况

本章内容不多，难度也不大。主要以客观题的形式进行考查，但也可以主观题形式进行考查，每年的分值在 3~10 分。出题角度主要是政府补助的分类、与资产相关的政府补助的会计处理和与收益相关的政府补助的会计处理。

近年考点直击

主要考点	主要考查题型	考频指数	考查角度
政府补助的概述	单判计	★	(1)政府补助的定义和主要形式；(2)政府补助的判断
与资产相关的政府补助的会计处理	单判计	★★	(1)公允价值不能可靠计量的政府补助；(2)与资产相关的政府补助的会计处理
与收益相关的政府补助的会计处理	单多判	★★	(1)用于补偿企业以后期间的相关成本费用而取得的政府补助的会计处理；(2)与收益相关的政府补助的会计处理；(3)即征即退返还增值税的会计处理

2022 年考试变化

本章考试内容未发生实质性变化。

考点详解及精选例题

一、政府补助概述

(一)政府补助的定义及特征★

1. 政府补助的定义

政府补助是指企业从政府无偿取得的货币性资产或非货币性资产。

2. 政府补助的特征

(1)政府补助是来源于政府的经济资源；

(2)无偿性。

考高提示 ①政府资本性投入及政府采购属于政府与企业间的双向互惠活动，不具有无偿性。

②政府补助通常附有一定的条件，这与政府补助的无偿性并无矛盾，并不表明这项补助有偿，而是企业经法定程序申请取得政府补助后，应当按照政府规定的用途使用这项补助。

③增值税出口退税本质上是政府退还企业垫付的税款，不属于政府补助。

【例题 1·分析题】甲公司为增值税一般纳税人，适用的增值税税率为 13%。因甲公司生产的产品关系到民生，其零售价受到政府限价，本期销售产品发生成本及费用

285

3 800万元，营业收入3 500万元，在本期期末收到500万元财政补助用于补贴企业本期亏损。甲公司收到的500万元属于政府补助吗？

解析 ▶ 甲公司收到的500万元不属于政府补助。此例中，甲公司虽然取得财政补贴资金，但最终受益人是从甲公司购买产品的购买者，相当于政府以正常的销售价格从甲公司购买了该产品，再以正常的销售价格减去财政补贴资金后的价格将产品销售给终端用户。

实际操作时，政府并没有直接从事该产品的购销，但以补贴资金的形式通过甲公司的销售行为实现了政府推广使用相关产品的目标，实际上政府是购买了甲公司的商品。对甲公司而言，仍按照正常的销售价格销售了该产品，该产品的销售收入由两部分构成：一是终端用户支付的购买价款；二是财政补贴资金。所以，这样的交易是互惠的，具有商业实质，并与甲公司销售商品的日常经营活动密切相关，甲公司收到的补贴资金500万元应当按照收入准则的规定进行会计处理。

【例题2·多选题】 ☆2×20年度，甲公司作为政府推广使用W产品的中标企业，以8 000万元的中标价格将一批生产成本为7 000万元的W产品出售给客户，该批产品的市场价格为9 500万元，销售当日该批W产品控制权已转移，满足收入确认条件。当年甲公司收到销售该批W产品的财政补贴1 500万元并存入银行。不考虑其他因素，上述经济业务对甲公司2×20年度利润表项目影响的表述中，正确的有(　　)。

A. 增加营业外收入1 500万元
B. 增加营业利润2 500万元
C. 增加营业成本7 000万元
D. 增加营业收入8 000万元

解析 ▶ 甲公司收到的财政补贴属于甲公司定向低价销售商品形成的款项，应作为甲公司销售商品取得收入的一部分。会计分录

为：

借：银行存款　　　　　1 500
　　应收账款　　　　　8 000
　　　贷：主营业务收入　　　　9 500
借：主营业务成本　　　7 000
　　　贷：库存商品　　　　　　7 000

答案 ▶ BC

（二）政府补助的主要形式★

1. 财政拨款
2. 财政贴息
（1）财政将贴息资金直接拨付给受益企业；
（2）财政将贴息资金直接拨付给贷款银行。
3. 税收返还
4. 无偿划拨非货币性资产

考高提示 辨认政府补助是关键考点。

（三）政府补助的分类★

1. 与资产相关的政府补助

与资产相关的政府补助，是指企业取得的、用于购建或以其他方式形成长期资产的政府补助。

2. 与收益相关的政府补助

与收益相关的政府补助，是指除与资产相关的政府补助之外的政府补助。此类补助主要是用于补偿企业已发生或即将发生的费用或损失，受益期相对较短，通常在满足补助所附条件时计入当期损益或冲减相关成本。

【例题3·多选题】 下列情况中，属于政府补助的有(　　)。

A. 增值税出口退税
B. 财政拨款
C. 先征后返的税金
D. 即征即退的税金
E. 行政划拨的土地使用权
F. 直接减征、免征、增加计税抵扣额、抵免部分税额

解析 ▶ 选项A，增值税的出口退税是对

出口环节的增值税部分免征增值税，同时退回出口货物前道环节所征的进项税额。即本质上是归还企业事先垫付的资金，不能认定为政府补助。选项 F，属于不涉及资产直接转移的经济资源，不属于政府补助。

答案 ▶ BCDE

【例题 4·单选题】☆下列各项中，不属于企业获得的政府补助的是(　　)。

A. 政府部门对企业银行贷款利息给予的补贴

B. 政府部门无偿拨付给企业进行技术改造的专项资金

C. 政府部门作为企业所有者投入的资本

D. 政府部门先征后返的增值税

解析 ▶ 无偿性是政府补助的基本特征，政府部门作为企业所有者向企业投入资本，政府将拥有企业的所有权，分享企业利润，属于互惠交易，所以选项 C 不属于政府补助。

答案 ▶ C

【例题 5·单选题】☆2×19 年 12 月，甲公司取得政府无偿拨付的技术改造资金 100 万元、增值税出口退税 30 万元、财政贴息 50 万元。不考虑其他因素，甲公司 2×19 年 12 月获得的政府补助金额为(　　)万元。

A. 180　　　　　B. 150

C. 100　　　　　D. 130

解析 ▶ 甲公司 2×19 年 12 月获得的政府补助金额=100+50=150(万元)。增值税出口退税本质上是政府退回企业事先垫付的进项税，不属于政府补助。　　**答案 ▶ B**

【例题 6·单选题】☆甲公司发生的下列各项交易或事项中，应按与收益相关的政府补助进行会计处理的是(　　)。

A. 收到即征即退的增值税退税款 20 万元

B. 收到政府以股东身份投入的资本 5 000 万元

C. 收到政府购买商品支付的货款 300 万元

D. 获得政府无偿划拨的公允价值为 9 000 万元的土地使用权

解析 ▶ 选项 B、C，不属于政府补助；

选项 D，属于与资产相关的政府补助。

答案 ▶ A

二、政府补助的会计处理原则★

政府补助的会计处理原则主要有以下四条。

(1)总额法——将政府补助全额确认为收益。

(2)净额法——将政府补助作为相关成本费用的扣减。

(3)与企业日常活动相关的政府补助，计入其他收益或冲减成本费用。

(4)与企业日常活动无关的政府补助，计入营业外收入或冲减营业外支出。

【例题 7·多选题】☆下列各项关于政府补助会计处理的表述，正确的有(　　)。

A. 总额法下收到的自然灾害补贴款应确认为营业外收入

B. 净额法下收到的人才引进奖励金应确认为营业外收入

C. 收到的用于未来购买环保设备的补贴款应确认为递延收益

D. 收到的即征即退增值税应确认为其他收益

解析 ▶ 选项 B，净额法下，收到的人才引进奖励金应确认为与日常活动相关的政府补助，用于补偿已发生的成本费用的，直接冲减管理费用等，用于以后期间将发生的人才引进费用的，应当先计入递延收益，以后期间进行摊销。选项 D，对一般纳税人增值税即征即退只能采用总额法进行会计处理，收到时确认为其他收益。　　**答案 ▶ ACD**

三、与资产相关的政府补助

(一)总额法★★

(1)收到政府补助。

借：××资产

（4）计提的折旧金额=60/5/12=1（万元），分录为：

贷：递延收益

（2）在资产寿命期内分摊递延收益。

借：递延收益

贷：其他收益［日常活动］

营业外收入［非日常活动］

（3）将来处置资产时，将未摊完的递延收益转入处置当期的损益。

【例题8·计算分析题】 ☆甲公司对政府补助采用总额法进行会计处理。其与政府补助相关的资料如下。

资料一：2×17年4月1日，根据国家相关政策。甲公司向政府有关部门提交了购置A环保设备的补贴申请。2×17年5月20日，甲公司收到了政府补贴款12万元存入银行。

资料二：2×17年6月20日，甲公司以银行存款60万元购入A环保设备并立即投入使用生产产品。预计使用年限为5年。预计净残值为零，采用年限平均法计提折旧。

资料三：2×18年6月30日，因自然灾害导致甲公司的A环保设备报废且无残值，相关政府补助无需退回。

本题不考虑增值税等相关税费及其他因素。

要求：

（1）编制甲公司2×17年5月20日收到政府补贴款的会计分录。

（2）编制甲公司2×17年6月20日购入A环保设备的会计分录。

（3）计算甲公司2×17年7月对A环保设备应计提折旧的金额，并编制相关会计分录。

（4）计算甲公司2×17年7月应分摊的政府补助的金额，并编制相关会计分录。

（5）编制甲公司2×18年6月30日A环保设备报废的分录。

答案 （1）甲公司2×17年5月20日收到政府补贴款：

借：银行存款　　　　　　　12

　　贷：递延收益　　　　　　　　12

（2）甲公司2×17年6月20日购入A环

保设备：

借：固定资产　　　　　　　60

　　贷：银行存款　　　　　　　　60

（3）甲公司2×17年7月对A环保设备应计提的折旧金额=60/5/12=1（万元），分录为：

借：制造费用　　　　　　　1

　　贷：累计折旧　　　　　　　　1

（4）甲公司2×17年7月政府补贴款应分摊计入当期损益的金额=12/5/12=0.2（万元），分录为：

借：递延收益　　　　　　　0.2

　　贷：其他收益　　　　　　　　0.2

（5）固定资产报废的分录为：

借：固定资产清理　　　　　48

　　累计折旧　　　　　　　12

　　贷：固定资产　　　　　　　　60

尚未分摊的递延收益=12-12/5=9.6（万元），转销递延收益余额：

借：递延收益　　　　　　　9.6

　　贷：固定资产清理　　　　　　9.6

借：营业外支出　　　　　　38.4

　　贷：固定资产清理　　　　　　38.4

（二）净额法★★

净额法下，则将政府补助冲减相关资产账面价值。

【例题9·单选题】 ☆2×20年5月10日甲公司收到用于购买J环保设备的政府补贴360万元。2×20年6月20日，甲公司以600万元的价格购入该环保设备并立即投入使用，预计使用年限为10年，预计净残值为0，采用年限平均法计提折旧。甲公司采用净额法核算政府补助。不考虑其他因素，2×20年甲公司对J环保设备应计提的折旧金额为（　）万元。

A. 35　　　　　　B. 30

C. 14　　　　　　D. 12

解析 该固定资产的入账价值=600-360=240（万元），2×20年应计提折旧=240/10×6/12=12（万元）。

答案 D

【例题 10·分析题】A 公司为增值税一般纳税人，适用的增值税税率为 13%。按照国家有关政策为购置生产设备的配套环保设备可以申请补贴，以补偿其环保支出。2×17 年 1 月向政府有关部门提交了 300 万元的补助申请，作为对其购置环保设备的补贴。2×17 年 6 月 15 日，A 公司收到政府补助 300 万元。2×17 年 6 月 20 日，A 公司购入不需要安装的环保设备，取得增值税专用发票，价款为 500 万元，增值税进项税额为 65 万元，全部价款已付，并交付生产车间。使用寿命 10 年，采用年限平均法计提折旧，不考虑净残值。A 公司按照年限平均法分摊与资产相关的政府补助。2×20 年 6 月因产品更新换代需要，A 公司出售了这台设备，取得价款 400 万元(不含增值税)。分别采用总额法和净额法，A 公司应如何对取得的政府补助、购置的配套环保设备以及 2×20 年处置环保设备进行账务处理？

解析 ▶ A 公司的账务处理如下表所示。

业务	总额法	净额法
2×17 年 6 月 15 日，实际收到财政拨款确认递延收益	借：银行存款 300 贷：递延收益 300	同左
2×17 年 6 月 20 日购入设备	借：固定资产 500 应交税费—应交增值税(进项税额) 65 贷：银行存款 565	借：固定资产 500 应交税费—应交增值税(进项税额) 65 贷：银行存款 565 同时： 借：递延收益 300 贷：固定资产 300
2×17 年计提折旧，同时分摊的递延收益	计提折旧： 借：制造费用 25 贷：累计折旧 (500/10×6/12)25 分摊递延收益： 借：递延收益 (300/10×6/12)15 贷：其他收益 15	借：制造费用 10 贷：累计折旧 [(500-300)/10×6/12]10
2×20 年 6 月出售设备同时转销递延收益余额	转销的递延收益余额： 借：递延收益 (300-300/10×3)210 贷：固定资产清理 210 出售设备： 借：固定资产清理 350 累计折旧 (500/10×3)150 贷：固定资产 500 借：银行存款 452 贷：固定资产清理 140 资产处置损益 260 应交税费—应交增值税(销项税额) 52	出售设备： 借：固定资产清理 140 累计折旧 (200/10×3)60 贷：固定资产 (500-300)200 借：银行存款 452 贷：固定资产清理 140 资产处置损益 (400-140)260 应交税费—应交增值税(销项税额) 52

【例题 11·多选题】☆下列各项与资产相关的政府补助会计处理的表述中，正确的有( )。

A. 净额法下企业已确认的政府补助退回时，应当调整相关资产的账面价值

B. 总额法下企业提前处置使用不需退回

的政府补助购建的固定资产,尚未摊销完毕的递延收益应当转入当期损益

C. 净额法下企业在购入相关资产时,应将原已收到并确认为递延收益的政府补助冲减所购资产账面价值

D. 总额法下,企业收到政府补助时确认递延收益,在相关资产使用寿命内按合理、系统的方法分期转入损益

答案 ▶ ABCD

四、与收益相关的政府补助

对与收益相关的政府补助,企业同样可以选择采用总额法或净额法进行会计处理。选择总额法的,应当计入其他收益或营业外收入。选择净额法的,应当冲减相关成本费用或营业外支出。

(一)用于补偿企业以后期间的相关成本费用或损失的会计处理★★

1. 会计处理原则

在收到时应当先判断企业能否满足政府补助所附条件。如收到时暂时无法确定,则应当先作为预收款项记入"其他应付款"科目,待客观情况表明企业能够满足政府补助所附条件后,再确认递延收益;如收到补助时,客观情况表明企业能够满足政府补助所附条件,则应当确认递延收益,并在确认相关费用或损失的期间,计入当期损益或冲减相关成本。

2. 账务处理

(1)收到补助资金时:

借:银行存款
  贷:其他应付款[未满足政府补助的附加条件时,先计入其他应付款,待满足条件后转入递延收益]
    递延收益[满足政府补助的附加条件时]

(2)实际按规定用途使用补助资金时:

借:递延收益
  贷:其他收益/管理费用[日常活动]
    营业外收入/营业外支出[非日常活动]

【例题 12·分析题】2×17 年 1 月 10 日,A 公司取得当地财政部门拨款 3 000 万元,用于资助 A 公司一项研发项目的前期研究。该研发项目预计研发期间为两年,预计将发生研究支出 5 000 万元。项目自 2×17 年 1 月初启动,至本年末累计发生研究支出 2 800 万元。A 公司 2×17 年确认其他收益或冲减管理费用的金额是多少?

解析 ▶ 该政府补助资助的是 A 公司的研究项目,属于与收益相关的政府补助,且是用于补偿企业以后期间的相关成本费用或损失,所以应当按照时间进度比例结转计入其他收益或冲减相关成本费用,其金额 = 3 000/2 = 1 500(万元);与政府补助相关的会计分录如下:

假定采用总额法核算:
借:银行存款   3 000
  贷:递延收益   3 000
借:递延收益   1 500
  贷:其他收益   1 500

假定采用净额法核算:
借:银行存款   3 000
  贷:递延收益   3 000
借:研发支出——费用化支出   2 800
  贷:银行存款等   2 800
借:递延收益   1 500
  贷:研发支出——费用化支出   1 500
借:管理费用   1 300
  贷:研发支出——费用化支出   1 300
                (2 800-1 500)1 300

(二)用于补偿企业已发生的相关成本费用或损失的会计处理★★

1. 会计处理原则

直接计入当期损益或冲减相关成本。

2. 账务处理

借:银行存款或其他应收款

贷：其他收益/管理费用［日常活动］

营业外收入/营业外支出［非日常活动］

【例题13·分析题】A公司2×17年取得下列政府补助款项：①2月1日，收到对上年发生的某项费用支出的财政拨款金额为200万元；②3月1日，收到先征后返的增值税税款150万元。假定采用总额法核算。根据上述资料，A公司应如何进行账务处理？

解析 ➡ 本题属于与收益相关的政府补助，并且是补偿企业已发生费用或损失的政府补助，因此收到时直接计入当期损益。

事项①会计分录如下：

借：银行存款　　　　　　200
　　贷：其他收益　　　　　　　200

事项②会计分录如下：

借：银行存款　　　　　　150
　　贷：其他收益　　　　　　　150

【例题14·分析题】甲公司位于台风易发地带，2×17年12月遭受重大台风灾害，造成直接和间接损失6 000万元，2×17年12月31日收到了政府补助资金4 000万元。甲公司对政府补助采用总额法核算。甲公司应如何进行账务处理？

解析 ➡ 甲公司的账务处理如下：

借：银行存款　　　　　4 000
　　贷：营业外收入　　　　　4 000

【例题15·分析题】A公司为国有大型农业企业。2×17年3月20日，财政部门拨付给A公司用于鼓励企业安置职工就业而给予的奖励款项300万元，企业已经按照财政部门的条件安置职工。假定该职工全部为生产工人，产品尚未完工，该奖励款项满足政府补助所附条件。企业对政府补助采用净额法核算。假定不考虑其他因素。A公司应如何进行账务处理？

解析 ➡ 收到财政部门拨付给企业用于鼓励企业安置职工就业而给予的奖励款项300万元，冲减生产成本。会计分录如下：

借：银行存款　　　　　　300
　　贷：生产成本　　　　　　　300

五、综合性项目政府补助的会计处理★★

需分解出与资产相关的政府补助和与收益相关的政府补助，如果难以区分，则按与收益相关的政府补助处理。

【例题16·分析题】甲公司2×15年12月申请某国家级研发补贴。申报书中的有关内容如下：本公司于2×15年1月启动数字印刷技术开发项目，预计总投资3 600万元、为期3年，已投入资金1 200万元。项目还需新增投资2 400万元(其中，购置固定资产1 200万元、场地租赁费600万元、人员费300万元、市场营销300万元)，计划自筹资金1 200万元、申请财政拨款1 200万元。2×16年1月1日，主管部门批准了甲公司的申报，签订的补贴协议规定：批准甲公司补贴申请，共补贴款项1 200万元，分两次拨付。申请批准日拨付600万元，结项验收时拨付600万元。该开发项目假定于2×17年年末完工，2×18年3月1日通过验收并收到第二笔补贴款。假设甲公司对政府补助采用总额法处理，按年分配递延收益。根据上述资料，甲公司应如何进行账务处理？

解析 ➡ (1)2×16年1月1日：

借：银行存款　　　　　　600
　　贷：递延收益　　　　　　　600

(2)甲公司应将实际取得的政府补助按年分摊递延收益，并计入当期损益；每年应该结转的金额=600/2=300(万元)。

2×16年年末：

借：递延收益　　　　　　300
　　贷：其他收益　　　　　　　300

2×17年年末：

借：递延收益　　　　　　300
　　贷：其他收益　　　　　　　300

(3)2×18年3月1日：

借：银行存款　　　　　600
　　贷：其他收益　　　　　　600

六、政府补助的退回★★

1. 会计处理原则

（1）初始确认时冲减相关资产成本的，应当调整资产账面价值；

（2）存在尚未摊销的递延收益的，冲减相关递延收益账面余额，超出部分计入当期损益；

（3）属于其他情况的，直接计入当期损益。此外，对于属于前期差错的政府补助退回，应当作为前期差错更正进行追溯调整。

2. 账务处理

（1）总额法：

借：递延收益
　　其他收益/营业外收入

　　贷：银行存款

（2）净额法：

借：固定资产
　　其他收益等

　　贷：银行存款
　　　　累计折旧

【例题17·分析题】承【例题10·分析题】，假设2×18年7月，有关部门在对A公司的检查中发现，A公司不符合申请政府补助的条件，要求A公司退回补助款。A公司于当月退回了补助款300万元。在总额法下A公司应如何进行账务处理？

解析 ➡ A公司的账务处理如下。

总额法下，2×18年7月A公司退回补助款时：

借：递延收益　（300-300/10）270
　　其他收益　　　　　　　　　30
　　贷：银行存款　　　　　　　300

同步训练

限时 30min

扫我做试题

一、单项选择题

1. 甲公司对政府补助按总额法进行处理。2×15年12月1日，甲公司为购置一项管理用设备申请政府补助，当月获得财政拨款300万元，计入递延收益，交付使用后，2×16年度，甲公司对该设备计提折旧50万元计入管理费用，分摊递延收益30万元。不考虑其他因素，该事项对甲公司2×16年度利润总额的影响金额为（　　）万元。
   A. 增加80　　　　　B. 增加30
   C. 减少50　　　　　D. 减少20

2. 2×15年1月10日，甲公司收到专项财政拨款60万元，用于购买研发部门使用的某特种仪器。2×15年6月20日，甲公司购入该仪器后立即投入使用。该仪器预计使用年限为10年，预计净残值为零，采用年限平均法计提折旧。甲公司对政府补助按总额法进行处理，对与资产相关的政府补助采用直线法分摊。不考虑其他因素，2×15年度甲公司应确认的其他收益为（　　）万元。
   A. 3　　　　　B. 3.5
   C. 5.5　　　　　D. 6

3. 与收益相关的政府补助，用于补偿企业以后期间发生的费用或损失的，在收到时应先判断企业能否满足政府补助所附条件。如收到补助时，客观情况表明企业能够满足政府补助所附条件，应当确认为（　　）。
   A. 其他收益　　　　　B. 管理费用
   C. 递延收益　　　　　D. 营业外收入

4. 下列各项中，属于政府补助的是(　　)。

A. 先征后返的税款

B. 增值税出口退税

C. 抵免部分税额

D. 直接减征的税款

5. 某市为招商引资，政府向甲公司无偿划拨一处土地使用权供其免费使用 50 年。由于地势较偏僻，尚不存在活跃的房地产交易市场，公允价值无法可靠计量，甲公司下列处理中正确的是(　　)。

A. 无偿取得，不需要确认

B. 按照名义金额 1 元计量

C. 按照甲公司估计的公允价值计量

D. 按照该市活跃的交易市场中同类土地使用权同期的市场价格计量

6. A 企业销售某种产品，按照国家有关规定，该产品适用增值税先征后返政策，即先按照规定征收增值税，然后返还企业其缴纳增值税税额的 30%。2×15 年 7 月，该企业实际缴纳增值税 100 万元，收到返还的增值税为 30 万元，并按总额法进行处理。下列关于 A 企业实际收到返还的增值税的处理正确的是(　　)。

A. 冲减应交税费—应交增值税 30 万元

B. 确认递延收益 30 万元

C. 冲减管理费用 30 万元

D. 确认其他收益 30 万元

二、多项选择题

1. 关于政府补助的计量，下列表述正确的有(　　)。

A. 政府补助为货币性资产的，应当按照收到或应收的金额计量

B. 与收益相关的政府补助为货币性资产的，只有存在确凿证据表明该项补助是按照固定的定额标准拨付的，才可以在该项补助成为应收款时按照应收的金额确认

C. 政府补助为非货币性资产的，一般应当按照公允价值计量

D. 政府补助为非货币性资产的，公允价值不能可靠取得的，按照名义金额计量

2. 关于与资产相关的政府补助的会计处理，下列说法正确的有(　　)。

A. 企业取得与资产相关的政府补助，无论采用总额法还是净额法，企业收到补助资金时，不能直接确认为当期损益，应当先确认为递延收益

B. 采用总额法时，在相关资产使用寿命内按合理系统的方法分期计入其他收益

C. 采用净额法时，将补助冲减相关资产账面价值和递延收益

D. 企业选定总额法或净额法后，不得随意变更

3. 关于与收益相关的政府补助的会计处理，下列表述正确的有(　　)。

A. 与企业日常活动相关的政府补助，应当按照经济业务实质计入其他收益或冲减相关成本费用

B. 与企业日常活动无关的政府补助，计入营业外收入或冲减相关损失

C. 用于补偿企业以后期间的相关成本费用或损失的，如果收到时暂时无法判断企业能否满足政府补助所附条件，则应先计入其他应付款，客观情况表明企业能够满足政府补助所附条件后再确认递延收益

D. 用于补偿企业已发生的相关成本费用或损失的，直接计入当期损益或冲减相关成本

4. 下列有关已计入损益的政府补助需要退回的，表述正确的有(　　)。

A. 初始确认时冲减相关资产成本的，应当调整资产账面价值

B. 存在尚未摊销的递延收益的，冲减相关递延收益账面余额，超出部分计入当期损益

C. 企业需要退回的资金均应当计入营业外支出

D. 初始确认时没有冲减相关资产账面价值，也不存在相关递延收益的，应直接计入当期损益

三、判断题

1. 综合性项目补助同时包含与资产相关的政府补助和与收益相关的政府补助，企业需要将其进行分解并分别进行会计处理；难以区分的，企业应当将其整体归类为与资产相关的政府补助进行处理。（　）

2. 增值税出口退税属于政府补助准则规范的政府补助。（　）

3. 政府对企业的经济支持如果附有使用条件，则不属于政府补助。（　）

4. 企业从政府取得的经济资源，如果与企业销售商品或提供劳务等活动密切相关，且来源于政府的经济资源是企业商品或服务的对价或者是对价的组成部分，应当按照《企业会计准则第14号——收入》的规定进行会计处理。（　）

5. 企业应当在利润表中的"营业利润"项目之上单独列报"其他收益"项目，计入其他收益的政府补助在该项目中反映。（　）

四、计算分析题

☆2×21年6月，甲公司发生的与政府补贴相关的交易或事项如下。

资料一：2×21年6月10日，甲公司收到即征即退的增值税税款20万元，已存入银行。

资料二：2×21年6月15日，甲公司与某市科技局签订科技研发项目合同书。该科技研发项目总预算为800万元，其中甲公司自筹500万元，市科技局资助300万元。市科技局资助的300万元用于补贴研发设备的购买，研发成果归甲公司所有。2×21年6月20日，甲公司收到市科技局拨付的300万元补贴资金，款项已收存银行。2×21年6月25日，甲公司以银行存款400万元购入研发设备，并立即投入使用。

资料三：2×21年6月30日，甲公司作为政府推广使用的A产品的中标企业，以90万元的中标价格将一批生产成本为95万元的A产品出售给消费者。该批A产品的市场价格为100万元。当日，A产品的控制权已转移，满足收入确认条件。2×21年6月30日，甲公司收到销售该批A产品的财政补贴资金10万元并存入银行。

甲公司对政府补助采用总额法进行会计处理。本题不考虑增值税、企业所得税及其他因素。

要求：

（1）判断甲公司2×21年6月10日收到即征即退的增值税税款是否属于政府补助，并编制收到该款项的会计分录。

（2）判断甲公司2×21年6月20日收到市科技局拨付的补贴资金是否属于政府补助，并编制收到补贴款的会计分录。

（3）编制甲公司2×21年6月25日购入设备的会计分录。

（4）判断甲公司2×21年6月30日收到销售A产品的财政补贴资金是否属于政府补助，编制收到该款项的会计分录。

（答案中的金额单位以万元表示）

同步训练答案及解析

一、单项选择题

1. D【解析】该事项对2×16年度利润总额的影响金额＝其他收益（递延收益摊销额）30-管理费用（设备折旧额）50＝-20（万元）。

2. A【解析】本题是与资产相关的政府补助，所以收到时先确认为递延收益，然后在资产使用寿命内分期摊销确认其他收益，所以 2×15 年度甲公司应确认的其他收益 = 60/10×6/12 = 3（万元）。

3. C

4. A 【解析】选项 B，增值税出口退税不属于政府补助；选项 C、D，属于不涉及资产直接转移的经济资源，不属于政府补助。

5. B 【解析】长期非货币性资产公允价值不能可靠取得的，按照名义金额（1 元）计量。

6. D 【解析】先征后返的增值税属于与收益相关的政府补助，是与企业日常活动相关的政府补助，用于补偿企业已经发生的费用，取得时直接计入其他收益。

二、多项选择题

1. ABCD

2. ABCD

3. ABCD

4. ABD 【解析】对于已计入损益的政府补助需要退回的，应当在需要退回的当期分情况按照以下规定进行会计处理：①初始确认时冲减相关资产账面价值的，调整资产账面价值；②存在相关递延收益的，冲减相关递延收益账面余额，超出部分计入当期损益；③属于其他情况的，直接计入当期损益。因此，选项 C 错误。

三、判断题

1. × 【解析】综合性项目补助同时包含与资产相关的政府补助和与收益相关的政府补助，企业需要将其进行分解并分别进行会计处理；难以区分的，企业应当将其整体归类为与收益相关的政府补助进行处理。

2. × 【解析】增值税出口退税实质上是政府归还企业事先垫付的资金，不属于政府补助。

3. × 【解析】政府补助通常附有一定的使用条件，这与政府补助的无偿性并不矛盾。

4. √

5. √

四、计算分析题

【答案】

（1）属于政府补助。

借：银行存款　　　　　　　　20
　　贷：其他收益　　　　　　　　　　20

（2）属于政府补助。

借：银行存款　　　　　　　　300
　　贷：递延收益　　　　　　　　　　300

（3）借：固定资产　　　　　　　400
　　　贷：银行存款　　　　　　　　　400

（4）不属于政府补助。

借：银行存款　　　　　　　　10
　　贷：主营业务收入　　　　　　　　10

本章知识串联

概述 ★

概念　企业从政府无偿取得的资产，但不包括政府作为所有者投入的资本

特征
- 无偿性　←　政府作为所有者投入的资本违背了无偿性
- 来源于政府的经济资源

主要形式
- 财政拨款
- 税收返还　先征后返（退）、即征即退　特殊：增值税出口退税不属于政府补助
- 财政贴息
- 无偿划拨非货币性资产

政府补助

会计处理 ★★

总额法，计入其他收益或营业外收入
净额法，冲减相关成本费用或营业外支出

与收益相关的政府补助
- 费用尚未发生
  - 借：银行存款，贷：其他应付款/递延收益
  - 借：递延收益，贷：其他收益/××费用/营业外收入
- 费用已经发生
  - 借：银行存款，贷：其他收益/××费用/营业外收入

与资产相关的政府补助
- 总额法
  - 取得时：计入递延收益
  - 摊销：按折旧或摊销进度等合理、系统的方法分摊，将递延收益转入其他收益
  - 资产处置时一次将未分摊的递延收益转入处置损益
  - 政府无偿划拨的长期资产，公允价值无法取得时，按名义金额（1元）计量，直接计入当期损益
- 净额法
  - 取得时：计入递延收益
  - 购入资产时：借：递延收益，贷：固定资产

综合性项目
- 能区分为与资产相关和与收益相关的　分别处理
- 不能区分的　按与收益相关的政府补助原则处理

政府补助退回的会计处理
- 初始确认时冲减相关资产账面价值的，调整资产账面价值
- 存在相关递延收益的，冲减相关递延收益账面余额，超出部分计入当期损益
- 属于其他情况的，直接计入当期损益

属于前期差错的政府补助退回，按照前期差错更正进行追溯调整

应试指南
下册

中级会计实务

2022年度
全国会计专业技术资格考试

■ 高志谦 主编

■ 正保会计网校 编

感恩22年相伴 助你梦想成真

中国商业出版社

目录 CONTENTS

下　　册

第三部分　考前模拟

第十二章　非货币性资产交换

历年考情概况

本章为 2022 年考试新增内容，题目往往结合存货、固定资产、投资性房地产、无形资产、长期股权投资、金融资产等进行考查，具有一定的综合性。本章既可以以客观题形式考查，也可以与其他章节结合在主观题中考查，分值预计在 5~10 分，考点主要包括非货币性资产交换的判定、非货币性资产交换的计量原则和以公允价值计量的非货币性资产交换的会计处理等，考生要重点掌握这些内容。

2022 年考试变化

本章为 2022 年考试新增内容。

考点详解及精选例题

一、非货币性资产交换的认定 ★★

1. 货币性资产的概念

货币性资产，是指货币资金及收取固定或可确定金额的货币资金的权利，包括货币资金、应收账款、应收票据、其他应收款以及债权投资等。

2. 非货币性资产的概念

非货币性资产，是指在将来不对应一笔固定的或可确定的货币资金量的资产，如固定资产、存货、无形资产、股权投资等。

3. 非货币性资产交换的概念

非货币性资产交换，是指交易双方以非货币性资产进行的交换。这种交换不涉及或只涉及少量的货币性资产，也可以称为以物易物。

4. 有补价的非货币性资产交换的界定

【案例引入 1】甲公司以专利权换取乙公司的专有技术，专利权的公允价值为 100 万

元，专有技术的公允价值为 90 万元，经协商，由乙公司支付补价 10 万元。分析判断此项交易对甲、乙公司而言，是否属于非货币性资产交换。

解析 甲公司收取的补价占整个交易额比重 $=\dfrac{10}{100}\times100\%=10\%<25\%$，站在甲公司角度，此交易属于非货币性资产交换。

乙公司支付的补价占整个交易额比重 $=\dfrac{10}{90+10}\times100\%=10\%<25\%$，站在乙公司角度，此交易也属于非货币性资产交换。

【案例引入 2】甲公司、乙公司均为增值税一般纳税人，适用的增值税税率为 13%。甲公司以库存商品换取乙公司的原材料，库存商品的公允价值为 100 万元，原材料的公允价值为 90 万元，经协商，由乙公司支付含增值税的补价 11.3 万元，即价款补价 10 万元，以及增值税 1.3 万元。分析判断此项交易对甲、乙公司而言，是否属于非货币性资

产交换。

解析 ▶ 甲公司收取的补价占整个交易额

比重 $= \dfrac{10}{100} \times 100\% = 10\% < 25\%$，站在甲公司角

度，此交易属于非货币性资产交换。

乙公司支付的补价占整个交易额比重 $=$

$\dfrac{10}{90+10} \times 100\% = 10\% < 25\%$，站在乙公司角度，

此交易也属于非货币性资产交换。

老高提示 如果补价能够明确分拆价税，则必须以**价款部分的补价**认定所占比重。

【案例引入3】 甲公司、乙公司均为增值税一般纳税人，适用的增值税税率为13%。甲公司以库存商品换取乙公司的专利权，库存商品的公允价值为100万元，专利权的公允价值为103万元，经协商，由乙公司支付补价10万元。分析判断此项交易对甲、乙公司而言，是否属于非货币性资产交换。

解析 ▶ 甲公司收取的补价占整个交易额

比重 $= \dfrac{10}{100} \times 100\% = 10\% < 25\%$，站在甲公司角

度，此交易属于非货币性资产交换。

乙公司支付的补价占整个交易额比重 $=$

$\dfrac{10}{103+10} \times 100\% \approx 8.85\% < 25\%$，站在乙公司角

度，此交易也属于非货币性资产交换。

老高提示 如果补价的增值税**无法明确分拆**，则以含增值税的补价计算所占比重。

【理论总结】

当补价占整个交易额的比重小于25%时，该交易应被定性为非货币性资产交换。否则，应被定性为货币性资产交换。具体计算公式如下：

(1)收到补价方的判断标准：

补价额/收到补价方的换出资产的公允价值<25%

(2)支付补价方的判断标准：

补价额/(支付补价方的换出资产的公允价值+支付的补价)<25%

【关键考点】 如何界定非货币性资产交

换是本知识点的重点。

5. 不属于非货币性资产交换的特殊情况

通常情况下，交易双方对于某项交易是不是非货币性资产交换的判断是一致的。需要注意的是，企业应从**自身**的角度，根据交易的实质判断相关交易是否属于非货币性资产交换。例如，投资方以一项固定资产出资取得对被投资方的**权益性投资**，对投资方来说，换出资产为固定资产，换入资产为长期股权投资，属于非货币性资产交换；对被投资方来说，则属于接受权益性投资，**不属于**非货币性资产交换。

【例题1·多选题】 下列各项非关联交易中，属于非货币性资产交换的有( )。

A. 以账面价值300万元的应收账款换入公允价值为280万元的设备，并收到补价20万元

B. 以公允价值200万元的交易性金融资产换入公允价值260万元的存货，并支付补价60万元

C. 以公允价值320万元的固定资产换入公允价值为220万元的专利权，并收到补价100万元

D. 以公允价值为360万元的甲公司长期股权投资换入账面价值为400万元的乙公司长期股权投资，并支付补价40万元

E. 以公允价值为300万元的设备换入公允价值350万元的房屋，并支付补价50万元

解析 ▶ 选项A，应收账款属于货币性资产，该项交易属于货币性交易；选项B，补价的比例 $= 60/(200+60) \times 100\% \approx 23.08\%$，小于25%，属于非货币性资产交换；选项C，补价的比例 $= 100/320 \times 100\% = 31.25\%$，高于25%，不属于非货币性资产交换；选项D，补价的比例 $= 40/(360+40) \times 100\% = 10\%$，小于25%，属于非货币性资产交换；选项E，补价的比例 $= 50/(300+50) \times 100\% \approx 14.29\%$，小于25%，属于非货币性资产交换。

答案 ▶ BDE

【例题 2·多选题】 不考虑其他因素，甲公司发生的下列交易事项中，属于非货币性资产交换的有(　　)。

A. 以对子公司股权投资换入一项投资性房地产

B. 以本公司生产的产品换入生产用专利技术

C. 以一项债权投资换入固定资产

D. 以一项作为应收账款核算的债权换入投资性房地产

解析 ▶ 选项 C，债权投资属于货币性资产；选项 D，应收账款属于货币性资产。

答案 ▶ AB

【例题 3·多选题】 按企业会计准则规定，不考虑其他因素，下列各项中，属于非货币性资产交换的有(　　)。

A. 以应收账款换取土地使用权

B. 以专利技术换取另一方对合营企业的股权投资

C. 以一项其他权益工具投资换取未到期应收票据

D. 以作为交易性金融资产核算的股票投资换取机器设备

解析 ▶ 选项 A，应收账款属于货币性资产；选项 C，未到期的应收票据属于货币性资产。

答案 ▶ BD

【例题 4·单选题】 在不涉及补价的情况下，下列各项交易事项中，属于非货币性资产交换的是(　　)。

A. 开出商业承兑汇票购买原材料

B. 以一项债权投资换入机器设备

C. 以拥有的股权投资换入专利技术

D. 应收账款换入对联营企业投资

解析 ▶ 选项 A，属于赊购材料，与非货币性资产交换无关；选项 B、D，债权投资、应收账款都是货币性资产，属于货币性交易。

答案 ▶ C

【例题 5·单选题】 2×21 年，甲公司发生的事项如下：①购入商品应付乙公司账款 2 000 万元，以库存商品偿付该欠款的 20%，其余以银行存款支付；②以持有的公允价值为 2 500 万元的对子公司(丙)的股权投资换取公允价值为 2 400 万元的丁公司 25% 股权，收取补价 100 万元并存入银行；③以分期收款结算方式销售大型设备，款项分 3 年收回；④甲公司对戊公司发行自身普通股，取得戊公司持有己公司的 80% 股权。上述交易均发生于非关联方之间，不考虑其他因素，甲公司 2×21 年发生的上述交易中，属于非货币性资产交换的是(　　)。

A. 分期收款销售大型设备

B. 以甲公司普通股取得己公司 80% 股权

C. 以库存商品和银行存款偿付乙公司款项

D. 以持有的丙公司股权换丁公司股权并收到部分现金补价

解析 ▶ 选项 A，长期应收款属于货币性资产，不属于非货币性资产交换；选项 B，发行的自身普通股，属于权益性交易，不属于非货币性资产交换；选项 C，以存货和银行存款偿还债务，不属于非货币性资产交换；选项 D，涉及的资产属于非货币性资产，而且补价比例 = 100/2 500×100% = 4% < 25%，属于非货币性资产交换。

答案 ▶ D

考高提示 非货币性资产交换适用范围如表 12-1 所示。

表 12-1　非货币性资产交换适用范围

项目	适用范围
涉及金融资产的	换出方参照《企业会计准则第 23 号——金融资产转移》，换入方参照《企业会计准则第 22 号——金融工具确认和计量》

续表

项目	适用范围
涉及换出存货的	换出方参照《企业会计准则第14号——收入》 注：企业以存货换入非货币性资产，该交易本身属于非货币性资产交换，但企业换出存货应按照收入准则确认相关的收入
其他情况	参照《企业会计准则第7号——非货币性资产交换》

二、公允价值计量模式下非货币性资产交换的会计处理

(一)公允价值计量模式的适用条件★

同时满足下列条件的，应当采用公允价值计量模式进行非货币性资产交换的会计处理。

(1)该项交换具有商业实质。

满足下列条件之一的非货币性资产交换具有商业实质。

①换入资产的未来现金流量在风险、时间分布或金额方面与换出资产显著不同。

②使用换入资产所产生的预计未来现金流量现值与继续使用换出资产所产生的预计未来现金流量现值不同，且其差额与换入资产和换出资产的公允价值相比是重大的。

(2)换入资产或换出资产的公允价值能够可靠地计量。

(二)公允价值计量模式的会计处理原则 ★★★

【案例引入1】M公司以一栋出租的公寓楼交换N公司的厂房，M公司的投资性房地产采用成本模式进行后续计量，投资性房地产的账面原价为80万元，已提折旧2万元，公允价值为100万元，增值税税率为9%。N公司厂房的原价为300万元，已提折旧180万元，已提减值准备60万元，公允价值为90万元，增值税税率为9%。经双方协议，由N公司支付补价10.9万元(其中价款补价10万元，增值税差价0.9万元)。交换后双方均保持资产的原始使用状态，该交易具有商业实质。

解析 ▶ M公司的会计处理：

(1)首先界定补价是否超标：收到的补价占整个交易额的比重=10/100×100%=10%<25%，所以该交易应界定为非货币性资产交换。

(2)换入厂房的入账成本=100+100×9%-10.9-90×9%=90(万元)。

(3)会计分录如下：

借：固定资产　　　　　　　　　90
　　应交税费—应交增值税(进项税额)
　　　　　　　　　　　　　　　8.1
　　银行存款　　　　　　　　　10.9
　　贷：其他业务收入　　　　　100
　　　　应交税费—应交增值税(销项税额)
　　　　　　　　　　　　　　　9
借：其他业务成本　　　　　　　78
　　投资性房地产累计折旧　　　2
　　贷：投资性房地产　　　　　80

N公司的会计处理：

(1)首先界定补价是否超标：支付的补价占整个交易额的比重=10/(90+10)×100%=10%<25%，所以该交易应界定为非货币性资产交换。

(2)换入投资性房地产的入账成本=90+90×9%+10.9-100×9%=100(万元)。

(3)会计分录如下：

借：固定资产清理　　　　　　　60
　　累计折旧　　　　　　　　　180
　　固定资产减值准备　　　　　60
　　贷：固定资产　　　　　　　300
借：投资性房地产　　　　　　　100
　　应交税费—应交增值税(进项税额)
　　　　　　　　　　　　　　　9

贷：固定资产清理　　　　　90

　　应交税费——应交增值税(销项税

　　额)　　　　　　　　　8.1

　　银行存款　　　　　　　10.9

借：固定资产清理　　　　　30

贷：资产处置损益

　　[90-(300-180-60)]30

【案例引入2】M公司以一台设备交换N公司的专利权，设备的账面原值为80万元，已计提折旧2万元，公允价值为100万元，增值税税率为13%。专利权的原价为300万元，累计摊销180万元，已提减值准备60万元，公允价值为90万元。经双方协议，由N公司支付补价8万元。双方均保持资产的原始使用状态。假定该交易具有商业实质。

解析 ◈ M公司的会计处理：

(1)首先界定补价是否超标：收到的补价占整个交易额的比重=8/100×100%=8%<25%，所以该交易应界定为非货币性资产交换。

(2)换入专利权的入账成本=100+100×13%-8=105(万元)。

(3)会计分录如下：

借：固定资产清理　　　　　78

　　累计折旧　　　　　　　2

贷：固定资产　　　　　　　80

借：无形资产　　　　　　　105

　　银行存款　　　　　　　8

贷：固定资产清理　　　　　78

　　应交税费——应交增值税(销项税

　　额)　　　　　　　　　13

　　资产处置损益　　　　　22

N公司的会计处理：

(1)首先界定补价是否超标：支付的补价占整个交易额的比重=8/(90+8)×100%≈8.16%<25%，所以该交易应界定为非货币性资产交换。

(2)换入设备的入账成本=90+8-100×13%=85(万元)。

(3)会计分录如下：

借：固定资产　　　　　　　85

　　应交税费——应交增值税(进项税额)

　　　　　　　　　　　　13

　　累计摊销　　　　　　　180

　　无形资产减值准备　　　60

贷：无形资产　　　　　　　300

　　银行存款　　　　　　　8

　　资产处置损益

　　[90-(300-180-60)]30

【案例引入3】甲公司以土地使用权自丙公司换入其持有乙公司的100万股股票，占乙公司的股份比例为1%，甲公司将其界定为其他权益工具投资。交易当天，甲公司土地使用权的账面原价为300万元，累计摊销为120万元，已提减值准备50万元，公允价值为190万元，增值税税率为9%；丙公司所持乙公司股份按交易性金融资产核算，账面余额为130万元，公允价值为每股2元，假定不考虑相关交易费用。双方约定，由甲公司另行支付银行存款3万元。假定该交易具有商业实质。

解析 ◈ 甲公司会计处理如下：

(1)补价所占比例=3/(190+3)×100%≈1.55%<25%，应界定为非货币性资产交换。

(2)甲公司换入的是交易性金融资产，应参照《企业会计准则第22号——金融工具确认和计量》的处理原则，所以换入的交易性金融资产应按其公允价值入账，而非推算认定。

(3)会计分录如下：

借：其他权益工具投资　　　200

　　累计摊销　　　　　　　120

　　无形资产减值准备　　　50

贷：无形资产　　　　　　　300

　　应交税费——应交增值税(销项税

　　额)　　　　　　　　　17.1

　　银行存款　　　　　　　3

　　资产处置损益

　　[(200-3-17.1)-(300-120-50)]49.9

丙公司会计处理如下：

(1)补价所占比例=3/200×100%=1.5%<25%，应界定为非货币性资产交换。

（2）换入土地使用权的入账成本 = 200-3-190×9% = 179.9（万元）。

（3）会计分录如下：

借：无形资产 179.9
　　应交税费——应交增值税（进项税额）
　　　　　　　　　　　　　　　 17.1
　　银行存款 3
　　贷：交易性金融资产 130
　　　　投资收益 （100×2-130）70

【案例引入4】 M公司以一批库存商品交换N公司的专利权，M公司库存商品的成本为80万元，已提减值准备2万元，公允价值为100万元，增值税税率为13%，消费税税率为5%。N公司专利权的原价为300万元，累计摊销为180万元，已提减值准备60万元，公允价值为95万元。经双方协议，由N公司支付M公司11万元银行存款作为补价。双方均保持资产的原始使用状态，该交易具有商业实质。

解析 ➡ M公司的会计处理：

（1）首先界定补价是否超标：收到的补价占整个交易额的比重 = 11/100×100% = 11%＜25%，所以该交易应界定为非货币性资产交换。

（2）作为换出存货方，应参照收入准则中非现金对价的处理原则，优先选择换入非现金资产的公允价值，即换入专利权的入账成本 = 95（万元）。

（3）会计分录如下：

借：无形资产 95
　　银行存款 11
　　贷：主营业务收入 93
　　　　应交税费——应交增值税（销项税额） 13
借：主营业务成本 78
　　存货跌价准备 2
　　贷：库存商品 80
借：税金及附加 5
　　贷：应交税费——应交消费税 5

N公司的会计处理：

（1）首先界定补价是否超标：支付的补价占整个交易额的比重 = 11/（95+11）×100% ≈ 10.38%＜25%，所以该交易应界定为非货币性资产交换。

（2）换入库存商品的入账成本 = 95+11-100×13% = 93（万元）。

（3）会计分录如下：

借：库存商品 93
　　应交税费——应交增值税（进项税额） 13
　　累计摊销 180
　　无形资产减值准备 60
　　贷：无形资产 300
　　　　银行存款 11
　　　　资产处置损益
　　　　　［95-（300-180-60）］35

【理论总结】

1. 会计处理原则

（1）以公允价值为基础计量的非货币性资产交换，对于换入资产，应当以**换出资产的公允价值**和应支付的相关税费作为换入资产的成本进行初始计量；对于换出资产，应当在终止确认时，将换出资产的公允价值与其账面价值之间的差额计入当期损益。

（2）如果换入的是**金融资产**，则必须按其**公允价值**认定入账成本。

（3）如果换出的是存货，则按收入准则中非现金对价的会计处理原则，优先选择**换入非货币性资产的公允价值**入账，并以此推定收入金额，确认换出存货的交易损益。

（4）有确凿证据表明换入资产的公允价值更加可靠的，对于换入资产，应当以**换入资产的公允价值**和应支付的相关税费作为换入资产的初始计量金额；对于换出资产，应当在终止确认时，将换入资产的公允价值与换出资产账面价值之间的差额计入**当期损益**。

【例题6·分析题】 M公司以一台设备交换N公司的专利权，M公司设备的原价为100万元，已计提折旧10万元，已计提减值准备2万元，公允价值为100万元，增值税税率为13%。N公司专利权的原价为300万元，已计提摊销 180 万元，已计提减值准备 60 万元，公允价值为 102 万元。经双方协议，由 N 公司支付补价 7 万元。双方均保持资产的原始使用状态，双方均认定换入资产的公允价值更可靠。该交易具有商业实质。

解析 ➤ M 公司的会计处理：

（1）首先界定补价是否超标：收到的补价占整个交易额的比重 = 7/100×100% = 7%＜25%，所以该交易应界定为非货币性资产交换。

（2）换入专利权的入账成本 = 102（万元）。

（3）账务处理如下：

借：固定资产清理　　　　　　　88
　　累计折旧　　　　　　　　　10
　　固定资产减值准备　　　　　2
　　贷：固定资产　　　　　　　　　100
借：无形资产　　　　　　　　　102
　　银行存款　　　　　　　　　7
　　贷：固定资产清理　　　　　　　88
　　　　应交税费——应交增值税（销项税

额）　　　　　　　　　　　　　13
资产处置损益（102+7-88-13）8

N 公司的会计处理：

（1）首先界定补价是否超标：支付的补价占整个交易额的比重 = 7/（102+7）×100% ≈6.42%＜25%，所以该交易应界定为非货币性资产交换。

（2）换入固定资产的入账成本 = 100（万元）。

（3）会计分录如下：

借：固定资产　　　　　　　　　100
　　应交税费——应交增值税（进项税额）
　　　　　　　　　　　　　　　13
　　累计摊销　　　　　　　　　180
　　无形资产减值准备　　　　　60
　　贷：无形资产　　　　　　　　　300
　　　　银行存款　　　　　　　　　7
　　　　资产处置损益
　　［100+13-7-（300-180-60）]46

2. 关键指标计算（见表 12-2）

表 12-2　公允价值模式下关键指标的计算

项目	一般情况	换入资产的公允价值更可靠
换入资产入账成本	投入资产入账成本 = 换出资产公允价值+换出资产匹配的销项税+支付的含税补价（或-收到的含税补价）-换入资产对应的进项税+为换入资产支付的相关税费	投入资产入账成本 = 换入资产公允价值+为换入资产支付的相关税费
交易损益	交易损益 = 换出资产的公允价值-换出资产的账面价值-相关税费（价内税，如消费税）	交易损益 = 换入资产公允价值+换入资产的进项税额-换出资产的销项税额+收到的含税补价（或-支付的含税补价）-换出资产账面价值-相关税费（比如消费税）
多项资产的非货币性资产交换	(1)金融资产单独按公允价值确认； (2)余下非货币性资产，按换入资产的公允价值所占比例（如公允不可靠，也可用账面价值所占比例）分割如下价值： 换出资产的公允价值之和+销项税额+支付的含税补价（或-收到的含税补价）-换入的金融资产公允价值-进项税额 交易损益 = 换出资产公允价值-换出资产的账面价值-相关税费（价内税，如消费税）	以各项换入资产公允价值分别确认 (1)按照各项换出资产的公允价值的相对比例（如公允不可靠，则用账面价值相对比例），将换入资产的公允价值总额（涉及补价的，减去支付补价的公允价值或加上收到补价的公允价值）分摊至各项换出资产，分摊至各项换出资产的金额与各项换出资产账面价值之间的差额，在各项换出资产终止确认时计入当期损益； (2)如果换出资产中有金融资产，则其损益单独计算

【关键考点】 公允价值计量模式的会计处理原则必须熟记，换入资产入账成本的计算及交易损益的计算是单选题的典型选材。

【例题7·单选题】 2×21年5月甲公司以一批库存商品换入乙公司一台生产用设备，甲公司该批库存商品的账面余额为80万元，已计提存货跌价准备10万元，公允价值为100万元，增值税税率为13%，消费税税率为5%。乙公司设备的原价为100万元，已计提折旧5万元，公允价值为90万元，增值税税率为13%，该交易使得甲公司、乙公司双方未来现金流量与交易前产生明显不同，而且甲、乙双方均保持换入资产的原使用状态。经双方协议，由甲公司收取乙公司银行存款11.3万元。不考虑其他因素，甲公司换入设备及乙公司换入库存商品的入账价值分别为（　　）万元。

A. 90、100

B. 101.3、88.7

C. 88.7、101.3

D. 113、101.7

解析 甲公司换入设备的入账成本为设备的公允价值90万元；乙公司换入库存商品的入账成本＝90＋90×13%＋11.3－100×13%＝100（万元）。 **答案** A

【例题8·单选题】 资料同上，甲公司、乙公司就此业务分别认定的损益为（　　）万元。

A. 25、－16.7　　B. 25、－5

C. 8、－5　　D. 25、－7.5

解析 甲公司换出库存商品的损益＝90＋90×13%＋11.3－100×13%－（80－10）－100×5%＝25（万元）；乙公司换出设备的损益＝90－（100－5）＝－5（万元）。 **答案** B

【例题9·多选题】 甲公司与丙公司签订一项资产置换合同。甲公司以其持有的联营企业30%股权作为对价，另以银行存款支付补价100万元，换取丙公司生产的一台大型设备。丙公司换出设备的公允价值为3 900万元。甲公司换出股权投资的初始投资

成本为2 200万元，取得时该联营企业可辨认净资产公允价值为7 500万元（可辨认资产、负债的公允价值与账面价值相等），甲公司取得该股权后至置换大型设备时，该联营企业累计实现净利润3 500万元，分配现金股利400万元，其他债权投资增值650万元。交换日甲公司持有的该联营企业30%股权的公允价值为3 800万元。假定该交换具有商业实质。不考虑相关税费及其他因素，下列对上述交易的会计处理中，正确的有（　　）。

A. 甲公司处置该联营企业股权确认投资收益620万元

B. 丙公司确认换入该联营企业股权入账价值为3 800万元

C. 丙公司确认换出大型设备的营业收入为3 900万元

D. 甲公司确认换入大型设备的入账价值为3 900万元

解析 甲公司持有的该股权投资在处置日的账面价值＝2 200＋（7 500×30%－2 200）＋（3 500－400＋650）×30%＝3 375（万元）；处置股权确认投资收益＝3 800－3 375＋650×30%＝620（万元），换入大型设备的入账价值＝3 800＋100＝3 900（万元）。

甲公司会计处理：

借：固定资产　　　　　　　　　3 900

　　贷：长期股权投资　　　　　　3 375

　　　　投资收益　　　　　　　　　425

　　　　银行存款　　　　　　　　　100

借：其他综合收益　（650×30%）195

　　贷：投资收益　　　　　　　　195

丙公司会计处理：

借：长期股权投资　　　　　　　3 800

　　银行存款　　　　　　　　　　100

　　贷：主营业务收入　　　　　　3 900

结转成本的分录略。 **答案** ABCD

【例题10·单选题】 经与乙公司协商，甲公司以一批产成品换入乙公司的一项专利技术。交换日，甲公司换出产品的账面价值

为 560 万元，公允价值为 700 万元(等于计税价格)，甲公司将产品运抵乙公司并向乙公司开具了增值税专用发票，当日双方办妥了专利技术所有权转让手续。经评估确认，该专项技术的公允价值为 900 万元，甲公司另以银行存款支付乙公司 109 万元，甲、乙公司均为增值税一般纳税人，存货适用的增值税税率为 13%，专利技术免征增值税。不考虑其他因素，甲公司换入专利技术的入账价值是(　)万元。

A. 669　　　　　　B. 900

C. 809　　　　　　D. 791

解析 ▶ 企业以存货换取非货币性资产的，换出存货方的相关会计处理适用《企业会计准则第 14 号——收入》，因此换入资产的入账价值应按照其公允价值 900 万元确认。

答案 ▶ B

(三)公允价值计量模式下的一般会计分录★★★

1. 如果换出的是无形资产

借：换入的非货币性资产[换出无形资产的公允价值+销项税额+支付的含税补价(或-收到的含税补价)-换入资产对应的进项税额+为换入资产支付的相关税费]

应交税费—应交增值税(进项税额)

银行存款[收到的含税补价]

累计摊销

无形资产减值准备

贷：无形资产[账面余额]

银行存款[支付的含税补价]

应交税费—应交增值税(销项税额)

资产处置损益[换出无形资产的公允价值-换出无形资产的账面价值，如果出现亏损则借记"资产处置损益"]

2. 如果换出的是固定资产

结转固定资产账面价值：

借：固定资产清理[账面价值]

累计折旧

固定资产减值准备

贷：固定资产

发生清理费用：

借：固定资产清理

贷：银行存款[清理费]

确认换入非货币性资产：

借：换入的非货币性资产[换出固定资产公允价值+销项税额+支付的含税补价(或-收到含税的补价)-换入资产对应的进项税额+为换入资产支付的相关税费]

应交税费—应交增值税(进项税额)

银行存款[收到的含税补价]

贷：固定资产清理[换出固定资产的公允价值]

应交税费—应交增值税(销项税额)

银行存款[支付的含税补价]

确认资产处置损益：

借：固定资产清理

贷：资产处置损益[换出固定资产的公允价值-换出固定资产的账面价值-相关税费]

或：

借：资产处置损益[换出固定资产的公允价值-换出固定资产的账面价值-相关税费]

贷：固定资产清理

3. 如果换出的是存货

借：换入的非货币性资产[换入非货币性资产的公允价值]

应交税费—应交增值税(进项税额)

银行存款[收到的含税补价]

贷：主营业务收入或其他业务收入[换入非货币性资产的公允价值+进项税-销项税额+收到的含税补价(或-支付含税的补价)]

应交税费—应交增值税(销项税额)

银行存款[支付的含税补价]

借：主营业务成本或其他业务成本

　　存货跌价准备

　　贷：库存商品或原材料

借：税金及附加

　　贷：应交税费—应交消费税

老高提示（1）如果换入的是金融资产，则直接以其公允价值入账即可；

（2）如果换入非货币性资产的公允价值更可靠，则直接以其公允价值认定入账成本，无须倒挤；

（3）如果以存货换入非货币性资产的，换出存货方应按照收入准则的非现金对价进行处理。

4. 公允价值计量模式下多项非货币性资产的交换的会计处理

在会计处理上，只需将上述单项非货币性资产交换的分录合并即可。

【例题11·计算分析题】 甲、乙公司均为增值税一般纳税人，商品和动产设备的增值税税率为13%，不动产的增值税税率为9%。甲公司与乙公司进行多项非货币性资产交换。

（1）甲公司换出：①固定资产—汽车：原价为200万元，累计折旧额为70万元，公允价值为110万元；②无形资产—土地使用权：原价为80万元，累计摊销额为20万元，计提减值准备15万元，公允价值为100万元；③库存商品—H商品：账面余额为70万元，已提存货跌价准备5万元，公允价值80万元。

（2）乙公司换出：①固定资产—客车：原价为300万元，累计折旧额为180万元，公允价值为100万元；②固定资产—货车：原价为120万元，累计折旧额为70万元，公允价值为60万元；③库存商品—M商品：账面余额为80万元，公允价值为100万元。

假设上述各项资产的计税价格都等于其

公允价值。甲公司另外向乙公司收取29.9万元银行存款作为补价。该交易具有商业实质且其换入或换出资产的公允价值均能够可靠地计量。不考虑其他因素。

要求：

（1）计算出甲公司换入三项资产的各自入账成本；

（2）计算出乙公司换入三项资产的各自入账成本。

解析 （1）甲公司换入三项资产入账成本的计算过程：

①换入三项资产的总的待分配价值＝换出资产总的公允价值＋销项税额＋支付的含税补价（或－收到的含税补价）－进项税额＝（110＋100＋80）＋（110×13%＋100×9%＋80×13%）－29.9－（100×13%＋60×13%＋100×13%）＝260（万元）；

②换入客车的入账成本＝260×100/（100＋60＋100）＝100（万元）；

③换入货车的入账成本＝260×60/（100＋60＋100）＝60（万元）；

④换入库存商品的入账成本＝260×100/（100＋60＋100）＝100（万元）。

（2）乙公司换入三项资产的入账成本的计算过程：

①换入三项资产的总的待分配价值＝换出资产总的公允价值＋销项税额＋支付的含税补价（或－收到的含税补价）－进项税额＝（100＋60＋100）＋（100×13%＋60×13%＋100×13%）＋29.9－（110×13%＋100×9%＋80×13%）＝290（万元）；

②换入汽车的入账成本＝290×110/（110＋100＋80）＝110（万元）；

③换入土地使用权的入账成本＝290×100/（110＋100＋80）＝100（万元）；

④换入库存商品的入账成本＝290×80/（110＋100＋80）＝80（万元）。

【例题12·分析题】 甲公司和乙公司均为增值税一般纳税人。经协商，甲公司和乙公司于2×20年1月25日签订资产交换合同，当日生效。合同约定，甲公司用于交换的资产包括：一间生产用厂房，账面原价为150万元，已计提折旧30万元，公允价值为110万元，增值税税额9.9万元；一幢自购入时就全部用于经营出租的公寓楼，账面原价为420万元，已计提折旧60万元，公允价值为390万元，增值税税额35.1万元；一项对P公司的股票投资，甲公司将该投资作为交易性金融资产核算。该股票投资在2×20年1月25日的公允价值为30万元，账面价值为25万元。乙公司用于交换的资产包括：一项土地使用权，账面原价为220万元，累计摊销为10万元，公允价值为240万元，增值税税额21.6万元；经营过程中使用的10辆货车，账面原价为400万元，已计提折旧80万元，公允价值为300万元，增值税税额为39万元。甲公司另以银行存款向乙公司支付补价8万元，增值税差额15.6万元。双方于2×20年1月31日完成了资产交换手续。交易过程中，甲公司用银行存款支付了土地使用权的契税及过户费用5万元，乙公司用银行存款分别支付了厂房和公寓楼的契税及过户费用3万元和10万元。假定该交换具有商业实质，双方换入非货币性资产后维持原使用状态。

甲公司、乙公司应如何进行账务处理？

解析1 ▶ 甲公司的会计处理：

（1）补价所占比例＝8/（110＋390＋30＋8）×100%≈1.49%<25%，应界定为非货币性资产交换。

（2）换入资产入账成本的计算。

①换入资产总的待分配价值＝（110＋390＋30）＋（9.9＋35.1）＋（8＋15.6）－（21.6＋39）＝538（万元）；

②换入土地使用权的入账成本＝538×[240/（240＋300）]＋5≈244.11（万元）；

③换入货车的入账成本＝538×[300/（240＋300）]≈298.89（万元）。

（3）甲公司的账务处理如下：

借：固定资产清理　　　　　　120

累计折旧　　　　　　　30

　　贷：固定资产　　　　　　　150

借：无形资产　　　　　　　244.11

固定资产　　　　　　　298.89

应交税费——应交增值税(进项税额)

（21.6＋39）60.6

　　贷：固定资产清理　　　　　110

其他业务收入　　　　　390

应交税费——应交增值税(销项税额)　　　（9.9＋35.1）45

银行存款　（8＋15.6＋5）28.6

交易性金融资产　　　　25

投资收益　　（30－25）5

借：资产处置损益　　　　　　10

　　贷：固定资产清理（120－110）10

借：其他业务成本　　　　　　360

投资性房地产累计折旧　60

　　贷：投资性房地产　　　　　420

解析2 ▶ 乙公司的会计处理：

（1）补价所占比例＝8÷（240＋300）×100%≈1.48%<25%，应界定为非货币性资产交换。

（2）换入资产入账成本的计算。

①首先确定换入P公司股份的入账成本为30万元；

②余下换入资产总的待分配价值＝（240＋300）＋（21.6＋39）－（9.9＋35.1）－（8＋15.6）－30＝502（万元）；

③换入厂房的入账成本＝502×[110/（110＋390）]＋3＝113.44（万元）；

④换入公寓楼的入账成本＝502×[390/（110＋390）]＋10＝401.56（万元）。

（3）乙公司的账务处理如下：

借：固定资产清理　　　　　　320

累计折旧　　　　　　　80

　　贷：固定资产　　　　　　　400

借：固定资产　　　　　　　113.44

投资性房地产　　　　　401.56

交易性金融资产　　　　30

应交税费——应交增值税(进项税额)

（9.9＋35.1）45

银行存款　　(8+15.6-13)10.6
累计摊销　　　　　　　10
　　贷：固定资产清理　　　　300
　　　　无形资产　　　　　　220
　　　　应交税费——应交增值税(销项税
　　　　额)　　　　　　(21.6+39)60.6
　　　　资产处置损益
　　　　　　　　[240-(220-10)]30
借：资产处置损益　　　　　　20
　　贷：固定资产清理　(320-300)20

三、账面价值计量模式下非货币性资产交换的会计处理

(一)账面价值计量模式的适用条件★

未同时满足公允价值计量模式的两个必备条件时,应当采用账面价值计量模式。

(二)账面价值计量模式的会计处理原则★★

【案例引入】甲公司以一批库存商品交换乙公司的房产,库存商品的成本为70万元,已计提存货跌价准备8万元,计税价格为100万元,增值税税率为13%,消费税税率为1%。房产的原价为200万元,已提折旧100万元,已提减值准备20万元,计税价格为110万元,增值税税率为9%。经双方协议,由甲公司支付银行存款2万元作为补价。双方均保持资产的原始使用状态。假定该交易不具有商业实质,双方均无法获取公允价值口径。甲公司、乙公司应如何进行账务处理?

解析　甲公司的账务处理:

(1)换入房产的入账成本=70-8+100×13%+100×1%+2-110×9%=68.1(万元)。

(2)会计分录如下:

借：固定资产　　　　　　　68.1
　　应交税费——应交增值税(进项税额)
　　　　　　　　　　　　　9.9
　　存货跌价准备　　　　　　8

　　贷：库存商品　　　　　　70
　　　　银行存款　　　　　　2
　　　　应交税费——应交增值税(销项税
　　　　额)　　　　　　　　13
　　　　——应交消费税　　　1

乙公司的账务处理:

(1)换入库存商品的入账成本=(200-100-20)+110×9%-100×13%-2=74.9(万元)。

(2)会计分录如下:

借：固定资产清理　　　　　　80
　　累计折旧　　　　　　　100
　　固定资产减值准备　　　　20
　　贷：固定资产　　　　　200
借：库存商品　　　　　　74.9
　　应交税费——应交增值税(进项税额)
　　　　　　　　　　　　　13
　　银行存款　　　　　　　　2
　　贷：固定资产清理　　　　80
　　　　应交税费——应交增值税(销项税
　　　　额)　　　　　　　9.9

【理论总结】

(1)换入资产的入账成本=换出资产的**账面价值**+换出资产匹配的销项税额+换出资产匹配的价内税+支付的补价的账面价值(或-收到的补价的公允价值)-换入资产对应的进项税额;

(2)**不确认**换出资产公允价值与账面价值的差额**损益**;

(3)如果是多项资产的非货币性交易,则根据上述原理推算出换入资产总的待分配价值后,首先选择按换入各项资产的公允价值占全部换入资产公允价值的比例来分配其入账成本,如果换入资产的公允价值不能可靠计量,再按其账面价值所占比例进行瓜分。

【关键考点】账面价值计量模式的会计处理原则必须熟记,换入资产入账成本的计算是单选题的典型选材。

【例题13·单选题】甲公司以一批库存商品交换乙公司一幢房产,该商品的成本为1 000万元,已经计提存货跌价准备200万

元，适用的增值税税率为 13%，该商品的计税价格为 1 500 万元；乙公司房产的原价为 1 600 万元，累计折旧 600 万元，已提减值准备 30 万元，计税价格为 2 000 万元，适用的增值税税率为 9%，经双方协议，甲公司向乙公司支付补价 30 万元，交易双方均维持换入资产的原使用状态。假定该项交易不具有商业实质。不考虑其他因素，甲公司、乙公司换入资产的入账成本分别为（　　）万元。

A. 1 025、745

B. 1 565、775

C. 830、940

D. 845、925

解析 ▶ 甲公司换入房产的入账成本 = 1 000 - 200 + 1 500 × 13% + 30 - 2 000 × 9% = 845（万元）；乙公司换入库存商品的入账成本 = 1 600 - 600 - 30 + 2 000 × 9% - 30 - 1 500 × 13% = 925（万元）。　　**答案** ▶ D

（三）账面价值计量模式下的一般会计分录★★

1. 如果换出的是非固定资产

借：换入的非货币性资产［换出资产的账面价值 + 换出资产匹配的销项税额 + 支付的补价的账面价值（或 - 收到的补价的公允价值）- 换入资产对应的进项税额］

应交税费—应交增值税（进项税额）

银行存款［收到的补价］

××资产减值准备

贷：换出的非货币性资产［账面余额］

银行存款［支付的补价］

应交税费—应交增值税（销项税额）

—应交消费税

2. 如果换出的是固定资产

结转固定资产账面价值：

借：固定资产清理［账面价值］

累计折旧

固定资产减值准备

贷：固定资产

发生清理费用：

借：固定资产清理

贷：银行存款［清理费］

确认换入非货币性资产：

借：换入的非货币性资产［倒挤］

应交税费—应交增值税（进项税额）

银行存款［收到的补价］

贷：固定资产清理［固定资产清理成本］

应交税费—应交增值税（销项税额）

银行存款［支付的补价］

【例题 14·多选题】不具有商业实质、不涉及补价的非货币性资产交换中，影响换入资产入账价值的因素有（　　）。

A. 换出资产的账面余额

B. 换出资产的价内税

C. 换出资产的销项税额

D. 换出资产已计提的减值准备

解析 ▶ 换入资产的入账成本 = 换出资产的账面价值 + 换出资产匹配的销项税额 + 换出资产匹配的价内税 + 支付的补价的账面价值（或 - 收到的补价的公允价值）- 换入资产对应的进项税额。　　**答案** ▶ ABCD

3. 账面价值计量模式下多项非货币性资产交换的会计处理

在会计处理上，只需将上述单项非货币性资产交换的分录合并即可。

【例题 15·单选题】2×21 年 3 月 2 日，甲公司以账面价值为 350 万元的厂房和 150 万元的专利权，换入乙公司账面价值为 300 万元的在建房屋和 100 万元的长期股权投资，不涉及补价。上述资产的公允价值均无法获得。不考虑其他因素，甲公司换入在建房屋的入账价值为（　　）万元。

A. 280　　　　　　B. 300

C. 350　　　　　　D. 375

解析 ▶ 因为换入资产和换出资产的公允

价值不能够可靠计量，所以换入资产的入账价值以换出资产的账面价值计量。所以甲公司换入资产的总入账价值金额＝350＋150＝500（万元），甲公司换入在建房屋的入账价值＝500×300/（300＋100）＝375（万元）。

答案 ▶ D

【例题16·分析题】 2×21年5月，甲公司因经营战略发生较大转变，产品结构发生较大调整，原生产其产品的专用设备、生产该产品的专利技术等已不符合生产新产品的需要，经与乙公司协商，将其专用设备连同专利技术与乙公司正在建造过程中的一幢建筑物、对丙公司的长期股权投资进行交换。甲公司换出专用设备的账面原价为1 200万元，已计提折旧750万元，计税价格为450万元，增值税税率为13%；专利技术账面原价为450万元，已摊销金额为270万元。乙公司在建工程截止到交换日的成本为525万元，计税价格为525万元，增值税税率为9%；对丙公司的长期股权投资账面余额为150万元。由于甲公司持有的专用设备和专利技术市场上已不多见，因此，公允价值不能可靠计量。乙公司的在建工程因完工程度难以合理确定，其公允价值不能可靠计量；由于丙公司不是上市公司，乙公司对丙公司长期股权投资的公允价值也不能可靠计量。假定甲、乙公司均未对上述资产计提减值准备。

甲公司、乙公司应如何进行账务处理？

解析1 ▶ 本例不涉及收付货币性资产，属于非货币性资产交换。由于换入资产、换出资产的公允价值均不能可靠计量，甲、乙公司均应当以换出资产账面价值总额作为换入资产的成本，各项换入资产的成本，应当按各项换入资产的账面价值占换入资产账面价值总额的比例分配后确定。

解析2 ▶ 甲公司的账务处理如下：

（1）根据税法有关规定：

换出专用设备的增值税销项税额＝450×13%＝58.5（万元）；

换入在建工程的增值税进项税额＝525×9%＝47.25（万元）。

（2）计算换入资产、换出资产账面价值总额：

换入资产账面价值总额＝525＋150＝675（万元）；

换出资产账面价值总额＝（1 200－750）＋（450－270）＝630（万元）。

（3）确定换入资产待拆总价值：

换入资产总成本＝630＋450×13%－525×9%＝641.25（万元）。

（4）计算各项换入资产账面价值占换入资产账面价值总额的比例：

在建工程占换入资产账面价值总额的比例＝525/675×100%≈77.78%；

长期股权投资占换入资产账面价值总额的比例＝150/675×100%≈22.22%。

（5）确定各项换入资产成本：

在建工程成本＝641.25×77.78%≈498.76（万元）；

长期股权投资成本＝641.25×22.22%≈142.49（万元）。

（6）会计分录：

借：固定资产清理　　　　　　450
　　累计折旧　　　　　　　　750
　　贷：固定资产——专用设备　1 200
借：在建工程　　　　　　498.76
　　应交税费——应交增值税（进项税额）
　　　　　　　　　　　　　47.25
　　长期股权投资　　　　142.49
　　累计摊销　　　　　　　270
　　贷：固定资产清理　　　　450
　　　　应交税费——应交增值税（销项税额）　　　　　　　58.5
　　　　无形资产——专利技术　450

解析3 ▶ 乙公司的账务处理如下：

（1）根据税法有关规定：

换入专用设备的增值税进项税额＝450×13%＝58.5（万元）；

换出在建建筑物的增值税销项税额＝

525×9% =47.25(万元)。

（2）计算换入资产、换出资产账面价值总额：

换入资产账面价值总额=（1 200-750）+（450-270）=630（万元）；

换出资产账面价值总额=525+150=675（万元）。

（3）确定换入资产待拆总价值：

换入资产总成本=675+47.25-58.5=663.75（万元）。

（4）计算各项换入资产账面价值占换入资产账面价值总额的比例：

专用设备占换入资产账面价值总额的比例=（1 200-750）/630×100%≈71.43%；

专利技术占换入资产账面价值总额的比例=（450-270）/630×100%≈28.57%。

（5）确定各项换入资产成本：

专用设备成本=663.75×71.43%≈474.12（万元）；

专利技术成本=663.75×28.57%≈189.63（万元）。

（6）会计分录：

借：固定资产—专用设备　474.12

无形资产—专利技术　189.63

应交税费—应交增值税（进项税额）

58.5

贷：在建工程　525

长期股权投资　150

应交税费—应交增值税（销项税额）　47.25

同步训练 限时70min

扫我做试题

一、单项选择题

1. 在不涉及补价的情况下，下列有关企业的交易或事项中，属于非货币性资产交换的是（　）。

A. 企业开出商业承兑汇票购买一批原材料

B. 企业以拥有的一项股权投资换入一项专利技术

C. 企业以应收账款换入对联营企业的股权投资

D. 企业以债权投资换入一台机器设备

2. 2×20年5月甲公司以一批库存商品换入乙公司一项专利权。甲公司该批库存商品的账面余额为200万元，已计提存货跌价准备80万元，公允价值为250万元，增值税税率为13%，消费税税率为5%。乙公司专利权的原价为400万元，累计摊销为160万元，公允价值为230万元。该交易

使得甲、乙双方未来现金流量与交易前产生明显不同，而且甲、乙双方均保持换入资产的原使用状态。经双方协议，由甲公司收取乙公司银行存款40万元作为补价。不考虑其他因素，甲公司换入专利权及乙公司换入库存商品的入账成本分别为（　）万元。

A. 242.5、237.5　　B. 230、237.5

C. 250、270　　　D. 225、227.5

3. 资料同前，甲、乙公司就此业务分别认定损益为（　）万元。

A. 130、-10　　B. 105、-10

C. 150、-30　　D. 25、-7.5

4. 甲公司以一批库存商品交换乙公司一项非专利技术。甲公司该批库存商品的成本为1 000万元，已计提存货跌价准备200万元，增值税税率为13%，消费税税率为5%，该商品的计税价格为1 500万元。乙公司非专利技术的原价为1 600万元，累

311

计摊销为 600 万元,已计提减值准备 30 万元。经双方协议,甲公司向乙公司支付 30 万元银行存款作为补价,交易双方均维持换入资产的原使用状态。假定该交换不具有商业实质。不考虑其他因素,甲公司、乙公司换入资产的入账成本分别为( )万元。

A. 1 100、745   B. 1 200、715

C. 1 085、685   D. 1 800、675

5. 2×21 年 9 月 1 日,甲公司以公允价值为 250 万元的机器设备换入乙公司公允价值为 220 万元的交易性金融资产,另从乙公司收取银行存款 30 万元作为补价。甲公司换出固定资产的账面原价为 300 万元,已计提折旧 20 万元,已计提减值准备 10 万元。乙公司换出交易性金融资产的账面余额为 210 万元。当日,双方均已办妥资产所有权的划转手续且均维持换入资产的原使用状态。假定该交易具有商业实质,不考虑其他因素,甲公司换入该项金融资产的入账价值为( )万元。

A. 250   B. 220

C. 210   D. 280

6. M 公司与 N 公司进行非货币性资产交换。M 公司换出资产包括一幢厂房和一条生产线,厂房的原价为 800 万元,已提折旧 200 万元,公允价值为 1 000 万元,增值税税率为 9%;生产线的原价为 500 万元,已提折旧 80 万元,已提减值准备 15 万元,公允价值为 400 万元,增值税税率为 13%。N 公司换出资产包括一批原材料和一项专利权,其中原材料的账面余额为 600 万元,公允价值为 900 万元,增值税税率为 13%;专利权的原价为 560 万元,累计摊销为 100 万元,公允价值为 600 万元。双方均维持资产的原有使用状态。经双方协议,由 M 公司向 N 公司另行支付银行存款 20 万元作为补价。假定该项交易具有商业实质。不考虑其他因素,M 公司换入原材料和专利权的入账成本分别为

( )万元。

A. 801、534   B. 867、578

C. 900、600   D. 800、702

7. 资料同上,如果该项交易不具有商业实质,M 公司换入原材料和专利权的入账成本分别为( )万元。

A. 532、408

B. 591. 51、453. 49

C. 630、420

D. 600、405

二、多项选择题

1. 下列属于货币性资产的有( )。

A. 应收账款   B. 应付账款

C. 固定资产   D. 银行存款

2. 下列有关乙公司的各项交易或事项中,不属于非货币性资产交换的有( )。

A. 乙公司以一项公允价值为 200 万元的其他权益工具投资换入一项公允价值为 160 万元的专利权,并收取补价 40 万元

B. 乙公司以一栋公允价值为 3 000 万元的写字楼换入一项公允价值为 4 000 万元的土地使用权,同时支付补价 600 万元

C. 乙公司以一台公允价值为 800 万元的机器设备换入一项公允价值为 600 万元的债权投资,同时收取补价 200 万元

D. 乙公司以一张面值为 200 万元的商业汇票换入一批账面价值为 320 万元的原材料,同时支付不含税补价 120 万元

3. 在非货币性资产交换中,以公允价值为基础确定换入资产成本,需要同时满足的条件有( )。

A. 该项交换具有商业实质

B. 换入资产或换出资产的公允价值能够可靠地计量

C. 换入资产的公允价值大于换出资产的公允价值

D. 换入资产的预计未来现金流量现值大于换出资产的预计未来现金流量现值

4. 根据《企业会计准则第 7 号——非货币性

资产交换》的相关规定,下列各项关于非货币性资产交换事项的表述中,可视为具有商业实质的有( )。

A. 换入资产和换出资产未来现金流量的风险、金额相同,时间分布不同

B. 换入资产和换出资产未来现金流量的时间分布、金额相同,风险不同

C. 换入资产和换出资产未来现金流量的风险、时间分布相同,金额不同

D. 换入资产和换出资产未来现金流量的风险、时间分布、金额均不同

5. 下列关于以公允价值计量的非货币性资产交换中换出资产会计处理的表述中,正确的有( )。

A. 换出资产为存货的,应当按照收入准则进行会计处理,确认收入、结转成本

B. 换出资产为固定资产的,换出资产公允价值和账面价值的差额,计入资产处置损益

C. 换出资产为权益法核算的长期股权投资的,换出资产公允价值和账面价值的差额,计入投资收益

D. 换出资产为投资性房地产的,换出资产公允价值与账面价值的差额,计入营业外收支

三、判断题

1. 非货币性资产交换中不涉及货币性资产。 ( )

2. 甲公司以发行股票的方式换取其他企业20%的股权投资,对其形成重大影响,甲公司应按非货币性资产交换的规定进行会计处理。 ( )

3. 在非货币性资产交换具有商业实质的情况下,当换出资产的公允价值不能可靠计量而换入资产的公允价值能够可靠计量时,应按照换入资产的公允价值为基础确定换入资产的入账价值。 ( )

4. 不具有商业实质的非货币性资产交换,换出固定资产的公允价值与账面价值的差额应计入资产处置损益。 ( )

5. 以账面价值计量的非货币性资产交换,收到补价的一方应以换出资产的账面价值减去收到补价的公允价值,加上应支付的相关税费,作为换入资产的入账成本。( )

6. 企业同时换入多项资产的(不考虑金融资产等),应按照换入资产的账面价值比例,将换入资产总成本分摊至各项换入资产。 ( )

四、计算分析题

2×22 年 3 月 10 日,甲公司经过与乙公司协商,以其拥有的一幢公寓楼与乙公司持有的一项股票投资进行交换。交易发生日,双方均已办妥资产所有权的划转手续。相关资料如下:

资料一:甲公司换出的公寓楼已经对外出租,并采用成本模式计量,其在交换日的账面原价为 9 000 万元,已计提折旧 1 000 万元,已计提减值准备 500 万元,不含税的公允价值(等于计税价格)为 8 000 万元。

资料二:乙公司换出的股票投资作为以公允价值计量且其变动计入当期损益的金融资产核算,其在交换日的账面价值为 6 000 万元,公允价值为 7 500 万元。

资料三:乙公司向甲公司支付了 500 万元银行存款作为补价。乙公司换入公寓楼后仍然继续将其用于经营出租,并采用公允价值模式进行计量。甲公司为换入股票投资发生交易费用 1 万元,且换入该股票投资后也仍然将其用于交易目的。

资料四:假定该项交换具有商业实质,且不考虑增值税等其他因素。

要求:

(1)判断上述交易是否属于非货币性资产交换,并说明理由;

(2)计算甲公司换入交易性金融资产的入账价值以及因该交换影响损益的金额,并编制甲公司的相关会计分录;

(3)计算乙公司换入投资性房地产的入账

价值以及因该交换影响损益的金额，并编制乙公司的相关会计分录。

（公允价值模式计量下的"投资性房地产"应写出必要的明细科目，答案中的金额单位用万元表示）

五、综合题

2×22 年 10 月 1 日，甲公司以一项权益法核算的长期股权投资与乙公司交换一幢办公楼和一项无形资产（商标权），当日双方办妥了资产所有权的划转手续。相关资料如下：

资料一：甲公司换出的权益法核算的长期股权投资账面余额为 1 000 万元（其中成本明细科目 800 万元，损益调整明细科目 200 万元），已计提减值准备 120 万元，公允价值为 760 万元。甲公司另向乙公司支付银行存款 94 万元作为补价（含换出资产销项税额与换入资产进项税额的差额）。

资料二：乙公司换出的办公楼原价为 320 万元，累计折旧为 160 万元，未计提减值准备，公允价值为 200 万元，适用的增值税税率为 9%；无形资产的账面余额为 800 万元，已计提摊销 120 万元，未计提减值准备，公允价值为 600 万元，适用

的增值税税率为 6%。

资料三：甲公司取得办公楼和商标权后分别作为固定资产和无形资产核算。

资料四：乙公司取得长期股权投资后在被投资单位占 30% 的表决权，对其具有重大影响，在此之前不持有该被投资单位的股权。当日，被投资单位可辨认净资产的公允价值为 2 800 万元。为取得该项长期股权投资，乙公司以银行存款支付手续费 12 万元。

资料五：该交换具有商业实质且换出资产和换入资产的公允价值均能够可靠计量。假定不考虑其他因素。

要求：

（1）判断甲公司该项交易是否属于非货币性资产交换，并说明理由；

（2）计算甲公司换入各项资产的入账价值，并编制会计分录；

（3）计算乙公司换入长期股权投资的初始投资成本，并编制会计分录；

（4）判断乙公司取得长期股权投资的初始投资成本是否需要调整，如果需要调整，请编制调整的会计分录。

（答案中的金额单位用万元表示）

同步训练答案及解析

一、单项选择题

1. B 【解析】商业承兑汇票、应收账款、债权投资等都属于货币性资产，因此选项 A、C、D 均不属于非货币性资产交换。

2. B 【解析】甲公司换入专利权的入账成本＝换入专利权的公允价值＝230（万元）；乙公司换入库存商品的入账成本＝230＋40－250×13%＝237.5（万元）。

3. B 【解析】甲公司换出库存商品的损益＝（230＋40－250×13%）－（200－80）－250×

5%＝105（万元）；乙公司换出专利权的损益＝230－（400－160）＝－10（万元）。

4. A 【解析】甲公司换入非专利技术的入账成本＝1 000－200＋1 500×13%＋1 500×5%＋30＝1 100（万元）；乙公司换入库存商品的入账成本＝1 600－600－30－30－1 500×13%＝745（万元）。

5. B 【解析】甲公司换入交易性金融资产入账价值＝220（万元），即按照换入金融资产的公允价值确定。

6. B 【解析】M 公司换入资产总的待分配价

值 = 1 000 + 1 000 × 9% + 400 + 400 × 13% + 20 − 900 × 13% = 1 445（万元）；M 公司换入原材料的入账成本 = 1 445 × 900/（900 + 600）= 867（万元）；M 公司换入专利权的入账成本 = 1 445 × 600/（900 + 600）= 578（万元）。

7. C　【解析】M 公司换入资产总的待分配价值 = （800 − 200）+ 1 000 × 9% + （500 − 80 − 15）+ 400 × 13% + 20 − 900 × 13% = 1 050（万元）；M 公司换入原材料的入账成本 = 1 050 × 900/（900 + 600）= 630（万元）；M 公司换入专利权的入账成本 = 1 050 × 600/（900 + 600）= 420（万元）。

二、多项选择题

1. AD　【解析】货币性资产，是指企业持有的货币资金和收取固定或可确定金额的货币资金的权利。选项 B，应付账款属于负债，不属于资产；选项 C，固定资产属于非货币性资产。

2. CD　【解析】选项 A，补价所占比例 = 40/200 × 100% = 20%，换出资产为其他权益工具投资，虽然适用金融工具准则，但符合非货币性资产交换的判断条件，因此属于非货币性资产交换；选项 B，补价所占比例 = 600/（3 000 + 600）× 100% ≈ 16.67%，属于非货币性资产交换；选项 C，债权投资属于货币性资产，因此不属于非货币性资产交换；选项 D，商业汇票通过应收票据核算，属于货币性资产，因此不属于非货币性资产交换。

3. AB　【解析】非货币性资产交换以公允价值为基础确定换入资产的成本，应同时满足的条件包括：①该项交换具有商业实质；②换入或换出资产的公允价值能够可靠地计量。

4. ABCD　【解析】企业发生的非货币性资产交换，符合下列条件之一的，视为具有商业实质：①换入资产的未来现金流量在风险、时间分布或金额方面与换出资产显著

不同。通常情况下，只要换入资产和换出资产的未来现金流量在其中某个方面存在显著不同，即表明满足商业实质的判断条件。②使用换入资产所产生的预计未来现金流量现值与继续使用换出资产所产生的预计未来现金流量现值不同，且其差额与换入资产和换出资产的公允价值相比是重大的。

5. ABC　【解析】选项 D，换出资产为投资性房地产的，按换出资产公允价值确认其他业务收入，按换出资产账面价值结转其他业务成本。

三、判断题

1. ×　【解析】非货币性资产交换通常不涉及货币性资产，但有时也涉及少量的货币性资产。

2. ×　【解析】属于权益性交易，应当按照权益性交易的有关规定进行处理。

3. √

4. ×　【解析】不具有商业实质的非货币性资产交换，应按账面价值计量，换出资产不确认损益。

5. √

6. ×　【解析】应按照换入资产的公允价值比例分摊，如果换入资产的公允价值不能可靠计量，则按照换入资产的账面价值比例分摊。

四、计算分析题

【答案】

（1）属于非货币性资产交换。

理由：投资性房地产和交易性金融资产均属于非货币性资产。且对甲公司而言，补价比例 = 500/8 000 × 100% = 6.25%，小于 25%，属于非货币性资产交换；对乙公司而言，补价比例 = 500/（7 500 + 500）× 100% = 6.25%，小于 25%，属于非货币性资产交换。

老高提示 该资产交换中涉及的交易性金

融资产，**属于非货币性资产交换**，只是不适用非货币性资产交换准则，**适用金融工具系列准则**。

（2）甲公司换入交易性金融资产的入账价值=7 500（万元）；

甲公司因该交换影响损益的金额=（7 500+500）-（9 000-1 000-500）-1=499（万元）。

会计分录为：

借：交易性金融资产   7 500
　　投资收益   1
　　银行存款   （500-1）499
　　贷：其他业务收入   8 000

借：其他业务成本   7 500
　　投资性房地产累计折旧 1 000
　　投资性房地产减值准备 500
　　贷：投资性房地产   9 000

（3）乙公司换入投资性房地产的入账价值=7 500+500=8 000（万元）；

乙公司因该交换影响损益的金额=7 500-6 000=1 500（万元）。

乙公司相关的会计分录为：

借：投资性房地产—成本   8 000
　　贷：交易性金融资产   6 000
　　　　银行存款   500
　　　　投资收益   1 500

五、综合题

【答案】

（1）属于非货币性资产交换。

理由：长期股权投资、固定资产、无形资产均属于非货币性资产；且本交易涉及的不含税补价金额=200+600-760=40（万元），支付补价的比例=40/（760+40）×100%=5%，小于25%。

（2）甲公司换入资产的入账价值总额=760+94-（200×9%+600×6%）=800（万元）；

换入固定资产的入账价值=800×200/（200+600）=200（万元）；

换入无形资产的入账价值=800×600/（200+600）=600（万元）。

会计分录：

借：固定资产   200
　　无形资产   600
　　应交税费—应交增值税（进项税额）
　　　　（200×9%+600×6%）54
　　长期股权投资减值准备 120
　　投资收益   120
　　贷：长期股权投资   1 000
　　　　银行存款   94

（3）乙公司换入长期股权投资的初始投资成本=200+600+200×9%+600×6%-94+12=772（万元）。

会计分录为：

借：固定资产清理   160
　　累计折旧   160
　　贷：固定资产   320

借：长期股权投资   772
　　累计摊销   120
　　银行存款   （94-12）82
　　资产处置损益   40
　　贷：无形资产   800
　　　　固定资产清理   160
　　　　应交税费—应交增值税（销项税额）（200×9%+600×6%）54

（4）长期股权投资的初始投资成本需要调整。

乙公司享有被投资单位可辨认净资产公允价值的份额=2 800×30%=840（万元）。

借：长期股权投资 （840-772）68
　　贷：营业外收入   68

本章知识串联

非货币性资产交换

概述 ★★★
- 货币性资产：持有的货币资金和收取固定或可确定金额的货币资金的权利
- 非货币性资产：货币性资产以外的资产（预付账款属于非货币性资产）
- 非货币性资产交换的认定
  - 不涉及货币性资产或只涉及少量货币性资产
  - 涉及补价时，补价比例应低于25%
- 不适用非货币性资产交换准则的情形
  - 交换中涉及存货时，换出存货的企业的处理
  - 交换中涉及金融资产时，金融资产的确认、终止确认和计量
  - 交换构成权益性交易时的处理

公允价值计量 ★★★
- 条件：交换具有商业实质且换入或换出资产的公允价值能够可靠计量
- 会计处理
  - 一般以换出资产的公允价值加减补价的公允价值为基础确认换入资产的入账价值
  - 换入资产公允价值更可靠的，以换入资产的公允价值为基础确认换入资产的入账价值
  - 为换入资产发生的相关税费计入换入资产的成本
  - 换出资产一般按其公允价值与账面价值的差额确认处置损益等

账面价值计量 ★★
- 条件：不具有商业实质或换入和换出资产的公允价值均不能可靠计量
- 会计处理
  - 一般以换出资产的账面价值加上所付补价的账面价值或减去所收补价的公允价值为基础确定换入资产的入账价值
  - 为换入资产支付的相关税费计入换入资产的成本
  - 不确认换出资产的处置损益

涉及多项资产的交换 ★★★
- 具有商业实质，资产公允价值能够可靠计量
  - 一般以换出资产的公允价值总额加减补价的公允价值确定换入资产的总成本
  - 换入的金融资产按公允价值入账
  - 换入资产总成本扣除金融资产公允价值后，一般按金融资产以外的其他资产的公允价值比例（其公允价值不能可靠计量时按其原账面价值比例）分摊
- 具有商业实质，换入资产公允价值更可靠
  - 以各项换入资产的公允价值和应付的相关税费计量换入资产成本
  - 按换出资产的公允价值比例（其公允价值不能可靠计量时按其账面价值比例）分摊换入资产的公允价值总额加减补价的公允价值，按各自的分摊额与账面价值的差额确认损益
- 不具有商业实质但换入资产公允价值能可靠计量
  - 换入资产的总成本以换出资产账面价值总额加上所付补价的账面价值或减去所收补价的公允价值为基础确定
  - 按换入资产的公允价值比例，将换入资产总成本分摊至各项换入资产
- 换入和换出资产的公允价值均不能可靠计量
  - 换入资产的总成本以换出资产的账面价值加上所付补价的账面价值或减去所收补价的公允价值为基础确定
  - 按换入资产原账面价值的比例等，将换入资产总成本分摊至各项换入资产

第十三章　债务重组

历年考情概况

本章为 2022 年考试新增内容，既可以以客观题形式考查，也可以与其他章节结合在主观题中考查，分值预计在 5~12 分，考点主要包括债务重组的界定、以资产抵债的会计处理、债务转为权益工具的会计处理、修改其他条款的会计处理等。

2022 年考试变化

本章为 2022 年考试新增内容。

考点详解及精选例题

一、债务重组的定义和重组方式

（一）债务重组的概念★★

债务重组，是指在不改变交易对手方的情况下，经债权人和债务人协定或法院裁定，就清偿债务的时间、金额或方式等重新达成协议的交易。

（1）如果出现第三方代偿债务或新建公司承接债务而形成的债务重组，应先考虑债权、债务是否终止确认，再考虑债务重组。

（2）只要在不改变交易对手的前提下，修改了偿债时间、金额或方式的，均定义为债务重组，债权人不一定让步。

【例题 1·多选题】2×21 年 7 月 31 日，甲公司应付乙公司的款项 420 万元到期，因经营陷于困境，预计短期内无法偿还。当日，甲公司就该债务与乙公司达成的下列偿债协议中，属于债务重组的有（　）。

A. 甲公司以公允价值为 410 万元的固定资产清偿

B. 甲公司以公允价值为 420 万元的长期股权投资清偿

C. 减免甲公司 220 万元债务，剩余部分甲公司延期两年偿还

D. 减免甲公司 220 万元债务，剩余部分甲公司现金偿还

解析 ▶ 甲乙之间的交易关系未发生改变，只要修改了偿债时间、金额或方式的，均应定义为债务重组。　**答案** ▶ ABCD

（3）债务重组所涉债权和债务，不包括合同资产、合同负债、预计负债，但包括租赁应收款和租赁应付款。

（4）债务重组中形成企业合并的，适用企业合并准则。

（5）债务重组构成权益性交易的，适用权益性交易的有关会计处理规定，债权人和债务人不确认构成权益性交易的债务重组相关损益。

①债务重组构成权益性交易的情形：债权人直接或间接对债务人持股，或者债务人直接或间接对债权人持股，且持股方以股东身份进行债务重组；债权人与债务人在债务

重组前后均受同一方或相同多方的最终控制，且该债务重组的交易实质是债权人或债务人进行了权益性分配或接受了权益性投入。

【例题 2·分析题】 甲公司是乙公司的股东，为了弥补乙公司临时性经营现金流短缺，甲公司向乙公司提供 1 000 万元无息借款，并约定了 6 个月后收回。借款期满时，尽管乙公司具有充足的现金流，甲公司仍然决定免除乙公司部分本金还款义务，仅收回 200 万元借款。

解析 ▶ 在此项交易中，如果甲公司不以股东身份而是以市场交易者身份参与交易，在乙公司具有足够偿债能力的情况下不会免除其部分本金。因此，此交易应定性为权益性交易，不确认债务重组相关损益。

『**拓展**』假设上例中债务人乙公司确实出现财务困难，其他债权人对其债务普遍进行了减半豁免，那么甲公司作为股东比其他债权人多豁免 300 万元债务的交易应当作为

权益性交易，正常豁免的 500 万元债务的交易应当确认为债务重组相关损益。

②企业应采用实质重于形式原则判断债务重组是否构成权益性交易。债权人对债务人的权益性投资通过其他人代持，债权人不具有股东身份，但实质上以股东身份进行债务重组，也构成权益性交易。

【例题 3·分析题】 甲公司与乙公司均属同一集团，且均为增值税一般纳税人。2×20 年 8 月 2 日甲公司就其所欠货款 300 万元与乙公司达成债务重组协议，即甲公司用一台设备抵债，设备原价 500 万元，已提累计折旧 260 万元，已提减值准备 11 万元，公允价值 400 万元，增值税税率 13%，乙公司对应收账款提过坏账准备 10 万元，当日该债权公允价值为 270 万元。假定该事项实质上构成权益性交易。不考虑其他因素，则甲、乙公司应如何进行账务处理？

解析 ▶ 甲、乙双方账务处理如下：

甲公司		乙公司	
借：固定资产清理	229		
累计折旧	260		
固定资产减值准备	11	借：固定资产	238
贷：固定资产	500	应交税费—应交增值税(进项税额)	52
借：应付账款	300	坏账准备	10
贷：固定资产清理	229	贷：应收账款	300
应交税费—应交增值税(销项税额)	52		
资本公积—股本溢价	19		

(二)债务重组的方式★

1. 债务人以资产清偿债务

用于偿债的常见资产包括现金、应收账款、长期股权投资、投资性房地产、固定资产、在建工程、生物资产和无形资产等。

特殊的还有用未确认的自创品牌清偿债务，以处置组(即一组资产和与这些资产直接相关的负债)清偿债务。

2. 债务人将债务转为权益工具

(1)如果债转股附带回购条款或强制分

红条款则不能定义为债务转权益工具的债务重组方式。

(2)以一项同时包含金融负债和权益工具成分的复合金融工具替换原债权债务，也不属于此方式。

3. 修改其他条款

调整债务本金、改变债务利息、变更还款期限等方式修改债权和债务条款，形成重组债权和重组债务。

4. 以上三种方式的组合，即混合重组

(三)债务重组中债权债务的终止确认 ★

1. 一般会计处理原则

(1)债权人在收取债权现金流量的合同权利终止时终止确认债权。

(2)债务人在债务的现时义务解除时终止确认债务。

2. 具体会计处理原则(见表 13-1)

表 13-1 债务重组中债权债务的终止确认会计处理原则

方式		终止确认时点	
		债权人	债务人
以资产偿债或债务转权益工具		拥有或控制相关资产时	通过交付资产或权益工具解除了清偿债务的现时义务时
修改其他条款	实质性修改 (修改前后现金流现值差异超过10%)	新债权替换旧债权	新债务替换旧债务
	非实质性修改 (未超过 10%)	无终止确认,而是基于原债权、债务作出修改	
组合方式		以上述方式的终止确认标准对应处理	

二、债务重组的会计处理

(一)以金融资产清偿债务 ★ ★

1. 会计处理原则(见表 13-2)

表 13-2 以金融资产清偿债务的会计处理原则

债务人	债权人
(1)以金融资产清偿债务的,债务人应当将重组债务的账面价值与偿债金融资产账面价值之间的差额,计入当期投资收益; (2)金融资产的其他综合收益转入投资收益或留存收益	以金融资产清偿债务的,债权人应当将重组债权的账面价值与收到的金融资产公允价值之间的差额,计入当期损益(投资收益)

2. 一般账务处理(见表 13-3)

表 13-3 以金融资产清偿债务的一般账务处理

债务人	债权人
借:应付账款 　债权投资减值准备等 　贷:库存现金/银行存款/交易性金融资产/债权投资/其他债权投资/其他权益工具投资等 　　投资收益 借:其他综合收益 　贷:投资收益/盈余公积、利润分配—未分配利润[或相反分录]	借:库存现金/银行存款/交易性金融资产/债权投资/其他债权投资/其他权益工具投资等[公允价值] 　投资收益[债务重组损益] 　坏账准备[已提准备] 　贷:应收账款[账面余额]

【例题 4·分析题】 甲公司 2×20 年 3 月 1 日就应收乙公司的债权 100 万元进行债务重组，双方约定，由乙公司以持有的丙公司的股票抵债，乙公司将其作为交易性金融资产核算，债务重组当天该股票投资的账面余额为 60 万元，公允价值为 80 万元，甲公司已提坏账准备 9 万元，此应收账款债务重组当日的公允价值为 85 万元，甲公司将取得的丙公司股票指定为以公允价值计量且其变动计入其他综合收益的金融资产。假定不考虑相关税费，则甲、乙公司应如何进行账务处理？

解析 ▶ 甲、乙双方账务处理如下：

甲公司	乙公司
借：其他权益工具投资　　　　　80 　　投资收益　　　　　　　　　11 　　坏账准备　　　　　　　　　9 　　贷：应收账款　　　　　　　　　100	借：应付账款　　　　　　　　　100 　　贷：交易性金融资产　　　　　　60 　　　　投资收益　　　　　　　　40

『拓展 1』如果乙公司将持有的丙公司股票作为其他权益工具投资核算，假定债务重组时其他综合收益累计净增 10 万元，双方计提盈余公积比例均为 10%，其他条件不变，则相关账务处理如下：

甲公司	乙公司
借：其他权益工具投资　　　　　80 　　投资收益　　　　　　　　　11 　　坏账准备　　　　　　　　　9 　　贷：应收账款　　　　　　　　　100	借：应付账款　　　　　　　　　100 　　贷：其他权益工具投资　　　　　60 　　　　投资收益　　　　　　　　40 借：其他综合收益　　　　　　　10 　　贷：盈余公积　　　　　　　　　1 　　　　利润分配—未分配利润　　　9

『拓展 2』如果乙公司持有的是丙公司的债券，且作为其他债权投资核算，假定债务重组时其他综合收益累计净增 10 万元，甲公司取得后将其作为债权投资核算，其他条件不变，则相关账务处理如下：

甲公司	乙公司
借：债权投资　　　　　　　　　80 　　投资收益　　　　　　　　　11 　　坏账准备　　　　　　　　　9 　　贷：应收账款　　　　　　　　　100	借：应付账款　　　　　　　　　100 　　贷：其他债权投资　　　　　　　60 　　　　投资收益　　　　　　　　40 借：其他综合收益　　　　　　　10 　　贷：投资收益　　　　　　　　　10

（二）以非金融资产清偿债务 ★★★

【案例引入 1】 2×20 年 6 月 18 日，甲公司向乙公司销售一批商品，应收乙公司款项的入账金额为 95 万元。甲公司将该应收款项分类为以摊余成本计量的金融资产，乙公司将该应付账款分类为以摊余成本计量的金融负债。2×20 年 10 月 18 日，双方签订债务重组合同，乙公司以一项作为无形资产核算的非专利技术偿还该欠款。该无形资产的账面余额为 100 万元，累计摊销 10 万元，已提减值准备 2 万元。10 月 22 日，双方办理完成该无形资产转让手续，甲公司支付评估费用 4 万元，当日，甲公司应收款项的公允价值为 87 万元，已提坏账准备 7 万元，乙公司应付款项的账面价值为 95 万元，假定不考虑相关税费。甲、乙公司应如何进行账务处理？

解析 ▶ 2×20 年 10 月 22 日双方账务处理如下：

债务人（乙公司）	债权人（甲公司）	
	借：无形资产	91
	坏账准备	7
	投资收益	1
	贷：应收账款	95
	银行存款	4
借：应付账款　95		
累计摊销　10	『拓展』 假定甲公司受让非专利技术后将在半年内将其出售，当日无形资产公允价值为 87 万元，预计未来出售该非专利技术时将发生 1 万元的出售费用，该非专利技术满足持有待售资产确认条件，则甲公司账务处理应改为：	
无形资产减值准备　2	借：持有待售资产—无形资产	
贷：无形资产　100	［以初始计量 91 万元与公允价值减去出售费用后的净额 86 万元孰低口径计量］	
其他收益　7	(87-1)86	
	坏账准备	7
	资产减值损失	6
	贷：应收账款	95
	银行存款	4

【案例引入 2】 甲、乙公司为增值税一般纳税人，适用的增值税税率为 13%、消费税税率为 3%。2×20 年 2 月 1 日，甲公司因购买商品而欠乙公司购货款及税款合计 200 万元。由于甲公司财务发生困难，不能按照合同规定支付货款。于 2×20 年 10 月 1 日，双方经协商，甲公司以其生产的产品偿还债务，该产品的公允价值 110 万元，成本 120 万元，已计提存货跌价准备 18 万元。乙公司接受甲公司以产品偿还债务时，将该产品作为库存商品入库；乙公司对这项应收账款计提了 11 万元的坏账准备。2×20 年 10 月 1 日此应收账款的公允价值为 179 万元。甲、乙公司应如何进行账务处理？

解析 ▶ 2×20 年 10 月 1 日双方账务处理如下：

债务人（甲公司）		债权人（乙公司）	
借：应付账款	200	借：库存商品　(179-14.3)164.7	
存货跌价准备	18	应交税费—应交增值税（进项税额）　14.3	
贷：库存商品	120	坏账准备　11	
应交税费—应交增值税（销项税额）	14.3	投资收益　10	
—应交消费税	3.3	贷：应收账款　200	
其他收益	80.4		

【案例引入 3】 甲公司与乙公司均为增值税一般纳税人，适用的增值税税率为 13%。2×20 年 2 月 1 日，乙公司销售一批商品给甲公司，形成应收款 250 万元。由于甲公司发生财务困难，不能按合同规定支付货款，2×20 年 8 月 1 日，经与乙公司协商，乙公司同意甲公司以一台生产设备偿还债务。该设备的账面原价为 300 万元，已提折旧 140 万元，计提的减值准备为 15 万元，甲公司支付清理费用 1 万元。该设备公允价值为 200 万元（等于计税价格）。该应收账款在 2×20 年 8 月 1 日的公允价值为 230 万元，乙公司计提坏账准备 13 万元，假定不考虑其他相关税费。甲、乙公司应如何进行账务处理？

解析 ▶ 2×20 年 8 月 1 日双方账务处理如下：

债务人（甲公司）		债权人（乙公司）	
(1)借：固定资产清理	145		
累计折旧	140		
固定资产减值准备	15	借：固定资产　　　　　　（230−26）204	
贷：固定资产	300	应交税费—应交增值税（进项税额）　26	
(2)借：固定资产清理	1	投资收益　　　　　（250−13−230）7	
贷：银行存款	1	坏账准备　　　　　　　　　　　13	
(3)借：应付账款	250	贷：应收账款　　　　　　　　　　250	
贷：固定资产清理	146		
应交税费—应交增值税（销项税额）	26		
其他收益	78		

【理论总结】

1. 会计处理原则（见表 13-4）

表 13-4　以非金融资产清偿债务的会计处理原则

项目	会计处理原则
债务人	(1)以非金融资产清偿债务的，债务人应当将所清偿债务的账面价值与转让非金融资产账面价值之间的差额，计入当期其他收益。 (2)债务人以包含非金融资产的处置组清偿债务的，应当将［债务账面价值−（处置组中的账面资产−账面负债）］的差额计入其他收益，转出的处置组的账面价值应包括分摊至处置组的商誉
债权人	(1)以放弃债权的公允价值加上直接归属于该资产的相关税费，推定非金融资产的入账价值。 (2)受让多项非金融资产，或包括金融资产、非金融资产在内的多项资产的，以债务重组合同生效日非金融资产公允价值所占比例来分拆放弃债权在合同生效日的公允价值扣除受让金融资产当日的公允价值后的净额。 (3)债务人以处置组抵债的，债权人应按如下顺序处理： ①先按公允价值确认处置组中的金融资产和负债； ②再按［放弃债权的公允价值−（处置组中金融资产公允价值−负债的公允价值）］的差额，以各项非金融资产公允价值所占比例为标准，推定各项非金融资产成本。 (4)放弃债权的公允价值与账面价值的差额，计入投资收益。 (5)债权人将受让的资产或处置组划分为持有待售类别的，在初始计量时，应比较假定其划分为持有待售类别情况下的初始计量金额和公允价值减去出售费用后的净额，以两者孰低计量

2. 一般账务处理（见表 13-5）

表 13-5　以非金融资产清偿债务的一般账务处理

项目	一般账务处理
债务人	借：应付账款 　　××准备 　　贷：××资产 　　　　应交税费—应交增值税（销项税额） 　　　　　　　　—应交消费税 　　　　其他收益

续表

项目	一般账务处理
债权人	借：换入的非金融资产[放弃债权的公允价值-换入非金融资产的进项税+相关税费] 应交税费—应交增值税（进项税额） 坏账准备 投资收益[应收账款账面价值-应收账款公允价值] 贷：应收账款[账面余额]

【关键考点】债务人的测试重点是债务重组损益额的计算，债权人的测试重点是受让非金融资产入账成本的计算及债务重组损失额的计算。

【例题 5 · 多选题】甲公司应收乙公司货款 2 000 万元，因乙公司财务困难到期未予偿付，甲公司就该项债权计提了 400 万元的坏账准备。2×20 年 6 月 10 日，双方签订协议，约定以乙公司生产的 100 件 A 产品抵偿该债务。乙公司 A 产品市场售价为 13 万元/件（不含增值税），成本为 10 万元/件；6 月 20 日，乙公司将抵债产品运抵甲公司并向甲公司开具了增值税专用发票。甲公司将取得的 A 产品依然当作存货。甲、乙公司均为增值税一般纳税人，适用的增值税税率均为 13%。此应收账款在 2×20 年 6 月 20 日的公允价值为 1 900 万元，则在不考虑其他因素的前提下，如下指标正确的有（　　）。

A. 甲公司换入商品的入账成本为 1 731 万元

B. 甲公司债务重组收益 300 万元

C. 乙公司商品转让收益为 300 万元

D. 乙公司债务重组收益为 831 万元

解析 ▶ 双方债务重组的账务处理如下：

甲公司	乙公司
借：库存商品 （1 900-1 300×13%）1 731 　应交税费—应交增值税（进项税额） 169 　坏账准备 400 　贷：应收账款 2 000 　　投资收益 300	借：应付账款 2 000 　贷：库存商品 1 000 　　应交税费—应交增值税（销项税额）169 　　其他收益 831

答案 ▶ ABD

【例题 6 · 单选题】甲公司与乙公司均为增值税一般纳税人，因乙公司无法偿还到期货款，经协商，甲公司同意乙公司以库存商品偿还其所欠全部债务。债务重组合同生效日，甲公司应收乙公司债权的账面余额为 2 000 万元，已计提坏账准备 1 500 万元，此应收账款于当日的公允价值为 650 万元。乙公司用于偿债商品的账面价值为 480 万元，公允价值为 600 万元，增值税税额为 78 万元，不考虑其他因素，甲公司上述交易应贷记"投资收益"（　　）万元。

A. 196　　　　　　B. 0

C. 150　　　　　　D. 1 400

解析 ▶ 甲公司的账务处理如下：

借：库存商品 （650-78）572
　　应交税费—应交增值税（进项税额）78
　　坏账准备 1 500
　贷：应收账款 2 000
　　投资收益 150

答案 ▶ C

（三）债务转为权益工具方式★★

【案例引入】2×21 年 4 月 3 日，甲股份有限公司因购买材料而欠乙公司购货款及税款合计为 500 万元，由于甲公司无法偿付应付账款，2×21 年 7 月 2 日经双方协商同意，甲公司以普通股偿还债务，假设普通股每股面值为 1 元，股票市价为每股 2.5 元，甲公司以 120 万股偿还该项债务，假定无相关税费。2×21 年 12 月 31 日办理完毕增资手续，乙公司对应收账款提取坏账准备 40 万元，此应收账款在 12 月 31 日的公允价值为 270 万元。假定乙公司将债权转为股权后，将股权确认为长期股权投资并按照权益法核算。假定不考虑其他因素。甲、乙公司应如何进行账务处理？

解析 ▶（1）甲公司 2×21 年 12 月 31 日账务处理：

借：应付账款　　　　　　　　500

贷：股本　　　　　　　　　　　　120
　　资本公积—股本溢价
　　　　　　（120×2.5-120）180
　　投资收益　　　　　　　　200

（2）乙公司 2×21 年 12 月 31 日的账务处理：

借：长期股权投资　　　　　　270
　　坏账准备　　　　　　　　 40
　　投资收益　　　　　　　　190
　　贷：应收账款　　　　　　　　500

【理论总结】

1. 会计处理原则（见表 13-6）

表 13-6　债务转为权益工具方式的会计处理原则

项目	会计处理原则
债务人	(1) 首选权益工具的公允价值计量； (2) 如权益工具的公允价值不能可靠计量的，应当按照所清偿债务的公允价值计量； (3) 所偿债务账面价值与权益工具确认金额之间的差额，记入"投资收益"科目； (4) 发行费用应依次冲减"资本公积—股本溢价""盈余公积""利润分配—未分配利润"
债权人	(1) 股权比例达不到重大影响，参照受让金融资产的会计处理； (2) 达到了重大影响或者共同控制，入账价值是放弃债权的公允价值加相关税费； (3) 形成企业合并，参照合并的相关准则进行处理

2. 一般账务处理（见表 13-7）

表 13-7　债务转为权益工具方式的一般账务处理

项目	一般账务处理
债务人	借：应付账款 　　贷：股本或实收资本 　　　　资本公积—股本溢价或资本溢价 　　　　[权益工具确认金额-股本额-发行费用] 　　　　①首选权益工具的公允价值； 　　　　②再选债务的公允价值 　　投资收益[所偿债务的账面价值与权益工具的确认金额之间的差额] 另行支付发行费用时： 借：资本公积—股本溢价、盈余公积、利润分配—未分配利润 　　贷：银行存款
债权人	借：交易性金融资产/其他权益工具投资/长期股权投资 　　坏账准备 　　投资收益[或贷记] 　　贷：应收账款

【关键考点】债转股方式下债务重组的测试重点是债务重组损益的计算及债务人资本公积的认定。至于债权人换入股权投资的入账成本计算则按照放弃债权的公允价值加相关税费确认入账成本（权益法）；形成企业合并的，按照企业合并进行处理；取得股权作为金融资产核算的，按照当日该金融资产的公允价值确认。

【例题 7·分析题】2×19 年 2 月 10 日，甲公司从乙公司购买一批材料，约定 6 个月后甲公司应结清款项 100 万元(假定无重大融资成分)。乙公司将该应收款项分类为以公允价值计量且其变动计入当期损益的金融资产,甲公司将该应付款项分类为以摊余成本计量的金融负债。2×19 年 8 月 12 日,甲公司因无法支付货款与乙公司协商进行债务重组,双方商定乙公司将该债权转为对甲公司的股权投资。10 月 20 日,乙公司办结了对甲公司的增资手续,甲公司和乙公司分别支付手续费等相关费用 1.5 万元和 1.2 万元。债转股后甲公司总股本为 100 万元,乙公司

持有的抵债股权占甲公司总股本的 25%,对甲公司具有重大影响,甲公司股权公允价值不能可靠计量。甲公司应付款项的账面价值仍为 100 万元。2×19 年 6 月 30 日,应收款项和应付款项的公允价值均为 85 万元,2×19 年 8 月 12 日,应收款项和应付款项的公允价值均为 76 万元,2×19 年 10 月 20 日,应收款项和应付款项的公允价值仍为 76 万元。假定不考虑相关税费。甲、乙公司应如何进行账务处理?

解析 ▶ 双方账务处理如下:

债权人	6 月 30 日	借:公允价值变动损益 　　贷:交易性金融资产	15 15
	8 月 12 日	借:公允价值变动损益 　　贷:交易性金融资产	9 9
	10 月 20 日	借:长期股权投资 　　贷:交易性金融资产 　　　　银行存款	77.2 76 1.2
债务人	10 月 20 日	由于甲公司股权的公允价值不能可靠计量,初始确认权益工具的公允价值应当以所清偿债务的公允价值 76 万元计量,并扣除发行权益工具支出的相关税费 1.5 万元,具体处理如下: 借:应付账款 　　贷:股本 　　　　资本公积——资本溢价 　　　　银行存款 　　　　投资收益	 100 25 (76-1.5-25)49.5 1.5 24

(四)修改其他债务条件的会计处理原则(见表 13-8) ★★

表 13-8　修改其他债务条件的会计处理原则

项目	会计处理原则
债务人	(1)如果修改其他条款导致债务终止确认,债务人应当按照公允价值计量重组债务,终止确认的债务账面价值与重组债务确认金额之间的差额,记入"投资收益"科目; (2)如果修改其他条款未导致债务终止确认,或者仅导致部分债务终止确认,对于未终止确认的部分债务,债务人应当根据其分类,继续以摊余成本、以公允价值计量且其变动计入当期损益或其他适当方法进行后续计量。 对于以摊余成本计量的债务,债务人应当根据重新议定合同的现金流量变化情况,重新计算该重组债务的账面价值,并将相关利得或损失记入"投资收益"科目。 重新计量的该重组债务的账面价值,应当根据将重新议定或修改的合同现金流量按债务的原实际利率折现的现值确定。 对于修改或重新议定合同所产生的成本或费用,债务人应当调整修改后的重组债务的账面价值,并在修改后重组债务的剩余期限内摊销

续表

项目	会计处理原则
债权人	（1）如果修改其他条款导致全部债权终止确认，债权人应当按照修改后的条款以公允价值初始计量新的金融资产，新金融资产的确认金额与债权终止确认日账面价值之间的差额，记入"投资收益"科目； （2）如果修改其他条款未导致债权终止确认，债权人应当根据其分类，继续以摊余成本、以公允价值计量且其变动计入其他综合收益，或者以公允价值计量且其变动计入当期损益进行后续计量。 对于以摊余成本计量的债权，债权人应当根据重新议定合同的现金流量变化情况，重新计算该重组债权的账面余额，并将相关利得或损失记入"投资收益"科目。 重新计量的该重组债权的账面余额，应当根据将重新议定或修改的合同现金流量按债权的原实际利率折现的现值确定。 对于修改或重新议定合同所产生的成本或费用，债权人应当调整修改后的重组债权的账面价值，并在修改后重组债权的剩余期限内摊销

【例题 8·分析题】 A 公司为上市公司，2×16 年年初 A 公司取得 B 银行贷款 5 000 万元，约定贷款期限为 4 年（即 2×19 年年末到期），年利率 6%，按年付息，A 公司已按时支付所有利息。2×19 年年末 A 出现严重资金周转问题，多项债务违约，信用风险增加，无法偿还贷款本金。2×20 年 1 月 10 日 B 银行同意与 A 公司就该项贷款重新达成协议，新协议约定：

（1）A 公司将一项作为固定资产核算的房产转让给 B 银行，用于抵偿债务本金 1 000 万元，该房产账面原价 1 200 万元，累计折旧 400 万元，未计提减值准备；

（2）A 公司向 B 银行增发股票 500 万股，面值 1 元/股，占 A 公司股份总额的 1%，用于抵偿债务本金 2 000 万元，A 公司股票于 2×20 年 1 月 10 日的收盘价为 4 元/股；

（3）在 A 公司履行上述偿债义务后，B 银行免除 A 公司 500 万元债务本金，并将尚未偿还的债务本金 1 500 万元展期至 2×20 年年末，年利率 8%。

如果 A 公司未能履行（1）（2）所述偿债义务，B 银行有权终止债务重组协议，尚未履行的债权调整承诺随之失效。

B 银行以摊余成本计量该贷款，已计提贷款损失准备 300 万元。该贷款于 2×20 年 1 月 10 日的公允价值为 4 600 万元，予以展期的贷款的公允价值为 1 500 万元。2×20 年 3 月 2 日，双方办理完成房产转让手续，B 银行将该房产作为投资性房地产核算。2×20 年 3 月 31 日，B 银行为该笔贷款补提了 100 万元的损失准备。2×20 年 5 月 9 日，双方办理完成股权转让手续，B 银行将该股权投资分类为以公允价值计量且其变动计入当期损益的金融资产，A 公司股票当日收盘价为 4.02 元/股。

A 公司以摊余成本计量该贷款，截至 2×20 年 1 月 10 日，此贷款的账面价值为 5 000 万元，假定不考虑相关税费。A、B 公司应如何进行账务处理？

解析 双方账务处理如下：

时间	债务人		债权人	
3月2日	借：固定资产清理 　　累计折旧 　　贷：固定资产 借：长期借款—本金 　　贷：固定资产清理	800 400 　　1 200 800 　　800	借：投资性房地产 　　贷：贷款—本金	1 100 　　1 100

续表

时间	债务人	债权人
3月31日	—	借：信用减值损失　　　　　100 　贷：贷款损失准备　　　　　　100
5月9日	(1)借款的新现金流量现值=1 500×(1+8%)/(1+6%)≈1 528.3(万元)； (2)现金流的变化=(1 528.3-1 500)/1 500×100%≈1.89%<10%； (3)不构成实质性修改，不终止确认此负债； (4)账务处理如下： 借：长期借款——本金　　　　4 200 　贷：股本　　　　　　　　　　500 　　资本公积　　　　　　　　1 510 　　长期借款——本金　　　　1 528.3 　　其他收益　　　　　　　　661.7	借：交易性金融资产　　　　2 010 　贷款——本金　　　　　　1 500 　贷款损失准备　　　　　　　400 　贷：贷款——本金　　　　　3 900 　　投资收益　　　　　　　　　10

(五)以组合方式进行债务重组的会计处理原则(见表13-9)★★

表13-9　组合方式债务重组的会计处理原则

项目	会计处理原则
债权人	(1)以公允价值初始计量新的金融资产和受让的新金融资产； (2)确定重组债权的公允价值； (3)按非金融资产的公允价值所占比例分拆合同生效日所放弃债权公允价值扣除(1)(2)后的金额； (4)放弃债权的公允价值与账面价值之间的差额记入"投资收益"科目
债务人	(1)对于权益工具，按其公允价值计量，如不能可靠计量时，应以所偿债务的公允价值计量； (2)确定重组债务额； (3)所偿债务的账面价值-(1)-(2)-转让资产的账面价值=其他收益或投资收益(仅涉及金融工具时)

【例题9·分析题】 2×19年11月5日，甲公司向乙公司赊购一批材料，含税价为234万元，2×20年9月10日，甲公司因发生财务困难，无法按合同约定偿还债务，双方协商进行债务重组。乙公司同意甲公司用其生产的商品、作为固定资产管理的机器设备和一项债券投资抵偿债务。当日该债权的公允价值为210万元，甲公司用于抵债的商品市价为90万元，抵债设备的公允价值为75万元，用于抵债的债券投资市价为23.55万元。抵债资产于2×20年9月20日转让完毕，甲公司发生设备运输费用0.65万元，乙公司发生设备安装费用1.5万元。乙公司以摊余成本计量此债权，2×20年9月20日，乙公司对该债权已计提了19万元的坏账准备，债券投资市价为21万元，乙公司将受让的商品、设备和债券投资分别作为低值易耗品、固定资产和以公允价值计量且其变动计入当期损益的金融资产核算。甲公司以摊余成本计量该项债务。2×20年9月20日甲公司用于抵债的商品成本为70万元，抵债设备的原价为150万元，累计折旧为40万元，已提减值准备18万元；甲公司以摊余成本计量用于抵债的债券投资，债券票面价值总额为15万元，票面利率与实际利率一致，按年付息，当日此债务的账面价值仍为234万元。

甲公司和乙公司均为增值税一般纳税人，增值税税率为13%，经税务机关认定，该项交易中商品计税价格为90万元，设备的计税价格为 75 万元，不考虑其他税费。甲、乙公司应如何进行账务处理？

解析 双方账务处理如下：

债务人	债权人
（1）借：固定资产清理　　　　　　　92 　　　　累计折旧　　　　　　　　40 　　　　固定资产减值准备　　　　18 　　　　贷：固定资产　　　　　　　　　150 （2）借：固定资产清理　　　　　　0.65 　　　　贷：银行存款　　　　　　　　0.65 （3）借：应付账款　　　　　　　　234 　　　　贷：固定资产清理　　　　　92.65 　　　　　　库存商品　　　　　　　70 　　　　　　应交税费—应交增值税（销项税额）21.45 　　　　　　债权投资　　　　　　　15 　　　　　　其他收益　　　　　　34.9	（1）低值易耗品的入账成本 = 90/（90 + 75）×（210 - 23.55-90×13%-75×13%）= 90（万元）； （2）固定资产的入账成本 = 75/（90 + 75）×（210 - 23.55-90×13%-75×13%）= 75（万元）； （3）2×20 年 9 月 20 日乙公司账务处理如下： 借：周转材料—低值易耗品　　　　　　90 　　在建工程　　　　　　　　　　　75 　　应交税费—应交增值税（进项税额）21.45 　　交易性金融资产　　　　　　　　21 　　坏账准备　　　　　　　　　　　19 　　投资收益　　　　　　　　　　7.55 　　贷：应收账款　　　　　　　　　234 借：在建工程　　　　　　　　　　1.5 　　贷：银行存款　　　　　　　　　1.5 借：固定资产　　　　　　　　　76.5 　　贷：在建工程　　　　　　　　76.5

【例题 10·多选题】 甲公司与乙公司为增值税一般纳税人，增值税税率为 13%，甲公司欠乙公司货款 1 500 万元，因甲公司发生财务困难，无法偿还已逾期的欠款，为此，甲公司与乙公司协商一致，于 2×17 年 6 月 4 日签订债务重组协议：甲公司以其拥有的账面原价 1 000 万元、累计折旧 350 万元、公允价值为 700 万元的设备，以及账面余额为 500 万元、公允价值为 600 万元的库存商品抵偿乙公司货款 1 350 万元，半年后再偿还剩余的 150 万元，双方已于 2×17 年 6 月 30 日办理了相关资产交接手续，当日乙公司应收账款的公允价值为 1 400 万元，乙公司

已提坏账准备 70 万元；假定剩余债务现金流量与公允价值相等，均为 150 万元。甲乙公司不存在关联方关系，乙公司取得非金融资产后保持原使用状态，不考虑其他因素，下列各项关于双方债务重组的表述中，正确的有（　　）。

A. 甲公司确认 31 万元的其他收益

B. 乙公司确认投资收益-30 万元

C. 甲公司抵债设备按公允价值与其账面价值的差额 50 万元确认处置利得

D. 甲公司抵债库存商品按公允价值 600 万元确认营业收入

解析 双方债务重组处理如下：

甲公司	乙公司
（1）借：固定资产清理　　　　　　650 　　　　累计折旧　　　　　　　　350 　　　　贷：固定资产　　　　　　　1 000 （2）借：应付账款　　　　　　　1 500 　　　　贷：应付账款　　　　　　　150 　　　　　　固定资产清理　　　　650 　　　　　　库存商品　　　　　　500 　　　　　　应交税费—应交增值税（销项税额）169 　　　　　　其他收益　　　　　　31	借：固定资产 　　{（1 400-150-169）×[700/（700+600）]}582.08 　　库存商品 　　{（1 400-150-169）×[600/（700+600）]}498.92 　　应交税费—应交增值税（进项税额）169 　　坏账准备　　　　　　　　　　70 　　应收账款　　　　　　　　　150 　　投资收益　　　　　　　　　　30 　　贷：应收账款　　　　　　　1 500

答案 ▶ AB

扫我做试题

同步训练

限时 60min

一、单项选择题

1. 下列事项中不属于债务重组的是( )。

   A. 债权人将债权转移给债务人以外的第三方

   B. 债权人同意债务人用与债务等值的金融资产抵偿到期债务

   C. 债务人以低于债务账面价值的现金还款，剩余款项无须偿还

   D. 债权人同意债务人将债务延期支付

2. 下列不属于债务重组方式的是( )。

   A. 债务人以资产清偿债务

   B. 债务人将债务转为权益工具

   C. 债务人按约定期限以等额现金偿还所欠债务

   D. 修改其他条款

3. 2×21 年 1 月 10 日，甲公司就一笔长期借款与乙银行协商进行债务重组，乙银行同意免除积欠利息 300 万元及本金 200 万元，当日甲公司偿还本金 100 万元，并将尚未偿还的债务本金 1 200 万元的到期日延长至 2×21 年 12 月 31 日，年利率由 10% 降至 8%，利息按年支付。当日，该贷款的本金为 1 500 万元，公允价值为 1 300 万元，予以展期的乙银行贷款的公允价值为 1 200 万元。乙银行和甲公司对该债权债务均以摊余成本计量，乙银行已计提贷款损失准备 200 万元。不考虑其他因素，乙银行债务重组日应确认投资收益的金额为( )万元。

   A. −500   B. 400

   C. 0   D. −300

4. 接上题，甲公司因该债务重组影响损益的金额为( )万元。

   A. 200   B. 521. 82

   C. 500   D. 621. 82

5. 债务人以包括金融资产和非金融资产在内的多项资产清偿债务的，应将所清偿债务账面价值与转让资产账面价值之间的差额计入( )。

   A. 其他收益   B. 资本公积

   C. 营业外支出 D. 投资收益

二、多项选择题

1. 下列关于债务人以金融资产清偿债务的相关论断中，错误的有( )。

   A. 以金融资产清偿债务的，债务人应当将债务的账面价值与转让金融资产账面价值之间的差额记入"投资收益"科目

   B. 债务人以其他权益工具投资清偿债务的，其持有期间产生的"其他综合收益"应在重组日转入留存收益

   C. 债务人以交易性金融资产清偿债务的，其持有期间产生的"公允价值变动损益"应在重组日转入"投资收益"

   D. 以金融资产清偿债务的，债权人应当将放弃债权的公允价值与收到的金融资产公允价值之间的差额，计入当期投资收益

2. 甲公司因赊购商品欠乙公司款项 110 万元，因资金困难，无法如期偿付，双方约定以甲公司持有的丙公司 1% 的股份抵债，甲公司将此股份指定为其他权益工具投资。债务重组日，此投资的账面余额为 50 万元，公允价值为 80 万元，甲公司持有期间形成的其他综合收益为 10 万元。乙公司已对该应收账款计提了 6 万元的坏账准备，该应收账款重组当日的公允价值为 99 万元，乙公司取得此股份后定义为

交易性金融资产。假定不考虑相关税费，下列有关指标计算中正确的有( )。

A. 甲公司认定 60 万元的投资收益

B. 乙公司认定 24 万元的投资损失

C. 甲公司因此业务最终导致所有者权益增加 60 万元

D. 乙公司按 80 万元认定交易性金融资产的初始成本

3. 甲公司与丁公司均为增值税一般纳税人，甲公司 2×22 年 5 月 1 日因赊销商品形成对丁公司应收账款 700 万元，因丁公司经营失败，到期无力偿付，2×23 年 2 月 1 日双方签订债务重组协议，约定丁公司以厂房抵债。当日丁公司与甲公司办理了房产转让手续，厂房账面原价为 600 万元，已计提折旧 100 万元，已计提减值准备 50 万元，公允价值为 530 万元，增值税税率为 9%，丁公司支付了清理费用 3 万元。甲公司取得厂房后作为固定资产核算。甲公司对此应收账款已计提坏账准备 11 万元，该应收账款重组当日的公允价值为 630 万元。甲公司支付了厂房过户手续费 6 万元。不考虑其他因素，下列指标计算正确的有( )。

A. 甲公司债务重组形成投资损失 59 万元

B. 丁公司债务重组形成其他收益 199.3 万元

C. 甲公司固定资产入账成本为 530 万元

D. 丁公司固定资产清理利得为 77 万元

4. 甲公司与乙公司均为增值税一般纳税人，甲公司 2×22 年 1 月 1 日因赊销商品形成对乙公司应收账款 200 万元，因乙公司经营失败，到期无力偿付，2×23 年 2 月 1 日双方签订债务重组协议，约定乙公司以库存商品抵债。当日乙公司将商品运达甲公司指定位置，商品账面余额为 130 万元，已计提存货跌价准备 50 万元，公允价值为 120 万元，增值税税率为 13%，消费税税率为 5%。甲公司对此应收账款已计提坏账准备 8 万元，该应收账款重组当日的

公允价值为 110 万元。不考虑其他因素，下列指标计算正确的有( )。

A. 甲公司债务重组形成投资损失 82 万元

B. 乙公司债务重组形成其他收益 98.4 万元

C. 甲公司库存商品入账成本为 120 万元

D. 乙公司商品转让收益为 34 万元

5. M 公司与乙公司均为增值税一般纳税人，M 公司 2×22 年 11 月 1 日因赊购商品形成对乙公司欠账 400 万元，因 M 公司经营失败，到期无力偿付，2×23 年 6 月 1 日双方签订债务重组协议，约定 M 公司以商标权抵债。2×23 年 6 月 1 日双方就商标权转让办妥了手续，商标权的账面余额为 500 万元，已计提摊销 100 万元，已计提减值准备 60 万元，公允价值为 360 万元，增值税税率为 6%。乙公司对此应收账款已计提坏账准备 18 万元，该应收账款重组当日的公允价值为 340 万元。不考虑其他因素，下列指标计算正确的有( )。

A. 乙公司债务重组形成投资损失 42 万元

B. M 公司债务重组形成其他收益 38.4 万元

C. 乙公司无形资产入账成本为 318.4 万元

D. M 公司商标权转让利得 20 万元

6. 2×22 年 4 月 3 日，甲公司因购买材料而欠乙公司价税款合计 400 万元，因经营失败，甲公司无力偿付，于 2×23 年 6 月 1 日双方协商进行债务重组，协议内容为，甲公司以定向增发 100 万股普通股方式偿还债务，每股面值为 1 元，每股市价为 3.1 元。2×23 年 12 月 1 日办理完毕增资手续，甲公司支付了 7 万元的发行费用，乙公司支付了 11 万元的交易费用。12 月 1 日，甲公司普通股每股市价为 3.2 元；乙公司已对应收账款计提坏账准备 12 万元，该应收账款在 12 月 1 日的公允价值为 340 万元。乙公司将取得的甲公司股权确认为其他权益工具投资。不考虑其他因素，下列相关指标中计算正确的有( )。

A. 甲公司债务重组形成投资收益 80 万元

B. 乙公司其他权益工具投资的入账成本为 331 万元

C. 甲公司股本溢价为 213 万元

D. 乙公司债务重组形成投资损失 68 万元

三、判断题

1. 企业行使持有的可转换公司债券的转股权，转为对债务人持股，属于债务重组。（　）

2. 债权人受让非金融资产的，应按照放弃债权的账面价值与相关税费之和确定其入账价值。（　）

3. 以多项资产清偿债务的，债权人应按照受让的各项非金融资产在债务重组合同生效日的公允价值比例，对放弃债权在合同生效日的公允价值扣除受让金融资产当日公允价值后的净额进行分配，以此为基础确定各项换入资产的成本。（　）

4. 债权人和债务人通过修改其他条款的方式进行债务重组的，重组债务未来现金流量现值与原债务的剩余期间现金流量现值之间的差异超过10%的，表明合同条款作出了实质性修改。（　）

5. 以组合方式进行债务重组的，债务人所清偿债务的账面价值与转让资产的账面价值以及权益工具和重组债务的确认金额之和的差额，均记入"投资收益"科目。（　）

四、计算分析题

1. 甲公司、乙公司和丙公司 2×17 年至 2×18 年发生如下业务：

资料一：2×17 年 12 月乙公司赊销给甲公司一批商品，含税价款是 1 500 万元。2×18 年 7 月 10 日，因甲公司财务困难，无法支付货款，乙公司与甲公司协商进行债务重组。

(1)债务重组协议约定：甲公司以一项债券投资和一批库存商品抵偿所欠债务，用于抵债的库存商品账面价值为 400 万元，已计提存货跌价准备 50 万元，公允价值

为 360 万元；用于抵债的债券投资，甲公司将其分类为以公允价值计量且其变动计入其他综合收益的金融资产，账面价值为 1 000 万元(初始取得时成本为 920 万元，公允价值变动金额为 80 万元)，公允价值为 950 万元。当日办理完毕资产转移手续。

(2)乙公司将该债权分类为以摊余成本计量的金融资产，债务重组前已计提减值准备 498.6 万元，2×18 年 7 月 10 日该债权的公允价值为 1 398.6 万元。

(3)乙公司取得用于抵债的商品后作为存货管理，取得金融资产后，根据管理该投资的业务模式及其现金流量特征，将其划分为以摊余成本计量的金融资产。

(4)甲公司将该应付账款分类为以摊余成本计量的金融负债。甲公司与乙公司均为增值税一般纳税人，甲公司用于抵债的库存商品适用的增值税税率为13%。

资料二：丙公司是甲公司的母公司，丙公司应收甲公司货款 1 100 万元。2×18 年 12 月 1 日，甲公司与丙公司签订债务重组协议，协议约定丙公司豁免甲公司所欠 1 000 万元货款，剩余货款于 2×18 年 12 月 31 日前支付。2×18 年 12 月 31 日，甲公司支付了剩余债务 100 万元。

不考虑其他因素。

要求：

(1)根据资料一，判断乙公司取得抵债资产的入账时间，并说明理由；分别计算甲公司和乙公司确认债务重组损益的金额，并编制双方的会计分录。

(2)说明丙公司对甲公司豁免债务的会计处理方法，并编制甲公司的会计分录。

(答案中的金额单位用万元表示)

2. 甲公司与乙公司均为增值税一般纳税人，甲公司于 2×20 年 1 月 31 日赊销一批商品给乙公司，价税合计为 1 000 万元。甲公司将该债权分类为以摊余成本计量的金融资产，乙公司将该应付款项作为以摊余成本计量的金融负债。2×20 年 12 月 16 日，乙公司

无法按照合同约定偿还债务，经与甲公司协商签订债务重组协议，相关资料如下：

资料一：2×20年12月16日，乙公司以一台设备抵偿部分债务，该设备的账面原价为600万元，已计提折旧100万元，已计提减值准备50万元，公允价值为400万元，设备适用的增值税税率为13%。同时，乙公司向甲公司发行200万股普通股，用于抵偿剩余的600万元债务。乙公司股票的面值为1元/股，当日公允价值为2元/股。

资料二：2×20年12月16日，甲公司已对该应收账款计提坏账准备50万元。当日，该应收账款的公允价值为852万元。

资料三：2×20年12月31日，上述抵债设备运抵甲公司，乙公司以银行存款支付清理费用2万元、设备运输费0.2万元。甲公司发生设备运杂费1.2万元，用银行存款支付。当日该设备达到预定可使用状态，

甲公司将其作为固定资产核算。2×20年12月31日，应收账款的公允价值仍为852万元。

资料四：2×20年12月31日，甲公司与乙公司办理完成股权转让手续，当日乙公司普通股每股公允价值为2.02元。甲公司对乙公司的持股比例为1%，将该股权投资划分为以公允价值计量且其变动计入当期损益的金融资产。

不考虑其他因素。

要求：

(1)计算甲公司取得设备与金融资产的入账价值，编制甲公司与债务重组有关的会计分录；

(2)计算乙公司因该债务重组影响利润总额的金额，编制乙公司与债务重组有关的会计分录。

(答案中的金额单位用万元表示)

同步训练答案及解析

一、单项选择题

1. A 【解析】选项A，改变了交易对手方，不符合债务重组的定义。

2. C 【解析】选项C，如果以等额现金偿还，但同时延长了还款期间，则属于债务重组，但按原合同预定期限偿还不满足债务重组的定义，即虽然没有改变交易对手方，但清偿的金额、时间和方式均未变化，所以不属于债务重组。

3. D 【解析】乙银行债务重组前债权的账面余额＝本金＋利息＝1 500＋300＝1 800(万元)，应借记"投资收益"的金额＝1 800－200－1 300＝300(万元)。

『拓展』乙银行的会计分录：

借：贷款——本金 1 200
　　银行存款 100
　　投资收益 300
　　贷款损失准备 200
　　贷：贷款——本金 1 500
　　　　应收利息[或：贷款——应计利息] 300

4. B 【解析】甲公司债务重组前应付债务的账面价值＝1 500＋300＝1 800(万元)，借款的新现金流量＝1 200×(1＋8%)/(1＋10%)≈1 178.18(万元)，甲公司因债务重组影响损益的金额＝1 800－1 178.18－100＝521.82(万元)。

『拓展』现金流变化＝(1 200－1 178.18)/1 200≈1.82%＜10%，因此针对1 200万元本金部分的合同条款的修改不构成实质性修改，不终止确认该部分负债。甲公司的会计分录：

借：长期借款——本金 1 500

应付利息［或：长期借款—应计利息］

                                300

   贷：长期借款—本金   1 178.18

       银行存款   100

       投资收益   521.82

5. A　【解析】债务人以包括金融资产和非金融资产在内的多项资产清偿债务的，不需要区分资产处置损益和债务重组损益，也不需要区分不同资产的处置损益，而应将所清偿债务账面价值与转让资产账面价值之间的差额，记入"其他收益"科目。

二、多项选择题

1. CD　【解析】选项 C，交易性金融资产持有期间的"公允价值变动损益"在重组日不需要转入"投资收益"；选项 D，债权人应当将收到金融资产的确认金额与放弃债权的账面价值的差额计入投资收益。

2. ABCD　【解析】

甲公司的会计处理	乙公司的会计处理
借：应付账款　　　　　　　　　110	借：交易性金融资产　　　　　　80
贷：其他权益工具投资　　　　50	投资收益　　　　　　　　　24
投资收益　　　　　　　　60	坏账准备　　　　　　　　　6
借：其他综合收益　　　　　　　10	贷：应收账款　　　　　　　　110
贷：盈余公积	
［假定按净利润的10%计提盈余公积］1	
利润分配—未分配利润　　9	

3. AB　【解析】

丁公司的会计处理	甲公司的会计处理
借：固定资产清理　　　　　　450	借：固定资产　　　（630-47.7+6）588.3
累计折旧　　　　　　　　100	应交税费—应交增值税（进项税额）　47.7
固定资产减值准备　　　　50	投资收益　　　　　　　　59
贷：固定资产　　　　　　　600	坏账准备　　　　　　　　11
借：固定资产清理　　　　　　3	贷：应收账款　　　　　　　700
贷：银行存款　　　　　　　3	银行存款　　　　　　　6
借：应付账款　　　　　　　　700	
贷：固定资产清理　　　　　453	
应交税费—应交增值税（销项税额）	
（530×9%）47.7	
其他收益　　　　　　　199.3	

4. AB　【解析】

乙公司的会计处理	甲公司的会计处理
借：应付账款　　　　　　　　200	借：库存商品　　　　（110-15.6）94.4
存货跌价准备　　　　　　50	应交税费—应交增值税（进项税额）　15.6
贷：库存商品　　　　　　　130	投资收益　　　　　　　　82
应交税费—应交增值税（销项税额）	坏账准备　　　　　　　　8
（120×13%）15.6	贷：应收账款　　　　　　　200
—应交消费税　（120×5%）6	
其他收益　　　　　　　98.4	

5. ABC　【解析】

M 公司的会计处理		乙公司的会计处理	
借：应付账款	400	借：无形资产　　　　（340-21.6）318.4	
无形资产减值准备	60	应交税费—应交增值税（进项税额）	21.6
累计摊销	100	投资收益	42
贷：无形资产	500	坏账准备	18
应交税费—应交增值税（销项税额）		贷：应收账款	400
（360×6%）21.6			
其他收益	38.4		

6. ABCD　【解析】

甲公司的会计处理		乙公司的会计处理	
借：应付账款	400	借：其他权益工具投资　　（3.2×100+11）331	
贷：股本	100	投资收益	68
资本公积—股本溢价　（3.2×100-1×100）220		坏账准备	12
投资收益	80	贷：应收账款	400
借：资本公积—股本溢价	7	银行存款	11
贷：银行存款	7		

三、判断题

1. ×　【解析】该事项不满足债务重组定义中"就清偿债务的时间、金额或方式等重新达成协议"的条件，不属于债务重组。

2. ×　【解析】债权人应按放弃债权的公允价值与相关税费之和确认受让非金融资产的入账价值。

3. √

4. √

5. ×　【解析】债务人所清偿债务的账面价值与转让资产的账面价值以及权益工具和重组债务的确认金额之和的差额，记入"其他收益"科目或记入"投资收益"（仅涉及金融工具时）科目。

四、计算分析题

1.【答案】

(1)①乙公司取得抵债资产的入账时间：2×18 年 7 月 10 日。

理由：当日双方办理完成了资产转移手续，乙公司可以控制取得的抵债资产。

②甲公司确认的重组损益=应付账款的账面价值-抵债资产的账面价值-抵债资产的销项税额 = 1 500 - （400 + 1 000）- 360 × 13% =53.2（万元）。

③乙公司确认的债务重组损益=放弃债权的公允价值 - 放弃债权的账面价值 = 1 398.6-（1 500-498.6）= 397.2（万元）。

④甲公司的会计分录：

借：应付账款　　　　　　　　1 500
　　存货跌价准备　　　　　　　　50
　　贷：库存商品　　　　　　　　450
　　　　其他债权投资　　　　　1 000
　　　　应交税费—应交增值税（销项税额）　　　　　　（360×13%）46.8
　　　　其他收益　　　　　　　53.2
借：其他综合收益　　　　　　　80
　　贷：投资收益　　　　　　　　80

⑤乙公司的会计分录：

借：库存商品
　　（1 398.6-950-360×13%）401.8
　　债权投资　　　　　　　　　950
　　应交税费—应交增值税（进项税额）
　　　　　　　　　　　　　　46.8
　　坏账准备　　　　　　　　498.6

贷：应收账款　　　　　　　1 500

　　投资收益　　　　　　　397.2

（2）①丙公司豁免的部分实质上构成了对甲公司的资本性投入，丙公司（母公司）层面应将所豁免的债权转为对子公司追加的投资成本，计入长期股权投资成本。

②甲公司（子公司）的会计分录：

2×18年12月1日：

借：应付账款　　　　　　　1 000

　　贷：资本公积　　　　　　　1 000

2×18年12月31日：

借：应付账款　　　　　　　　100

　　贷：银行存款　　　　　　　　100

2.【答案】

（1）甲公司取得设备的入账价值=852-2×200-400×13%+1.2=401.2（万元）。

金融资产的入账价值=2.02×200=404（万元）。

甲公司（债权人）的会计分录：

借：交易性金融资产　　　　　404

　　固定资产　　　　　　　401.2

　　应交税费—应交增值税（进项税额）

　　　　　　　　　（400×13%）52

　　投资收益

　　[（1 000-50）-852-（2.02-2）×200]94

　　坏账准备　　　　　　　　50

　　贷：应收账款　　　　　　　1 000

　　　　银行存款　　　　　　　1.2

（2）乙公司因该债务重组影响利润总额的金额=1 000-（600-100-50）-2-0.2-400×13%-200×2.02=91.8（万元）。

乙公司（债务人）会计分录：

借：固定资产清理　　　　　　450

　　累计折旧　　　　　　　　100

　　固定资产减值准备　　　　　50

　　贷：固定资产　　　　　　　600

借：固定资产清理　　　　　　2.2

　　贷：银行存款　　　　　　　2.2

借：应付账款　　　　　　　1 000

　　贷：固定资产清理　　　　452.2

　　　　应交税费—应交增值税（销项税额）

　　　　　　　　　　　　　　52

　　　　股本　　　　　　　　200

　　　　资本公积—股本溢价

　　　　　　　（2.02×200-200）204

　　　　其他收益　　　　　　91.8

本章知识串联

债务重组

定义★ 在不改变交易对手方的情况下，经债权人和债务人协定或法院裁定，就清偿债务的时间、金额或方式等重新达成协议的交易

债权人★★★

以资产清偿债务或将债务转为权益工具

- 受让金融资产
  - 金融资产按金融工具准则处理
  - 金融资产确认金额与债权账面价值的差额计入投资收益
- 受让非金融资产
  - 非金融资产一般按所放弃债权的公允价值和可直接归属于该资产的相关税费入账
  - 放弃债权的公允价值与账面价值的差额计入投资收益
- 受让多项资产
  - 金融资产按金融工具准则处理
  - 其他资产按公允价值比例，对所放弃债权公允价值扣除金融资产公允价值后的净额进行分摊
  - 放弃债权的公允价值与账面价值的差额计入投资收益
- 受让处置组
  - 金融资产和负债按金融工具准则处理
  - 其他资产按公允价值比例，对所放弃债权公允价值及负债确认金额之和扣除金融资产公允价值后的净额进行分摊
  - 放弃债权的公允价值与账面价值的差额计入投资收益

修改其他条款
- 全部债权终止确认的，以公允价值初始计量新的金融资产，新金融资产的确认金额与债权终止确认日账面价值之间的差额计入投资收益
- 债权未终止确认的，继续根据其分类进行后续计量

组合方式
- 以公允价值初始计量新的金融资产和受让的新金融资产
- 其他资产按公允价值比例，对所放弃债权公允价值扣除金融资产公允价值后的净额进行分摊
- 放弃债权的公允价值与账面价值之间的差额计入投资收益

债务人★★★

以金融资产清偿债务
- 债务的账面价值与偿债金融资产账面价值的差额计入投资收益
- 偿债金融资产相关的其他综合收益分情况转入投资收益或留存收益

以非金融资产清偿债务
- 所清偿债务账面价值与转让资产账面价值之间的差额计入其他收益
- 包含处置组时：所清偿债务和处置组中负债的账面价值之和，与处置组中资产的账面价值之间的差额，计入其他收益

债务转为权益工具
- 权益工具按公允价值计量，其公允价值不能可靠计量的，按所清偿债务的公允价值计量
- 所清偿债务账面价值与权益工具确认金额之间的差额计入投资收益

修改其他条款
- 按公允价值计量重组债务，终止确认的债务账面价值与重组债务确认金额之间的差额计入投资收益

组合方式
- 权益工具按公允价值计量，其公允价值不能可靠计量的，按所清偿债务的公允价值计量
- 修改其他条款形成的重组债务按修改其他条款的规定计量
- 所清偿债务的账面价值与转让资产的账面价值以及权益工具和重组债务的确认金额之和的差额，计入其他收益或投资收益（仅涉及金融工具时）

第十四章　所得税

历年考情概况

本章内容非常重要，从历年考题来看，客观题和主观题均有考查，每年的分值在 5~12 分。客观题主要考查常见资产或负债的账面价值和计税基础的差异分析、暂时性差异的确定、递延所得税的确认和计量等。主观题主要与存货、固定资产、无形资产、长期股权投资、投资性房地产、金融资产、或有事项、政府补助、收入等章节内容结合考查，即通常给出几个事项的资料，然后分析各事项产生的暂时性差异和确定的递延所得税，最后再综合计算所得税费用等。考生学习本章，不能急于求成，应脚踏实地，循序渐进，力求全面掌握。

近年考点直击

主要考点	主要考查题型	考频指数	考查角度
常见资产、负债的账面价值和计税基础的差异分析	单多计	★★★	（1）交易性金融资产产生的应纳税暂时性差异的计量；（2）固定资产的账面价值和计税基础产生差异的原因；（3）常见事项的账面价值和计税基础的差异分析；（4）固定资产暂时性差异的确定；（5）罚没支出形成的其他应付款暂时性差异的确定
递延所得税资产或递延所得税负债的确定	单多判计综	★★★	（1）常见事项的递延所得税确认和计量；（2）商誉初始确认时不确认递延所得税负债的特殊情况；（3）递延所得税负债相关会计处理原则；（4）其他权益工具投资递延所得税处理
应交所得税的计量	计综	★★★	应纳税所得额和应交所得税的计算
所得税费用的确认和计量	单计综	★★★	所得税费用的确认和计量
与企业合并相关的递延所得税	综	★★	购买日与合并财务报表相关的递延所得税的确认和计量

2022 年考试变化

本章删除所得税的列报，其他内容无实质性变化。

考点详解及精选例题

一、所得税会计的概述 ★

企业应采用资产负债表负债法从资产负债表开始，将根据企业会计准则确定的资产负债表上所列资产和负债的账面价值与根据税法确定的计税基础进行比较。两者之间的差额，分别确认应纳税暂时性差异和可抵扣暂时性差异，并确认相关递延所得税负债和递延所得税资产。在此基础上，确认各期利润表中所得税费用。

二、资产负债表债务法下所得税的会计核算

（一）资产、负债的计税基础及暂时性差异 ★★★

1. 资产计税基础的概念

资产的计税基础是指企业收回资产账面价值过程中，计算应纳税所得额时按照税法规定可以自应税经济利益中抵扣的金额。资产的计税基础本质上就是税收口径的资产价值标准。

通常情况下，资产在取得时其入账价值与计税基础是相同的，后续计量过程中因企业会计准则规定与税法规定不同，可能造成账面价值与计税基础的差异。

2. 负债计税基础的概念

负债的计税基础＝负债的账面价值－将来负债在兑付时允许扣税的金额

通常而言，所谓负债的计税基础就是税务口径下的负债价值。

3. 暂时性差异的概念

暂时性差异是指资产或负债的账面价值与其计税基础之间的差额。

4. 可抵扣暂时性差异的概念

可抵扣暂时性差异是指在确定未来收回资产或清偿负债期间的应纳税所得额时，将导致产生可抵扣金额的暂时性差异。较为直观的认定规律是当暂时性差异使得应交所得税先大于所得税费用，后小于所得税费用时此差异即可认定为可抵扣暂时性差异。

5. 应纳税暂时性差异的概念

应纳税暂时性差异是指在确定未来收回资产或清偿负债期间的应纳税所得额时，将导致产生应税金额的暂时性差异。较为直观的认定规律是当暂时性差异使应交所得税先小于所得税费用，后大于所得税费用时此差异即可认定为应纳税暂时性差异。

6. 新增暂时性差异与转回暂时性差异的界定

只要年末差异大于年初差异的应界定新增暂时性差异（新增可抵扣暂时性差异或新增应纳税暂时性差异）。

只要年末差异小于年初差异的应界定转回暂时性差异（转回可抵扣暂时性差异或转回应纳税暂时性差异）。

7. 资产负债表债务法的运算原理

（1）当资产的账面价值小于计税基础时，会产生可抵扣暂时性差异。

①新增可抵扣暂时性差异会追加应纳税所得额，转回可抵扣暂时性差异时会冲减应纳税所得额。

②可抵扣暂时性差异匹配"递延所得税资产"科目，新增递延所得税资产时列入借方，转回递延所得税资产时列入贷方。

③"递延所得税资产"的发生额＝当期可抵扣暂时性差异的变动额×所得税税率。

④"递延所得税资产"的余额＝该时点可抵扣暂时性差异×所得税税率。

（2）当资产的账面价值大于计税基础时，会产生应纳税暂时性差异。

①新增应纳税暂时性差异会调减应纳税所得额，转回应纳税暂时性差异时会追加应

纳税所得额。

②应纳税暂时性差异匹配"递延所得税负债"科目,新增递延所得税负债时列入贷方,转回递延所得税负债时列入借方。

③"递延所得税负债"的发生额＝当期应纳税暂时性差异的变动额×所得税税率。

④"递延所得税负债"的余额＝该时点应纳税暂时性差异×所得税税率。

(3)当负债的账面价值大于计税基础时,会产生可抵扣暂时性差异。

(4)根据规律(3)可推导出如下规律:当负债的账面价值小于计税基础时,会产生应纳税暂时性差异。

【关键考点】务必理解并背过上述总结的规律,以便熟练地将上述规律应用到解题中。

【例题1·多选题】 ☆甲公司的下列各项资产或负债在资产负债表日产生可抵扣暂时性差异的有( )。

A. 账面价值为800万元,计税基础为1 200万元的投资性房地产

B. 账面价值为100万元,计税基础为60万元的交易性金融资产

C. 账面价值为800万元,计税基础为1 200万元的交易性金融负债

D. 账面价值为60万元,计税基础为0的合同负债

解析 选项A,资产账面价值小于计税基础,产生可抵扣暂时性差异;选项B,资产账面价值大于计税基础,产生应纳税暂时性差异;选项C,负债账面价值小于计税基础,产生应纳税暂时性差异;选项D,负债账面价值大于计税基础,产生可抵扣暂时性差异。
答案 AD

8. 常见资产账面价值与计税基础的差异分析

(1)固定资产账面价值与计税基础产生差异的原因。

一般而言,固定资产的初始计量在税法上是认可的,因此固定资产的初始计量标准不存在差异。二者的差异主要来自以下两个方面:

①折旧方法、折旧年限产生差异;

②因计提资产减值准备产生的差异。

【例题2·单选题】 ☆2×16年12月7日,甲公司以银行存款600万元购入一台生产设备并立即投入使用,该设备取得时的成本与计税基础一致,2×17年度甲公司对该固定资产计提折旧费200万元,企业所得税纳税申报时允许税前扣除的折旧额为120万元,2×17年12月31日,甲公司估计该项固定资产的可回收金额为460万元,不考虑增值税相关税费及其他因素的影响,2×17年12月31日甲公司该项固定资产产生的暂时性差异为( )。

A. 可抵扣暂时性差异80万元

B. 应纳税暂时性差异60万元

C. 可抵扣暂时性差异140万元

D. 应纳税暂时性差异20万元

解析 2×17年年末固定资产账面价值＝600－200＝400(万元),计税基础＝600－120＝480(万元),资产账面价值小于计税基础,形成可抵扣暂时性差异80万元。
答案 A

【例题3·单选题】 ☆2×18年12月31日,甲公司以银行存款180万元外购一台生产用设备并立即投入使用,预计使用年限为5年,预计净残值为30万元,采用年数总和法计提折旧。当日,该设备的初始入账金额与计税基础一致。根据税法规定,该设备在2×19年至2×23年每年可予以税前扣除的折旧金额均为36万元。不考虑其他因素,2×19年12月31日,该设备的账面价值与计税基础之间形成的暂时性差异为( )万元。

A. 36   B. 0

C. 24   D. 14

解析 2×19年12月31日,该设备的账面价值＝180－(180－30)×5/15＝130(万元),计税基础＝180－36＝144(万元),资产的账面价值小于计税基础,产生可抵扣暂时性差异14万元(144－130)。 答案 D

【例题4·单选题】 ☆甲公司于2×20年1月1日开始对N设备计提折旧，N设备的初始入账成本为30万元，预计使用年限为5年，预计净残值为0，采用双倍余额递减法计提折旧。2×20年12月31日，该设备出现减值迹象，可收回金额为15万元。税法规定，2×20年到2×24年，每年税前可抵扣的折旧费用为6万元。2×20年12月31日N设备产生的暂时性差异为( )万元。

A. 18   B. 15

C. 12   D. 9

解析 2×20年12月31日N设备计提减值前的账面价值=30-30×2/5=18（万元），可收回金额为15万元，发生减值，计提减值后的账面价值=15（万元）；计税基础=30-6=24（万元）。资产账面价值小于计税基础，产生可抵扣暂时性差异，金额=24-15=9（万元）。

答案 D

（2）无形资产账面价值与计税基础产生差异的原因。

①根据《企业会计准则第6号——无形资产》的规定，企业内部研发形成的无形资产，应分为研究和开发两个阶段，研究阶段发生的支出应当费用化计入当期损益；开发阶段发生的支出符合资本化条件的，应当资本化计入无形资产的成本。税法规定，企业发生的计入当期损益未形成无形资产的研究开发费用允许加计75%扣除；企业发生的形成无形资产的研发支出，允许按照无形资产成本的175%加计摊销。

老高提示 考试时，题目条件会明确给出研发支出加计扣除或者加计摊销的比例，做题时按照题干给定的比例处理即可。

【例题5·分析题】 甲公司2×19年年初开始研发某专利权，研究费用支付了40万元，开发费用支付了100万元，开发费用均满足资本化条件，专利权于当年的7月1日研发成功，达到预定可使用状态，7月2日支付了注册费和律师费20万元。会计、税务均采用5年期直线法摊销。税法规定，企业发生的研究开发费用允许加扣75%（假定20万元的注册费和律师费不允许加计抵扣）。2×19年甲公司应如何确定暂时性差异？

解析 暂时性差异的分析如下表所示。

项目	会计口径	税务口径	差异
研究费用	计入管理费用40万元	计入应税支出70万元	30万元属于非暂时性差异
开发费用	以120万元计入无形资产成本	以195万元计入无形资产成本	定义为可抵扣暂时性差异，但不确认递延所得税资产
	当年摊销12万元	当年计入应税支出19.5万元	7.5万元不调整递延所得税资产，直接纳税调整即可
	年末无形资产账面价值为108万元	年末无形资产的计税基础为175.5万元	定义为可抵扣暂时性差异67.5万元，但不确认递延所得税资产

②后续计量时，无形资产账面价值与计税基础产生差异的原因主要在于对无形资产减值准备的提取及对无形资产是否需要摊销。比如会计准则规定，使用寿命不确定的无形资产不要求摊销，税法则要求在不少于10年的期限内摊销；会计上提取的减值准备在税法上是不承认的。

（3）以公允价值计量且其变动计入当期损益的金融资产账面价值与计税基础的差异分析。

对于交易性金融资产，其于某一会计期末的账面价值应修正至此时点的公允价值，税法则对此通常不认定，只承认其原始入账成本。

【例题6·单选题】 ☆2×18年10月18日，甲公司以银行存款3 000万元购入乙公司的股票，分类为以公允价值计量且其变动计入当期损益的金融资产。2×18年12月31日该股票投资的公允价值为3 200万元，2×19年12月31日该股票投资的公允价值为

3 250 万元。甲公司适用的企业所得税税率为 25%。2×19 年 12 月 31 日，该股票投资的计税基础为 3 000 万元。不考虑其他因素，2×19 年 12 月 31 日甲公司对该股票投资公允价值变动应确认递延所得税负债的余额为（　）万元。

A. 12.5　　　　B. 62.5
C. 112.5　　　D. 50

解析 ▶ 2×19 年 12 月 31 日交易性金融资产的期末账面价值为 3 250 万元，计税基础为 3 000 万元，资产账面价值大于计税基础，产生应纳税暂时性差异，应纳税暂时性差异期末余额 = 3 250-3 000 = 250（万元），应确认递延所得税负债余额 = 250×25% = 62.5（万元）。
答案 ▶ B

（4）其他资产。

① 投资性房地产，企业持有的投资性房地产进行后续计量时，会计准则规定可以采用两种模式：一种是成本模式，采用该种模式计量的投资性房地产其账面价值与计税基础的确定与固定资产、无形资产类似；另一种是在符合规定条件的情况下，可以采用公允价值模式对投资性房地产进行后续计量。对于采用公允价值进行后续计量的投资性房地产，其计税基础的确定类似于固定资产、无形资产，账面价值的确定类似于以公允价值模式计量且其变动计入当期损益的金融资产。

② 其他计提了资产减值准备的各项资产。减值准备在税法上一概不予承认。

【关键考点】 务必理解并背过上述案例中总结的规律，以便熟练地将上述规律应用到解题中。

【例题 7·多选题】 ☆下列各项资产和负债中，因账面价值与计税基础不一致形成暂时性差异的有（　）。

A. 使用寿命不确定的无形资产
B. 已计提减值准备的固定资产
C. 已确认公允价值变动损益的交易性金融资产

D. 因违反税法规定应缴纳但尚未缴纳的滞纳金

解析 ▶ 选项 A，使用寿命不确定的无形资产会计上不计提摊销，但税法规定会按一定方法进行摊销，会形成暂时性差异；选项 B，企业计提的资产减值准备在发生实质性损失之前税法不承认，因此不允许税前扣除，会形成暂时性差异；选项 C，交易性金融资产持有期间公允价值的变动税法上也不承认，会形成暂时性差异；选项 D，因违反税法规定应缴纳但尚未缴纳的滞纳金是企业的负债，税法不允许扣除，是非暂时性差异，不产生暂时性差异。
答案 ▶ ABC

【例题 8·分析题】 甲公司 2×18 年税前会计利润为 1 000 万元，所得税税率为 25%，预计未来期间能够产生足够的应纳税所得额用以抵减可抵扣暂时性差异，发生如下业务：

（1）库存商品年初账面余额为 200 万元，已提跌价准备 80 万元；年末账面余额为 350 万元，相应的跌价准备为 110 万元。

（2）甲公司的商标权自 2×17 年年初开始摊销，原价为 90 万元（税务上对此原价是认可的），无残值，会计上采用 5 年期直线法摊销，2×17 年年末商标权的可收回价值为 40 万元，税法上则采取 10 年期直线法摊销。计提减值后，无形资产原摊销期限和摊销方法等不变。

（3）2×17 年 10 月 1 日购入丙公司股票，初始成本为 80 万元，甲公司将此投资界定为交易性金融资产，2×17 年年末此投资的公允价值为 110 万元。2×18 年 3 月 2 日甲公司出售了丙公司股票，卖价为 120 万元，假定无相关交易费用。

（4）应收账款年初账面余额为 50 万元，坏账准备为 10 万元；年末账面余额为 30 万元，坏账准备为 2 万元。

根据以上资料，作出甲公司 2×18 年所得税的会计处理。

解析 ▶（1）判定暂时性差异。

单位：万元

项目	年初口径			年末口径			差异类型	差异变动金额
	账面价值	计税基础	差异	账面价值	计税基础	差异		
库存商品	120	200	80	240	350	110	新增可抵扣暂时性差异	30
无形资产	40	81	41	30	72	42	新增可抵扣暂时性差异	1
交易性金融资产	110	80	30	0	0	0	转回应纳税暂时性差异	30
应收账款	40	50	10	28	30	2	转回可抵扣暂时性差异	8

（2）资产负债表债务法下所得税的核算过程。

单位：万元

项目	计算过程	
税前会计利润	1 000	
暂时性差异	+	库存商品产生的新增可抵扣暂时性差异30
	+	无形资产产生的新增可抵扣暂时性差异1
	+	交易性金融资产产生的转回应纳税暂时性差异30
	−	应收账款产生的转回可抵扣暂时性差异8
应纳税所得额	1 053＝1 000＋30＋1＋30−8	
应交税费	263.25＝1 053×25%	
递延所得税资产	净新增可抵扣暂时性差异×税率	借记5.75＝（30+1−8）×25%
递延所得税负债	转回应纳税暂时性差异×税率	借记7.5＝30×25%
本期所得税费用	250＝263.25−5.75−7.5	

（3）会计分录如下。

借：所得税费用 250

递延所得税资产 5.75

递延所得税负债 7.5

贷：应交税费——应交所得税 263.25

9. 常见负债账面价值与计税基础的差异分析

（1）企业因销售商品提供售后服务等原因确认的预计负债账面价值与计税基础的差异分析。

此类预计负债通常在支付时允许扣税，其计税基础一般为零（此类预计负债的计税基础＝账面价值−未来兑付时允许扣税的全部账面价值＝0）。

老高提示 ①因法定产品质量保证和违约金认定的预计负债属于可抵扣暂时性差异；

②因罚没支出和担保义务认定的预计负债属于非暂时性差异。

（2）合同负债账面价值与计税基础的差异分析。

如果会计上不符合收入确认条件，但是税法上确认收入的时间在收到预收款项时，此时合同负债的计税基础为零，即因其产生时已经计算缴纳所得税，未来期间可全额税前扣除，计税基础为账面价值减去在未来期间可全额税前扣除的金额，即其计税基础为零。

10. 特殊项目产生的暂时性差异

（1）未作为资产、负债确认的项目产生的暂时性差异。

一般情况下，企业发生的符合条件的广告费和业务宣传费用，不超过当年销售收入的15%的，准予扣除，另有规定的除外；超出部分允许结转并在以后纳税年度扣除。根据会计准则，该类费用在发生时计入当期损益，不构成资产负债表中的资产。但是，

343

如果可以根据税法确定计税依据，两者之间也会形成暂时性差异。

（2）可抵扣亏损及税款抵减产生的暂时性差异。

较为典型的是企业发生的亏损，在税法上允许在 5 年内以税前利润进行弥补，即该亏损在 5 年内可以抵扣各期的应纳税所得额，相应地会产生暂时性差异，此差异可定性为<u>可抵扣</u>暂时性差异。

【例题 9·多选题】若某公司未来期间有足够的应纳税所得额抵扣可抵扣暂时性差异，则下列交易或事项中，会引起"递延所得税资产"科目余额增加的有（ ）。

A. 本期发生净亏损，税法允许在以后 5 年内弥补

B. 确认债权投资发生的减值

C. 按法定要求预提产品质量保证金

D. 转回存货跌价准备

E. 确认国债利息收入

解析 选项 D，转回存货跌价准备是可抵扣暂时性差异的转回，会减少递延所得税资产的余额；选项 E，国债利息收入不形成暂时性差异，不会引起递延所得税资产余额增加。 **答案** ABC

（3）企业合并中取得的有关资产、负债产生的暂时性差异。

因企业会计准则规定与税收法规规定不同，可能使企业合并中取得资产、负债的入账价值与按照税法规定确定的计税基础不同，如对于非同一控制下企业合并，购买方对于合并中取得的可辨认资产、负债按照企业会计准则规定应当按其在购买日的公允价值确认，而如果该合并按照税法规定属于免税合并，即购买方在合并中取得的可辨认资产、负债维持其原计税基础不变，则会产生因企业合并中取得可辨认资产、负债的公允价值与其计税基础不同，形成暂时性差异。

（4）商誉产生的暂时性差异。

商誉产生的暂时性差异应区分下列情况进行分析：

①非同一控制下应税合并：商誉计税基础＝账面价值。

A. 初始确认时，商誉的账面价值与计税基础相等，不产生暂时性差异，不需要确认递延所得税。

B. 后续期间，商誉计提了减值准备时，应当确认相关的所得税影响。

②非同一控制下免税合并：商誉计税基础＝0。

A. 在初始确认时同样并<u>不确认递延所得税</u>，原因如下。

一是确认该部分暂时性差异产生的递延所得税负债，则意味着购买方在企业合并中获得的可辨认净资产的价值量下降，企业应增加商誉的价值，商誉的账面价值增加以后，可能很快就要计提减值准备，同时其账面价值的增加还会进一步产生应纳税暂时性差异，使得递延所得税负债和商誉价值量的变化不断循环。

二是商誉本身就是企业合并成本在取得的被购买方可辨认资产、负债之间进行分配后的剩余价值，确认递延所得税负债进一步增加其账面价值会影响到会计信息的可靠性。

B. 后续期间，商誉计提了减值准备时，<u>不确认递延所得税</u>影响。

【例题 10·判断题】 ☆非同一控制下的企业合并中，形成商誉的账面价值大于计税基础产生应纳税暂时性差异的，应确认递延所得税负债。 （ ）

解析 合并商誉在初始确认时所产生的暂时性差异，不应确认递延所得税。

答案 ×

（5）与直接计入所有者权益的交易或事项相关的所得税。

与直接计入所有者权益的交易或事项有关的所得税（当期所得税及递延所得税），应当计入企业所有者权益。常见的直接计入所有者权益的交易或事项有：

①对会计政策变更或前期差错更正采用追溯调整或追溯重述法时调整期初留存收益；

②其他债权投资和其他权益工具投资公允价值的变动计入所有者权益；

③自用房地产转为采用公允价值模式计量的投资性房地产时公允价值大于原账面价值的差额计入其他综合收益。

【例题 11·计算分析题】A 公司适用的所得税税率为 25%，假定税率在未来期间不会发生变化。2×18 年至 2×19 年发生如下业务：

资料一：2×18 年 4 月 1 日，A 公司自公开市场以每股 6 元的价格取得 B 公司普通股 200 万股，作为其他权益工具投资核算（假定不考虑交易费用）。

资料二：2×18 年 12 月 31 日，A 公司该股票投资尚未出售，当日市价为每股 9 元。按照税法规定，资产在持有期间公允价值的变动不计入应纳税所得额，待处置时一并计入应纳税所得额。

资料三：2×19 年 2 月 1 日，A 公司以每股 11 元的价格将该股票对外出售。

上述款项均以银行存款收付。假定 A 公司按净利润的 10% 提取盈余公积，不考虑其他因素。

要求：根据上述资料作出 A 公司相关账务处理。

答案 ▶ (1)2×18 年 4 月 1 日：

借：其他权益工具投资　　　　1 200
　　贷：银行存款　　　　　　　　1 200

(2)2×18 年 12 月 31 日：

借：其他权益工具投资　　　　　600
　　贷：其他综合收益　　　　　　600

借：其他综合收益　　　　　　　150
　　贷：递延所得税负债　　　　　150

(3)2×19 年 2 月 1 日：

借：银行存款　　　　　　　　2 200
　　贷：其他权益工具投资　　　1 800
　　　　盈余公积　　　　　　　　40
　　　　利润分配—未分配利润　　360

借：其他综合收益　　　　　　　450
　　递延所得税负债　　　　　　150

贷：盈余公积　　　　　　　　　60
　　利润分配—未分配利润　　　540

【例题 12·多选题】☆下列关于企业递延所得税负债会计处理的表述中，正确的有( )。

A. 商誉初始确认时形成的应纳税暂时性差异应确认相应的递延所得税负债

B. 与损益相关的应纳税暂时性差异确认的递延所得税负债应计入所得税费用

C. 应纳税暂时性差异转回期间超过一年的，相应的递延所得税负债应以现值进行计量

D. 递延所得税负债以相关应纳税暂时性差异转回期间适用的企业所得税税率计量

解析 ▶ 选项 A，商誉初始确认时形成的应纳税暂时性差异不应确认递延所得税负债；选项 C，无论应纳税暂时性差异转回期间如何，递延所得税负债都不要求折现。　**答案** ▶ BD

(二)资产负债表债务法的一般核算程序★★★

(1)按照相关会计准则规定确定资产负债表中除递延所得税资产和递延所得税负债以外的其他资产和负债项目的账面价值。

(2)按照会计准则中对于资产和负债计税基础的确定方法，以适用的税收法规为基础，确定资产负债表中有关资产、负债项目的计税基础。

(3)比较资产、负债的账面价值与其计税基础，对于两者之间存在差异的，分析其性质，除准则中规定的特殊情况外，分别确定应纳税暂时性差异与可抵扣暂时性差异，确定资产负债表日递延所得税负债和递延所得税资产的应有金额，并与期初递延所得税资产和递延所得税负债的余额相比，确定当期应进一步确认的递延所得税资产和递延所得税负债金额或应予转销的金额，作为递延所得税。

(4)就企业当期发生的交易或事项，按照适用的税法规定计算确定当期应纳税所得额，将应纳税所得额与适用的所得税税率计

算的结果确认为<u>当期应交所得税</u>。

(5)确定利润表中的<u>所得税费用</u>。

【例题 13·分析题】甲公司 2×18 年税前会计利润为 1 000 万元,所得税税率为 25%,预计未来期间能够产生足够的应纳税所得额用以抵减可抵扣暂时性差异,当年发生如下业务:

(1)甲公司自用的一幢办公楼于 2×18 年年初对外出租,办公楼的账面原价为 1 000 万元,甲公司一直采用 10 年期直线法计提折旧,无残值。出租开始日已提折旧 300 万元,甲公司对此投资性房地产采用公允价值模式进行后续计量,假定出租当日办公楼的公允价值等于账面价值,年末此办公楼的公允价值为 800 万元,税法认可此办公楼原有的折旧标准。

(2)某销售部门用的固定资产自 2×17 年年初开始计提折旧,原价为 200 万元(税务上对此原价是认可的),假定无残值,会计上采用 4 年期双倍余额递减法计提折旧,税法上则采取 5 年期直线法计提折旧。

(3)2×18 年 4 月 1 日甲公司购入乙公司的股票,初始取得成本为 300 万元,界定为交易性金融资产,年末该股票的公允价值为 363 万元。

(4)年初因按法定要求计提产品质量担保费用确认的预计负债为 60 万元,年末此项预计负债的余额为 80 万元。

(5)甲公司当年预收乙公司定金 500 万元,合同约定货物将于 2×19 年年初发出,该批货物的总价款为 1 000 万元,增值税税率为 13%,假定不考虑成本结转。假定税法认为,企业应在收到定金时确认收入,最终发货时再确认其余收入。

根据以上资料,作出甲公司 2×18 年所得税的会计处理。

解析 ▶ (1)判定暂时性差异。

单位:万元

项目	年初口径			年末口径			差异类型	差异变动金额
	账面价值	计税基础	差异	账面价值	计税基础	差异		
投资性房地产	700	700	0	800	600	200	新增应纳税暂时性差异	200
固定资产	100	160	60	50	120	70	新增可抵扣暂时性差异	10
交易性金融资产	0	0	0	363	300	63	新增应纳税暂时性差异	63
预计负债	60	0	60	80	0	80	新增可抵扣暂时性差异	20
合同负债	0	0	0	500	0	500	新增可抵扣暂时性差异	500

(2)资产负债表债务法下所得税的核算过程。

单位:万元

项目	计算过程	
税前会计利润	1 000	
暂时性差异	投资性房地产产生的新增应纳税暂时性差异	200
	固定资产产生的新增可抵扣暂时性差异	10
	交易性金融资产产生的新增应纳税暂时性差异	63
	预计负债产生的新增可抵扣暂时性差异	20
	合同负债产生的新增可抵扣暂时性差异	500
应纳税所得额	1 267 = 1 000-200+10-63+20+500	

续表

项目	计算过程	
应交税费	316.75＝1 267×25%	
递延所得税资产	净新增可抵扣暂时性差异×税率	借记132.5 ＝（10+20+500）×25%
递延所得税负债	净新增应纳税暂时性差异×税率	贷记65.75 ＝（200+63）×25%
本期所得税费用	250＝316.75－132.5+65.75	

（3）会计分录如下。

借：所得税费用　　　　　　　　250

　　递延所得税资产　　　　　132.5

　　贷：递延所得税负债　　　　65.75

　　　　应交税费——应交所得税　316.75

（三）资产负债表债务法下既有永久性差异又有暂时性差异时的会计处理★★★

1. 永久性差异

（1）永久性差异的概念。

该差异仅影响发生当期，不影响以后期间，不存在不同会计期间摊配问题，如果此差异对应了资产或负债，则账面价值与计税基础相同。

（2）永久性差异的分类。

①会计认定为收入而税务不认定，比如国债利息收入；

②税务认定为费用而会计不认定，比如企业研发费用的加扣税额；

③会计认定为费用而税务不认定，常见的有：超标的业务招待费、罚没支出、超过同期金融机构贷款利率标准的利息费用、非公益性捐赠支出等；

④税务认定为收入而会计不认定。

（3）永久性差异对应的资产或负债其账面价值通常与计税基础一致。

比如因罚没支出形成的"其他应付款"，其账面价值与计税基础均为入账额，两者没有暂时性差异。

【例题14·单选题】☆2×20年3月1日，甲公司因违反环保的相关法规被处罚270万元，列入其他应付款。根据税法的相关规定，该罚款不得进行税前抵扣。2×20年12月31日甲公司已经支付了200万元的罚款。不考虑其他因素，2×20年12月31日其他应付款的暂时性差异是（　）万元。

A. 70　　　　　　　B. 270

C. 200　　　　　　D. 0

解析 ▶ 行政罚款税法不允许税前扣除，所以其他应付款账面价值＝计税基础，不产生暂时性差异。　　　　答案 ▶ D

2. 资产负债表债务法下既有永久性差异又有暂时性差异时的会计处理程序（见表14-1）

表14-1 资产负债表债务法的核算程序

项目	计算方法	
税前会计利润	来自会计口径的利润	
永久性差异	+	会计认可而税务上不认可的支出
		税务认可而会计上不认可的收入
	－	会计认可而税务上不认可的收入
		税务认可而会计上不认可的支出

项目		计算方法
暂时性差异	＋	新增可抵扣暂时性差异
		转回应纳税暂时性差异
	－	转回可抵扣暂时性差异
		新增应纳税暂时性差异
应纳税所得额		推算认定
应交税费		应纳税所得额×税率
递延所得税资产	借记	新增可抵扣暂时性差异×税率
	贷记	转回可抵扣暂时性差异×税率
递延所得税负债	贷记	新增应纳税暂时性差异×税率
	借记	转回应纳税暂时性差异×税率
本期所得税费用		倒挤认定

【例题 15·分析题】 甲公司 2×18 年税前会计利润为 100 万元，所得税税率为 25%，预计未来期间能够产生足够的应纳税所得额用以抵减可抵扣暂时性差异，当年发生如下业务。

(1)罚没支出 10 万元。

(2)国债利息收入 6 万元。

(3)2×18 年 4 月 1 日甲公司购入乙公司的股票，初始取得成本为 200 万元，界定为交易性金融资产，年末该股票的公允价值为 230 万元。

(4)某销售部门用的固定资产自 2×17 年年初开始计提折旧，原价为 200 万元(税务上对此原价是认可的)，假定无残值，会计上采用 4 年期、年数总和法计提折旧，税法上则采取 5 年期、直线法计提折旧。

(5)2×18 年年初甲公司开始自行研制某专利权，历时 6 个月研究成功并投入使用，于 2×18 年 7 月 1 日达到预计可使用状态，会计上采用 5 年期直线法摊销，假定无残值。该专利权在自行研发中耗费了 100 万元的研究费用、200 万元的开发费用，假定此开发费用按新会计准则均符合资本化条件。另发生注册费、律师费 100 万元(假定注册费和律师费不允许加计抵扣)。税务上认可此专利权的分摊期限及摊销方法，但对研究开发费用加计扣除 75%。

(6)甲公司因法定要求计提的产品质量担保确认了预计负债，年初余额为 5 万元，当年新计提了 3 万元，支付了产品质量担保费用 2.5 万元。

根据以上资料，作出甲公司 2×18 年所得税的会计处理。

解析 ▶ (1)判定暂时性差异。

单位：万元

项目	年初口径			年末口径			差异类型	差异变动金额
	账面价值	计税基础	差异	账面价值	计税基础	差异		
交易性金融资产	0	0	0	230	200	30	新增应纳税暂时性差异	30
固定资产	120	160	40	60	120	60	新增可抵扣暂时性差异	20
预计负债	5	0	5	5.5	0	5.5	新增可抵扣暂时性差异	0.5

（2）资产负债表债务法所得税的核算过程。

单位：万元

项目	计算过程	
税前会计利润	100	
永久性差异	罚没支出	+10
	国债利息收入	-6
	无形资产研究费用的加计扣除额	-75
	无形资产开发费用的追加在当期产生的摊销额影响	-15
暂时性差异	交易性金融资产产生的新增应纳税暂时性差异	-30
	固定资产产生的新增可抵扣暂时性差异	+20
	预计负债产生的新增可抵扣暂时性差异	+0.5
应纳税所得额	4.5=100+10-6-75-15-30+20+0.5	
应交税费	1.125=4.5×25%	
递延所得税资产	净新增可抵扣暂时性差异×税率	借记5.125=（20+0.5）×25%
递延所得税负债	净新增应纳税暂时性差异×税率	贷记7.5=30×25%
本期所得税费用	3.5=1.125-5.125+7.5	

（3）会计分录如下。

借：所得税费用 3.5
　　递延所得税资产 5.125
　贷：应交税费——应交所得税 1.125
　　　递延所得税负债 7.5

【例题16·单选题】☆2×20年，甲公司当期应交所得税15 800万元，递延所得税资产本期净增加320万元（其中20万元对应其他综合收益），递延所得税负债未发生变化，不考虑其他因素，2×20年利润表应列示的所得税费用金额为（　）万元。

A. 15 480　　　B. 16 100
C. 15 500　　　D. 16 120

解析 所得税费用=应交所得税费用+递延所得税费用=15 800-（320-20）=15 500（万元）。 答案 C

【例题17·单选题】☆2×11年12月31日，甲公司因交易性金融资产和其他权益工具投资的公允价值变动，分别确认了10万元的递延所得税资产和20万元的递延所得税负债。甲公司当期应交所得税的金额为150万元。假定不考虑其他因素，该公司2×11年度利润表"所得税费用"项目应列示的

金额为（　）万元。

A. 120　　　B. 140
C. 160　　　D. 180

解析 所得税费用=150-10=140（万元），分录为：

借：所得税费用 140
　　递延所得税资产 10
　　其他综合收益 20
　贷：递延所得税负债 20
　　　应交税费——应交所得税 150

答案 B

（四）资产负债表债务法下税率发生变动时的会计处理★★

如果税率发生变动，则当年的"递延所得税资产"发生额=年末可抵扣暂时性差异×新税率-年初可抵扣暂时性差异×旧税率。

当年的"递延所得税负债"发生额=年末应纳税暂时性差异×新税率-年初应纳税暂时性差异×旧税率。

除此之外，与一般的资产负债表债务法核算无差异。

【例题18·分析题】甲公司2×18年预先

得知 2×19 年将修改所得税税率，由 33% 调整成 25%。预计未来期间能够产生足够的应纳税所得额用以抵减可抵扣暂时性差异，2×18 年至 2×19 年有如下业务资料：

（1）2×18 年年初应收账款账面余额 300 万元，坏账准备 40 万元；2×18 年年末应收账款账面余额 400 万元，坏账准备 50 万元。2×19 年年末应收账款账面余额 450 万元，坏账准备 56 万元。

（2）2×17 年甲公司购买了乙公司股票作为短线投资，初始成本 75 万元；2×17 年年末公允价值 80 万元。2×18 年年末公允价值 100 万元，2×19 年年末公允价值 130 万元。

假定 2×18 年、2×19 年每年的税前利润均为 400 万元。

说明甲公司 2×18 年和 2×19 年的所得税会计处理。

解析 ▶

单位：万元

项目	2×18 年	2×19 年
税前会计利润	400	400
可抵扣暂时性差异	+10	+6
应纳税暂时性差异	−20	−30
应纳税所得额	390	376
应交税费	128.7 = 390×33%	94 = 376×25%
递延所得税资产	贷记 0.7 = 50×25%−40×33%	借记 1.5 = 6×25%
递延所得税负债	贷记 4.6(= 25×25%−5×33%)	贷记 7.5 = 30×25%
本期所得税费用	134 = 128.7+0.7+4.6	100 = 94−1.5+7.5

【例题 19·综合题】 ☆甲公司适用的企业所得税税率为 25%，预计未来期间适用的企业所得税税率不会发生变化，未来期间能够产生足够的应纳税所得额用以抵减可抵扣暂时性差异。甲公司发生的与某专利技术有关的交易或事项如下：

资料一：2×15 年 1 月 1 日，甲公司以银行存款 800 万元购入一项专利技术用于新产品的生产，当日投入使用，预计使用年限为 5 年，预计残值为零，采用直线法摊销。该专利技术的初始入账金额与计税基础一致。根据税法规定，2×15 年甲公司该专利技术的摊销额能在税前扣除的金额为 160 万元。

资料二：2×16 年 12 月 31 日，该专利技术出现减值迹象，经减值检测，该专利技术的可收回金额为 420 万元，预计尚可使用 3 年，预计残值为零，仍采用直线法摊销。

资料三：甲公司 2×16 年度实现的利润总额为 1 000 万元。根据税法规定，2×16 年甲公司该专利技术的摊销额能在税前扣除的金额为 160 万元；当年对该专利技术计提的减值准备不允许税前扣除。除该事项外，甲公司无其他纳税调整事项。

本题不考虑除企业所得税以外的税费及其他因素。

要求：

（1）编制甲公司 2×15 年 1 月 1 日购入专利技术的会计分录；

（2）计算甲公司 2×15 年度该专利技术的摊销金额，并编制相关会计分录；

（3）计算甲公司 2×16 年 12 月 31 日对该专利技术应计提减值准备的金额，并编制相关的会计分录；

（4）计算 2×16 年度甲公司应交企业所得税、相关的递延所得税资产和所得税费用的金额，并编制相关的会计分录；

（5）计算甲公司 2×17 年度该专利技术的摊销金额，并编制相关的会计分录。

答案 ▶（1）2×15 年购入专项技术的会计分录：

借：无形资产　　　　　　　　800
　　贷：银行存款　　　　　　　　800

（2）甲公司 2×15 年度该专利技术应摊销的金额=800/5=160（万元），分录为：

借：制造费用　　　　　　　　160
　　贷：累计摊销　　　　　　　　160

（3）甲公司 2×16 年 12 月 31 日对该专利技术应计提减值准备的金额=（800-160×2）-420=60（万元），分录为：

借：资产减值损失　　　　　　　60
　　贷：无形资产减值准备　　　　　60

（4）2×16 年的应交所得税=（1 000+60）×25%=265（万元）；

2×16 年应确认的递延所得税资产=60×25%=15（万元）；

2×16 年的所得税费用=265-15=250（万元）。

借：所得税费用　　　　　　　250
　　递延所得税资产　　　　　　15
　　贷：应交税费—应交所得税　　265

（5）甲公司 2×17 年度该专利技术应摊销的金额=420/3=140（万元），分录为：

借：制造费用　　　　　　　　140
　　贷：累计摊销　　　　　　　　140

【例题 20·计算分析题】 ☆甲公司适用的企业所得税税率为 25%，预计未来期间适用的企业所得税税率不会发生变化，未来期间能够产生足够的应纳税所得额用以抵减可抵扣暂时性差异。2×18 年 1 月 1 日，甲公司递延所得税资产、递延所得税负债的年初余额均为零。甲公司 2×18 年发生的会计处理与税收处理存在差异的交易或事项如下：

资料一：2×17 年 12 月 20 日，甲公司取得并立即提供给行政管理部门使用的一项初始入账金额为 150 万元的固定资产，预计使用年限为 5 年，预计净残值为零。会计处理采用年限平均法计提折旧，该固定资产的计税基础与初始入账金额一致。根据税法规定，2×18 年甲公司该固定资产的折旧额能在税前扣除的金额为 50 万元。

资料二：2×18 年 11 月 5 日，甲公司取得乙公司股票 20 万股，并将其指定为以公允价值计量且其变动计入其他综合收益的金融资产，初始入账金额为 600 万元。该金融资产的计税基础与初始入账金额一致。2×18 年 12 月 31 日，该股票的公允价值为 550 万元。税法规定，金融资产的公允价值变动不计入当期应纳税所得额，待转让时一并计入转让当期的应纳税所得额。

资料三：2×18 年 12 月 10 日，甲公司因当年偷税漏税向税务机关缴纳罚款 200 万元，税法规定，偷税漏税的罚款支出不得税前扣除。

甲公司 2×18 年度实现的利润总额为 3 000 万元。

本题不考虑除企业所得税以外的税费及其他因素。

要求：

（1）计算甲公司 2×18 年 12 月 31 日上述行政管理用固定资产的暂时性差异，判断该差异为应纳税暂时性差异还是可抵扣暂时性差异，并编制确认递延所得税资产或递延所得税负债的会计分录；

（2）计算甲公司 2×18 年 12 月 31 日对乙公司股票投资的暂时性差异，判断该差异为应纳税暂时性差异还是可抵扣暂时性差异，并编制确认递延所得税资产或递延所得税负债的会计分录；

（3）分别计算甲公司 2×18 年度应纳税所得额和应交企业所得税的金额，并编制相关会计分录。

答案 ▶（1）2×18 年 12 月 31 日，固定资产的账面价值=150-150/5=120（万元），计税基础=150-50=100（万元），资产的账面价值大于计税基础，形成应纳税暂时性差异，差异额=120-100=20（万元）。

借：所得税费用　　　（20×25%）5
　　贷：递延所得税负债　　　　　　5

（2）2×18 年 12 月 31 日，其他权益工具投资的账面价值为 550 万元，计税基础为

600万元，资产的账面价值小于计税基础，形成可抵扣暂时性差异，差异额＝600－550＝50（万元）。

借：递延所得税资产

（50×25%）12.5

贷：其他综合收益　　　12.5

（3）应纳税所得额＝3 000－20+200＝3 180（万元）；

应交所得税＝3 180×25%＝795（万元）。

借：所得税费用　　　　795

贷：应交税费——应交所得税　795

【例题21·综合题】☆甲公司适用的企业所得税税率为25%，预计未来期间适用的企业所得税税率不会发生变化，未来期间能够产生足够的应纳税所得额用于抵减可抵扣暂时性差异。2×19年1月1日，甲公司递延所得税资产的年初余额为200万元，递延所得税负债的年初余额为150万元。2×19年度，甲公司发生的与企业所得税有关的交易或事项如下：

资料一：2×19年2月1日，甲公司以银行存款200万元购入乙公司的股票并将其分类为以公允价值计量且其变动计入当期损益的金融资产。该金融资产的初始入账金额与计税基础一致。2×19年12月31日，该股票投资的公允价值为280万元。根据税法规定，甲公司持有的乙公司股票当期的公允价值变动不计入当期应纳税所得额，待转让时将转让收入扣除初始投资成本的差额计入转让当期的应纳税所得额。

资料二：2×19年度甲公司在自行研发A新技术的过程中发生支出500万元，其中满足资本化条件的研发支出为300万元。至2×19年12月31日，A新技术研发活动尚未结束，税法规定，企业费用化的研发支出在据实扣除的基础上再加计75%税前扣除，资本化的研发支出按资本化金额的175%确定应予税前摊销扣除的金额。

资料三：2×19年12月31日甲公司成本为90万元的库存B产品出现减值迹象。经减

值测试，其可变现净值为80万元。在此之前，B产品未计提存货跌价准备。该库存B产品的计税基础与成本一致。税法规定，企业当期计提的存货跌价准备不允许当期税前扣除，在发生实质性损失时可予税前扣除。

资料四：2×19年甲公司通过某县民政局向灾区捐赠400万元。税法规定，企业通过县级民政局进行慈善捐赠的支出，在年度利润总额12%以内的部分准予在当期税前扣除；超过年度利润总额12%的部分，准予在未来3年内税前扣除。甲公司2×19年度的利润总额为3 000万元。

本题不考虑除企业所得税以外的税费及其他因素。

要求：

（1）分别编制甲公司2×19年12月31日对乙公司股票投资按公允价值计量及其对所得税影响的会计分录；

（2）判断甲公司2×19年12月31日A新技术研发支出的资本化部分形成的是应纳税暂时性差异还是可抵扣暂时性差异，并判断是否需要确认递延所得税资产；

（3）分别编制甲公司2×19年12月31日对库存B产品计提减值准备及其对所得税影响的会计分录；

（4）计算甲公司2×19年的捐赠支出所产生的暂时性差异的金额，并判断是否需要确认递延所得税资产；

（5）分别计算甲公司2×19年12月31日递延所得税资产及递延所得税负债的余额。

答案 ▶（1）借：交易性金融资产——公允价值变动

（280－200）80

贷：公允价值变动损益

80

2×19年年末交易性金融资产的账面价值为280万元，计税基础为200万元，资产的账面价值大于计税基础，形成应纳税暂时性差异80万元，应确认递延所得税负债＝80×25%＝20（万元）。

借：所得税费用　　　　　　　20
　　贷：递延所得税负债　　　　20

（2）产生的是可抵扣暂时性差异。

【思路点拨】2×19年年末甲公司A新技术研发支出资本化部分账面价值为300万元，计税基础=300×175%=525（万元），资产账面价值小于计税基础，产生可抵扣暂时性差异225万元（525-300）。

不确认递延所得税资产。

【思路点拨】该无形资产的确认不是产生于企业合并交易，同时在初始确认时既不影响会计利润也不影响应纳税所得额，则按照规定，不确认有关暂时性差异的所得税影响。

（3）借：资产减值损失　（90-80）10

贷：存货跌价准备　　　　　　10
借：递延所得税资产（10×25%）2.5
　　贷：所得税费用　　　　　　　2.5

（4）对甲公司2×19年捐赠支出，税法上允许税前扣除的最大金额=3 000×12%=360（万元），而甲公司实际发生捐赠支出400万元，超出部分可以在以后年度税前扣除，因此形成可抵扣暂时性差异=400-360=40（万元）。

需要确认递延所得税资产，确认递延所得税资产金额=40×25%=10（万元）。

（5）2×19年年末甲公司递延所得税资产期末余额=200+2.5+10=212.5（万元）；递延所得税负债期末余额=150+20=170（万元）。

同步训练

限时 70min

扫我做试题

一、单项选择题

1. 甲公司2×18年实现营业收入1 000万元，当年广告费用发生了200万元，税法规定每年广告费用的应税支出不得超过当年营业收入的15%，超过部分准予在以后年度结转，税前利润为400万元，所得税税率为25%，未来期间能产生足够的应纳税所得额用以抵减可抵扣暂时性差异。当年罚没支出为1万元，当年购入的交易性金融资产截至年末公允价值增值了10万元，假定无其他纳税调整事项，当年的净利润为（　）万元。

　　A. 299. 75　　　　B. 300
　　C. 301　　　　　D. 289. 75

2. 甲企业采用资产负债表债务法进行所得税核算，2×18年所得税税率为33%，根据税法规定，自2×19年1月1日起所得税税率改为25%。2×18年年初库存商品的账面余

额为40万元，已提减值准备为2万元；应收账款的账面余额为130万元，已提坏账准备15万元。2×18年实现利润总额为200万元。2×18年发生的有关交易或事项如下：①2×18年末库存商品的账面余额为45万元，已提减值准备为5万元；②2×18年年末应收账款余额为120万元，已提坏账准备20万元；③2×18年6月2日，甲企业购入丙公司的股票作为短线投资，初始成本为30万元，年末公允价值为50万元；④2×18年年初甲企业开始研发某专利，于当年的7月1日研发成功并达到预定可使用状态，研究费用支付了100万元，开发费用支付了300万元，开发费用全部符合资本化条件，注册费、律师费支付了20万元(假定注册费和律师费不允许加计抵扣)，税法规定按研究开发费用的175%计列相关支出和无形资产成本，假定会计和税务对此专利权的摊销口径均为5年

期，均不考虑净残值。无其他纳税调整事项，甲企业计算的 2×18 年"所得税费用"为（　）万元。

A. 35.11　　　　　B. 34.225

C. 65　　　　　　D. 58.3

3. 下列交易或事项中，其计税基础不等于账面价值的是（　）。

A. 企业因销售商品提供售后服务等原因于当期确认了 100 万元的预计负债，按照税法规定该费用应于实际发生时税前扣除

B. 企业为关联方提供债务担保确认了预计负债 1 000 万元，按照税法规定该费用不允许税前扣除

C. 企业当期确认应支付的职工工资及其他薪金性质支出共计 1 000 万元，尚未实际支付。按照税法规定的计税工资标准可以于当期扣除的部分为 800 万元，剩余部分不可以税前扣除

D. 税法规定的收入确认时点与会计准则一致，会计确认合同负债 500 万元

4. 2×16 年 12 月，乙公司取得一栋建筑物，作为投资性房地产核算，成本为 300 万元，采用公允价值模式计量。2×17 年 12 月 31 日，该投资性房地产的公允价值为 350 万元。假定税法规定，建筑物采用直线法按 20 年计提折旧，预计净残值为 20 万元。乙公司适用的所得税税率为 25%。不考虑其他因素，该投资性房地产在 2×17 年年末应确认的递延所得税负债为（　）万元。

A. 12.5　　　　　B. 64

C. 16　　　　　　D. 4

5. 2×19 年甲公司发生业务宣传费 570 万元，全部以银行存款支付。税法规定可于当期税前扣除的金额为 490 万元，剩余部分可以结转以后年度税前扣除，2×19 年年末甲公司因业务宣传费形成的计税基础是（　）万元。

A. 570　　　　　B. 80

C. 490　　　　　D. 20

6. 甲公司为一家上市公司，适用的所得税税率为 25%。2×19 年 1 月 1 日购入 A 公司当日发行的 5 年期债券 1 000 张，每张面值 100 元，共支付买价为 109 000 元，另支付手续费 1 000 元，作为债权投资核算。该债券票面年利率为 5%，市场年利率为 4%，利息于每年年末支付。2×19 年年末预计该债券未来现金流量现值为 80 000 元，甲公司预计未来 4 年内很可能产生的应纳税所得额为 20 000 元。不考虑其他因素，甲公司 2×19 年年末应确认递延所得税资产为（　）元。

A. 7 350　　　　　B. 5 000

C. 7 250　　　　　D. 7 500

7. S 企业采用资产负债表债务法进行所得税核算，适用的所得税税率为 25%，该企业 2×19 年度实现利润总额 1 800 万元，当年取得国债利息收入 135 万元，当期列入"财务费用"的借款费用包括高于银行同期借款利率而多支付的 60 万元，因违反税收法规支付罚款 5 万元，当期列入"销售费用"的折旧额未包括计提的低于税法规定的扣除金额 36 万元。2×19 年 S 企业应交纳的所得税为（　）万元。

A. 423.5　　　　　B. 441.5

C. 414.5　　　　　D. 417.5

8. 2×19 年年初甲公司购入一批股票作为其他权益工具投资核算，买价为 1 000 万元，2×19 年年末该其他权益工具投资的公允价值为 1 200 万元，甲公司适用的所得税税率为 25%，不考虑其他因素，下列关于甲公司的处理中，说法不正确的是（　）。

A. 确认递延所得税负债 50 万元

B. 其他综合收益净增加 150 万元

C. 确认递延所得税费用 50 万元

D. 其他权益工具投资的计税基础为 1 000 万元

二、多项选择题

1. 下列有关所得税的论断中，正确的有（　）。

A. 其他权益工具投资的公允价值高于初始成本时形成应纳税暂时性差异，进而产生递延所得税费用

B. 因罚没支出形成的预计负债产生可抵扣暂时性差异

C. 如果税务认定收到预收款即为收入实现，则合同负债账面价值大于计税基础，产生可抵扣暂时性差异

D. 无形资产开发支出允许资本化的部分在税务上允许加计摊销75%，形成可抵扣暂时性差异

E. 企业当年发生的亏损应界定为新增可抵扣暂时性差异，而后5年内弥补的亏损则属于转回可抵扣暂时性差异

2. 甲公司2×15年5月5日购入乙公司普通股股票一批，成本为2 300万元，将其划分为其他权益工具投资。2×15年年末甲公司持有的乙公司股票的公允价值为2 900万元；2×16年年末，该批股票的公允价值为2 600万元。甲公司适用的所得税税率为25%。若不考虑其他因素，则甲公司如下相关会计指标的认定中，正确的有（　　）。

A. 2×15年确认"递延所得税负债"150万元

B. 2×15年形成递延所得税费用150万元

C. 2×16年冲减"递延所得税负债"75万元

D. 2×16年"其他综合收益"减少225万元

3. 某公司2×19年利润总额为2 000万元，适用的所得税税率为25%。2×19年发生如下事项：①当期计提坏账准备700万元；②当年购入的交易性金融资产公允价值上升1 500万元；③当年确认持有至到期国债投资利息收入300万元。该公司2×19年1月1日不存在暂时性差异，预计未来期间能够产生足够的应纳税所得额用以抵扣可抵扣暂时性差异。下列相关核算指标的认定中，正确的有（　　）。

A. 当年递延所得税收益为200万元

B. 当年递延所得税费用为200万元

C. 当年应交所得税为225万元

D. 当年所得税费用为425万元

E. 当年净利润为1 500万元

4. 在不考虑其他影响因素的情况下，企业发生的下列交易或事项中，期末可能会引起递延所得税资产增加的有（　　）。

A. 本期计提固定资产减值准备

B. 本期转回存货跌价准备

C. 企业购入交易性金融资产，当期期末公允价值小于其初始确认金额

D. 实际发生产品售后保修费用，冲减已计提的预计负债

5. 关于企业所得税的核算，下列说法中正确的有（　　）。

A. 资产负债表日，企业应当对递延所得税资产的账面价值进行复核

B. 对于前期已确认的递延所得税资产，如果预计未来期间很可能无法取得足够的应纳税所得额用以利用递延所得税资产的利益的，应当减记递延所得税资产

C. 如果可抵扣暂时性差异的转回期间较长，则应该对递延所得税资产进行折现

D. 对于外购的无形资产因计提减值准备等原因所产生的暂时性差异，企业一般应确认相应的递延所得税影响

6. 下列关于递延所得税处理的表述中，不正确的有（　　）。

A. 资产负债表日，对于递延所得税资产和递延所得税负债，应当根据税法规定，按照预期收回该资产或清偿该负债期间的适用所得税税率计量

B. 只要产生暂时性差异，就应确认递延所得税

C. 适用税率发生变化的，应对已确认的递延所得税资产和递延所得税负债重新计量，并将其影响数计入变化当期的所得税费用

D. 递延所得税，均是由资产或负债的账面价值与计税基础之间的差异引起的

7. 下列关于企业所得税的表述中，正确的有（　　）。

A. 应当以未来期间很可能取得足够的应纳税所得额为限，确认递延所得税负债

B. 如果未来期间很可能无法取得足够的应纳税所得额用以利用递延所得税资产的利益，应以可取得的应纳税所得额为限，确定相关的递延所得税资产

C. 可于未来5年内税前弥补的亏损额，不属于资产或负债，不需确认递延所得税

D. 递延所得税费用或递延所得税收益均影响利润表中的"所得税费用"项目

8. 关于与非同一控制下企业合并相关的递延所得税的确认，下列说法不正确的有( )。

A. 因会计准则规定与税法规定不同而使取得的可辨认资产、负债账面价值与计税基础产生差异，应当确认相关的递延所得税，并计入资产减值损失

B. 因会计准则规定与税法规定不同而使取得的可辨认资产、负债账面价值与计税基础产生差异，应当确认相关的递延所得税，并调整商誉或当期损益

C. 产生的商誉不存在暂时性差异

D. 产生的商誉存在暂时性差异但不需确认递延所得税

9. 企业因下列事项所确认的递延所得税，影响利润表"所得税费用"的有( )。

A. 期末按公允价值调增其他债权投资的金额，产生的应纳税暂时性差异

B. 期末按公允价值调减交易性金融资产的金额，产生的可抵扣暂时性差异

C. 期末按公允价值调增交易性金融资产的金额，产生的应纳税暂时性差异

D. 期末按公允价值调增投资性房地产的金额，产生的应纳税暂时性差异

三、判断题

1. 递延所得税资产发生减值时，企业应将减值金额记入"资产减值损失"科目。 ( )

2. 未作为资产和负债确认的项目，如按照税法规定可以确定其计税基础，则该计税基础与其账面价值之间的差额属于暂时性差异。 ( )

3. 如果某项交易或事项按照会计准则规定应计入所有者权益，由该交易或事项产生的递延所得税资产或递延所得税负债及其变化应计入所得税费用。 ( )

4. 应纳税暂时性差异的转回，会减少转回期间的应纳税所得额和应交所得税金额。 ( )

5. 利润表中的"所得税费用"项目金额等于利润总额乘以当期所得税税率。 ( )

6. 企业发生的可以结转以后年度的未弥补亏损和税款抵减，应视同可抵扣暂时性差异，并应全部确认相关的递延所得税资产。 ( )

7. 利润表中列示的所得税费用，是当期所得税和递延所得税费用(或收益)的合计数。 ( )

四、综合题

甲股份有限公司(以下简称"甲公司")为上海证券交易所上市公司，所得税根据《企业会计准则第18号——所得税》的有关规定进行核算，适用的所得税税率为25%。2×19年第四季度，甲公司发生的与所得税核算相关的事项及其处理结果如下：

(1) 2×19年10月2日，甲公司支付3 000万元从证券市场购入一部分股票，占发行股票方有表决权资本的2%，并将其指定为其他权益工具投资。2×19年12月31日，该股票的市价为3 200万元，甲公司确认了递延所得税负债50万元(200×25%)，同时计入了当期损益。

(2)甲公司于2×17年12月购入一台管理用设备，原值600万元，预计使用年限10年，预计净残值为零，按照直线法计提折旧。假定税法规定的折旧年限、预计净残值和折旧方法与会计规定相同。2×19年年末由于技术进步，该设备出现了减值的迹象，经测试，其可收回金额为420万元，甲公司在2×19年年末计提了固定资产减值准备60万元(此前未计提减值)。甲公司确认了递延所得税资产

15 万元(60×25%)。

(3)甲公司 2×19 年 10 月 10 日开始一项新产品研发工作,第四季度发生研发支出 300 万元,其中研究阶段支出 200 万元,开发阶段符合资本化条件发生的支出为 100 万元,该研究工作至年末尚未完成。按照税法规定,研究开发费用中费用化部分可以按 175% 税前扣除,形成无形资产部分在摊销时可以按无形资产成本的 175% 摊销。甲公司未确认递延所得税资产和递延所得税负债。

(4)甲公司 2×19 年 12 月接到物价管理部门的处罚通知,因违反价格管理规定,要求支付罚款 100 万元。甲公司已计入营业

外支出 100 万元,同时确认了其他应付款 100 万元,至 2×19 年年末该罚款尚未支付。按照税法规定,企业违反国家有关法律法规规定支付的罚款不允许在税前扣除。根据甲公司目前财务状况和未来发展前景,预计能够产生足够的应纳税所得额用于抵减可抵扣暂时性差异。甲公司确认了递延所得税负债 25 万元(100×25%)。

要求:

判断甲公司上述事项(1)~(4)递延所得税会计处理是否正确,并简要说明理由;如不正确,请说明正确的会计处理。

(答案中的金额单位用万元表示)

同步训练答案及解析

一、单项选择题

1. A 【解析】①应纳税所得额 = 400 + 1 + 50 - 10 = 441(万元);②应交所得税 = 441×25% = 110.25(万元);③递延所得税资产借记 12.5 万元(50×25%);④递延所得税负债贷记 2.5 万元(10×25%);⑤所得税费用 = 110.25 - 12.5 + 2.5 = 100.25(万元);⑥净利润 = 400 - 100.25 = 299.75(万元)。

『拓展』①当年递延所得税收益为 10 万元(12.5-2.5);②所得税费用 =(税前利润±永久性差异)×25%。

2. B 【解析】(1)库存商品的年初账面价值为 38 万元,年初计税基础为 40 万元,对应的是可抵扣暂时性差异 2 万元;库存商品的年末账面价值为 40 万元,计税基础为 45 万元,对应的是可抵扣暂时性差异 5 万元;由此得出,库存商品当年对应的是新增可抵扣暂时性差异 3 万元。

(2)应收账款的年初账面价值为 115 万元,年初计税基础为 130 万元,对应的是可抵

扣暂时性差异 15 万元;年末账面价值为 100 万元,计税基础为 120 万元,对应的是可抵扣暂时性差异 20 万元;由此得出,应收账款当年对应的是新增可抵扣暂时性差异 5 万元。

(3)交易性金融资产因增值产生应纳税暂时性差异 20 万元。

(4)当年税法追加扣除的研究费用为 75 万元,因追加无形资产价值造成的多摊销金额为 22.5 万元[(300×175%-300)÷5×6/12]。

(5)当年的应纳税所得额 = 200 + 3 + 5 - 20 - 75 - 22.5 = 90.5(万元)。

(6)当年应交所得税 = 90.5 × 33% = 29.865(万元)。

(7)当年递延所得税资产借记额 = 年末可抵扣暂时性差异×税率-年初可抵扣暂时性差异×税率 =(5 + 20)×25% -(2 + 15)× 33% = 0.64(万元)。

(8)当年递延所得税负债贷记额 = 年末应纳税暂时性差异×税率-年初应纳税暂时性差异×税率 = 20×25% - 0×33% = 5(万元)。

（9）当年所得税费用 = 29.865 - 0.64 + 5 = 34.225（万元）。

『拓展』 自行研发形成的无形资产在 2×18 年年末的可抵扣暂时性差异 = [（300×175% + 20）-（300×175% + 20）/5/2]-（320-32）= 202.5（万元）。

3. A 【解析】选项 A，负债的计税基础 = 账面价值 - 未来期间可予以税前扣除的金额（账面价值金额）= 0；选项 B、C、D，负债的计税基础 = 账面价值 - 未来期间可予以税前扣除的金额 0 = 账面价值。

4. C 【解析】2×17 年年末，该项投资性房地产的账面价值为 350 万元，计税基础 = 300-（300-20）/20 = 286（万元），形成的应纳税暂时性差异 = 350-286 = 64（万元），应确认的递延所得税负债 = 64×25% = 16（万元）。

5. B 【解析】费用已全部支付，应视为资产处理，业务宣传费的计税基础 = 570-490 = 80（万元）。

【思路点拨】此类题目作答时，如果业务宣传费等费用性支出尚未支付，则通过"其他应付款"科目来核算，此时按照负债的规定来计算计税基础；如果该费用已经支付，则可将其视为资产来计算，资产的账面价值 = 0，计税基础 = 按税法规定可于未来期间税前扣除的金额。

6. B 【解析】2×19 年年末债权投资的账面价值 = （109 000 + 1 000）×（1 + 4%）- 1 000×100×5% = 109 400（元），可收回金额为 80 000 元，则该投资发生了减值，因计提减值产生可抵扣暂时性差异 = 109 400 - 80 000 = 29 400（元）；又因甲公司预计未来很可能产生的应纳税所得额是 20 000 元，应以此为限确认递延所得税资产，所以甲公司 2×19 年年末应确认递延所得税资产 = 20 000×25% = 5 000（元）。

7. A 【解析】S 企业 2×19 年应纳税所得额 = 1 800-135 + 60 + 5-36 = 1 694（万元），应交所得税 = 1 694×25% = 423.5（万元）。

【思路点拨】当期列入"财务费用"的借款费用包括高于银行同期借款利率而多支付的 60 万元，税法不认可高于银行同期借款利率而多支付的利息，所以纳税调增 60 万元。

8. C 【解析】其他权益工具投资因公允价值变动产生的暂时性差异，确认的递延所得税应计入其他综合收益，不影响递延所得税费用的金额。

二、多项选择题

1. CDE 【解析】选项 A，其他权益工具投资的公允价值波动不影响损益，也就不会调整"所得税费用"；选项 B，罚没支出属于非暂时性差异。

2. ACD 【解析】（1）2×15 年因其他权益工具投资增值 600 万元而新增加应纳税暂时性差异 600 万元，相关分录如下：

借：其他综合收益 150
　　贷：递延所得税负债 150

（2）2×16 年因其他权益工具投资减值 300 万元，应确认转回应纳税暂时性差异 300 万元，相关会计分录如下：

借：递延所得税负债 75
　　贷：其他综合收益 75

（3）2×16 年考虑所得税影响后的"其他综合收益"为借记 225 万元。

3. BCD 【解析】①2×19 年应纳税所得额 = 2 000 + 700-1 500-300 = 900（万元）；②2×19 年应交所得税 = 900×25% = 225（万元）；③2×19 年"递延所得税资产"借记额 = 700×25% = 175（万元）；④2×19 年"递延所得税负债"贷记额 = 1 500×25% = 375（万元）；⑤2×19 年"所得税费用" = 225-175 + 375 = 425（万元）；⑥2×19 年"净利润" = 2 000-425 = 1 575（万元）。

4. AC 【解析】选项 B、D，转回可抵扣暂时性差异，会引起递延所得税资产的减少。

5. ABD 【解析】选项 C，无论可抵扣暂时性差异的转回期间如何，企业均不应该对递延所得税资产折现。

6. BCD　【解析】选项 B，不是所有的暂时性差异都要确认递延所得税；选项 C，影响数也有可能是计入变化当期的所有者权益；选项 D，有些特殊项目确认的递延所得税(如未弥补亏损)，并不是由资产或负债的账面价值与计税基础之差引起的。

7. BD　【解析】选项 A，应纳税暂时性差异在未来期间转回时，一般需调增应纳税所得额，而不是调减应纳税所得额，因此不需以未来期间很可能取得足够的应纳税所得额为限确认递延所得税负债；选项 C，比照资产来处理，产生可抵扣暂时性差异，需要确认递延所得税资产。

8. AC　【解析】选项 A，确认的递延所得税，应调整合并产生的商誉或营业外收入等；选项 C，商誉会产生暂时性差异，但不确认递延所得税。

9. BCD　【解析】选项 A，应计入其他综合收益。

三、判断题

1. ×　【解析】递延所得税资产发生减值时，应作与确认时相反的处理，即贷记递延所得税资产的同时，借记所得税费用或其他综合收益等科目。

2. √

3. ×　【解析】此类事项产生的递延所得税资产或递延所得税负债及其变化也应计入所有者权益。

4. ×　【解析】应纳税暂时性差异的转回，通常会增加转回期间的应纳税所得额和应交所得税金额。

5. ×　【解析】如果存在非暂时性差异或预期税率将发生变动，则利润表中的"所得税费用"项目金额不一定等于利润总额乘以当期所得税税率。

6. ×　【解析】递延所得税资产的确认应当以未来转回期间很可能取得的应纳税所得额

为限。

7. √　【解析】所得税费用=当期所得税+递延所得税费用(或-收益)。

四、综合题

【答案】

(1)事项 1 处理不正确。

理由：资产的账面价值为 3 200 万元，计税基础为 3 000 万元，因资产的账面价值大于其计税基础，产生应纳税暂时性差异 200 万元。依据递延所得税的计量规定，甲公司应确认递延所得税负债 = 200 × 25% = 50(万元)，同时计入其他综合收益。

正确处理：甲公司确认的递延所得税负债应计入其他综合收益。

(2)事项 2 处理正确。

理由：资产的账面价值为 420 万元(600-600÷10×2-60)，资产的计税基础为 480 万元(600-600÷10×2)，因资产的账面价值小于其计税基础，产生可抵扣暂时性差异 60 万元。依据递延所得税的计量规定，甲公司应确认递延所得税资产 = 60 × 25% = 15(万元)。

(3)事项 3 处理正确。

理由：资本化部分账面价值是 100 万元，计税基础是 175 万元，产生可抵扣暂时性差异 75 万元(175-100)。但是企业自行研发形成的无形资产，在确认时既不影响会计利润也不影响应纳税所得额，所以按照所得税会计准则的规定，不确认有关暂时性差异的所得税影响。

(4)事项 4 处理不正确。

理由：负债的账面价值为 100 万元；因按照税法规定，企业违反国家有关法律法规规定支付的罚款不允许税前扣除，所以其计税基础=账面价值 100-未来期间可予抵扣的金额 0=100(万元)；即账面价值等于计税基础，不形成暂时性差异。

正确处理：不确认递延所得税负债。

本章知识串联

计税基础
★★★

资产 —— 未来期间计税时可税前扣除的金额
　　　　或：资产成本－已在税前扣除的金额

负债 —— 账面价值－未来期间计税时可税前扣除的金额

广告费、业务宣传费 —— 尚未支付，"其他应付款"核算，为负债
　　　　　　　　　　　已经支付，按资产处理

暂时性差异
★★★

应纳税暂时性差异 —— 资产：账面价值>计税基础
　　　　　　　　　　负债：账面价值<计税基础

可抵扣暂时性差异 —— 资产：账面价值<计税基础
　　　　　　　　　　负债：账面价值>计税基础

注意：未弥补亏损、税款抵减

所得税

递延所得税资产、负债
★★★

一般计入所得税费用，也可能计入其他综合收益等

采用转回期间的所得税税率 —— 应交所得税的计算，采用当期所得税税率

不考虑折现

预计未来应纳税所得额不足时，应减计递延所得税资产

递延所得税资产的确认应以预计未来期间很可能取得的应纳税所得额为限

注意：若该商誉初始确认时计税基础=账面价值，则后续产生暂时性差异，确认递延所得税

不确认递延所得税的特殊情况 —— 商誉本身产生的暂时性差异

非企业合并产生，且初始确认时既不影响会计利润也不影响应纳税所得额

税率变动时，要对已确认的递延所得税进行调整

所得税费用
★★★

所得税费用=当期所得税＋递延所得税费用（或－收益）

递延所得税计入其他综合收益的，不影响所得税费用

计算步骤：递延所得税 —— 应交所得税 —— 所得税费用

第十五章　外币折算

历年考情概况

从历年考试情况看，本章几乎每年必考，在考试中多以客观题形式出现，每年的分值在2~5分。主要考查外币交易、外币报表折算汇率的选择、资产负债表日汇兑差额的计算等。本章出题思路较窄，一般是单独考查，但也可能与借款费用相结合考查，与其他章节的关联不是特别紧密。本章考题的条件设置一般都很简洁明了，只要平时有针对性地多加练习，考试时一般不会有难度，考生要好好把握，不要错过这类题目的得分机会。

近年考点直击

主要考点	主要考查题型	考频指数	考查角度
记账本位币的确定	多 判	★★	(1)境外经营记账本位币的确定；(2)记账本位币的变更；(3)确定记账本位币时需考虑的因素
外币交易发生时的会计处理	单	★★	(1)接受外币投入资本折算汇率的选择；(2)接受外币资本投入时所有者权益金额的计算
外币货币性项目汇兑损益的认定	单 多	★★	(1)外币货币性项目期末汇兑损益的计算；(2)外币货币性项目结算日汇兑损益的折算
外币非货币性项目资产负债表日及结算日的会计处理	单 多	★★★	(1)外币项目在资产负债表日的处理；(2)以外币计量的存货的期末计量；(3)外币计价的其他权益工具投资的核算；(4)外币计价的交易性金融资产的会计处理；(5)外币资产汇兑差额的会计处理
外币财务报表的折算	单 多 判	★★★	(1)境外经营财务报表的折算原则；(2)境外经营资产负债表的折算；(3)外币财务报表折算差额的列示；(4)境外经营的处置

2022 年考试变化

本章考试内容未发生实质性变化。

考点详解及精选例题

一、外币交易的会计处理

(一)外币交易的相关概念 ★

1. 外币与记账本位币

记账本位币是指企业所选定的登账货币,而外币则是记账本位币之外的货币。此二者是相对的概念。

2. 外币业务与外币账户

(1)外币业务:凡是以外币计价的业务,均为外币业务。

(2)外币账户:反映外币货币性项目的账户。主要包括外币现金、外币银行存款、外币应收账款、外币应付账款。其最大特点是价值大小受汇率波动的影响。

3. 汇率及其表达方法

(1)汇率是指货币之间的价值比。

(2)汇率有两种标价方法:

①直接标价法:US $ 100、¥ 695;

②间接标价法:¥ 100、US $ 18。

4. 记账汇率与账面汇率

(1)记账汇率有两种:一是业务发生当日的市场汇率,也就是即期汇率;二是即期汇率的近似汇率,通常指的是当期平均汇率或加权平均汇率。

(2)账面汇率则是已经"历史"的记账汇率。

5. 现行汇率与历史汇率

6. 银行挂牌买价、银行挂牌卖价和中间牌价

(二)记账本位币的确定 ★★

1. 企业选定记账本位币,应当考虑的因素

(1)该货币主要影响商品和劳务的 销售价格,通常以该货币进行商品和劳务的计价

和结算;

(2)该货币主要影响商品和劳务所需人工、材料和其他费用,通常以该货币进行上述费用的计价和结算;

(3)融资活动获得的货币以及保存从经营活动中收取款项所使用的货币。

【例题1·多选题】☆下列各项中,属于企业在选择记账本位币时应当考虑的因素有( )。

A. 融资活动获得的币种

B. 保存从经营活动中收取款项所使用的币种

C. 销售商品时计价和结算使用的币种

D. 结算职工薪酬通常使用的币种

答案 ▶ ABCD

2. 企业选定境外经营的记账本位币,还应当考虑的因素

(1)境外经营对其所从事的活动是否拥有很强的 自主性——没有自主性则选择与境内企业相同的记账本位币,有自主性的则选择不同的货币作为记账本位币;

(2)境外经营活动中与企业的交易是否在境外经营活动中占有 较大比重——占较大比重的,选择与境内企业相同的记账本位币,不占较大比重的则选择不同的货币作为记账本位币;

(3)境外经营活动产生的现金流量是否 直接影响企业的现金流量、是否可以 随时汇回——直接影响且可随时汇回的应选择与境内企业相同的记账本位币,否则选择不同的货币作为记账本位币;

(4)境外经营活动产生的现金流量是否 足以偿还其现有债务和可预期的债务——不足以偿还的,应选择与境内企业相同的记账本位币,否则选择不同的记账本位币。

（三）记账本位币的变更

企业记账本位币一经确定，不得随意变更。企业因经营所处的主要经济环境发生重大变化，确需变更记账本位币的，应当采用变更当日的即期汇率将所有项目折算为变更后的记账本位币。

【关键考点】掌握记账本位币的确认方法。

【例题2·判断题】☆业务收支以人民币以外的货币为主的境内企业，可以选定其中一种货币作为记账本位币，但编制的财务报表应当折算为人民币金额。（ ）

解析 我国企业通常应当选择人民币作为记账本位币，业务收支以人民币以外的货币为主的企业，可以选定其中一种货币作为记账本位币，但编制的财务报表应当折算为人民币金额。 答案 √

【例题3·判断题】☆在企业不提供资金的情况下，境外经营活动产生的现金流量难以偿还其现有债务和正常情况下可预期债务的，境外经营应当选择与企业记账本位币相同的货币作为记账本位币。（ ） 答案 √

【例题4·判断题】企业因经营所处的主要经济环境发生重大变化，确实需要变更记账本位币时，所有项目均应采用变更当日的即期汇率折算。（ ） 答案 √

（四）外币交易的会计处理原则★★

1. 记账汇率的选择

企业选定记账汇率时，通常按下面顺序选择：

（1）即期汇率。即中国人民银行公布的当日人民币外汇牌价的中间价。

（2）即期汇率的近似汇率。即按系统合理的方法确定的、与交易发生日即期汇率近似的汇率。

2. 外币交易发生日的初始确认

当发生外币业务时，应以记账汇率将外币金额折算为记账本位币金额登账，并对外币账户的金额进行双重登记。如果是收到外币资本投入，应当按交易发生日的即期汇率进行折算，不得采用合同约定汇率和即期汇率的近似汇率，按此标准核算不会出现外币资本折算差额。

3. 资产负债表日或结算日的会计处理

期末应采用期末现行汇率对所有外币账户（外币货币性项目）进行调账，并对汇兑损益进行认定。

（五）外币业务的具体核算★★★

1. 一般外币业务的会计处理

【例题5·分析题】甲公司属于增值税一般纳税人，记账本位币为人民币，其外币交易采用交易日的即期汇率折算。2×13年5月发生如下外币业务时，甲公司应分别如何进行账务处理？（答案中的金额单位用万人民币元表示）

（1）5月2日，甲公司从国外乙公司购入一台不需要安装的生产设备，价款为60万美元，当日的即期汇率为1美元=6.83人民币元，按照规定应缴的进口关税为40.98万人民币元，支付进口增值税为58.60万人民币元，款项尚未支付，进口关税及增值税已由人民币银行存款支付。

解析 甲公司账务处理为：
借：固定资产
　　　（60×6.83+40.98）450.78
　　应交税费——应交增值税（进项税额）
　　　　　　　　58.60
　贷：应付账款——乙公司（美元）
　　　　　　　　409.8
　　银行存款（40.98+58.60）99.58

（2）5月10日，出口一批商品给欧洲的丙公司，价款为100万欧元，当日的即期汇率为1欧元=8.87人民币元，货款尚未收到。假定不考虑增值税等相关税费的影响。

解析 甲公司账务处理为：
借：应收账款——丙公司（欧元）
　　　（100×8.87）887

贷：主营业务收入　　　　887

（3）5 月 16 日，从银行借入 50 万英镑，期限为 3 个月，年利率为 5%，借入的英镑暂存银行。借入当日的即期汇率为 1 英镑 = 9.83 人民币元。

解析 ▶ 甲公司账务处理为：

借：银行存款—英镑
　　　　　　（50×9.83）491.5

贷：短期借款—英镑　　491.5

2. 特殊外币业务的会计处理

（1）外币兑换的会计处理。

当买入外币时：

借：银行存款—外币户[按记账汇率折算]

　　财务费用[汇兑损失]

贷：银行存款—人民币户[应以银行挂牌**卖价**来折算]

当卖出外币时：

借：银行存款—人民币户[应以银行挂牌**买价**来折算]

　　财务费用[汇兑损失]

贷：银行存款—外币户[按记账汇率折算]

【关键考点】掌握外币兑换时汇率的选择及汇兑损失的计算。

【例题 6·分析题】甲公司的记账本位币为人民币，其外币交易采用交易发生日的即期汇率折算。2×18 年 6 月 20 日，甲公司因需要欧元存款，到银行购买 120 万欧元，银行当日的欧元买入价为 1 欧元 = 9.51 人民币元，欧元卖出价为 1 欧元 = 9.61 人民币元，中间价为 1 欧元 = 9.56 人民币元。甲公司应如何进行账务处理？（答案中的金额单位以万人民币元表示）

解析 ▶ 中间价即为当日市场汇率，甲公司账务处理为：

借：银行存款—欧元
　　　　　　（120×9.56）1 147.2

　　财务费用—汇兑差额　　6

贷：银行存款—人民币
　　　　　　（120×9.61）1 153.2

（2）接受外币资本投入的会计处理。

借：银行存款—外币户等[按投资当日的现行汇率来折算]

贷：实收资本—外方[按投资当日的市场汇率来折算]

　　资本公积—资本溢价

【关键考点】掌握外币资本投入时汇率的选择标准。

【例题 7·分析题】甲有限责任公司（以下简称"甲公司"）的记账本位币为人民币，其外币交易采用交易发生日的即期汇率折算。2×18 年 1 月 1 日，甲公司为进行增资扩股与某外商签订投资合同，合同约定，该外商应于 2×18 年 2 月 10 日向甲公司增资 5 000 万美元，投资合同约定的汇率为 1 美元 = 6.65 人民币元，其中 20 000 万人民币元作为注册资本的组成部分。2×18 年 1 月 1 日的即期汇率为 1 美元 = 6.60 人民币元。甲公司于 2×18 年 2 月 10 日实际收到该笔投资款并存入银行，当日的即期汇率为 1 美元 = 6.61 人民币元。不考虑其他因素，甲公司应如何进行账务处理？

解析 ▶ 甲公司相关会计分录为：

借：银行存款—美元
　　　　　　（5 000×6.61）33 050

贷：实收资本　　　　20 000

　　资本公积—资本溢价　　13 050

【例题 8·单选题】☆对于收到投资者以外币投入的资本，企业应当采用的折算汇率是（　　）。

A. 当期简单平均汇率

B. 交易发生日的即期汇率

C. 当期加权平均汇率

D. 合同约定汇率

解析 ▶ 企业接受外币投资，只能采用交易发生日的即期汇率折算，不得采用即期汇率的近似汇率或合同约定汇率折算。　**答案** ▶ B

【例题 9·单选题】☆企业将收到的投资者以外币投入的资本折算为记账本位币时，应采用的折算汇率是（　　）。

A. 投资合同约定的汇率

B. 投资合同签订时的即期汇率

C. 收到投资款时的即期汇率

D. 收到投资款当月的平均汇率

解析 企业接受外币资本投资的，只能采用收到投资当日的即期汇率折算，不得采用合同约定汇率，也不得采用即期汇率的近似汇率折算。
答案 C

【例题10·单选题】 ☆甲公司以人民币为记账本位币。2×20年3月1日，甲公司与境外投资者乙公司约定，乙公司分两次投入甲公司合计3 000万美元，合同约定的汇率为1美元=6.85人民币元。2×20年4月1日，收到第一笔投资款2 000万美元，当日即期汇率为1美元=6.91人民币元，2×20年6月1日收到第二笔投资款1 000万美元，当日即期汇率为1美元=6.88人民币元。2×20年12月31日即期汇率为1美元=6.86人民币元。不考虑其他因素，甲公司2×20年12月31日资产负债表中与该投资有关的所有者权益的账面金额为（　）万人民币元。

A. 20 550　　　B. 20 580

C. 20 685　　　D. 20 700

解析 企业收到投资者投入的资本，无论是否有合同约定汇率，均不得采用合同约定汇率和即期汇率的近似汇率折算，而应采用交易发生日即期汇率折算，所以与该投资有关的所有者权益的金额=2 000×6.91+1 000×6.88=20 700（万人民币元）。
答案 D

【例题11·多选题】 ☆甲有限责任公司（以下简称"甲公司"）的记账本位币为人民币，其外币交易采用交易发生日的即期汇率折算。2×20年12月10日，甲公司收到外商投入资本1 000万欧元并存入银行，当日的即期汇率为1欧元=8.05人民币元，其中8 000万人民币元作为注册资本。2×20年12月31日即期汇率为1欧元=8.06人民币元。不考虑其他因素，上述外币业务对甲公

司2×20年度财务报表项目影响的表述中正确的有（　）。

A. 增加财务费用10万人民币元

B. 增加货币资金8 060万人民币元

C. 增加资本公积50万人民币元

D. 增加实收资本8 000万人民币元

解析 企业收到投资者以外币投入的资本，应当采用交易发生日的即期汇率折算，不产生外币资本折算差额。会计分录如下：

2×20年12月10日：

借：银行存款—欧元　　　　8 050

贷：实收资本　　　　　　　8 000

资本公积—资本溢价　　50

2×20年12月31日：

借：银行存款—欧元

（1 000×8.06-1 000×8.05）10

贷：财务费用—汇兑差额　　10

合计增加货币资金=1 000×8.06=8 060（万人民币元）
答案 BCD

3. 外币货币性项目期末汇兑损益的认定

（1）认定公式。

外币货币性项目期末汇兑损益=期末外币余额×期末即期汇率-期末人民币余额

比如，某企业期初"银行存款—美元"余额为10万美元，期初汇率为1美元=8人民币元。该外币账户当期增减情况如下：①增加5万美元，增加当日汇率为1美元=8.1人民币元；②减少6万美元，减少当日汇率为1美元=8.2人民币元。期末汇率为1美元=9人民币元。分析如下：

"银行存款—美元"期末人民币余额=10×8+5×8.1-6×8.2=80+40.5-49.2=71.3（万人民币元）；

"银行存款—美元"按期末汇率折算后的人民币余额=（10+5-6）×9=81（万人民币元）；

则期末"银行存款—美元"的汇兑损益=81-71.3=9.7（万人民币元），外币货币性项目期末汇兑损益的认定如图15-1所示。

银行存款—美元户

期初余额： US\$10万元；1∶8 RM￥80万元 US\$5万元；1∶8.1 RM￥40.5万元	US\$6万元；1∶8.2 RM￥49.2万元
①US\$9万元；RM￥71.3万元 ②US\$9万元×期末现行汇率 9=RM￥81万元 ③RM￥81万元-RM￥71.3万元 =RM￥9.7万元	

图 15-1　外币货币性项目期末汇兑损益的认定

（2）汇兑损益的归属方向。

①符合资本化条件的计入工程成本。

②不符合资本化条件且属于筹建期内发生的部分记入"管理费用"科目。

③既不符合资本化条件又未发生在筹建期内的部分计入各期损益，记入"财务费用—汇兑损失"科目。

【例题 12·分析题】 甲公司的记账本位币为人民币，其外币交易采用交易发生日的即期汇率折算。2×17 年 5 月发生如下外币业务时，甲公司应分别如何进行账务处理？（答案中的金额单位以万人民币元表示）

（1）5 月 1 日，甲公司自 M 银行借入 50 万美元，期限为 6 个月，年利率为 4%（等于实际利率），借入的美元已存入银行。借入当日的即期汇率为 1 美元=6.03 人民币元。

解析 ▶ 甲公司账务处理为：

借：银行存款—美元

　　　　　　（50×6.03）301.5

　　贷：短期借款—美元　　　301.5

（2）5 月 10 日，向国外丙公司进口商品一批，根据购买合同，货款共计 100 万欧元，当日的即期汇率为 1 欧元=8.72 人民币元。假定不考虑增值税等相关税费，货款尚未支付。

解析 ▶ 甲公司账务处理为：

借：库存商品—进口××商品　872

　　贷：应付账款—丙公司（欧元）

　　　　　　　　　（100×8.72）872

（3）5 月 31 日，甲公司仍未支付丙公司购货款，当日的即期汇率为 1 欧元=8.98 人民币元，针对此外币应付账款的期末汇兑损益的会计处理如下：

解析 ▶ 甲公司账务处理为：

借：财务费用—汇兑差额　　　26

　　贷：应付账款—丙公司（欧元）

　　　　　[100×(8.98-8.72)]26

『拓展』假定 6 月 20 日，甲公司用人民币兑换成欧元后支付上述货款，当日银行的欧元卖出价为 1 欧元=9.08 人民币元。

解析 ▶ 甲公司账务处理为：

借：应付账款—丙公司（欧元）898

　　财务费用—汇兑差额　　　10

　　贷：银行存款—人民币元

　　　　　　　（100×9.08）908

（4）5 月 31 日即期汇率为 1 美元=6.25 人民币元，针对此外币短期借款的期末汇兑损益的会计处理如下：

解析 ▶ 甲公司账务处理为：

借：财务费用—汇兑差额

　　（50×6.25-50×6.03）11

　　贷：短期借款—美元　　　　11

『拓展』11 月 1 日以人民币归还所借美元，当日银行的美元卖出价为 1 美元=6.27 人民币元，假定借款利息在到期归还本金时一并支付，则当日应归还银行借款利息 1 万美元（50×4%/12×6），按当日美元卖出价折算为人民币为 6.27 万元（1×6.27）。假定 10 月 31 日即期汇率仍然为 1 美元=6.25 人民币元。

解析 ▶ 甲公司账务处理为：

借：短期借款—美元　　　　312.5

财务费用—汇兑差额　　　　　　1

　　　贷：银行存款—人民币元

　　　　　　　　　　　　　(50×6.27)313.5

　　借：财务费用—利息费用

　　　　　　　　　　　　　(1×6.27)6.27

　　　贷：银行存款—人民币元　　6.27

【例题 13·单选题】 ☆甲公司以人民币作为记账本位币。2×16 年 12 月 31 日，即期汇率为 1 美元=6.94 人民币元，甲公司银行存款美元账户借方余额为 1 500 万美元，应付账款美元账户贷方余额为 100 万美元。两者在汇率变动调整前折算的人民币余额分别为 10 350 万元和 690 万元。不考虑其他因素，2×16 年 12 月 31 日因汇率变动对甲公司 2×16 年 12 月营业利润的影响为(　　)。

　　A. 增加 56 万元　　B. 减少 64 万元

　　C. 减少 60 万元　　D. 增加 4 万元

解析 ▶ ①银行存款的汇兑差额=1 500×6.94-10 350=60(万元)(汇兑收益)；②应付账款的汇兑差额=100×6.94-690=4(万元)(汇兑损失)；③所以，因汇率变动导致甲公司增加的营业利润=60-4=56(万元)。

答案 ▶ A

【例题 14·多选题】 ☆下列各项涉及外币业务的账户中，企业因汇率变动需于资产负债日对其记账本位币余额进行调整的有(　　)。

　　A. 固定资产　　　B. 应付债券

　　C. 长期借款　　　D. 应收账款

解析 ▶ 固定资产属于以历史成本计量的外币非货币性项目，已在交易发生日按当日即期汇率折算，资产负债表日不应改变其原记账本位币金额，不产生汇兑差额。

答案 ▶ BCD

【例题 15·单选题】 ☆下列各项外币资产发生的汇兑差额，不应计入当期损益的是(　　)。

　　A. 应收账款

　　B. 交易性金融资产

　　C. 债权投资

　　D. 其他权益工具投资

解析 ▶ 选项 A、C，计入财务费用；选项 B，计入公允价值变动损益；选项 D，计入其他综合收益。

答案 ▶ D

【关键考点】 期末汇兑损益调整的会计处理原则，特别是费用归属的对象及净损益额的计算。

4. 外币非货币性项目资产负债表日的会计处理

(1)以历史成本计量的外币非货币性项目，由于已在交易发生日按当日即期汇率折算，资产负债表日不应改变其原记账本位币金额，不产生汇兑差额。

(2)以成本与可变现净值孰低计量的存货，当以外币购买存货且资产负债表日存货的可变现净值以外币反映的，资产负债表日确定存货价值时，应当考虑汇率变动的影响。即以资产负债表日的即期汇率将可变现净值折算为记账本位币金额，再与以记账本位币反映的存货成本进行比较，确定存货的期末价值。

【例题 16·单选题】 ☆甲公司以人民币作为记账本位币，对期末存货按成本与可变现净值孰低计价。2×15 年 5 月 1 日，甲公司进口一批商品，价款为 200 万美元，当日即期汇率为 1 美元=6.1 人民币元。2×15 年 12 月 31 日，甲公司该批商品中仍有 50% 尚未出售，可变现净值为 90 万美元，当日即期汇率为 1 美元=6.2 人民币元。不考虑其他因素，2×15 年 12 月 31 日，该批商品期末计价对甲公司利润总额的影响金额为(　　)万人民币元。

　　A. 减少 52　　　　B. 增加 52

　　C. 减少 104　　　D. 增加 104

解析 ▶ 2×15 年 12 月 31 日，该批商品期末发生了减值，确认资产减值损失=200×50%×6.1-90×6.2=52(万人民币元)，减少利润总额 52 万人民币元。　　**答案** ▶ A

(3)以公允价值计量的外币非货币性项目，采用公允价值确定日的即期汇率折算，折算后的记账本位币金额再与原记账本位币金额比较,属于交易性金融资产(股权、基金)的,差额列入"**公允价值变动损益**"科目;属于其他权益工具投资的,则列入"**其他综合收益**"科目。

【例题 17·单选题】 ☆甲公司的记账本位币为人民币,其外币交易采用交易日的即期汇率折算。2×18 年 12 月 5 日,甲公司按每股 5 欧元的价格以银行存款购入乙公司股票 100 000 股,分类为以公允价值计量且其变动计入当期损益的金融资产,当日即期汇率为 1 欧元＝7.85 人民币元。2×18 年 12 月 31 日,乙公司股票的公允价值为每股 4 欧元,当日即期汇率为 1 欧元＝7.9 人民币元。该金融资产投资对甲公司 2×18 年营业利润影响金额为(　)。

A. 减少 76.5 万人民币元

B. 减少 28.5 万人民币元

C. 增加 2.5 万人民币元

D. 减少 79 万人民币元

解析 ▶ 外币项目以公允价值计量且其变动计入当期损益的金融资产的公允价值变动和汇兑差额统一计入公允价值变动损益。该金融资产投资对甲公司 2×18 年营业利润影响金额＝4×10×7.9－5×10×7.85＝－76.5(万人民币元),选项 A 正确。　　**答案** ▶A

【例题 18·多选题】 ☆下列各项外币金融资产事项中,会导致企业产生直接计入所有者权益的利得或损失有(　)。

A. 以公允价值计量且其变动计入当期损益的债券投资的公允价值变动

B. 以公允价值计量且其变动计入其他综合收益的债券投资的汇兑差额

C. 指定为以公允价值计量且其变动计入其他综合收益的股票投资的公允价值变动

D. 指定为以公允价值计量且其变动计入其他综合收益的股票投资的汇兑差额

解析 ▶ 直接计入所有者权益的利得或损失指的是直接计入其他综合收益。选项 A,计入公允价值变动损益;选项 B,计入财务费用;选项 C 和选项 D,均计入其他综合收益。

答案 ▶CD

【例题 19·单选题】 ☆2×14 年 12 月 1 日,甲公司以 300 万港元取得乙公司在香港联交所挂牌交易的 H 股 100 万股,作为其他权益工具投资核算。2×14 年 12 月 31 日,上述股票的公允价值为 350 万港元。甲公司以人民币作为记账本位币,假定 2×14 年 12 月 1 日和 31 日 1 港元即期汇率分别为 0.83 人民币元和 0.81 人民币元。不考虑其他因素,2×14 年 12 月 31 日,甲公司因该资产计入所有者权益的金额为(　)万人民币元。

A. 34.5　　　　B. 40.5

C. 41　　　　　D. 41.5

解析 ▶ 计入所有者权益的金额＝350×0.81－300×0.83＝34.5(万人民币元)。

答案 ▶A

【例题 20·多选题】 ☆下列关于工商企业外币交易会计处理的表述中,正确的有(　)。

A. 结算外币应收账款形成的汇兑差额应计入财务费用

B. 结算外币应付账款形成的汇兑差额应计入财务费用

C. 出售外币交易性金融资产形成的汇兑差额应计入投资收益

D. 出售外币其他权益工具投资形成的汇兑差额应计入其他综合收益

解析 ▶ 出售外币其他权益工具投资形成的汇兑差额,应计入留存收益,不计入其他综合收益。　　**答案** ▶ABC

【关键考点】 外币非货币性项目汇率波动时的损益归属。

二、外币报表的折算

(一)外币财务报表折算的一般原则★★★

企业对境外经营的财务报表进行折算时,应当遵循下列规定。

（1）资产负债表中的资产和负债项目，采用资产负债表日的即期汇率折算，所有者权益项目除"未分配利润"项目外，其他项目采用发生时的即期汇率折算。

（2）利润表中的收入和费用项目，采用交易发生日的即期汇率折算；也可以采用按照系统合理的方法确定的、与交易发生日即期汇率近似的汇率折算。

按照上述折算产生的外币财务报表折算差额，在资产负债表中所有者权益项目（其他综合收益）下单独列示。比较财务报表的折算比照上述规定处理。

【关键考点】 外币报表折算时汇率的选择。

【例题21·多选题】 ☆企业对外币报表进行折算时，下列项目不能采用资产负债表日即期汇率进行折算的有( )。

A. 实收资本　　B. 盈余公积
C. 合同负债　　D. 债权投资

解析 选项A、B，属于资产负债表中的所有者权益项目，应采用发生时的即期汇率折算；选项C、D，属于资产负债表中的负债和资产项目，应采用资产负债表日的即期汇率折算。 答案 AB

【例题22·多选题】 ☆下列关于企业外币财务报表折算会计处理表述中，正确的有( )。

A. "营业收入"项目按照资产负债表日的即期汇率折算

B. "货币资金"项目按照资产负债表日的即期汇率折算

C. "长期借款"项目按照借款当日的即期汇率折算

D. "实收资本"项目按照收到投资者投资当日的即期汇率折算

解析 选项A，属于利润表中收入项目，应采用交易发生日的即期汇率折算，也可以采用按照系统合理的方法确定的、与交易发生日的即期汇率近似的汇率折算；选项C，属于资产负债表中负债项目，采用资

产负债表日的即期汇率折算。 答案 BD

【例题23·多选题】 ☆企业对境外经营财务报表折算时，下列各项中，应当采用资产负债表日即期汇率折算的有( )。

A. 固定资产　　B. 实收资本
C. 应付账款　　D. 未分配利润

解析 企业对境外经营财务报表折算时，对于资产负债表中的资产和负债项目，采用资产负债表日的即期汇率折算，所有者权益项目除"未分配利润"项目外，其他项目采用发生时的即期汇率折算，"未分配利润"项目是根据外币财务报表之间勾稽关系计算得出。 答案 AC

【例题24·判断题】 ☆企业对外币资产负债表的未分配利润进行折算时，应当采用资产负债表日的即期汇率。 ( )

解析 "未分配利润"项目应根据外币会计报表之间的勾稽关系计算得出。 答案 ×

【例题25·判断题】 ☆企业当期产生的外币报表折算差额，应在利润表"财务费用"项目中列示。 ( )

解析 企业当期产生的外币报表折算差额，应当列示于资产负债表所有者权益项目下的"其他综合收益"项目中。 答案 ×

【例题26·多选题】 ☆下列关于资产负债表外币折算的表述中，正确的有( )。

A. 外币报表折算差额应在所有者权益项目下单独列示

B. 采用历史成本计量的资产项目应按资产确认时的即期汇率折算

C. 采用公允价值计量的资产项目应按资产负债表日即期汇率折算

D. "未分配利润"项目以外的其他所有者权益项目应按发生时的即期汇率折算

解析 对外币报表进行折算时，资产负债表项目中的资产项目，应采用资产负债表日的即期汇率折算。 答案 ACD

【例题27·判断题】 ☆企业对境外经营财务报表进行折算时，资产负债表各项目均采用

369

资产负债表日的即期汇率折算，利润表各项目均采用交易发生日的即期汇率或与交易发生日即期汇率近似的汇率折算。（　　）

解析 企业对境外经营的财务报表进行折算时，资产负债表中的资产和负债项目采用资产负债表日的即期汇率折算，所有者权益项目除"未分配利润"项目外，其他项目采用发生时的即期汇率折算。利润表中的收入和费用项目，采用交易发生日的即期汇率折算；也可以采用按照系统合理的方法确定的、与交易发生日即期汇率近似的汇率折算。
答案 ×

【例题28·多选题】 ☆下列关于外币财务报表折算的表述中，正确的有（　　）。

A. 应付债券采用资产负债表日的即期汇率进行折算

B. 应付账款采用资产负债表日的即期汇率进行折算

C. 固定资产采用资产负债表日的即期汇率进行折算

D. 实收资本采用交易发生日的即期汇率进行折算

解析 外币财务报表折算时，资产负债表中的资产和负债项目，采用资产负债表日的即期汇率进行折算（选项A、B、C正确），所有者权益项目除"未分配利润"项目外，其他项目采用发生时的即期汇率进行折算（选项D正确）。
答案 ABCD

【例题29·单选题】 ☆企业发生的下列各项业务中，影响利润总额的是（　　）。

A. 外币财务报表折算差额

B. 收到股东投入资本

C. 其他权益工具投资公允价值变动

D. 计提存货跌价准备

解析 选项A，外币财务报表折算差额计入其他综合收益，不影响利润；选项B，收到股东投入资本贷记实收资本/股本、资本公积，不影响利润；选项C，其他权益工具投资公允价值变动计入其他综合收益，不影响利润。
答案 D

（二）包含境外经营的合并财务报表编制的特别处理★

当企业境外经营为子公司的，在编制合并报表时，境外经营财务报表折算差额中应由母公司分担的部分，在合并资产负债表和合并所有者权益变动表的所有者权益项目下单独列为"其他综合收益"，应由子公司少数股东享有的部分，在"少数股东权益"项目列示。

（三）境外经营的处置★★

企业在处置境外经营时，应当将资产负债表中所有者权益项目下列示的、与该境外经营相关的外币财务报表折算差额，自所有者权益项目转入处置当期损益；部分处置境外经营的，应当按处置的比例计算处置部分的外币财务报表折算差额，转入处置当期损益。

【例题30·判断题】 ☆企业在处置境外经营时，应当将资产负债表中所有者权益项目下列示的、与该境外经营相关的外币财务报表折算差额，自所有者权益项目转入处置当期损益。（　　）
答案 √

【例题31·单选题】 ☆下列关于外币财务报表折算的表述中，不正确的是（　　）。

A. 资产和负债项目应当采用资产负债表日的即期汇率进行折算

B. 所有者权益项目，除"未分配利润"项目外，其他项目均应采用发生时的即期汇率进行折算

C. 利润表中的收入和费用项目，应当采用交易发生日的即期汇率折算，也可以采用与交易发生日即期汇率近似的汇率进行折算

D. 在部分处置境外经营时，应将资产负债表中所有者权益项目下列示的、与境外经营相关的全部外币财务报表折算差额转入当期损益

解析 选项D，部分处置境外经营的，应当按处置的比例计算处置部分的外币财务报表折算差额，转入处置当期损益。
答案 D

同步训练

限时 50min

扫我做试题

一、单项选择题

1. 甲公司以人民币作为记账本位币，发生外币交易时采用交易发生日的即期汇率折算。甲公司 12 月 20 日进口一批原材料并验收入库，货款尚未支付，原材料成本为 80 万美元，当日即期汇率为 1 美元 = 6.8 人民币元。12 月 31 日，美元户银行存款余额为 1 000 万美元，按年末汇率调整前的人民币账面余额为 7 020 万元，当日即期汇率为 1 美元 = 6.5 人民币元。上述交易或事项对甲公司 12 月份营业利润的影响金额为( )万人民币元。

   A. -220　　　　　B. -496

   C. -520　　　　　D. -544

2. 甲公司为一家国内企业，主要从事设备的生产制造。该公司 95% 的销售收入源自出口，出口货物采用美元计价和结算。生产所需的原材料、机器设备及人工成本的 70% 都以美元支付，30% 以人民币支付。不考虑其他因素，下列说法中正确的是( )。

   A. 甲公司属于国内企业，所以应该以人民币作为记账本位币

   B. 甲公司编制的财务会计报告应该折算为人民币

   C. 甲公司选择以人民币或美元作为记账本位币均可

   D. 甲公司如果选择以美元作为记账本位币，则一般不涉及外币交易

3. 下列各项说法中，不正确的是( )。

   A. 交易性金融资产在资产负债表日的汇兑差额计入公允价值变动损益

   B. 外币兑换业务产生的汇兑差额计入财务费用借方

   C. 外币兑换业务产生的汇兑差额可能计入财务费用借方，也可能计入财务费用贷方

   D. 其他权益工具投资产生的汇兑损益计入所有者权益

4. 下列关于记账本位币的说法中，正确的是( )。

   A. 我国企业与境外经营的记账本位币应当保持一致

   B. 我国企业记账本位币一经确定，不得随意变更，但如果企业经营所处的主要经济环境发生重大变化，则应变更记账本位币

   C. 我国企业的记账本位币一定是人民币

   D. 我国企业编报财务报表的货币可以是人民币以外的币种

5. 甲企业对外币业务采用交易发生日的即期汇率折算，按季计算汇兑损益。3 月 31 日，银行存款(美元)账户余额为 70 000 美元，当日市场汇率为 1 美元 = 6.4 人民币元。4 月 10 日，从国外购入一批原材料，共计 1 000 美元，货款已于当日以美元银行存款支付，当日的即期汇率为 1 美元 = 6.2 人民币元。该企业第二季度未发生其他外币业务，6 月 30 日的市场汇率为 1 美元 = 6.3 人民币元。不考虑相关税费等因素，则该企业美元银行存款在第二季度末的汇兑损益为( )人民币元。

   A. 142 900　　　　B. 7 100

   C. -7 100　　　　　D. 0

6. 甲公司外币业务采用交易发生日的即期汇率折算，因进口业务向银行购买外汇 1 300 万美元，银行当日卖出价为 1 美元 =

6.72 人民币元，银行当日买入价为 1 美元＝6.66 人民币元，交易发生日的即期汇率为 1 美元＝6.69 人民币元。该项外币兑换业务导致企业汇兑损失（　）万人民币元。

A. 39　　　　　　B. 78

C. −39　　　　　D. 0

7. 某外商投资企业收到外商作为实收资本投入的固定资产一台，协议作价 50 万美元，当日市场汇率为 1 美元＝6.24 人民币元。投资合同约定的汇率为 1 美元＝6.20 人民币元。另发生运杂费 3 万人民币元，进口关税 5 万人民币元，安装调试费 3 万人民币元。该设备的入账价值为（　）万人民币元。

A. 321　　　　　B. 320

C. 323　　　　　D. 317

8. 国内甲公司的记账本位币为人民币。2×18 年 12 月 5 日以每股 7 港元的价格购入乙公司的 H 股 10 000 股作为交易性金融资产核算，当日汇率为 1 港元＝1.1 人民币元，款项已支付（假定甲公司有港币存款）。2×18 年 12 月 31 日，当月购入的乙公司 H 股的市价变为每股 8 港元，当日汇率为 1 港元＝0.9 人民币元。假定不考虑相关税费的影响。甲公司 2×18 年 12 月 31 日应确认的公允价值变动损益为（　）人民币元。

A. 4 000　　　　B. 5 000

C. −5 000　　　D. −4 000

9. 关于外币报表折算差额，下列说法中正确的是（　）。

A. 企业发生的外币报表折算差额，在资产负债表"未分配利润"项目中列示

B. 企业在处置境外经营时，应当将资产负债表中所有者权益项目下列示的、与该境外经营相关的外币报表折算差额，自所有者权益项目转入处置当期损益

C. 部分处置境外经营的，应当按处置的比例计算处置部分的外币报表折算差额，

转入未分配利润

D. 企业境外经营为其子公司（非全资）的情况下，在编制合并财务报表时，产生的折算差额全部由母公司记入"其他综合收益"项目，并单独列示

二、多项选择题

1. 下列关于外币资产负债表折算的表述中，不符合企业会计准则规定的有（　）。

A. 实收资本项目按交易发生日的即期汇率折算

B. 未分配利润项目按交易发生日的即期汇率折算

C. 资产项目按交易发生日即期汇率的近似汇率折算

D. 负债项目按资产负债表日即期汇率的近似汇率折算

2. 下列有关外币财务报表折算的论断中，正确的有（　）。

A. 对于境外经营财务报表的折算差额，归属于子公司少数股东应分担的部分应并入"少数股东权益"项目列示

B. 企业在处置境外经营时，应当将资产负债表中所有者权益项目下列示的、与该境外经营相关的外币财务报表折算差额，自所有者权益项目转入处置当期损益

C. 盈余公积应按期末余额乘以当年的平均汇率折算

D. 固定资产按历史汇率折算

3. 下列项目中，属于货币性项目的有（　）。

A. 应付债券

B. 长期借款

C. 交易性金融资产

D. 应收账款

4. 下列情况中，企业应确定人民币作为记账本位币的有（　）。

A. 甲企业系国内外贸自营出口企业，超过 80% 的营业收入来自向美国的出口，其商品销售价格主要受美元的影响，以美元计价

B. 乙企业 80% 的经营收入都以人民币计

价并结算

C. 丙企业的人工成本、原材料以及相应的厂房设施、机器设备等95%以上在国内采购并以人民币计价，丙企业取得美元营业收入在汇回国内时直接换成了人民币存款

D. 丁企业对外融资的90%以人民币计价并存入银行，企业超过80%的营业收入以人民币计价，其商品销售价格主要受人民币的影响，以人民币计价

5. 对于企业发生的汇兑差额，下列说法中正确的有(　　)。

A. 外币交易性金融资产发生的汇兑差额计入财务费用

B. 外币专门借款发生的汇兑差额，应计入财务费用

C. 企业的外币应收应付款项所产生的汇兑差额，应计入财务费用

D. 企业的外币银行存款发生的汇兑差额，应计入财务费用

6. 关于外币项目在资产负债表日或结算日的会计处理，下列说法中正确的有(　　)。

A. 外币货币性资产项目在期末汇率上升时会产生汇兑收益

B. 外币货币性项目在期末汇率下降时会产生汇兑损失

C. 外币货币性负债项目在期末汇率下降时会产生汇兑收益

D. 外币货币性项目在结算日不会产生汇兑损益

7. 属于境外经营的子公司在确定记账本位币时，应当考虑的因素有(　　)。

A. 境外经营对其所从事的活动是否具有很强的自主性

B. 与母公司交易占其交易总量的比重是否较大

C. 境外经营活动产生的现金流量是否直接影响企业的现金流量

D. 境外经营活动产生的现金流量是否可以随时汇回

8. 按照外币折算准则的规定，外币财务报表项目中允许采用按照系统合理的方法确定的、与交易发生日即期汇率近似的汇率折算的有(　　)。

A. 营业收入

B. 长期待摊费用

C. 资本公积

D. 所得税费用

三、判断题

1. 我国企业可以根据自身实际情况选择以人民币以外的货币作为记账本位币，但编制的财务报表应当折算为人民币金额。(　　)

2. 企业记账本位币发生变更的，其比较财务报表应当以变更当日的即期汇率折算所有资产负债表项目和利润表项目。(　　)

3. 企业在资产负债表日，应当按照规定对外币货币性项目进行处理，采用资产负债表日即期汇率折算。因资产负债表日即期汇率与初始确认时或者前一资产负债表日即期汇率不同而产生的汇兑差额，计入资本公积。(　　)

4. 企业进行外币兑换业务产生的汇兑差额，均应记入"财务费用"科目的借方。(　　)

5. 以成本和可变现净值孰低计量的存货，如果其可变现净值是以外币确定的，则在计算存货期末价值时，仍然采用交易发生日的即期汇率折算，不改变其记账本位币的金额。(　　)

6. 企业可以采用加权平均汇率作为即期汇率的近似汇率，加权平均汇率应当采用外币交易的外币金额作为权重进行计算。(　　)

四、计算分析题

甲公司为增值税一般纳税人，适用的增值税税率为13%。甲公司以人民币作为记账本位币，外币业务采用业务发生时的市场汇率折算，按月计算汇兑损益。

(1)甲公司有关外币账户 2×18 年 5 月 31 日的余额如下。

项目	外币账户余额 (万美元)	汇率	人民币账户余额 (万人民币元)
银行存款	800	6.0	4 800
应收账款	400	6.0	2 400
应付账款	200	6.0	1 200
长期借款	1 000	6.0	6 000
应付利息	10	6.0	60

(2)甲公司2×18年6月发生的有关外币交易或事项如下。

①6月3日,将200万美元兑换为人民币,兑换取得的人民币已存入银行。当日市场汇率为1美元=6.0人民币元,当日银行买入价为1美元=5.9人民币元。

②6月10日,从国外购入一批原材料,货款总额为400万美元。该原材料已验收入库,货款尚未支付。当日市场汇率为1美元=5.9人民币元。另外,以银行存款支付该原材料的进口关税500万人民币元,增值税371.8万人民币元。

③6月14日,出口销售一批商品,销售价款为600万美元,货款尚未收到。当日市场汇率为1美元=5.9人民币元。假设不考虑该业务的相关税费。

④6月20日,收到月初的应收账款300万美元,款项已存入银行。该笔应收账款产生于上期。当日市场汇率为1美元=5.8人民币元。

⑤6月25日,以每股10美元的价格(不考虑相关税费)购入沪市B股股票1万股作为交易性金融资产,当日市场汇率为1美元=5.8人民币元。

⑥6月30日,计提长期借款第二季度发生的利息。该长期借款系2×18年1月1日从中国银行借入的专门借款,用于购买建造某生产线的专用设备,借入款项已于当日支付给该专用设备的外国供应商。该生产线的建造工程已于2×17年10月开工。该外币借款金额为1 000万美元,期限为2年,年利率为4%,按季计提借款利息,到期一次还本,每年年末支付当年利息。该专用设备于2×18年1月1日投入安装。至2×18年6月30日,该生产线尚处于建造过程中,预计将于2×19年5月底完工。

⑦6月30日,甲公司持有的沪市B股股票市价为每股11美元。

⑧6月30日,市场汇率为1美元=5.7人民币元。

要求:

(1)编制甲公司6月外币交易或事项发生时的相关会计分录。

(2)填列甲公司2×18年6月30日外币账户发生的汇兑差额(请将汇兑差额填入表格中;汇兑收益以"+"表示,汇兑损失以"-"表示),并编制与汇兑差额相关的会计分录。

外币账户	6月30日汇兑差额 (万人民币元)
银行存款(美元)	
应收账款(美元)	
应付账款(美元)	
长期借款	
应付利息	

(3)计算交易性金融资产2×18年6月30日应确认的公允价值变动损益,并编制相关会计分录。

同步训练答案及解析

一、单项选择题

1. B 【解析】上述交易或事项对甲公司12月份营业利润的影响金额 = 80×(6.8-6.5) + (1 000×6.5-7 020) = -496(万人民币元)。

2. B 【解析】从资料可以看出,甲公司主要以美元计价和结算,应该采用美元作为记账本位币,所以选项A、C均不正确;由于甲公司生产所需的原材料、机器设备及人工成本的30%都以人民币支付,所以涉及外币交易,选项D不正确。

老高提示 企业选定一种货币作为记账本位币后,那么以其他货币进行结算的交易对于该企业来说就属于外币交易。

3. C 【解析】选项C,企业进行外币兑换业务产生的汇兑差额均为汇兑损失,所以借记"财务费用"。

4. B 【解析】境外经营的记账本位币,取决于它所处的主要经济环境以及它与企业之间的关系,很多时候两者的记账本位币是不一样的,选项A不正确;业务收支以人民币以外的货币为主的企业,可以按准则的规定选定其中一种货币作为记账本位币,只是编报的财务报表应当折算为人民币,选项C、D不正确。

5. C 【解析】美元银行存款在第二季度末的汇兑损益 = (70 000-1 000)×6.3-(70 000×6.4-1 000×6.2) = -7 100(人民币元)。

6. A 【解析】该项外币兑换业务导致企业发生汇兑损失的金额 = 1 300×(6.72-6.69) = 39(万人民币元)。

【思路点拨】此类题目的判断原则:借记"财务费用"是汇兑损失,贷记"财务费用"是汇兑收益。计算思路有以下两种。
(1)首先区分资产、负债,如果是资产项目,则汇率上升为汇兑收益,汇率下降为

汇兑损失;负债反之。确定了是收益还是损失后,直接用高汇率减低汇率计算差额即可。
(2)用期末汇率减期初汇率(或发生日汇率),差额为正数,资产项目是汇兑收益,负债项目是汇兑损失;差额为负数,资产项目是汇兑损失,负债项目是汇兑收益。

7. C 【解析】该设备的入账价值 = 50×6.24+3+5+3 = 323(万人民币元)。

8. C 【解析】甲公司2×18年12月31日应确认的公允价值变动损益 = 10 000×8×0.9-10 000×7×1.1 = -5 000(人民币元)。

9. B 【解析】选项A,企业发生的外币报表折算差额,在资产负债表所有者权益项目下单独列示(其他综合收益);选项C,部分处置境外经营的,应当按处置的比例计算处置部分的外币报表折算差额,转入当期损益;选项D,企业境外经营为其非全资子公司的情况下,在编制合并财务报表时,应将外币报表折算差额在少数股东与母公司之间进行分配。

二、多项选择题

1. BCD 【解析】选项B,未分配利润项目的金额是倒挤出来的,不是直接按交易发生日的即期汇率折算的;选项C,资产项目按资产负债表日的即期汇率折算;选项D,负债项目按资产负债表日的即期汇率折算。

2. AB 【解析】选项C,期末盈余公积 = 期初盈余公积+本期计提的按当期平均汇率折算后的盈余公积;选项D,外币财务报表折算时,固定资产是按资产负债表日的即期汇率折算的。

3. ABD 【解析】选项C,交易性金融资产未来以不确定的金额出售从而收回现金,

因此不属于货币性项目。

4. BCD 【解析】选项 A，从影响商品和劳务销售价格的角度看，甲企业应选择美元作为记账本位币。

5. CD 【解析】选项 A，计入公允价值变动损益；选项 B，符合资本化条件的应计入相关资产成本。

6. AC 【解析】选项 B，需要分情况，外币货币性资产项目在期末汇率下降时会产生汇兑损失，但如果是外币货币性负债项目，则恰好相反；选项 D，外币货币性项目在结算日可能产生汇兑损益。

7. ABCD

8. AD 【解析】选项 B，是资产负债表中资产项目，应采用资产负债表日的即期汇率折算；选项 C，是所有者权益项目，应采用发生时的即期汇率折算。

三、判断题

1. √

2. × 【解析】企业记账本位币发生变更的，其比较财务报表应当以可比当日的即期汇率折算所有资产负债表项目和利润表项目。

3. × 【解析】外币货币性项目的汇兑差额一般应计入当期损益或资本化处理，不计入资本公积。

4. √ 【解析】企业进行外币兑换业务产生的汇兑差额均为汇兑损失，应记入"财务费用"科目的借方。

5. × 【解析】如果其可变现净值是以外币确定的，则在计算存货期末价值时，应先将可变现净值按资产负债表日即期汇率折算为记账本位币，再与以记账本位币反映的存货成本进行比较，从而确定该项存货的期末价值。

6. √

四、计算分析题

【答案】

(1)①6 月 3 日：

借：银行存款—人民币元
   （200×5.9）1 180
   财务费用—汇兑差额 20
 贷：银行存款—美元（200×6）1 200

②6 月 10 日：

借：原材料（400×5.9+500）2 860
   应交税费—应交增值税（进项税额）
           371.8
 贷：应付账款—美元（400×5.9）2 360
   银行存款—人民币元 871.8

③6 月 14 日：

借：应收账款—美元（600×5.9）3 540
 贷：主营业务收入 3 540

④6 月 20 日：

借：银行存款—美元（300×5.8）1 740
   财务费用—汇兑差额 60
 贷：应收账款—美元（300×6）1 800

⑤6 月 25 日：

借：交易性金融资产—成本 58
 贷：银行存款—美元（10×1×5.8）58

⑥6 月 30 日：

计提外币借款利息 = 1 000×4%×3/12 = 10（万美元）。

借：在建工程 57
 贷：应付利息—美元（10×5.7）57

(2)

外币账户	6 月 30 日汇兑差额（万人民币元）
银行存款（美元）	-209
应收账款（美元）	-150
应付账款（美元）	+140
长期借款	+300
应付利息	+3

银行存款账户汇兑差额 = （800 - 200 + 300 - 10）×5.7-（4 800-1 200+1 740-58）= -209（万人民币元）。

应收账款账户汇兑差额 = （400 + 600 - 300）×5.7-（2 400+3 540-1 800）= -150

（万人民币元）。

应付账款账户汇兑差额 = (200 + 400) ×
5. 7-(1 200+2 360)= -140(万人民币元)。

长期借款账户汇兑差额 = 1 000 × 5. 7 -
6 000=-300(万人民币元)。

应付利息账户汇兑差额 = (10 + 10) ×
5. 7-(60+57)= -3(万人民币元)。

借：应付账款—美元 　　　　　 140

　　长期借款—美元 　　　　　 300

　　应付利息—美元 　　　　　　 3

财务费用—汇兑差额 　　　　 219

贷：银行存款—美元 　　　　 209

　　应收账款—美元 　　　　 150

　　在建工程 　　　　　　　 303

（3）2×18 年 6 月 30 日应确认的交易性金
融资产公允价值变动损益 = 11×1×5. 7 -
58=4.7(万人民币元)。

借：交易性金融资产—公允价值变动

　　　　　　　　　　　　　　 4. 7

　　贷：公允价值变动损益 　　　 4. 7

本章知识串联

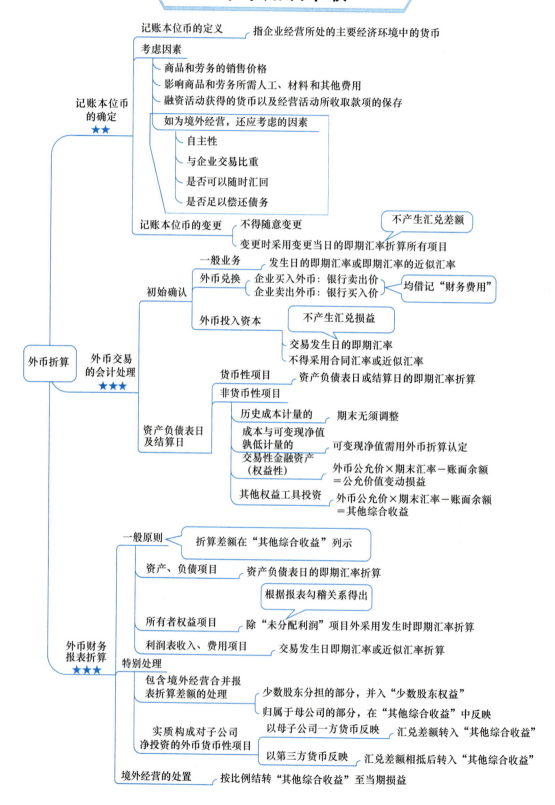

第十六章 租　赁

┈┈┈┈┈🔷┈┈┈┈┈

考 情 解 密

┈┈┈┈┈🔷┈┈┈┈┈

✍ 历年考情概况

本章为 2022 年考试新增内容，难度比较大，本章既可以客观题形式考查，也可与其他章节结合在主观题中考查，分值预计在 5~10 分，考点主要包括租赁的界定标准、承租人的会计处理、出租人的会计处理、售后租回的会计处理等。

✍ 2022 年考试变化

本章为 2022 年考试新增内容。

┈┈┈┈┈🔷┈┈┈┈┈

考点详解及精选例题

┈┈┈┈┈🔷┈┈┈┈┈

一、租赁的界定

（一）租赁定义★

租赁，是指在一定期间内，出租人将资产的使用权让与承租人以获取对价的合同。

（二）租赁界定三要素★

一项合同要被分类为租赁，必须要满足以下三要素：

（1）存在一定期间（或已识别资产的使用量）；

（2）存在已识别资产；

（3）资产供应方向客户转移对已识别资产使用权的控制。

（三）已识别资产★

1. 对资产的指定

已识别资产通常由合同明确指定，也可以在资产可供客户使用时隐性指定。

【案例引入】甲公司（客户）与乙公司（供应方）签订了使用乙公司一节火车车厢的五年期合同。该车厢专用于运输甲公司生产过程中使用的特殊材料而设计，未经重大改造，不适合其他客户使用。合同中没有明确指定轨道车辆（例如，通过序列号），但是乙公司仅拥有一节适合客户甲使用的火车车厢。如果车厢不能正常工作，合同要求乙公司修理或更换车厢。

解析 ▶ 具体哪节火车车厢虽未在合同中明确指定，但是被隐含指定，因为乙公司仅拥有一节适合客户甲使用的火车车厢，必须使用其来履行合同，乙公司无法自由替换该车厢。因此，火车车厢是一项已识别资产。

2. 物理可区分

如果资产的部分产能在物理上可区分（例如，建筑物的一层），则该部分产能属于已识别资产。

如果资产的某部分产能与其他部分在物理上不可区分（例如，光缆的部分容量），则该部分不属于已识别资产，除非其实质上代表该资产的全部产能，从而使客户获得因使用该资产所产生的几乎全部经济利益的权利。

3. 实质性替换权

即使合同已对资产进行指定，如果资产供应方在整个使用期间拥有对该资产的实质性替换权，则该资产不属于已识别资产。

同时符合下列条件时，表明资产供应方拥有资产的实质性替换权：

（1）资产供应方拥有在整个使用期间替换资产的实际能力。即，客户无法阻止供应方替换资产，且用于替换的资产对于资产供应方而言易于获得或者可以在合理期间内取得。

（2）资产供应方通过行使替换资产的权利将获得经济利益。即，替换资产的预期经济利益将超过替换资产所需成本。

（四）客户是否控制已识别资产使用权的判断★

为确定合同是否让渡了在一定期间内控制已识别资产使用的权利，企业应当评估合同中的客户是否有权获得在使用期间因使用已识别资产所产生的几乎全部经济利益，并有权在该使用期间主导已识别资产的使用。

1. 客户是否有权获得因使用资产所产生的几乎全部经济利益

在评估客户是否有权获得因使用已识别资产所产生的几乎全部经济利益时，企业应当在约定的客户权利范围内考虑其所产生的经济利益。

2. 客户是否有权主导资产的使用

存在下列情形之一的，可视为客户有权主导对已识别资产在整个使用期间的使用：

（1）客户有权在整个使用期间主导已识别资产的使用目的和使用方式。

如果客户有权在整个使用期间在合同界定的使用权范围内改变资产的使用目的和使用方式，则视为客户有权在该使用期间主导资产的使用目的和使用方式。

在判断客户是否有权在整个使用期间主导已识别资产的使用目的和使用方式时，企业应当考虑在该使用期间与改变资产的使用目的和使用方式最为相关的决策权。

（2）已识别资产的使用目的和使用方式在使用期间前已预先确定，并且客户有权在整个使用期间自行或主导他人按照其确定的方式运营该资产，或者客户设计了已识别资产（或资产的特定方面）并在设计时已预先确定了该资产在整个使用期间的使用目的和使用方式。

二、租赁的分拆★

1. 租赁的分拆原则

（1）合同中同时包含多项单独租赁的，承租人和出租人应当将合同予以分拆，并分别对各项单独租赁进行会计处理。

（2）合同中同时包含租赁和非租赁部分的，承租人和出租人应当将租赁和非租赁部分进行分拆，除非企业适用新租赁准则的简化处理。分拆时，各租赁部分应当分别按照新租赁准则进行会计处理，非租赁部分应当按照其他适用的企业会计准则进行会计处理。

2. 单独租赁的界定

同时符合下列条件的，使用已识别资产的权利构成一项单独租赁：

（1）承租人可从单独使用该资产或将其与易于获得的其他资源一起使用中获利；

（2）该资产与合同中的其他资产不存在高度依赖或高度关联关系。

3. 承租人的会计处理

（1）在分拆合同包含的租赁和非租赁部分时，承租人应当按照各项租赁部分单独价格及非租赁部分的单独价格之和的相对比例分摊合同对价。

（2）租赁和非租赁部分的相对单独价格，应当根据出租人或类似资产供应方就该部分或类似部分向企业单独收取的价格确定。

4. 出租人的处理

出租人应当分拆租赁部分和非租赁部分，根据《企业会计准则第 14 号——收入》

(2017)关于交易价格分摊的规定分摊合同对价。

【例题 1·单选题】 甲公司从乙公司租入一辆汽车，租赁期为两年，租赁费用共计 20 万元。同时乙公司还向甲公司派出一名司机，该名司机在租赁期内按照甲公司的安排驾驶该租赁汽车，不考虑折现及其他因素。下列各项关于上述租赁交易会计处理的表述中，正确的是(   )。

A. 乙公司分拆租赁部分和非租赁部分，分别按照租赁准则和收入准则进行会计处理

B. 乙公司按租赁准则每月确认租赁收入 0.83 万元

C. 乙公司按收入准则每月确认服务收入 0.83 万元

D. 甲公司按接受服务进行会计处理

解析 ▶ 合同中同时包含租赁和非租赁部分的，承租人和出租人应当将租赁和非租赁部分进行分拆。分拆时，租赁部分应当分别按照租赁准则进行会计处理，非租赁部分应当按照其他适用的企业会计准则进行会计处理。　　　　　　　**答案** ▶ A

三、租赁的合并 ★

企业与同一交易方或其关联方在同一时间或相近时间订立的两份或多份包含租赁的合同，在满足下列条件之一时，应当合并为一份合同进行会计处理：

(1)该两份或多份合同基于总体商业目的而订立并构成一揽子交易，若不作为整体考虑则无法理解其总体商业目的。

(2)该两份或多份合同中的某份合同的对价金额取决于其他合同的定价或履行情况。

(3)该两份或多份合同让渡的资产使用权合起来构成一项单独租赁。

两份或多份合同合并为一份合同进行会计处理的，仍然需要区分该一份合同中的租赁部分和非租赁部分。

四、租赁期 ★

租赁期是指承租人有权使用租赁资产且不可撤销的期间；承租人有续租选择权，即有权选择续租该资产，且合理确定将行使该选择权的，租赁期还应当包含续租选择权涵盖的期间；承租人有终止租赁选择权，即有权选择终止租赁该资产，但合理确定将不会行使该选择权的，租赁期应当包含终止租赁选择权涵盖的期间。

1. 租赁期开始日

租赁期自租赁期开始日起计算。

租赁期开始日，是指出租人提供租赁资产使其可供承租人使用的起始日期。如果承租人在租赁协议约定的起租日或租金起付日之前，已获得对租赁资产使用权的控制，则表明租赁期已经开始。租赁协议中对起租日或租金支付时间的约定，并不影响租赁期开始日的判断。

【案例引入】 在某商铺的租赁安排中，出租人于 2×20 年 1 月 1 日将房屋钥匙交付承租人，承租人在收到钥匙后，就可以自主安排对商铺的装修布置，并安排搬迁。合同约定有 3 个月的免租期，起租日为 2×20 年 4 月 1 日，承租人自起租日开始支付租金。请问租赁期开始日是哪一天？

解析 ▶ 此交易中，由于承租人自 2×20 年 1 月 1 日起就已拥有对商铺使用权的控制，因此租赁期开始日为 2×20 年 1 月 1 日，即租赁期包含出租人给予承租人的免租期。

2. 不可撤销期间

如果承租人和出租人双方均有权在未经另一方许可的情况下终止租赁，且罚款金额不重大，则该租赁不再可强制执行。如果只有承租人有权终止租赁，则在确定租赁期时，企业应将该项权利视为承租人可行使的终止租赁选择权予以考虑。如果只有出租人有权终止租赁，则不可撤销的租赁期包括终止租赁选择权所涵盖的期间。

3. 续租选择权和终止租赁选择权

在租赁期开始日，企业应当评估承租人是否合理确定将行使续租或购买标的资产的选择权，或者将不行使终止租赁选择权。在评估时，企业应当考虑对承租人行使续租选择权或不行使终止租赁选择权带来经济利益的所有相关事实和情况，包括自租赁期开始日至选择权行使日之间的事实和情况的预期变化。

【案例引入】承租人签订了一份建筑租赁合同，包括4年不可撤销期限和2年按照市价行使的续租选择权。在搬入该建筑之前，承租人花费了大量资金对租赁建筑进行了改良，预计在4年结束时租赁资产改良仍将具有重大价值，且该价值仅可通过继续使用租赁资产实现。

解析 ▶ 在此情况下，承租人合理确定将行使续租选择权，因为如果在4年结束时放弃该租赁资产，将蒙受重大经济损失。因此，在租赁开始时，承租人确定租赁期为6年。

4. 对租赁期和购买选择权的重新评估

发生承租人可控范围内的重大事件或变化，且影响承租人是否合理确定将行使相应选择权的，承租人应当对其是否合理确定将行使续租选择权、购买选择权或不行使终止租赁选择权进行重新评估，并根据重新评估结果修改租赁期。

五、承租人会计处理

（一）初始计量★★★

1. 租赁负债的初始计量

租赁负债应当按照租赁期开始日尚未支付的**租赁付款额的现值**进行初始计量。

（1）租赁付款额。

租赁付款额，是指承租人向出租人支付的与在租赁期内使用租赁资产的权利相关的款项。

租赁付款额包括以下五项内容。

①固定付款额及实质固定付款额，存在租赁激励的，扣除租赁激励相关金额。租赁业务中的实质固定付款额是指在形式上可能包含变量但实质上无法避免的付款额，具体情形见表16-1。

表 16-1 固定付款额

项目	内容
付款额设定为可变租赁付款额，但该可变条款几乎不可能发生，没有真正的经济实质	此类付款额即为实质固定付款额
承租人有多套付款额方案，但其中仅有一套是可行的	承租人应采用该可行的付款额方案作为租赁付款额
承租人有多套可行的付款额方案，但必须选择其中一套	承租人应采用**总折现金额最低**的一套作为租赁付款额

【案例引入】甲公司是一家知名零售商，从乙公司处租入已成熟开发的零售场所开设一家商店。根据租赁合同，甲公司在正常工作时间内必须经营该商店，且甲公司不得将商店闲置或进行分租。合同中关于租赁付款额的条款为：如果甲公司开设的这家商店没有发生销售，则甲公司应付的年租金为100元；如果这家商店发生了任何销售，则甲公司应付的年租金为100万元。

解析 ▶ 该租赁包含每年100万元的实质固定付款额。该金额不是取决于销售额的可变付款额。因为甲公司是一家知名零售商，根据租赁合同，甲公司应在正常工作时间内经营该商店，所以甲公司开设的这家商店不可能不发生销售。

老高提示 租赁激励，是指出租人为达成租赁向承租人提供的优惠，包括出租人向承租人支付的与租赁有关的款项、出租人为承租人偿付或承担的成本等。存在租赁激励的，承租人在确定租赁付款额时，应扣除租赁激励相关金额。

②取决于指数或比率的可变租赁付款额。可变租赁付款额，是指承租人为取得在租赁期内使用租赁资产的权利，而向出租人支付的因租赁期开始日后的事实或情况发生变化（而非时间推移）而变动的款项。可变租赁付款额可能与下列各项指标或情况挂钩，具体情形见表16-2。

表16-2 可变租赁付款额

项目	内容
由于市场比率或指数数值变动导致的价格变动	基准利率或消费者价格指数变动可能导致租赁付款额调整
承租人源自租赁资产的绩效	零售业不动产租赁可能会要求基于使用该不动产取得的销售收入的一定比例确定租赁付款额
租赁资产的使用	车辆租赁可能要求承租人在超过特定里程数时支付额外的租赁付款额

③购买选择权的行权价格，前提是承租人合理确定将行使该选择权。

在租赁期开始日，承租人应评估是否合理确定将行使购买标的资产的选择权。如果承租人合理确定将行使购买标的资产的选择权，则租赁付款额中应包含购买选择权的行权价格。

④行使终止租赁选择权需支付的款项，前提是租赁期反映出承租人将行使终止租赁选择权。

在租赁期开始日，承租人应评估是否合理确定将行使终止租赁的选择权。如果承租人合理确定将行使终止租赁选择权，则租赁付款额中应包含行使终止租赁选择权需支付的款项并且租赁期不应包含终止租赁选择权涵盖的期间。

【案例引入】承租人甲公司租入某办公楼的一层作为办公场所，为期10年。甲公司有权选择在第5年后提前终止租赁，并以相当于6个月的租金作为罚金。每年的租赁付款额为固定金额20万元。该办公楼是全新的，并且在周边商业园区的办公楼中处于技术领先水平。上述租赁付款额与市场租金水平相符。

解析 在租赁期开始日，甲公司评估后认为6个月的租金对于甲公司而言金额重大，同等条件下，也难以按更优惠的价格租入其他办公楼，可以合理确定不会选择提前终止租赁，因此其租赁负债不应包括提前终止租赁时需支付的罚金，租赁期确定为10年。

⑤根据承租人提供的**担保余值**预计应支付的款项。担保余值，是指与出租人无关的一方向出租人提供担保，保证在租赁结束时租赁资产的价值至少为某指定的金额。如果承租人提供了对余值的担保，则租赁付款额应包含该担保下预计应支付的款项。

（2）折现率。

租赁负债应当按照租赁期开始日尚未支付的租赁付款额的现值进行初始计量。

在计算租赁付款额的现值时，承租人应当采用租赁内含利率作为折现率；无法确定租赁内含利率的，应当采用承租人增量借款利率作为折现率。

老高提示 ①租赁内含利率，是指使出租人的租赁收款额的现值与未担保余值的现值之和等于租赁资产公允价值与出租人的初始直接费用之和的利率。

②初始直接费用，是指为达成租赁所发生的**增量成本**。增量成本是指若企业不取得该租赁，则不会发生的成本，如佣金、印花税等。无论是否实际取得租赁都会发生的支出，不属于初始直接费用，例如为评估是否签订租赁而发生的差旅费、法律费用等，此类费用应当在发生时计入当期损益。

③承租人增量借款利率，指承租人在类似经济环境下为获得与使用权资产价值接近

的资产，在类似期间以类似抵押条件借入资金须支付的利率。

【案例引入】承租人甲公司与出租人乙公司签订了一份车辆租赁合同，租赁期为五年。在租赁开始日，该车辆的公允价值为10万元，乙公司预计在租赁结束时其公允价值(即未担保余值)将为1万元。租赁付款额为每年2.3万元，于年末支付。乙公司发生的初始直接费用为0.5万元。[已知(P/A, 5%, 5) = 4.329 5, (P/A, 6%, 5) = 4.212 4, (P/F, 5%, 5) = 0.783 5, (P/F, 6%, 5) = 0.747 3]

解析 乙公司计算租赁内含利率r应满足如下公式：

$2.3 \times (P/A, r, 5) + 1 \times (P/F, r, 5) = 10 + 0.5$

内插法计算得出的租赁内含利率为5.79%。

2. 使用权资产的初始计量

使用权资产，是指承租人可在租赁期内使用租赁资产的权利。在租赁期开始日，承租人应当按照**成本**对使用权资产进行初始计量。该成本包括下列四项。

(1)租赁负债的初始计量金额；

(2)在租赁期开始日或之前支付的租赁付款额；存在租赁激励的，应扣除已享受的租赁激励相关金额；

(3)承租人发生的初始直接费用；

(4)承租人为拆卸及移除租赁资产、复原租赁资产所在场地或将租赁资产恢复至租赁条款约定状态预计将发生的成本。

【例题2·分析题】承租人甲公司就某栋建筑物的某一层楼与出租人乙公司签订了为期10年的租赁协议，并拥有5年的续租选择权。有关资料如下：①初始租赁期内的不含税租金为每年50 000元，续租期间为每年55 000元，所有款项应于每年年初支付；②为获得该项租赁，甲公司发生的初始直接费用为20 000元，其中15 000元为向该楼层前任租户支付的款项，5 000元为向促成此租赁交易的房地产中介支付的佣金；③作为对甲公司的激励，乙公司同意补偿甲公司5 000元的佣金；④在租赁期开始日，甲公司评估后认为，不能合理确定将行使续租选择权，因此，将租赁期确定为10年；⑤甲公司无法确定租赁内含利率，其增量借款利率为每年5%，该利率反映的是甲公司以类似抵押条件借入期限为10年、与使用权资产等值的相同币种的借款而必须支付的利率。为简化处理，假设不考虑相关税费影响。甲公司应如何进行账务处理？[已知(P/A, 5%, 9) = 7.107 82]

解析 (1)计算租赁期开始日租赁付款额的现值，并确认租赁负债和使用权资产。

租赁付款额现值的计算过程如下：

租赁负债=剩余9期租赁付款额的现值=50 000×(P/A, 5%, 9) = 355 391(元)。

借：使用权资产		50 000
贷：银行存款		50 000
借：使用权资产[50 000×(P/A, 5%, 9)]355 391(现值)		
租赁负债——未确认融资费用　94 609(未来利息费用)		
贷：租赁负债——租赁付款额		450 000(终值)

合并分录：

借：使用权资产	405 391
租赁负债——未确认融资费用	94 609
贷：租赁负债——租赁付款额	450 000
银行存款	50 000

(2)将初始直接费用计入使用权资产的初始成本。

借：使用权资产	20 000
贷：银行存款	20 000

(3)将已收的租赁激励相关金额从使用权资产入账价值中扣除。

借：银行存款	5 000
贷：使用权资产	5 000

综上，甲公司使用权资产的初始成本为=405 391+20 000-5 000=420 391(元)。

（二）后续计量★★★

1. 租赁负债的后续计量

（1）计量基础。

在租赁期开始日后，承租人应当按以下原则对租赁负债进行后续计量：

①确认租赁负债的利息时，增加租赁负债的账面金额；

②支付租赁付款额时，减少租赁负债的账面金额；

③因重估或租赁变更等原因导致租赁付款额发生变动时，重新计量租赁负债的账面价值。

承租人应当按照固定的周期性利率计算租赁负债在租赁期内各期间的利息费用，并计入当期损益，但按照《企业会计准则第17号——借款费用》等其他准则规定应当计入相关资产成本的，从其规定。

考高提示　周期性利率，是指承租人对租赁负债进行初始计量时所采用的折现率，或者因租赁付款额发生变动或因租赁变更而需按照修订后的折现率对租赁负债进行重新计量时，承租人所采用的修订后的折现率。

【例题3·分析题】承租人甲公司与出租人乙公司签订了为期7年的商铺租赁合同。每年的租赁付款额为450 000元，在每年年末支付。甲公司无法确定租赁内含利率，其增量借款利率为5.04%。则甲公司应如何进行账务处理？

解析　①在租赁期开始日，甲公司按租赁付款额的现值所确认的租赁负债为2 600 000元。

借：使用权资产　　　　　2 600 000
　　租赁负债——未确认融资费用
　　　　　　　　　　　　　550 000
　　贷：租赁负债——租赁付款额
　　　　　　　　　（450 000×7）3 150 000

②第一年年末计提利息费用并支付租赁款：

借：财务费用
　　　　（2 600 000×5.04%）131 040

　　贷：租赁负债——未确认融资费用
　　　　　　　　　　　　　131 040

借：租赁负债——租赁付款额 450 000
　　贷：银行存款　　　　　　450 000

③第一年末租赁负债账面余额=2 600 000×（1+5.04%）-450 000=2 281 040（元）。

（2）租赁负债的重新计量。

在租赁期开始日后，当发生下列四种情形时，承租人应当按照变动后的租赁付款额的现值重新计量租赁负债，并相应调整使用权资产的账面价值。使用权资产的账面价值已调减至零，但租赁负债仍需进一步调减的，承租人应当将剩余金额计入当期损益。

①**实质固定付款额发生变动**。如果租赁付款额最初是可变的，但在租赁期开始日后的某一时点转为固定，那么，在潜在可变性消除时，该付款额成为实质固定付款额，应纳入租赁负债的计量中。承租人应当按照变动后租赁付款额的现值重新计量租赁负债。在该情形下，承租人采用的**折现率不变**，即，采用租赁期开始日确定的折现率。

【例题4·分析题】承租人甲公司签订了一份为期10年的机器租赁合同。租金于每年年末支付，并按以下方式确定：第1年，租金是可变的，根据该机器在第1年下半年的实际产能确定；第2至10年，每年的租金根据该机器在第1年下半年的实际产能确定，即，租金将在第1年年末转变为固定付款额。在租赁期开始日，甲公司无法确定租赁内含利率，其增量借款利率为5%。假设在第1年年末，根据该机器在第1年下半年的实际产能所确定的租赁付款额为每年20 000元。甲公司应如何进行账务处理？[（P/A，5%，9）=7.107 8]

解析　（1）在租赁期开始时，由于未来的租金尚不确定，因此甲公司的租赁负债为零。在第1年年末，租金的潜在可变性消除，成为实质固定付款额（即每年20 000元），因此甲公司应基于变动后的租赁付款额重新计量租赁负债，并采用不变的折现率（即

5%）进行折现。

（2）支付第一年租金时：

借：制造费用等　　　　　20 000

　　贷：银行存款　　　　　20 000

（3）确认使用权资产和租赁负债：

借：使用权资产

　［20 000×(P/A，5%，9)］142 156

　租赁负债—未确认融资费用

　　　　　　　　　　　　37 844

　　贷：租赁负债—租赁付款额

　　　　　（20 000×9）180 000

②担保余值预计的应付金额发生变动。在租赁期开始日后，承租人应对其在担保余值下预计支付的金额进行估计。该金额发生变动的，承租人应当按照变动后租赁付款额的现值重新计量租赁负债。在该情形下，承租人采用的折现率不变。

③用于确定租赁付款额的指数或比率发生变动。在租赁期开始日后，因浮动利率的变动而导致未来租赁付款额发生变动的，承租人应当按照变动后租赁付款额的现值重新计量租赁负债。在该情形下，承租人应采用反映利率变动的修订后的折现率进行折现。

在租赁期开始日后，因用于确定租赁付款额的指数或比率(浮动利率除外)的变动而导致未来租赁付款额发生变动的，承租人应当按照变动后租赁付款额的现值重新计量租赁负债。在该情形下，承租人采用的折现率不变。

需要注意的是，仅当现金流量发生变动时，即租赁付款额的变动生效时，承租人才应重新计量租赁负债，以反映变动后的租赁付款额。承租人应基于变动后的合同付款额，确定剩余租赁期内的租赁付款额。

④购买选择权、续租选择权或终止租赁选择权的评估结果或实际行使情况发生变化。租赁期开始日后，发生下列情形的，承租人应采用修订后的折现率对变动后的租赁付款额进行折现，以重新计量租赁负债，具体情形见表16-3。

表16-3　租赁负债的重新计量

项目	内容
发生承租人可控范围内的重大事件或变化，且影响承租人是否合理确定将行使续租选择权或终止租赁选择权的，承租人应当对其是否合理确定将行使相应选择权进行重新评估	上述选择权的评估结果发生变化的，承租人应当根据新的评估结果重新确定租赁期和租赁付款额。前述选择权的实际行使情况与原评估结果不一致等导致租赁期变化的，也应当根据新的租赁期重新确定租赁付款额
发生承租人可控范围内的重大事件或变化，且影响承租人是否合理确定将行使购买选择权的，承租人应当对其是否合理确定将行使购买选择权进行重新评估	评估结果发生变化的，承租人应根据新的评估结果重新确定租赁付款额
上述两种情形下，承租人在计算变动后租赁付款额的现值时，应当采用剩余租赁期间的租赁内含利率作为折现率；无法确定剩余租赁期间的租赁内含利率的，应当采用重估日的承租人增量借款利率作为折现率	

【例题5·分析题】承租人甲公司与出租人乙公司签订了一份办公楼租赁合同，每年的租赁付款额为50 000元，于每年年末支付。甲公司无法确定租赁内含利率，其增量借款利率为5%，不可撤销租赁期为5年，并且合同约定在第5年年末，甲公司有权选择以每年50 000元续租5年，也有权选择以1 000 000元购买该房产。甲公司在租赁期开始时评估认为，可以合理确定将行使续租选择权，而不会行使购买选择权，因此将租赁期确定为10年。甲公司应如何进行账务处理？［(P/A，5%，10)＝7.72］

解析（1）在租赁期开始日，甲公司确认的租赁负债和使用权资产为386 000元［50 000×(P/A，5%，10)，为便于计算，年金现值系数取两位小数，计算结果取整数］。

（2）相关指标计算如下。

年度	租赁负债 年初金额	利息	租赁付款额	租赁负债, 年末金额
	①	②=①×5%	③	④=①+②-③
1	386 000	19 300	50 000	355 300
2	355 300	17 765	50 000	323 065
3	323 065	16 153	50 000	289 218
4	289 218	14 461	50 000	253 679
5	253 679	12 684	50 000	216 363
6	216 363	10 818	50 000	177 181
7	177 181	8 859	50 000	136 040
8	136 040	6 802	50 000	92 842
9	92 842	4 642	50 000	47 484
10	47 484	2 516	50 000	0

(3)在租赁期开始日，甲公司的账务处理为：

借：使用权资产　　　　　386 000
　　租赁负债—未确认融资费用
　　　　　　　　　　　　114 000
　　　贷：租赁负债—租赁付款额 500 000

(4)在第4年，该房产所在地房价显著上涨，甲公司预计租赁期结束时该房产的市价为2 000 000元，甲公司在第4年年末重新评估后认为，能够合理确定将行使上述购买选择权，而不会行使上述续租选择权。该房产所在地区的房价上涨属于市场情况发生的变化，不在甲公司的可控范围内。因此，虽然该事项导致购买选择权及续租选择权的评估结果发生变化，但甲公司不需重新计量租赁负债。

(5)在第5年年末甲公司实际行使了购买选择权(假定甲公司采用直线法计提折旧，预计净残值为0)：

借：固定资产—办公楼　　976 637
　　使用权资产累计折旧
　　　(386 000×5/10)193 000
　　租赁负债—租赁付款额
　　　(50 000×5)250 000
　　　贷：使用权资产　　　　386 000

租赁负债—未确认融资费用
　[114 000-(19 300+17 765+
16 153+14 461+12 684)]33 637
银行存款　　　　　　 1 000 000

2. 使用权资产的后续计量

(1)计量基础。

在租赁期开始日后，承租人应当采用成本模式对使用权资产进行后续计量，即，以成本减累计折旧及累计减值损失计量使用权资产。

承租人按照新租赁准则有关规定重新计量租赁负债的，应当相应调整使用权资产的账面价值。

(2)使用权资产的折旧。

①承租人应当参照《企业会计准则第4号——固定资产》有关折旧规定，自租赁期开始日起对使用权资产计提折旧。

②应自租赁期开始的当月计提折旧，当月计提折旧确有困难的，企业也可以选择自租赁期开始的下月计提折旧，但应对同类使用权资产采取相同的折旧政策。

③计提的折旧金额应根据使用权资产的用途，计入相关资产的成本或者当期损益。

④承租人通常按直线法对使用权资产计提折旧，其他折旧方法更能反映使用权资产

有关经济利益预期实现方式的，应采用其他折旧方法。

⑤承租人能够合理确定租赁期届满时取得租赁资产所有权的，应当在租赁资产剩余使用寿命内计提折旧；承租人无法合理确定租赁期届满时能够取得租赁资产所有权的，应当在租赁期与租赁资产剩余使用寿命两者孰短的期间内计提折旧。如果使用权资产的剩余使用寿命短于前两者，则应在使用权资产的剩余使用寿命内计提折旧。

（3）使用权资产的减值。

①在租赁期开始日后，承租人应当按照《企业会计准则第8号——资产减值》的规定，确定使用权资产是否发生减值，并对已识别的减值损失进行会计处理。

②使用权资产减值的提取分录：

借：资产减值损失

　　贷：使用权资产减值准备

③使用权资产减值准备一旦计提，不得转回。

④承租人应当按照扣除减值损失之后的使用权资产的账面价值进行后续折旧。

3. 租赁变更的会计处理

租赁变更，是指原合同条款之外的租赁范围、租赁对价、租赁期限的变更，包括增加或终止一项或多项租赁资产的使用权，延长或缩短合同规定的租赁期等。租赁变更生效日，是指双方就租赁变更达成一致的日期。

（1）租赁变更作为一项单独租赁处理。

租赁发生变更且同时符合下列条件的，承租人应当将该租赁变更作为一项单独租赁进行会计处理：

①该租赁变更通过增加一项或多项租赁资产的使用权而扩大了租赁范围或延长了租赁期限；

②增加的对价与租赁范围扩大部分或租赁期限延长部分的单独价格按该合同情况调整后的金额相当。

（2）租赁变更未作为一项单独租赁处理。

租赁变更未作为一项单独租赁进行会计处理的，在租赁变更生效日，承租人应当按照新租赁准则有关租赁分拆的规定对变更后合同的对价进行分摊；按照新租赁准则有关租赁期的规定确定变更后的租赁期，并采用变更后的折现率对变更后的租赁付款额进行折现，以重新计量租赁负债。在计算变更后租赁付款额的现值时，承租人应当采用剩余租赁期间的租赁内含利率作为折现率；无法确定剩余租赁期间的租赁内含利率的，应当采用租赁变更生效日的承租人增量借款利率作为折现率。

（三）短期租赁和低价值资产租赁 ★★

1. 会计处理原则

承租人应当将短期租赁和低价值资产租赁的租赁付款额，在租赁期内各个期间按照直线法或其他系统合理的方法计入相关资产成本或当期损益。

2. 短期租赁

短期租赁，是指在租赁期开始日，租赁期不超过12个月的租赁。包含购买选择权的租赁不属于短期租赁。

【案例引入】承租人与出租人签订了一份租赁合同，约定不可撤销期间为9个月，且承租人拥有5个月的续租选择权。在租赁期开始日，承租人判断可以合理确定将行使续租选择权，因为续租期的月租赁付款额明显低于市场价格。

解析 ▶ 在此情况下，承租人确定租赁期为14个月，不属于短期租赁，承租人不能选择上述简化会计处理。

3. 低价值资产租赁

低价值资产租赁，是指单项租赁资产为全新资产时价值较低的租赁。

承租人在判断是否是低价值资产租赁时，应基于租赁资产的全新状态下的价值进行评估，不应考虑资产已被使用的年限。

对于低价值资产租赁，承租人可根据每项租赁的具体情况作出简化会计处理选择。低价值资产同时还应满足以下条件，即，只有承租人能够从单独使用该低价值资产或将其与承租人易于获得的其他资源一起使用中获利，且该项资产与其他租赁资产没有高度依赖或高度关联关系时，才能对该资产租赁选择进行简化会计处理。

六、出租人会计处理

（一）出租人的租赁分类★★★

1. 融资租赁和经营租赁的分类原则

出租人应当在租赁开始日将租赁分为融资租赁和经营租赁。

如果一项租赁实质上转移了与租赁资产所有权有关的几乎全部风险和报酬，出租人应当将该项租赁分类为融资租赁。出租人应当将除融资租赁以外的其他租赁分类为经营租赁。

2. 融资租赁的界定标准

一项租赁存在下列一种或多种情形的，通常分类为融资租赁。

（1）在租赁期届满时，租赁资产的所有权转移给承租人。即，如果在租赁协议中已经约定，或者根据其他条件，在租赁开始日就可以合理地判断，租赁期届满时出租人会将资产的所有权转移给承租人，那么该项租赁通常分类为融资租赁。

（2）承租人有购买租赁资产的选择权，所订立的购买价款预计将远低于行使选择权时租赁资产的公允价值，因而在租赁开始日就可以合理确定承租人将行使该选择权。

（3）资产的所有权虽然不转移，但租赁期占租赁资产使用寿命的大部分。实务中，这里的"大部分"一般指租赁期占租赁开始日租赁资产使用寿命的75%以上（含75%）。如果租赁资产是旧资产，在租赁前已使用年限超过资产自全新时起算可使用年限的75%以上时，则这条判断标准不适用，不能使用这条标准确定租赁的分类。

（4）在租赁开始日，租赁收款额的现值几乎相当于租赁资产的公允价值。实务中，这里的"几乎相当于"，通常掌握在90%以上。

（5）租赁资产性质特殊，如果不作较大改造，只有承租人才能使用。

（二）出租人对融资租赁的会计处理★★★

1. 初始计量

在租赁期开始日，出租人应当对融资租赁确认应收融资租赁款，并终止确认融资租赁资产。出租人对应收融资租赁款进行初始计量时，应当以租赁投资净额作为应收融资租赁款的入账价值。

考高提示（1）租赁投资净额为未担保余值和租赁期开始日尚未收到的租赁收款额按照租赁内含利率折现的现值之和。

（2）租赁内含利率，是指使出租人的租赁收款额的现值与未担保余值的现值之和（即租赁投资净额）等于租赁资产公允价值与出租人的初始直接费用之和的利率。

（3）出租人发生的初始直接费用包括在租赁投资净额中，也包括在应收融资租赁款的初始入账价值中。

（4）租赁收款额，是指出租人因让渡在租赁期内使用租赁资产的权利而应向承租人收取的款项，包括：①承租人需支付的固定付款额及实质固定付款额。存在租赁激励的，应当扣除租赁激励相关金额。②取决于指数或比率的可变租赁付款额。该款项在初始计量时根据租赁期开始日的指数或比率确定。③购买选择权的行权价格，前提是合理确定承租人将行使该选择权。④承租人行使终止租赁选择权需支付的款项，前提是租赁期反映出承租人将行使终止租赁选择权。⑤由承租人、与承租人有关的一方以及有经济能力履行担保义务的独立第三方向出租人提供的担保余值。

【例题6·分析题】2×19年12月1日，甲公司与乙公司签订了一份租赁合同，从乙公司租入塑钢机一台。租赁合同主要条款如下：

（1）租赁资产：全新塑钢机。

（2）租赁期开始日：2×20 年 1 月 1 日。

（3）租赁期：2×20 年 1 月 1 日至 2×25 年 12 月 31 日，共 72 个月。

（4）固定租金支付：自 2×20 年 1 月 1 日，每年年末支付租金 160 000 元。如果甲公司能够在每年年末的最后一天及时付款，则给予减少租金 10 000 元的奖励。

（5）取决于指数或比率的可变租赁付款额：租赁期限内，如遇中国人民银行贷款基准利率调整时，出租人将对租赁利率作出同方向、同幅度的调整。基准利率调整日之前各期和调整日当期租金不变，从下一期租金开始按调整后的租金金额收取。

（6）租赁开始日租赁资产的公允价值：该机器在 2×19 年 12 月 31 日的公允价值为 700 000 元，账面价值为 600 000 元。

（7）初始直接费用：签订租赁合同过程中乙公司发生可归属于租赁项目的手续费、佣金 10 000 元。

（8）承租人的购买选择权：租赁期届满时，甲公司享有优惠购买该机器的选择权，购买价为 20 000 元，估计该日租赁资产的公允价值为 80 000 元。

（9）取决于租赁资产绩效的可变租赁付款额：2×21 年和 2×22 年两年，甲公司每年按该机器所生产的产品——塑钢窗户的年销售收入的 5% 向乙公司支付。

（10）承租人的终止租赁选择权：甲公司享有终止租赁选择权。在租赁期间，如果甲公司终止租赁，需支付的款项为剩余租赁期间的固定租金支付金额。

（11）担保余值和未担保余值均为 0 元。

（12）全新塑钢机的使用寿命为 7 年。

乙公司应如何进行账务处理？[已知 $(P/A, 7\%, 6) = 4.766\ 5$；$(P/A, 8\%, 6) = 4.622\ 9$；$(P/F, 7\%, 6) = 0.666\ 3$；$(P/F, 8\%, 6) = 0.630\ 2$]

解析 ▶ （1）判断租赁类型：

①本题存在优惠购买选择权，优惠购买价 20 000 元远低于行使选择权日租赁资产的公允价值 80 000 元，因此在 2×19 年 12 月 31 日就可合理确定甲公司将会行使这种选择权；

②另外，在本例中，租赁期 6 年，占租赁开始日租赁资产使用寿命的 85.71%（占租赁资产使用寿命的大部分）；

③乙公司综合考虑其他各种情形和迹象，认为该租赁实质上转移了与该项设备所有权有关的几乎全部风险和报酬，因此将这项租赁认定为融资租赁。

（2）确定租赁收款额：

①承租人的固定付款额为考虑扣除租赁激励后的金额 = $(160\ 000 - 10\ 000) \times 6 = 900\ 000$（元）；

②取决于指数或比率的可变租赁付款额。

该款项在初始计量时根据租赁期开始日的指数或比率确定，因此本例题在租赁期开始日不做考虑。

③承租人购买选择权的行权价格。

租赁期届满时，甲公司享有优惠购买该机器的选择权，购买价为 20 000 元，远低于行使选择权日租赁资产的公允价值 80 000 元，因此在 2×19 年 12 月 31 日就可合理确定甲公司将会行使这种选择权。租赁付款额中应包括承租人购买选择权的行权价格 20 000 元。

④终止租赁的罚款。

虽然甲公司享有终止租赁选择权，但若终止租赁，甲公司需支付的款项为剩余租赁期间的固定租金支付金额。根据上述条款，可以合理确定甲公司不会行使终止租赁选择权。

⑤由承租人向出租人提供的担保余值：甲公司向乙公司提供的担保余值为 0 元。

综上所述，租赁收款额为：$900\ 000 + 20\ 000 = 920\ 000$（元）。

（3）确认租赁投资总额：

租赁投资总额 = 在融资租赁下出租人应

收的租赁收款额+未担保余值=920 000+0=920 000(元)。

(4)确认租赁投资净额的金额和未实现融资收益：

①租赁投资净额=租赁资产在租赁期开始日公允价值700 000+出租人发生的租赁初始直接费用10 000=710 000(元)。

②未实现融资收益=租赁投资总额-租赁投资净额=920 000-710 000=210 000(元)。

(5)计算租赁内含利率：

该利率应满足如下等式：

$150\ 000 \times (P/A, r, 6) + 20\ 000 \times (P/F, r, 6) = 710\ 000$，经内插法测算，租赁的内含利率为7.82%。

(6)账务处理：

2×20年1月1日

借：应收融资租赁款—租赁收款额

　　　　　　　　　　920 000

　贷：银行存款　　　　　10 000

　　　融资租赁资产　　　600 000

　　　资产处置损益　　　100 000

　　　应收融资租赁款—未实现融资

　　　收益　　　　　　　210 000

『拓展』租赁保证金的会计处理(见表16-4)

表16-4　租赁保证金的会计处理

项目	会计处理
收到租赁保证金	借：银行存款 　贷：其他应收款—租赁保证金
承租人到期不交租金，以保证金抵租金时	借：其他应收款—租赁保证金 　贷：应收融资租赁款
承租人违约，没收保证金时	借：其他应收款—租赁保证金 　贷：营业外收入

2. 融资租赁的后续计量

出租人应当按照固定的周期性利率计算并确认租赁期内各个期间的利息收入。

【例题7·分析题】承【例题6·分析题】，说明出租人如何确认计量租赁期内各期间的利息收入。

解析　(1)计算租赁期内各期的利息收入(计算结果取整数)，如下表所示。

单位：元

日期	租金	确认的利息收入	租赁投资净额余额
①	②	③=期初④×7.82%	期末④=期初④-②+③
2×20年1月1日			710 000
2×20年12月31日	150 000	55 522	615 522
2×21年12月31日	150 000	48 134	513 656
2×22年12月31日	150 000	40 168	403 824
2×23年12月31日	150 000	31 579	285 403
2×24年12月31日	150 000	22 319	157 722
2×25年12月31日	150 000	12 278	20 000
2×25年12月31日	20 000		
合计	920 000	210 000	

（2）会计分录如下表所示。

项目	会计分录	
2×20年12月31日收到第一期租金	借：银行存款	150 000
	贷：应收融资租赁款—租赁收款额	150 000
	借：应收融资租赁款—未实现融资收益	55 522
	贷：租赁收入	55 522
2×21年12月31日收到第二期租金	借：银行存款	150 000
	贷：应收融资租赁款—租赁收款额	150 000
	借：应收融资租赁款—未实现融资收益	48 134
	贷：租赁收入	48 134

3. 融资租赁变更的会计处理

（1）融资租赁发生变更且同时符合下列条件的，出租人应当将该变更作为一项单独租赁进行会计处理：

①该变更通过增加一项或多项租赁资产的使用权而扩大了租赁范围或延长了租赁期限；

②增加的对价与租赁范围扩大部分或租赁期限延长部分的单独价格按该合同情况调整后的金额相当。

（2）如果融资租赁的变更未作为一项单独租赁进行会计处理，且满足假如变更在租赁开始日生效，该租赁会被分类为经营租赁条件的，出租人应当自租赁变更生效日开始将其作为一项新租赁进行会计处理，并以租赁变更生效日前的租赁投资净额作为租赁资产的账面价值。

【例题8·分析题】承租人就某套机器设备与出租人签订了一项为期5年的租赁，构成融资租赁。合同规定，每年年末承租人向出租人支付租金10 000元，租赁期开始日，出租资产公允价值为37 908元。按照公式10 000×(P/A，r，5) = 37 908（元），计算得出租赁内含利率为10%，租赁收款额为50 000元，未实现融资收益为12 092元。在第2年初，承租人和出租人同意对原租赁进行修改，缩短租赁期限到第3年年末，每年支付租金时点不变，租金总额从50 000元变更到33 000元。假设本例中不涉及未担保余值、担保余值、终止租赁罚款等。则出租

人应如何进行账务处理？

解析 如果原租赁期限设定为3年，在租赁开始日，租赁类别被分类为经营租赁，那么，在租赁变更生效日，即第2年年初，出租人将租赁投资净额余额31 698.8（37 908+37 908×10%－10 000）元作为该套机器设备的入账价值，并从第2年年初开始，作为一项新的经营租赁（2年租赁期，每年年末收取租金11 500元）进行会计处理。

第2年初会计分录如下：

借：固定资产　　　　　31 698.8
　　应收融资租赁款—未实现融资收益
　　　（12 092－37 908×10%）8 301.2
　　贷：应收融资租赁款—租赁收款额
　　　　（50 000－10 000）40 000

（三）出租人对经营租赁的会计处理★★★

1. 租金的处理

在租赁期内各个期间，出租人应采用直线法或者其他系统合理的方法将经营租赁的租赁收款额确认为租金收入。如果其他系统合理的方法能够更好地反映因使用租赁资产所产生经济利益的消耗模式的，则出租人应采用该方法。

2. 出租人对经营租赁提供激励措施

出租人提供免租期的，出租人应将租金总额在不扣除免租期的整个租赁期内，按直线法或其他合理的方法进行分配，免租期内应当确认租金收入。出租人承担了承租人某

些费用的，出租人应将该费用自租金收入总额中扣除，按扣除后的租金收入余额在租赁期内进行分配。

3. 初始直接费用

出租人发生的与经营租赁有关的初始直接费用应当资本化至租赁标的资产的成本，在租赁期内按照与租金收入相同的确认基础分期计入当期损益。

4. 折旧和减值

（1）对于经营租赁资产中的固定资产，出租人应当采用类似资产的折旧政策计提折旧。

（2）对于其他经营租赁资产，应当根据该资产适用的企业会计准则，采用系统合理的方法进行摊销。

（3）出租人应当按照《企业会计准则第8号——资产减值》的规定，确定经营租赁资产是否发生减值，并对已识别的减值损失进行会计处理。

5. 可变租赁付款额

出租人取得的与经营租赁有关的可变租赁付款额，如果是与指数或比率挂钩的，应在租赁期开始日计入租赁收款额；除此之外的，应当在实际发生时计入当期损益。

6. 经营租赁的变更

经营租赁发生变更的，出租人应自变更生效日开始，将其作为一项新的租赁进行会计处理，与变更前租赁有关的预收或应收租赁收款额视为新租赁的收款额。

七、特殊租赁业务的会计处理

（一）转租赁★★

（1）转租情况下，原租赁合同和转租赁合同通常都是单独协商的，交易对手也是不同的企业，准则要求转租出租人对原租赁合同和转租赁合同分别根据承租人和出租人会计处理要求，进行会计处理。

（2）承租人在对转租赁进行分类时，转租出租人应基于原租赁中产生的使用权资产，而不是租赁资产（如作为租赁对象的不动产或设备）进行分类。原租赁资产不归转租出租人所有，原租赁资产也未计入其资产负债表。因此，转租出租人应基于其控制的资产（即使用权资产）进行会计处理。

（3）原租赁为短期租赁，且转租出租人作为承租人已按照准则采用简化会计处理方法的，应将转租赁分类为经营租赁。

【案例引入】 甲企业（原租赁承租人）与乙企业（原租赁出租人）就8 000平方米办公场所签订了一项为期五年的租赁（原租赁）合同。在第三年年初，甲企业将该8 000平方米办公场所转租给丙企业，期限为原租赁的剩余三年时间（转租赁）。假设不考虑初始直接费用。

解析 ▶ 甲企业应基于原租赁形成的使用权资产对转租赁进行分类。本例中，转租赁的期限覆盖了原租赁的所有剩余期限，综合考虑其他因素，甲企业判断其实质上转移了与该项使用权资产有关的几乎全部风险和报酬，甲企业将该项转租赁分类为融资租赁。甲企业的会计处理为：①终止确认与原租赁相关且转给丙企业（转租承租人）的使用权资产，并确认转租赁投资净额；②将使用权资产与转租赁投资净额之间的差额确认为损益；③在资产负债表中保留原租赁的租赁负债，该负债代表应付原租赁出租人的租赁付款额。在转租期间，中间出租人既要确认转租赁的融资收益，也要确认原租赁的利息费用。

（二）生产商或经销商出租人的融资租赁会计处理★★

生产商或经销商通常为客户提供购买或租赁其产品或商品的选择。如果生产商或经销商出租其产品或商品构成融资租赁，则该交易产生的损益应相当于按照考虑适用的交易量或商业折扣后的正常售价直接销售标的资产所产生的损益。生产商或经销商出租人在租赁期开始日应当按照租赁资产公允价值与租赁收款额按市场利率折现的现值两者**孰低**确认收入，并按照租赁资产账面价值扣除未担保余值的现值后的余额结转销售成本，收入和销售成本的差额作为销售损益。

由于取得融资租赁所发生的成本主要与生产商或经销商赚取的销售利得相关，生产商或经销商出租人应当在租赁期开始日将其计入损益。即，与其他融资租赁出租人不同，生产商或经销商出租人取得融资租赁**所发生的成本不属于初始直接费用**，不计入租赁投资净额。

【例题9·分析题】甲公司是一家设备生产商，与乙公司(生产型企业)签订了一份租赁合同，向乙公司出租所生产的设备，合同主要条款如下：

(1)租赁资产：设备A；

(2)租赁期：2×19年1月1日至2×21年12月31日，共3年；

(3)租金支付：自2×19年起每年年末支付年租金1 000 000元；

(4)租赁合同规定的利率：5%(年利率)，与市场利率相同；

(5)该设备于2×19年1月1日的公允价值为2 700 000元，账面价值为2 000 000元；

(6)甲公司取得该租赁发生的相关成本为5 000元；

(7)该设备于2×19年1月1日交付乙公司，预计使用寿命为8年，无残值；租赁期届满时，乙公司可以100元购买该设备，预计租赁到期日该设备的公允价值不低于1 500 000元，乙公司对此金额提供担保；租赁期内该设备的保险、维修等费用均由乙公司自行承担。假设不考虑其他因素和各项税费影响。已知：$(P/A, 5\%, 3) = 2.723\ 2$；$(P/F, 5\%, 3) = 0.863\ 8$；$(P/A, 6\%, 3) = 2.673\ 0$；$(P/F, 6\%, 3) = 0.839\ 6$。

甲公司应如何进行账务处理？

解析 ▶ (1)判断租赁类型。

本例中租赁期满乙公司可以远低于租赁到期日租赁资产公允价值的金额购买租赁资产，甲公司认为其可以合理确定乙公司将行使购买选择权，综合考虑其他因素，与该项资产所有权有关的几乎所有风险和报酬已实质转移给乙公司，因此甲公司将该租赁认定为融资租赁。

(2)计算租赁期开始日租赁收款额按市场利率折现的现值，确定收入金额。

①租赁收款额 = 租金×期数 + 优惠购买价 = 1 000 000×3 + 100 = 3 000 100(元)。

②租赁收款额按市场利率折现的现值 = 1 000 000×$(P/A, 5\%, 3)$ + 100×$(P/F, 5\%, 3)$ = 2 723 286.38(元)。

③按照租赁资产公允价值与租赁收款额按市场利率折现的现值两者孰低的原则，确认收入为2 700 000元。

(3)计算租赁资产账面价值扣除未担保余值的现值后的余额，确定销售成本金额。

销售成本 = 账面价值 − 未担保余值的现值 = 2 000 000 − 0 = 2 000 000(元)。

(4)会计分录：

①2×19年1月1日(租赁期开始日)

借：应收融资租赁款——租赁收款额
　　　　　　　　　　　　　3 000 100
　　贷：主营业务收入　　　2 700 000
　　　　应收融资租赁款——未实现融资
　　　　收益　　　　　　　　300 100
借：主营业务成本　　2 000 000
　　贷：库存商品　　　　　2 000 000
借：销售费用　　　　5 000
　　贷：银行存款　　　　　　5 000

②由于甲公司在确定营业收入和租赁投资净额(即应收融资租赁款)时，是基于租赁资产的公允价值，因此，甲公司需要根据租赁收款额、未担保余值和租赁资产公允价值重新计算租赁内含利率。即，1 000 000×$(P/A, r, 3)$ + 100×$(P/F, r, 3)$ = 2 700 000，采用内插法，$r = 5.46\%$，计算租赁期内各期分摊的融资收益如下表所示。

单位：元

日期	收取租赁款项	确认的融资收入	应收租赁款减少额	应收租赁款净额
	①	②＝期初④×5.46%	③＝①－②	期末④ ＝期初④－③
2×19 年 1 月 1 日				2 700 000
2×19 年 12 月 31 日	1 000 000	147 420	852 580	1 847 420
2×20 年 12 月 31 日	1 000 000	100 869.13	899 130.87	948 289.13
2×21 年 12 月 31 日	1 000 000	51 810.87	948 189.13	100
2×21 年 12 月 31 日	100		100	
合计	3 000 100	300 100	2 700 000	

2×19 年 12 月 31 日会计分录：

借：应收融资租赁款—未实现融资收益

147 420

贷：租赁收入　　　　　147 420

借：银行存款　　　　1 000 000

贷：应收融资租赁款—租赁收款额

1 000 000

2×20 年 12 月 31 日和 2×21 年 12 月 31 日会计分录略。

（三）售后租回交易的会计处理★★

1. 会计处理原则

（1）若企业（卖方兼承租人）将资产转让给其他企业（买方兼出租人），并从买方兼出租人租回该项资产，则卖方兼承租人和买方兼出租人均应按照售后租回交易的规定进行会计处理。企业应当按照《企业会计准则第 14 号——收入》（2017）的规定，评估确定售后租回交易中的资产转让是否属于销售，并区别进行会计处理。

如果承租人在资产转移给出租人之前已经取得对标的资产的控制，则该交易属于售后租回交易。然而，如果承租人未能在资产转移给出租人之前取得对标的资产的控制，那么即便承租人在资产转移给出租人之前先获得标的资产的法定所有权，该交易也不属于售后租回交易。

2. 售后租回交易中的资产转让属于销售

卖方兼承租人应当按原资产账面价值中

与租回获得的使用权有关的部分，计量售后租回所形成的使用权资产，并仅就转让至买方兼出租人的权利确认相关利得或损失。买方兼出租人根据其他适用的企业会计准则对资产购买进行会计处理，并根据新租赁准则对资产出租进行会计处理。

如果销售对价的公允价值与资产的公允价值不同，或者出租人未按市场价格收取租金，企业应当进行以下调整：

（1）销售对价低于市场价格的款项作为预付租金进行会计处理；

（2）销售对价高于市场价格的款项作为买方兼出租人向卖方兼承租人提供的额外融资进行会计处理。

同时，承租人按照公允价值调整相关销售利得或损失，出租人按市场价格调整租金收入。

【例题 10 · 分析题】甲公司（卖方兼承租人）以货币资金 40 000 000 元的价格向乙公司（买方兼出租人）出售一栋建筑物，交易前该建筑物的账面原值是 24 000 000 元，累计折旧是 4 000 000 元。与此同时，甲公司与乙公司签订了合同，取得了该建筑物 18 年的使用权（全部剩余使用年限为 40 年），年租金为 2 400 000 元，于每年年末支付。根据交易的条款和条件，甲公司转让建筑物符合《企业会计准则第 14 号——收入》（2017）中关于销售成立的条件。假设不考虑初始直接费用和各项税费的影响，租赁内含利率为 4.5%。该建筑物在销售当日的公允价值为 36 000 000 元。[已知$(P/A,4.5\%,18)=12.159\ 991\ 7$，计算结果保留整数]

解析 ▶（1）由于该建筑物的销售对价并非公允价值，甲公司和乙公司分别进行了调整，以按照公允价值计量销售收益和租赁应收款。超额售价 4 000 000 元（40 000 000－36 000 000）作为乙公司向甲公司提供的额外融资进行确认。

（2）相关指标的计算：

①甲、乙公司均确定租赁内含年利率为 4.5%；

②年付款额现值为 29 183 980 元[年付款额 2 400 000×$(P/A,4.5\%,18)$]；

③年付款额现值中，4 000 000 元与额外融资相关，25 183 980 元与租赁相关；

④额外融资年付款额＝4 000 000/29 183 980×2 400 000＝328 948（元）；

⑤租赁相关年付款额＝2 400 000－328 948＝2 071 052（元）；

⑥售后租回所形成的使用权资产＝建筑物的账面价值（24 000 000－4 000 000）×（18 年使用权资产的租赁付款额现值25 183 980/该建筑物的公允价值 36 000 000）＝13 991 100（元）。

（3）出售该建筑物的全部利得＝36 000 000－20 000 000＝16 000 000（元），其中：

①与该建筑物使用权相关的利得＝16 000 000×（25 183 980/36 000 000）＝

11 192 880（元）；

②与转让至乙公司的权利相关的利得＝16 000 000－11 192 880＝4 807 120（元）。

（4）甲公司会计分录：

①与额外融资相关：

借：银行存款 4 000 000
　　贷：长期应付款 4 000 000

②与租赁相关：

借：银行存款 36 000 000
　　（资产租赁开始日的公允价值）
　　使用权资产 13 991 100
　　（分拆至租赁本身的建筑物账面价值）
　　累计折旧 4 000 000
　　租赁负债——未确认融资费用
　　　　　　　　　　　　12 094 956
　　（与租赁相关的年付款额总额37 278 936－与租赁相关的年付款额折现 25 183 980）
　　贷：固定资产 24 000 000
　　　　租赁负债——租赁付款额
　　　　　　　　　　　　37 278 936
　　（租赁相关的年付款额 2 071 052×18 期）
　　　　资产处置损益 4 807 120
　　（分拆至转让给乙公司权利相关的利得）

（5）第一年年末的会计处理。

		分录合并，即为：	
借：长期应付款	328 948	借：租赁负债——租赁付款额	2 071 052
租赁负债——租赁付款额	2 071 052	长期应付款	148 948
贷：银行存款	2 400 000	利息费用	1 313 279
借：利息费用　（4 000 000×4.5%）180 000		贷：租赁负债——未确认融资费用	1 133 279
贷：长期应付款	180 000	银行存款	2 400 000
借：利息费用　（25 183 980×4.5%）1 133 279			
贷：租赁负债——未确认融资费用	1 133 279		

（6）综合考虑租期占该建筑物剩余使用年限的比例等因素，乙公司将该建筑物的租赁分类为经营租赁。

①在租赁期开始日，乙公司对该交易的

会计处理如下：

借：固定资产——建筑物 36 000 000
　　长期应收款 4 000 000
　　贷：银行存款 40 000 000

②第一年年末的利息收入：

借：银行存款　　　　　　　　2 400 000

　　贷：租赁收入　　　　　　　2 071 052

　　　　利息收入　　　　　　　　180 000

　　　　长期应收款　　　　　　　148 948

3. 售后租回交易中的资产转让不属于销售

卖方兼承租人不终止确认所转让的资产，而应当将收到的现金作为金融负债，并按照《企业会计准则第 22 号——金融工具确认和计量》(2017)进行会计处理。买方兼出租人不确认被转让资产，而应当将支付的现金作为金融资产，并按照《企业会计准则第 22 号——金融工具确认和计量》(2017)进行会计处理。

【例题 11·分析题】甲公司(卖方兼承租人)以货币资金 24 000 000 元的价格向乙公司(买方兼出租人)出售一栋建筑物，交易前该建筑物的账面原值是 24 000 000 元，累计折旧是 4 000 000 元。与此同时，甲公司与乙公司签订了合同，取得了该建筑物 18 年的使用权(全部剩余使用年限为 40 年)，年租金为 2 000 000 元，于每年年末支付，租赁期满时，甲公司将以 100 元购买该建筑物。根据交易的条款和条件，甲公司转让建筑物不满足《企业会计准则第 14 号——收入》(2017)中关于销售成立的条件。假设不考虑初始直接费用和各项税费的影响。该建筑物在销售当日的公允价值为 36 000 000 元。则租赁期开始日甲公司、乙公司应如何进行账务处理？

解析　在租赁期开始日，甲公司对该交易的会计处理如下：

借：银行存款　　　　　　　24 000 000

　　贷：长期应付款　　　　　24 000 000

在租赁期开始日，乙公司对该交易的会计处理如下：

借：长期应收款　　　　　　24 000 000

　　贷：银行存款　　　　　　24 000 000

限时 60min

扫我做试题

一、单项选择题

1. 2×20 年 1 月 31 日承租人甲公司与出租人乙公司就百货大楼中的一间商铺签订了一份租赁合同，包括 5 年不可撤销期间和 2 年按照市场价格行使的续租选择权。2×20 年 2 月 1 日甲公司收到钥匙并开始对该商铺进行装修，且花费了大量资金，预计在租赁期届满时仍具有重大使用价值，且该价值仅可通过继续使用该商铺实现。合同约定有 3 个月免租期，甲公司自 2×20 年 5 月 1 日开始支付租金。不考虑其他因素，下列关于承租人甲公司租赁期的表述中，正确的是(　　)。

　A. 租赁期开始日为 2×20 年 5 月 1 日

　B. 在租赁期开始日，承租人确定租赁期为 5 年

　C. 租赁期不包含出租人给予承租人的免租期

　D. 租赁协议中租金支付时间的约定，并不影响租赁期开始日的判断

2. 甲公司于 2×20 年 1 月 1 日从乙公司租入一台设备，租赁期限为 3 年，设备租金为每年 40 万元，于每年年末支付。为租入该项设备发生的初始直接费用为 1 万元，假定不考虑其他因素，租赁内含利率为 7%，则甲公司为此项租赁业务确认的使用权资产为(　　)万元。[(P/A，7%，3)=

2.624 3；(P/F，7%，3)= 0.816 3]

  A. 105.97　　　　B. 107

  C. 104.97　　　　D. 120

3. 甲企业与租赁公司签订一份租赁合同，合同约定，甲企业租入一台设备，租期为4年，每年年末支付租金60万元，该设备剩余使用年限预计为5年。甲企业无法确定租赁内含利率，增量借款利率为9%，租赁期满，甲企业无须支付购买价款则可以获得设备的所有权。该企业另以银行存款支付租赁业务人员差旅费1万元，设备运杂费2万元，安装调试费用10万元，甲企业采用直线法对使用权资产计提折旧，假定不考虑其他因素，甲企业该使用权资产的年折旧额为(　　)万元。[(P/A，9%，4) = 3.239 7；(P/F，9%，4) = 0.708 4]

  A. 41.28　　　　B. 51.60

  C. 63　　　　　 D. 60

4. 2×19年12月31日，甲租赁公司与乙公司签订一项租赁合同，将一套大型电子设备出租给乙公司，租赁期为5年(即2×20年1月1日—2×24年12月31日)，乙公司从2×20年起每年年末支付租金180万元，租赁期开始日该资产为全新设备，估计使用年限为5年，2×20年1月1日，该设备公允价值和账面价值均为800万元。甲公司在签订租赁合同过程中发生可归属于租赁项目的手续费、佣金1万元。合同中约定，如果乙公司能够在每年年末的最后一天及时付款，则给予减少年租金5万元的奖励。租赁期届满时，乙公司享有优惠购买该设备的选择权，购买价为1万元，估计租赁期届满日租赁资产的公允价值为100万元。在租赁期间，如果乙公司终止租赁，需支付的款项为剩余租赁期间的固定租金支付金额。不考虑其他因素，甲租赁公司2×20年1月1日确认的租赁收款额为(　　)万元。

  A. 877　　　　　 B. 902

  C. 876　　　　　 D. 900

5. 甲公司2×20年1月1日将一项大型设备出租给乙公司，租赁期为3年，年租金为60万元。由于受疫情影响，并且出于乙公司与甲公司的长期合作关系，为减轻乙公司负担，双方协定，甲公司免除乙公司2×20年1月至3月租金。假定该租赁属于经营租赁，不考虑其他因素，甲公司2×20年应确认的租金收入为(　　)万元。

  A. 55　　　　　　 B. 45

  C. 41.25　　　　 D. 33.75

6. 下列有关售后租回交易中，说法错误的是(　　)。

  A. 交易认定为销售的，承租人应当按资产的公允价值和账面价值之间的差额确认相关利得或损失

  B. 交易认定为销售的，承租人应当按原资产账面价值中与租回获得的使用权资产有关的部分，计量售后租回所形成的使用权资产

  C. 交易认定为销售的，承租人应当将销售对价高于市场价格的款项作为出租人向其提供的额外融资进行会计处理

  D. 交易认定不属于销售的，承租人应当继续确认被转让资产，同时确认一项与转让收入等额的金融负债

二、多项选择题

1. 一项合同要被分类为租赁，必须要满足的要素有(　　)。

  A. 存在一定期间

  B. 存在已识别资产

  C. 资产供应方拥有可识别资产的所有权

  D. 资产供应方向客户转移对已识别资产使用权的控制

2. 承租人在发生的下列支出中，影响使用权资产成本的有(　　)。

  A. 租赁负债的初始计量金额

  B. 承租人发生的初始直接费用

  C. 承租人收到的租赁激励

D. 承租人将租赁资产恢复至租赁条款约定状态预计将发生的成本

3. 下列关于使用权资产后续计量的说法中，正确的有( )。

A. 在租赁期开始日后，承租人应当采用成本模式对使用权资产进行后续计量

B. 使用权资产通常应自租赁期开始日的当月计提折旧

C. 使用权资产发生减值的，一旦计提减值准备，不得转回

D. 承租人应当按照扣除减值损失后的使用权资产账面价值，进行后续折旧

4. 下列租赁合同中，承租人可以选择不确认使用权资产和租赁负债的有( )。

A. 短期租赁　　　B. 融资租赁
C. 低价值租赁　　D. 经营租赁

5. 下列情形中，出租人甲公司可能将租赁分类为融资租赁的有( )。

A. 甲公司向乙公司出租一项机器设备，租赁期为 10 年，尚可使用年限为 20 年，该设备出租之前甲公司已使用 5 年

B. 甲公司向丙公司出租一幢办公大楼，租赁期为 10 年，每年租金 1 000 万元，租赁到期日丙公司有权以 100 万元的价格行使购买选择权，已知该价格远低于到期日该办公大楼的市场价格

C. 甲公司与丁公司签订一项彩印设备租赁合同，由甲公司按照丁公司的要求向设备供应商定制彩印设备，该设备不作重大改造的情况下，其他企业难以使用

D. 甲公司与戊公司签订一项基因测序设备租赁合同，合同规定，租赁期为 3 年，租赁期届满，租赁资产的所有权转移给戊公司

6. 下列项目中，构成出租人的融资租赁收款额的有( )。

A. 租赁期内，承租人需支付的租金

B. 合理确定承租人将行使购买选择权的行权价格

C. 有经济能力履行担保义务的独立第三方向出租人提供的担保余值

D. 出租人替承租人承担的费用

三、判断题

1. 租赁负债应当按照租赁期开始日尚未支付的租赁付款额进行初始计量。 ( )

2. 存在租赁激励的，承租人在确定租赁付款额时，应扣除租赁激励的相关金额。( )

3. 承租人无法合理确定租赁期届满时能够取得租赁资产所有权的，应当在租赁资产剩余使用寿命内计提折旧。 ( )

4. 使用权资产减值准备一经计提，不得转回。 ( )

5. 短期租赁存在租赁变更导致租赁期发生变化的，应将该租赁视为原租赁合同的组成部分。 ( )

6. 生产商或经销商出租人取得融资租赁所发生的成本应计入租赁投资净额。 ( )

四、计算分析题

1. 2×20 年 1 月 1 日，承租人甲公司就某栋建筑物的某两个楼层与出租人乙公司签订了为期 10 年的租赁协议，并拥有 5 年的续租选择权。有关资料如下：

(1)初始租赁期内的租金为每年 200 万元，续租期间为每年 110 万元，所有款项均于每年年初支付。

(2)为获得该项租赁，甲公司发生的初始直接费用为 40 万元，其中，35 万元为向该楼层前任租户支付的款项，5 万元为向促成此租赁交易的房地产中介支付的佣金。

(3)作为对甲公司的激励，乙公司同意以银行存款补偿甲公司 10 万元的佣金。

(4)在租赁期开始日，甲公司评估后认为，不能合理确定将行使续租选择权，因此，将租赁期确定为 10 年。

(5)甲公司无法确定租赁内含利率，其增量借款年利率为 5%，该利率反映的是甲公司以类似抵押条件借入期限为 10 年、

与使用权资产等值的相同币种的借款而必须支付的利率。

(6)甲公司预计在整个租赁期内平均地消耗该使用权资产的未来经济利益,因此按直线法对使用权资产计提折旧,预计净残值为 0。租入的建筑物用于甲公司行政办公。

假设不考虑相关税费影响。已知:(P/A,5%,9) = 7.107 8;(P/A,5%,10) = 7.721 7。(计算结果保留两位小数)

要求:

(1)计算甲公司租赁期开始日应确认的租赁负债金额。

(2)计算甲公司取得使用权资产的入账价值,并编制甲公司相关会计分录。

(3)计算 2×20 年 12 月 31 日,甲公司因该租赁业务确认利息费用金额及使用权资产累计折旧金额,并编制相关会计分录。

(4)编制甲公司 2×21 年与租赁业务相关的会计分录。

2. 甲公司为一家工业企业,2×20 年发生租赁业务如下:

(1)2×20 年 1 月 1 日,甲公司将一条生产线出租给乙公司,租赁期为 5 年(2×20 年 1 月 1 日至 2×24 年 12 月 31 日),年租金为 20 万元(每年 12 月 31 日收取当年租金);租赁期满,乙公司可以以 5 万元的优惠价格购买该生产线;乙公司享有终止租赁选择权,在租赁期间,如果乙公司终止租赁,需支付的款项为剩余租赁期间的

固定租金支付金额。当日,该生产线公允价值为 86.98 万元,账面价值为 76.98 万元,预计尚可使用寿命为 6 年;估计租赁期满时,生产线公允价值为 21 万元。为签订租赁合同,甲公司发生可归属于租赁合同的手续费 1 万元。假定甲公司确定的租赁内含利率为 6%。

(2)2×20 年 1 月 1 日,甲公司将一项生产设备出租给丙公司,租赁期为 4 年,年租金为 90 万元。出于丙公司与甲公司的长期合作关系,为鼓励丙公司租赁行为,双方协定,甲公司免除丙公司 2×20 年 1 至 4 月租金。假定该租赁属于经营租赁。甲公司会计人员年末确认当年租金收入时,认为存在免租期,当年应按照扣除免租金之后的金额确认租金收入,即 2×20 年应确认租金收入 60(90/12×8)万元。

其他资料:不考虑其他因素。已知(P/A,6%,5) = 4.212 4;(P/F,6%,5) = 0.747 3。(计算结果保留两位小数)

要求:

(1)根据资料(1),判断甲公司该项租赁的性质,并说明理由。

(2)根据资料(1),计算甲公司租赁期开始日的租赁收款额和租赁投资净额,编制甲公司 2×20 年与该租赁相关的会计分录。

(3)根据资料(2),判断甲公司确认的租金收入是否正确,并说明理由;如果不正确,计算出正确的金额。

同步训练答案及解析

一、单项选择题

1. D 【解析】选项 A,由于甲公司自 2×20 年 2 月 1 日就已经拥有对商铺使用权的控制,因此租赁期开始日为 2×20 年 2 月 1 日;选项 B,由于甲公司装修该商铺花费大量

资金且预计在租赁期届满时仍具有重大使用价值,因此甲公司能够合理确定将行使续租选择权,因此确定租赁期为 7 年;选项 C,租赁期包含乙公司给予甲公司的免租期。

2. A 【解析】使用权资产的入账金额 =

$40×(P/A，7%，3)+1=40×2.624\ 3+1=$
105.97（万元）。

借：使用权资产 105.97

　　租赁负债—未确认融资费用

　　　　　　　　　15.03

贷：租赁负债—租赁付款额

　　　　　　　（40×3）120

　　银行存款 1

3. A 【解析】甲企业确认的使用权资产金额=60×3.239 7+2+10=206.38（万元），因租赁期满甲企业可以无偿取得设备的所有权，因此该使用权资产应该在设备剩余使用年限5年内计提折旧，应确认该租赁资产的年折旧额=206.38/5=41.28（万元）。

老高提示 承租人能够合理确定租赁期满时取得租赁资产所有权的，应当在租赁资产剩余使用寿命内计提折旧；承租人无法合理确定租赁期届满时能够取得租赁资产所有者权的，应当在租赁期与租赁资产剩余使用寿命两者孰短的期间内计提折旧。如果使用权资产的剩余使用寿命短于前两者，则应该在使用权资产的剩余使用寿命内计提折旧。

4. C 【解析】租赁收款额=（180-5）×5+1=876（万元）。优惠购买价1万元远低于行使选择权日租赁资产的公允价值100万元，因此在2×19年12月31日就可合理确定乙公司将会行使购买选择权，其行权价格应计入租赁收款额中。

老高提示 甲公司的租赁投资净额=租赁资产在租赁开始日的公允价值+出租人发生的租赁初始直接费用=800+1=801（万元）；甲公司的租赁投资总额=租赁收款额+未担保余值=（180-5）×5+1=876（万元）；未实现融资收益=租赁投资总额-租赁投资净额=876-801=75（万元）。

甲公司的账务处理为：

借：应收融资租赁款—租赁收款额 876

贷：银行存款 1

　　融资租赁资产 800

　　应收融资租赁款—未实现融资收益

　　　　　　　　　　　75

5. A 【解析】出租人提供免租期的，出租人应将租金总额在不扣除免租期的整个租赁期内，按直线法或其他合理的方法进行分配，免租期内应当确认租金收入。因此甲公司2×20年应确认租金收入=（60×3-60/12×3)/3=55（万元）。

6. A 【解析】选项A、B，如果售后租回交易中的资产转让属于销售的，卖方兼承租人应当按原资产账面价值中与租回获得的使用权有关的部分，计量售后租回所形成的使用权资产，并仅就转让至买方兼出租人的权利确认相关利得或损失，因此选项B正确；选项C，销售对价低于市场价格的款项，承租人应作为预付租金进行会计处理，销售对价高于市场价格的款项作为买方兼出租人向卖方兼承租人提供的额外融资进行会计处理；选项D，售后租回交易中的资产不属于销售的，卖方兼承租人不终止确认所转让的资产，而应当将收到的现金作为金融负债。

二、多项选择题

1. ABD 【解析】一项合同要被分类为租赁，必须要满足三要素：一是存在一定期间；二是存在已识别资产；三是资产供应方向客户转移对已识别资产使用权的控制。选项C，转租赁是基于其控制的资产（即使用权资产）进行会计处理，原租赁资产未计入其资产负债表；转租赁属于租赁，但是其不是已识别资产的所有权，故选项C错误。

2. ABCD 【解析】影响使用权资产成本的有：租赁负债的初始计量金额、在租赁期开始日或之前支付的租赁付款额、租赁激励、初始直接费用及预计发生的恢复成本。

3. ABCD 【解析】选项B，使用权资产通常应自租赁期开始日的当月计提折旧；当月计提困难的，为便于实务操作，企业也可以选择自租赁期开始的下月计提折旧，但应对同类使用权资产采取相同的折旧政策。注意与固定资产计提折旧进行区分。

4. AC 【解析】对于短期租赁和低价值租赁，承租人可以选择不确认使用权资产和租赁负债。

5. BCD 【解析】选项 A，如果租赁期限占租赁资产使用寿命的大部分（75%以上），则构成融资租赁，该选项中，租赁期占租赁资产的使用寿命的比例为 10/20×100% = 50%，小于 75%，不构成融资租赁。

6. ABC 【解析】选项 D，出租人替承租人承担的费用属于租赁激励，应从承租人需支付的固定付款额及实质固定付款额中扣除。

三、判断题

1. × 【解析】租赁负债应当按照租赁期开始日尚未支付的租赁付款额的现值进行初始计量。

2. √

3. × 【解析】承租人能够合理确定租赁期届满时取得租赁资产所有权的，应当在租赁资产剩余使用寿命内计提折旧；无法合理确定租赁期届满时能够取得租赁资产所有权的，应当在租赁期与租赁资产剩余使用寿命两者孰短的期间内计提折旧。如果使用权资产的剩余使用寿命短于前两者，则应在使用权资产的剩余使用寿命内计提折旧。

4. √

5. × 【解析】短期租赁存在租赁变更或其他原因导致租赁期发生变化的，承租人应将该租赁视为一项新的租赁。

6. × 【解析】与其他融资租赁出租人不同，生产商或经销商取得融资租赁所发生的成本与其赚取的销售利得相关，应当在租赁

期开始日将其计入损益，不计入租赁投资净额。

四、计算分析题

1. 【答案】

(1)甲公司确认的租赁负债 = 剩余 9 期租赁付款额的现值 = 200×(P/A, 5%, 9) = 200×7.107 8 = 1 421.56(万元)。

【思路点拨】在租赁期开始日，由于每年年初支付租金，所以在支付第 1 年的租金 200 万元以后，剩余 9 年租金(每年 200 万元)按 5%的年利率折现后的现值计量租赁负债。

(2)甲公司使用权资产的入账价值 = 剩余 9 期租赁付款额的现值 1 421.56+支付第 1 年租赁付款额 200+初始直接费用 40-已收的租赁激励 10 = 1 651.56(万元)。

借：使用权资产

  (1 421.56+200)1 621.56

  租赁负债——未确认融资费用

    378.44

  贷：租赁负债——租赁付款额

    (200×9)1 800

  银行存款(第 1 年的租赁付款额)

    200

将初始直接费用计入使用权资产的初始成本。

借：使用权资产   40

  贷：银行存款   40

将已收的租赁激励相关金额从使用权资产入账价值中扣除。

借：银行存款   10

  贷：使用权资产   10

(3)2×20 年 12 月 31 日，应确认利息费用额 = (1 800-378.44)×5%≈71.08(万元)。

使用权资产累计折旧 = 1 651.56/10≈165.16(万元)。

借：财务费用——利息费用   71.08

  贷：租赁负债——未确认融资费用

    71.08

借：管理费用　　　　　　165.16
　　　贷：使用权资产累计折旧　165.16
(4)2×21年年初支付租金：
借：租赁负债—租赁付款额　200
　　　贷：银行存款　　　　　　200
2×21年年末应确认的利息费用=
(1 421.56+71.08-200)×5%≈64.63(万元)：
借：财务费用—利息费用　64.63
　　　贷：租赁负债—未确认融资费用
　　　　　　　　　　　　　　　64.63
2×21年年末确认使用权资产累计折旧：
借：管理费用　　　　　　165.16
　　　贷：使用权资产累计折旧　165.16

2.【答案】
(1)属于融资租赁。
理由：①租赁期为5年，占租赁资产使用寿命的大部分(5/6 = 83.33% > 75%)；②由于优惠购买价5万元，远低于租赁资产到期时预计公允价值，因此预计乙公司将会行使优惠购买权。
(2)租赁收款额=20×5+5=105(万元)。
租赁投资净额=20×(P/A，6%，5)+5×(P/F，6%，5)=20×4.212 4+5×0.747 3=

87.98(万元)。
2×20年1月1日：
借：应收融资租赁款—租赁收款额
　　　　　　　　　　　　　　　105
　　　贷：银行存款　　　　　　　1
　　　　　融资租赁资产　　　76.98
　　　　　资产处置损益　　　　10
　　　　　应收融资租赁款—未实现融资收益
　　　　　　(105-87.98)17.02
2×20年12月31日：
借：银行存款　　　　　　　　20
　　　贷：应收融资租赁款—租赁收款额 20
借：应收融资租赁款—未实现融资收益
　　　　　　(87.98×6%)5.28
　　　贷：租赁收入　　　　　　5.28
(3)不正确。
理由：出租人提供免租期的，出租人应将租金总额在不扣除免租期的整个租赁期内，按直线法或其他合理的方法进行分配，免租期内应当确认租金收入。甲公司2×20年应确认租金收入=(90×4-90/12×4)/4=82.5(万元)。

本章知识串联

概述★
- 定义：在一定期间内，出租人将资产的使用权让与承租人以获取对价的合同
- 已识别资产：①明确指定或隐性指定；②物理可区分；③无实质性替换权（有实质性替换权不属已识别资产）

分拆与合并★
- 租赁的分拆：多项单独租赁之间的分拆；租赁和非租赁之间的分拆
- 租赁的合并：两份或多份合同合并为一份合同进行会计处理的，仍需区分租赁和非租赁部分

租赁期★
- 租赁期开始日——出租人提供租赁资产使其可供承租人使用的起始日期
- 不可撤销期间
  - 应根据租赁条款的约定确定可强制执行合同的期间
  - 双方均有权在未经另一方许可的情况下终止租赁，且罚款金额不重大的，该租赁不再可强制执行
- 评估选择权是否被行使需考虑的因素——①市价与选择权相关条款和条件的比较；②重大租赁资产改良；③终止租赁相关的成本；④租赁资产对承租人运营的重要程度；⑤与行使选择权相关的条件及其被满足的可能性

承租人会计处理★★★
- 一般应对租赁确认使用权资产和租赁负债
- 租赁负债应按租赁期开始日尚未支付的租赁付款额的现值进行初始计量
- 确认利息会增加租赁负债的账面金额
- 支付租赁付款额会减少租赁负债账面金额
- 发生重估或租赁变更等时，重新计量租赁负债的账面价值
- 使用权资产应按成本进行初始计量
- 使用权资产应按成本模式进行后续计量
- 重新计量租赁负债的，应相应调整使用权资产
- 通常自租赁期开始的当月起计提折旧，但并非绝对
- 使用权资产按资产减值准则的规定计提减值

承租人对短期租赁和低价值资产租赁的处理★★
- 可以选择不确认使用权资产和租赁负债
- 短期租赁：租赁期不超过12个月，包含购买选择权的租赁除外
- 低价值资产租赁：单项租赁资产为全新资产时价值较低

出租人经营租赁的处理★★★
- 应采用直线法等将租赁收款额确认为租金收入
- 应将租金总额在不扣除免租期的整个租赁期内分配
- 出租人承担了承租人某些费用的，应自租金收入总额中扣除
- 对经营租赁资产正常计提折旧或减值等

出租人融资租赁的处理★★★
- 融资租赁的5个判断条件，满足其一即可
- 确认应收融资租赁款，并终止确认融资租赁资产
- 以租赁投资净额作为应收融资租赁款的入账价值
- 分期确认租赁期内的利息收入

特殊租赁业务的会计处理★★
- 转租赁：应基于原租赁中的使用权资产对转租赁进行分类
- 生产商或经销商出租人的融资租赁：按租赁资产公允价值与租赁收款额的现值两者孰低确认收入；按租赁资产账面价值扣除未担保余值的现值后的余额结转销售成本
- 售后租回交易：评估相关资产转让是否属于销售，分情况处理

（左侧主干：租赁）

第十七章 持有待售的非流动资产、处置组和终止经营

历年考情概况

本章为2022年考试新增内容，考点主要包括持有待售非流动资产、处置组的初始计量和后续计量，不再划分为持有待售类别以及终止确认等各环节的会计处理，在客观题和主观题题型中均可能出现，分值预计在3~8分。

2022年考试变化

本章为2022年考试新增内容。

考点详解及精选例题

一、持有待售的非流动资产和处置组

(一)持有待售类别的分类★★

1. 分类原则

企业主要通过出售而非持续使用一项非流动资产或处置组收回其账面价值的，应当将其划分为持有待售类别。

老高提示 处置组，是指在一项交易中作为整体通过出售或其他方式一并处置的一组资产，以及在该交易中转让的与这些资产直接相关的负债。

2. 划分为持有待售类别的条件

非流动资产或处置组划分为持有待售类别，应当同时满足两个条件：

(1)可立即出售。根据类似交易中出售此类资产或处置组的惯例，在当前状况下即可立即出售。

为满足该条件，企业应当具有在当前状态下出售该非流动资产或处置组的意图和能力。

为了符合类似交易中出售此类资产或处置组的惯例，企业应当在出售前做好相关准备。例如，按照惯例允许买方在报价和签署合同前对资产进行尽职调查等。

上文所述"出售"包括具有商业实质的非货币性资产交换。如果企业以非货币性资产交换形式换出非流动资产或处置组，且该交易具有商业实质，那么企业应当考虑相关非流动资产或处置组是否符合划分为持有待售类别的条件。

(2)出售极可能发生。出售极可能发生，即企业已经就一项出售计划作出决议且获得确定的购买承诺，预计出售将在一年内完成。有关规定要求企业相关权力机构或者监管部门批准后方可出售的，应当已经获得批准。

①企业出售非流动资产或处置组的决议一般需要由企业相应级别的管理层作出，如果有关规定要求企业相关权力机构或者监管

部门批准后方可出售，应当<u>已经获得批准</u>。

②企业已经获得确定的购买承诺，确定的购买承诺是企业与其他方签订的具有法律约束力的购买协议，该协议包含交易价格、时间和足够严厉的违约惩罚等重要条款，使协议出现重大调整或者撤销的可能性极小。

③预计自划分为持有待售类别起<u>一年内</u>，出售交易能够完成。

3. 延长一年期限的例外条款

有些情况下，可能由于发生一些企业<u>无法控制</u>的原因导致出售未能在一年内完成。如果涉及的出售是关联方交易，<u>不允许放松</u>一年期限条件。如果涉及的出售不是关联方交易，且有充分证据表明企业仍然承诺出售非流动资产或处置组，<u>允许放松</u>一年期限条件，企业可以继续将非流动资产或处置组划分为持有待售类别。

企业无法控制的原因如下：

(1)意外设定条件。

企业在初始对非流动资产或处置组进行分类时，能够满足划分为持有待售类别的所有条件，但此后买方或其他方提出一些意料之外的条件，且企业已经<u>采取措施</u>加以应对，预计能够自设定这些条件起一年内满足条件并完成出售，那么即使出售无法在最初一年内完成，企业仍然可以维持原持有待售类别的分类。

【案例解析】E企业计划将整套钢铁生产厂房和设备出售给F企业，E和F不存在关联关系，双方已于2×17年9月16日签订了转让合同。因该厂区的污水排放系统存在缺陷，对周边环境造成污染。根据如下情形，请对相关事项进行分析。

情形(1)：E企业不知晓土地污染情况，2×17年11月6日，F企业在对生产厂房和设备进行检查过程中发现污染，并要求E企业进行补救。E企业立即着手采取措施，预计至2×18年10月底环境污染问题能够得到成功整治。

解析▶ 在签订转让合同前，买卖双方并不知晓影响交易进度的环境污染问题，属于

符合延长一年期限的例外事项，在2×17年11月6日发现延期事项后，E企业预计将在一年内消除延期因素，因此仍然可以将处置组划分为持有待售类别。

情形(2)：E企业知晓土地污染情况，在转让合同中附带条款，承诺将自2×17年10月1日起开展污染清除工作，清除工作预计将持续8个月。

解析▶ 虽然买卖双方已经签订协议，但在污染得到整治前，该处置组在当前状态下不可立即出售，不符合划分为持有待售类别的条件。

情形(3)：E企业知晓土地污染情况，在协议中标明E企业不承担清除污染义务，并在确定转让价格时考虑了该污染因素，预计转让将于9个月内完成。

解析▶ 由于卖方不承担清除污染义务，转让价格已将污染因素考虑在内，该处置组于协议签署日即符合划分为持有待售类别的条件。

(2)发生罕见情况。

非流动资产或处置组在初始分类时满足了持有待售类别的所有条件，但在最初一年内，出现罕见情况导致出售将被延迟至一年之后。如果企业针对这些新情况在最初一年内已经采取必要措施，而且该非流动资产或处置组重新满足了持有待售类别的划分条件，也就是在当前状况下可立即出售且出售极可能发生，那么即使原定的出售计划无法在最初一年内完成，企业仍然可以维持原持有待售类别的分类。

考高提示 这里的"罕见情况"主要指因<u>不可抗力</u>引发的情况、宏观经济形势发生急剧变化等不可控情况。

(二)某些特定持有待售类别分类的具体应用★★

1. 专为转售而取得的非流动资产或处置组

对于企业专为转售而新取得的非流动资

产或处置组，如果在**取得日**满足"预计出售将在一年内完成"的规定条件，且短期（通常为**3个月**）内很可能满足划分为持有待售类别的其他条件，企业应当在取得日将其划分为持有待售类别。

老高提示 这些"其他条件"包括：

（1）根据类似交易中出售此类资产或处置组的惯例，在当前状况下即可立即出售；

（2）企业已经就一项出售计划作出决议且获得确定的购买承诺；

（3）有关规定要求企业相关权力机构或者监管部门批准后方可出售的，应当已经获得批准。

2. 持有待售的长期股权投资

（1）因减资导致对子公司的控制权的丧失。

①企业应当在拟出售的子公司投资满足持有待售类别划分条件时，在母公司个别财务报表中将对子公司投资**整体**划分为持有待售类别，而不是仅将拟处置的部分投资划分为持有待售类别；

②在合并财务报表中将子公司**所有**资产和负债划分为持有待售类别，而不是仅将拟处置的部分投资对应的资产和负债划分为持有待售类别。

（2）企业出售对子公司投资后保留的部分权益性投资，应当区分以下情况处理：

①如果企业对被投资单位施加共同控制或重大影响，在编制母公司个别财务报表时，应当按照长期股权投资准则中有关成本法转权益法的规定进行会计处理；在编制合并财务报表时，应当按照《企业会计准则第33号——合并财务报表》的有关规定进行会计处理；

②如果企业对被投资企业不具有控制、共同控制或重大影响，在编制母公司个别财务报表时，应当按照金融工具准则进行会计处理；在编制合并财务报表时，应当按照《企业会计准则第33号——合并财务报表》的有关规定进行会计处理。

（3）按照长期股权投资准则规定，对联营企业或合营企业的权益性投资全部或部分分类为持有待售资产的，应当停止权益法核算，对于**未划分**为持有待售类别的剩余权益性投资，应当在划分为持有待售的那部分权益性投资**出售前**继续采用权益法进行会计处理。

老高提示 企业出售对子公司投资但并不丧失对其的控制权，企业**不应当**将拟出售的部分对子公司投资或对子公司投资整体划分为持有待售类别。

【案例解析】 G企业集团拟出售持有的部分长期股权投资，假设拟出售的股权符合持有待售类别的划分条件。根据如下情形，请对相关事项进行分析。

情形（1）：G企业集团拥有子公司100%的股权，拟出售全部股权。

解析 G企业集团应当在母公司个别财务报表中将拥有的子公司全部股权划分为持有待售类别，在合并财务报表中将子公司所有资产和负债划分为持有待售类别。

情形（2）：G企业集团拥有子公司100%的股权，拟出售55%的股权，出售后将丧失对子公司的控制权，但对其具有重大影响。

解析 G企业集团应当在母公司个别财务报表中将拥有的子公司全部股权划分为持有待售类别，在合并财务报表中将子公司所有资产和负债划分为持有待售类别。

情形（3）：G企业集团拥有子公司100%的股权，拟出售25%的股权，出售后仍然拥有对子公司的控制权。

解析 由于G企业集团仍然拥有对子公司的控制权，该长期股权投资并不是"主要通过出售而非持续使用收回其账面价值"的，因此不应当将拟处置的部分股权划分为持有待售类别。

情形（4）：G企业集团拥有子公司55%的股权，拟出售6%的股权，出售后将丧失对子公司的控制权，但对其具有重大影响。

解析 情形（4）与情形（2）类似，G企业集团应当在母公司个别财务报表中将拥有的子公司55%的股权划分为持有待售类别，在合并财务报表中将子公司所有资产和负债划分为持有待售类别。

情形(5)：G企业集团拥有联营企业35%的股权，拟出售30%的股权，G持有剩余的5%股权，且对被投资方不具有重大影响。

解析 ▶ G企业集团应将拟出售的30%股权划分为持有待售类别，不再按权益法核算，剩余5%的股权在前述30%的股权处置前，应当采用权益法进行会计处理，在前述30%的股权处置后，应当按照金融工具准则有关规定进行会计处理。

情形(6)：G企业集团拥有合营企业50%的股权，拟出售35%的股权，G持有剩余的15%股权，且对被投资方不具有共同控制或重大影响。

解析 ▶ 情形(6)与情形(5)类似，G企业集团应当将拟出售的35%股权划分为持有待售类别，不再按权益法核算，剩余15%的股权在前述35%的股权处置前，应当采用权益法进行会计处理，在前述35%的股权处置后，应当按照金融工具准则有关规定进行会计处理。

【**例题1·多选题**】下列各项甲公司拟出售持有的部分长期股权投资的情形中，拟出售的股权均满足划分为持有待售类别的条件，在实际出售前，剩余部分权益性投资应当采用权益法进行会计处理的有( )。

A. 甲公司持有联营企业40%股权，拟出售30%股权，出售后对被投资方不再具有重大影响

B. 甲公司持有子公司100%股权，拟出

售90%的股权，出售后将丧失对子公司的控制权，对被投资方不具有重大影响

C. 甲公司持有合营企业50%股权，拟出售45%的股权，出售后将对被投资方不具有共同控制或重大影响

D. 甲公司持有子公司100%股权，拟出售60%的股权，出售后将丧失对子公司控制权，对被投资方具有重大影响

解析 ▶ 选项A、C，将拟出售的部分划分为持有待售类别，不再按权益法核算，剩余部分在拟出售部分实际处置前，应当采用权益法进行会计处理。选项B、D，在甲公司个别报表中应将拥有的子公司的全部股权划分为持有待售类别。　**答案** ▶ AC

3. 拟结束使用而非出售的非流动资产或处置组

企业不应当将拟结束使用而非出售的非流动资产或处置组划分为持有待售类别。原因是企业对该非流动资产或处置组的使用实质上几乎贯穿了其整个经济使用寿命期，其账面价值并非主要通过出售收回，而是主要通过持续使用收回。例如，因已经使用至经济寿命期结束而将某机器设备报废，并收回少量残值。

对于暂时停止使用的非流动资产，企业不应当认为其拟结束使用，也不应当将其划分为持有待售类别。

（三）持有待售类别的计量★★★

1. 持有待售资产适用的准则范围（见表17-1）

表17-1　持有待售资产适用的准则范围

项目	适用准则
(1)以公允价值模式计量的投资性房地产	《企业会计准则第3号——投资性房地产》
(2)采用公允价值减去出售费用后的净额计量的生物资产	《企业会计准则第5号——生物资产》
(3)职工薪酬形成的资产	《企业会计准则第9号——职工薪酬》
(4)递延所得税资产	《企业会计准则第18号——所得税》

项目	适用准则
（5）金融工具规范的资产	金融工具相关会计准则
（6）保险合同产生的权利	保险合同相关会计准则
（7）除上述以外的资产	《企业会计准则第 42 号——持有待售的非流动资产、处置组和终止经营》

老高提示　对于持有待售的处置组的计量，只要处置组中包含了上述第 7 项所述的非流动资产，就应当采用本章所述的方法计量整个处置组。

2. 划分为持有待售类别前的计量

企业将非流动资产或处置组首次划分为持有待售类别前，应当按照相关会计准则规定计量非流动资产或处置组中各项资产和负债的账面价值。

如果资产已经或者将被闲置、终止使用或者计划提前处置，表明资产可能发生了减值。对于拟出售的非流动资产或处置组，企业应当在划分为持有待售类别前考虑进行减值测试。

【案例解析】A 企业拥有一座仓库，原价为 120 万元，年折旧额为 12 万元，至 2×21 年 12 月 31 日已计提折旧 60 万元。2×22 年 1 月 31 日，A 企业与 B 企业签署不动产转让协议，拟在 6 个月内将该仓库转让，假定该不动产满足划分为持有待售类别的其他条件，且不动产价值未发生减值。不考虑其他因素，A 企业应如何进行账务处理？

解析　2×22 年 1 月 31 日，A 企业应当将仓库资产划分为持有待售类别，并按照《企业会计准则第 4 号——固定资产》对该固定资产计提 1 月折旧 1 万元。2×22 年 1 月 31 日，该仓库在划分为持有待售类别前的账面价值为 59 万元，此后不再计提折旧。

3. 划分为持有待售类别时的计量

（1）如果持有待售的非流动资产或处置组整体的账面价值低于其公允价值减去出售费用后的净额，企业不需要对账面价值进行调整。

（2）如果账面价值高于其公允价值减去出售费用后的净额，企业应当将账面价值减记至公允价值减去出售费用后的净额，减记的金额确认为资产减值损失，计入当期损益，同时计提持有待售资产减值准备。

【案例解析】P 企业拟将下属子公司 Q 公司出售给 R 企业，双方已签订了转让协议，预计将在 5 个月内完成转让，Q 子公司满足划分为持有待售类别的条件。Q 与 T 银行之间存在未决诉讼，Q 可能败诉。由于不符合预计负债的确认条件，P 企业仅在报表附注中披露了或有负债。转让协议约定，Q 的转让价格将根据最终判决结果作出调整。不考虑其他因素，P 企业将 Q 子公司划分为持有待售类别时，对于该或有负债应如何处理？

解析　在确定 Q 子公司的公允价值减去出售费用后的净额时，需要考虑尚未确认的或有负债的公允价值，Q 的账面价值未确认该项或有负债，因此 Q 子公司的公允价值减去出售费用后的净额低于其账面价值，应当确认持有待售资产减值损失，计入当期损益。

（3）对于取得日划分为持有待售类别的非流动资产或处置组，企业应当在初始计量时比较假定其不划分为持有待售类别情况下的初始计量金额和公允价值减去出售费用后的净额，以两者孰低计量。

【例题 2·分析题】2×22 年 3 月 1 日，L 公司购入非关联方 M 公司全部股权，支付价款 1 600 万元。购入该股权之前，L 公司的管理层已经做出决议，一旦购入 M 公司，将在一年内将其出售给 N 公司，M 公司当前状况下即可立即出售。预计 L 公司还将为出售该子公司支付 12 万元的出售费用。L 公司与 N

公司计划于 2×22 年 3 月 31 日签署股权转让合同。根据如下情形，做出 L 公司相关账务处理。

情形（1）：L 公司与 N 公司初步议定股权转让价格为 1 620 万元。

解析 M 公司是专为转售而取得的子公司，其不划分为持有待售类别情况下的初始计量金额应当为 1 600 万元，当日公允价值减去出售费用后的净额为 1 608 万元，按照二者孰低计量。L 公司 2×22 年 3 月 1 日的账务处理如下：

借：持有待售资产——长期股权投资

    1 600

  贷：银行存款   1 600

情形（2）：L 公司尚未与 N 公司议定转让价格，3 月 1 日股权公允价值与支付价款 1 600 万元一致。

解析 M 公司是专为转售而取得的子公司，其不划分为持有待售类别情况下的初始计量金额为 1 600 万元，当日公允价值减去出售费用后的净额为 1 588 万元，按照二者孰低计量。L 公司 2×22 年 3 月 1 日的账务处理如下：

借：持有待售资产——长期股权投资

    1 588

    资产减值损失   12

  贷：银行存款   1 600

4. 划分为持有待售类别后的计量

（1）持有待售的非流动资产的后续计量。

①企业在资产负债表日重新计量持有待售的非流动资产时，如果其账面价值**高于**公允价值减去出售费用后的净额，应当将账面价值减记至公允价值减去出售费用后的净额，减记的金额确认为**资产减值损失**，计入当期损益，同时计提持有待售资产减值准备。

②如果后续资产负债表日持有待售的非流动资产公允价值减去出售费用后的净额增加，以前减记的金额应当予以恢复，并在划

分为持有待售类别**后**非流动资产确认的资产减值损失金额内转回，转回金额计入当期损益，划分为持有待售类别**前**确认的资产减值损失**不得转回**。

③持有待售的非流动资产**不应**计提折旧或摊销。

【例题 3·分析题】 承【例题 2·分析题】，2×22 年 3 月 31 日，L 公司与 N 公司签订合同，转让所持有 M 公司的全部股权，转让价格为 1 607 万元，L 公司预计还将支付 8 万元的出售费用。根据如下情形，做出 L 公司相关账务处理。

情形（1）：2×22 年 3 月 31 日，L 公司持有的 M 公司的股权公允价值减去出售费用后的净额为 1 599 万元，账面价值为 1 600 万元。

解析 以二者孰低计量，L 公司 2×22 年 3 月 31 日的账务处理如下：

借：资产减值损失   1

  贷：持有待售资产减值准备——长期

    股权投资   1

情形（2）：2×22 年 3 月 31 日，L 公司持有的 M 公司的股权公允价值减去出售费用后的净额为 1 599 万元，账面价值为 1 588 万元。

解析 以二者孰低计量，L 公司不需要进行账务处理。

（2）持有待售的处置组的后续计量。

【案例引入】 A 企业拥有一个销售门店，2×22 年 6 月 15 日，A 企业与 B 企业签订转让协议，将该门店整体转让，转让初定价格为 190 万元。同时约定，对于门店 2×22 年 6 月 10 日购买的其他债权投资，其转让价格以转让完成当日市场报价为准。假设该门店满足划分为持有待售类别的条件，但不符合终止经营的定义。2×22 年 6 月 15 日门店部分科目余额见表 17-2。

表17-2 2×22年6月15日门店部分科目余额（考虑持有待售会计处理前）

单位：万元

科目名称	借方余额	贷方余额
库存现金	31	
应收账款	27	
坏账准备		1
库存商品	30	
存货跌价准备		10
其他债权投资	38	
固定资产	110	
累计折旧		3
固定资产减值准备		1.5
无形资产	95	
累计摊销		1.4
无形资产减值准备		0.5
商誉	20	
应付账款		31
应付职工薪酬		56
预计负债		25
合计	351	129.4

截至2×22年6月15日，固定资产还应当计提折旧0.5万元，无形资产还应当计提摊销0.1万元，固定资产和无形资产均用于管理用途。2×22年6月15日，其他债权投资公允价值降至36万元，固定资产可收回金额降至102万元，其他资产、负债价值没有发生变化。2×22年6月15日，该门店的公允价值为190万元，A企业预计为转让门店还需支付律师和注册会计师专业咨询费共计7万元。假设A企业不存在其他持有待售的非流动资产或处置组，不考虑税收影响。

2×22年6月30日，该门店尚未完成转让，A企业作为其他债权投资核算的债券投资市场报价上升至37万元，假设其他资产、负债价值没有变化。B企业在对门店进行检查时发现一些资产轻微破损，A企业同意修理，预计修理费用为0.5万元，A企业还将律师和注册会计师咨询费预计金额调整至

4万元。当日，门店处置组整体的公允价值为191万元。

假定不考虑其他因素，则A企业应如何进行账务处理？

解析1 ➤ 2×22年6月15日的会计处理：

（1）划定为持有待售前应补齐的账务处理。

①固定资产应提折旧0.5万元，无形资产应摊销0.1万元。

借：管理费用　　　　　　　0.6
　　贷：累计折旧　　　　　　0.5
　　　　累计摊销　　　　　　0.1

②其他债权投资价值下降了2万元，即公允价值为36万元。

借：其他综合收益　　　　　2
　　贷：其他债权投资　　　　2

③固定资产此时的可收回价值为102万元，而此时账面价值为105万元（110-3-1.5-0.5），即应补提减值3万元。

借：资产减值损失　　　　　3
　　贷：固定资产减值准备　　3

（2）补齐账务处理后的资产、负债账面价值如表17-3所示。

表17-3 2×22年6月15日门店资产和负债调整后账面价值

单位：万元

项目	账面价值
持有待售资产：	
库存现金	31
应收款项	26
存货	20
其他债权投资	36
固定资产	102
无形资产	93
商誉	20
持有待售资产小计	328
持有待售负债：	
应付账款	(31)

续表

项目	账面价值
应付职工薪酬	(56)
预计负债	(25)
持有待售负债小计	(112)
合计	216

(3)2×22年6月15日，A企业将该门店处置组划分为持有待售类别时，其账务处理如下：

借：持有待售资产——库存现金　　31
　　　　　　　　——应收账款　　27
　　　　　　　　——库存商品　　30
　　　　　　　　——其他债权投资
　　　　　　　　　　　　　　　　36
　　　　　　　　——固定资产　102
　　　　　　　　——无形资产　　93
　　　　　　　　——商誉　　　　20
　　坏账准备　　　　　　　　　　1
　　存货跌价准备　　　　　　　　10
　　固定资产减值准备　　　　　　4.5
　　累计折旧　　　　　　　　　　3.5
　　累计摊销　　　　　　　　　　1.5
　　无形资产减值准备　　　　　　0.5
　　贷：持有待售资产减值准备
　　　　　　　　——坏账准备　　1
　　　　　　　　——存货跌价准备　10
　　　　库存现金　　　　　　　31
　　　　应收账款　　　　　　　27
　　　　库存商品　　　　　　　30
　　　　其他债权投资　　　　　36
　　　　固定资产　　　　　　110
　　　　无形资产　　　　　　　95
　　　　商誉　　　　　　　　　20
借：应付账款　　　　　　　　31
　　应付职工薪酬　　　　　　56
　　预计负债　　　　　　　　25
　　贷：持有待售负债——应付账款　31
　　　　　　　　——应付职工薪酬
　　　　　　　　　　　　　　56
　　　　　　　　——预计负债　25

(4)2×22年6月15日，该处置组的账面价值为216万元，公允处置净额为183万元（当日公允价值190-预计律师费、咨询费7），应计提减值准备33万元，具体处理如下：

借：资产减值损失　　　　　　33
　　贷：持有待售资产减值准备——商誉　20

　　　　　　——固定资产
$$\left[(33-20)\times\frac{102}{102+93}\right]6.8$$

　　　　　　——无形资产
$$\left[(33-20)\times\frac{93}{102+93}\right]6.2$$

解析2 ▶ 2×22年6月30日的会计处理：

(1)调整其他债权投资的价值至37万元。
借：持有待售资产——其他债权投资1
　　贷：其他综合收益　　　　　　1

(2)此时该处置组的账面价值为184万元，相比此时的公允处置净额186.5万元（此时最新公允价值191万元-调整后的律师费和咨询费4万元-0.5万元的修理费用），减值恢复2.5万元，此损失不可反冲商誉减值，不可反冲持有待售前的已提减值，则只能作如下调整处理：

借：持有待售资产减值准备——固定资产
$$\left[=2.5\times\frac{(102-6.8)}{(102-6.8)+(93-6.2)}\right]1.3077$$

　　　　　　——无形资产
$$\left[=2.5\times\frac{(93-6.2)}{(102-6.8)+(93-6.2)}\right]1.1923$$

　　贷：资产减值损失　　　　　　2.5

(3)A企业在2×22年6月30日的资产负债表中应当列示如下信息：①持有待售资产298.5万元；②持有待售负债112万元。

持有待售的处置组中的非流动资产不应计提折旧或摊销，持有待售处置组中的负债和适用其他准则计量规定的非流动资产的利息或租金收入、支出以及其他费用应当继续予以确认。

【理论总结】

（1）企业应当比较持有待售的处置组整体账面价值与公允价值减去出售费用后的净额，如果账面价值<u>高于</u>其公允价值减去出售费用后的净额，应当将账面价值减记至公允价值减去出售费用后的净额，减记的金额确认为资产减值损失，计入当期损益，同时计提持有待售资产减值准备。

（2）对于持有待售的处置组确认的资产减值损失金额，如果该处置组包含商誉，应当<u>先抵减商誉</u>的账面价值，再根据处置组中适用本章计量规定的各项非流动资产账面价值所占比重，按比例抵减其账面价值。确认的资产减值损失金额应当以处置组中包含的适用本章计量规定的各项资产的账面价值为限，不应分摊至处置组中包含的流动资产或适用其他准则计量规定的非流动资产。

（3）如果后续资产负债表日持有待售的处置组公允价值减去出售费用后的净额增加，以前减记的金额应当予以恢复，并在划分为持有待售类别后适用本章计量规定的非流动资产确认的资产值损失金额内转回，转回金额计入当期损益，且不应当重复确认适用其他准则计量规定的资产和负债按照相关准则规定已经确认的利得。

（4）已抵减的商誉账面价值，以及适用本章计量规定的非流动资产在划分为持有待售类别前确认的资产减值损失<u>不得转回</u>。

（5）对于持有待售的处置组确认的资产减值损失后续转回金额，应当根据处置组中<u>除商誉外</u>适用本章计量规定的各项非流动资产账面价值所占比重，按比例增加其账面价值。

5. 不再继续划分为持有待售类别的计量

非流动资产或处置组因不再满足持有待售类别划分条件而不再继续划分为持有待售类别或非流动资产从持有待售的处置组中移除时，应当按照以下两者<u>孰低</u>计量：①划分为持有待售类别前的账面价值，按照假定不

划分为持有待售类别情况下本应确认的折旧、摊销或减值等进行调整后的金额；②可收回金额。

由此产生的差额计入当期损益，可以通过"<u>资产减值损失</u>"科目进行会计处理。

6. 终止确认

企业终止确认持有待售的非流动资产或处置组，应当将尚未确认的利得或损失计入<u>当期损益</u>。

【例题 4·分析题】承【例题 3·分析题】，2×22 年 6 月 25 日，L 公司为转让 N 公司的股权支付律师费 5 万元。6 月 29 日，L 公司完成对 N 公司的股权转让，收到价款 1 607 万元。不考虑其他因素，L 公司应如何进行账务处理？

解析 情形（1）：L 公司 2×22 年 6 月 25 日支付出售费用的账务处理如下：

借：投资收益 5
　　贷：银行存款 5

L 公司 2×22 年 6 月 29 日的账务处理如下：

借：持有待售资产减值准备—长期股权投资 1
　　银行存款 1 607
　　贷：持有待售资产—长期股权投资 1 600
　　　　投资收益 8

情形（2）：L 公司 2×22 年 6 月 25 日支付出售费用的账务处理如下：

借：投资收益 5
　　贷：银行存款 5

L 公司 2×22 年 6 月 29 日的账务处理如下：

借：银行存款 1 607
　　贷：持有待售资产—长期股权投资 1 588
　　　　投资收益 19

【例题 5·分析题】承【案例引入】，2×22 年 9 月 19 日，该门店完成转让，A 企业以银行存款分别支付维修费用 0.5 万元和律

师、注册会计师专业咨询费 3.7 万元。当日 A 企业其他债权投资市场报价为 37.4 万元，B 企业以银行存款支付所有转让价款 191.4 万元。不考虑其他因素，A 企业应如何进行账务处理？

解析 ▶ A 企业账务处理如下：

借：资产处置损益 0.5
　贷：银行存款 0.5

借：资产处置损益 3.7
　贷：银行存款 3.7

借：银行存款 191.4
　持有待售资产减值准备
　　—坏账准备 1
　　—存货跌价准备 10
　　—固定资产 5.492 3
　　—无形资产 5.007 7
　　—商誉 20
　持有待售负债—应付账款 31
　　　　　　　—应付职工薪酬 56
　　　　　　　—预计负债 25
　贷：持有待售资产—库存现金 31
　　　　　　　—应收账款 27
　　　　　　　—库存商品 30
　　　　　　　—其他债权投资 37
　　　　　　　—固定资产 102
　　　　　　　—无形资产 93
　　　　　　　—商誉 20
　　　资产处置损益 4.9

借：资产处置损益 1
　贷：其他综合收益 1

（四）持有待售类别的列报 ★

（1）持有待售资产和负债<u>不应当</u>相互抵销。

（2）"持有待售资产"和"持有待售负债"应当分别作为流动资产和流动负债列示。

（3）对于当期首次满足持有待售类别划分条件的非流动资产或划分为持有待售类别

的处置组中的资产和负债，<u>不应当</u>调整可比会计期间资产负债表，即不对其符合持有待售类别划分条件前各个会计期间的资产负债表进行项目的分类调整或重新列报。

（4）非流动资产或处置组在资产负债表日至财务报告批准报出日之间满足持有待售类别划分条件的，应当作为资产负债表日后<u>非调整事项</u>进行会计处理，并在附注中披露相关信息。

【例题 6·单选题】 2×17 年 12 月 15 日，甲公司与乙公司签订具有法律约束力的股权转让协议，拟将其持有的子公司——丙公司 70% 股权转让给乙公司。甲公司原持有丙公司 90% 股权，转让完成后，甲公司将失去对丙公司的控制，但能够对丙公司实施重大影响。截至 2×17 年 12 月 31 日止，上述股权转让的交易尚未完成。假定甲公司拟出售的对丙公司投资满足持有待售类别的条件，不考虑其他因素，下列各项关于甲公司 2×17 年 12 月 31 日合并资产负债表列报的表述中，正确的是（　　）。

A. 将丙公司全部资产和负债按其净额在持有待售资产或持有待售负债项目列报

B. 将丙公司全部资产在持有待售资产项目列报，全部负债在持有待售负债项目列报

C. 将丙公司全部资产和负债按照其在丙公司资产负债表中的列报形式在各个资产和负债项目分别列报

D. 将拟出售的丙公司 70% 股权部分对应的净资产在持有待售资产或持有待售负债项目列报，其余丙公司 20% 股权部分对应的净资产在其他流动资产或其他流动负债项目列报

解析 ▶ 母公司出售部分股权，丧失对子公司控制权，但仍能施加重大影响的，应当在母公司个别报表中将拥有的子公司股权整体划分为持有待售类别，在合并财务报表中将子公司的所有资产和负债划分为持有待售类别分别进行列报。　**答案** ▶ B

二、终止经营

(一)终止经营的定义 ★

终止经营，是指企业满足下列条件之一的、能够单独区分的组成部分，且该组成部分已经处置或划分为持有待售类别：

(1)该组成部分代表一项独立的主要业务或一个单独的主要经营地区；

(2)该组成部分是拟对一项独立的主要业务或一个单独的主要经营地区进行处置的一项相关联计划的一部分；

(3)该组成部分是专为转售而取得的子公司。

(二)终止经营的确认 ★

1. 终止经营应当是企业能够单独区分的组成部分

2. 终止经营应当具有一定的规模

终止经营应当代表一项独立的主要业务或一个单独的主要经营地区，或者是拟对一项独立的主要业务或一个单独的主要经营地区进行处置的一项相关联计划的一部分。专为转售而取得的子公司也是企业的组成部分，但不要求具有一定规模。

【案例解析】某快餐 A 企业在全国拥有 500 家零售门店，A 决定将其位于 Z 市的 8 家零售门店中的一家门店 C 出售，并于 2×22 年 8 月 13 日与 B 企业正式签订了转让协议，假设该门店 C 符合持有待售类别的划分条件。判断 C 是否构成 A 的终止经营。

解析 ▶ 尽管门店 C 是一个处置组，也符合持有待售类别的划分条件，但由于它只是一个零售点，不能代表一项独立的主要业务或一个单独的主要经营地区，也不构成拟对一项独立的主要业务或一个单独的主要经营地区进行处置的一项相关联计划的一部分，因此该处置组并不构成企业的终止经营。

3. 终止经营应当满足一定的时点要求

符合终止经营定义的组成部分应当属于以下两种情况之一：

(1)该组成部分在资产负债表日之前已经处置，包括已经出售和结束使用(如关停或报废等)。

【案例解析】C 企业集团拥有一家经营药品批发业务的子公司 H 公司，药品批发构成 C 的一项独立的主要业务，且 H 公司在全国多个城市设立了营业网点。由于经营不善，C 企业集团决定停止 H 公司的所有业务。至 2×22 年 10 月 13 日，已处置了该子公司所有存货并辞退了所有员工，但仍有一些债权等待收回，部分营业网点门店的租约尚未到期，仍需支付租金费用。判断 H 公司是否构成 C 企业集团的终止经营。

解析 ▶ 由于 H 子公司原药品批发业务已经停止，收回债权、处置租约等尚未结算的未来交易并不构成上述业务的延续，因此该子公司的经营已经终止，应当认为 2×22 年 10 月 13 日后该子公司符合终止经营的定义。

(2)该组成部分在资产负债表日之前已经划分为持有待售类别。

(三)终止经营的列报 ★

(1)企业应当在利润表中分别列示持续经营损益和终止经营损益。

(2)下列不符合终止经营定义的持有待售的非流动资产或处置组所产生的相关损益，应当在利润表中作为持续经营损益列报：

①企业初始计量或在资产负债表日重新计量持有待售的非流动资产或处置组时，因账面价值高于其公允价值减去出售费用后的净额而确认的资产减值损失。

②后续资产负债表日持有待售的非流动资产或处置组公允价值减去出售费用后的净额增加，因恢复以前减记的金额而转回的资产减值损失。

③持有待售的非流动资产或处置组的处置损益。

(3)拟结束使用而非出售的处置组满足终止经营定义中有关组成部分的条件的，应当自**停止使用日**起作为终止经营列报。

（4）终止经营的相关损益应当作为终止经营损益列报，列报的终止经营损益应当包含**整个报告期间**，而不仅包含认定为终止经营后的报告期间。

考高提示 除了在当期列报终止经营，还要追溯至可比期间，也作为终止经营列报。

【例题7·多选题】 下列各项关于终止经营列报的表述中，错误的有（　　）。

A. 终止经营的处置损益以及调整金额作为终止经营损益列报

B. 拟结束使用而非出售的处置组满足终止经营定义中有关组成部分的条件的，自停止使用日起作为终止经营列报

C. 终止经营的经营损益作为持续经营损

益列报

D. 对于当期列报的终止经营，在当期财务报表中将处置日前原来作为持续经营损益列报的信息重新作为终止经营损益列报，但不调整可比会计期间利润表

解析 选项 C，应作为终止经营损益列报；选项 D，对于当期列报的终止经营，企业应当在当期财务报表中，将原来作为持续经营损益列报的信息重新作为可比会计期间终止经营损益列报。这意味着对于可比会计期间的利润表，作为终止经营列报的不仅包括在可比会计期间即符合终止经营定义的处置组，还包括在当期首次符合终止经营定义的处置组。

答案 CD

同步训练

限时 40min

扫我做试题

一、单项选择题

1. 下列各项交易，相关固定资产在当前状态下均可立即出售，则可以划分为持有待售类别的是（　　）。

A. 甲公司 2×19 年 10 月 1 日与 A 公司签订不可撤销的销售协议，约定于 2×20 年 11 月 30 日将一台生产设备转让给 A 公司

B. 乙公司管理层作出决议，计划将一栋自用办公楼于本月底出售

C. 丙公司与 C 公司签订一项销售协议，约定于 3 个月后将一条生产线出售给 C 公司，双方均已通过管理层决议

D. 丁公司 2×20 年 1 月 1 日与 D 公司达成口头协议，计划将于本年 10 月 31 日将一台管理用设备转让给 D 公司，尚未签订正式的书面协议

2. 大地公司 2×20 年 3 月 31 日与甲公司签订一项不可撤销的销售合同，将其闲置一年

的厂房转让给甲公司。合同约定，厂房转让价格（等于公允价值）为 4 300 万元，不存在出售费用，该厂房所有权的转移手续将于 2×21 年 2 月 10 日前办理完毕。大地公司厂房系 2×15 年 9 月达到预定可使用状态并投入使用，成本为 8 100 万元，预计使用年限为 10 年，预计净残值为 100 万元，采用年限平均法计提折旧，至 2×20 年 3 月 31 日签订销售合同时未计提减值准备。不考虑其他因素，大地公司在 2×20 年对该厂房应计提的折旧金额为（　　）万元。

A. 200　　　　　　B. 133.33

C. 800　　　　　　D. 0

3. 2×21 年 11 月 18 日，甲公司董事会决议处置一台生产设备。2×21 年 12 月 31 日，甲公司与乙公司就该项生产设备签订了出售合同。合同约定：甲公司以 700 万元的售价向乙公司出售该台设备，该项交易自合同签订之日起 10 个月内完成，原则上不

可撤销，但因外部审批及其他不可抗力因素影响的除外。如果取消合同，主动提出取消的一方应向对方赔偿损失 200 万元。甲公司该生产设备在 2×21 年年末的原价为 1 300 万元，已计提折旧 300 万元，已计提减值准备 50 万元。甲公司预计处置该台生产设备将发生相关处置费用 40 万元。不考虑其他因素，甲公司将该台设备划分为持有待售资产时，对当期损益的影响金额为（　　）万元。

A. 0　　　　　　　　B. 250

C. 290　　　　　　　D. 210

4. 2×20 年 12 月 31 日，A 公司将一组资产划分为持有待售处置组，该组资产包含一条生产线、一栋厂房和一项土地使用权。首次将该处置组划分为持有待售类别前资料如下：生产线的原价为 400 万元，已计提折旧 50 万元（包含本月计提折旧），已计提固定资产减值准备 50 万元（即全部为本月计提减值准备）；厂房的原价为 1 000 万元，已计提折旧 500 万元（包含本月计提折旧）；土地使用权的原价为 700 万元，已计提摊销 350 万元（包含本月计提摊销）。该组资产的售价为 850 万元，相关出售费用为 45 万元。不考虑其他因素，则 A 公司在 2×20 年 12 月 31 日对该组资产中的生产线应计提的资产减值损失金额为（　　）万元。

A. 90　　　　　　　　B. 345

C. 100　　　　　　　D. 0

5. 甲公司为一家经营日用百货、家用电器、服装鞋帽销售的大型企业，在 A 市设置一家子公司乙公司，统管甲公司在该市的整体业务。至 2×20 年年末，甲公司在 A 市共设立了 30 家超市，均由乙公司统一管理。由于经济状况不佳和经营管理不善等原因，甲公司决定关闭乙公司所有的业务，至 2×21 年年末，存货等资产均已进行变卖，对所有员工进行了辞退，在 A 市的超市业务也陆续关停，只剩部分超市门店因租赁合同未到期而继续支付租金。假定不考虑其他因素，下列关于甲公司该业务会计处理的表述，正确的是（　　）。

A. 甲公司关停乙公司的业务不构成终止经营，应当继续作为企业资产核算

B. 甲公司关停乙公司的业务不构成终止经营，应当将关闭的门店作为持有待售处置组处理

C. 甲公司关停乙公司的业务构成终止经营，应将 2×21 年相关损益作为终止经营损益列报

D. 甲公司关停乙公司的业务构成终止经营，但需要将 2×21 年终止经营前的相关损益作为持续经营损益列报

二、多项选择题

1. 企业专门为转售而新取得的非流动资产或处置组，如果在取得日将其划分为持有待售类别，需要满足的条件有（　　）。

A. 取得日预计出售活动将在一年内完成

B. 自取得日 6 个月内可达到可立即出售的状况

C. 短期内已经就一项出售计划作出决议且获得确定的购买承诺

D. 短期内企业相应级别的管理层已经作出出售非流动资产或者处置组的决议

2. 甲公司 2×20 年 3 月 31 日与乙公司签订一项不可撤销的协议。协议约定，将甲公司一台管理用设备于当年 9 月 30 日出售给乙公司，出售价款为 500 万元，出售费用为 10 万元。该设备于 2×18 年 9 月 30 日达到预定可使用状态，入账成本为 600 万元，按照年限平均法计提折旧，预计净残值为 0，预计使用寿命为 10 年。2×20 年 9 月 30 日，该设备完成转让，当日，甲公司收到价款 500 万元，发生出售费用 10 万元。假定不考虑其他因素，下列相关表述正确的有（　　）。

A. 2×20 年 3 月 31 日，甲公司应计提资产减值损失 20 万元

B. 2×20 年 3 月 31 日，甲公司应确认处置损益 20 万元

C. 2×20 年 9 月 30 日，甲公司应确认处置损益 20 万元

D. 该项管理设备 2×20 年因计提折旧影响当期损益的金额为 15 万元

3. 下列关于持有待售资产的计量，表述不正确的有(   )。

A. 转为持有待售资产的固定资产应停止计提折旧

B. 在划分为持有待售类别时，持有待售资产按照账面价值与公允价值减去出售费用后的净额孰低进行计量

C. 划分为持有待售类别后，持有待售资产公允价值减去出售费用后的金额增加，划分为持有待售类别前确认的资产减值损失也可以转回

D. 持有待售资产处置损益一定为 0

4. 某项资产或处置组被划分为持有待售类别，但后来不再满足持有待售类别划分条件，企业应当停止将其划分为持有待售类别，并按照下列两项金额中较低者计量(   )。

A. 该资产或处置组被划分为持有待售类别前的账面价值，按照其假定在没有被划分为持有待售类别情况下原应确认的折旧、摊销或减值等进行调整后的金额

B. 决定不再出售之日的可收回金额

C. 决定不再出售之日的公允价值

D. 决定不再出售之日的预计未来现金流量现值

5. 2×21 年 9 月 30 日，甲公司董事会通过一项决议，拟将持有的一项闲置管理用设备对外出售。该设备为甲公司于 2×19 年 7 月购入，原价为 6 000 万元，预计使用为 10 年，预计净残值为 0，至董事会决议出售时已计提折旧 1 350 万元，未计提减值准备。甲公司当年 10 月 3 日与独立第三方签订出售协议，拟将该设备以 4 100 万元的价格出售给独立第三方，预

计出售过程中将发生的处置费用 100 万元。至 2×21 年 12 月 31 日，该设备出售尚未完成，但甲公司预计将于 2×22 年第一季度完成。不考虑其他因素，下列各项关于甲公司因该设备对财务报表影响的表述中，正确的有(   )。

A. 甲公司 2×21 年年末因持有该设备应计提 650 万元减值准备

B. 该设备在 2×21 年年末资产负债表中应以 4 000 万元的金额列报为流动资产

C. 甲公司 2×21 年年末资产负债表中因该交易应确认 4 100 万元应收款

D. 甲公司 2×21 年年末资产负债表中因该交易应确认营业外支出 650 万元

6. 关于持有待售非流动资产或处置组的列报，下列说法中不正确的有(   )。

A. 持有待售资产属于流动资产

B. 持有待售资产和持有待售负债如果联系紧密，则可以相互抵销并以净额列报

C. 处置组的减值损失和转回金额及处置损益应当作为持续经营损益列报

D. 资产负债表日后期间非流动资产或处置组满足持有待售类别划分条件的，应作为调整事项处理

三、判断题

1. 有些情况下，由于发生一些企业无法控制的原因，可能导致非流动资产或处置组出售未能在一年内完成，则企业不可以继续将其划分为持有待售类别。(   )

2. 后续资产负债表日如果持有待售的处置组公允价值减去出售费用后的净额增加，应当首先恢复商誉的减值金额。(   )

3. 持有待售的非流动资产或处置组在终止确认时，应将尚未确认的利得或损失转入其他综合收益。(   )

4. 持有待售的非流动资产不应计提折旧或摊销。(   )

5. 固定资产在持有待售期间发生的减值一经计提，不可转回。(   )

四、计算分析题

甲公司为一家主营运动服饰生产及销售的公司，其拥有多家直营销售门店。2×19 年至 2×20 年期间发生业务如下：

资料一：2×19 年 12 月 31 日，甲公司经管理层决议，决定将一台自用的服装生产设备出售给乙公司。当日，与乙公司签订了不可撤销的处置协议，初步议定合同价款为 210 万元，预计处置费用为 10 万元；协议约定甲公司应于 2×20 年 5 月 1 日之前交付该设备。该设备为甲公司 2×18 年 6 月 30 日购入并投入使用，成本为 240 万元，预计使用年限为 10 年，预计净残值为 0，甲公司对其采用年限平均法计提折旧，未计提减值准备。截至 2×19 年 12 月 31 日，该设备未出现减值迹象。签订协议当日，甲公司停止该设备相关生产活动，并安排专业人员对设备进行拆卸整理工作，分拆整理之后运至乙公司，再由乙公司自行安装。该分拆整理的时间符合行业惯例。2×20 年 4 月 25 日，双方协定，将合同转让价款调整为 205 万元，甲公司仍预计处置费用为 10 万元，2×20 年 4 月 30 日，甲公司完成对乙公司的设备转让，收到价款 205 万元，同时支付相关处置费用 8 万元。

资料二：2×20 年 3 月 1 日，甲公司购入丙公司 100% 的股权，支付购买价款 2 000 万元。购入该股权之前，甲公司的管理层即作出决议，购入丙公司股权后将在一年内将其出售给 A 公司，并且已经获得 A 公司确定的购买承诺。丙公司在当前状况下即可立即出售。甲公司与 A 公司计划于 2×20 年 3 月 31 日签署股权转让合同。甲公司与 A 公司初步议定股权转让价格为 1 800 万元；甲公司预计处置丙公司股权将发生处置费用 8 万元。2×20 年 3 月 31 日，甲公司与 A 公司签订合同，转让所持有丙公司的全部股权，转让价格为 1 750 万元，甲公司预计处置费用仍为 8 万元。2×20 年 5 月 31 日，甲公司完成对丙公司的股权转让，收到处置价款为 1 750 万元，同时支付处置费用 8 万元。

要求：

(1) 根据资料一，判断甲公司 2×19 年 12 月 31 日该台设备是否符合划分为持有待售类别条件，并说明理由；编制 2×19 年和 2×20 年与该设备处置相关的会计分录，并说明该设备在甲公司 2×20 年第一季度财务报表中的应列报项目与列报金额。

(2) 根据资料二，分别计算甲公司 2×20 年 3 月 1 日、3 月 31 日应计提或转回的减值损失金额，并分别编制 2×20 年 3 月 1 日、3 月 31 日、5 月 31 日甲公司与股权处置相关的分录。

同步训练答案及解析

一、单项选择题

1. C 【解析】企业将固定资产划分为持有待售，应同时满足下列条件：一是可立即出售；二是出售极可能发生：即企业已经就一项出售计划作出决议且获得确定的购买承诺，预计出售将在一年内完成。有关规定要求企业相关权力机构或者监管部门批准后方可出售的，应当已经获得批准；选项 C 同时满足这些条件，因此可以划分为持有待售。选项 A，时间超过 1 年；选项 B，乙公司没有获得确定的购买承诺；选项 D，丁公司与 D 公司只是口头协议，没有签订不可撤销的转让协议，所以均不满足划分为持有待售的条件。

2. A 【解析】该厂房于 2×20 年 3 月 31 日已

满足持有待售资产的定义，因此应从下月停止计提折旧，所以 2×20 年应计提的折旧额 = (8 100-100)/10×3/12 = 200(万元)。

3. C 【解析】2×21 年 12 月 31 日的相关会计分录为：

借：持有待售资产 950
累计折旧 300
固定资产减值准备 50
　　贷：固定资产 1 300
借：资产减值损失
　　〔950-(700-40)〕290
　　贷：持有待售资产减值准备 290

4. A 【解析】该处置组的账面价值 = (400-50-50) + (1 000-500) + (700-350) = 1 150(万元)，公允价值减去出售费用后的净额 = 850-45 = 805(万元)，该处置组应计提的资产减值损失 = 1 150-805 = 345(万元)，因此，该组资产中的生产线应计提的资产减值损失 = 345×(300/1 150) = 90(万元)。

5. C 【解析】甲公司关停的子公司乙公司代表一个单独的主要经营地区，是具有一定规模且能够单独区分的组成部分，并且相关资产已经处置、人员已经辞退，租赁合同尚未到期的门店并不影响业务的延续，因此符合终止经营的定义，构成终止经营，当年度相关损益作为终止经营损益列报，选项 C 正确。

二、多项选择题

1. ACD 【解析】企业专为转售而新取得的非流动资产或处置组，如果在取得日满足"预计出售将在一年内完成"的规定条件，且短期(通常为3 个月)内很可能满足划分为持有待售类别的其他条件，企业应当在取得日将其划分为持有待售类别，因此，选项 B 错误。

2. AD 【解析】2×20 年 3 月 31 日，该资产符合持有待售条件，应转为持有待售资产，当日原账面价值 = 600-600/10×1.5 =

510(万元)，公允价值减去出售费用后的净额 = 500-10 = 490(万元)，因此应计提减值 = 510-490 = 20(万元)，不应确认处置损益，选项 A 正确，选项 B 不正确；2×20 年 9 月 30 日，甲公司应确认处置损益为 0，选项 C 不正确；该项管理设备 2×20 年因计提折旧影响当期损益的金额 = 600/10×3/12 = 15(万元)，选项 D 正确。

相关会计分录如下：

2×20 年 3 月 31 日，固定资产转为持有待售：

借：持有待售资产 510
累计折旧 90
　　贷：固定资产 600

计提减值：

借：资产减值损失 20
　　贷：持有待售资产减值准备 20

9 月 30 日处置时：

借：银行存款 500
持有待售资产减值准备 20
　　贷：持有待售资产 510
　　　　资产处置损益 10
借：资产处置损益 10
　　贷：银行存款 10

3. CD 【解析】选项 C，划分为持有待售类别后，持有待售资产公允价值减去出售费用后的金额增加，划分为持有待售类别前确认的资产减值损失不可以转回；选项 D，持有待售资产的账面价值与处置时收到的价款减去出售费用后的净额，如果不相等，则持有待售资产处置损益不为 0。

4. AB

5. AB 【解析】甲公司应将该设备划分为持有待售资产，其公允价值减去出售费用后的净额 = 4 100-100 = 4 000(万元)，账面价值为 4 650 万元(6 000-1 350)大于调整后的公允价值减去出售费用后的净额 4 000 万元，因此，应该在划分为持有待售类别当日计提减值准备，应计提的减值准备金额 = 4 650-4 000 = 650(万元)。应该在"持有待售资产"项目中列示 4 000 万元。

6. BCD　【解析】选项 B，持有待售资产和持有待售负债**不应当**相互抵销；选项 C，处置组如果符合终止经营的定义，则相关减值损失和转回金额及处置损益应当作为终止经营损益列报，否则应当作为持续经营损益列报；选项 D，资产负债表日后期间非流动资产或处置组满足持有待售类别划分条件的，应作为非调整事项处理，并在附注中披露相关信息。

三、判断题

1. ×　【解析】如果涉及的出售是关联方交易，不允许放松一年期限条件。如果涉及的出售不是关联方交易，且有充分证据表明企业仍然承诺出售非流动资产或处置组，**允许放松**一年期限条件，企业可以继续将非流动资产或处置组划分为持有待售类别。

2. ×　【解析】后续资产负债表日如果持有待售的处置组公允价值减去出售费用后的净额增加，以前减记的金额应当予以恢复，并在划分为持有待售类别后相关非流动资产确认的资产减值损失金额内转回，转回金额计入当期损益，但已抵减的商誉账面价值和划分为持有待售类别前确认的减值损失**不得**转回。

3. ×　【解析】持有待售的非流动资产或处置组在终止确认时，应将尚未确认的利得或损失转入当期损益。

4. √

5. ×　【解析】如果后续资产负债表日持有待售的非流动资产公允价值减去出售费用后的净额增加，固定资产在持有待售期间发生的减值**可以**转回。

四、计算分析题

【答案】

(1)符合划为持有待售类别的条件。

理由：2×19 年 12 月 31 日甲公司与乙公司已签订不可撤销的处置协议，预计出售将在一年内完成，因此符合出售**极可能**发生的条件；且该设备已停止使用，分拆整理的时间符合行业惯例，符合**可立即出售**的条件。

2×19 年 12 月 31 日：

借：持有待售资产　　　　　　　204

累计折旧　　(240/10×1.5)36

　贷：固定资产　　　　　　　　240

划分为持有待售类别时公允价值减去出售费用后的净额为 200 万元(210-10)，小于账面价值 204 万元，应调整账面价值同时计提减值损失，分录为：

借：资产减值损失　　　　　　　　4

　贷：持有待售资产减值准备　　　　4

2×20 年 4 月 25 日，该设备公允价值减去出售费用后的净额调整为 195 万元(205-10)，小于账面价值 200 万元，应继续计提减值准备 5 万元，分录为：

借：资产减值损失　　　　　　　　5

　贷：持有待售资产减值准备　　　　5

2×20 年 4 月 30 日：

借：银行存款　　　　　　　　　205

持有待售资产减值准备　　　　9

　贷：持有待售资产　　　　　　204

　　资产处置损益　　　　　　　10

借：资产处置损益　　　　　　　　8

　贷：银行存款　　　　　　　　　8

该设备在甲公司 2×20 年第一季度财务报表的列报项目为"持有待售资产"，列报金额为 200 万元。

(2)2×20 年 3 月 1 日，专为转售而取得的丙公司股权，其在不划分为持有待售类别情况下的初始计量金额为 2 000 万元，公允价值减去出售费用后的净额为 1 792 万元(1 800-8)，按照二者孰低计量，应计提减值损失 208 万元(2 000-1 792)，分录为：

借：持有待售资产—长期股权投资

　　　　　　　　　　　　　1 792

资产减值损失 208

  贷：银行存款 2 000

3月31日，丙公司股权账面价值为1 792万元，公允价值减去出售费用后的净额为1 742万元（1 750-8），按照二者孰低计量，应继续计提减值损失50万元（1 792-1 742），分录为：

借：资产减值损失 50

  贷：持有待售资产减值准备—长期股
   权投资 50

5月31日：

借：投资收益 8

  贷：银行存款 8

借：银行存款 1 750

  持有待售资产减值准备—长期股权投资
   50

  贷：持有待售资产—长期股权投资
   1 792

   投资收益 8

本章知识串联

- 持有待售的非流动资产、处置组和终止经营
  - 持有待售类别的分类 ★★
    - 概念————企业主要通过出售而非持续使用一项非流动资产或处置组收回其账面价值
    - 确认条件（同时满足）
      - 可立即出售
      - 出售极可能发生
    - 特殊情况
      - 因无法控制的原因导致一年内不能完成出售的，仍属于持有待售类别
      - 专为转售而取得的非流动资产或处置组，满足条件的，划分为持有待售类别
      - 出售子公司股权丧失控制权，在拟出售时
        - 个别报表：股权投资整体划分为持有待售类别
        - 合并报表：将子公司资产、负债整体划分为持有待售类别
      - 出售子公司部分股权不丧失控制权，不应划分为持有待售类别
      - 部分处置对联营/合营企业投资：拟出售部分停止采用权益法，划分为持有待售；剩余部分继续采用权益法，直至持有待售部分被实际出售
      - 拟结束使用而非出售的非流动资产或处置组：不划分为持有待售类别
  - 持有待售类别的计量 ★★★
    - 划分前————按相应准则规定计量非流动资产或处置组中各项资产和负债的账面价值
    - 划分时
      - 将划分为持有待售类别的非流动资产或处置组中的资产转入持有待售资产，将处置组中的负债转入持有待售负债
      - 账面价值＞公允价值减去出售费用后的净额：计提持有待售资产减值准备
      - 取得时即划分为持有待售的，按初始计量金额和公允价值减出售费用后的净额孰低计量
    - 划分后————资产负债表日，账面价值＞公允价值减去出售费用后的净额，继续计提减值；反之，转回减值准备（商誉的减值及划分为持有待售之前计提的减值除外）
    - 不再满足持有待售划分条件的，按以下两者孰低计量
      - 假设未划分为持有待售的情况下持续计算的账面价值
      - 可收回金额
    - 终止确认————终止确认时将尚未确认的利得或损失计入当期损益
  - 持有待售的列报 ★
    - 非流动资产和处置组中的资产，列报于"持有待售资产"项目
    - 处置组中的负债，列报于"持有待售负债"项目
  - 终止经营 ★
    - 定义————已处置或被划分为持有待售，且满足三条件之一
    - 列报
      - 在利润表中分别列示持续经营损益和终止经营损益
      - 不符合终止经营定义的持有待售的非流动资产或处置组所产生的相关损益，应当在利润表中作为持续经营损益列报
      - 终止经营的相关损益应当作为终止经营损益列报

第十八章　企业合并

考 情 解 密

📑 历年考情概况

本章为 2022 年考试新增内容，考点主要包括企业合并的界定、企业合并的方式、同一控制下企业合并的处理、非同一控制下企业合并的处理、反向购买、购买少数股东权益的会计处理，既可以考查客观题，也可以考查主观题，分值预计在 2~6 分。

✏️ 2022 年考试变化

本章为 2022 年考试新增内容。

考点详解及精选例题

一、企业合并的界定

(一)企业合并的概念★

企业合并是将两个或两个以上单独的企业合并形成一个报告主体的交易或事项。

(二)企业合并的界定★

(1)企业合并的结果通常是一个企业取得了对一个或多个业务的控制权。

如果只取得另一个或多个企业的控制权而未真正获取业务，则不可界定为合并，而应按其购买日公允价值所占比例分拆其入账，不按照合并准则处理。

(2)交易或事项的发生必须引起报告主体的变化才可界定为企业合并。

二、企业合并的方式★

企业合并从合并方式划分，包括控股合并、吸收合并和新设合并。

三、企业合并类型的划分

我国的企业合并准则中将企业合并按照一定的标准划分为两大基本类型——同一控制下的企业合并与非同一控制下的企业合并。企业合并的类型划分不同，所遵循的会计处理原则也不同。

(一)同一控制下的企业合并★

同一控制下的企业合并，是指参与合并的企业在合并前后均受同一方或相同的多方最终控制且该控制并非暂时性的。

(1)能够对参与合并各方在合并前后均实施最终控制的一方通常指企业集团的母公司。

(2)能够对参与合并的企业在合并前后均实施最终控制的相同多方，是指根据合同或协议的约定，拥有最终决定参与合并企业的财务和经营政策，并从中获取利益的投资者群体。

(3)实施控制的时间性要求，是指参与合并各方在合并前后较长时间内为最终控制方所控制。具体是指在企业合并之前(即合并日之前），参与合并各方在最终控制方的控制时间一般在1年以上（含1年），企业合并后所形成的报告主体在最终控制方的控制时间也应达到1年以上（含1年）。

（4）企业应综合各方面的情况，根据实质重于形式的原则判断企业之间的合并是否属于同一控制下的企业合并。

老高提示 合并方与被合并方在合并前后均受国家控制，不能作为判断该企业合并为同一控制下企业合并的条件。

（二）非同一控制下的企业合并★

非同一控制下的企业合并，是指参与合并各方在合并前后不受同一方或相同的多方最终控制的合并交易，即除判断属于同一控制下企业合并的情况以外其他的企业合并。

【关键考点】掌握企业合并类别的辨认。

【例题1·多选题】下列业务属于企业合并的有(　)。

A. 甲公司通过增发自身的普通股自 N 公司原股东处取得 N 公司的全部股权，该交易事项发生后，N 公司仍持续经营

B. 乙公司支付对价取得 L 公司的净资产，该交易事项发生后，撤销 L 公司的法人资格

C. 丙公司以自身持有的资产作为出资投入到 G 公司中去，取得对 G 公司的控制权，该交易事项发生后，G 公司仍维持其独立法人资格继续经营

D. 丁公司购买了 F 公司的一个独立的生产车间

解析 选项 AC，属于控股合并；选项 BD，属于吸收合并。 **答案** ABCD

四、业务的判断★

业务是指企业内部某些生产经营活动或资产负债的组合，该组合具有投入、加工处理过程和产出能力，能够独立计算其成本费用或所产生的收入等，可以为投资者等提供股利、更低的成本或其他经济利益等形式的回报。有关资产或资产、负债的组合具备了投入和加工处理过程两个要素即可认为构成一项业务。对于取得的资产、负债组合是否构成业务，应当由企业结合实际情况进行判断。

在进行集中度测试时，如果购买方取得的资产负债组合通过集中度测试，则应判断为不构成业务。

五、同一控制下企业合并的处理

同一控制下的企业合并，是从合并方出发，确定合并方在合并日对于企业合并事项应进行的会计处理。合并方，是指取得对其他参与合并企业控制权的一方；合并日，是指合并方实际取得对被合并方控制权的日期。

【案例引入1】M 公司以库存商品为合并对价自 L 公司换得同一集团 N 公司100%股份，库存商品的账面余额800万元，公允价值1 000万元，增值税税率13%，合并当日 N 公司账面净资产900万元，其中股本100万元，资本公积400万元，盈余公积80万元，未分配利润320万元。合并当日 N 公司账面资产总计1 400万元，账面负债总计500万元。M 公司合并前资产3 000万元，负债500万元，所有者权益总计2 500万元，其中股本300万元，资本公积600万元，盈余公积200万元，未分配利润1 400万元。

解析1 M 公司个别分录如下表所示。

吸收合并		控股合并	
借：N 资产	1 400	借：长期股权投资	900
资本公积	30	资本公积	30
贷：N 负债	500	贷：库存商品	800
库存商品	800	应交税费—应交增值税（销项税额）	130
应交税费—应交增值税（销项税额）	130		

解析2 吸收合并后的合并数据如下表所示。

项目	M	N	M 吸收合并 N 的个别报表分录	合并数 （M 公司个别报表数据）
资产	3 000	1 400	M 的分录： 借：N 资产　　　　　　1 400 　　资本公积　　　　　　30 　　贷：N 负债　　　　　　500 　　　　库存商品　　　　800 　　　　应交税费—应交增值税（销项税额） 　　　　　　　　　　　　130	3 000－800＋1 400＝3 600
负债	500	500		500＋180＋500＝1 180
所有者权益	2 500	900	N 的分录： 借：N 所有者权益　　　900 　　N 负债　　　　　　　500 　　贷：N 资产　　　　　1 400	2 500－30＝2 470

解析3 控股合并后的合并数据如下表所示。

项目	M	N	M 控股合并 N 的个别分录	抵销分录	合并数 （M 公司合并报表数据）
资产	3 000	1 400	借：长期股权投资 　　　　　　　　900 　　资本公积　　30 　　贷：库存商品　800 　　　　应交税费—应 交增值税（销 项税额）130	借：N 所有者权益 　　　　　　　　900 　　贷：长期股权投资 　　　　　　　　900 借：资本公积　400 　　贷：盈余公积　80 　　　　未分配利润 　　　　　　　　320	3 000－800＋900＋1 400－ 900＝3 600
负债	500	500			500＋180＋500＝1 180
所有者权益	2 500	900			2 500－30＝2 470

【案例引入2】资料同【案例引入1】，在控股合并的前提下 M 公司需在合并当日编制合并资产负债表、年初至合并日的利润表和年初至合并日的现金流量表。而且在编制合并资产负债表的前期准备工作中需作如下调整分录：

借：资本公积　　　　　　　　400
　　贷：盈余公积　　　　　　　80
　　　　未分配利润　　　　　320

【理论总结】

（一）同一控制下企业合并的处理原则★★

同一控制下的企业合并，合并方应遵循以下原则进行相关的处理：

（1）合并方在合并中确认取得的被合并方的资产、负债仅限于被合并方账面上原已确认的资产和负债，合并中不产生新的资产和负债。

（2）合并方在合并中取得的被合并方各项资产、负债应维持其在被合并方的原账面价值不变。

当被合并方的会计政策与合并方不同时，应按合并方的会计政策调整被合并方的资产、负债，并以调整后的口径纳入合并数据。

（3）合并方在合并中取得的净资产的入账价值相对于为进行企业合并支付的对价账面价值之间的差额，不作为资产的处置损益，不影响合并当期利润表，有关差额应调整所有者权益相关项目：

①先调冲"资本公积—资本溢价或股本溢价"；

②再冲"盈余公积"；

③最后冲"利润分配—未分配利润"。

老高提示 企业常设的并购部门的日常管理费用不属于合并直接费用，发生时计入当期损益。

（4）对于同一控制下的控股合并，合并方在编制合并财务报表时，应视同合并后形成的报告主体自最终控制方开始实施控制时**一直是一体化存续**下来的，参与合并各方在合并以前期间实现的留存收益应体现为合并财务报表中的留存收益。在合并财务报表中，应以合并方的资本公积（或经调整后的资本公积中的资本溢价部分）为限，在所有者权益内部进行调整，将被合并方在**合并日以前实现的留存收益**中**按照持股比例**计算归属于合并方的部分自资本公积转入留存收益。

【关键考点】 理解并掌握同一控制下企业合并的会计处理原则。

（二）同一控制下的控股合并的处理★★

1. 合并日合并财务报表的编制

合并日需编制合并资产负债表、合并利润表和合并现金流量表。

（1）合并资产负债表。

①被合并方的有关资产、负债应当以其账面价值并入合并财务报表（合并方与被合并方采用的会计政策会计期间不同的，指按照合并方的会计政策、会计期间，对被合并方有关资产、负债经调整后的账面价值）。这里的账面价值是指被合并方的资产、负债（包括最终控制方收购被合并方而形成的商誉）**在最终控制方财务报表中的账面价值**。

②合并方与被合并方在合并日及以前期间发生的交易，应作为**内部交易进行抵销**。

③合并方的财务报表比较数据追溯调整

的期间应**不早于**双方处于最终控制方的控制之下孰晚的时间。

④同一控制下企业合并基本处理原则是视同合并后形成的报告主体在合并日及以前期间一直存在，在合并资产负债表中，对于被合并方在企业合并前实现的**留存收益**中归属于合并方的部分，应按如下原则处理：

a. 确认控股合并形成的长期股权投资后，合并方账面资本公积（资本溢价或股本溢价）贷方余额大于被合并方在合并前实现的留存收益中归属于合并方的部分，在合并资产负债表中，应将被合并方在合并前实现的留存收益中归属于合并方的部分自"资本公积"转入"盈余公积"和"未分配利润"项目。

b. 确认控股合并形成的长期股权投资后，合并方账面资本公积（资本溢价或股本溢价）贷方余额小于被合并方在合并前实现的留存收益中归属于合并方的部分的，在合并资产负债表中，应以合并方资本公积（资本溢价或股本溢价）的贷方余额为限，将被合并方在企业合并前实现的留存收益中归属于合并方的部分自"资本公积"转入"盈余公积"和"未分配利润"。在合并工作底稿中，借记"资本公积"，贷记"盈余公积"和"未分配利润"。

【案例引入】 A、B公司分别为P公司控制下的两家子公司。A公司于2×17年3月10日自母公司P处取得B公司100%的股权，合并后B公司仍维持其独立法人资格继续经营。为进行该项企业合并，A公司发行了1 500万股本公司普通股（每股面值1元）作为对价。假定A、B公司采用的会计政策相同。合并日，A公司及B公司的所有者权益构成如下表所示（单位：万元）。

项目	A公司	B公司
股本	9 000	1 500
资本公积	3 000	500
盈余公积	2 000	1 000

项目	A 公司	B 公司
未分配利润	5 000	2 000
合计	19 000	5 000

解析 ▶ ①A 公司在合并日的账务处理为：

借：长期股权投资　　　　5 000

　　贷：股本　　　　　　　1 500

　　　　资本公积　　　　　3 500

②合并报表中恢复子公司抵掉的留存收益。

借：资本公积　　　　　　3 000

　　贷：盈余公积　　　　　1 000

　　　　未分配利润　　　　2 000

（2）合并利润表。

合并方在编制合并日的合并利润表时，应包含合并方及被合并方自合并当期期初至合并日实现的净利润，双方在当期发生的交易，应当按照合并财务报表的有关原则进行抵销。

（3）合并现金流量表。

原则同合并利润表。

【关键考点】 关键掌握合并指标的口径及范围界定。

2. 通过多次交易分步实现同一控制下企业合并

通过多次交易分步取得同一控制下企业合并，合并日原所持股权采用权益法核算、按被投资单位实现净利润和原持股比例计算确认的损益、其他综合收益以及其他净资产变动部分，在合并报表中予以冲回，即冲回原权益法下确认的损益、其他综合收益以及其他净资产变动，应分别冲减比较报表期间的期初留存收益或当期损益。

合并方的财务报表比较数据追溯调整的期间应不早于双方处于最终控制方的控制之下孰晚的时间。

3. 同一控制下企业合并涉及的或有对价

在确认长期股权投资初始投资成本时，应按照或有事项准则规定，判断或有对价是否应确认预计负债或资产，其后续结算金额的波动应调整"资本公积（资本溢价或股本溢价）"，资本溢价或股本溢价不足冲减时，应

调整留存收益。

（三）同一控制下吸收合并的处理★

1. 合并中取得资产、负债入账价值的确定

合并方对同一控制下吸收合并中取得的资产、负债应当按照相关资产、负债在被合并方的原账面价值入账。

双方会计政策不同的，应将被合并方的资产、负债口径修正至合并方标准后再纳入合并方账簿和报表。

2. 合并差额的处理

合并方确认的合并中取得的被合并方资产和负债的入账价值，与付出对价的账面价值之间的差额，应调整资本公积（资本溢价或股本溢价），资本公积（资本溢价或股本溢价）不足冲减的，应冲减盈余公积和未分配利润。

【例题 2 · 单选题】 甲、乙两家公司同属丙公司的子公司。甲股份公司于 2×21 年 3 月 1 日以发行股票方式从乙公司的股东手中取得乙公司 60% 的股份。甲公司发行 1 500 万股普通股股票，该股票每股面值为 1 元。乙公司 2×21 年 3 月 1 日在丙公司合并财务报表中的所有者权益的账面价值为 2 000 万元，甲公司在 2×21 年 3 月 1 日资本公积为 180 万元，盈余公积为 100 万元，未分配利润为 10 万元。甲公司取得该项长期股权投资时应该调整的"利润分配—未分配利润"的金额为（　）万元。

A. 20　　　　　　　B. 180

C. 100　　　　　　D. 10

解析 ▶ 同一控制下的企业合并，合并方以发行权益性证券作为合并对价的，应当在合并日按照取得被合并方所有者权益账面价值的份额作为长期股权投资的初始投资成本。

按照发行股份的面值总额作为股本，长期股权投资初始投资成本与所发行股份面值总额之间的差额，应当调整资本公积；资本公积不足冲减的，调整留存收益。其会计分录为：

借：长期股权投资　　　　　　1 200
　　资本公积　　　　　　　　　180
　　盈余公积　　　　　　　　　100
　　利润分配——未分配利润　　 20
　　贷：股本　　　　　　　　　1 500

答案　▶ A

六、非同一控制下企业合并的处理

非同一控制下的企业合并，是参与合并的一方购买另一方或多方的交易，基本处理原则是**购买法**。

【案例引入】 M公司以库存商品为合并对价自非关联方L公司换得N公司100%股份，库存商品的账面余额800万元(未计提存货跌价准备)，公允价值1 000万元，增值税率13%，合并当日N公司账面净资产900万元，其中股本100万元，资本公积400万元，盈余公积80万元，未分配利润320万元；合并当日N公司可辨认净资产的公允价值为1 000万元，差额为一项固定资产评估增值100万元。合并当日N公司账面资产总计1 400万元，账面负债总计500万元。M公司合并前资产3 000万元，负债500万元，所有者权益总计2 500万元。

解析1 ▶ M公司个别分录如下表所示。

吸收合并		控股合并	
借：N资产	1 500	借：长期股权投资	1 130
商誉	130	贷：主营业务收入	1 000
贷：N负债	500	应交税费——应交增值税(销项税额)	130
主营业务收入	1 000	借：主营业务成本	800
应交税费——应交增值税(销项税额)	130	贷：库存商品	800
借：主营业务成本	800		
贷：库存商品	800		

解析2 ▶ 吸收合并后的合并数据如下表所示。

项目	M	N	M吸收合并N的个别分录	合并数 (M公司个别报表数据)
资产	3 000	1 400	M的分录： 借：N资产　　　　　　　1 500 　商誉　　　　　　　　　130 　贷：N负债　　　　　　　500 　　主营业务收入　　　1 000 　　应交税费——应交增值税(销项税额)　130	3 000-800+1 500+130=3 830
负债	500	500	借：主营业务成本　　　　800 　贷：库存商品　　　　　800	500+180+500=1 180
所有者权益	2 500	900	N的分录： 借：N的所有者权益　　　900 　N的负债　　　　　　　500 　贷：N的资产　　　　　1400	2 500+(1 000-800)=2700

解析 3 ▶ 控股合并后的合并数据如下表所示。

	M	N	M 控股合并 N 的个别分录	抵销分录	合并数（M 公司合并报表数据）
资产	3 000	1 400	借：长期股权投资 1 130 贷：主营业务收入 1 000 应交税费—应交增值税（销项税额） 130	借：固定资产 100 贷：资本公积 100 借：N 所有者权益 （900+100）1 000 商誉 130 贷：长期股权投资 1 130	3 000−800+1 500+130 =3 830
负债	500	500			500+180+500=1 180
所有者权益	2 500	900	借：主营业务成本 800 贷：库存商品 800		2 500+（1 000−800）=2 700

【理论总结】

（一）非同一控制下企业合并的会计处理原则★★★

1. 确定购买方

购买方是指在企业合并中取得对另一方或多方控制权的一方。合并中一方取得了另一方半数以上有表决权股份的，除非有明确的证据表明该股份不能形成控制，一般认为取得控股权的一方为购买方。某些情况下，即使一方没有取得另一方半数以上有表决权股份，但存在以下情况时，一般也可认为其获得了对另一方的控制权，如：

（1）通过与其他投资者签订协议，实质上拥有被购买企业半数以上表决权。

（2）按照协议规定，具有主导被购买企业财务和经营决策的权力。

（3）有权任免被购买企业董事会或类似权力机构绝大多数成员。

（4）在被购买企业董事会或类似权力机构具有绝大多数投票权。

2. 确定购买日

购买日是购买方获得对被购买方控制权的日期，即企业合并交易进行过程中，发生控制权转移的日期。同时满足了以下条件时，一般可认为实现了控制权的转移，形成购买日。有关的条件包括：

（1）企业合并合同或协议已获股东大会等内部权力机构通过；

（2）按照规定，合并事项需要经过国家有关主管部门审批的，已获得相关部门的批准；

（3）参与合并各方已办理了必要的财产权交接手续；

（4）购买方已支付了购买价款的大部分（一般应超过 50%），并且有能力支付剩余款项；

（5）购买方实际上已经控制了被购买方的财务和经营政策，并享有相应的收益和风险。

分步实现的企业合并中，购买日是指按照有关标准判断购买方最终取得对被购买企业控制权的日期。

【关键考点】掌握购买日的确定。

3. 确定企业合并成本

企业合并成本包括购买方为进行企业合并支付的现金或非现金资产、发行或承担的债务、发行的权益性证券等在购买日的公允价值。

如果非同一控制下企业合并涉及或有对价，则应根据或有事项准则进行处理，符合确认条件的，应作为企业合并成本的一部分。或有对价在后续期间的估计金额等情形发生变化的，企业应对合并成本进行调整。

4. 企业合并成本在取得的可辨认资产和负债之间的分配

（1）购买方在企业合并中取得的被购买

方各项可辨认资产和负债，要作为本企业的资产、负债(或合并财务报表中的资产、负债)进行确认，在购买日，应当满足资产、负债的确认条件。有关的确认条件包括：

①合并中取得的被购买方的各项资产(无形资产除外)，其所带来的未来经济利益预期能够流入企业且公允价值能够可靠计量的，应单独作为资产确认。

②合并中取得的被购买方的各项负债(或有负债除外)，履行有关的义务预期会导致经济利益流出企业且公允价值能够可靠计量的，应单独作为负债确认。

(2)企业合并中取得的无形资产的确认。

非同一控制下的企业合并中，购买方在对企业合并中取得的被购买方资产进行初始确认时，应当对被购买方拥有的但在其财务报表中未确认的无形资产进行充分辨认和合理判断，满足以下条件之一的，应确认为无形资产：

①源于合同性权利或其他法定权利。

②能够从被购买方中分离或者划分出来，并能单独或与相关合同、资产和负债一起，用于出售、转移、授予许可、租赁或交换。

(3)对于购买方在企业合并时可能需要代被购买方承担的或有负债，在其公允价值能够可靠计量的情况下，应作为合并中取得的负债单独确认。

(4)企业合并中取得的资产、负债在满足确认条件后，应以其公允价值计量。

对于被购买方在企业合并之前已经确认的商誉和递延所得税项目，购买方在对企业合并成本进行分配、确认合并中取得可辨认资产和负债时不应予以考虑。

在按照规定确认了合并中应予确认的各项可辨认资产、负债的公允价值后，其计税基础与账面价值不同形成暂时性差异的，应当按照所得税会计准则的规定确认相应的递延所得税资产或递延所得税负债。

5. 企业合并成本与合并中取得的被购买方可辨认净资产公允价值份额差额的处理(见表18-1)

表18-1　企业合并成本与合并中取得的被购买方可辨认净资产公允价值份额差额的处理

项目	处理			
合并成本与被购买方可辨认净资产公允价值份额的差额	大于	控股合并	合并报表中作商誉认定	至少每年年末作减值测试
		吸收合并	购买方账簿及个别报表中作商誉认定	
	小于	控股合并	合并利润表中作营业外收入认定	
		吸收合并	购买方账簿及个别利润表中作营业外收入认定	

6. 企业合并成本或有关可辨认资产、负债公允价值的调整(见表18-2)

表18-2　企业合并成本或有关可辨认资产、负债公允价值的调整

项目	处理
购买日后12个月内调整的	视同购买日发生，作追溯调整
购买日后12个月以后调整的	视为会计差错更正，作追溯调整

考高提示 被购买方在购买日以前产生的可抵扣暂时性差异，在购买日不满足递延所得税资产确认条件，但后续期间满足递延所得税资产确认条件的，应确认相应的递延所得税资产，同时减少所得税费用。关于购买日合并成本与享有被购买方可辨认净资产公允价值份额的差额，应分情况处理：

(1)商誉，将商誉调整为假设在购买日

就确认了该递延所得税资产情况下的金额，减记的金额同时确认资产减值损失。

（2）负商誉（营业外收入），不作调整。

7. 购买日合并财务报表的编制

非同一控制下的企业合并中形成母子公司关系的，购买方一般应于购买日编制合并资产负债表，反映其于购买日开始能够控制的经济资源情况。在合并资产负债表中，合并中取得的被购买方各项可辨认资产、负债应以其在购买日的公允价值计量，长期股权投资的成本大于合并中取得的被购买方可辨认净资产公允价值份额的差额，体现为合并财务报表中的商誉；长期股权投资的成本小于合并中取得的被购买方可辨认净资产公允价值份额的差额，应计入合并利润表中作为合并当期损益。因购买日不需要编制合并利润表，该差额体现在合并资产负债表上，应调整合并资产负债表的未分配利润。

（二）非同一控制下的控股合并★★★

关于非同一控制下长期股权投资初始投资成本的确定及其举例，参见"第四章长期股权投资和合营安排"。

（三）非同一控制下的吸收合并★

非同一控制下的吸收合并，购买方在购买日应当将合并中取得的符合确认条件的各项资产、负债，按其公允价值确认为本企业的资产和负债；作为合并对价的有关非货币性资产在购买日的公允价值与其账面价值的差额，应作为资产的处置损益计入合并当期的利润表；确定的企业合并成本与所取得的被购买方可辨认净资产公允价值的差额，视情况分别确认为商誉或是作为企业合并当期的损益计入利润表。其具体处理原则与非同一控制下的控股合并类似，不同点为在非同一控制下的吸收合并中，合并中取得的可辨认资产和负债是作为个别报表中的项目列示，合并中产生的商誉也是作为购买方账簿及个别财务报表中的资产列示。

【关键考点】掌握非同一控制下企业合并的会计处理原则。

七、通过多次交易分步实现非同一控制下企业合并

（一）个别财务报表★★★

个别财务报表的处理见"第四章长期股权投资和合营安排"。

（二）合并财务报表★★★

（1）购买方对于购买日之前持有的被购买方的股权，按照该股权在购买日的公允价值进行重新计量，公允价值与其账面价值的差额，如果为权益法核算的长期股权投资则计入当期投资收益，如果是其他权益工具投资则计入留存收益。合并报表层面，视同为处置原有的股权再按照公允价值购入一项新的股权。

（2）合并成本。

合并财务报表中的合并成本＝购买日之前所持被购买方的股权于购买日的公允价值＋购买日新购入股权所支付对价的公允价值。

（3）合并商誉。

购买日的合并商誉＝按上述计算的合并成本－应享有被购买方可辨认净资产公允价值的份额。

（4）购买日之前持有的被购买方的股权涉及权益法核算下的其他综合收益（假定属于未来可重分类进损益的其他综合收益）等的，与其相关的其他综合收益等应当转为购买日所属当期收益。

（5）合并利润表中投资收益＝原持有股权在购买日的公允价值与其账面价值的差额＋与原持有股权相关的其他综合收益（可重分类进损益）、资本公积。

老高提示 如果分步交易属于"一揽子"交易，应将各项交易作为一项取得子公司控

制权的交易进行会计处理。

【例题 3·分析题】 甲公司 2×14 年 1 月 1 日购买了乙公司 20% 的股份，具备了重大影响能力，作为长期股权投资，采用权益法核算，初始取得成本为 400 万元，2×14 年乙公司发生如下业务：（1）分红 30 万元；（2）实现净利润 80 万元；（3）其他债权投资增值 20 万元。

2×15 年 1 月 1 日甲公司又取得了乙公司 40% 的股份，初始成本为 1 040 万元，完成对乙公司的合并。原 20% 股份的公允价值为 520 万元。合并当日乙公司可辨认净资产的公允价值为 2 200 万元。不考虑其他因素，甲公司应如何进行会计处理？

解析 （1）个别报表角度。

①2×15 年年初甲公司原 20% 股权投资的账面余额 = 400-30×20%+80×20%+20×20% = 414（万元）；

②甲公司合并当日长期股权投资的账面余额 = 414+1 040 = 1 454（万元）。

（2）合并报表角度。

①合并当日，当初 20% 的股份的公允价值为 520 万元（1 040/2），相比其账面余额 414 万元高出 106 万元，作如下合并报表的准备分录：

借：长期股权投资　　　　 106
　　贷：投资收益　　　　　　　 106

②合并成本 = 当初 20% 公允价值 + 追加投资 40% 的初始成本 = 520+1 040 = 1 560（万元）；

③属于母公司的商誉 = 合并成本 - 合并当日母公司所占可辨认净资产公允价值 = 1 560-2 200×60% = 240（万元）；

④甲公司因乙公司其他债权投资增值而追加的 4 万元，应做如下合并报表前的准备分录：

借：其他综合收益　　　　 4
　　贷：投资收益　　　　　　 4

⑤合并当日抵销分录

借：股本　　　　　　　┐
　　资本公积　　　　　│
　　其他综合收益　　　├ 2 200
　　盈余公积　　　　　│
　　未分配利润　　　　┘
　　商誉　　　　　　　　 240
　　贷：长期股权投资　　　　 1 560
　　　　少数股东权益　　　　　 880

八、反向购买的处理

（一）反向购买的概念 ★

非同一控制下的企业合并，以发行权益性证券交换股权的方式进行的，通常发行权益性证券的一方为购买方。但某些企业合并中，发行权益性证券的一方因其生产经营决策在合并后被参与合并的另一方所控制的，发行权益性证券的一方虽然为法律上的母公司，但其为会计上的被购买方（即会计上的子公司，下同），该类企业合并通常称为"反向购买"。

（二）反向购买的企业合并成本 ★★

反向购买中，法律上的子公司（会计上的母公司）的企业合并成本是指其如果以发行权益性证券的方式为获取在合并后报告主体的股权比例，应向法律上母公司（会计上的子公司）的股东发行的权益性证券数量与权益性证券的公允价值计量的结果。

（三）反向购买合并财务报表的编制 ★

反向购买后，法律上的母公司应当遵从以下原则编制合并财务报表。

（1）合并财务报表中，法律上子公司即会计上的母公司的资产、负债应以其在合并前的账面价值进行确认和计量，即会计上的子公司的资产、负债应以其公允价值进行确认和计量。

（2）合并财务报表中的留存收益和其他

权益余额应当反映的是法律上子公司（会计上的母公司）在合并前的留存收益和其他权益余额。

（3）合并财务报表中的权益性工具的金额应当反映法律上子公司（会计上的母公司）合并前发行在外的股份面值以及假定在确定该项企业合并成本过程中新发行的权益性工具的金额。但是在合并财务报表中的权益结构应当反映法律上母公司的权益结构，即法律上母公司发行在外权益性证券的数量及种类。

（4）企业合并成本大于合并中取得的法律上母公司（会计上子公司）可辨认净资产公允价值的份额体现为商誉，小于合并中取得的法律上母公司（被购买方）可辨认净资产公允价值的份额确认为合并当期损益。

（5）合并财务报表的比较信息应当是法律上子公司的比较信息（即法律上子公司的前期合并财务报表）。

（6）法律上子公司（会计上的母公司）的有关股东在合并过程中未将其持有的股份转换为对法律上母公司（会计上的子公司）股份的，该部分股东享有的权益份额在合并财务报表中应作为少数股东权益列示。因法律上子公司的部分股东未将其持有的股份转换为法律上母公司的股权，其享有的权益份额仍仅限于对法律上子公司的部分，该部分少数股东权益反映的是少数股东按持股比例计算享有法律上子公司合并前净资产账面价值的份额。另外，对于法律上母公司的所有股东，虽然该项合并中其被认为被购买方，但其享有合并形成报告主体的净资产及损益，不应作为少数股东权益列示。

应予以说明的是，上述反向购买的会计处理原则仅适用于合并财务报表的编制。法律上母公司在该项合并中形成的对法律上子公司长期股权投资成本的确定，应当遵从《企业会计准则第 2 号——长期股权投资》的相关规定。

（四）反向购买每股收益的计算 ★

发生反向购买当期，用于计算每股收益

的发行在外普通股加权平均数为：

（1）自当期期初至购买日，发行在外的普通股数量应假设为在该项合并中法律上母公司（会计上的子公司）向法律上子公司股东发行的普通股股数。

（2）自购买日至期末发行在外的普通股数量为法律上母公司实际发行在外的普通股股数。

反向购买后对外提供比较合并财务报表的，其比较前期合并财务报表中的基本每股收益，应以法律上子公司在每一比较报表期间归属于普通股股东的净损益除以在反向购买中法律上母公司向法律上子公司股东发行的普通股股数计算确定。

上述假定法律上子公司发行的普通股股数在比较期间内和自反向购买发生期间的期初至购买日之间内未发生变化。如果法律上子公司发行的普通股股数在此期间发生了变动，计算每股收益时应适当考虑其影响进行调整。

九、购买子公司少数股权的处理

企业在取得对子公司的控制权，形成企业合并后，购买少数股东全部或部分权益的，实质上是股东之间的权益性交易，应当分为母公司个别财务报表以及合并财务报表两种情况进行处理。

（一）个别财务报表 ★

母公司个别财务报表中对于自子公司少数股东处新取得的长期股权投资，应当按照《企业会计准则第 2 号——长期股权投资》第四条的规定，确定长期股权投资的入账价值。即按照实际支付价款或公允价值确认长期股权投资。

（二）合并财务报表 ★

在合并财务报表中，子公司的资产、负债应以购买日开始持续计算的金额反映。母公司新取得的长期股权投资与按照新增持股比例计算应享有子公司自购买日开始持续计算的可辨认净资产份额之间的差额,应当调整资本公积(资本溢价或股本溢价),资本公积(资本溢价或股本溢价)的余额不足冲减的,调整留存收益。

考高提示 此业务不影响原有商誉的金额。

【例题4·分析题】 甲公司2×20年年初购入乙公司80%的股份,初始成本1 600万元,当日乙公司公允可辨认净资产1 500万元,当日账面口径与公允口径一致,当日股

本800万元,资本公积100万元,盈余公积400万元,未分配利润200万元。2×20年乙公司实现净利润400万元,分配现金红利100万元,因其他债权投资增值导致其他综合收益增加80万元。2×21年乙公司实现净利润300万元。2×21年年末甲公司购买了乙公司10%的股份,买价为200万元,假定甲、乙公司均按照10%提取盈余公积。不考虑相关税费及其他因素,甲公司应如何进行会计处理?

解析 (1)购买子公司少数股份在个别报表与合并报表角度的差异分析如下表所示。

甲公司个别报表角度	合并报表的准备工作	合并报表角度
借:长期股权投资 200 贷:银行存款 200	借:长期股权投资 18 贷:资本公积 18	①自购买日持续计算的乙公司当日公允可辨认净资产额=1 500+400-100+80+300=2 180(万元); ②合并报表角度的会计处理: 借:长期股权投资 (2 180×10%)218 贷:银行存款 200 资本公积 18

(2)2×21年年末合并报表相关抵销分录。

①合并报表准备工作——母公司长期股权投资调整为权益法如下表所示。

项目	会计处理
初始投资时形成商誉400万元	无须调整
调整乙公司净利润的影响	借:长期股权投资 560 贷:未分配利润—年初 320 投资收益 240
调整乙公司分红的影响	借:未分配利润—年初 80 贷:长期股权投资 80
调整乙公司其他综合收益的影响	借:长期股权投资 64 贷:其他综合收益 64
调整后甲公司长期股权投资余额=1 600+560-80+64=2 144(万元)	

②考虑购买少数股份的影响后,长期股权投资的余额=2 144+200+18=2 362(万元)。

③甲公司长期股权投资与乙公司所有者权益的抵销。

借:股本 800
资本公积 100
其他综合收益 80
盈余公积 470

未分配利润 (200+400+300-100-70)730
商誉 400
贷:长期股权投资 2 362
少数股东权益
[(800+100+80+470+730)×10%]218

④甲公司投资收益与乙公司的利润分配的抵销

借:投资收益 240

少数股东损益	60	贷：提取盈余公积	30
未分配利润—年初		未分配利润—年末	730
（200+400-40-100）460			

扫我做试题

一、单项选择题

1. 企业合并后仍维持其独立法人资格继续经营的企业合并形式为（　　）。
   A. 控股合并 B. 吸收合并
   C. 新设合并 D. 换股合并

2. 我国企业合并准则中将企业合并类型按照一定的标准划分为两大基本类型，即（　　）。
   A. 控股合并和非控股合并
   B. 控股合并和吸收合并
   C. 控股合并和新设合并
   D. 同一控制下的企业合并和非同一控制的企业合并

3. 甲公司2×19年1月1日投资500万元购入乙公司80%股权，能够对乙公司实施控制，当日乙公司可辨认净资产公允价值为500万元，账面价值400万元，其差额是由无形资产导致的（尚可使用年限为5年）。合并前甲乙公司没有关联方关系，不考虑其他因素，购买日甲公司合并财务报表应确认的商誉金额为（　　）万元。
   A. 100 B. 180
   C. 200 D. 0

4. 甲公司为一家规模较小的上市公司，乙公司为某大型未上市的企业。甲公司和乙公司的股本金额分别为400万元和1 500万元。甲公司于2×22年6月2日通过向乙公司原股东定向增发500万股本企业普通股取得乙公司全部的1 500万股普通股。甲公司每股普通股在2×22年6月2日的公允价值为30元，乙公司每股普通股当日的公允价值为10元。甲公司、乙公司每股普通股的面值均为1元。假定不考虑所得税及其他因素的影响，甲公司和乙公司在合并前不存在任何关联方关系。该项业务会计上的购买方的合并成本为（　　）万元。
   A. 15 000 B. 45 000
   C. 12 000 D. 20 000

5. 甲公司于2×12年1月7日取得乙公司30%的股权，支付款项1 200万元，并对所取得的投资采用权益法核算，当日乙公司可辨认净资产公允价值为4 200万元，当年年末确认对乙公司的投资收益100万元，乙公司当年没有确认其他综合收益。2×13年1月，甲公司又出资2 300万元取得乙公司另外40%的股权。购买日，乙公司可辨认净资产公允价值为5 500万元，原取得30%股权的公允价值为1 700万元。假定甲公司、乙公司不存在任何关联关系。不考虑其他因素，甲公司合并报表确认的合并成本是（　　）万元。
   A. 3 500 B. 3 560
   C. 3 660 D. 4 000

二、多项选择题

1. 下列关于同一控制下的企业合并，表述正确的有（　　）。
   A. 同一控制下的企业合并，是指参与合并的企业在合并前后均受同一方或相同的多方最终控制且该控制并非暂时性的

B. 同一控制下的企业合并一般发生在企业集团内部，集团内母子公司之间、子公司与子公司之间均可能形成同一控制下企业合并

C. 同一控制下的企业合并本质是集团内部资产或权益的转移，因此付出对价资产不能确认处置损益

D. 同受国家控制的企业之间发生的合并，由于合并前同受国家控制，因此属于同一控制下的企业合并

2. 非同一控制下企业合并成本小于合并中取得的被购买方可辨认净资产公允价值份额的部分，正确的会计处理有( )。

A. 在吸收合并的情况下，应计入购买方的合并当期的个别利润表

B. 在控股合并的情况下，应体现在合并当期期末的合并利润表中

C. 在吸收合并的情况下，应体现在合并当期的合并利润表中

D. 在控股合并的情况下，应计入购买方的合并当期的个别利润表

3. 企业通过多次交易分步实现非同一控制下企业合并(不属于一揽子交易)的，如果购买日之前持有的被购买方股权采用权益法核算，则在合并财务报表中重新计量时其公允价值与其账面价值的差额不可能计入的科目有( )。

A. 投资收益 B. 管理费用

C. 资本公积 D. 财务费用

4. 下列关于反向购买的说法正确的有( )。

A. 法律上的母公司应该编制合并财务报表

B. 在合并财务报表中，法律上的子公司的资产、负债按照合并前的账面价值进行确认和计量

C. 在合并财务报表中，会计上的子公司的资产、负债应按合并时的公允价值进行确认和计量

D. 合并财务报表中的留存收益和其他权益余额应当反映的是法律上母公司在合并前的金额

三、判断题

1. 如果一个企业取得了对另一个或多个企业的控制权，而被购买方并不构成业务，则该交易或事项不形成企业合并。( )

2. 吸收合并，合并方应将取得被合并方的净资产纳入合并财务报表核算。( )

3. 企业通过同一控制下控股合并方式取得的长期股权投资，在初始计量时就或有对价确认了预计负债，其后续结算金额发生变化的，应调整资本公积，资本公积不足冲减的，应调整盈余公积和未分配利润。( )

4. 因购买少数股权新增加的长期股权投资成本，与按照新取得的股权比例计算确定应享有子公司自购买日(或合并日)开始持续计算的净资产份额之间的差额，在合并资产负债表中作为商誉列示。( )

四、综合题

甲公司为我国境内某上市公司，2×21年至2×22年发生下列交易或事项：

(1)2×21年1月1日，甲公司以银行存款6 000万元购入乙公司原60%股权，能够对乙公司的财务和经营政策实施控制。投资当日，乙公司可辨认净资产公允价值为9 000万元，账面价值为8 500万元，差额由一项管理用固定资产评估增值导致。该项固定资产公允价值为1 200万元，账面价值为700万元，已经使用5年，预计尚可使用10年，采用年限平均法计提折旧，预计净残值为0。2×22年6月30日，甲公司又以银行存款3 000万元取得乙公司20%的股权，至此甲公司已经取得乙公司80%的股权。2×22年6月30日乙公司可辨认净资产公允价值为13 000万元。自2×21年1月1日至2×22年6月30日乙公司实现净利润3 000万元，发放现金股利800万元，实现其他综合收益500万元

（该金额均为企业持有的其他债权投资的公允价值变动导致的）。

(2)2×21年6月30日，甲公司以银行存款取得丁公司30%的股权，对丁公司具有重大影响。当日，丁公司可辨认净资产的公允价值与账面价值相等，甲公司确认长期股权投资的入账价值为900万元。2×22年9月30日，甲公司又以一项固定资产和一批产品取得丁公司60%的股权，当日取得丁公司的控制权。其中固定资产的账面原值为1 000万元，已计提折旧200万元，未计提减值准备，公允价值为1 200万元；产品的账面成本为800万元，未计提跌价准备，公允价值为1 000万元。2×22年9月30日，丁公司可辨认净资产公允价值为4 000万元。2×21年6月30日至2×22年9月30日，丁公司实现净利润500万元，实现其他综合收益200万元（该金额均为企业持有的其他债权投资的公允价值变动导致的）。该交易发生前，甲公司与丁公司不存在关联方关系。

(3)2×22年1月1日，甲公司通过定向增发本企业普通股，以2股换1股的方式对戊公司进行合并，取得戊公司100%的股权。甲公司共发行1 600万股普通股换取戊公司800万股普通股。2×22年1月1日，戊公司股本为800万元，可辨认净资产公允价值为50 000万元，甲公司股本为1 000万元，可辨认净资产账面价值为17 000万元。当日，甲公司普通股每股股价20元，戊公司每股股价40元，甲公司、戊公司每股股票的面值均为1元。2×22年1月1日，甲公司除一项固定资产公允价值比账面价值高1 000万元外，其他资产与负债的公允价值与账面价值相等。

甲公司与乙公司、戊公司在合并前无任何关联方关系，本题不考虑相关税费及其他因素。

要求：

(1)判断甲公司增资取得乙公司股权是否构成企业合并，并说明理由；计算合并财务报表中应调减的资本公积金额。

(2)简述甲公司与丁公司合并时，个别报表的处理原则；计算长期股权投资的初始投资成本。

(3)判断甲公司与戊公司的合并是否构成反向购买并说明理由；计算合并成本及合并商誉。

同步训练答案及解析

一、单项选择题

1. A 【解析】企业合并形式包括控股合并、吸收合并和新设合并，其中吸收合并与新设合并均只保留一个法人资格，所以选项BCD不正确。

2. D 【解析】这里需要区分企业合并的三种方式，即控股合并、吸收合并和新设合并。而同一控制下的企业合并和非同一控制下的企业合并是企业合并的两大基本类型，所以选项D正确。

3. A 【解析】企业合并商誉=企业合并成本－被购买方可辨认净资产公允价值×持股比例=500－500×80%=100（万元）。

4. C 【解析】甲公司在该项合并中向乙公司原股东增发了500万股普通股，合并后乙公司原股东持有甲公司的股权比例=500/(400+500)×100%≈55.56%，所以，本业务属于反向购买，购买方为乙公司，假定乙公司发行本企业普通股在合并后主体享有同样的股权比例，则乙公司应当发行的普通股股数=1 500/55.56%－1 500≈

1 200(万股)，其公允价值 = 1 200×10 = 12 000(万元)，则企业合并成本为 12 000 万元。

5. D　【解析】合并报表中的合并成本 = 原股权在购买日的公允价值 + 新增股权付出对价公允价值 = 1 700+2 300 = 4 000(万元)。

二、多项选择题

1. ABC　【解析】同受国家控制的企业之间发生的合并，不应仅仅因为参与合并各方在合并前后均受国家控制而将其作为同一控制下的企业合并，选项 D 错误。

2. AB　【解析】企业合并成本小于合并中取得的被购买方净资产公允价值份额的部分，应计入合并当期损益。在吸收合并的情况下，上述企业合并成本小于合并中取得的被购买方可辨认净资产公允价值份额的差额，应计入购买方的合并当期的个别利润表；在控股合并的情况下，上述差额应体现在合并当期的合并利润表中，不影响购买方的个别利润表。

3. BCD　【解析】在合并报表中是视同将原股权处置，以新股权重新购入的，所以需要按照公允价值进行重新计量，对购买日之前持有的以权益法核算的长期股权投资，按照该股权在购买日的公允价值进行重新计量，将差额记入"投资收益"科目中。

4. ABC　【解析】选项 D，合并财务报表中的留存收益和其他权益余额应当反映的是法律上子公司(会计上母公司)在合并前的金额。

三、判断题

1. √

2. ×　【解析】应将被合并方的净资产纳入合并方个别财务报表，不需要编制合并财务报表。

3. √

4. ×　【解析】因购买少数股权新增加的长期股权投资成本与按照新增持股比例计算应享有子公司自购买日(或合并日)开始持续计算的净资产份额之间的差额，应当调整合并财务报表中的资本公积(资本溢价或股本溢价)，资本公积(资本溢价或股本溢价)的余额不足冲减的，调整留存收益。

四、综合题

【答案】

(1)①甲公司增资取得乙公司的股权不构成企业合并，属于购买子公司少数股权的处理。

理由：在此次增资之前，甲公司已经取得了乙公司的控制权，已经构成了企业合并，所以此次增资并不构成企业合并。

②自购买日至新增投资之日，乙公司可辨认净资产持续计算的金额 = 9 000 + 3 000−(1 200−700)/10×1.5−800+500 = 11 625(万元)。

合并财务报表中应调减的资本公积金额 = 3 000−11 625×20% = 675(万元)。

(2)①个别财务报表的处理原则：通过多次交易分步实现非同一控制下企业合并，合并日，按照原权益法下投资的账面价值与新增投资成本之和作为长期股权投资的初始投资成本。

②增资前长期股权投资的账面价值 = 900+(500+200)×30% = 1 110(万元)，长期股权投资的初始投资成本 = 1 110+(1 200+1 000) = 3 310(万元)。

(3)①构成反向购买。

理由：合并后，戊公司原股东持有甲公司的股权比例 = 1 600/(1 000 + 1 600) ≈ 61.54%，对于该项合并，虽然在合并中发行权益性证券的一方为甲公司，但因其生产经营决策的控制权在合并后由戊公司原股东控制，戊公司为会计上的购买方(法律上的子公司)，甲公司为会计上的被购买方(法律上的母公司)。

②假定戊公司发行本公司普通股在合并后

主体享有同样的股权比例，则戊公司应当发行的普通股股数 = 800/61.54% − 800 ≈ 500（万股），合并成本 = 500 × 40 = 20 000（万元）。

③合并商誉 = 20 000 − (17 000 + 1 000) = 2 000（万元）。

本章知识串联

企业合并

- **企业合并的界定★**
  - 企业合并：两个或两个以上单独的企业合并形成一个报告主体
  - 构成企业合并的条件：①被购买的资产或资产负债组合构成业务；②对标的业务控制权的转移

- **企业合并的划分★**
  - 按合并方式分：控股合并、吸收合并、新设合并
  - 按合并类型分：同一控制下的企业合并、非同一控制下的企业合并

- **业务的判断★**
  - 构成业务的要素：投入、加工处理过程、产出

- **企业合并的会计处理★★★**
  - **同一控制下的企业合并**
    - 合并方与被合并方在合并前后受同一方或相同的多方最终控制
    - 该最终控制并非暂时性的(通常指一年以上)
    - 通过多次交易分步实现同一控制下企业合并
  - **非同一控制下的企业合并**
    - 同一控制下企业合并以外的其他企业合并
    - 确定购买方、购买日、合并成本
    - 企业合并成本在取得的可辨认资产和负债之间的分配
    - 企业合并成本与享有被购买方可辨认净资产公允价值份额的差额的处理
    - 企业合并成本或合并中取得的可辨认资产、负债公允价值的调整
    - 通过多次交易分步实现非同一控制下企业合并
  - **或有对价**
    - 同一控制下
      - 按或有事项准则规定，判断是否确认预计负债或资产
      - 确认预计负债或资产时，调整资本公积（资本溢价或股本溢价），资本溢价或股本溢价不足的，调留存收益
    - 非同一控制下
      - 应在购买日合理估计或有对价并将其计入企业合并成本
      - 在后续期间估计金额等情形发生变化的，企业应对合并成本进行调整
  - **反向购买**
    - 定义：以发行权益性证券交换股权的方式进行非同一控制下的企业合并时，如果发行权益性证券的一方被参与合并的另一方所控制，则发行权益性证券一方虽然为法律上的母公司，但其为会计上的被购买方
    - 合并成本：法律上的子公司(购买方)的企业合并成本是指其如果以发行权益性证券的方式为获取在合并后报告主体的股权比例，应向法律上母公司(被购买方)的股东发行的权益性证券数量与其公允价值计算的结果
  - **购买少数股东权益**
    - 合并报表中长期股权投资与享有子公司从购买日（或合并日）开始持续计算的净资产份额的差额，调整资本公积

第十九章　财务报告

考 情 解 密

历年考情概况

本章内容非常多，是历年考试的重点，每年的分值在 5~18 分。本章考试题型以主观题为主，但在客观题中也会有所涉及。主观题主要考查合并财务报表调整、抵销分录的编制，所占分值较高；客观题主要考查合并范围的确定及合并现金流量表的编制等。

近年考点直击

主要考点	主要考查题型	考频指数	考查角度
合并范围的确定	判	★★★	（1）判断已破产清算的子公司是否应纳入合并范围；（2）确定合并范围时应予考虑的因素；（3）判断哪些被投资单位不应纳入合并范围
合并商誉的计算	综	★★	计算合并报表中应确认的商誉金额
对子公司个别报表的调整	多 综	★★	（1）编制购买日子公司可辨认资产评估增值的调整分录；（2）母子公司所采用的会计政策不一致时的会计处理方法
与合并资产负债表、合并利润表相关的调整和抵销分录	单 多 判 综	★★★	（1）判断哪些母子公司之间的交易需要予以抵销；（2）按权益法调整对子公司的股权投资；（3）计算应抵销的"存货"项目金额、编制母子公司内部交易存货的抵销分录；（4）编制母子公司内部固定资产、无形资产交易的抵销分录；（5）编制母子公司内部应收账款与应付账款的抵销分录；（6）编制长期股权投资和子公司所有者权益的抵销分录；（7）编制母公司投资收益和子公司利润分配的抵销分录；（8）内部交易固定资产在合并报表中的列示
合并现金流量表的编制	单 判	★★	（1）判断母子公司之间的现金流量项目是否应当抵销；（2）计算"销售商品、提供劳务收到的现金"项目应抵销的金额
合并报表项目的列示	单 判	★★	（1）计算合并资产负债表中"归属于母公司所有者权益"；（2）逆流交易对"归属于母公司所有者的净利润"项目的影响；（3）少数股东权益项目的列示；（4）少数股东损益项目的列示

2022 年考试变化

本章删除了现金流量表和终止经营的内容，合并范围的确定部分相关表述有所调整，删除了内部交易固定资产清理期间的处理，合并资产负债表、合并利润表和合并现金流量表部分均增加了"报告期内增加或处置子公司以及业务"的内容。

考点详解及精选例题

一、财务报告概述 ★

财务报表是对企业财务状况、经营成果和现金流量的结构性表述。财务报表至少应当包括下列组成部分：资产负债表、利润表、现金流量表、所有者权益(或股东权益，下同)变动表、附注。

二、合并会计报表概述 ★

(1)合并财务报表，是指反映母公司和其全部子公司形成的企业集团整体财务状况、经营成果和现金流量的财务报表。

(2)合并财务报表至少应当包括下列组成部分：合并资产负债表、合并利润表、合并现金流量表、合并所有者权益(或股东权益，下同)变动表、附注。

三、合并会计报表的合并范围

(一)合并报表范围的界定原则 ★ ★ ★

合并财务报表的合并范围应当以控制为基础予以确定。

控制是指投资方拥有对被投资方的权力，通过参与被投资方的相关活动而享有可变回报，并且有能力运用对被投资方的权力影响其回报金额。

(二)控制必备的要素 ★

(1)投资方拥有对被投资方的权力；

(2)因参与被投资方的相关活动而享有可变回报；

(3)有能力运用对被投资方的权力影响其回报金额。

(三)控制的界定条件 ★

1. 通过涉入被投资方的活动享有的是可变回报

可变回报是不固定的并可能随被投资方业绩而变动的回报，可能是正数，也可能是负数，或者有正有负。其形式主要包括：

(1)股利、被投资方经济利益的其他分配。例如，被投资方发行的债务工具产生的利息。

(2)投资方对被投资方投资的价值变动。

(3)因向被投资方的资产或负债提供服务而得到的报酬、因提供信用支持或流动性支持收取的费用或承担的损失、被投资方清算时在其剩余净资产中所享有的权益、税务利益，以及因涉入被投资方而获得的未来流动性。

(4)其他利益持有方无法得到的回报。例如，投资方将自身资产与被投资方的资产一并使用，以实现规模经济，达到节约成本、为稀缺产品提供资源、获得专有技术或限制某些运营或资产，从而提高投资方其他资产的价值。

2. 评估被投资方的设立目的和设计

当判断对被投资方的控制时，投资方应考虑被投资方的设立目的及设计，以明确哪些是相关活动、相关活动的决策机制、谁拥有现时能力主导这些活动，以及谁从这些活动中获得可变回报。

(1)不考虑其他因素的情况下，拥有投票权多的投资方控制被投资单位。

(2)如果在被投资方的设计安排中，表决权不是判断能否控制的决定性因素，被投资方的相关活动由其他合同安排规定的，则根据实质重于形式原则来判定控制的事实。

3. 识别被投资方的相关活动及其决策机制

(1)相关活动的界定。相关活动，是指

对被投资方的回报产生重大影响的活动。这些活动可能包括但不限于下述活动：商品或劳务的销售和购买；金融资产的管理；资产的购买和处置；研究与开发活动；融资活动。对许多企业而言，经营和财务活动通常对其回报产生重大影响。

（2）相关活动的决策机制。投资方是否拥有权力，不仅取决于被投资方的相关活动，还取决于对相关活动进行决策的方式，例如：对被投资方的经营、融资等活动作出决策（包括编制预算）的方式；任命被投资方的关键管理人员、给付薪酬及终止劳动合同关系的决策方式等。

（3）多个投资方能够分别单方面主导被投资方的不同相关活动时的处理原则。当两个或两个以上投资方能够分别单方面主导被投资方的不同相关活动时，能够主导对被投资方回报产生最重大影响活动的一方拥有对被投资方的权力。

4. 确定投资方拥有的与被投资方相关的权力

（1）权力是一种实质性权利。

①主导相关活动的现时权利。权力来源于权利（如表决权）。为拥有对被投资方的权力，投资方必须享有现时权利使其目前有能力主导被投资方的相关活动。

②赋予投资方对被投资方权力的权利方式。投资方对被投资方的权力可能源自各种权利，例如，表决权或潜在表决权、任命或罢免被投资方的关键管理人员权利、决定被投资方某项交易是否进行的权利、以及管理合同授予的决策权等。这些权利单独或者组合，可能赋予对被投资方的权力。

一般而言，当被投资方有一系列对回报具有重要影响的经营和财务活动，并且需要持续对这些活动作出实质性决策时，表决权或类似权利（单独或结合其他安排）将赋予投资者权力。

③实质性权利和保护性权利。投资方在判断是否拥有对被投资方的权力时，应当仅考虑与被投资方相关的实质性权利。

a. 实质性权利。在判断投资方是否拥有对被投资方的权力时，应仅考虑投资方及其他方享有的实质性权利。实质性权利是指持有人有实际能力行使的可执行的权利。实质性权利应是在对相关活动进行决策时可执行的权利。实质性权利通常是当前可执行的权利，但某些情况下目前不可行使的权利也可能是实质性权利。

b. 保护性权利。保护性权利仅为了保护权利持有人利益却没有赋予持有人对相关活动的决策权。它既没有赋予其持有人对被投资方拥有权力，也不能阻止被投资方的其他投资方对被投资方拥有权力。仅享有保护性权利的投资方不拥有对被投资方的权力。保护性权利通常仅适用于被投资方的活动发生根本性改变或某些特殊例外的情况，但并非所有在例外情况下行使的权利或在不确定事项发生时才行使的权利都是保护性权利。

（2）权力源自表决权。大部分情况下，投资方通过表决权或类似权利获得主导被投资方相关活动的现时权利。持有被投资方过半数表决权的投资方要对被投资方拥有权力，该投资方所拥有的表决权必须是实质性权利，且使该投资方具有主导该被投资方相关活动的现时能力（通常通过决定财务和经营政策实现）。

①持有被投资方半数以上表决权。通常情况下，当被投资方的相关活动由持有半数以上表决权的投资方决定，或者主导被投资方相关活动的管理层多数成员（管理层决策由多数成员表决通过）由持有半数以上表决权的投资方聘任时，持有被投资方过半数表决权的投资方拥有对被投资方的权力。

②持有被投资方半数以上投票权但无权力。

a. 确定持有半数以上表决权的投资方是否拥有权力，关键在于该投资方是否有现时能力主导被投资方的相关活动。当其他方拥有现时权利使其可以主导被投资方的相关活动(例如，持有半数以下表决权的其他方拥有实质性潜在表决权，并据此取得主导被投资方相关活动的现时权利)，且该其他方不是投资方的代理人时，则投资方不拥有对被投资方的权力。

b. 当投资方所拥有的表决权不是实质性权利时，即使投资方持有被投资方多数表决权，也不拥有对被投资方的权力。

在不存在其他因素时，通常持有半数以上表决权的投资方控制被投资方，但是，当章程或者其他协议存在某些特殊约定(如，被投资方相关活动的决策需要三分之二以上表决权比例通过)时，拥有半数以上但未达到约定比例等并不意味着能够控制被投资方。

③持有被投资方半数或半数以下表决权。持有半数或半数以下表决权的投资方(或者虽持有半数以上表决权，但表决权比例仍不足以主导被投资方相关活动的投资方，本部分下同)，应综合考虑下列事实和情况，以判断其持有的表决权与相关事实和情况相结合是否可以赋予投资方拥有对被投资方的权力。

a. 投资方持有的表决权份额相对于其他投资方持有的表决权份额的大小，以及其他投资方持有表决权的分散程度。

投资方持有的绝对表决权比例或相对于其他投资方持有的表决权比例越高，其现时能够主导被投资方相关活动的可能性越大；为否决投资方意见而需要联合的其他投资方越多，投资方现时能够主导被投资方相关活动的可能性越大。

【案例解析1】A投资者持有被投资者(甲投资者)48%的投票权，剩余投票权由数千位股东持有，但没有股东持有超过1%的投票权，没有任何股东与其他股东达成协议或能够作出共同决策。请分析A投资者是否拥有对该被投资者的权力？

解析 ▶ 当以其他股权的相对规模为基础判断所获得的投票权的比例时，A投资者确定48%的权益将足以使其拥有控制权。在这

种情况下，A投资者无须考虑权利的任何其他证据，即可以其持有股权的绝对规模和其他股东持有股权的相对规模为基础，确定其拥有充分决定性的投票权以满足权力的标准。

【案例解析2】A投资者持有被投资者40%的投票权，其他12位投资者各持有被投资方5%的投票权，股东协议授予A投资者任免负责相关活动的管理人员及确定其薪酬的权利，若要改变协议，须获得三分之二的多数股东表决权同意。请分析A投资者是否拥有对该被投资者的权力？

解析 ▶ 在这种情况下，单凭A投资者持有的投票权的绝对规模和与其他股东持有的相对规模，无法对投资者是否拥有足以赋予其权力的权利作出结论。但是，A投资者确定股东协议条款赋予其任免管理人员及确定其薪酬的权利，足以说明A投资者拥有对被投资者的权力。

b. 与其他表决权持有人的合同安排。投资方没有足够的表决权，但通过与其他表决权持有人的合同安排，投资方可以控制足够的表决权以主导被投资方的相关活动，从而拥有对被投资方的权力。该类合同安排需确保投资方能够主导其他表决权持有人的表决，即其他表决权持有人按照投资方的意愿进行表决，而不是与其他表决权持有人协商根据双方协商一致的结果进行表决。

【案例解析1】E企业拥有4名股东，分别为A企业、B企业、C企业和D企业，A企业持有E企业40%的普通股，其他3位股东各持有20%，E企业的相关活动受其董事会主导，董事会由6名董事组成，其中3名董事由A企业任命，剩余3名分别由B企业、C企业和D企业任命。

A企业和B企业单独签订合同安排，规定B企业任命的董事必须与A企业任命的董事以相同方式进行表决。请分析A企业是否拥有对E企业的权力？

解析 ▶ 若不存在其他因素，该合同安排赋予A企业在董事会议上获得涉及相关活动

的大多数投票权，这一事实将使 A 企业拥有对 E 企业的权力，即使 A 企业并未持有 E 企业的大多数投票权。

【案例解析 2】 E 企业拥有 4 名股东，分别为 A 企业、B 企业、C 企业和 D 企业，A 企业持有 E 企业 40% 的普通股，其他 3 位股东各持有 20%，E 企业的相关活动受其董事会主导，董事会由 6 名董事组成，其中 3 名董事由 A 企业任命，剩余 3 名分别由 B 企业、C 企业和 D 企业任命。

为避免董事审议陷入僵局，股东们签订协议赋予 A 企业任命的其中 1 名董事作为董事会主席，并且在董事会会议上享有额外的一票。请分析 A 企业是否拥有对 E 企业的权力？

解析 股东协议有效地赋予 A 企业在董事会会议上获得相关活动的大多数投票权，如果不存在其他因素，这将使 A 企业拥有对 E 企业的权力，即使 A 企业并未持有 E 企业的大多数投票权。

c. 其他合同安排产生的权利。投资方可能通过拥有的表决权和其他决策权相结合的方式使其目前有能力主导被投资方的相关活动。例如，合同安排赋予投资方在被投资方的权力机构中指派若干成员的权利，而该等成员足以主导权力机构对相关活动的决策。又如，投资方可能通过表决权和合同安排给予的其他权利，使其目前有能力主导被投资方的生产活动，或主导被投资方的其他经营和财务活动，从而对被投资方的回报产生重大影响。但是，在不存在其他权利时，仅仅是被投资方对投资方的经济依赖（如供应商和其主要客户的关系）不会导致投资方对被投资方拥有权力。

d. 其他因素分析。比如，投资方是否能够任命或批准被投资方的关键管理人员；投资方是否能够出于自身利益决定或者否决被投资方的重大交易；投资方是否能够控制被投资方董事会等类似权力机构成员的任命程序，或者从其他表决权持有人手中获得代理投票权；投资方与被投资方的关键管理人员

或董事会等类似权力机构中的多数成员是否存在关联关系；投资方与被投资方之间是否存在特殊关系等。

（3）权力源自表决权之外的其他权利。有时，投资方对一些主体的权力不是来自表决权，而是由一项或多项合同安排决定。例如，证券化产品、资产支持融资工具、部分投资基金等结构化主体。结构化主体是指其设计导致在确定其控制方时不能将表决权或类似权利作为决定因素的主体，主导该主体相关活动的依据通常是合同安排形式或其他安排形式。

5. 权力与回报之间的联系

只有当投资方不仅拥有对被投资方的权力，通过参与被投资方的相关活动而享有可变回报，并且有能力运用对被投资方的权力来影响其回报的金额时，投资方才控制被投资方。

权力是为自己行使的（行使人为主要责任人），而不是代其他方行使权力（行使人为代理人）。

老高提示1 规模大小、向母公司转移资金能力是否受到严格限制、与集团其他公司业务性质的差异均不影响合并范围的认定。

老高提示2 已宣告被清理整顿的子公司和已宣告破产的子公司，均不再受母公司控制，不纳入合并财务报表范围。

（四）对被投资方可分割部分的控制 ★

投资方通常应当对是否控制被投资方整体进行判断。但在少数情况下，如果有确凿证据表明同时满足下列条件并且符合相关法律法规规定的，投资方应当将被投资方的一部分（以下简称"该部分"）视为被投资方可分割的部分（单独主体），进而判断是否控制该单独主体：

（1）该部分的资产是偿付该部分负债或该部分其他利益方的唯一来源，不能用于偿还该部分以外的被投资方的其他负债；

（2）除与该部分相关的各方外，其他方

不享有与该部分资产相关的权利，也不享有与部分资产剩余现金流量相关的权利。

因此，实质上该部分的所有资产、负债及相关权益均与被投资方的其他部分相隔离，即：该部分的资产产生的回报不能由该部分以外的被投资方其他部分使用，该部分的负债也不能用该部分以外的被投资方资产偿还。

如果被投资方的一部分资产和负债及相关权益满足上述条件，构成可分割部分，则投资方应当基于控制的判断标准确定其是否能够控制该可分割部分，包括考虑该可分割部分的相关活动及其决策机制，投资方是否有能力主导可分割部分的相关活动并据以从中取得可变回报等。如果投资方控制该可分割部分，则应将其进行合并。此时，其他方在考虑是否控制并合并被投资方时，应仅对被投资方的剩余部分进行评估，不包括该可分割部分。

(五)合并范围的豁免——投资性主体★

1. 投资性主体的界定

同时满足如下三个条件时，应界定为投资性主体。

(1)该公司以向投资者提供投资管理服务为目的，从一个或多个投资者获取资金。

(2)该公司的唯一经营目的，是通过资本增值、投资收益或两者兼有而让投资者获得回报。

(3)该公司按照公允价值对几乎所有投资的业绩进行计量和评价。

2. 投资性主体的特征

(1)拥有一个以上的投资。

(2)拥有一个以上的投资者。

(3)投资者不是该主体的关联方。

(4)该主体的所有者权益以股权或类似权益方式存在。

3. 合并范围豁免原则

(1)母公司是投资性主体的，则只应将那些为投资性主体的投资活动提供相关服务的子公司纳入合并范围，其他子公司不应予

以合并，应按照公允价值计量且其变动计入当期损益。

(2)一个投资性主体的母公司如果其本身不是投资性主体，则应当将其控制的全部主体，包括投资性主体以及通过投资性主体间接控制的主体，纳入合并范围。

(3)当母公司由非投资性主体转为投资性主体时，除仅将为其投资活动提供相关服务的子公司纳入合并范围编制合并财务报表外，企业自转变日起对其他子公司不应予以合并，其会计处理参照部分处置子公司股权但不丧失控制权的处理原则。

(4)当母公司由投资性主体转变为非投资性主体时，应将原未纳入合并财务报表范围的子公司于转变日纳入合并财务报表范围，将转变日视为购买日，原未纳入合并报表范围的子公司于转变日的公允价值视为购买的交易对价，按照非同一控制下企业合并的会计处理方法进行会计处理。

(六)控制的持续评估★

当环境或情况发生变化时，投资方需要评估控制的三个基本要素中的一项或多项是否发生了变化。如果有任何事实或情况表明控制的三项基本要素中的一项或多项发生了变化，投资方应重新评估对被投资方是否具有控制。

【例题1·多选题】 ☆下列各项中，投资方在确定合并财务报表合并范围对应予以考虑的因素有(   )。

A. 被投资方的设立目的

B. 投资方是否拥有对被投资方的权力

C. 投资方是否通过参与被投资方的相关活动而享有可变回报

D. 投资方是否有能力运用对被投资方的权力影响其回报金额

解析 ▶ 合并财务报表的合并范围是指纳入合并财务报表编报的子公司的范围，应当以控制为基础予以确定。投资方要实现控制，必须具备两项基本要素：一是因涉入被投资方而

享有可变回报；二是拥有对被投资方的权力，并且有能力运用对被投资方的权力影响其回报金额。除此之外，还应该综合考虑所有相关事实和情况，其中，对被投资方的设立目的和设计分析，贯穿于判断控制的始终。

答案 ▶ ABCD

四、合并财务报表的编制原则 ★

(1)以母子公司个别财务报表为基础编制。
(2)一体性原则。
(3)重要性原则。

五、合并财务报表的编制程序 ★

(1)设置合并工作底稿。

(2)将母子公司个别财务报表过入合并工作底稿并计算出汇总数。
(3)编制内部调整、抵销分录并过入合并工作底稿。
(4)根据个别财务报表汇总数和内部抵销分录计算合并财务报表各项目合并数。
(5)根据合并数填列合并财务报表。

六、合并财务报表的准备工作

(一)将对子公司的长期股权投资调整为权益法 ★★★

按权益法调整对子公司的长期股权投资的具体会计处理方法见表19-1。

表 19-1　按权益法调整对子公司的长期股权投资

步骤	会计处理
调整一：初始投资成本的调整	如为商誉，无须调整； 如为负商誉，则调整如下： 借：长期股权投资 　　贷：未分配利润(如调整当年的，则贷"营业外收入")
调整二：被投资方分红的调整	借：投资收益(当年分红的调整) 　　未分配利润(以前年度分红的调整) 　　贷：长期股权投资
调整三：被投资方盈亏的调整	借：长期股权投资 　　贷：投资收益(当年盈余的调整) 　　　　未分配利润(以前年度盈余的调整) 如为亏损，则反之
	如果是非同一控制的背景，需以子公司按公允口径算得的净利润为调整依据
调整四：被投资方其他综合收益的影响	借：长期股权投资 　　贷：其他综合收益 或反之
调整五：被投资方其他所有者权益变动的影响	借：长期股权投资 　　贷：资本公积 或反之

(二)统一母子公司的会计政策 ★

母公司应当统一子公司所采用的会计政策，使子公司采用的会计政策与母公司保持一致。子公司所采用的会计政策与母公司不一致的，应当按照母公司的会计政策对子公司财务报表进行必要的调整；或者要求子公司按照母公司的会计政策另行编报财务报表。

【例题2·多选题】 ☆母公司在编制合并财务报表前，对子公司所采用会计政策与其不一致的情形进行的下列会计处理中，正确的有( )。

A. 按照子公司的会计政策另行编报母公司的财务报表

B. 要求子公司按照母公司的会计政策另行编报子公司的财务报表

C. 按照母公司自身的会计政策对子公司财务报表进行必要的调整

D. 按照子公司的会计政策对母公司自身财务报表进行必要的调整

解析 编制财务报表前，应当尽可能地统一母公司和子公司的会计政策，统一要求子公司所采用的会计政策与母公司保持一致。

答案 BC

(三)统一母子公司的会计期间 ★

子公司的会计期间与母公司不一致的，应当按照母公司的会计期间对子公司财务报表进行调整；或者要求子公司按照母公司的会计期间另行编报财务报表。

(四)对子公司以外币表示的财务报表进行折算 ★

(五)收集编制合并财务报表的相关

资料 ★

(1)子公司相应期间的财务报表；

(2)采用的与母公司不一致的会计政策及其影响金额；

(3)与母公司不一致的会计期间的说明；

(4)与母公司、其他子公司之间发生的所有内部交易的相关资料；

(5)所有者权益变动的有关资料；

(6)编制合并财务报表所需要的其他资料。

(六)按子公司可辨认资产、负债在购买日的公允价值进行调整(仅适用于非同一控制下的企业合并) ★

如果是非同一控制下的企业合并，需将子公司的账表数据按购买日可辨认资产、负债及或有负债的公允价值标准为基础进行公允口径调整后再进行合并数据的处理。

【关键考点】 记住合并会计报表前的准备工作，掌握长期股权投资由成本法调整为权益法的数据推算。

七、合并资产负债表和合并利润表的编制

编制合并资产负债表和合并利润表应做的相关抵销处理见表19-2。

表19-2 编制合并资产负债表和合并利润表应做的相关抵销处理

性质	内容
内部投资的抵销	母公司股权投资与子公司所有者权益的抵销
	母公司投资收益与子公司利润分配的抵销
内部债权债务的抵销	应收账款与应付账款的抵销
	应收票据与应付票据的抵销
	预付账款与预收账款的抵销
	债权投资与应付债券的抵销
	应收股利与应付股利的抵销
	其他应收款与其他应付款的抵销

续表

性质	内容
内部交易的抵销	内部商品交易的抵销
	内部固定资产交易的抵销
	内部无形资产交易的抵销

老高提示1 上述内部债权债务的抵销与内部交易的抵销既包括母子公司之间，也包括子公司相互之间。

老高提示2 在处理合并会计报表综合试题时，应根据上述内容逐一考虑，才能避免遗漏，确保解答完整。

【例题3·多选题】 ☆下列各项中，企业编制合并财务报表时，需要进行抵销处理的有（　）。

A. 母公司对子公司长期股权投资与其对应的子公司所有者权益中所享有的份额

B. 母公司向子公司转让无形资产价款中包含的未实现内部销售利润

C. 子公司向母公司销售商品价款中包含的未实现内部销售利润

D. 母公司和子公司之间的债权与债务

答案 ▶ ABCD

（一）内部投资的抵销 ★★★

1. 母公司的长期股权投资与子公司所有者权益的抵销

借：实收资本（股本）
　　资本公积
　　其他综合收益
　　盈余公积
　　未分配利润—年末

> 抄自子公司修正后的所有者权益（如果非同一控制，应以公允口径修正后的标准抵销）

商誉
贷：长期股权投资（母公司对该特定子公司投资的账面余额+成本法转权益法的调整数）
　　少数股东权益（用修正后的子公司所有者权益×少数股东持股比例）

2. 母公司的投资收益与子公司利润分配的抵销

借：投资收益[子公司净利润（非同一控制下需调整至公允口径）×母公司的持股比例]
　　少数股东损益[子公司净利润（非同一控制下需调整至公允口径）×少数股东持股比例]
　　未分配利润—年初
贷：提取盈余公积
　　对所有者（或股东）的分配
　　未分配利润—年末

> 抄自子公司所有者权益变动表

『拓展』并入合并数据的被合并方资产、负债的集团会计口径与计税口径对比，见表19-3。

表19-3　并入合并数据的被合并方资产、负债的集团会计口径与计税口径对比

项目	应税合并		免税合并	
	会计口径	计税口径	会计口径	计税口径
非同一控制下企业合并	公允价值	公允价值	公允价值	原计税基础
同一控制下企业合并	账面价值	公允价值	账面价值	原计税基础

3. 内部投资的抵销——非同一控制下应税合并的企业合并案例

【例题 4·分析题】甲公司 2×14 年的有关业务资料如下。

(1)2×14 年 1 月 1 日,甲公司以银行存款 1 100 万元,自非关联方 H 公司购入乙公司 80% 有表决权的股份。当日,乙公司账面所有者权益总额为 800 万元,其中,股本 600 万元,资本公积 100 万元,盈余公积 20 万元,未分配利润 80 万元。当日乙公司有一项专利权账面价值为 200 万元,公允价值为 300 万元,尚可使用 10 年,假定无残值。

(2)2×14 年 3 月,甲公司向乙公司销售 A 商品一批,售价 100 万元,成本 80 万元,增值税税率为 13%,至 2×14 年 12 月 31 日,乙公司已将该批 A 商品对外售出 50%。

(3)2×14 年 6 月,甲公司自乙公司购入 B 商品作为管理用固定资产,采用年限平均法计提折旧,折旧年限为 5 年,预计净残值为零。乙公司出售该商品不含增值税货款为 200 万元,成本为 150 万元;甲公司已于当日支付货款。

(4)2×14 年度,乙公司实现净利润 150 万元,年末计提盈余公积 15 万元,当年乙公司分红 40 万元。

(5)2×14 年年末乙公司持有的其他债权投资增值 30 万元(已扣除所得税影响)。

假定本题属于应税合并,所得税率为 25%,且不要求编制内部交易的抵销分录。

2×14 年母公司个别会计报表及合并会计报表中应如何进行会计处理?

解析 ➡ 2×14 年母公司个别会计报表及合并会计报表的相关会计处理如下。

(1)合并当日的会计处理。

①母公司个别报表中的分录:

借:长期股权投资 1 100
  贷:银行存款 1 100

②合并当日编制合并报表需做的前期准备工作——将子公司的数据调为公允口径:

借:无形资产 100

  贷:资本公积 100

③合并当日编制合并报表的抵销分录:

借:股本 600
  资本公积 (100+100)200
  盈余公积 20
  未分配利润 80
  商誉
  [1 100-(800+100)×80%]380
  贷:长期股权投资 1 100
   少数股东权益 180

(2)2×14 年分红时母公司个别报表的处理及 2×14 年年末母公司编制合并报表时的会计处理。

①母公司的个别分录。

分红时:

借:应收股利 32
  贷:投资收益 (40×80%)32
借:银行存款 32
  贷:应收股利 32

2×14 年年末该项长期股权投资的账面余额为 1 100 万元。

②合并报表前的准备工作。

首先,将子公司的数据调整为公允口径:

借:无形资产 100
  贷:资本公积 100
借:管理费用 10
  贷:无形资产 (100/10)10

其次,将母公司的长期股权投资追溯为权益法。

a. 初始投资成本为 1 100 万元,当日所占可辨认净资产的公允价值为 720 万元(900×80%),形成商誉 380 万元,无须追溯,直接在长期股权投资与子公司所有者权益的抵销分录中确认商誉即可。

b. 对被投资方分红的追溯。

借:投资收益 32
  贷:长期股权投资 32

c. 对被投资方净利润的追溯。

将子公司净利润修正为公允口径后的金额=150-10=140(万元)。

按母公司享有调整后的子公司净利润份额作如下追溯分录：

借：长期股权投资 （140×80%）112

　　贷：投资收益 112

d. 对被投资方其他综合收益的追溯。

借：长期股权投资 24

　　贷：其他综合收益 （30×80%）24

e. 追溯后的长期股权投资余额＝1 100-32+112+24＝1 204（万元）。

③母公司的长期股权投资与子公司所有者权益的抵销：

借：股本 600

　　资本公积 （100+100）200

　　其他综合收益 30

　　盈余公积 （20+15）35

　　未分配利润——年末

　　（年初未分配利润80万元+当年修正后的净利润140万元-分红40万元-提取盈余公积15万元）165

　　商誉 380

　　贷：长期股权投资 1 204

　　　　少数股东权益

　　　　［年末子公司修正后的所有者权益总计（600 + 200 + 30 + 35 + 165）×20%］ 206

④母公司当年投资收益与子公司利润分配的抵销：

借：投资收益 （140×80%）112

　　少数股东损益 （140×20%）28

　　未分配利润——年初 80

　　贷：提取盈余公积 15

　　　　对所有者（或股东）的分配 40

　　　　未分配利润——年末 165

【例题5·分析题】续例题4，2×15年度的有关业务资料如下：

（1）2×15年4月，乙公司将剩余的A商品全部对外售出。

（2）2×15年度，乙公司实现净利润300万元，年末计提盈余公积30万元，当年乙公司分红20万元。

（3）2×15年年末乙公司持有的其他债权投资增值40万元（已扣除所得税影响）。

2×15年母公司个别会计报表及合并会计报表中应如何进行会计处理？

解析 ▶ 2×15年母公司个别会计报表及合并会计报表的有关会计处理如下：

（1）母公司的个别报表中的分录。

被投资方分红20万元时：

借：应收股利 16

　　贷：投资收益 16

借：银行存款 16

　　贷：应收股利 16

2×15年年末该项长期股权投资的账面余额为1 100万元。

（2）合并报表前的准备工作。

首先，将子公司的数据调整为公允口径：

借：无形资产 100

　　贷：资本公积 100

借：未分配利润——年初 10

　　管理费用 10

　　贷：无形资产 20

然后，将母公司的长期股权投资调整为权益法：

①初始投资成本为1 100万元，当日所占可辨认净资产的公允价值为720万元（900×80%），形成商誉380万元，无须调整。

②对被投资方2×14年分红的调整：

借：未分配利润——年初 32

　　贷：长期股权投资 32

③对被投资方2×14年净利润的调整。

将子公司净利润修正为公允口径后的金额＝150-10＝140（万元）。

按母公司享有调整后的子公司净利润份额作如下调整分录：

借：长期股权投资 （140×80%）112

　　贷：未分配利润——年初 112

④对被投资方2×14年其他综合收益的调整：

借：长期股权投资 24

　　贷：其他综合收益 24

⑤对被投资方2×15年分红的调整：

借：投资收益　16
　　贷：长期股权投资　16

⑥对被投资方2×15年净利润的调整。

将子公司净利润修正为公允口径后的金额=300-10=290（万元）。

按母公司享有调整后的子公司净利润份额作如下调整分录：

借：长期股权投资　（290×80%）232
　　贷：投资收益　232

⑦被投资方其他综合收益的调整：

借：长期股权投资　32
　　贷：其他综合收益　32

⑧调整后的长期股权投资余额=1 100-32+112+24-16+232+32=1 452（万元）。

（3）母公司的长期股权投资与子公司所有者权益的抵销。

借：股本　600
　　资本公积　（100+100）200
　　其他综合收益　（30+40）70
　　盈余公积　（20+15+30）65
　　未分配利润—年末
　　　（165+290-20-30）405
　　商誉　380
　　贷：长期股权投资　1 452
　　　少数股东权益
　　　[（600+200+70+65+405）×20%]268

（4）母公司当年投资收益与子公司利润分配的抵销：

借：投资收益　（290×80%）232
　　少数股东损益　（290×20%）58
　　未分配利润—年初　165
　　贷：提取盈余公积　30
　　　对所有者（或股东）的分配　20
　　　未分配利润—年末　405

4. 内部投资的抵销——非同一控制下免税合并的企业合并案例

【例题6·分析题】甲公司2×14年度的有关业务资料如下。

（1）2×14年1月1日，甲公司以银行存

款1 100万元，自非关联方H公司购入乙公司80%有表决权的股份。当日，乙公司账面所有者权益总额为800万元，其中，股本600万元，资本公积100万元，盈余公积20万元，未分配利润80万元。当日乙公司有一项专利权账面价值为200万元，公允价值为300万元，尚可使用10年，假定无残值。税法政策认定此合并为免税合并。所得税税率为25%。

（2）2×14年3月，甲公司向乙公司销售A商品一批，售价100万元，成本80万元，增值税税率为13%，至2×14年12月31日，乙公司已将该批A商品对外售出50%。

（3）2×14年6月，甲公司自乙公司购入B商品作为管理用固定资产，采用年限平均法计提折旧，折旧年限为5年，预计净残值为零。乙公司出售该商品不含增值税货款200万元，成本为150万元；甲公司已于当日支付货款。

（4）2×14年度，乙公司实现净利润150万元，年末计提盈余公积15万元，当年乙公司分红40万元。

（5）2×14年年末乙公司持有的其他债权投资增值30万元(已扣除所得税影响)。

不考虑内部交易的抵销的分录。

2×14年母公司个别会计报表及合并会计报表中应如何进行会计处理？

解析 2×14年母公司个别会计报表及合并会计报表的相关会计处理如下：

（1）合并当日的会计处理。

①母公司个别报表中的分录：

借：长期股权投资　1 100
　　贷：银行存款　1 100

②合并当日编制合并报表需做的前期准备工作——将子公司的数据调为公允口径：

借：无形资产　100
　　贷：资本公积　75
　　　递延所得税负债　25

③合并当日编制合并报表的抵销分录：

借：股本　　　　　　　　600
　　资本公积　　　（100+75）175
　　盈余公积　　　　　　　20
　　未分配利润　　　　　　80
　　商誉
　　　［1 100-(800+75)×80%］400
　贷：长期股权投资　　　1 100
　　少数股东权益
　　　［(600+175+20+80)×20%］175

（2）2×14年分红时母公司个别报表的处理及2×14年年末母公司编制合并报表时的会计处理。

①母公司的个别分录：

分红时：

借：应收股利　　　　　　32
　贷：投资收益　　　　　　　32

借：银行存款　　　　　　32
　贷：应收股利　　　　　　　32

2×14年年末该项长期股权投资的账面余额为1 100万元。

②合并报表前的准备工作。

首先，将子公司的数据调整为公允口径：

借：无形资产　　　　　　100
　贷：资本公积　　　　　　　75
　　递延所得税负债　　　　25

借：管理费用　　　　　　10
　贷：无形资产　　　　　　　10

借：递延所得税负债　　　2.5
　贷：所得税费用　　　　　　2.5

其次，将母公司的长期股权投资调整为权益法：

a. 初始投资成本为1 100万元，当日所占可辨认净资产的公允价值为700万元（875×80%），形成商誉400万元，无须调整，直接在长期股权投资与子公司所有者权益的抵销分录中确认商誉即可。

b. 对被投资方分红的调整：

借：投资收益　　　　　　32
　贷：长期股权投资　　　　　32

c. 对被投资方净利润的调整。

将子公司净利润修正为公允口径后的金额=150-(10-2.5)=142.5(万元)。

按母公司享有调整后的子公司净利润份额作如下调整分录：

借：长期股权投资（142.5×80%）114
　贷：投资收益　　　　　　　114

d. 对被投资方其他综合收益的调整：

借：长期股权投资　　　　24
　贷：其他综合收益　　　　　24

e. 追溯后的长期股权投资余额=1 100-32+114+24=1 206(万元)。

③母公司的长期股权投资与子公司所有者权益的抵销。

借：股本　　　　　　　　600
　　资本公积　　　（100+75）175
　　其他综合收益　　　　　30
　　盈余公积　　　（20+15）35
　　未分配利润—年末（年初未分配利润80万元+当年修正后的净利润142.5万元-分红40万元-提取盈余公积15万元）　　167.5
　　商誉　　　　　　　　400
　贷：长期股权投资　　　1 206
　　少数股东权益
　　　［年末子公司修正后的所有者权益总计（600+175+30+35+167.5）×20%］　201.5

④母公司当年投资收益与子公司利润分配的抵销。

借：投资收益　　（142.5×80%）114
　　少数股东损益
　　　　　　（142.5×20%）28.5
　　未分配利润—年初　　　80
　贷：提取盈余公积　　　　　15
　　对所有者（或股东）的分配　40
　　未分配利润—年末　　167.5

【例题7·分析题】续例题6，2×15年度的有关业务资料如下。

（1）2×15年4月，乙公司将剩余的A商品全部对外售出。

（2）2×15 年度，乙公司实现净利润 300 万元，年末计提盈余公积 30 万元，当年乙公司分红 20 万元。

（3）2×15 年年末乙公司持有的其他债权投资增值 40 万元（已扣除所得税影响）。

2×15 年母公司个别会计报表及合并会计报表中应如何进行会计处理？

解析 ▶ 2×15 年母公司个别会计报表及合并会计报表的有关会计处理如下：

（1）母公司的个别分录。

被投资方分红 20 万元时：

借：应收股利 16

　　贷：投资收益 16

借：银行存款 16

　　贷：应收股利 16

2×15 年年末该项长期股权投资的账面余额为 1 100 万元。

（2）合并报表前的准备工作。

首先，将子公司的数据调整为公允口径：

借：无形资产 100

　　贷：资本公积 75

　　　　递延所得税负债 25

借：未分配利润—年初 10

　　管理费用 10

　　贷：无形资产 20

借：递延所得税负债 5

　　贷：未分配利润—年初 2.5

　　　　所得税费用 2.5

其次，将母公司的长期股权投资调整为权益法：

①初始投资成本为 1 100 万元，当日所占可辨认净资产的公允价值为 700 万元（875×80%），形成商誉 400 万元，无须调整。

②对被投资方 2×14 年分红的调整：

借：未分配利润—年初 32

　　贷：长期股权投资 32

③对被投资方 2×14 年净利润的调整：

将子公司修正为公允口径标准后的金额 =150-（10-2.5）=142.5（万元）

按母公司享有调整后的子公司净利润份额作如下调整分录：

借：长期股权投资（142.5×80%）114

　　贷：未分配利润—年初 114

④对被投资方 2×14 年其他综合收益的调整：

借：长期股权投资 24

　　贷：其他综合收益 24

⑤对被投资方 2×15 年分红的调整：

借：投资收益 16

　　贷：长期股权投资 16

⑥对被投资方 2×15 年净利润的调整。

将子公司净利润修正为公允口径后的金额 =300-10+2.5=292.5（万元）。

按母公司享有调整后的子公司净利润份额作如下调整分录：

借：长期股权投资（292.5×80%）234

　　贷：投资收益 234

⑦对被投资方其他综合收益的调整：

借：长期股权投资 32

　　贷：其他综合收益 32

⑧追溯后的投资余额 =1 100-32+114+24-16+234+32=1 456（万元）。

（3）母公司的长期股权投资与子公司所有者权益的抵销。

借：股本 600

　　资本公积 （100+75）175

　　其他综合收益 （30+40）70

　　盈余公积 （20+15+30）65

　　未分配利润—年末

　　　（167.5+292.5-20-30）410

　　商誉 400

　　贷：长期股权投资 1 456

　　　　少数股东权益

　　［（600+175+70+65+410）×20%］264

（4）母公司当年投资收益与子公司利润分配的抵销。

借：投资收益 （292.5×80%）234

　　少数股东损益

　　　（292.5×20%）58.5

　　未分配利润—年初 167.5

贷：提取盈余公积 30
　　对所有者(或股东)的分配 20
　　未分配利润—年末 410

【例题8·单选题】 ☆2×16年1月1日，甲公司从本集团内另一企业处购入乙公司80%有表决权的股份，构成了同一控制下企业合并。2×16年度，乙公司实现净利润800万元，分派现金股利250万元。2×16年12月31日，甲公司个别资产负债表中所有者权益总额为9 000万元，不考虑其他因素，甲公司2×16年12月31日合并资产负债表中归属于母公司所有者权益的金额为( )万元。

A. 9 550　　　　B. 9 640
C. 9 440　　　　D. 10 050

解析 ▶归属于母公司的所有者权益金额＝800×80%－250×80%＋9 000＝9 440(万元)。

答案 ▶C

【例题9·综合题】 ☆甲公司和乙公司适用的企业所得税税率均为25%，预计未来期间适用的企业所得税税率均不会发生变化，未来期间均能够产生足够的应纳税所得额用以抵减可抵扣暂时性差异。2×20年度，甲公司和乙公司发生的相关交易或事项如下：

资料一：2×20年1月1日，甲公司定向增发普通股2 000万股从非关联方取得乙公司60%的有表决权股份，能够对乙公司实施控制，定向增发的普通股每股面值为1元，公允价值为每股7元。当日，乙公司可辨认净资产的账面价值为22 000万元，其中股本14 000万元，资本公积5 000万元，盈余公积1 000万元，未分配利润2 000万元，除一项账面价值400万元、公允价值600万元的行政管理用A无形资产外，其他各项可辨认资产、负债的公允价值与其账面价值均相同。该交易发生之前，甲公司不持有乙公司股份且与乙公司不存在关联方关系。该企业合并不构成反向购买。甲公司和乙公司的会计政策、会计期间相同。

资料二：2×20年1月1日，甲公司和乙

公司均预计A无形资产尚可使用5年，预计净残值为0，采用直线法摊销。在A无形资产尚可使用年限内，其计税基础与乙公司个别财务报表中的账面价值相同。

资料三：2×20年12月1日，乙公司以银行存款500万元购入丙公司100万股股票，将其指定为以公允价值计量且其变动计入其他综合收益的金融资产，该金融资产的初始入账价值与计税基础一致。2×20年12月31日，乙公司持有的丙公司100万股股票的公允价值为540万元。根据税法规定，乙公司所持丙公司股票的公允价值变动不计入当期应纳税所得额，待转让时将转让收入扣除初始投资成本的差额计入当期的应纳税所得额。

资料四：2×20年度，乙公司实现净利润3 000万元，提取法定盈余公积300万元。甲公司以甲、乙公司个别财务报表为基础编制合并财务报表，合并工作底稿中将甲公司对乙公司的长期股权投资由成本法调整为权益法。

本题不考虑除企业所得税以外的税费及其他因素。

要求：

(1)编制甲公司2×20年1月1日定向增发普通股取得乙公司60%股权的会计分录。

(2)编制乙公司2×20年12月1日取得丙公司股票的会计分录。

(3)分别编制乙公司2×20年12月31日对所持丙公司股票按公允价值计量的会计分录和确认递延所得税的会计分录。

(4)编制甲公司2×20年12月31日与合并资产负债表、合并利润表相关的调整和抵销分录。

答案 ▶(1)会计分录为：
借：长期股权投资(2 000×7)14 000
　　贷：股本 2 000
　　　　资本公积 12 000
(2)会计分录为：
借：其他权益工具投资—成本 500

贷：银行存款　　　　　　　　500

（3）会计分录为：

借：其他权益工具投资—公允价值变动

　　　　　　　　（540-500）40

　　贷：其他综合收益　　　　　40

借：其他综合收益　　　　　　10

　　贷：递延所得税负债（40×25%）10

（4）调整子公司评估增值：

借：无形资产　　　　　　　　200

　　贷：资本公积　　　　　　　150

　　　　递延所得税负债（200×25%）50

借：管理费用　　　　　　　　40

　　贷：无形资产　　　　（200/5）40

借：递延所得税负债（40×25%）10

　　贷：所得税费用　　　　　　10

将对子公司的长期股权投资调整为权益法：

乙公司调整后的净利润=3 000-40+10=2 970（万元）。

借：长期股权投资

　　　　　　　（2 970×60%）1 782

　　贷：投资收益　　　　　　1 782

借：长期股权投资　　（30×60%）18

　　贷：其他综合收益　　　　　18

抵销长期股权投资与子公司所有者权益：

借：股本　　　　　　　　　14 000

　　资本公积　　（5 000+150）5 150

　　盈余公积　　（1 000+300）1 300

　　未分配利润

　　　　　　（2 000+2 970-300）4 670

　　其他综合收益　　　　　　30

　　商誉

　　［14 000-（22 000+150）×60%］710

　　贷：长期股权投资

　　　　　　（14 000+1 782+18）15 800

　　　　少数股东权益

　　　　　［（14 000+5 150+1 300+

　　　　　　4 670+30）×40%]10 060

抵销投资收益与子公司的利润分配：

借：投资收益　　（2 970×60%）1 782

少数股东损益

　　　　　　（2 970×40%）1 188

未分配利润—年初　　　　　2 000

　　贷：提取盈余公积　　　　　300

　　　　未分配利润—年末　　4 670

（二）内部债权债务的抵销★★★

1. 内部债权债务的形式

（1）应收账款和应付账款；

（2）其他应收款和其他应付款；

（3）预收账款和预付账款；

（4）债权投资和应付债券；

（5）应收票据和应付票据。

2. 内部应收账款和应付账款的抵销

（1）根据期末内部应收账款余额作如下抵销：

借：应付账款

　　贷：应收账款

（2）根据期初内部应收账款已提过的坏账准备作如下抵销：

借：应收账款

　　贷：未分配利润—年初

（3）根据当年内部应收账款所计提或反冲坏账准备的会计分录，倒过来即为抵销分录：

借：应收账款

　　贷：信用减值损失

或：借：信用减值损失

　　　贷：应收账款

【例题10·分析题】甲公司是乙公司的母公司，2×08年年初乙公司应收账款中有应收甲公司的50 000元，年末应收账款中有应收甲公司的40 000元，假定乙公司提取坏账准备的比例为10%。

要求：做出甲公司当年编制合并报表时的有关内部债权、债务的抵销分录。

解析 （1）首先根据期末内部债权、债务额作如下抵销：

借：应付账款　　　　　　40 000

　　贷：应收账款　　　　　　40 000

（2）根据期初内部应收账款已提过的坏账准备作如下抵销：

借：应收账款　（50 000×10%）5 000

　　贷：未分配利润——年初　　　5 000

（3）当年乙公司针对内部应收账款需要反冲坏账准备 1 000 元（50 000×10% – 40 000×10%），因此倒过来即为抵销分录：

借：信用减值损失　　　　　1 000

　　贷：应收账款　　　　　　　1 000

3. 债权投资和应付债券的抵销

【案例引入】　A 公司是 B 公司的母司，A 公司 2×10 年年初发行债券给 B 公司，发行价为 102 万元，面值为 100 万元，票面利率为 6%，期限为 3 年，到期一次还本付息，实际利率为 5%，A 公司所筹资金用于工程建设，建设期 1 年，2×10 年年末固定资产达到预定可使用状态，折旧期为 10 年，无残值，A 公司采用直线法提取折旧，折旧费用列支于管理费用。

要求：做出编制合并财务报表时关于 2×10 年至 2×12 年的抵销分录。

解析 ▶　（1）2×10 年抵销分录为：

①借：应付债券

　　　　　［102×(1+5%)］107.1

　　贷：债权投资　　　　　　　107.1

②借：投资收益　　（102×5%）5.1

　　贷：固定资产　　　　　　　5.1

（2）2×11 年抵销分录为：

①借：应付债券

　　　　　［102×(1+5%)²]112.46

　　贷：债权投资　　　　　　112.46

②借：投资收益

　　　　　［102×(1+5%)×5%]5.36

　　贷：财务费用　　　　　　　5.36

③借：未分配利润——年初　　　5.1

　　贷：固定资产　　　　　　　5.1

④借：固定资产　　　　　　　0.51

　　贷：管理费用　　　　　　　0.51

（3）2×12 年抵销分录为：

①借：投资收益

　　{6-［2-(6-5.1)-(6-5.36)]}5.54

　　贷：财务费用　　　　　　　5.54

②借：未分配利润——年初　　　5.1

　　贷：固定资产　　　　　　　5.1

③借：固定资产　　　　　　　0.51

　　贷：未分配利润——年初　　0.51

④借：固定资产　　　　　　　0.51

　　贷：管理费用　　　　　　　0.51

【理论总结】

（1）根据期末债权投资的账面余额和应付债券的账面余额作如下分录：

借：应付债券

　　贷：债权投资

（2）如果发行方所筹资金用于非工程项目，则根据当年投资方所提的利息收益和发行债券方所计提的利息费用作如下处理：

借：投资收益

　　贷：财务费用

如果这两项不相等，则就低不就高，高出部分是总集团认可的部分。

（3）如果发行方所筹资金用于工程项目，则分别按以下两种情况来处理：

a. 根据当年投资方所提的利息收益和发行方当年所提的利息费用作如下处理：

借：投资收益

　　贷：财务费用［计入当期财务费用的部分］

　　　　在建工程［计入当期工程成本的部分］

b. 根据以前年度债券发行方所提的利息费用及资本化部分结合投资方所提的利息收益部分作如下调整：

借：未分配利润——年初

　　贷：在建工程

如果工程已经完工，则需改记入"固定资产"项目并按固定资产内部交易原则来处理，在此不再赘述。

4. 对于其他内部债权和债务一般只需作如下抵销

借：内部债务

　　贷：内部债权

(三)存货内部交易的抵销 ★★★

1. 存货内部交易的界定

只有内部交易的买卖双方都将交易资产视为存货时才可作存货内部交易来处理。

2. 七组固定的抵销分录

(1)内部交易的买方当年购入存货当年并未售出时:

借:营业收入
　　贷:营业成本
　　　　存货

(2)内部交易的买方当年购入存货当年全部售出时:

借:营业收入
　　贷:营业成本

(3)当年购入的存货,当年留一部分卖一部分。

①先假定都卖出去:

借:营业收入
　　贷:营业成本

②再对留存存货的虚增价值进行抵销:

借:营业成本
　　贷:存货

(4)上年购入的存货,本年全部留存:

借:未分配利润—年初
　　贷:存货

(5)上年购入的存货,本年全部售出:

借:未分配利润—年初
　　贷:营业成本

(6)上年购入的存货,本年留一部分,卖一部分。

①先假定都售出:

借:未分配利润—年初
　　贷:营业成本

②对留存存货的虚增价值作如下抵销:

借:营业成本
　　贷:存货

(7)存货跌价准备在存货内部交易中的处理。

①先对上期多提的跌价准备进行反冲:

借:存货
　　贷:未分配利润—年初

②对于本期末存货跌价准备的处理,先站在个别公司角度认定应提或应冲额,然后站在总集团角度再认定应提或应冲额,两相比较,补差即可。分录如下:

借:存货
　　贷:资产减值损失

或:借:资产减值损失
　　　　贷:存货

【例题 11·分析题】(1)甲公司是乙公司的母公司,2×10年甲公司销售商品给乙公司,售价100万元,成本60万元,乙公司购入后当年并未售出,年末该存货的可变现净值为70万元。

要求:做出2×10年年末编制合并报表时的抵销分录。

解析 ①借:营业收入　　　　100
　　　　贷:营业成本　　　　　　60
　　　　　　存货　　　　　　　　40

②个别财务报表中,对该存货计提存货跌价准备的金额=100-70=30(万元),而合并财务报表中,存货的成本60万元小于可变现净值70万元,不需要计提存货跌价准备,需要将个别财务报表中计提的存货跌价准备的金额全额转回,即:

借:存货　　　　　　　　　30
　　贷:资产减值损失　　　　　30

(2)2×11年乙公司将上年购入的商品留一半卖一半,年末商品的可变现净值为26万元。

要求:做出2×11年年末编制合并报表时的抵销分录。

解析 2×11年年末的抵销分录如下:

①借:未分配利润—年初　　40
　　贷:营业成本　　　　　　　40

②借:营业成本　　　　　　20
　　贷:存货　　　　　　　　　20

③借:存货　　　　　　　　30
　　贷:未分配利润—年初　　　30

④将存货对外出售一半，个别财务报表中将原计提的存货跌价准备金额转出一半（30×50%＝15），合并财务报表中该存货并未减值，不涉及存货跌价准备的结转，因此，需要将个别财务报表中转出存货跌价准备的处理抵销掉，即：

借：营业成本　　　　　　　　　　15
　　贷：存货　　　　　　　　　　　15

⑤年末乙公司应提取减值准备24万元，已提过准备15万元，补提准备9万元，而总集团认为当年应提准备4万元（60×50%－26），对乙公司多提的跌价准备作如下反冲：

借：存货　　　　　　　　　　　　5
　　贷：资产减值损失　　　　　　　5

3．解题思路

（1）先推定存货的流转顺序。

（2）根据流转顺序直接匹配上述分录即可。

（3）应擅于用毛利率测算存货的虚增价值部分。

【例题12·分析题】 甲公司是乙公司的母公司，2×19年年初乙公司的库存商品中有从甲公司购入的30 000元，当时的销售毛利率为20%，当年甲公司又向乙公司销售商品50 000元，毛利率为30%，当年乙公司销售出去了部分自甲公司购入的商品，结转销售成本45 000元。乙公司采用先进先出法结转存货成本。

要求：根据上述资料，做出当年有关存货内部交易的抵销分录。

解析 （1）首先，推定出当年所售出的内部交易商品来自上年购入的是30 000元，则针对此部分应适用固定分录五，抵销分录如下：

借：未分配利润—年初
　　　　　　　（30 000×20%）6 000
　　贷：营业成本　　　　　　　6 000

（2）其次，认定出当年新购入的内部交易存货中有15 000元完成了对外销售，其余全部留存，则应匹配固定分录三，抵销分录

如下：

先假定全部售出：

借：营业收入　　　　　　　　50 000
　　贷：营业成本　　　　　　　50 000

再针对留存存货的虚增部分进行抵销：

借：营业成本（35 000×30%）10 500
　　贷：存货　　　　　　　　　10 500

【例题13·单选题】 ☆2×12年10月12日，甲公司向其子公司乙公司销售一批商品，不含增值税的销售价格为3 000万元，增值税税额为390万元，款项尚未收到，该批商品成本为2 200万元。至当年12月31日，乙公司已将该批商品对外销售80%，不考虑其他因素，甲公司在编制2×12年12月31日合并资产负债表时，"存货"项目应抵销的金额为（　）万元。

A．160　　　　　　B．440
C．600　　　　　　D．640

解析 ▶ 应抵销的"存货"项目金额＝（3 000－2 200）×20%＝160（万元）。**答案** ▶ A

（四）固定资产内部交易的抵销★★★

【案例引入】 甲公司是乙公司的母公司。2×14年1月1日甲公司销售商品给乙公司，商品的成本为80万元，售价为100万元，增值税税率为13%，乙公司购入后作为固定资产用于管理部门，假定该固定资产折旧期为5年，没有残值，乙公司采用直线法提取折旧，为简化起见，假定2×14年对该固定资产按12个月计提折旧。

要求：根据上述资料，编制甲公司2×14～2×17年编制合并财务报表时的抵销分录。

解析 ▶（1）2×14年的抵销分录：

借：营业收入　　　　　　　　　100
　　贷：营业成本　　　　　　　　80
　　　　固定资产　　　　　　　　20
借：固定资产　　　　　　　　　　4
　　贷：管理费用　　　　　　（20/5）4

（2）2×15年的抵销分录：

借：未分配利润—年初　　　　　　20

贷：固定资产   20

借：固定资产   4

  贷：未分配利润—年初 4

借：固定资产   4

  贷：管理费用   4

（3）2×16年的抵销分录：

借：未分配利润—年初 20

  贷：固定资产   20

借：固定资产   8

  贷：未分配利润—年初 8

借：固定资产   4

  贷：管理费用   4

（4）2×17年的抵销分录：

借：未分配利润—年初 20

  贷：固定资产   20

借：固定资产   12

  贷：未分配利润—年初 12

借：固定资产   4

  贷：管理费用   4

【理论总结】

1. 固定资产内部交易当年的抵销分录

（1）如果售出方将自己的存货售出，买方当作固定资产使用，则：

借：营业收入[内部交易售价]

  贷：营业成本[内部交易成本]

    固定资产[内部交易的利润]

如果售出方售出的是固定资产，则此分录修正如下：

借：资产处置收益[内部交易收益]

  贷：固定资产[内部交易收益]

（2）借：固定资产[内部交易收益造成的当期折旧的多计额]

  贷：管理费用[内部交易收益造成的当期折旧的多计额]

2. 固定资产内部交易以后年度的抵销分录

（1）借：未分配利润—年初[内部交易的利润]

  贷：固定资产[内部交易的利润]

（2）借：固定资产[内部交易收益在以前

年度造成的折旧多计额]

  贷：未分配利润—年初[内部交易收益在以前年度造成的折旧多计额]

（3）借：固定资产[内部交易收益造成的当期折旧的多计额]

  贷：管理费用[内部交易收益造成的当期折旧的多计额]

老高提示 上述为内部交易售价高于账面价值的情况；若内部交易售价低于账面价值，则产生未实现内部交易损失，此时个别报表计提折旧额小于合并报表角度认可的金额，编制合并报表时应调增折旧额，即编制与上述相反的分录。

【关键考点】 全面掌握上述两组抵销分录的编制。

【例题14·单选题】 ☆甲公司是乙公司的母公司。2×18年6月30日，甲公司将其生产成本为120万元的W产品以200万元的价格销售给乙公司，乙公司将W产品作为固定资产核算，预计使用5年，预计净残值为零，采用年限平均法计提折旧。不考虑其他因素，该固定资产在甲公司2×19年12月31日合并资产负债表中列示的金额为（　）万元。

A. 72   B. 84

C. 160   D. 140

解析 合并报表角度不认可内部交易，认定该固定资产的原值仍是120万元，所以该固定资产在甲公司2×19年12月31日合并资产负债表中列示的金额＝120－120/5×1.5＝84（万元）。 **答案** ▶B

（五）无形资产内部交易的抵销 ★★★

【案例引入】 甲公司是A公司的母公司。2×16年1月8日甲公司向A公司转让一项无形资产，转让价格为820万元，该无形资产账面原价为800万元，累计摊销为100万元。A公司将其作为管理部门的无形资产核算，采用直线法摊销，尚余摊销期5年，假定无残值。针对上述事项，甲公司应如何编制内部交易抵销分录？

解析 ▶ （1）2×16年的抵销分录：

①借：资产处置收益　　　　　120

　　　贷：无形资产　　　　　　　　120

②借：无形资产　　　　　　　24

　　　贷：管理费用　　　　　　　　24

（2）2×17年的抵销分录：

①借：未分配利润—年初　　　120

　　　贷：无形资产　　　　　　　　120

②借：无形资产　　　　　　　24

　　　贷：未分配利润—年初　　　　24

③借：无形资产　　　　　　　24

　　　贷：管理费用　　　　　　　　24

（3）2×18年的抵销分录：

①借：未分配利润—年初　　　120

　　　贷：无形资产　　　　　　　　120

②借：无形资产　　　　　　　48

　　　贷：未分配利润—年初　　　　48

③借：无形资产　　　　　　　24

　　　贷：管理费用　　　　　　　　24

（4）2×19年的抵销分录：

①借：未分配利润—年初　　　120

　　　贷：无形资产　　　　　　　　120

②借：无形资产　　　　　　　72

　　　贷：未分配利润—年初　　　　72

③借：无形资产　　　　　　　24

　　　贷：管理费用　　　　　　　　24

【理论总结】

1. 无形资产内部交易当年的抵销分录

借：资产处置收益[内部交易收益]

　　贷：无形资产[内部交易收益]

借：无形资产[内部交易收益造成的当期摊销的多计额]

　　贷：管理费用[内部交易收益造成的当期摊销的多计额]

2. 无形资产内部交易以后年度的抵销分录

借：未分配利润—年初[内部交易的利润]

　　贷：无形资产[内部交易的利润]

借：无形资产[内部交易收益在以前年度造成的摊销多计额]

　　贷：未分配利润—年初[内部交易收益在以前年度造成的摊销多计额]

借：无形资产[内部交易收益造成的当期摊销的多计额]

　　贷：管理费用[内部交易收益造成的当期摊销的多计额]

【例题15·综合题】 ☆2×20年1月1日，甲公司支付银行存款40 000万元自非关联方取得乙公司60%的股权，对其达到控制。当日乙公司可辨认净资产账面价值为60 000万元，公允价值与其账面价值相等，其中股本30 000万元，资本公积5 000万元，盈余公积15 000万元，未分配利润10 000万元。甲公司与乙公司采用的会计政策、会计期间均相同。

资料一：2×20年7月1日，甲公司将一项管理用无形资产A以770万元的价格销售给乙公司，该无形资产的原价为1 000万元，预计使用年限为10年，已摊销300万元。乙公司取得该无形资产用于管理部门，采用直线法摊销，预计尚可使用年限为7年，预计净残值为0。

资料二：2×20年12月31日，无形资产A存在减值迹象，经过减值测试，预计其可收回金额为705万元。

资料三：乙公司2×20年度实现净利润7 000万元，提取法定盈余公积700万元。

假定不考虑增值税、企业所得税等其他因素。

要求：

（1）编制甲公司2×20年1月1日取得乙公司60%股权的相关会计分录。

（2）计算甲公司2×20年1月1日取得股权时商誉的金额，并编制与合并报表有关的抵销分录。

（3）编制甲公司2×20年与合并资产负债表和合并利润表相关的调整和抵销分录。

答案 ▶（1）会计分录为：

借：长期股权投资　　40 000
　　贷：银行存款　　　　40 000

（2）商誉＝合并成本−享有被投资方可辨认净资产公允价值的份额＝40 000−60 000×60%＝4 000（万元）。

抵销分录：

借：股本　　　　　　30 000
　　资本公积　　　　　5 000
　　盈余公积　　　　 15 000
　　未分配利润　　　 10 000
　　商誉　　　　　　　4 000
　　贷：长期股权投资　　　 40 000
　　　　少数股东权益　　　 24 000

（3）甲公司的长期股权投资由成本法调整为权益法：

借：长期股权投资　　4 200
　　贷：投资收益　（7 000×60%）4 200

2×20年年末甲公司长期股权投资与乙公司所有者权益的抵销：

借：股本　　　　　　　　　　30 000
　　资本公积　　　　　　　　 5 000
　　盈余公积（15 000+700）15 700
　　未分配利润
　　　　（10 000+7 000−700）16 300
　　商誉　　　　　　　　　　 4 000
　　贷：长期股权投资
　　　　　（40 000+4 200）44 200
　　　　少数股东权益　　　　26 800

甲公司投资收益与乙公司利润分配的抵销：

借：投资收益　（7 000×60%）4 200
　　少数股东损益
　　　　　　（7 000×40%）2 800
　　未分配利润—年初　　　 10 000
　　贷：提取盈余公积　　　　　 700
　　　　未分配利润—年末　　16 300

甲公司与乙公司内部无形资产交易的抵销：

借：资产处置收益
　　　　［770−（1 000−300）］70

贷：无形资产　　　　　　　　 70
借：无形资产　　　　　　　　　5
　　贷：管理费用　（70/7×6/12）5

年末，集团报表角度，无形资产账面价值＝700−700/7×6/12＝650（万元），可收回金额为705万元，没有发生减值，不计提减值准备。个别报表角度，无形资产的账面价值＝770−770/7×6/12＝715（万元），可收回金额为705万元，计提减值准备＝715−705＝10（万元）。抵销分录为：

借：无形资产　　　　　　　　 10
　　贷：资产减值损失　　　　　 10

（六）抵销分录中的所得税问题★★★

1. 企业集团认定的资产口径低于税务口径时

借：递延所得税资产
　　贷：所得税费用

2. 企业集团认定的资产口径高于税务口径时

借：所得税费用
　　贷：递延所得税负债

【例题16·分析题】甲公司拥有乙公司60%的表决权股份，能够控制乙公司财务和经营决策。20×8年10月，甲公司将本公司生产的一批产品出售给乙公司，不含增值税销售价格为6 000 000元，成本为3 600 000元。至20×8年12月31日，乙公司尚未将该批产品对外出售。甲公司、乙公司适用的所得税税率均为25%。税法规定，企业取得的存货以历史成本作为计税基础。

要求：做出甲公司在编制合并财务报表时的抵销会计处理。

解析　甲公司在编制合并财务报表时，应进行以下抵销处理：

借：营业收入　　　　6 000 000
　　贷：营业成本　　　　3 600 000
　　　　存货　　　　　　2 400 000

进行上述抵销后，因上述内部交易产生的存货项目账面价值为3 600 000元，在其所属纳

税主体(乙公司)的计税基础为 6 000 000 元,应当在合并财务报表中确认相关的所得税影响:

借:递延所得税资产

[(6 000 000−3 600 000)×25%]600 000

贷:所得税费用　　　　　600 000

(七)逆流交易产生的未实现内部交易收益的抵销处理★★★

应根据未实现交易收益中少数股东对应的部分,作如下调整处理:

借:少数股东权益

贷:少数股东损益

【例题 17·分析题】 甲公司持有乙公司 80% 的股份,2019 年乙公司销售商品给甲公司,售价为 300 万元,成本为 200 万元,增值税税率为 13%,甲公司购入后售出了 40%。针对上述事项,甲公司应如何编制内部交易抵销分录?

解析 (1)甲公司购入存货留一部分,卖一部分,应基于存货内部交易分录三作如下抵销处理:

借:营业收入　　　　　　300

贷:营业成本　　　　　　　300

借:营业成本　　　　　　60

贷:存货　　[(300−200)×60%]60

借:递延所得税资产　　　15

贷:所得税费用　　　　　　15

(2)对此未实现内部交易收益中少数股东的份额作如下抵销处理:

借:少数股东权益

[(60−15)×20%]9

贷:少数股东损益　　　　9

八、合并现金流量表的编制★

1. 母公司与子公司、子公司相互之间当期以现金投资或收购股权增加的投资所产生的现金流量的抵销

借:投资支付现金

贷:吸收投资收到的现金

2. 母公司与子公司、子公司相互之间当期取得投资收益、利息收入收到的现金与分配股利、利润或偿付利息支付的现金的抵销

借:分配股利、利润或偿付利息支付的现金

贷:取得投资收益收到的现金

3. 母公司与子公司、子公司相互之间以现金结算债权与债务所产生的现金流量的抵销

借:支付其他与经营活动有关的现金

贷:收到其他与经营活动有关的现金

4. 母公司与子公司、子公司相互之间当期销售商品所产生的现金流量的抵销

借:购买商品、接受劳务支付的现金

贷:销售商品、提供劳务收到的现金

【例题 18·单选题】 ☆甲公司为乙公司的母公司。2×09 年 12 月 3 日,甲公司向乙公司销售一批商品,增值税专用发票上注明的销售价款为 1 000 万元,增值税额为 130 万元,款项已收到;该批商品成本为 700 万元。假定不考虑其他因素,甲公司在编制2×09年度合并现金流量表时,"销售商品、提供劳务收到的现金"项目应抵销的金额为( )万元。

A. 300　　　　　B. 700

C. 1 000　　　　D. 1 130

解析 "销售商品、提供劳务收到的现金"项目应抵销的金额 = 1 000 + 130 = 1 130(万元)。销售价款和增值税的款项都已收到,所以抵销含税金额。 **答案** D

【例题 19·单选题】 ☆2×12 年 12 月 5 日,甲公司向其子公司乙公司销售一批商品,不含增值税的销售价格为 2 000 万元,增值税税额为 260 万元,款项已收存银行;该批商品成本为 1 600 万元,不考虑其他因素,甲公司在编制 2×12 年度合并现金流量表时,"销售商品、提供劳务收到的现金"项目应抵销的金额为( )万元。

A. 1 600　　　　B. 1 940

C. 2 000　　　　D. 2 260

解析 应抵销的现金流量金额是内部交易发生的现金流量总额,所以"销售商品、提

供劳务收到的现金"项目应抵销的金额 = 2 000+260＝2 260(万元)。 **答案 ▶ D**

5. 母公司与子公司、子公司相互之间处置固定资产等收回的现金净额与购建固定资产等支付的现金的抵销

借：购建固定资产、无形资产和其他长期资产支付的现金

贷：处置固定资产、无形资产和其他长期资产收回的现金净额

6. 母公司与子公司、子公司相互之间当期发生的其他内部交易所产生的现金流量的抵销

【例题20·判断题】 ☆母公司在编制合并现金流量表时，应将其直接以现金对子公司进行长期股权投资形成的现金流量，与子公司筹资活动形成的与之对应的现金流量相互抵销。 (　　)

答案 ▶ √

【例题21·综合题】 ☆2×19年，甲公司对乙公司进行股权投资的相关交易或事项如下。

资料一：2×19年1月1日，甲公司以定向增发3 000万股普通股(每股面值为1元，公允价值为6元)的方式从非关联方取得乙公司90%的有表决权股份，能够对乙公司实施控制。当日，乙公司可辨认净资产的账面价值为20 000万元，各项可辨认资产、负债的公允价值均与其账面价值相同。其中，股本10 000万元，资本公积8 000万元，盈余公积500万元，未分配利润1 500万元。本次投资前，甲公司不持有乙公司股份且与乙公司不存在关联方关系。甲公司的会计政策、会计期间与乙公司相同。

资料二：2×19年9月20日，甲公司将其生产的成本为700万元的A产品以750万元的价格出售给乙公司。当日，乙公司以银行存款支付全部货款。至2×19年12月31日，乙公司已将上述从甲公司购买的A产品对外出售了80%。

资料三：2×19年度，乙公司实现净利润

800万元，提取法定盈余公积80万元。

甲公司以甲、乙公司个别财务报表为基础编制合并财务报表，合并工作底稿中将甲公司对乙公司的长期股权投资由成本法调整为权益法。

本题不考虑增值税、企业所得税等相关税费及其他因素。

要求：

(1)计算甲公司2×19年1月1日取得乙公司90%股权的初始投资成本，并编制相关会计分录。

(2)编制甲公司2×19年1月1日与合并资产负债表相关的抵销分录。

(3)编制甲公司2×19年12月31日与合并资产负债表、合并利润表相关的调整和抵销分录。

答案 ▶ (1)2×19年1月1日取得乙公司90%股权的初始投资成本 = 3 000×6 = 18 000(万元)。

借：长期股权投资　　　　18 000

　　贷：股本　　　　　　　　3 000

　　　　资本公积—股本溢价　15 000

(2)2×19年1月1日与合并资产负债表相关的抵销分录如下：

借：股本　　　　　　　　10 000

　　资本公积　　　　　　　8 000

　　盈余公积　　　　　　　　500

　　未分配利润—年初　　　1 500

　　贷：长期股权投资　　　 18 000

　　　　少数股东权益

　　　　(20 000×10%)2 000

(3)①将对子公司的长期股权投资调整为权益法：

借：长期股权投资　(800×90%)720

　　贷：投资收益　　　　　　720

②内部交易的抵销分录：

借：营业收入　　　　　　　750

　　贷：营业成本　　　　　　740

　　　　存货　[(750−700)×20%]10

③长期股权投资与子公司所有者权益的

抵销：

借：股本　　　　　　　　　　10 000

　　资本公积　　　　　　　　　8 000

　　盈余公积　　　　　　（500+80）580

　　未分配利润—年末

　　　　　　　　（1 500+800-80）2 220

　　贷：长期股权投资

　　　　　　　　　（18 000+720）18 720

　　　　少数股东权益

　　　　　　[（20 000+800）×10%]2 080

④投资收益与子公司利润分配的抵销：

借：投资收益　　　　　（800×90%）720

　　少数股东损益　　　（800×10%）80

　　未分配利润—年初　　　　　1 500

　　贷：提取盈余公积　　　　　　　80

　　　　未分配利润—年末　　　　2 220

【例题22·综合题】☆2×20年至2×21年，甲公司对乙公司进行股权投资的相关交易或事项如下。

资料一：2×20年1月1日，甲公司以银行存款2 300万元从非关联方处取得乙公司70%的有表决权股份，能够对乙公司实施控制。当日，乙公司可辨认净资产账面价值为3 000万元，各项可辨认资产、负债公允价值与其账面价值均相同。本次投资前，甲公司不持有乙公司股份且与乙公司不存在关联方关系。甲公司与乙公司的会计政策，会计期间均相同。

资料二：2×20年3月10日，乙公司宣告分派现金股利300万元。2×20年4月1日，甲公司按其持有的比例收到乙公司发放的现金股利并存入银行。

资料三：2×20年4月10日，乙公司将其成本为45万元的A产品以60万元的价格销售给甲公司，款项已收存银行，甲公司将购入的A产品作为存货进行核算。2×20年12月31日，甲公司该批A产品的80%已对外销售。

资料四：2×20年度乙公司实现净利润500万元。

资料五：2×21年3月1日，甲公司将所持乙公司股份全部对外出售给非关联方，所得价款2 600万元存入银行。

甲公司以甲、乙公司个别报表为基础编制合并财务报表，不需要编制与合并现金流量表相关的抵销分录。本题不考虑增值税、企业所得税等相关税费及其他因素。

要求：

（1）编制甲公司2×20年1月1日取得乙公司70%股权时的会计分录，并计算购买日的商誉。

（2）编制甲公司2×20年3月10日在乙公司宣告分配现金股利时和2×20年4月1日收到现金股利时的相关会计分录。

（3）编制甲公司2×20年12月31日与存货内部交易相关的抵销分录。

（4）分别计算甲公司2×20年12月31日合并资产负债表中少数股东权益的金额与2×20年度合并利润表中少数股东损益的金额。

（5）编制2×21年3月1日甲公司出售乙公司股份的相关会计分录。

答案　（1）会计分录为：

借：长期股权投资　　　　　　2 300

　　贷：银行存款　　　　　　　2 300

商誉=合并成本-享有被投资方可辨认净资产公允价值的份额=2 300-3 000×70%=200（万元）。

（2）2×20年3月10日：

借：应收股利　　　　（300×70%）210

　　贷：投资收益　　　　　　　　210

2×20年4月1日：

借：银行存款　　　　　　　　　210

　　贷：应收股利　　　　　　　　210

（3）会计分录为：

借：营业收入　　　　　　　　　60

　　贷：营业成本　　　　　　　　60

借：营业成本　　　　　　　　　3

　　贷：存货　　　[（60-45）×20%]3

借：少数股东权益　　　　　　　0.9

贷：少数股东损益 （3×30%）0.9

（4）2×20年12月31日乙公司可辨认净资产公允价值＝3 000+500-300=3 200(万元)；

少数股东权益＝3 200×30% - 3×30% = 959.1(万元)；

少数股东损益 = 500×30% - 3×30% = 149.1(万元)。

（5）会计分录为：

借：银行存款 2 600

　　贷：长期股权投资 2 300

　　　　投资收益 300

九、报告期内增加或处置子公司及业务时合并报表的编制原则

（一）在编制合并资产负债表时需遵循的原则★★

（1）母公司在报告期内因同一控制下企业合并增加的子公司，视同该子公司从设立时就被母公司控制，编制合并资产负债表时，应当调整合并资产负债表的期初数；相应地，合并资产负债表的留存收益项目应当反映母子公司如果一直作为一个整体运行至合并日应实现的盈余公积和未分配利润的情况。

（2）因非同一控制下企业合并增加的子公司，应当从购买日开始编制合并资产负债表，不调整合并资产负债表的期初数。

（3）母公司在报告期内处置子公司，编制合并资产负债表时，不应当调整合并资产负债表的期初数。

（二）在编制合并利润表时需遵循的原则★★

（1）母公司在报告期内因同一控制下企业合并增加的子公司，应当将该子公司合并当期期初至报告期末的收入、费用、利润纳入合并利润表；

（2）因非同一控制下企业合并增加的子公司，应当将该子公司购买日至报告期末的收入、费用、利润纳入合并利润表；

（3）母公司在报告期内处置子公司，应当将该子公司期初至处置日的收入、费用、利润纳入合并利润表。

（三）在编制合并现金流量表时需遵循的原则★★

（1）母公司在报告期内因同一控制下企业合并增加的子公司，应当将该子公司合并当期期初至报告期末的现金流量纳入合并现金流量表；

（2）因非同一控制下企业合并增加的子公司，应当将该子公司购买日至报告期末的现金流量纳入合并现金流量表；

（3）母公司在报告期内处置子公司，应当将该子公司期初至处置日的现金流量纳入合并现金流量表。

同步训练

限时 120min

扫 我 做 试 题

一、单项选择题

1. 投资企业要实现对被投资方的控制，必须拥有对被投资方的权力，下列关于"权力"的说法中不正确的是（　　）。

A. 权力只表明投资方主导被投资方相关活动的现时能力，并不要求投资方实际行使其权力

B. 权力是为自己行使的，而不是代其他方行使的

C. 权力仅表现为表决权

D. 投资方不仅拥有对被投资方的权力和

因涉入被投资方而有权获得可变回报，且要有能力使用权力来影响其回报的金额

2. 甲公司是乙公司的母公司。2×18 年 12 月 31 日，甲公司将其生产的一台 A 设备销售给乙公司，售价为 500 万元，成本为 400 万元，相关款项已收妥。乙公司将购买的 A 设备作为管理用固定资产，于交付当日投入使用。乙公司采用年限平均法计提折旧，折旧年限为 5 年，预计净残值为零。2×20 年 12 月 31 日，乙公司以 260 万元的价格将 A 设备出售给独立的第三方，设备已经交付，价款已经收妥。甲公司和乙公司的增值税税率均为 13%。税法规定，乙公司为购买 A 设备支付的增值税进项税额可以抵扣，出售 A 设备按照适用税率缴纳增值税。在甲公司 2×19 年 12 月 31 日合并资产负债表中，乙公司的 A 设备作为固定资产应当列报的金额是（　　）万元。

 A. 300   B. 320

 C. 400   D. 500

3. 资料同前，甲公司在 2×20 年度合并利润表中因乙公司处置 A 设备确认的收益是（　　）万元。

 A. 60   B. 40

 C. 20   D. -40

4. 甲公司 2×17 年年初以定向增发股份 100 万股（每股公允价值 10 元）的代价自非关联方处取得乙公司 80% 的股份。乙公司当日账面可辨认净资产为 700 万元，除办公楼的公允价值比其账面价值高 100 万元外，其他资产、负债的账面价值与公允价值一致。税法认定此项企业合并为免税合并，所得税税率为 25%。不考虑其他因素，则合并商誉为（　　）万元。

 A. 380   B. 360

 C. 300   D. 460

5. 2×18 年 1 月 1 日，A 公司以 3 000 万元购入 B 公司 60% 的股权，合并当日 B 公司可辨认净资产的公允价值（等于其账面价

值）为 4 000 万元。在合并前，A 公司与 B 公司不存在关联方关系，2×18 年 5 月 8 日 B 公司分配现金股利 500 万元，2×18 年 B 公司实现净利润 800 万元。2×19 年 B 公司购入的其他债权投资公允价值上升导致其他综合收益增加 100 万元，当年 B 公司实现净利润 700 万元。不考虑其他因素，在 2×19 年年末 A 公司编制合并报表时，长期股权投资按权益法调整后的余额为（　　）万元。

 A. 3 000   B. 4 100

 C. 3 660   D. 3 520

6. A 公司为 B 公司的母公司，A 公司当期销售一批产品给 B 公司，销售成本为 100 万元，售价为 150 万元。截至当期期末，B 公司已对外销售该批存货的 60%，期末留存存货的可变现净值为 45 万元。不考虑其他因素，A 公司在当期期末编制合并报表时应抵销的存货跌价准备金额为（　　）万元。

 A. 15   B. 20

 C. 0   D. 50

7. 2×19 年 12 月 5 日，甲公司向其子公司乙公司销售一批商品，不含增值税的销售价格为 4 000 万元，增值税税额为 520 万元，款项已收存银行；该批商品成本为 3 200 万元，不考虑其他因素，甲公司在编制 2×19 年度合并现金流量表时，"销售商品、提供劳务收到的现金"项目应抵销的金额为（　　）万元。

 A. 3 200   B. 3 880

 C. 4 000   D. 4 520

8. 关于母公司在报告期增减子公司在合并利润表的反映，下列说法中不正确的是（　　）。

A. 因同一控制下企业合并增加的子公司，在编制合并利润表时，应当将该子公司合并当期期初至报告期末的收入、费用、利润纳入合并利润表

B. 因非同一控制下企业合并增加的子公

司，在编制合并利润表时，应当将该子公司合并当期期初至报告期末的收入、费用、利润纳入合并利润表

C. 因非同一控制下企业合并而增加的子公司，在编制合并利润表时，应当将该子公司购买日至报告期末的收入、费用、利润纳入合并利润表

D. 母公司在报告期内处置子公司，应当将该子公司期初至处置日的收入、费用、利润纳入合并利润表

二、多项选择题

1. 下列各项中，属于可变回报的形式的有（ ）。

A. 股利、被投资方经济利益的其他分配

B. 投资方对被投资方的投资的价值变动

C. 因向被投资方的资产或负债提供服务而得到的报酬、因提供信用支持或流动性支持收取的费用或承担的损失、被投资方清算时在其剩余净资产中所享有的权益、税务利益、因参与被投资方而获得的未来流动性

D. 其他利益持有方无法得到的回报

2. 相关活动是指对被投资方的回报产生重大影响的活动，下列各项中属于相关活动的有（ ）。

A. 商品或劳务的销售和购买

B. 金融资产的管理

C. 资产的购买和处置

D. 研究与开发活动

E. 确定资本结构和获取融资

3. 下列有关控制界定的论断中，正确的有（ ）。

A. 当两个或两个以上投资方能够分别单方面主导被投资方的不同相关活动时，能够主导对被投资方回报产生最重大影响的活动的一方拥有对被投资方的权力

B. 权力来源于权利，此权利必须是实质性权利而非保护性权利

C. 当某一方拥有无条件罢免决策者的实

质性权利时，决策者是代理人

D. 只有当投资方不仅拥有对被投资方的权力、通过参与被投资方的相关活动而享有可变回报，并且还有能力运用对被投资方的权力来影响其回报的金额时，投资方才控制被投资方

4. 甲公司、乙公司和丁公司分别持有丙公司50%、30%和20%的股份，丙公司相关活动的决策需经股东大会60%以上表决通过，甲公司与乙公司签署了股份托管协议，乙公司的股权由甲公司代管，则如下会计论断中，不正确的有（ ）。

A. 甲公司控制丙公司

B. 甲公司、乙公司共同控制丙公司

C. 甲公司、丁公司共同控制丙公司

D. 甲公司、乙公司和丁公司对丙公司均只具备重大影响能力

5. 甲公司持有丙公司40%的股份，剩余股份分散在3 000个小股东的手中，在众多小股东中，最高持股比例也未到1%，丙公司相关活动的决策需经股东大会多数表决通过，其表决比例以实际到会的股东所代表的股份为准，根据经验判断，实际到会股东除甲公司外，众多小股东出席会议所代表股份最高为10%，则如下会计论断中，不正确的有（ ）。

A. 甲公司控制丙公司

B. 甲公司与其他股东共同控制丙公司

C. 已知资料不足以推定甲公司对丙公司有控制能力

D. 甲公司对丙公司仅具备重大影响能力

6. 下列有关投资性主体的论断中，正确的有（ ）。

A. 母公司是投资性主体的，仅应将那些为投资性主体的投资活动提供相关服务的子公司纳入合并范围，其他子公司不应予以合并，母公司对其他子公司的投资应当按照公允价值计量且其变动计入当期损益

B. 一个投资性主体的母公司如果不是投资性主体，应当将其控制的全部主体，包

括投资性主体以及通过投资性主体间接控制的主体，纳入合并范围

C. 当母公司由非投资性主体转为投资性主体时，除仅将为其投资活动提供相关服务的子公司纳入合并范围编制合并财务报表外，企业自转变日起对其他子公司不应予以合并

D. 当母公司由投资性主体转变为非投资性主体时，应将原未纳入合并财务报表范围的子公司于转变日纳入合并财务报表范围

7. 甲公司是乙公司的母公司，2×14 年甲公司因赊销商品给乙公司形成应收账款 300 万元，2×14 年年末，甲公司对该项应收账款按其余额的 10% 计提了坏账准备。2×15 年，甲公司收回了该笔应收账款中的 100 万元。则下列各项中，属于甲公司在 2×15 年针对此业务应编制的抵销分录的有( )。

A. 借：应付账款 200
　　贷：应收账款 200

B. 借：应收账款 30
　　贷：未分配利润—年初 30

C. 借：信用减值损失 10
　　贷：应收账款 10

D. 借：未分配利润—年初 7.5
　　贷：递延所得税资产 7.5

E. 借：递延所得税资产 2.5
　　贷：所得税费用 2.5

8. 甲公司和乙公司同属一个企业集团，2×14 年 6 月 1 日甲公司销售一件商品给乙公司，售价为 300 万元，成本为 200 万元，增值税税率为 13%，双方以银行存款方式结算完毕。乙公司购入后将其作为固定资产服务于销售部门，购入当月即投入使用，折旧期为 5 年，假定无残值，采用直线法提取折旧。税务上认可乙公司的折旧政策。适用的所得税税率为 25%。针对此固定资产内部交易，下列各项中属于 2×14 年的抵销分录的有( )。

A. 借：营业收入 300
　　贷：营业成本 200
　　　　固定资产 100

B. 借：固定资产 10
　　贷：销售费用 10

C. 借：递延所得税资产 22.5
　　贷：所得税费用 22.5

D. 借：购建固定资产、无形资产及其他长期资产支付的现金 339
　　贷：销售商品、提供劳务收到现金 339

9. 续上题。下列各项中，属于 2×15 年针对此固定资产内部交易应编制的抵销分录的有( )。

A. 借：未分配利润—年初 100
　　贷：固定资产 100

B. 借：固定资产 10
　　贷：未分配利润—年初 10

C. 借：固定资产 20
　　贷：销售费用 20

D. 借：递延所得税资产 22.5
　　贷：未分配利润—年初 22.5

E. 借：所得税费用 5
　　贷：递延所得税资产 5

10. M 公司是 N 公司的母公司，2×16 年 M 公司销售商品给 N 公司，售价 80 万元，成本 60 万元，增值税税率为 13%。N 公司购入后当作存货核算，当期并未将其售出，年末该存货的可变现净值为 66 万元。2×17 年 N 公司将上年购自 M 公司的存货留一半卖一半，年末该存货的可变现净值为 28 万元。M 公司和 N 公司的所得税率为 25%。下列各项中，属于 2×16 年针对此业务的抵销分录的有( )。

A. 借：营业收入 80
　　贷：营业成本 80

B. 借：营业成本 20
　　贷：存货 20

C. 借：存货 14
　　贷：资产减值损失 14

D. 借：所得税费用   1.5
   贷：递延所得税资产 1.5

11. 资料同上。下列各项中，属于2×17年针对此业务的抵销分录的有（ ）。

A. 借：未分配利润—年初 20
  贷：营业成本   20

B. 借：营业成本   10
  贷：存货   10

C. 借：存货   14
  贷：未分配利润—年初 14

D. 借：营业成本   7
  贷：存货   7

E. 借：存货   3
  贷：资产减值损失   3

F. 借：递延所得税资产 1.5
  贷：未分配利润—年初 1.5

G. 借：所得税费用   1.5
  贷：递延所得税资产 1.5

12. 甲公司与乙公司2×18年前无关联方关系。甲公司2×18年1月1日购买了乙公司30%的股份，作为长期股权投资核算，初始取得成本为500万元，2×18年年初乙公司可辨认净资产的公允价值为1 000万元。2×18年乙公司发生如下业务：①分红200万元；②实现公允净利润600万元；③因其他债权投资增值追加其他综合收益30万元。2×19年1月1日甲公司又取得了乙公司40%的股份，初始成本为800万元，完成对乙公司的控股合并。合并当日乙公司可辨认净资产的公允价值为1 700万元。合并当日原30%股份的公允价值为600万元。下列关于编制购买日合并资产负债表的论断中，正确的有（ ）。

A. 合并当日，原股权的公允价值为600万元，比其账面余额629万元少29万元，应根据该差额作如下合并报表的准备分录：
借：投资收益   29
 贷：长期股权投资   29

B. 合并成本为1 400万元

C. 合并商誉为210万元

D. 对于甲公司因乙公司其他债权投资增值而追加的9万元，应作如下合并报表前的准备分录：
借：其他综合收益   9
 贷：投资收益   9

E. 合并当日的抵销分录为：
借：股本、资本公积、其他综合收益、盈余公积、未分配利润等 1 700
商誉   210
 贷：长期股权投资   1 400
  少数股东权益   510

13. 甲公司与乙公司2×18年前无关联方关系。甲公司2×18年1月1日购买了乙公司10%的股份，作为其他权益工具投资核算，初始取得成本为500万元。2×18年乙公司发生如下业务：①分红200万元；②实现公允净利润600万元；③因其他权益工具投资增值追加其他综合收益30万元。2×18年年末甲公司所持乙公司股份的公允价值为530万元。2×19年4月1日甲公司又取得了乙公司50%的股份，初始成本为2 000万元，完成对乙公司的控股合并。合并当日乙公司可辨认净资产的公允价值为4 000万元。合并当日原10%股份的公允价值为600万元。有关购买日合并资产负债表的论断中，正确的有（ ）。

A. 合并成本等于购买日个别报表的投资余额2 600万元

B. 合并商誉为200万元

C. 该合并属于非同一控制下的控股合并

D. 合并当日的抵销分录为：
借：股本、资本公积、其他综合收益、盈余公积、未分配利润等 4 000
商誉   200
 贷：长期股权投资   2 600
  少数股东权益   1 600

三、判断题

1. 财务报表列报时，如果某个项目单个看不具有重要性，则不需要列报。　（　）

2. 合并财务报表，是指反映母公司财务状况、经营成果和现金流量的财务报表。　（　）

3. 编制合并财务报表涉及境外经营的，实质上构成对境外经营净投资的外币货币性项目，因汇率变动而产生的汇兑差额，应计入其他综合收益。　（　）

4. 母公司(非投资性主体)一般应将其全部子公司(包括母公司所控制的被投资单位可分割部分、结构化主体)纳入合并范围。　（　）

5. 非同一控制下的企业合并中，对于购买日子公司可辨认资产的公允价值与账面价值的差额，在编制合并财务报表时应计入营业外收入。　（　）

6. 对于子公司向少数股东支付的现金股利或利润，应直接反映在合并现金流量表中的"分配股利、利润或偿付利息支付的现金"项目中，不需单独予以反映。　（　）

7. 对于子公司相互之间发生的内部交易，在编制合并财务报表时也应进行抵销。（　）

8. 编制合并所有者权益变动表时，子公司在"专项储备"项目中反映的按照国家相关规定提取的安全生产费等，与留存收益相同。　（　）

四、综合题

1. 甲公司与长期股权投资、合并财务报表有关的资料如下。

(1)2×18年度资料。

①1月1日，甲公司以银行存款15 000万元购入乙公司70%有表决权的股份。乙公司股东变更登记手续及董事会改选工作已于当日完成。交易前，甲公司与乙公司不存在关联方关系且不持有乙公司任何股份；交易后，甲公司能够对乙公司实施控制并将持有的乙公司股份作为长期股权投资核

算，当日，乙公司可辨认净资产的公允价值和账面价值均为20 000万元，其中，股本10 000万元，资本公积5 000万元，盈余公积2 000万元，未分配利润3 000万元。

②12月1日，甲公司向乙公司销售A产品一台，销售价格为3 000万元，销售成本为2 400万元；乙公司当日收到后作为管理用固定资产并于当月投入使用，该固定资产预计使用年限为5年，预计净残值为零，采用年限平均法计提折旧，12月31日，甲公司尚未收到上述款项，对其计提坏账准备90万元；乙公司未对该固定资产计提减值准备。

③2×18年度，乙公司实现的净利润为零，未进行利润分配，所有者权益无变化。

(2)2×19年度资料。

①1月1日，甲公司以银行存款280 000万元取得丙公司100%有表决权的股份，并作为长期股权投资核算，交易前，甲公司与丙公司不存在关联方关系且不持有丙公司任何股份；交易后，甲公司能够对丙公司实施控制。当日，丙公司可辨认净资产的公允价值和账面价值均为280 000万元，其中，股本150 000万元，资本公积60 000万元，盈余公积30 000万元，未分配利润40 000万元。

②3月1日，甲公司以每套130万元的价格购入丙公司的B产品10套，作为存货，货款于当日以银行存款支付。丙公司生产B产品的单位成本为100万元/套，截至当年12月31日，甲公司已按每套售价150万元对外销售8套，另外2套存货不存在减值迹象。

③5月9日，甲公司收到丙公司分配的现金股利500万元。

④12月31日，甲公司以15 320万元的价格将其持有的乙公司股份全部转让给戊公司，款项已收存银行，乙公司股东变更登记手续及董事会改选工作已于当日完成，当日，甲公司仍未收到乙公司前欠的

3 000 万元货款，对其补提了 510 万元的坏账准备，坏账准备余额为 600 万元。

⑤2×19 年度，乙公司实现的净利润为 300 万元；除净损益和股东变更外，没有影响所有者权益的其他交易或事项；丙公司实现的净利润为 900 万元，除净损益外，没有影响所有者权益的其他交易或事项。

(3)其他相关资料。

①甲、乙、丙公司均以公历年度作为会计年度，采用相同的会计政策。

②假定不考虑增值税、所得税及其他因素。

要求：

(1)根据资料(1)，编制甲公司取得乙公司股份的会计分录。

(2)根据资料(1)，计算甲公司在 2×18 年 1 月 1 日编制合并财务报表时应确认的商誉。

(3)根据资料(1)，逐笔编制与甲公司编制 2×18 年度合并财务报表相关的抵销分录(不要求编制与合并现金流量表相关的抵销分录)。

(4)根据资料(2)，计算甲公司出售乙公司股份的净损益，并编制相关会计分录。

(5)根据资料(2)，逐笔编制与甲公司编制 2×19 年度合并财务报表相关的调整、抵销分录(不要求编制与合并现金流量表相关的抵销分录)。

(答案中的金额单位用万元表示)

2. 20×8 年 1 月 2 日，甲公司以发行 1 200 万股本公司普通股(每股面值 1 元，每股公允价值为 10 元)为对价，取得非关联方乙公司 60%股权，甲公司该项合并及合并后有关交易或事项如下：

(1)甲公司于 20×8 年 1 月 2 日控制乙公司，当日乙公司净资产账面价值及公允价值均为 15 000 万元，其中，股本 2 400 万元、资本公积 3 200 万元、其他综合收益 4 000 万元、盈余公积 1 000 万元、未分配利润 4 400 万元。

(2)甲公司 20×9 年与乙公司发生的有关交易或事项如下。

①20×9 年 10 月，甲公司将生产的一批 A 产品出售给乙公司。该批产品在甲公司的账面价值为 1 300 万元，出售给乙公司的销售价格为 1 600 万元(不含增值税额，下同)。乙公司将该商品作为存货，截至 20×9 年 12 月 31 日尚未对集团外独立第三方销售，相关货款亦未支付。甲公司对 1 年以内的应收账款按余额的 5%计提坏账。

②20×9 年 6 月 20 日，甲公司以 2 700 万元向乙公司销售一项固定资产，乙公司于当月投入使用。该设备系甲公司于 20×6 年 12 月以 2 400 万元取得，原预计使用 10 年，预计净残值为零，采用年限平均法计提折旧，未发生减值。乙公司取得该资产后，预计尚可使用 7.5 年，预计净残值为零，采用年限平均法计提折旧。

③20×9 年 12 月 31 日，乙公司存货中包括一批原材料，系于 20×8 年自甲公司购入，购入时乙公司支付 1 500 万元，该项交易发生前，该批原材料在甲公司账上的账面价值为 1 000 万元。

20×9 年，该类原材料所产产品的市场出现萎缩，乙公司停止了相关产品生产。截至 12 月 31 日，乙公司估计其可变现净值为 700 万元，计提了 800 万元存货跌价准备。

(3)其他有关资料。

①乙公司后续净资产变动情况如下：20×8 年实现净利润 1 100 万元、其他综合收益 200 万元；20×9 年实现净利润 900 万元、其他综合收益 300 万元。上述期间乙公司除提取盈余公积外未进行其他利润分配。

②本题中有关公司适用的所得税税率均为 25%，且预计未来期间能够产生足够的应纳税所得额用于抵减可抵扣暂时性差异的所得税影响。不考虑除所得税以外的其他相关税费。

③有关公司均按净利润的 10%提取法定盈

余公积，不提取任意盈余公积。

要求：

(1)根据资料(1)，编制甲公司购买日的抵销分录。

(2)根据上述资料，编制甲公司20×9年合并财务报表有关的抵销分录。

(答案中的金额单位用万元表示)

3. 甲公司、乙公司20×1年有关交易或事项如下。

(1)1月1日，甲公司向乙公司控股股东丙公司定向增发本公司普通股股票1 400万股(每股面值为1元，市价为15元)，以取得丙公司持有的乙公司70%股权，实现对乙公司财务和经营政策的控制，股权登记手续于当日办理完毕，交易后丙公司拥有甲公司发行在外普通股的5%。甲公司为定向增发普通股股票，支付券商佣金及手续费300万元；为核实乙公司资产价值，支付资产评估费20万元；相关款项已通过银行支付。

当日，乙公司净资产账面价值为24 000万元，其中，股本6 000万元、资本公积5 000万元、盈余公积1 500万元、未分配利润11 500万元；乙公司可辨认净资产的公允价值为27 000万元。乙公司可辨认净资产账面价值与公允价值的差额系由以下两项资产所致：①一批库存商品，成本为8 000万元，未计提存货跌价准备，公允价值为8 600万元；②一栋办公楼，成本为20 000万元，累计折旧6 000万元，未计提减值准备，公允价值为16 400万元。上述库存商品于20×1年12月31日前全部实现对外销售；上述办公楼预计自20×1年1月1日起剩余使用年限为10年，预计净残值为零，采用年限平均法计提折旧。

(2)2月5日，甲公司向乙公司销售产品一批，销售价格为2 500万元(不含增值税额，下同)，产品成本为1 750万元。至当年年末，乙公司已对外销售70%，另外

30%形成存货，未发生跌价损失。

(3)6月15日，甲公司以2 000万元的价格将其生产的产品销售给乙公司，销售成本为1 700万元，款项已于当日收存银行。乙公司取得该产品后作为管理用固定资产并于当月投入使用，采用年限平均法计提折旧，预计使用5年，预计净残值为零。至当年年末，该项固定资产未发生减值。

(4)12月31日，甲公司应收账款账面余额为2 500万元，计提坏账准备200万元。该应收账款系2月向乙公司赊销产品形成。

(5)20×1年度，乙公司利润表中实现净利润9 000万元，提取盈余公积900万元，因持有的其他债权投资公允价值上升计入其他综合收益的金额为500万元。当年，乙公司向股东分配现金股利4 000万元，其中甲公司分得现金股利2 800万元。

(6)其他有关资料。

①20×1年1月1日前，甲公司与乙公司、丙公司均不存在任何关联方关系。

②甲公司与乙公司均以公历年度作为会计年度，采用相同的会计政策。

③假定不考虑所得税及其他因素，甲公司和乙公司均按当年净利润的10%提取法定盈余公积，不提取任意盈余公积。

要求：

(1)计算甲公司取得乙公司70%股权的成本，并编制相关会计分录。

(2)计算甲公司在编制购买日合并财务报表时因购买乙公司股权应确认的商誉。

(3)编制甲公司20×1年12月31日合并乙公司财务报表时按照权益法调整对乙公司长期股权投资的会计分录。

(4)编制甲公司20×1年12月31日合并乙公司财务报表的相关抵销分录(不要求编制与合并现金流量表相关的抵销分录)。

(答案中的金额单位用万元表示)

同步训练答案及解析

一、单项选择题

1. C 【解析】权力通常表现为表决权，但有时也可能表现为其他合同安排。

2. B 【解析】在甲公司 2×19 年 12 月 31 日合并资产负债表中，乙公司的 A 设备作为固定资产应当列报的金额 = 400 - 400/5 = 320（万元）。

3. C 【解析】甲公司在 2×20 年度合并利润表中因乙公司处置 A 设备确认的收益 = 260 - (400 - 400/5×2) = 20（万元）。

4. A 【解析】(1) 合并当日合并报表的准备工作：

借：固定资产　　　　　　　　100
　　贷：递延所得税负债　　　　　　25
　　　　资本公积　　　　　　　　　75

(2) 乙公司合并当日的公允可辨认净资产为 775 万元，则合并商誉为 380 万元 (1 000 - 775×80%)。

5. C 【解析】长期股权投资按权益法调整后的金额 = 3 000 - 500×60% + 800×60% + 700×60% + 100×60% = 3 660（万元）。本题分录如下：

个别报表分录：

借：长期股权投资　　　　　　3 000
　　贷：银行存款　　　　　　　3 000

合并报表调整分录：

2×18 年年末：

借：长期股权投资　　　　　　　180
　　贷：投资收益 [(800-500)×60%] 180

2×19 年年末：

借：长期股权投资　　　　　　　660
　　贷：未分配利润—年初　　　　180
　　　　投资收益　　(700×60%) 420
　　　　其他综合收益 (100×60%) 60

6. A 【解析】对于期末留存的存货，站在 B 公司的角度，应计提存货跌价准备 15 万元 [150×(1-60%)-45]；而站在集团的角度，成本 (100×40%) 小于可变现净值，不需要计提存货跌价准备，因此在编制抵销分录时应抵销存货跌价准备 15 万元。

7. D 【解析】"销售商品、提供劳务收到的现金"项目应抵销的金额 = 4 000 + 520 = 4 520（万元）。

8. B 【解析】选项 B，应将该子公司购买日至报告期末的收入、费用、利润纳入合并利润表。

二、多项选择题

1. ABCD

2. ABCDE

3. ABCD

4. BCD 【解析】甲公司实质控制丙公司 80% 的股权，超过了 60% 表决权，具备了对丙公司的控制能力。

5. BCD 【解析】由于丙公司相关活动的决策需经股东大会多数表决通过，其表决比例以实际到会的股东所代表的股份为准，而众多小股东出席会议所代表股份最高为 10%，因此甲公司能够对丙公司实施控制。

6. ABCD

7. ABCDE 【解析】甲公司个别财务报表上在 2×14 年对该笔款项计提了 30 万元坏账准备，并由此确认了递延所得税资产 7.5 万元。在 2×15 年，收回了其中的 100 万元应收账款，坏账准备相应的转回 10 万元，因此 2×15 年年末转回了递延所得税资产 2.5 万元。站在集团角度，不认可该笔应收账款及相关的坏账准备，所以个别报表上所做的递延所得税资产的相关处理也应当抵销，即：

借：未分配利润—年初　　　　　　7.5

借：递延所得税资产　　　　　2.5
　　贷：所得税费用　　　　　　　2.5

8. ABCD　【解析】内部交易发生时，对于内部销售方(甲公司)来说，是销售的商品，其在个别财务报表中确认的是营业收入和营业成本，站在集团角度，不认可，所以编制抵销分录时，应当抵销相关的营业收入和营业成本。

9. ABCDE

10. ABC　【解析】站在个别报表的角度，2×16年年末留存存货的成本为80万元，可变现净值为66万元，应计提14万元存货跌价准备，而站在集团的角度，2×16年年末留存存货的成本为60万元，可变现净值为66万元，不应计提存货跌价准备，所以应该抵销存货跌价准备14万元。

11. ABCDEFG

12. ABCDE　【解析】合并成本=(原股权的公允价值)600+(追加投资所付对价)800=1 400(万元)，合并商誉=(合并成本)1 400-(合并当日子公司可辨认净资产公允价值)1 700×(母公司持股比例)70%=210(万元)。

13. ABCD　【解析】合并商誉=(合并成本)2 600-(合并当日被合并方可辨认净资产公允价值)4 000×(母公司持股比例)60%=200(万元)。

三、判断题

1. ×　【解析】如果某个项目单个看不具有重要性，则应将其与其他项目合并列报；某个项目如具有重要性，则应当单独列报。

2. ×　【解析】合并财务报表，是指反映母公司和其全部子公司形成的企业集团的整体财务状况、经营成果和现金流量的财务报表。

3. √

4. √

5. ×　【解析】该差额在编制合并财务报表时应计入资本公积。

6. ×　【解析】这部分现金流量应单独在合并现金流量表中的"分配股利、利润或偿付利息支付的现金"项目下"其中：子公司支付给少数股东的股利、利润"项目反映。

7. √

8. ×　【解析】编制合并所有者权益变动表时，子公司在"专项储备"项目中反映的按照国家相关规定提取的安全生产费等，与留存收益不同，在长期股权投资与子公司所有者权益相互抵销后，应当按归属于母公司所有者的份额予以恢复，借记"未分配利润"项目，贷记"专项储备"项目。

四、综合题

1.【答案】

(1)甲公司取得乙公司70%有表决权股份的会计分录：

借：长期股权投资　　　　　15 000
　　贷：银行存款　　　　　　　15 000

(2)商誉=15 000-20 000×70%=1 000(万元)。

(3)2×18年12月31日的抵销分录：

借：股本　　　　　　　　　10 000
　　资本公积　　　　　　　　5 000
　　盈余公积　　　　　　　　2 000
　　未分配利润　　　　　　　3 000
　　商誉　　　　　　　　　　1 000
　　贷：长期股权投资　　　　15 000
　　　　少数股东权益　　　　　6 000

借：营业收入　　　　　　　　3 000
　　贷：营业成本　　　　　　　2 400
　　　　固定资产　　　　　　　　600

借：应付账款　　　　　　　　3 000
　　贷：应收账款　　　　　　　3 000

借：应收账款　　　　　　　　　90
　　贷：信用减值损失　　　　　　90

(4)甲公司出售乙公司股份的净损益=15 320-15 000=320(万元)。

相关会计分录如下：

借：银行存款　　　　　　　15 320
　　贷：长期股权投资　　　　15 000

投资收益　　　　　　　320

(5)甲公司2×19年度合并财务报表相关的调整、抵销分录。

①2×19年年初合并日甲公司应编制的抵销分录：

借：股本　　　　　　　　150 000
　　资本公积　　　　　　　60 000
　　盈余公积　　　　　　　30 000
　　未分配利润—年初　　　40 000
　　贷：长期股权投资　　　280 000

②合并报表编制前的准备工作——甲公司的长期股权投资由成本法调整为权益法：

借：长期股权投资　　　　　900
　　贷：投资收益　　　　　　900

借：投资收益　　　　　　　500
　　贷：长期股权投资　　　　500

③2×19年年末甲公司长期股权投资与丙公司所有者权益的抵销：

借：股本　　　　　　　　150 000
　　资本公积　　　　　　　60 000
　　盈余公积　　　　　　　30 000
　　未分配利润—年末　　　40 400
　　贷：长期股权投资　　　280 400

④甲公司投资收益与丙公司的利润分配的抵销：

借：投资收益　　　　　　　900
　　未分配利润—年初　　　40 000
　　贷：对所有者(或股东)的分配　500
　　　　未分配利润—年末　40 400

⑤甲公司与丙公司之间的存货内部交易抵销分录：

借：营业收入　　　　　　1 300
　　贷：营业成本　　　　　1 240
　　　　存货　　　　　　　　60

2. 【答案】

(1)20×8年年初甲公司购买乙公司当日需编制合并资产负债表，相关抵销分录如下：

借：股本　　　　　　　　2 400
　　资本公积　　　　　　　3 200
　　其他综合收益　　　　　4 000

　　盈余公积　　　　　　　1 000
　　未分配利润　　　　　　4 400
　　商誉　　　　　　　　　3 000
　　贷：长期股权投资　　　12 000
　　　　少数股东权益　　　6 000

(2)20×9年甲公司合并报表相关抵销分录如下：

①借：应付账款　　　　　1 600
　　贷：应收账款　　　　　1 600

借：营业收入　　　　　　1 600
　　贷：营业成本　　　　　1 300
　　　　存货　　　　　　　300

借：递延所得税资产　　　　75
　　贷：所得税费用　　　　　75

借：应收账款　　　　　　　80
　　贷：信用减值损失　　　　80

借：所得税费用　　　　　　20
　　贷：递延所得税资产　　　20

②借：资产处置收益　　　　900
　　贷：固定资产　　　　　900

借：固定资产　　　　　　　60
　　贷：管理费用　　　　　　60

借：递延所得税资产　　　210
　　贷：所得税费用　　　　210

③借：未分配利润—年初　　500
　　贷：存货　　　　　　　500

借：递延所得税资产　　　125
　　贷：未分配利润—年初　125

在合并财务报表中，该存货的成本1 000万元大于可变现净值700万元，需要确认存货跌价准备300万元(1 000-700)，而个别财务报表中计提存货跌价准备800万元，因此需要抵销掉个别财务报表中多计提的存货跌价准备500万元(800-300)，即：

借：存货　　　　　　　　500
　　贷：资产减值损失　　　500

借：所得税费用　　　　　125
　　贷：递延所得税资产　　125

④20×9年年末合并报表编制前的准备工作——母公司的长期股权投资由成本法转

权益法：

借：长期股权投资 1 500

　　贷：未分配利润 （1 100×60%）660

　　　　投资收益 （900×60%）540

　　　　其他综合收益

　　　　　　[（200+300）×60%]300

⑤20×9年年末甲公司长期股权投资与乙公司的所有者权益的抵销：

借：股本 2 400

　　资本公积 3 200

　　其他综合收益

　　　　（4 000+200+300）4 500

　　盈余公积 （1 000+110+90）1 200

　　未分配利润—年末

　　　　（4 400+990+810）6 200

　　商誉 3 000

　　贷：长期股权投资

　　　　（12 000+1 500）13 500

　　　　少数股东权益 7 000

⑥20×9年甲公司投资收益与乙公司利润分配的抵销：

借：投资收益 （900×60%）540

　　少数股东损益 （900×40%）360

　　未分配利润—年初

　　　　（4 400+990）5 390

　　贷：提取盈余公积 90

　　　　未分配利润—年末

　　　　（4 400+990+810）6 200

3.【答案】

(1)甲公司对乙公司长期股权投资的成本=15×1 400=21 000（万元）。

借：长期股权投资 21 000

　　管理费用 20

　　贷：股本 1 400

　　　　资本公积 19 300

　　　　银行存款 320

(2)商誉=21 000-27 000×70%=2 100（万元）。

(3)调整后的乙公司20×1年度净利润=9 000-600-240=8 160（万元）。

借：长期股权投资 5 712

　　贷：投资收益 5 712

借：长期股权投资 350

　　贷：其他综合收益 350

借：投资收益 2 800

　　贷：长期股权投资 2 800

(4)①借：营业收入 2 500

　　　贷：营业成本 2 275

　　　　　存货 225

②借：营业收入 2 000

　　贷：营业成本 1 700

　　　　固定资产 300

借：固定资产 30

　　贷：管理费用 30

③借：应付账款 2 500

　　贷：应收账款 2 500

借：应收账款 200

　　贷：信用减值损失 200

④借：股本 6 000

　　资本公积 8 000

　　其他综合收益 500

　　盈余公积 2 400

　　未分配利润

　　（11 500+8 160-900-4 000）14 760

　　商誉 2 100

　　贷：长期股权投资 24 262

　　　　少数股东权益 9 498

⑤借：投资收益 5 712

　　少数股东损益 2 448

　　未分配利润—年初 11 500

　　贷：提取盈余公积 900

　　　　对所有者（或股东）的分配 4 000

　　　　未分配利润—年末 14 760

本章知识串联

财务报告

- 概述 ★
  - 财务报表构成：四表一注
  - 合并财务报表：反映集团整体财务状况、经营成果、现金流量
  - 合并范围：凡是能够控制的，均纳入合并范围
  - 控制：拥有权力、享有可变回报、有能力影响回报金额

- 合并报表的编制 ★★★
  - 调整子公司个别报表
    - 对公允价值与账面价值不等的资产、负债等进行调整
      - 将公允价值与账面价值差额计入资本公积
      - 如为存货，按销售比例，调整营业成本
      - 如为固定资产/无形资产，按折旧摊销差额调整管理费用等
  - 抵销内部交易
    - 存货
      - 交易发生当期
        - 抵销期末存货价值中包含的未实现内部销售损益
        - 抵销或确认存货跌价准备
      - 后续期间
        - 抵销期初存货价值中包含的未实现内部销售损益
        - 抵销期末结存存货价值中包含的未实现内部销售损益
        - 抵销或确认存货跌价准备
    - 固定资产（以内部交易收益为例）
      - 交易发生当期
        - 抵销原价中包含的未实现内部销售损益
        - 抵销当期多计提的折旧、减值准备
      - 后续期间
        - 抵销原价中包含的未实现内部销售损益
        - 抵销以前期间多计提的折旧、减值准备
        - 抵销当期多计提的折旧、减值准备
      - 被处置时：期满清理、超期清理、提前清理
    - 无形资产：与固定资产类似
    - 涉及递延所得税的，也要抵销或确认
    - 若为逆流交易，还需抵销"少数股东权益"和"少数股东损益"
  - 按权益法调整长期股权投资（不考虑内部交易）
    - 先调整子公司净损益：按享有的份额调整投资收益、长期股权投资
    - 对分配现金股利事项进行调整：调减投资收益、长期股权投资
    - 对其他综合收益、其他权益变动调整：调整其他综合收益、资本公积、长期股权投资
  - 抵销长期股权投资与子公司所有者权益
    - 将子公司所有者权益项目余额冲平
    - 确认商誉：合并成本-享有被投资方可辨认净资产公允价值份额
    - 将长期股权投资余额冲平
    - 确认少数股东权益
  - 抵销母公司投资收益与子公司利润分配相关项目
    - 将权益法下确认的投资收益抵销
    - 抵销少数股东损益
    - 对利润分配项目进行抵销
  - 内部债权、债务的抵销
    - 应收账款与应付账款的抵销
    - 债权投资与应付债券的抵销
  - 母公司与子公司、子公司相互之间的现金流量抵销

- 报告期内增加或处置子公司及业务 ★★
  - 合并资产负债表
    - 同一：增加，调整期初数；减少，不调整期初数
    - 非同一：增加、减少，均不调整期初数
  - 合并利润表
    - 同一：增加，合并当期期初至期末数据；减少，期初至处置日的数据
    - 非同一：增加，购买日至期末数据；减少，期初至处置日的数据
  - 合并现金流量表：同合并利润表

第二十章 会计政策、会计估计变更和差错更正

历年考情概况

在历年考试中，本章主要考查会计政策变更与会计估计变更的辨别、会计估计变更的处理原则、追溯调整法或追溯重述法的适用范围、累积影响数的计算以及前期差错更正的概念等，每年的分值在 1~5 分。另外本章可能会与存货、固定资产、投资性房地产、所得税、资产负债表日后事项等章节内容相结合以主观题的形式考查，需重点掌握。

近年考点直击

主要考点	主要考查题型	考频指数	考查角度
会计政策变更与会计估计变更的辨别	单多判	★★★	(1)会计政策变更的判定；(2)常见的会计估计项目选择；(3)会计估计变更的判定；(4)会计政策变更和会计估计变更的划分
会计政策变更的会计处理	判	★★	追溯调整法下累积影响数的调整
前期差错更正的会计处理	单多判综	★★★	(1)前期差错更正的处理；(2)重要的前期差错更正的方法选择；(3)追溯调整法或追溯重述法的适用范围；(4)属于前期差错的政府补助退回的会计处理

2022 年考试变化

本章考试内容未发生实质性变化。

考点详解及精选例题

一、会计政策变更

(一)会计政策的概念 ★

会计政策是指企业在会计确认、计量和报告中所采用的原则、基础和会计处理方法。

企业采用的会计计量基础也属于会计政策。企业会计准则体系涵盖了目前各类企业各项经济业务的确认、计量和报告。实务中某项交易或者事项如果没有相应具体会计准则或其应用指南加以规范的，应当根据《企业会计准则——基本准则》规定的原则、基础和方法进行处理，待发布新的具体规定时，从其规定。

（二）会计政策的采纳和运用所具有的特点★

（1）企业应当在国家统一的会计准则或会计制度规定的政策中，选择适合本企业的会计政策。

（2）会计政策是会计核算的基础。

（3）为了保证一贯性，前后期的会计政策应保持一致。

（三）会计政策变更★★

1. 会计政策变更含义

会计政策变更是指企业对同一事项或交易从原会计政策变更为另一会计政策的行为。

2. 会计政策变更条件

（1）法律或国家统一的会计制度等行政法规、规章的要求；

（2）会计政策的变更可以使会计信息变得更相关、更可靠。

3. 不属于会计政策变更的情况

（1）当期发生与以前有本质区别的全新业务采用新的会计政策。

（2）初次发生业务采用新的会计政策。

（3）的确是同一业务前后所用的会计政策不一致但这一业务不是重要业务，可以不视为会计政策变更来处理。

【关键考点】如何辨认会计政策变更，是考试的重点。

【例题1·单选题】☆下列属于会计政策变更的是（　）。

A. 固定资产折旧方法由年限平均法变更为年数总和法

B. 无形资产摊销年限由10年变为6年

C. 发出存货方法由先进先出法变为移动加权平均法

D. 成本模式计量的投资性房地产的净残值率由5%变为3%

解析 ▶ 选项A、B、D，均属于会计估计变更。 答案 ▶ C

【例题2·单选题】☆下列各项中，属于企业会计政策变更的是（　）。

A. 使用寿命确定的无形资产的摊销年限由10年变更为6年

B. 劳务合同履约进度的确定方法由已经发生的成本占估计总成本的比例改为已完工作的测量

C. 固定资产的净残值率由7%改为4%

D. 投资性房地产的后续计量由成本模式转为公允价值模式

答案 ▶ D

4. 会计处理

（1）方法归类。

①追溯调整法。追溯调整法是指对某项交易或事项变更会计政策，视同该项交易或事项初次发生时即采用变更后的会计政策，并以此对财务报表相关项目进行调整的方法。即视同该业务从一开始用的就是新政策，并依此思路将以前政策下的所有会计核算指标进行"翻新"。

②未来适用法。未来适用法是指将变更后的会计政策应用于变更日及以后发生的交易或者事项，或者在会计估计变更当期和未来期间确认会计估计变更影响数的方法。

（2）方法的选择。

①企业依据法律或国家统一的会计制度等行政法规、规章的要求变更会计政策，分别按以下情况处理：

a. 国家如果明确规定了处理方法的按照规定去作即可；

b. 国家未作明确规定的，按追溯调整法来处理。

②会计政策变更能够提供更可靠、更相关的会计信息的，应当采用追溯调整法处理，将会计政策变更累积影响数调整列报前期最早期初留存收益，其他相关项目的期初余额和列报前期披露的其他比较数据也应当一并调整，但确定该项会计政策变更累积影响数不切实可行的除外。

③确定会计政策变更对列报前期影响数不切实可行的，应当从可追溯调整的最早期间期初开始应用变更后的会计政策。在当期

期初确定会计政策变更对以前各期累积影响数不切实可行的，应当采用未来适用法处理。

(3)追溯调整法的处理步骤。

【案例引入】甲公司2×11年12月15日购入一栋商务楼，初始入账成本为3 000万元，预计使用寿命30年，假定无残值。2×12年年初甲公司将其出租给乙公司使用，采用成本模式进行后续计量，按直线法计提折旧，税法认可其成本模式计量口径。2×13年1月

1日，由于房地产交易市场的成熟，具备了采用公允价值模式计量的条件，甲公司决定将该投资性房地产从成本模式转换为公允价值模式计量。2×13年年初该商务楼的公允价值为3 100万元。甲公司按净利润的10%计提法定盈余公积，按资产负债表债务法核算所得税，适用的所得税税率为25%。甲公司应如何进行账务处理？

解析 ▶ (1)解析过程及会计分录。

事项	会计处理	
①以前年度多计其他业务成本100万元，少算公允价值变动收益100万元	借：投资性房地产—成本 　　投资性房地产累计折旧 　　贷：投资性房地产 　　　　以前年度损益调整—其他业务成本 　　　　　　—公允价值变动损益	3 100 100 3 000 100 100
②以前年度税前利润少算200万元，但不存在少交所得税的情况		
③以前年度少算应纳税暂时性差异200万元，相应地少算"递延所得税负债"和所得税费用各50万元	借：以前年度损益调整—所得税费用 　　贷：递延所得税负债	50 50
④以前年度少算净利润150万元	借：以前年度损益调整 　　贷：利润分配—未分配利润	150 150
上述三笔分录合并后： 借：投资性房地产 　　投资性房地产累计折旧 　　贷：投资性房地产 　　　　递延所得税负债 　　　　利润分配—未分配利润		3 100 100 3 000 50 150
⑤以前年度少提盈余公积15万元	借：利润分配—未分配利润 　　贷：盈余公积	15 15
⑥以前年度的未分配利润少算135万元		

老高提示 上述①②③④仅仅是分析过程，考试时直接写合并后的分录及⑤的分录即可。

(2)报表修正。

资产负债表(简表)

2×13年12月31日　　　　　　　　　　　　　　　　　　　　　　　　　单位：万元

资产	上年年末余额	负债和所有者权益	上年年末余额
投资性房地产	+200	递延所得税负债	+50
		盈余公积	+15
		未分配利润	+135
资产合计	+200	负债及所有者权益合计	+200

利润表(简表)

2×13 年度

单位：万元

项 目	上期金额
一、营业收入	
减：营业成本	−100
税金及附加	
销售费用	
管理费用	
研发费用	
财务费用	
其中：利息费用	
利息收入	
加：其他收益	
投资收益(损失以"−"号填列)	
公允价值变动收益(损失以"−"号填列)	+100
信用减值损失(损失以"−"号填列)	
资产减值损失(损失以"−"号填列)	
资产处置收益(损失以"−"号填列)	
二、营业利润(亏损以"−"号填列)	+200
加：营业外收入	
减：营业外支出	
三、利润总额(亏损总额以"−"填列)	+200
减：所得税费用	+50
四、净利润(净亏损以"−"号填列)	+150

所有者权益变动表(简表)

2×13 年度

单位：万元

项目	本年金额			
	……	盈余公积	未分配利润	所有者权益合计
一、上年年末余额				
加：会计政策变更		+15	+135	+150
前期会计差错				
二、本年年初余额				

【理论总结】

①计算会计政策变更累积影响数。

会计政策变更累积影响数，是指按照变更后的会计政策对以前各期追溯计算的列报前期最早期初留存收益应有金额与现有金额之间的差额。该累积影响数是会计政策变更对净损益及利润分配和未分配利润的累积影响金额，但不包括对分配的利润或股利的影响。

a. 以新会计政策为基础，重新计算前期相关交易或事项；

b. 计算新旧两种会计政策下的差异；

c. 计算上述差异的所得税影响数；

d. 确定前期相关事项每一期的税后差异；

e. 计算确定会计政策变更累积影响数。

在实务操作中，为了能够明晰地对比出两种会计政策的差异，可以同时列示出在两种会计政策下的业务处理，通过直接对比的方式来发现业务处理的差异并找出调整分录。

②进行相关的账务处理。

③调整会计报表相关项目。

a. 会计政策变更的累积影响数应包括在当年的会计报表的期初留存收益中。

b. 对于比较会计报表诸项目也应按新的会计政策口径来调整。常见的影响项目是比较会计报表期间的期初留存收益和当年的利润分配和期末留存收益。

④会计报表附注说明。

【关键考点】 全面掌握会计政策变更的会计处理。

【例题3·判断题】 ☆企业对会计政策变更采用追溯调整法时，应当按照会计政策变更的累积影响数调整变更当期期初的留存收益。 （ ）

解析 ▶企业对会计政策变更采用追溯调整法时，会计政策变更的累积影响数应包括在变更当期期初留存收益中。但是，如果提供比较财务报表，对于比较财务报表期间的会计政策变更，应调整该期间净利润各项目和财务报表其他相关项目，视同该政策在比较财务报表期间一直采用。对于比较财务报表可比期间以前的会计政策变更的累积影响数，应调整比较财务报表最早期间的期初留存收益，财务报表其他相关项目的数字也应一并调整。 答案 ▶×

【例题4·判断题】 ☆对于比较财务报表可比期间以前的会计政策变更的累积影响数，应调整比较财务报表最早期间的期初留存收益，财务报表其他相关项目的金额也应一并调整。 （ ）

答案 ▶√

（4）未来适用法的处理程序。

根据未来适用法，企业无需计算会计政策变更造成的累积影响数，也无需重新编写以前年度报表。企业会计账簿及报表上金额，不因变更而改变以前年度的既定结果，在变更日仍保留原有的金额，并在此基础上再按新的会计政策进行相关核算。

虽然未来适用法不要求对以前的会计指标进行追溯调整，但应在会计政策变更当期比较出会计政策变更对当期净利润的影响数，并披露于报表附注。

（5）会计政策变更的报表披露。

①会计政策变更的性质、内容和原因。

②当期和各个列报前期财务报表中受影响的项目名称和调整金额。

③无法进行追溯调整的，说明该事实和原因以及开始应用变更后的会计政策的时点、具体应用情况。

【关键考点】 注意与会计估计变更的报表披露、前期差错更正的报表披露区分开来。

【例题5·多选题】 ☆下列关于会计政策及其变更的表述中，正确的有( )。

A. 会计政策涉及会计原则、会计基础和具体会计处理方法

B. 变更会计政策表明以前会计期间采用的会计政策存在错误

C. 变更会计政策能够更好地反映企业的财务状况和经营成果

D. 本期发生的交易或事项与前期相比具有本质差别而采用新的会计政策，不属于会计政策变更

解析 ▶会计政策变更并不是意味着以前的会计政策是错误的，而是采用变更后的会计政策会使得会计信息更加具有可靠性和相关性，所以选项B是不正确的。 答案 ▶ACD

二、会计估计变更

(一)会计估计的概念★

会计估计是指企业根据最新可利用的信

息对结果不确定的事项或者交易所作的判断。

（二）会计估计的特点及常见估计项目★

1. 会计估计特点

会计估计具有以下特点。

（1）经济活动中内在的不确定性因素导致会计估计的存在。

（2）依据最新可利用的信息为基础进行估计。

（3）进行会计估计并不会削弱会计核算的可靠性，这是因为估计不是随意的，而是建立在具有确凿证据的前提下进行的。

2. 常见估计项目

下列各项属于常见的需要进行估计的项目。

（1）存货可变现净值的确定。

（2）采用公允价值模式计量的投资性房地产等公允价值的确定。

（3）固定资产、使用寿命有限的无形资产的预计使用寿命、净残值及折旧方法或摊销方法的确定。

（4）计算资产可收回金额时，预计未来现金流量的确定和公允价值减去处置费用后的净额的确定方法。

（5）确认收入时履约进度的确定。

（6）确定预计负债初始入账金额时最佳估计数的确定。

（7）承租人对未确认融资费用的分摊；出租人对未实现融资收益的分配。

【例题6·多选题】 ☆下列各项属于会计估计的有（   ）。

A. 收入确认时合同履约进度的确定

B. 固定资产预计使用寿命的确定

C. 无形资产预计残值的确定

D. 投资性房地产按照公允价值计量

解析 ▶ 选项D，投资性房地产后续计量属于会计政策。 **答案** ▶ ABC

【例题7·多选题】 ☆下列各项中，属于企业会计估计的有（   ）。

A. 劳务合同履约进度的确定

B. 预计负债初始计量时最佳估计数的确定

C. 无形资产减值测试中可收回金额的确定

D. 投资性房地产公允价值的确定

答案 ▶ ABCD

【例题8·多选题】 ☆下列各项中，属于企业会计估计的有（   ）。

A. 金融资产预期信用减值损失金额的确定

B. 投资性房地产后续计量模式的确定

C. 劳务合同履约进度的确定

D. 存货可变现净值的确定

解析 ▶ 选项B，属于会计政策。

答案 ▶ ACD

（三）会计估计变更★★

1. 会计估计变更的概念

会计估计变更是指由于资产和负债的当前状况及预期经济利益和义务发生了变化，从而对资产或负债的账面价值或者资产的定期消耗金额进行调整。

【例题9·单选题】 ☆下列各项中属于企业会计估计变更的是（   ）。

A. 无形资产摊销方法由年限平均法变为产量法

B. 发出存货的计量方法由移动加权平均法改为先进先出法

C. 投资性房地产的后续计量由成本模式变为公允价值模式

D. 政府补助的会计处理方法由总额法变为净额法

解析 ▶ 选项B、C、D，属于会计政策变更。 **答案** ▶ A

【例题10·多选题】 ☆下列各项中，属于会计估计变更的事项有（   ）。

A. 固定资产折旧方法由年限平均法变更为年数总和法

B. 投资性房地产的后续计量由成本模式变更为公允价值模式

C. 无形资产预计使用寿命由不能确定变更为 10 年

D. 坏账准备的计提比例由 5% 变更为 10%

解析 ▶ 选项 B，属于会计政策变更。

答案 ▶ ACD

【例题 11·单选题】☆下列各项中，属于企业会计政策变更的是( )。

A. 将发出存货的计价方法由先进先出法变更为加权平均法

B. 将合同履约进度的确认方法由投入法变更为产出法

C. 将固定资产的折旧方法由年限平均法变更为年数总和法

D. 将无形资产的剩余使用年限由 6 年变更为 4 年

解析 ▶ 选项 B、C、D，属于会计估计变更。

答案 ▶ A

2. 会计处理方法——未来适用法

在会计估计变更当期及以后期间，应采用新的会计估计，前期会计估计及其报告结果均不变。

【例题 12·分析题】2×15 年 12 月 31 日，甲公司外购一台生产设备，并立即投入使用。该设备的买价为 186 万元，预计给企业带来经济利益的期限为 10 年，预计净残值为 6 万元，采用年限平均法计提折旧。因市场上出现新型产品，甲公司所生产的产品市场销量大幅度下降，2×18 年 1 月 1 日，甲公司重新估计了该设备的使用寿命，预计尚可使用 5 年，预计净残值为零，并改用双倍余额递减法计提折旧。甲公司适用的所得税税率为 25%。假定当年生产的产品在年末已经全部出售，年末没有在产品。2×18 年甲公司对此业务应如何进行账务处理？

解析 ▶ 本题属于会计估计变更，甲公司的会计处理为：

2×18 年年初折余价值 = 186−(186−6)/10×2 = 150(万元)，2×18 年计提的折旧 = 150×2/5 = 60(万元)，当年计提折旧的会计

分录为：

借：制造费用　　　　　　　　60

　　贷：累计折旧　　　　　　　60

财务报表附注说明：此估计变更将减少本年度净利润 31.5 万元[(60−18)×(1−25%)]。

3. 未来适用法的处理思路

(1)会计估计变更仅影响变更当期的，其影响数应当在变更当期予以确认；

(2)既影响变更当期又影响未来期间的，其影响数应当在变更当期和未来期间予以确认；

(3)为了保证一致性，会计估计变更的影响数应计入变更当期与前期相同的项目中。

4. 会计估计变更和会计政策变更无法区分时，应视为会计估计变更处理

【例题 13·判断题】☆企业难以将某项变更区分为会计政策变更还是会计估计变更的，应将其作为会计政策变更处理。( )

解析 ▶ 难以区分是会计政策变更还是会计估计变更的，应该作为会计估计变更处理。

答案 ▶ ×

5. 会计估计变更的报表披露

(1)会计估计变更的内容和原因。

(2)会计估计变更对当期和未来期间的影响数。

(3)会计估计变更的影响数不能确定的，披露这一事实和原因。

【关键考点】掌握会计估计变更的未来适用法。

【例题 14·单选题】☆下列关于会计估计及其变更的表述中，正确的是( )。

A. 会计估计应以最近可利用的信息或资料为基础

B. 对结果不确定的交易或事项进行会计估计会削弱会计信息的可靠性

C. 会计估计变更应根据不同情况采用追溯重述法或追溯调整法进行处理

D. 某项变更难以区分为会计政策变更和会计估计变更的，应作为会计政策变更处理

解析 选项 B，会计估计变更不会削弱会计信息的可靠性；选项 C，会计估计变更应采用未来适用法处理；选项 D，应该作为会计估计变更处理。　　　　**答案** A

三、前期差错更正

（一）前期差错的概念★

前期差错是指由于没有运用或错误运用下列两种信息，而对前期财务报表造成省略漏或错报。

（1）编报前期财务报表时预期能够取得并加以考虑的可靠信息。

（2）前期财务报告批准报出时能够取得的可靠信息。

前期差错通常包括计算错误、应用会计政策错误、疏忽或曲解事实以及舞弊产生的影响以及固定资产盘盈等。

前期差错的重要程度，应根据差错的性质和金额加以具体判断。例如，企业的存货盘盈，应将盘盈的存货计入当期损益。对于固定资产盘盈，应当查明原因，采用追溯重述法进行更正。

（二）前期差错的分类★

（1）计算错误。

（2）应用会计政策错误。

（3）疏忽或曲解事实以及舞弊产生的影响。

（4）存货、固定资产盘盈。

（三）前期差错的更正原则★★★

（1）企业应当采用追溯重述法更正重要的前期差错，但确定前期差错累积影响数不切实可行的除外。

追溯重述法，是指在发现前期差错时，视同该项前期差错从未发生过，从而对财务报表相关项目进行更正的方法。

（2）确定前期差错影响数不切实可行的，

可以从可追溯重述的最早期间开始调整留存收益的期初余额，财务报表其他相关项目的期初余额也应当一并调整，也可以采用未来适用法。

（3）发生在资产负债表日后期间的前期差错应参照资产负债表日后事项处理。

（4）对于不重要的前期差错应视同当期差错进行修正。

【关键考点】 全面掌握前期差错更正的会计处理。

【例题 15·分析题】 甲公司 2×11 年年初开始对某无形资产进行摊销，原价为 100 万元，采用直线法摊销（税法与会计相同），摊销期为 5 年（税法的摊销口径为 10 年），预计净残值为零。2×11 年年末该无形资产的可收回价值为 72 万元，2×13 年年末的可收回价值为 30 万元，甲公司计提减值后，无形资产的预计使用年限、摊销方法、预计净残值等均不发生改变。假定 2×14 年发现 2×13 年未对无形资产计提摊销和减值准备。假定甲公司适用的所得税税率为 25%，采用资产负债表债务法进行所得税处理，未来期间能够取得足够的应纳税所得额用以抵扣可抵扣暂时性差异。甲公司的法定盈余公积提取比例为 10%。根据税法规定，对会计上预计的减值损失不允许税前扣除，未来期间实际发生时才允许税前扣除。根据以上资料，甲公司应如何进行账务处理？

解析 （1）解析过程及会计分录如下。

①以前年度少摊销 18 万元（72/4），更正分录如下：

借：以前年度损益调整　　　　18

　　贷：累计摊销　　　　　　　　18

②以前年度少计提减值准备 6 万元 [（72-72/4×2）-30]，更正分录如下：

借：以前年度损益调整　　　　6

　　贷：无形资产减值准备　　　　6

③以前年度税法认可少算支出 10 万元，应纳税所得额多算 10 万元，"应交所得税"多计 2.5 万元，"所得税费用"多计 2.5 万元，

更正分录如下：

借：应交税费——应交所得税

（10×25%）2.5

贷：以前年度损益调整　　2.5

④以前年度少算可抵扣暂时性差异14万元（18+6-10），相应地，"递延所得税资产"少算3.5万元，"所得税费用"多算3.5万元，更正分录如下：

借：递延所得税资产　　3.5

贷：以前年度损益调整　　3.5

⑤以前年度净利润多算18万元（18+6-2.5-3.5），更正分录如下：

借：利润分配——未分配利润　　18

贷：以前年度损益调整　　18

⑥以前年度多计提盈余公积1.8万元（18×10%），更正分录如下：

借：盈余公积——法定盈余公积　　1.8

贷：利润分配——未分配利润　　1.8

（2）报表修正如下。

资产负债表（简表）

2×14年12月31日　　　　　　　　　　　　　单位：万元

资产	上年年末余额	负债和所有者权益	上年年末余额
无形资产	-24	应交税费	-2.5
递延所得税资产	+3.5	盈余公积	-1.8
		未分配利润	-16.2
资产合计	-20.5	负债及所有者权益合计	-20.5

利润表（简表）

2×14年度　　　　　　　　　　　　　　　　单位：万元

项目	上期金额
一、营业收入	
减：营业成本	
税金及附加	
销售费用	
管理费用	+18
研发费用	
财务费用	
其中：利息费用	
利息收入	
加：其他收益	
投资收益（损失以"-"号填列）	
公允价值变动收益（损失以"-"号填列）	
信用减值损失（损失以"-"号填列）	
资产减值损失（损失以"-"号填列）	-6
资产处置收益（损失以"-"号填列）	
二、营业利润（亏损以"-"号填列）	-24
加：营业外收入	
减：营业外支出	

续表

项目	上期金额
三：利润总额（亏损总额以"–"填列）	–24
减：所得税费用	–6
四、净利润(净亏损以"–"号填列)	–18

所有者权益变动表（简表）

2×14 年度　　　　　　　　　　　　　　　　　　　　单位：万元

项目	本年金额			
	……	盈余公积	未分配利润	……
一、上年年末余额				
加：会计政策变更				
前期会计差错		–1.8	–16.2	
二、本年年初余额				
……				

【例题 16·多选题】 ☆在相关资料均能有效获得的情况下，对上年度财务报告批准报出后发生的下列事项，企业应当采用追溯调整法或追溯重述法进行会计处理的有（ ）。

A. 公布上年度利润分配方案

B. 债权投资因部分处置被重分类为其他债权投资

C. 发现上年度金额重大的应费用化的借款费用计入了在建工程成本

D. 发现上年度对使用寿命不确定且金额重大的无形资产按10年平均摊销

解析 ▶ 选项 A、B，属于正常事项。

答案 ▶ CD

【例题 17·多选题】 ☆下列用以更正能够确定累积影响数的重要前期差错的方法中，不正确的有（ ）。

A. 追溯重述法　　 B. 追溯调整法

C. 红字更正法　　 D. 未来适用法

解析 ▶ 进行前期重要会计差错更正的方法叫作追溯重述法，其余三个选项都不正确。

答案 ▶ BCD

【例题 18·单选题】 ☆2×15 年 12 月 31 日，甲公司发现应自 2×14 年 10 月开始计提折旧的一项固定资产从 2×15 年 1 月才开始计提折旧，导致 2×14 年管理费用少计 200 万元，被认定为重大差错，税务部门允许调整 2×15 年度的应交所得税。甲公司适用的企业所得税税率为 25%，无其他纳税调整事项，甲公司利润表中的 2×14 年度利润为 500 万元，并按 10% 提取了法定盈余公积。不考虑其他因素，甲公司更正该差错时应将 2×15 年 12 月 31 日资产负债表未分配利润项目年初余额调减（ ）万元。

A. 15　　　　　　　B. 350

C. 135　　　　　　 D. 150

解析 ▶ 甲公司更正该差错时应将 2×15 年 12 月 31 日资产负债表未分配利润项目年初余额调减金额 = 200×（1–25%）×（1–10%）= 135（万元）。相关会计分录为：

借：以前年度损益调整—管理费用
　　　　　　　　　　　　　　200
　贷：累计折旧　　　　　　　200
借：应交税费—应交所得税
　　　　　　　　　（200×25%）50
　贷：以前年度损益调整—所得税费用
　　　　　　　　　　　　　　50
借：盈余公积　　　　　　　　15

利润分配—未分配利润 135

　　贷：以前年度损益调整

(200-50)150

答案 ▶ C

【例题19·判断题】 ☆对于属于前期差错的政府补助退回，企业应当按照前期差错更正进行追溯调整。 ( )

答案 ▶ √

【例题20·多选题】 ☆2×19年12月31日，甲公司发现2×17年12月收到投资者投入的一项行政管理用固定资产尚未入账，投资合同约定该固定资产价值为1 000万元（与公允价值相同）；该固定资产预计使用年限为5年，预计净残值为零，采用年限平均法计提折旧。甲公司将漏记该固定资产事项认定为重要的前期差错。不考虑其他因素，下列关于该项会计差错更正的会计处理表述中，正确的有( )。

A. 增加固定资产原价1 000万元

B. 增加累计折旧400万元

C. 增加2×19年度管理费用200万元

D. 减少2×19年年初留存收益200万元

解析 ▶ 甲公司账务处理如下：

(1)固定资产入账：

借：固定资产 1 000

　　贷：实收资本等 1 000

(2)补提折旧：

借：以前年度损益调整—管理费用

200

管理费用 200

　　贷：累计折旧 (1 000/5×2)400

(3)将以前年度损益调整转入留存收益（假定按照10%计提盈余公积）：

借：盈余公积 20

利润分配—未分配利润 180

　　贷：以前年度损益调整 200

综上，选项A、B、C、D均正确。

答案 ▶ ABCD

(四)前期差错更正的报表附注披露★

(1)前期差错的性质。

(2)各个列报前期财务报表中受影响的项目名称和更正金额。

(3)无法进行追溯重述的，说明该事实和原因以及对前期差错开始进行更正的时点、具体更正情况。

同步训练 限时 70min

扫我做试题

一、单项选择题

1. 某公司于2×09年年末购入一台管理用设备并投入使用，入账价值为403 500元，预计使用寿命为10年，预计净残值为3 500元，自2×10年1月1日起按年限平均法计提折旧。2×14年年初，由于技术进步等原因，公司将该设备预计使用寿命变更为6年，预计净残值变更为1 500元，所得税税率为25%，税法允许按照变更后的折旧额在税前扣除。该项变更对2×14年度净利润的影响金额为( )元。

A. -81 000　　　　B. -60 750

C. 81 000　　　　D. 54 270

2. 甲公司2×18年7月自行研发完成一项专利权，并于当月投入使用，实际发生研究阶段支出1 200万元，开发阶段支出8 000万元（符合资本化条件），确认为无形资产，按直线法摊销，预计净残值为零。2×19年5月检查发现，会计人员将本应为8年的摊销期限错误地估计为10年，2×18年所得税申报时已按相关成本费用的175%进行税前扣除。税法规定的摊销期限、摊销方法、预计净残值与会计规定相同。企业所得税税率为25%，按净利润的10%计提盈余公积。假定税法允许其调整企业所得税税额，不考虑其他因素，甲公司追溯重述此差错更正时所做的下列会计处理中，正确的是(   )。

A. 调增盈余公积5.625万元

B. 调增应交所得税额25万元

C. 调减未分配利润50.625万元

D. 调增累计摊销150万元

3. A公司2×19年实现净利润300万元。该公司2×19年12月发生或发现的下列交易或事项中，会影响其年初未分配利润的是(   )。

A. 发现2×18年少计管理费用100万元

B. 为2×18年售出的产品提供售后服务发生支出30万元

C. 发现2×18年多计提折旧费用20元

D. 因客户资信及财务状况明显改善将应收账款坏账准备计提比例由5%改为3%

4. 下列交易或事项中，应作为会计政策变更处理的是(   )。

A. 发出存货计价方法的变更

B. 固定资产折旧方法的变更

C. 因持股比例变化导致长期股权投资从原按权益法核算改为按成本法核算

D. 低值易耗品摊销方法由一次摊销法变更为分次摊销法

5. S公司对所得税采用资产负债表债务法核算，适用的所得税税率为25%，2×16年10月以600万元购入W上市公司的股票，作为短期投资，期末按成本与市价孰低计量。S公司从2×17年1月1日起执行新准则，并按照新准则的规定将该项股权投资划分为交易性金融资产，期末按照公允价值计量，2×16年年末该股票公允价值为750万元，该会计政策变更对S公司2×17年期初留存收益的影响金额为(   )万元。

A. 145　　　　　　B. 150

C. 112.5　　　　　　D. 108.75

6. 某企业于2×15年12月11日购入不需要安装的设备一台并投入使用。该设备入账价值为1 500万元，采用年数总和法计提折旧(税法规定采用年限平均法)，折旧年限为5年(与税法规定一致)，预计净残值为零(与税法规定一致)。假定该企业从2×17年1月1日开始执行新准则，将所得税核算方法由应付税款法变更为资产负债表债务法，同时，对该项固定资产改按平均年限法计提折旧。该企业适用的所得税税率为25%，假定该企业未来期间能够获得足够的应纳税所得额用来抵扣可抵扣暂时性差异。不考虑其他因素，该企业会计政策变更的累积影响数为(   )万元。

A. -50　　　　　　B. 50

C. 200　　　　　　D. 150

7. 2×17年11月24日，甲公司发现2×16年2月购入的固定资产一直没有计提折旧，计算2×16年应纳税所得额时也未税前列支该项固定资产的折旧额。该项固定资产的入账价值720万元，预计使用寿命为6年，预计净残值为零，应采用直线法计提折旧。税法上的折旧年限、折旧方法、预计净残值与会计上是一致的。甲公司适用的所得税税率为25%，按净利润的10%提取法定盈余公积。甲公司应调整2×17年年初未分配利润的金额为(   )万元。

A. -75　　　　　　B. -90

C. 67.5　　　　　　D. -67.5

8. 甲公司2×18年以前按销售额的1%预提产品质量保证费用，董事会决定自2×18年度开始改按销售额的10%预提产品质量保证费用。假定以上事项具有重大影响，且每年按销售额的1%预提的产品质量保证费用与实际发生的产品质量保证费用大致相符，甲公司在2×19年度财务报告中对上述事项正确的会计处理方法是(   )。

A. 作为会计政策变更予以调整，并在会计报表附注中披露

B. 作为会计估计变更予以调整，并在会计报表附注中披露

C. 作为前期差错更正采用追溯重述法进行调整，并在会计报表附注中披露

D. 不作为会计政策变更、会计估计变更或前期差错更正予以调整，不在会计报表附注中披露

二、多项选择题

1. 下列各项中，属于会计政策变更的有( )。

A. 坏账准备的提取比例发生改变

B. 所得税核算方法由应付税款法改为资产负债表债务法

C. 投资性房地产的后续计量由成本模式改为公允价值模式

D. 2×19 年年初甲公司处置了子公司 40% 的股份，使得原持股比例由 70% 降至 30%，后续影响达到重大影响程度，于是在 2×19 年年初甲公司将剩余 30% 股份的原成本法核算追溯调整为权益法核算

E. 合并报表的准备工作中，母公司对子公司的长期股权投资由成本法核算追溯调整为权益法核算

2. 甲公司于 2×15 年年初将投资性房地产的后续计量模式由成本模式转为公允价值模式，变更当日，该投资性房地产账面原价为 300 万元，已提折旧 100 万元，公允价值为 240 万元，甲公司所得税税率为 25%，采用资产负债表债务法核算所得税，盈余公积按净利润的 10% 提取，税法认可该投资性房地产的成本计量口径。基于此政策变更的如下指标计算中，正确的有( )。

A. 递延所得税负债增加 10 万元

B. 年初盈余公积增加 3 万元

C. 年初未分配利润增加 27 万元

D. 年初留存收益增加 30 万元

E. 会计政策变更累积影响数为 40 万元

3. 下列项目中，属于会计估计变更的有( )。

A. 对产品质量保证费用的提取比例的修正

B. 固定资产预计使用寿命的改变

C. 投资性房地产公允价值估计方法的改变

D. 将固定资产按年限平均法计提折旧改为按年数总和法计提折旧

E. 资产组认定口径的调整

4. 对上年度财务报告批准报出后发生的下列事项，企业一般应当采用追溯调整法或追溯重述法进行会计处理的有( )。

A. 盘盈一项固定资产

B. 债权投资因部分处置被重分类为其他债权投资

C. 发现上年年初取得的一项使用寿命确定的无形资产一直没有计提摊销

D. 对于出租厂房，将其由固定资产转为公允价值模式计量的投资性房地产

5. 关于会计政策变更，下列表述中不正确的有( )。

A. 会计政策变更涉及损益时，应该通过"以前年度损益调整"科目核算

B. 对于初次发生的交易或事项采用新的会计政策，属于会计政策变更，但采用未来适用法处理

C. 采用未来适用法处理的会计政策变更，不需要计算累积影响数，但需要调整以前年度的财务报表

D. 连续、反复地自行变更会计政策，应按照前期差错更正的方法处理

6. 下列各项中，应采用未来适用法处理的有( )。

A. 企业因账簿超过法定保存期限而销毁，导致会计政策变更累积影响数只能确定账簿保存期限内的部分

B. 企业账簿因不可抗力因素而毁坏，导致以前各期累积影响数无法确定

C. 会计政策变更累积影响数能够确定，但法律或行政法规要求对会计政策的变更采用未来适用法

D. 会计估计变更

7. 下列各项中，不属于会计差错的有( )。

A. 固定资产达到预定可使用状态后，相

关的借款费用计入当期损益

B. 因减资导致对被投资方的长期股权投资由成本法转为权益法核算

C. 盘盈固定资产

D. 漏记固定资产折旧, 金额重大

8. 下列有关会计差错的处理中, 符合现行会计准则规定的有( )。

A. 对于当期发生的重大差错, 调整当期相关项目的金额

B. 对于发现的以前年度影响损益的重大差错, 应当调整发现当期的期初留存收益

C. 对于比较会计报表期间的重大差错, 编制比较会计报表时应调整相应期间的净损益及其他相关项目

D. 对于年度资产负债表日后期间发现的报告年度的重大差错, 应作为资产负债表日后非调整事项处理

三、判断题

1. 在当期期初确定会计政策变更对以前各期累积影响数均不切实可行的, 应当采用未来适用法处理。 ( )

2. 为遵循可比性会计信息质量要求, 企业一旦确定采用某会计政策, 以后期间不得变更该会计政策。 ( )

3. 会计估计变更, 仅影响变更当期, 对以前期间以及未来期间均没有影响。 ( )

4. 除了法律或者会计制度等行政法规、规章要求外, 企业不得自行变更会计政策。 ( )

5. 企业发现的重要差错, 无论属于本期还是以前期间, 均应调整期初留存收益和其他相关项目。 ( )

四、计算分析题

甲公司适用的所得税税率为25%, 按净利润的10%计提盈余公积。与政府补助有关的业务采用总额法核算。2×16年12月1日至20日甲公司进行内部审计时, 甲公司内审人员对如下事项的会计处理存在疑问。

(1)甲公司因2×15年安置职工就业, 按照国家有关规定可申请财政补贴资金100万元, 甲公司于2×15年12月按照规定办理了补贴资金申请手续。2×15年12月27日, 甲公司实际收到了财政拨付的奖励资金100万元。甲公司于收到当日将其计入了资本公积(其他资本公积)。此笔款项由于计入了资本公积, 未作纳税调整, 当年没有申报所得税。按照税法规定, 该项补贴资金需要缴纳企业所得税。

(2)2×16年8月15日, 甲公司销售给乙公司的产品因为质量问题而被退回。该批产品是甲公司于2×15年12月1日销售给乙公司的, 售价为200万元, 成本为150万元, 当日满足收入确认条件。甲公司在2×16年8月15日收到退货时, 进行了追溯调整, 调减了2×15年的收入200万元、成本150万元和应交所得税12.5万元。

(3)甲公司于2×15年1月1日支付3 000万元对价, 取得了丁公司30%股权, 投资后对丁公司具有重大影响。3月15日, 甲公司出售一批商品给丁公司, 商品售价100万元, 成本80万元(假定未计提存货跌价准备), 假定丁公司购入存货当年未对外销售。2×15年丁公司实现净利润500万元, 甲公司确认了投资收益150万元。甲公司在2×15年计算应交所得税时, 对该事项纳税调减了150万元。

(4)2×15年10月15日, 甲公司购入丙上市公司股票10万股, 指定为其他权益工具投资, 购买价款为300万元, 另支付交易费用4万元; 甲公司确认其他权益工具投资的入账成本为300万元, 并将交易费用计入投资收益借方。2×15年12月31日, 该项其他权益工具投资的公允价值为420万元, 甲公司所做的会计处理为:

借: 其他权益工具投资　　　　　120

　　贷: 公允价值变动损益　　　　　　120

借: 所得税费用　　　　　　　　30

贷：递延所得税负债　　　　　30

截至 2×16 年 12 月 20 日，该项其他权益工具投资尚未对外出售。

(5)2×16 年 8 月，甲公司由于受国际金融危机的不利影响，决定对 W 事业部进行重组，将相关业务转移到其他事业部。经履行相关报批手续，甲公司对外正式公告其重组方案。为了实施重组方案，甲公司预计发生以下支出或损失：

对自愿遣散的职工将支付补偿款 30 万元；因强制遣散职工应支付的补偿款 100 万元；因撤销不再使用的厂房租赁合同将支付违约金 20 万元；剩余职工岗前培训费 2 万元；相关资产转移将发生运输费 5 万元。

假定按税法规定，对企业的预计损失不认可，实际发生损失时才允许税前扣除。甲公司当时的处理是：

借：管理费用　　　　　　　150
　　贷：预计负债　　　　　　　20
　　　　应付职工薪酬　　　　130
借：递延所得税资产　　　　37.5
　　贷：所得税费用　　　　　37.5

要求：

(1)根据上述资料，请代替甲公司审计人员判断哪些事项处理正确，哪些错误。

(2)对于上述事项处理不正确的，编制与会计差错相关的更正处理。

(答案中的金额单位以万元表示)

五、综合题

甲公司为增值税一般纳税企业，存货适用的增值税税率为 13%，土地使用权适用的增值税税率为 9%，所得税税率为 25%，除特别说明外，不考虑除增值税、所得税以外的其他相关税费；所售资产均未计提减值准备。销售商品均为正常的生产经营活动，交易价格为公允价格；商品销售价格均不含增值税；商品销售成本在确认销售收入时逐笔结转。甲公司按照实现净利润的 10% 提取法定盈余公积。

甲公司 2×15 年度所得税汇算清缴于 2×16 年 4 月 28 日完成。甲公司 2×15 年度财务会计报告经董事会批准于 2×16 年 4 月 25 日对外报出，实际对外公布日为 2×16 年 4 月 30 日。

(1)2×15 年 12 月 31 日前甲公司内部审计部门在对 2×15 年度财务会计报告进行复核时，对 2×15 年度的以下交易或事项的会计处理有疑问，并要求会计人员进行更正。

甲公司投资性房地产采用公允价值模式计量。2×15 年 6 月 1 日将一幢办公楼用于出租。该办公楼的原值为 510 万元，已计提折旧 10 万元，转换日的公允价值为 550 万元。甲公司的会计处理如下：

借：投资性房地产—成本　　550
　　累计折旧　　　　　　　10
　　贷：固定资产　　　　　　510
　　　　公允价值变动损益　　50

甲公司对该事项确认了递延所得税负债 12.5 万元，并计入了所得税费用。

(2)2×16 年 4 月 25 日前甲公司财务负责人在对 2×15 年度财务会计报告进行复核时，对 2×15 年度的以下交易或事项的会计处理有疑问，并要求会计人员进行更正。

①10 月 15 日，甲公司与 B 公司签订合同，向 B 公司销售一批 B 产品。合同约定：该批 B 产品的销售价格为 1 000 万元，包括增值税在内的货款分两次收取：第一笔货款于合同签订当日收取 20%，第二笔货款于交货时收取 80%。

10 月 15 日，甲公司收到第一笔货款 226 万元，并存入银行；甲公司尚未开出增值税专用发票。该批 B 产品的成本估计为 800 万元。截至 12 月 31 日，甲公司已经开始生产 B 产品但尚未完工，也未收到第二笔货款。税法规定收入的确认原则与会计规定相同。

甲公司的会计处理如下：

借：银行存款　　　　　　　226
　　贷：主营业务收入　　　　200

应交税费—应交增值税(销项税额)
　　　　　　　　　　　26
借：主营业务成本　　　　160
　　贷：库存商品　　　　　160
②12月1日，甲公司购入一批股票作为交易性金融资产，实际支付价款1 000万元(不考虑相关税费)，2×15年年末该股票公允价值为1 100万元，甲公司未调整交易性金融资产的账面价值。税法规定不确认交易性金融资产的公允价值变动，待处

置时一并计入应纳税所得额。
要求：
(1)对2×15年12月31日前甲公司内部审计部门发现的会计差错予以更正。
(2)对2×16年4月25日前甲公司财务负责人发现的会计差错予以更正。(涉及"利润分配—未分配利润""盈余公积—法定盈余公积""应交税费—应交所得税"的调整，会计分录可逐笔编制)
(答案中的金额单位以万元表示)

同步训练答案及解析

一、单项选择题

1. B 【解析】(1)该折旧年限变更对2×14年度税前利润的调减额 = $\{[403\ 500 - (403\ 500-3\ 500)/10\times4]-1\ 500\}/(6-4)-[(403\ 500-3\ 500)/10]=81\ 000$(元)；

(2)该折旧年限变更对2×14年度税后净利润的调减额 = $81\ 000\times(1-25\%)=60\ 750$(元)。

2. C 【解析】(1)首先将2×18年少摊销的费用100万元[$(8\ 000/8-8\ 000/10)\times6/12$]补足：

借：以前年度损益调整　　　100
　　贷：累计摊销　　　　　　100

(2)2×18年税法认可的摊销额少算175万元[$(8\ 000\times175\%/8\times6/12)-(8\ 000\times175\%/10\times6/12)$]，相应地多算应税所得175万元，多计应交所得税43.75万元($175\times25\%$)，应作如下更正：

借：应交税费—应交所得税　43.75
　　贷：以前年度损益调整　　43.75

(3)借：利润分配—未分配利润
　　　　　　　　　　　50.625
　　　盈余公积　　　　　5.625
　　　贷：以前年度损益调整　56.25

3. A 【解析】选项A，属于本期发现前期的

重大会计差错，应调整发现当期会计报表的年初数和上年数；选项B，属于2×19年发生的业务，应直接调整发生当期相关项目；选项C，属于本期发现前期非重大会计差错，应直接调整发现当期相关项目；选项D，属于会计估计变更，应按未来适用法处理，不调整会计报表年初数和上年数。

4. A 【解析】选项B，属于会计估计变更；选项C，属于本期发生的交易或事项与以前相比具有本质区别而采用新的政策，不属于政策变更；选项D是对初次发生的或不重要的交易或事项采用新的会计政策，也不属于会计政策变更。

5. C 【解析】会计政策变更对2×17年的期初留存收益影响额 = $(750-600)\times(1-25\%)=112.5$(万元)，相关会计分录如下(假定按10%计提盈余公积)：

借：交易性金融资产　　　　750
　　贷：短期投资　　　　　　600
　　　　递延所得税负债　　　37.5
　　　　盈余公积　　　　　11.25
　　　　利润分配—未分配利润　101.25

6. B 【解析】2×16年年末，固定资产的账面价值 = $1\ 500-1\ 500\times5/15=1\ 000$(万元)，计税基础 = $1\ 500-1\ 500/5=1\ 200$(万元)，

产生可抵扣暂时性差异 200 万元，应确认
递延所得税资产 50 万元，会减少所得税
费用 50 万元，增加留存收益 50 万元，故
累积影响数的金额为 50 万元。

老高提示　累积影响数是对留存收益的追
溯金额，一般情况下，等于追溯调整的损
益减去所得税影响后的金额，比如上面的
单选第 5 题，累积影响数 = (750-600)×
(1-25%)；而若是所得税核算方法变更引
起的会计政策变更时，累积影响数就是所
得税费用的调整金额，比如本题，累积影
响数 = (1 200-1 000)×25%。

7. D　【解析】甲公司应调整的留存收益金
额 = -720/6×10/12×(1-25%) = -75 (万
元)，应调整的未分配利润金额 = -75×
(1-10%) = -67.5 (万元)。

8. C　【解析】该事项属于滥用会计估计变
更，应作为前期差错更正处理，采用追溯
重述法予以调整，并在会计报表附注中
披露。

二、多项选择题

1. BC　【解析】选项 A，属于会计估计变更；
选项 D，因股份比例的改变而发生的成本
法转权益法的追溯调整不属于同一项业务
的前后政策不一致；选项 E，母公司长期
股权投资的核算口径修正是为了合并数据
的衔接，是合并数据的账外修正，与会计
政策变更无关。

2. ABCD　【解析】变更日，投资性房地产的
计税基础为 200 万元(300-100)，变更后
的账面价值为 240 万元，形成 40 万元的应
纳税暂时性差异，需要确认递延所得税负
债 10 万元(40×25%)；因会计政策变更需
要调增盈余公积的金额 = (40-10)×10% =
3 (万元)，调增未分配利润的金额 =
(40-10)×90% = 27(万元)。甲公司变更投
资性房地产后续计量模式时的分录为：
借：投资性房地产—成本　　　　240
　　投资性房地产累计折旧　　　100

贷：投资性房地产　　　　　　　300
　　递延所得税负债　　　　　　10
　　盈余公积　　　　　　　　　3
　　利润分配—未分配利润　　　27

3. ABCD　【解析】选项 E，资产组认定口径
的调整属于会计政策变更。

4. AC　【解析】选项 B、D，属于正常事项，
不需要追溯；选项 A、C，属于前期差错，
一般需要追溯重述。

5. ABC　【解析】选项 A，应该调整留存收
益，不通过"以前年度损益调整"科目核
算；选项 B，不属于会计政策变更；选
项 C，不需要调整以前年度的财务报表。

6. BCD　【解析】选项 A，保存期限内的影
响数可以获得，应采用追溯调整法。

7. AB

8. ABC　【解析】选项 D，作为日后调整事
项处理。

三、判断题

1. √

2. ×　【解析】当法律法规要求变更，或者变
更后能使提供的企业财务状况、经营成果
和现金流量信息更可靠、更相关时，企业
可以变更会计政策。

3. ×　【解析】可能仅影响变更当期，也可能
既影响变更当期，也影响未来期间，比如
固定资产折旧年限、折旧方法的变更。

4. ×　【解析】如果变更会计政策以后，能够
使所提供的企业财务状况、经营成果和现
金流量信息更可靠、更相关的，也可以变
更会计政策。

5. ×　【解析】企业发现本期的差错，不需要
调整期初留存收益。

四、计算分析题

【答案】
(1)事项(1)、事项(2)、事项(3)、事
项(4)处理不正确，事项(5)处理正确。
(2)事项(1)：

借：资本公积　　　　　　　　100

　　贷：以前年度损益调整—其他收益

　　　　　　　　　　　　　　　100

借：以前年度损益调整—所得税费用

　　　　　　　　　　　　　　　25

　　贷：应交税费—应交所得税　　25

借：以前年度损益调整　　　　　75

　　贷：利润分配—未分配利润　　75

借：利润分配—未分配利润　　7.5

　　贷：盈余公积—法定盈余公积　7.5

事项（2）：

借：主营业务收入　　　　　　200

　　贷：主营业务成本　　　　　150

　　　　盈余公积　　　　　　　　5

　　　　利润分配—未分配利润　45

借：盈余公积　　　　　　　　1.25

　　利润分配—未分配利润　11.25

　　贷：应交税费—应交所得税　12.5

事项（3）：

甲公司确认的投资收益150万元不正确，对于联营企业和合营企业间发生的内部交易的未实现损益，需要调整净利润。

调整后的净利润＝500－（100－80）＝480（万元），甲公司应确认投资收益＝480×30％＝144（万元），即原来会计上多确认投资收益＝150-144＝6（万元）。

借：以前年度损益调整—投资收益　6

　　贷：长期股权投资—丁公司（损益调整）

　　　　　　　　　　　　　　　　6

借：利润分配—未分配利润　　　6

　　贷：以前年度损益调整　　　　6

借：盈余公积—法定盈余公积　0.6

　　贷：利润分配—未分配利润　　0.6

事项（4）：

借：以前年度损益调整—公允价值变动损益

　　　　　　　　　　　　　　　120

　　贷：其他综合收益　（420-304）116

　　　　以前年度损益调整—投资收益　4

借：其他综合收益　（116×25％）29

　　递延所得税负债　　　　　　　1

　　贷：以前年度损益调整—所得税费用

　　　　　　　　　　　　　　　30

借：利润分配—未分配利润　　　86

　　贷：以前年度损益调整　　　　86

借：盈余公积—法定盈余公积　8.6

　　贷：利润分配—未分配利润　　8.6

五、综合题

【答案】

（1）借：公允价值变动损益　　　50

　　　　贷：其他综合收益　　　　50

借：其他综合收益　　　　　12.5

　　贷：所得税费用　　　　　12.5

（2）①借：以前年度损益调整　　200

　　　　应交税费—应交增值税（销项税额）　26

　　　　贷：合同负债　　　　　226

借：库存商品　　　　　　　160

　　贷：以前年度损益调整　　160

借：应交税费—应交所得税

　　　　　　〔（200-160）×25％〕10

　　贷：以前年度损益调整　　　10

借：利润分配—未分配利润　　30

　　贷：以前年度损益调整　　　30

借：盈余公积—法定盈余公积　　3

　　贷：利润分配—未分配利润　　3

②借：交易性金融资产—公允价值变动

　　　　　　　　　　　　　　　100

　　贷：以前年度损益调整　　　100

借：以前年度损益调整　　　　25

　　贷：递延所得税负债　（100×25％）25

借：以前年度损益调整　　　　75

　　贷：利润分配—未分配利润　75

借：利润分配—未分配利润　7.5

　　贷：盈余公积—法定盈余公积　7.5

本章知识串联

会计政策、会计估计变更和差错更正
- 会计政策变更 ★★
  - 概述
    - 概念：指企业对相同的交易或事项采用的会计政策改用另一会计政策的行为
    - 条件
      - 法律、行政法规或者国家统一的会计制度等要求
      - 能够提供更可靠、相关的会计信息
    - 不属于会计政策变更的情形
      - 本期发生的交易或事项与以前相比具有本质差别
      - 对初次发生的或不重要的交易或事项采用新的会计政策
  - 会计政策变更的会计处理
    - 处理方法的选择
      - 国家有规定的按照规定，没规定的按照追溯调整法
      - 企业主动变更的，采用追溯调整法
      - 确定累积影响数不切实可行的，采用未来适用法处理
    - 追溯调整法
      - 涉及调整以前年度损益，调整留存收益
      - 可能调整递延所得税，不调整应交所得税
      - 计算累积影响数（指对留存收益的影响）
        - 根据新会计政策重新计算受影响的前期交易或事项
        - 计算两种会计政策下的差异
        - 计算差异的所得税影响金额
        - 确定以前各期的税后差异
        - 计算会计政策变更的累积影响数
  - 未来适用法：在变更当期和未来期间确认会计政策变更或者会计估计变更影响数的方法
- 会计估计变更 ★★
  - 概念：对资产或负债的账面价值或者资产的定期消耗金额进行调整
  - 会计处理方法：未来适用法
- 前期差错更正 ★★★
  - 类别
    - 计算错误
    - 应用会计政策错误
    - 疏忽或曲解事实以及舞弊产生的影响
    - 存货、固定资产盘盈
  - 会计处理
    - 不重要的：直接调整发生当期与前期相同的项目
    - 重要的：追溯重述法（与追溯调整法实质相同，适用范围不同）
      - 涉及以前期间损益的：先通过"以前年度损益调整"核算，最终转入留存收益
      - 涉及所得税的：根据税法规定，对于差错涉及暂时性差异的，调整递延所得税
      - 其他项目，直接调整相关项目
      - 资产负债表日后期间发现的前期差错，按日后事项处理

第二十一章　资产负债表日后事项

历年考情概况

从历年考试情况来看，本章内容在主观题中出现的频率非常高，这是因为本章内容综合性很强，可以与全书大部分章节相结合进行考查，每年的分值在 2～15 分。本章内容在客观题中主要考查调整事项与非调整事项的界定，主观题中主要考查调整事项的账务处理及报表项目调整，通常综合前期差错更正、或有事项、收入、所得税费用等章节的知识。

近年考点直击

主要考点	主要考查题型	考频指数	考查角度
调整事项与非调整事项的辨析	单多综	★★	(1)给出若干事项，要求判断是否属于调整事项；(2)给出若干事项，要求判断是否属于非调整事项
调整事项的会计处理	单判综	★★★	(1)报告年度已确认收入的销售业务在日后期间发生销售折让的调整处理；(2)未决诉讼在日后期间结案的调整处理及其对报告年度报表项目的影响；(3)判断调整事项是否影响报告年度的"货币资金"项目；(4)日后期间发现报告年度或报告年度以前的会计差错时的调整处理；(5)日后期间发生销售退回的会计处理
非调整事项的会计处理	判	★	判断日后期间处置子公司是否影响报告年度报表项目

2022 年考试变化

本章考试内容未发生实质性变化。

一、资产负债表日后事项的界定

(一)资产负债表日后事项的概念★

资产负债表日后事项是指自报告年度资产负债表日至财务报告批准报出日之间发生的有利或不利事项。

(二)关键理解点★

(1)年度资产负债表日是指每年年末，即 12 月 31 日。

(2)财务报告批准报出日是由董事会或经理(厂长)会议或类似机构批准财务报告报出的日期。

(3)资产负债表日后事项所涵盖的期间，

是指报告年度次年的 1 月 1 日至董事会、经理(厂长)会议或类似机构对财务报告的批准报出日之间的期间。

如果在财务报告的批准报出之间又发生了需调整或说明的事项,则需重新修正报告内容并再次确定财务报告的批准报出日,此时资产负债表日后事项的期间界限就要延至新确定的财务报告批准报出日。如果再次出现上述情况,又要重新确定财务报告批准报出日,资产负债表日后事项又得依此类推。

(4)并非所有发生在资产负债表日后期间的事项都属于资产负债表日后事项,只有那些与资产负债表日存在状况有关的事项或对企业财务状况具有重大影响的事项才属于资产负债表日后事项。

(5)资产负债表日后事项既包括不利的事项又包括有利的事项。

【关键考点】 掌握资产负债表日后事项的界定。

二、资产负债表日后事项的分类 ★★

资产负债表日后事项的分类见表21-1。

表21-1 资产负债表日后事项的分类

类别	内容	
调整事项	在资产负债表日或以前已经存在,资产负债表日后得以证实的事项	对按资产负债表日存在状况编制的会计报表产生重大影响的事项
非调整事项	资产负债表日并未发生或存在,完全是期后发生的事项	对理解和分析财务会计报告有重大影响的事项

【关键考点】 如何区分资产负债表日后调整事项与非调整事项是重点。

【例题1·多选题】 甲公司 2×14 年度财务报告批准报出日为 2×15 年 4 月 25 日,下列事项中需要对 2×14 年度会计报表进行调整的有( )。

A. 2×15 年 3 月 1 日债务人发生了火灾致使甲公司应收账款全部变为坏账

B. 2×14 年 11 月销售给乙公司的商品于 2×15 年 3 月 15 日被退回

C. 2×15 年 1 月 30 日债务人丙公司因长期经营不善被法院宣告破产,甲公司应收该公司的货款 600 万元预计只能收回 50%,甲公司截至 2×14 年年末累计对该应收账款提取了 100 万元的坏账准备

D. 2×15 年 2 月 20 日公司董事会制订了 2×14 年度现金股利分配方案

解析 选项 A,因火灾属于 2×15 年的突发事件,由此所致债务人破产引发的坏账事项属于年报非调整事项;选项 B,报告年度的销售业务在日后期间退货属于年报调整事项,应视同年报期间退货修正年报收支;

选项 C,长期经营不善所致的破产,其事实发生期应界定为年报期间,由此所致的坏账损失也应归属于报告年度,应作资产负债表日后调整事项;选项 D,董事会所制订的股利分配方案在股东大会批准前不得做账,只可在年报附注中披露,是典型的资产负债表日后非调整事项。 答案 BC

【例题2·单选题】 ☆下列各项资产负债表日后事项中,属于非调整事项的是( )。

A. 发现报告年度虚增收入

B. 以资本公积转增资本

C. 发现报告年度高估了固定资产的弃置费用

D. 发现报告年度低估了应收账款的信用减值损失

解析 选项 A、C、D,均属于对资产负债表日已经存在的情况提供了进一步证据的事项,需要对原来的会计处理进行调整,属于调整事项;选项 B,资产负债表日后期间资本公积转增资本,属于非调整事项。 答案 B

【例题3·多选题】 ☆甲公司 2×20 年发生的下列各项资产负债表日后事项中,属于

调整事项的有( )。

A. 因火灾导致原材料发生重大损失

B. 外汇汇率发生重大变化导致外币存款出现巨额汇兑损失

C. 2×19 年 12 月已全额确认收入的商品因质量问题被全部退回

D. 发现 2×19 年确认的存货减值损失出现重大差错

解析 ▶ 选项 A、B，属于资产负债表日后非调整事项。 **答案** ▶ CD

【例题 4·多选题】 ☆2×20 年 12 月 1 日，甲公司以赊销方式向乙公司销售一批商品，满足收入确认条件，分别确认应收账款和主营业务收入。2×20 年 12 月 31 日，甲公司对该应收账款计提坏账准备 10 万元。甲公司 2×20 年的年度财务报告于 2×21 年 3 月 20 日经董事会批准对外报出。不考虑其他因素，甲公司发生的下列各项交易或事项中，属于资产负债表日后调整事项的有( )。

A. 2×21 年 2 月 10 日，甲公司 2×20 年 12 月 1 日销售给乙公司的产品因质量问题被退回 10%

B. 2×21 年 1 月 10 日，甲公司取得确凿证据表明 2×20 年 12 月 31 日应当对应收账款应计提坏账准备 15 万元

C. 2×21 年 3 月 10 日，甲公司收到乙公司支付的 1 000 万元货款

D. 2×21 年 3 月 31 日，因乙公司出现严重财务困难，甲公司对乙公司的剩余应收账款计提坏账准备 20 万元

解析 ▶ 选项 C，属于正常事项；选项 D，发生在 2×20 年度财务报告报出之后，不属于资产负债表日后事项。 **答案** ▶ AB

三、调整事项的会计处理

(一)资产负债表日后调整事项的会计处理原则★★★

1. 总的处理原则

视同编制当时就知道此事项，将相关报

表项目调整至应有的数字口径。

2. 具体原则

(1)涉及损益的，直接通过"以前年度损益调整"科目来处理。

(2)涉及利润分配的，直接通过"利润分配—未分配利润"科目来处理。比如，日后期间发现报告年度对利润分配事项所做的会计处理存在重大错误，则在作为调整事项进行会计处理时，应直接通过"利润分配—未分配利润"科目处理。

(3)如果不涉及损益也不涉及利润分配的，应直接调整相关项目。

(4)所需修改的报告项目：

①资产负债表日编制的会计报表相关项目的数字；

②当期编制的会计报表相关项目的年初数；

③提供比较会计报表时，还应调整相关会计报表的上年数；

④经过上述调整后，如果涉及会计报表附注内容的，还应当调整会计附注相关项目的数字。

【关键考点】 全面掌握资产负债表日后调整事项的会计处理。

(二)调整事项常见案例解析★★★

1. 发生在资产负债表日后期间的前期差错更正

【例题 5·分析题】 甲公司 2×14 年 10 月 1 日发货给乙公司，商品售价 500 万元，成本 400 万元，当日开出增值税专用发票，增值税税率为 13%。合同约定由甲公司负责安装，且此安装工作是商品销售的关键组成部分。截至 2×14 年年末此安装工作尚未完成，甲公司作了如下账务处理：

借：银行存款　　　　　　565

　　贷：主营业务收入　　　　　　500

　　　　应交税费—应交增值税(销项税额)　　　　　　65

借：主营业务成本　　　　400

贷：库存商品 400

甲公司 2×14 年的年报于 2×15 年 4 月 10 日批准报出。甲公司按净利润的 10% 提取法定盈余公积。甲公司采用资产负债表债务法进行所得税核算，所得税税率为 25%，预计未来期间适用的所得税税率不变且企业能够产生足够的应纳税所得额用以抵减可抵扣暂时性差异。税法认为应当在开出增值税专用发票时确认收入。注册会计师于 2×15 年 3 月 1 日发现此会计处理，提请企业作出调整。

根据以上资料，甲公司应如何进行调整？

解析▶（1）相关调整分录如下：

①借：以前年度损益调整—营业收入

500

贷：合同负债 500

②借：发出商品 400

贷：以前年度损益调整—营业成本

400

③借：递延所得税资产

[（500-400）×25%] 25

贷：以前年度损益调整—所得税费用 25

④借：利润分配—未分配利润 75

贷：以前年度损益调整 75

⑤借：盈余公积—法定盈余公积 7.5

贷：利润分配—未分配利润 7.5

（2）报表修正：

资产负债表（简表）

2×14 年 12 月 31 日   单位：万元

资产	期末余额	负债及所有者权益	期末余额
		合同负债	+500
存货	+400	盈余公积	-7.5
递延所得税资产	+25	未分配利润	-67.5
资产合计	+425	负债及所有者权益合计	+425

利润表（简表）

2×14 年   单位：万元

项目	本期金额
一、营业收入	-500
减：营业成本	-400
税金及附加	
销售费用	
管理费用	
研发费用	
财务费用	
其中：利息费用	
利息收入	
加：其他收益	
投资收益（损失以"-"号填列）	
公允价值变动收益（损失以"-"号填列）	
信用减值损失（损失以"-"号填列）	

续表

项目	本期金额
资产减值损失(损失以"-"号填列)	
资产处置收益(损失以"-"号填列)	
二、营业利润(亏损以"-"号填列)	-100
加：营业外收入	
减：营业外支出	
三、利润总额(亏损总额以"-"号填列)	-100
减：所得税费用	-25
四、净利润(净亏损以"-"号填列)	-75

所有者权益变动表(简表)

2×14 年   单位：万元

项目	本年金额			
	……	盈余公积	未分配利润	……
……				
净利润			-75	
……				
提取盈余公积		-7.5	+7.5	
……				

资产负债表(简表)

2×15 年 3 月 31 日   单位：万元

资产	上年年末余额	负债及所有者权益	上年年末余额
		合同负债	+500
存货	+400	盈余公积	-7.5
递延所得税资产	+25	年末未分配利润	-67.5
资产合计	+425	负债及所有者权益合计	+425

需注意的是：调整事项一般是不作报表披露的。

【例题 6·综合题】☆某企业为上市公司，2×17 年度财务报表于 2×18 年 4 月 30 日对外报出。该企业 2×18 年日后期间对 2×17 年财务报表审计时发现如下问题。

资料一：2×17 年年末，该企业的一批存货已经完工，成本为 48 万元/件，市场售价为 47 万元/件，共 200 件，其中 50 件签订了不可撤销的合同，合同价款为 51 万元/件，产品预计销售费用为 1 万元/件。企业对该批存货计提了 200 万元的减值，并确认了递延所得税。

资料二：该企业的一项管理用无形资产使用寿命不确定，但是税法规定使用年限为 10 年。企业 2×17 年按照税法年限对其计提了摊销 120 万元。

其他资料：该企业适用的所得税税率为 25%，按照 10% 的比例计提法定盈余公积，不计提任意盈余公积。

要求：判断上述事项处理是否正确，说明理由，并编制会计差错的更正分录。

答案 ▶资料一：处理不正确。

理由：同一项存货中有合同部分和无合同部分应该分别考虑计提存货跌价准备，不得相互抵销。

有销售合同部分：

A 产品成本＝48×50＝2 400（万元），可变现净值＝（51-1）×50＝2 500（万元），有销售合同约定的 A 产品的可变现净值高于成本，无须计提存货跌价准备。

无销售合同部分：

A 产品成本＝48×150＝7 200（万元），可变现净值＝（47-1）×150＝6 900（万元），无销售合同约定的 A 产品可变现净值低于成本，发生减值，需要计提的存货跌价准备＝7 200-6 900＝300（万元）。

因此，甲公司对 A 产品应计提存货跌价准备 300 万元。

更正分录：

借：以前年度损益调整—资产减值损失
　　　　　　　　　　　　100
　　贷：存货跌价准备　　　　100
借：递延所得税资产　　　　25
　　贷：以前年度损益调整—所得税费用
　　　　　　　　　　　　25
借：盈余公积　　　　　　7.5
　　利润分配—未分配利润　67.5
　　贷：以前年度损益调整　　75

资料二：处理不正确。

理由：使用寿命不确定的无形资产在会计上无须计提摊销。

更正分录：

借：累计摊销　　　　　　120
　　贷：以前年度损益调整—管理费用
　　　　　　　　　　　　120
借：以前年度损益调整—所得税费用
　　　　　　　　　　　　30
　　贷：递延所得税负债　　30
借：以前年度损益调整　　90
　　贷：盈余公积　　　　　9
　　　利润分配—未分配利润　81

2. 资产负债表日或资产负债表日以前实现的销售在资产负债表日后期间退回

【例题 7·分析题】甲公司 2×10 年的年报于 2×11 年 4 月 25 日批准报出。甲公司按净利润的 10% 提取法定盈余公积。甲公司采用资产负债表债务法进行所得税核算，所得税税率为 25%。甲公司于 2×10 年 10 月 1 日销售给乙公司的一批商品于 2×11 年 3 月 1 日发生了退货，该商品的售价为 100 万元，商品成本为 80 万元，增值税税率为 13%，消费税税率为 5%。相关款项一直未收，甲公司于 2×10 年年末针对此应收账款提取了 5% 的坏账准备。甲公司对此退货开具了增值税红字专用发票。根据上述资料，甲公司应如何做调整？

解析 ▶（1）相关调整分录如下：

①借：以前年度损益调整—营业收入
　　　　　　　　　　　　100
　　应交税费—应交增值税（销项税额）
　　　　　　　　　　　　13
　　贷：应收账款　　　　113
②借：库存商品　　　　　80
　　贷：以前年度损益调整—营业成本
　　　　　　　　　　　　80
③借：坏账准备　（113×5%）5.65
　　贷：以前年度损益调整—信用减值损失　　　　　　　5.65
④借：应交税费—应交消费税
　　　　　　　（100×5%）5
　　贷：以前年度损益调整—税金及附加　　　　　　　　5
⑤借：以前年度损益调整—所得税费用
　　　　　　（113×5%×25%）1.41
　　贷：递延所得税资产　　1.41
⑥借：应交税费—应交所得税
　　［（100-80-100×5%）×25%］3.75
　　贷：以前年度损益调整—所得税费用　　　　　　　3.75
⑦借：利润分配—未分配利润　7.01
　　贷：以前年度损益调整
　　（100-80-5.65-5+1.41-3.75）7.01
⑧借：盈余公积—法定盈余公积
　　　　　　　　　　　　0.70
　　贷：利润分配—未分配利润　0.70

（2）报表修正：

资产负债表（简表）

2×10 年 12 月 31 日　　　　　　　　　　　　　　　　单位：万元

资产	期末余额	负债及所有者权益	期末余额
应收账款	−107.35	应交税费	−21.75
存货	+80	盈余公积	−0.70
递延所得税资产	−1.41	年末未分配利润	−6.31
资产合计	−28.76	负债及所有者权益合计	−28.76

利润表（简表）

2×10 年　　　　　　　　　　　　　　　　　　　　单位：万元

项目	本期金额
一、营业收入	−100
减：营业成本	−80
税金及附加	−5
销售费用	
管理费用	
研发费用	
财务费用	
其中：利息费用	
利息收入	
加：其他收益	
投资收益（损失以"−"号填列）	
公允价值变动收益（损失以"−"号填列）	
信用减值损失（损失以"−"号填列）	5.65
资产减值损失（损失以"−"号填列）	
资产处置收益（损失以"−"号填列）	
二、营业利润（亏损以"−"号填列）	−9.35
加：营业外收入	
减：营业外支出	
三、利润总额（亏损总额以"−"填列）	−9.35
减：所得税费用	−2.34
四、净利润（净亏损以"−"号填列）	−7.01

所有者权益变动表（简表）

2×10 年　　　　　　　　　　　　　　　　　　　　单位：万元

项目	本年金额			
	……	盈余公积	未分配利润	……
净利润			−7.01	

续表

项目	本年金额			
	……	盈余公积	未分配利润	……
提取盈余公积		-0.70	+0.70	

资产负债表（简表）

2×11 年 3 月 31 日　　　　　　　　　　　　　　单位：万元

资产	上年年末余额	负债及所有者权益	上年年末余额
应收账款	-107.35	应交税费	-21.75
存货	+80	盈余公积	-0.70
递延所得税资产	-1.41	年末未分配利润	-6.31
资产合计	-28.76	负债及所有者权益合计	-28.76

3. 资产负债表日后期间得以证实的预计损失调整

【例题 8·分析题】甲公司 2×10 年的年报于 2×11 年 4 月 25 日批准报出。甲公司按净利润的 10% 提取法定盈余公积。甲公司采用资产负债表债务法进行所得税核算，所得税税率为 25%，预计未来期间适用的所得税税率不变且企业能够产生足够的应纳税所得额用以抵减可抵扣暂时性差异。甲公司于 2×10 年 10 月 1 日销售给乙公司的一批商品形成应收账款 113 万元，款项一直未收。甲公司于 2×10 年年末针对此应收账款提取了 10% 的坏账准备。由于乙公司长期经营不善于 2×11 年 2 月 5 日破产，预计甲公司的应收账款只能收回 70%。根据上述资料，甲公司应如何调整？

解析　(1) 相关调整分录如下：

①借：以前年度损益调整
　　　　　[113×(30%-10%)]22.6
　　贷：坏账准备　　　　　　　　22.6
②借：递延所得税资产
　　　　　(22.6×25%)5.65
　　贷：以前年度损益调整　　　　5.65
③借：利润分配——未分配利润16.95
　　贷：以前年度损益调整
　　　　　(22.6-5.65)16.95
④借：盈余公积——法定盈余公积
　　　　　　　　　　　　　　1.695
　　贷：利润分配——未分配利润1.695

(2) 报表修正：

资产负债表（简表）

2×10 年 12 月 31 日　　　　　　　　　　　　　　单位：万元

资产	期末余额	负债及所有者权益	期末余额
应收账款	-22.6	盈余公积	-1.695
递延所得税资产	+5.65	未分配利润	-15.255
资产合计	-16.95	负债及所有者权益合计	-16.95

利润表（简表）

2×10 年

单位：万元

项目	本期金额
一、营业收入	
减：营业成本	
税金及附加	
销售费用	
管理费用	
研发费用	
财务费用	
其中：利息费用	
利息收入	
加：其他收益	
投资收益（损失以"−"号填列）	
公允价值变动收益（损失以"−"号填列）	
信用减值损失（损失以"−"号填列）	−22.6
资产减值损失（损失以"−"号填列）	
资产处置收益（损失以"−"号填列）	
二、营业利润（亏损以"−"号填列）	−22.6
加：营业外收入	
减：营业外支出	
三、利润总额（亏损总额以"−"填列）	−22.6
减：所得税费用	−5.65
四、净利润（净亏损以"−"号填列）	−16.95

所有者权益变动表（简表）

2×10 年

单位：万元

项目	本年金额		
	……	盈余公积	未分配利润	……
净利润			−16.95	
提取盈余公积		−1.695	+1.695	

资产负债表(简表)

2×11 年 2 月 28 日 单位:万元

资产	上年年末余额	负债及所有者权益	上年年末余额
应收账款	-22.6	盈余公积	-1.695
递延所得税资产	+5.65	未分配利润	-15.255
资产合计	-16.95	负债及所有者权益合计	-16.95

4. 资产负债表日后期间得以证实的或有事项

【例题 9·分析题】 A 公司 2×16 年的年报于 2×17 年 4 月 25 日批准报出。A 公司按净利润的 10% 提取法定盈余公积。A 公司采用资产负债表债务法进行所得税核算,所得税税率为 25%。2×16 年 10 月,A 公司因违反与 B 公司签订的经济合同,致使 B 公司遭受重大经济损失。2×16 年 11 月,B 公司将 A 公司告上法庭,要求 A 公司赔偿 1 000 万元。2×16 年 12 月 31 日人民法院尚未判决,A 公司对该诉讼事项确认了预计负债 600 万元。2×17 年 2 月 8 日,经人民法院判决 A 公司应赔偿 B 公司 800 万元,A、B 双方均服从判决。判决当日,A 公司向 B 公司支付赔偿款 800 万元。假设税法认定资产负债表日后期间的判决损益应计入年报期间的应税所得。A 公司和 B 公司在 2×17 年 2 月 8 日分别应如何进行处理?

解析 (1)A 公司的账务处理如下:
① 支付赔偿款:
借:以前年度损益调整——营业外支出 200
　　贷:其他应付款 (800-600)200
借:预计负债——未决诉讼 600
　　贷:其他应付款 600

借:其他应付款 800
　　贷:银行存款 800

注:资产负债表日后事项如涉及现金收支项目,均不调整报告年度资产负债表的货币资金项目和现金流量表各项目数字(收付实现制的体现)。在调整会计报表相关数字时,只需调整上述第一笔分录和第二笔分录,第三笔分录作为 2×17 年的会计事项处理。

② 调整递延所得税资产:
借:以前年度损益调整——所得税费用 (600×25%)150
　　贷:递延所得税资产 150

【思路点拨】 2×16 年年末因确认预计负债 600 万元时,已确认相应的递延所得税资产,资产负债表日后事项发生后递延所得税资产不复存在,应予转回。

③ 调整应交所得税:
借:应交税费——应交所得税 (800×25%)200
　　贷:以前年度损益调整——所得税费用 200

④ 结转"以前年度损益调整"科目余额:
借:盈余公积 15
　　利润分配——未分配利润 135
　　贷:以前年度损益调整 150

⑤ 对报告年度财务报表相关项目的调整:

资产负债表(简表)

2×16 年 12 月 31 日 单位:万元

资产	期末余额	负债及所有者权益	期末余额
		其他应付款	+800
		应交税费	-200
		预计负债	-600

续表

资产	期末余额	负债及所有者权益	期末余额
		盈余公积	−15
递延所得税资产	−150	未分配利润	−135
资产合计	−150	负债及所有者权益合计	−150

利润表（简表）

2×16 年

单位：万元

项目	本期金额
一、营业收入	
减：营业成本	
税金及附加	
销售费用	
管理费用	
研发费用	
财务费用	
其中：利息费用	
利息收入	
加：其他收益	
投资收益（损失以"−"号填列）	
公允价值变动收益（损失以"−"号填列）	
信用减值损失（损失以"−"号填列）	
资产减值损失（损失以"−"号填列）	
资产处置收益（损失以"−"号填列）	
二、营业利润（亏损以"−"号填列）	
加：营业外收入	
减：营业外支出	+200
三、利润总额（亏损总额以"−"填列）	−200
减：所得税费用	−50
四、净利润（净亏损以"−"号填列）	−150

所有者权益变动表（简表）

2×16 年

单位：万元

项目	本年金额			
	……	盈余公积	未分配利润	……
净利润			−150	
提取盈余公积		−15	+15	

资产负债表(简表)

2×17 年 2 月 28 日　　　　　　　　　　　　　　　　　　　　单位: 万元

资产	上年年末余额	负债及所有者权益	上年年末余额
		其他应付款	+800
		应交税费	-200
		预计负债	-600
		盈余公积	-15
递延所得税资产	-150	未分配利润	-135
资产合计	-150	负债及所有者权益合计	-150

(2)B 公司的账务处理如下:

①收到赔款:

借: 其他应收款　　　　　　800

　　贷: 以前年度损益调整—营业外收入

　　　　　　　　　　　　　　　　800

借: 银行存款　　　　　　　800

　　贷: 其他应收款　　　　　　800

注: 资产负债表日后事项如涉及现金收支项目, 均不调整报告年度资产负债表的货币资金项目和现金流量表各项目数字(收付实现制)。在调整会计报表相关数字时, 只需调整

上述第一笔分录, 第二笔分录作为 2×17 年的会计事项处理。

②调整应交所得税:

借: 以前年度损益调整—所得税费用

　　　　　　(800×25%)200

　　贷: 应交税费—应交所得税　　200

③结转"以前年度损益调整"科目余额:

借: 以前年度损益调整　　　600

　　贷: 盈余公积　　　　　　　60

　　　　利润分配—未分配利润　540

④对报告年度财务报表相关项目的调整:

资产负债表(简表)

2×16 年 12 月 31 日　　　　　　　　　　　　　　　　　　单位: 万元

资产	期末余额	负债及所有者权益	期末余额
		应交税费	+200
其他应收款	+800	盈余公积	+60
		未分配利润	+540
资产合计	+800	负债及所有者权益合计	+800

利润表(简表)

2×16 年　　　　　　　　　　　　　　　　　　　　　　　　单位: 万元

项目	本期金额
一、营业收入	
减: 营业成本	
税金及附加	
销售费用	
管理费用	
研发费用	
财务费用	

续表

项目	本期金额
其中：利息费用	
利息收入	
加：其他收益	
投资收益（损失以"-"号填列）	
公允价值变动收益（损失以"-"号填列）	
信用减值损失（损失以"-"号填列）	
资产减值损失（损失以"-"号填列）	
资产处置收益（损失以"-"号填列）	
二、营业利润（亏损以"-"号填列）	
加：营业外收入	+800
减：营业外支出	
三、利润总额（亏损总额以"-"填列）	+800
减：所得税费用	+200
四、净利润（净亏损以"-"号填列）	+600

所有者权益变动表（简表）

2×16年

单位：万元

项目	本年金额		
	……	盈余公积	未分配利润	……
净利润			+600	
提取盈余公积		+60	−60	

资产负债表（简表）

2×17年2月28日

单位：万元

资产	上年年末余额	负债及所有者权益	上年年末余额
		应交税费	+200
其他应收款	+800	盈余公积	+60
		未分配利润	+540
资产合计	+800	负债及所有者权益合计	+800

【例题 10·判断题】 ☆资产负债表日后事项所涉及的现金收支，不应该调整报告年度资产负债表货币资金项目和现金流量表相关项目的金额。（　　）

解析 ▶ 资产负债表日后期间所涉及的现金收支，属于本年度的现金收支，不调整报告年度的现金收支，所以不调整报告年度资产负债表货币资金项目和现金流量表相关项目的金额。

答案 ▶ √

【例题 11·单选题】 2×18年12月31日，甲公司对一起未决诉讼确认的预计负债为800万元。2×19年3月6日，法院对这起诉讼判决，甲公司应赔偿乙公司 600 万元。甲公司和乙公司均不再上诉，甲公司已于当日支付了相关赔款。甲公司的所得税税率为 25%，按净利润的 10% 提取法定盈余公积，2×18 年度财务报告批准报出日为 2×19 年 3 月 31 日，预计未来期间能够取得足够的应纳税所得额用以抵扣可抵扣暂时性差异。不考虑其他因素，该事项导致甲公司 2×18 年 12 月 31 日资产负债表"未分配利润"项目"期末余额"调整增加的金额为（　）万元。

A. 135　　　　　　B. 150

C. 180　　　　　　D. 200

解析 ▶ 账务处理如下：

借：预计负债　　　　　　　　　800
　　贷：以前年度损益调整　　　　　　200
　　　　其他应付款　　　　　　　　　600
借：以前年度损益调整　　　　　200
　　贷：递延所得税资产　　　　　　　200
借：应交税费——应交所得税　　150
　　贷：以前年度损益调整　　　　　　150
借：以前年度损益调整　　　　　150
　　贷：盈余公积——法定盈余公积　　 15
　　　　利润分配——未分配利润　　　 135

甲公司实际支付相关赔款的分录略。

答案 ▶ A

【例题 12 · 判断题】 ☆企业涉及现金收支的资产负债表日后调整事项，应当调整报告年度资产负债表货币资金项目的金额。

（　）

解析 ▶ 资产负债表日后调整事项，涉及现金收支的，应纳入日后期间所属年度的现金流，不能调整报告年度资产负债表货币资金收支项目的金额。

答案 ▶ ×

四、非调整事项的会计处理

（一）资产负债表日后非调整事项的会计处理原则★

资产负债表日后发生的非调整事项，应当在会计报表附注中说明事项的内容，估计对财务状况、经营成果的影响；如无法作出估计，应当说明无法估计的理由。

（二）常见资产负债表日后非调整事项★

（1）资产负债表日后发生重大诉讼、仲裁和承诺。

（2）资产负债表日后资产价格、税收政策、外汇汇率发生重大变化。

（3）资产负债表日后因自然灾害导致资产发生重大损失。

（4）资产负债表日后发行股票和债券以及其他巨额举债。

（5）资产负债表日后资本公积转增资本。

（6）资产负债表日后发生巨额亏损。

（7）资产负债表日后发生企业合并或处置子公司。

（8）资产负债表日后企业利润分配方案中的股利分配方案。

【例题 13 · 单选题】 ☆甲公司 2×17 年度财务报告批准报出日为 2×18 年 3 月 20 日，下列各项中属于资产负债表日后调整事项的是（　）。

A. 2×18 年 3 月 9 日公布资本公积转增资本

B. 2×18 年 2 月 10 日外汇汇率发生重大变化

C. 2×18 年 1 月 5 日地震造成重大财产损失

D. 2×18 年 2 月 20 日发现上年度重大会计差错

解析 ▶ 选项 A、B、C 都是资产负债表日后非调整事项。　**答案** ▶ D

【例题 14 · 多选题】 ☆在相关资料均能有效获得的情况下，对上年度财务报告批准报出后发生的下列事项，企业应当采用追溯调整法或追溯重述法进行会计处理的有（　）。

A. 公布上年度利润分配方案

B. 债权投资因部分处置被重新分类为其

他债权投资

C. 发现上年度金额重大的应费用化的借款费用计入了在建工程成本

D. 发现上年度对使用寿命不确定且金额重大的无形资产按10年平均摊销

解析 ▶ 选项A、B属于正常事项。

答案 ▶ CD

【例题15·单选题】 ☆在资产负债表日后至财务报告批准报出日之间发生的下列事项中，属于资产负债表日后非调整事项的是（ ）。

A. 以资本公积转增股本

B. 发现了财务报表舞弊

C. 发现原预计的资产减值损失严重不足

D. 实际支付的诉讼赔偿额与原预计金额有较大差异

解析 ▶ 选项B、C、D属于日后调整事项。

答案 ▶ A

【总结】 会计政策变更、重大前期会计差错更正及资产负债表日后调整事项的会计处理比较。

1. 账务处理程序

（1）无论是会计政策变更、重大前期会计差错更正还是资产负债表日后调整事项，其处理的本质都是要将以前的业务追溯调整成最新口径，所以先想当初的原始分录是怎么编制的，再想想应当达到什么标准，而后将其差额修补上即为第一笔分录。

①当要调整的事项造成以前年度的利润少计时（以前年度的收入少计或费用多计时，比如，折旧多提）：

借：累计折旧等相应的科目

贷：以前年度损益调整［代替的是当初多提的折旧费用］

②当要调整的事项造成以前年度的利润多计时（以前年度的收入多计或费用少计时。比如，无形资产少摊销了费用）：

借：以前年度损益调整［代替的是当初少摊销的费用］

贷：累计摊销等相应的科目

（2）调整所得税影响。

①三种业务的所得税处理原则（见表21-2）。

表21-2 会计政策变更、会计差错更正及资产负债表日后事项的所得税处理原则

会计政策变更的所得税问题	重大前期会计差错更正的所得税问题	资产负债表日后调整事项的所得税问题
由于会计政策的变更通常是会计行为，而不是税务行为，一般不影响应交所得税，所谓影响仅局限于"递延所得税资产或负债"的影响。由此推论，考虑所得税影响需满足的条件：基于会计政策的变更产生了新的暂时性差异	a. 如果该差错影响到了应税所得口径，则应调整"应交税费—应交所得税"； b. 如果该差错影响到了暂时性差异，则应调整"递延所得税资产或负债"； c. 如果会计差错更正属于资产负债表日后调整事项则需参照资产负债表日后调整事项的所得税处理原则	a. 调整年报期间的"应交税费—应交所得税"的条件：该调整事项影响到了应税所得口径； b. 调整"递延所得税资产或负债"的情况：调整事项影响到了暂时性差异

②根据上述原则分析后认定所得税费用影响额：

a. 调减所得税费用：

借：应交税费［或递延所得税资产或负债］

贷：以前年度损益调整

b. 调增所得税费用：

借：以前年度损益调整

贷：应交税费［或递延所得税资产

或负债］

（3）将税后影响转入"利润分配—未分配利润"。

①调减税后净利时：

借：利润分配—未分配利润

贷：以前年度损益调整

②调增税后净利时：

借：以前年度损益调整

贷：利润分配—未分配利润

(4)调整多提或少提的盈余公积。

①调减盈余公积时：

借：盈余公积

　　贷：利润分配—未分配利润

②调增盈余公积时：

借：利润分配—未分配利润

贷：盈余公积

需注意的是：对于会计政策变更的处理，还应将前三个分录合并为一个，即不允许出现"以前年度损益调整"科目，其他情况则无此必要。

2. 报表修正(见表21-3)

表21-3　会计政策变更、会计差错更正及资产负债表日后事项的报表修正方法

会计政策变更	前期重大会计差错更正	资产负债表日后调整事项
(1)发生当期的资产负债表的年初数； (2)当期利润表的上年数； (3)所有者权益变动表的第一部分	(1)发生当期的资产负债表的年初数； (2)当期利润表的上年数； (3)所有者权益变动表的第一部分	(1)报告年度资产负债表的年末数； (2)报告年度利润表的当年数； (3)报告年度所有者权益变动表； (4)发生此业务当月的资产负债表的年初数

[例题16·综合题] ☆甲公司适用的企业所得税税率为25%，预计未来期间适用的企业所得税税率不会发生变化，未来期间能够产生足够的应纳税所得额用以抵减可抵扣暂时性差异。甲公司2×20年度财务报告批准报出日为2×21年4月10日，2×20年度企业所得税汇算清缴日为2×21年4月20日。甲公司按净利润的10%计提法定盈余公积。2×21年1月1日至2×21年4月10日，甲公司发生的相关交易或事项如下：

资料一：2×21年1月20日，甲公司发现2×20年6月15日以赊购方式购入并于当日投入行政管理用的一台设备尚未入账。该设备的购买价格为600万元，预计使用年限为5年，预计净残值为零，采用年限平均法计提折旧，该设备的初始入账金额与计税基础一致。根据税法规定，2×20年甲公司该设备准予在税前扣除的折旧费用为60万元，但甲公司在计算2×20年度应交企业所得税时未扣除该折旧费用。

资料二：2×21年1月25日，甲公司发现其将2×20年12月1日收到的用于购买研发设备的财政补贴资金300万元直接计入了其他收益，至2×21年1月25日，甲公司尚未购买该设备。根据税法规定，甲公司收到的该财政补贴资金属于不征税收入。甲公司在计算2×20年度应交企业所得税时已扣除该财政补贴资金。

资料三：2×21年2月10日，甲公司收到法院关于乙公司2×20年起诉甲公司的判决书，判定甲公司因合同违约应向乙公司赔偿500万元，甲公司服从判决，并于当日支付赔款。2×20年12月31日，甲公司根据律师意见已对该诉讼确认了400万元的预计负债。根据税法规定，因合同违约确认预计负债产生的损失不允许在预计时税前扣除，只有在损失实际发生时，才允许税前扣除。2×20年12月31日，甲公司对该预计负债确认了递延所得税资产100万元。

本题涉及的差错均为重要前期差错，不考虑除企业所得税以外的税费及其他因素。

(1)编制甲公司对其2×21年1月20日发现的会计差错进行更正的会计分录；

(2)编制甲公司对其2×21年1月25日发现的会计差错进行更正的会计分录；

(3)判断甲公司2×21年2月10日收到法院判决是否属于资产负债表日后调整事项，并编制相关会计分录。

答案 ▶(1)会计分录为：

借：固定资产　　　　　　　　　　600

贷：应付账款 600
借：以前年度损益调整—管理费用
(600/5/2) 60
贷：累计折旧 60
借：应交税费—应交所得税
(60×25%) 15
贷：以前年度损益调整—所得税费用
15
借：盈余公积 (45×10%) 4.5
利润分配—未分配利润 40.5
贷：以前年度损益调整 45

(2) 会计分录为：

借：以前年度损益调整—其他收益
300
贷：递延收益 300
借：盈余公积 (300×10%) 30
利润分配—未分配利润 270
贷：以前年度损益调整 300

(3) 属于资产负债表日后调整事项。

借：以前年度损益调整—营业外支出
100
预计负债 400
贷：其他应付款 500
借：其他应付款 500
贷：银行存款 500
借：以前年度损益调整—所得税费用
100
贷：递延所得税资产
(400×25%) 100
借：应交税费—应交所得税
(500×25%) 125
贷：以前年度损益调整—所得税费用
125
借：盈余公积 (75×10%) 7.5
利润分配—未分配利润 67.5
贷：以前年度损益调整 75

[例题 17·综合题] ☆甲公司适用 25% 的企业所得税税率，预计未来期间所得税税率不会发生变化，未来期间能够产生足够的应纳税所得额用以抵减可抵扣暂时性差异。

甲公司 2×20 年度财务报告批准报出日为 2×21 年 4 月 20 日，所得税汇算清缴日为 2×21 年 4 月 25 日。甲公司按照净利润的 10% 计提法定盈余公积。甲公司 2×21 年的 1 月 1 日至 4 月 20 日发生如下经济业务：

资料一：2×21 年 2 月 10 日，甲公司发现其在 2×20 年的一笔销售汽车的业务存在会计差错。2×20 年 12 月 20 日，甲公司向乙公司销售 10 辆汽车，合同单价是 45 万元，甲公司额外与乙公司签订了一项 5 年免费保养的合同。该保修合同构成了单项履约义务，每辆汽车及其保养服务的单独售价分别为 42 万元和 8 万元。汽车卖出后甲公司将 450 万元计入了当期销售收入。按照税法的规定，450 万元销售收入应全额作为 2×20 年度的应税收入。

资料二：2×21 年 2 月 15 日，甲公司发现其在 2×20 年度漏确认一项免费质保服务。按照以往经验判断服务的成本为 6 万元，甲公司未确认销售费用和预计负债。税法规定该免费质保服务不允许税前抵扣所得税，待实际发生时才能予以抵扣。

资料三：2×21 年 3 月 15 日，甲公司收到了丙公司因为质量问题退回的一辆汽车。该汽车为 2×20 年 12 月 20 日甲公司销售给丙公司的，当时确认销售收入 300 万元，结转营业成本 250 万元，款项尚未收到。假定税法允许调整 2×20 年度的企业所得税。

不考虑其他因素。

要求：

(1) 根据资料一，编制甲公司对会计差错进行更正的相关会计分录；

(2) 根据资料二，编制甲公司对会计差错更正进行的相关会计分录；

(3) 根据资料三，编制甲公司收到退回汽车时的相关会计分录。

答案 ▶ (1) 汽车应分摊的交易价格 = 450×(10×42)/(10×42+10×8) = 378 (万元)；保养服务应分摊的交易价格 = 450×(10×8)/(10×42+10×8) = 72 (万元)。

借：以前年度损益调整—主营业务收入
　　　　　　　　　　72
　　贷：合同负债　　　　　72
借：递延所得税资产（72×25%）18
　　贷：以前年度损益调整—所得税费用
　　　　　　　　　　18
借：盈余公积　　　　5.4
　　利润分配—未分配利润　48.6
　　贷：以前年度损益调整　54
（2）会计分录为：
借：以前年度损益调整—销售费用6
　　贷：预计负债　　　　6
借：递延所得税资产（6×25%）1.5
　　贷：以前年度损益调整—所得税费用
　　　　　　　　　　1.5
借：盈余公积　　　　0.45

利润分配—未分配利润　4.05
　　贷：以前年度损益调整　4.5
（3）会计分录为：
借：以前年度损益调整—主营业务收入
　　　　　　　　　　300
　　贷：应收账款　　　　300
借：库存商品　　　　250
　　贷：以前年度损益调整—主营业务
　　　　成本　　　　　250
借：应交税费—应交所得税
　　　　　　（50×25%）12.5
　　贷：以前年度损益调整—所得税费用
　　　　　　　　　　12.5
借：盈余公积　　　　3.75
　　利润分配—未分配利润　33.75
　　贷：以前年度损益调整　37.5

同步训练　限时 70min

扫我做试题

一、单项选择题

1. 甲公司为上市公司，其 2×16 年度财务报告于 2×17 年 3 月 1 日对外报出。该公司在 2×16 年 12 月 31 日有一项未决诉讼，经咨询律师，估计很可能败诉且预计赔偿的金额在 760 万元至 1 000 万元(含 7 万元诉讼费)。为此，甲公司预计了 880 万元的负债；2×17 年 1 月 30 日法院判决甲公司败诉且需赔偿 1 200 万元，并同时承担诉讼费用 10 万元。上述事项对甲公司 2×16 年度利润总额的影响为( )万元。

A．-880　　　　　B．-1 000
C．-1 200　　　　D．-1 210

2. 甲公司 2×18 年 12 月 31 日应收乙公司账款 2 000 万元，因乙公司经营不善，财务状况不理想，甲公司提取了坏账准备 200 万元。2×19 年 2 月 20 日，甲公司获

悉乙公司于 2×19 年 2 月 18 日向法院申请破产。甲公司估计应收乙公司账款全部无法收回。甲公司按照净利润的 10% 提取法定盈余公积，2×18 年度账务报表于 2×19 年 4 月 20 日经董事会批准对外报出。甲公司所得税税率为 25%。甲公司因该资产负债表日后事项而导致 2×18 年 12 月 31 日未分配利润减少的金额是( )万元。

A．1 800　　　　B．1 215
C．1 620　　　　D．2 000

3. D 公司适用的所得税税率为 25%，2×18 年度财务报告于 2×19 年 3 月 10 日批准报出。2×19 年 2 月 5 日，法院判决 D 公司应赔偿乙公司专利侵权损失 500 万元，D 公司不服决定上诉，经向律师咨询，D 公司认为法院很可能维持原判。该事项为乙公司在 2×18 年 10 月 6 日向法院提起诉讼，要求 D 公司赔偿专利侵权损失 600 万元。

至 2×18 年 12 月 31 日，法院尚未判决，经向律师咨询，D 公司就该诉讼事项于 2×18 年度确认预计负债 300 万元。D 公司不正确的处理是（　　）。

A. 该事项属于资产负债表日后调整事项

B. 应在 2×18 年资产负债表中调整增加预计负债 200 万元

C. 应在 2×18 年资产负债表中调减预计负债 300 万元，同时确认其他应付款 500 万元

D. 2×18 年资产负债表中因该业务共确认递延所得税资产 125 万元

4. 资产负债表日至财务报告批准报出日之间发生的调整事项在进行调整处理时，不能调整的是（　　）。

A. 资产负债表

B. 利润表

C. 现金流量表正表

D. 所有者权益变动表

5. A 公司 2×18 年度财务报表经董事会批准将于 2×19 年 4 月 30 日对外公布。2×19 年 4 月 14 日，A 公司发现 2×17 年一项重大会计差错。A 公司应做的处理是（　　）。

A. 调整 2×18 年会计报表期末数和本期数

B. 调整 2×19 年会计报表期初数和上期数

C. 调整 2×18 年会计报表期初数和上期数

D. 调整 2×19 年会计报表期末数和本期数

6. 甲公司 2×18 年度财务报告批准报出日为 2×19 年 3 月 30 日，2×18 年度所得税汇算清缴日为 2×19 年 4 月 30 日，所得税税率为 25%。2×19 年 3 月 8 日，乙公司以产品质量不符合合同标准为由将一批商品退回给甲公司，该批商品是甲公司于 2×17 年 12 月 10 日销售给乙公司的，不含税价款为 400 万元，销售成本为 350 万元。甲公司对此项退货业务不正确的会计处理是（　　）。

A. 作为资产负债表日后调整事项处理

B. 冲减 2×17 年度的收入、成本等

C. 冲减 2×18 年的应交所得税 12.5 万元

D. 应调整 2×18 年资产负债表的年末数、2×18 年利润表本年数

7. A 公司适用的所得税税率为 25%，2×18 年度财务报告于 2×19 年 3 月 10 日批准报出。2×19 年 1 月 2 日，A 公司被告知因被担保人财务状况恶化，无法支付逾期的银行借款，贷款银行要求 A 公司按照合同约定履行债务担保责任 2 000 万元。因 A 公司在 2×18 年年末未能发现被担保人相关财务状况已恶化的事实，故在资产负债表日未确认与该担保事项相关的预计负债。按照税法规定，为第三方提供债务担保的损失不得税前扣除。A 公司下列会计处理中，不正确的是（　　）。

A. 属于资产负债表日后调整事项

B. 应在 2×18 年利润表中确认营业外支出 2 000 万元

C. 应在 2×18 年资产负债表中确认预计负债 2 000 万元

D. 应在 2×18 年资产负债表中确认递延所得税资产 500 万元

8. 报告年度达到预定可使用状态并暂估入账的固定资产，在资产负债表日后期间办理决算、实际成本与暂估成本存在差异的，企业应做的处理是（　　）。

A. 作为当期事项处理，不调整报告年度报表

B. 作为非调整事项处理，在报告年度报表附注中予以披露

C. 作为调整事项处理，根据竣工决算的金额调整报告年度报表中的固定资产金额

D. 不做处理

二、多项选择题

1. 企业在资产负债表日后期间发生的下列事项中，属于调整事项的有（　　）。

A. 重大筹资行为

B. 年报期间或年报以前的销售商品的退回

C. 发现以前期间财务报表存在重大差错

D. 报告年度资产负债表日存在的诉讼案件结案而需对原预计负债金额进行调整

2. 甲上市公司自资产负债表日至财务报告批准对外报出日之间发生的下列事项中，属于资产负债表日后事项中的非调整事项的有(　　)。

A. 税收政策的重大变化

B. 发生企业合并或处置子公司

C. 董事会提出现金股利分配方案

D. 因日后期间的重大自然灾害导致的债务人破产而连锁引发的债权损失

E. 发生重大诉讼或承诺

3. 某上市公司财务报告批准报出日为次年4月30日，该公司2×18年12月31日结账后发生以下事项，其中属于调整事项的有(　　)。

A. 2×18年11月10日向M公司销售商品一批，因无法确认退货率，未作收入确认，商品于当日发出。2×19年2月1日退货期满，M公司未退货，随即确认此笔销售收入并结转成本

B. 2×19年1月10日收到某企业退回的货物，该货物属于2×17年发生的销售业务，已确认为2×17年度销售收入并结转了相关成本

C. 2×19年2月10日董事会制订2×18年度利润分配方案中涉及盈余公积的提取

D. 2×19年2月10日董事会制订2×18年度利润分配方案中涉及股票股利和现金股利的分配

4. 下列关于资产负债表日后事项的表述中，正确的有(　　)。

A. 影响重大的资产负债表日后非调整事项应在附注中披露

B. 对资产负债表日后调整事项应当调整报告年度财务报表有关项目

C. 资产负债表日后事项包括资产负债表日至财务报告批准报出日之间发生的全部事项

D. 判断资产负债表日后调整事项的标准在于该事项对资产负债表日存在的情况提供了新的或进一步的证据

5. 甲公司2×18年2月在上年度财务会计报告批准报出前发现一台管理用固定资产未计提折旧，属于重大差错。该固定资产系2×16年6月接受乙公司捐赠取得。根据甲公司的折旧政策，该固定资产2×16年应计提折旧200万元，2×17年应计提折旧400万元。假定甲公司按净利润的10%提取法定盈余公积。不考虑所得税等其他因素，甲公司下列处理中，正确的有(　　)。

A. 甲公司2×17年度资产负债表"固定资产"项目"年末数"应调减600万元

B. 甲公司2×17年度资产负债表"未分配利润"项目"年末数"应调减540万元

C. 甲公司2×17年度利润表"管理费用"项目"本期金额"应调增400万元

D. 甲公司2×17年度利润表"管理费用"项目"本期金额"应调增600万元

6. M上市公司2×16年度财务报告批准报出日为2×17年4月15日。该公司在2×17年1月1日至4月15日发生的下列事项中，不属于资产负债表日后调整事项的有(　　)。

A. 处置其子公司

B. 支付2×16年度财务报表审计费

C. 董事会提出2×16年度现金股利分配方案

D. 2×16年已确认收入的商品销售，因质量问题而被退货，销售时未预计退货率

7. 关于资产负债表日后事项，下列说法中不正确的有(　　)。

A. 资产负债表日后事项中的调整事项，涉及损益调整的，直接通过"利润分配—未分配利润"科目核算

B. 资产负债表日已确认预计负债的或有事项在日后期间转化为确定事项时，应依据资产负债表日后事项准则作相应处理

C. 资产负债表日后调整事项，虽然已经调整了相关报表项目，但仍应在财务报告附注中进行披露

D. 资产负债表日后事项是指所有发生在资产负债表日后期间的不利事项

三、判断题

1. 资产负债表日后期间发生的非调整事项，与资产负债表日存在状况无关，无须在报表附注中披露。（　　）

2. 对于年度资产负债表日至财务报告批准报出日之间发现的报告年度重大会计差错，应按资产负债表日后调整事项的规定进行处理，同时调整报告年度报表的期末余额和本期金额。（　　）

3. 资产负债表日后发生的某一事项究竟是调整事项还是非调整事项，取决于该事项是否具有重大影响。（　　）

4. 资产负债表日后至财务报告批准报出日之间发生的调整事项，均应当调整报告年度财务报表相关项目的年初数。（　　）

5. 股东大会（或类似机构）在资产负债表日后期间审议批准宣告发放的现金股利或利润，不属于日后调整事项。（　　）

6. 资产负债表日后事项中涉及报告年度所属期间的销售退回，不调整报告年度利润表的收入、费用等项目，直接调整退回当期的收入、费用等。（　　）

四、计算分析题

A 公司为增值税一般纳税企业，所得税采用资产负债表债务法核算，适用的所得税税率为 25%，A 公司按净利润的 10% 提取法定盈余公积，假定该公司计提的各种资产减值准备和因或有事项确认的负债均作为暂时性差异处理。A 公司 2×14 年度的财务报告于 2×15 年 4 月 30 日批准报出，所得税汇算清缴日为 5 月 31 日。自 2×15 年 1 月 1 日至 4 月 30 日会计报表报出前发生如下事项。

（1）2×14 年 9 月 1 日，A 公司与 B 公司签订购销合同，合同规定 A 公司在 2×14 年 11 月销售给 B 公司一批货物，由于 A 公司未能按照合同发货，致使 B 公司发生重大经济损失。B 公司通过法律要求 A 公司赔偿经济损失 300 万元，该诉讼案在 12 月 31 日尚未判决，A 公司已确认预计负债 120 万元。2×15 年 3 月 25 日，经法院一审判决，A 公司需要赔偿 B 公司经济损失 240 万元，A 公司不再上诉，并且赔偿款已经支付。

（2）3 月 20 日，A 公司发现在 2×14 年 12 月 31 日计算甲库存商品的可变现净值时发生差错，该库存商品的成本为 4 500 万元，预计可变现净值应为 3 600 万元。2×14 年 12 月 31 日，A 公司误将甲库存商品的可变现净值预计为 3 000 万元。

（3）3 月 21 日，A 公司董事会通过股利分配方案，拟对 2×14 年度利润进行分配。

要求：

（1）指出上述事项中哪些属于资产负债表日后调整事项，哪些属于非调整事项，注明序号即可；

（2）对资产负债表日后调整事项，编制相关调整会计分录。

（答案中金额单位以万元表示）

五、综合题

甲股份有限公司为上市公司（以下简称"甲公司"），系增值税一般纳税人，适用的增值税税率为 13%，甲公司 2×13 年度财务报告于 2×14 年 4 月 10 日经董事会批准对外报出。报出前有关情况和业务资料如下。

（1）甲公司在 2×14 年 1 月进行内部审计过程中，发现以下情况。

① 2×13 年 7 月 1 日，甲公司采用支付手续费方式委托乙公司代销 B 产品 200 件，售价为每件 10 万元，按售价的 5% 向乙公司支付手续费（由乙公司从售价中直接扣除）。当日，甲公司发出 B 产品 200 件，单位成本为 8 万元。甲公司据此确认应收账款 1 900 万元、销售费用 100 万元、销售收入

2 000万元，同时结转销售成本1 600万元。2×13年12月31日，甲公司收到乙公司转来的代销清单，B产品已销售100件，同时开出增值税专用发票；但尚未收到乙公司代销B产品的款项。当日，甲公司确认应收账款130万元、应交增值税销项税额130万元。

②2×13年12月31日，甲公司对丁公司长期股权投资的账面价值为1 800万元，拥有丁公司60%有表决权的股份。当日，如将该投资对外出售，预计售价为1 500万元，预计相关税费为20万元；如继续持有该投资，预计在持有期间和处置时形成的未来现金流量的现值总额为1 450万元。甲公司据此于2×13年12月31日对该长期股权投资计提减值准备300万元。

（2）2×14年1月1日至4月10日，甲公司发生的交易或事项资料如下。

①2×14年1月12日，甲公司收到戊公司退回的2×13年12月从其购入的一批D产品，以及税务机关开具的进货退回相关证明。当日，甲公司向戊公司开具红字增值税专用发票。该批D产品的销售价格为300万元，增值税税额为39万元，销售成本为240万元。至2×14年1月12日，甲公司尚未收到销售D产品的款项。

②2×14年3月2日，甲公司获知庚公司被法院依法宣告破产，预计应收庚公司款

项300万元收回的可能性极小，应按全额计提坏账准备。甲公司在2×13年12月31日已被告知庚公司资金周转困难可能无法按期偿还债务，因而相应计提了坏账准备180万元。

（3）其他资料。

①上述产品销售价格均为公允价格（不含增值税）；销售成本在确认销售收入时逐笔结转。除特别说明外，所有资产均未计提减值准备。

②甲公司适用的所得税税率为25%，预计未来期间所得税税率不会发生变化；假定预计未来期间能够产生足够的应纳税所得额用于抵扣暂时性差异。不考虑除增值税、所得税以外的其他相关税费。

③甲公司按照当年实现净利润的10%提取法定盈余公积。

要求：

（1）判断资料（1）中相关交易或事项的会计处理，哪些不正确（分别注明其序号）；

（2）对资料（1）中判断为不正确的会计处理，编制相应的调整分录；

（3）判断资料（2）相关资产负债表日后事项，哪些属于调整事项（分别注明其序号）；

（4）对资料（2）中判断为资产负债表日后调整事项的，编制相应的调整分录。

（答案中的金额单位以万元表示）

同步训练答案及解析

一、单项选择题

1. D　【解析】此事项属于资产负债表日后调整事项，追溯后的年报"营业外支出"为1 200万元、"管理费用"为10万元，故对甲公司2×16年度利润总额的影响金额为−1 210万元。

2. B　【解析】导致未分配利润减少的金额＝

（2 000−200）×（1−25%）×（1−10%）＝1 215（万元）。

3. C　【解析】虽然一审判决D公司败诉，但由于D公司继续上诉，故仍属于未决诉讼，应在2×18年资产负债表中调整增加预计负债200万元（500−300），2×18年资产负债表中因该业务共确认递延所得税资产125万元（500×25%）。

4. C 【解析】现金流量表正表不调整（但现金流量表补充资料的相关项目应进行调整，调整后并不影响经营活动现金流量的总额）。

5. C 【解析】日后期间发现的前期差错，应作为调整事项处理，视同报告年度发现的会计差错处理，因此应当调整 2×18 年会计报表期初数和上期数。

6. B 【解析】该事项属于日后调整事项，应将其看作是 2×18 年发生的销售退货处理，因此应该冲减 2×18 年度的收入、成本等。

7. D 【解析】按照税法规定，企业为第三方提供债务担保的损失不得税前扣除，产生的是非暂时性差异，所以不确认递延所得税资产。

8. C 【解析】本题属于资产负债表日后进一步确定了资产负债表日前购入资产成本的情形，应作为调整事项，根据竣工决算的金额调整报告年度报表中的固定资产金额。

二、多项选择题

1. BCD 【解析】选项 A，该事项在资产负债表日并未发生或存在，属于非调整事项。

2. ABCDE

3. BC

4. ABD 【解析】资产负债表日后事项仅仅是指对报告年度报告有关的事项，并不是在此期间发生的所有事项，所以选项 C 是不正确的。

5. ABC 【解析】甲公司 2×17 年度利润表"管理费用"项目"本期金额"应调增的金额为 2×17 年的折旧额 400 万元，不包括 2×16 年的折旧金额 200 万元。

6. ABC

7. ACD 【解析】选项 A，应先通过"以前年度损益调整"科目核算；选项 C，除法律、法规及其他会计准则另有规定外，不需要在财务报告附注中进行披露；选项 D，包含日后期间发生的有利事项和不利事项。

三、判断题

1. × 【解析】非调整事项，无须调整报告年度的财务报表，但需要在报表附注中对其性质、内容及对财务状况和经营成果的影响加以披露。

2. √

3. × 【解析】应取决于该事项表明的情况在资产负债表日是否已经存在。

4. × 【解析】调整事项如果与报告年度以前年度无关，则一般不需调整报告年度财务报表相关项目的年初数，而应调整报告年度财务报表的期末数和本期数。

5. √

6. × 【解析】应调整报告年度利润表的收入、费用等项目。

四、计算分析题

【答案】
（1）事项（1）、事项（2）为调整事项；事项（3）为非调整事项。
（2）编制调整分录：
事项（1）：
借：以前年度损益调整——营业外支出
                                    120
    预计负债   120
    贷：其他应付款   240
借：其他应付款   240
    贷：银行存款   240
借：应交税费——应交所得税
              （240×25%）60
    贷：以前年度损益调整——所得税费用
                                    60
借：以前年度损益调整——所得税费用
              （120×25%）30
    贷：递延所得税资产   30
借：利润分配——未分配利润 90
    贷：以前年度损益调整   90
借：盈余公积   9

贷：利润分配—未分配利润　　　9

事项(2)：

借：存货跌价准备　　　　　　600

　　贷：以前年度损益调整—资产减值损失

　　　　　　　　　　　　　　600

借：以前年度损益调整—所得税费用

　　　　　　　　　　　　　　150

　　贷：递延所得税资产　　　　150

借：以前年度损益调整　　　　450

　　贷：利润分配—未分配利润　450

借：利润分配—未分配利润　　　45

　　贷：盈余公积　　　　　　　45

五、综合题

【答案】

(1)资料(1)中交易或事项处理不正确的有：业务①、业务②。

(2)对资料(1)中判断为不正确会计处理的调整分录如下。

业务①的调整分录：

借：以前年度损益调整

　　　　　[(2 000-100)×50%]950

　　贷：应收账款　　　　　　　950

借：发出商品　　(1 600×50%)800

　　贷：以前年度损益调整　　　800

借：应交税费—应交所得税

　　　　　[(950-800)×25%]37.5

　　贷：以前年度损益调整　　 37.5

借：利润分配—未分配利润　112.5

　　贷：以前年度损益调整　　112.5

借：盈余公积　　　　　　　11.25

　　贷：利润分配—未分配利润　11.25

业务②的调整分录：

借：以前年度损益调整　　　　 20

贷：长期股权投资减值准备　　 20

借：递延所得税资产　(20×25%)5

　　贷：以前年度损益调整　　　 5

借：利润分配—未分配利润　　 15

　　贷：以前年度损益调整　　　15

借：盈余公积　　　　　　　　1.5

　　贷：利润分配—未分配利润　1.5

(3)资料(2)中相关日后事项属于调整事项的有：业务①、业务②。

(4)资料(2)中资产负债表日后调整事项的调整分录如下。

业务①的调整分录：

借：以前年度损益调整　　　　300

　　应交税费—应交增值税(销项税额)

　　　　　　　　　　　　　　 39

　　贷：应收账款　　　　　　 339

借：库存商品　　　　　　　　240

　　贷：以前年度损益调整　　 240

借：应交税费—应交所得税

　　　　　　　[(300-240)×25%]15

　　贷：以前年度损益调整　　　15

借：利润分配—未分配利润　　 45

　　贷：以前年度损益调整　　　45

借：盈余公积　　　　　　　　4.5

　　贷：利润分配—未分配利润　4.5

业务②的调整分录：

借：以前年度损益调整　　　　120

　　贷：坏账准备　　　　　　 120

借：递延所得税资产　　　　　 30

　　贷：以前年度损益调整　　　30

借：利润分配—未分配利润　　 90

　　贷：以前年度损益调整　　　90

借：盈余公积　　　　　　　　　9

　　贷：利润分配—未分配利润　 9

本章知识串联

概述 ★
- 定义 —— 报告资产负债表日至财务报告批准报出日之间发生的有利或不利事项
- 涵盖期间 —— 资产负债表日至财务报告批准报出日之间
- 内容
  - 调整事项 —— 报告年度的事项在日后期间得以证实
  - 非调整事项 —— 虽是日后期间发生的事项，但对报告年度财务状况的理解和分析有重大影响

资产负债表日后事项

调整事项 ★★★
- 处理原则
  - 涉及损益的 —— 通过"以前年度损益调整"科目核算
    - 对比：会计政策变更直接调留存收益
  - 涉及利润分配的 —— 直接调整"利润分配—未分配利润"科目
  - 不涉及损益和利润分配的 —— 直接调整相关科目
  - 可能调整递延所得税、应交所得税
    - 后者汇算清缴前可调，清缴后不可调
- 调整报告年度报表
  - 资产负债表：期末数等
  - 利润表：本期金额等
  - 所有者权益变动表：本年各栏目的发生额等
  - 现金流量表：附表中的相关项目
  - 附注：涉及附注的，相应调整
    - 若发现报告年度以前年度重大差错，则调整资产负债表期初数、利润表上期数等
- 典型事例
  - 资产负债表日后诉讼案件结案
  - 资产负债表日后发现了财务报表舞弊或差错
  - 资产负债表日后进一步确定了资产负债表日前购入资产的成本或售出资产的收入
  - 资产负债表日后取得确凿证据，表明某项资产在资产负债表日发生了减值

非调整事项 ★
- 处理原则 —— 不调报表，但需披露
- 典型事例
  - 资产负债表日后发生重大诉讼、仲裁、承诺
  - 资产负债表日后资产价格、税收政策、外汇汇率发生重大变化
  - 资产负债表日后因自然灾害导致资产发生重大损失
  - 资产负债表日后发行股票和债券以及其他巨额举债
  - 资产负债表日后资本公积转增资本
  - 资产负债表日后发生巨额亏损
  - 资产负债表日后发生企业合并或处置子公司
  - 资产负债表日后企业利润分配方案中拟分配的或经审议批准宣告发放的股利或利润

第二十二章　公允价值计量

历年考情概况

本章为 2022 年考试新增内容，考点主要包括公允价值的概念内涵，与公允价值计量相关的基本概念及一般应用，非金融资产、负债及企业自身权益工具的公允价值计量。内容简单，一般以客观题形式进行考查，分值预计在 1~2 分。

2022 年考试变化

本章为 2022 年考试新增内容。

考点详解及精选例题

一、公允价值概念★

公允价值，是指市场参与者在计量日发生的有序交易中，出售一项资产所能收到或者转移一项负债所需支付的价格，即脱手价格。

二、公允价值计量相关概念及应用★★

1. 相关资产或负债

相关资产或负债，是指其他相关会计准则要求或允许企业以公允价值计量的资产或负债，也包括企业自身权益工具。

相关资产或负债的特征：

(1) 资产状况和所在位置。

(2) 对资产出售或使用的限制。

企业以公允价值计量相关资产或负债，该资产或负债可以是单项资产或负债，也可以是资产组合、负债组合或资产和负债组合。企业是以单项还是以组合的方式对相关资产

或负债进行公允价值计量，取决于该资产或负债的计量单元。

计量单元，是指相关资产或负债以单独或者组合方式进行计量的最小单位。企业在确认相关资产或负债时就已经确定了该资产或负债的计量单元。

2. 有序交易——正常的市场环境

有序交易，是指在计量日前一段时期内相关资产或负债具有惯常市场活动的交易，不包括被迫清算和抛售。

企业判定相关资产或负债的交易是有序交易的，在以公允价值计量该资产或负债时，应当考虑该交易的价格，即以该交易价格为基础确定该资产或负债的公允价值。

企业判定相关资产或负债的交易不是有序交易的，在以公允价值计量该资产或负债时，不应考虑该交易的价格，或者应赋予该交易价格较低权重。

企业根据现有信息不足以判定该交易是否为有序交易的，在以公允价值计量该资产或负债时，应当考虑该交易的价格，但不应将该交易价格作为计量公允价值的唯一依据

或者主要依据。相对于其他已知的有序交易价格，企业应赋予该交易较低权重。

3. 主要市场或最有利市场

企业以公允价值计量相关资产或负债，应当假定出售资产或者转移负债的有序交易在该资产或负债的主要市场进行。不存在主要市场的，企业应当假定该交易在相关资产或负债的最有利市场进行。

主要市场，是指相关资产或负债交易量最大和交易活跃程度最高的市场。最有利市场，是指在考虑交易费用和运输费用后，能够以最高金额出售相关资产或者以最低金额转移相关负债的市场。

考高提示 公允价值＝主要市场的价格/最有利市场的价格－运费。

【例题1·单选题】 甲公司在非同一控制下企业合并中取得10台生产设备，购买日以公允价值计量这些生产设备，甲公司可以进入X市场或Y市场出售这些生产设备，购买日相同生产设备每台交易价格分别为180万元和175万元。如果甲公司在X市场出售这些合并中取得的生产设备，需要支付相关交易费用100万元，将这些生产设备运到X市场需要支付运费60万元；如果甲公司在Y市场出售这些合并中取得的生产设备，需要支付相关交易费用80万元，将这些生产设备运到Y市场需要支付运费20万元。假定上述生产设备不存在主要市场，不考虑增值税及其他因素，甲公司上述生产设备的公允价值总额是（　）万元。

A. 1 730　　　　B. 1 650
C. 1 740　　　　D. 1 640

解析 分别计算各个市场可以获得的经济利益：

市场X可以获得的经济利益＝180×10－100－60＝1 640（万元）；市场Y可以获得的经济利益＝175×10－80－20＝1 650（万元）；因此应当选择市场Y为最有利市场，因此公允价值＝175×10－20＝1 730（万元）。企业根据主要市场或最有利市场的交易价格确定相关资产或负债的公允价值时，不应根据交易费用对该价格进行调整。交易费用不包括运输费用。 **答案** A

4. 市场参与者

市场参与者，是指在相关资产或负债的主要市场（或者在不存在主要市场情况下的最有利市场）中，相互独立的、熟悉资产或负债情况的、能够且愿意进行资产或负债交易的买方和卖方。

5. 公允价值初始计量

（1）进入价格。即企业在取得资产或者承担负债的交易中取得该资产所支付或者承担该负债所收到的价格。

（2）脱手价格。即出售该资产所能收到的价格或者转移该负债所需支付的价格。

（3）大多数情况下，相关资产或负债的进入价格等于其脱手价格。

6. 估值技术

估值技术通常包括市场法、收益法和成本法。企业应当根据实际情况从市场法、收益法和成本法中选择一种或多种估值技术，用于估计相关资产或负债的公允价值。相关资产或负债存在活跃市场公开报价的，企业应当优先使用该报价确定该资产或负债的公允价值。除此之外，企业在运用上述三种估值方法来确定相关资产或负债的公允价值时，并不存在优先顺序。

企业在公允价值计量中使用的估值技术一经确定，不得随意变更。企业变更估值技术及其应用方法的，应当作为会计估计变更处理，并根据准则的披露要求对估值技术及其应用方法的变更进行披露。

7. 输入值

市场参与者所使用的假设即为输入值，可分为可观察输入值和不可观察输入值。

企业使用估值技术时，应当优先使用可观察输入值，仅当相关可观察输入值无法取得或取得不切实可行时才使用不可观察输入值。企业通常可以从交易所市场、做市商市场、经纪人市场、直接交易市场获得可观察输入值。

8. 公允价值层次

企业应当将估值技术所使用的输入值划分为三个层次，并最优先使用活跃市场上相同资产或负债未经调整的报价（第一层次输入值），最后使用不可观察输入值（第三层次输入值）。

（1）第一层次输入值，是企业在计量日能够取得的相同资产或负债在活跃市场上未经调整的报价。活跃市场，是指相关资产或负债交易量及交易频率足以持续提供定价信息的市场。

（2）第二层次输入值，是除第一层次输入值外相关资产或负债直接或间接可观察的输入值。第二层次输入值包括：

①活跃市场中类似资产或负债的报价；

②非活跃市场中相同或类似资产或负债的报价；

③除报价以外的其他可观察输入值，包括在正常报价间隔期间可观察的利率和收益率曲线等；

④市场验证的输入值等。

企业以公允价值计量相关资产或负债的，类似资产或负债在活跃市场或非活跃市场的报价为该资产或负债的公允价值计量提供了依据，但企业需要对该报价进行调整。

【例题2·单选题】公允价值计量所使用的输入值划分为三个层次，下列各项输入值中，不属于第二层输入值的是（　　）。

A. 活跃市场中类似资产或负债的报价

B. 活跃市场中相同资产或负债的报价

C. 非活跃市场中类似资产或负债的报价

D. 非活跃市场中相同资产或负债的报价

解析　第二层次输入值包括：①活跃市场中类似资产或负债的报价；②非活跃市场中相同或类似资产或负债的报价；③除报价以外的其他可观察输入值，包括在正常报价间隔期间可观察的利率和收益率曲线等；④市场验证的输入值等。选项B，活跃市场中相同资产或负债的报价属于第一层次输入

值。

（3）第三层次输入值，是相关资产或负债的不可观察输入值。第三层次输入值包括不能直接观察和无法由可观察市场数据验证的利率、股票波动率、企业合并中承担的弃置义务的未来现金流量、企业使用自身数据作出的财务预测等。

企业只有在相关资产或负债几乎很少存在市场交易活动，导致相关可观察输入值无法取得或取得不切实可行的情况下，才能使用第三层次输入值，即不可观察输入值。

【例题3·单选题】下列各项关于公允价值层次的表述中，不符合企业会计准则规定的是（　　）。

A. 在计量日能够取得的相同资产或负债在活跃市场上未经调整的报价属于第一层次输入值

B. 除第一层次输入值之外相关资产或负债直接或间接可观察的输入值属于第二层次输入值

C. 公允价值计量结果所属的层次，由对公允价值计量整体而言重要的输入值所属的最高层次确定

D. 不能直接观察和无法由可观察市场数据验证的相关资产或负债的输入值属于第三层次输入值

解析　选项C，公允价值计量结果所属的层次，由对公允价值计量整体而言重要的输入值所属的最低层次决定。　答案　C

答案　B

三、非金融资产、负债及企业自身权益工具的公允价值计量

（一）关于非金融资产的公允价值计量★

1. 非金融资产的最佳用途

企业以公允价值计量非金融资产，应当考虑市场参与者通过直接将该资产用于最佳用途产生经济利益的能力，或者通过将该资产出售给能够用于最佳用途的其他市场参与

者产生经济利益的能力。

通常情况下，企业对非金融资产的**当前用途**可视为最佳用途。

2. 非金融资产的估值前提

企业以公允价值计量非金融资产，应当在**最佳用途**的基础上确定该非金融资产的估值前提，即单独使用该非金融资产还是将其与其他资产或负债组合使用。

（二）关于负债和企业自身权益工具的公允价值计量★

1. 确定负债或企业自身权益工具公允价值的方法

如果存在相同或类似负债或企业自身权益工具**可观察市场报价**，企业应当以该报价为基础确定负债或企业自身权益工具的公允价值。

如果无法获得转移相同或类似负债或企

业自身权益工具的公开报价，企业应当确定该负债或自身权益工具是否被其他方作为资产持有。相关负债或企业自身权益工具被其他方**作为资产持有**的，企业应当在计量日从持有对应资产的市场参与者角度，以**对应资产**的公允价值为基础，确定该负债或企业自身权益工具的公允价值；相关负债或企业自身权益工具没有被其他方作为资产持有的，企业应当从承担负债或者发行权益工具的市场参与者角度，采用**估值技术**确定该负债或企业自身权益工具的公允价值。

2. 不履约风险

企业以公允价值计量相关负债，应当考虑**不履约风险**，并假定不履约风险在负债转移前后保持不变。不履约风险，是指企业不履行义务的风险，包括但不限于企业自身信用风险。

同步训练

一、单项选择题

1. 下列资产或负债中，以公允价值进行后续计量的是（　　）。
   A. 以成本模式计量的投资性房地产
   B. 债权投资
   C. 长期股权投资
   D. 其他债权投资

2. 下列关于主要市场或最有利市场的说法中，不正确的是（　　）。
   A. 最有利市场就是主要市场
   B. 通常情况下，如果不存在相反的证据，企业正常进行资产出售或者负债转移的市场可以视为主要市场或最有利市场
   C. 对相同资产或负债而言，不同企业可能具有不同的主要市场

   D. 企业应当以主要市场上相关资产或负债的价格为基础，计量该资产或负债的公允价值

3. 下列关于估值技术变更的说法中，不正确的是（　　）。
   A. 估值技术及其应用方法的变更属于会计政策变更
   B. 企业使用的估值技术一经确定，不得随意变更
   C. 出现新市场时企业可变更估值技术
   D. 企业变更估值技术及其应用方法的，应对估值技术及其应用方法的变更进行披露

二、多项选择题

1. 以公允价值计量的资产应当考虑的因素

有( )。

A. 资产状况

B. 资产所在的位置

C. 对资产出售或使用的限制

D. 资产的取得方式

2. 下列有关主要市场和最有利市场的应用，表述正确的有( )。

A. 企业应当以主要市场上相关资产或负债的价格为基础，计量资产或负债的公允价值

B. 不存在主要市场或无法确定主要市场的，企业应当以相关资产或负债最有利市场的价格为基础，计量其公允价值

C. 企业在确定最有利市场时，不需要考虑交易费用、运输费用等

D. 无论相关资产或负债的价格能够直接从市场观察到，还是通过其他估值技术获得，企业都应当以主要市场上相关资产或负债的价格为基础，计量该资产或负债的公允价值

3. 通常情况下，下列公允价值层次中，不能作为第一层次输入值的有( )。

A. 异常的市场报价

B. 正常报价间隔期间可观察的利率和收益率曲线

C. 无法由可观察市场数据验证的利率

D. 企业在计量日能够取得的相同资产或负债在活跃市场上未经调整的报价

三、判断题

1. 公允价值是指市场参与者在预计未来发生的有序交易中，出售一项资产所能收到或转移一项负债所需支付的价格。 ( )

2. 企业根据可合理取得的信息，无法在交易日确定相关资产或负债交易量最大和交易活跃程度最高的市场的，应当在考虑交易费用和运输费用后能够以最低金额出售该资产或者以最高金额转移该负债的市场作为最有利市场。 ( )

3. 企业在确认相关资产或负债的公允价值时，应当考虑企业自身持有资产、清偿或者以其他方式履行负债的意图和能力。 ( )

4. 一般情况下，企业对非金融资产的当前用途可视为最佳用途。 ( )

同步训练答案及解析

一、单项选择题

1. D 【解析】选项 A，以历史成本计量，不需要确认公允价值变动；选项 B，以摊余成本进行后续计量，不需要确认其后续公允价值变动金额；选项 C，采用权益法或者成本法核算，不需要确认其后续公允价值变动金额。

2. A 【解析】选项 A，主要市场，是指相关资产或负债交易量最大和交易活跃程度最高的市场；最有利市场，是指在考虑交易费用和运输费用后，能够以最高金额出售相关资产或者以最低金额转移相关负债的

市场。企业以公允价值计量相关资产或负债，应当假定出售资产或者转移负债的有序交易在该资产或负债的主要市场进行，不存在主要市场的，企业应当假定该交易在相关资产或负债的最有利市场进行。

3. A 【解析】选项 A，估值技术及其应用方法的变更属于会计估计变更。

二、多项选择题

1. ABC 【解析】企业以公允价值计量相关资产或负债，应当考虑的特征包括资产状况及所在位置，对资产出售或者使用的限制等，不需考虑资产的取得方式，选项 D

错误。

2. ABD 【解析】选项 C，企业在确定最有利市场时，应当考虑交易费用、运输费用等。

3. ABC 【解析】选项 A，异常的市场报价不能作为输入值；选项 B，应作为第二层次输入值；选项 C，应作为第三层次输入值。

三、判断题

1. × 【解析】公允价值，是指市场参与者在计量日发生的有序交易中，出售一项资产所能收到或者转移一项负债所需支付的价格，即脱手价格。

2. × 【解析】企业根据可合理取得的信息，无法在交易日确定相关资产或负债交易量最大和交易活跃程度最高的市场的，应当在考虑交易费用和运输费用后能够以最高金额出售该资产或者以最低金额转移该负债的市场作为最有利市场。

3. × 【解析】企业应当从市场参与者角度计量相关资产或负债的公允价值，而不应考虑企业自身持有资产、清偿或者以其他方式履行负债的意图和能力。

4. √

本章知识串联

公允价值计量

相关概念★

- **公允价值**：市场参与者在计量日发生的有序交易中，出售一项资产所能收到或转移一项负债所需支付的价格
- **计量单元**：相关资产或负债以单独或者组合方式进行计量的最小单位
- **有序交易**：在计量日前一段时期内该资产或负债具有惯常市场活动的交易，不包括被迫清算和抛售
- **主要市场**：相关资产或负债交易量最大和交易活跃程度最高的市场
- **最有利市场**：在考虑交易费用和运输费用后，能够以最高金额出售相关资产或者以最低金额转移相关负债的市场
- 存在主要市场的，应假定有序交易在主要市场进行；否则，应假定是在最有利市场进行
- 在确定最有利市场时，应考虑交易费用、运输费用等；确定最有利市场下的公允价值时，不应根据交易费用对价格进行调整，交易费用不包括运输费用

公允价值初始计量★

- **进入价格**：取得一项资产所支付或承担一项负债所收到的交易价格
- **脱手价格**：出售一项资产所能收到或转移一项负债所需支付的价格

二者一般相等

估值技术★

- 市场法、收益法、成本法
- **估值技术选择**：应当运用更多职业判断，确定恰当的估值技术

输入值★

- 分为可观察输入值（优先）和不可观察输入值

公允价值层次★★

- **第一层次输入值**：企业在计量日能够取得的相同资产或负债在活跃市场上未经调整的报价
- **第二层次输入值**：除第一层次输入值外相关资产或负债直接或间接可观察的输入值
- **第二层次输入值的内容**：①活跃市场中类似资产或负债的报价；②非活跃市场中相同或类似资产或负债的报价；③除报价以外的其他可观察输入值；④市场验证的输入值等
- **第三层次输入值**：相关资产或负债的不可观察输入值

非金融资产的公允价值计量★

- 以公允价值计量非金融资产，应考虑市场参与者通过直接将该资产用于最佳用途产生经济利益的能力，或通过将该资产出售给能够用于最佳用途的其他市场参与者产生经济利益的能力
- **最佳用途**：市场参与者实现一项非金融资产或其所属的资产和负债组合的价值最大化时该非金融资产的用途
- **非金融资产的估值前提**：单独使用该非金融资产还是将其与其他资产（或其他资产或负债组合）组合使用

负债和企业自身权益工具的公允价值计量★

- 确定负债或企业自身权益工具公允价值的方法
- **不履约风险**：企业不履行义务的风险，包括但不限于企业自身信用风险
- 负债或企业自身权益工具转移受限

第二十三章　政府会计

考情解密

历年考情概况

历年考试中，本章内容均以客观题形式进行考查，每年的分值在 1~3 分，是考试的"送分"章节，千万不能因为这一章内容比较生僻就直接放弃。考生在备考时注意掌握相关基本概念及常见的账务处理，一般情况下只要考生能够掌握本章的基础理论和典型业务的核算方法，这几分就可以轻松拿下。

近年考点直击

主要考点	主要考查题型	考频指数	考查角度
政府会计概述	多 判	★★	(1)政府会计双功能核算原则；(2)政府财务会计要素的构成；(3)政府预算会计要素的界定；(4)政府会计资产计量属性；(5)政府财务会计要素；(6)政府单位平行记账的基本规则
财政拨款收支业务的核算	多 判	★	(1)财政直接支付的核算；(2)财政授权支付的核算
长期投资的核算	单	★	(1)以固定资产取得长期投资的初始计量；(2)长期股权投资的权益法后续计量
资产处置的核算	多	★	(1)固定资产处置的账务处理；(2)纳入单位预算管理的资产处置净收益的科目归属
合并财务报表	单	★	事业单位合并财务报表的构成

2022 年考试变化

本章增加了非财政拨款收支业务、预算结转结余及分配业务、净资产业务、资产业务的共性问题、负债业务和 PPP 项目合同等内容；简化了长期投资的核算等内容；删除了应收账款、坏账准备、无形资产、待摊费用和待摊支出的核算等内容。

考点详解及精选例题

一、政府会计标准体系

(一)政府会计的概念

政府会计是运用专门的会计方法，对政府及其组成单位(包括政府所属的行政事业单位等)的财务状况、运行情况(含运行成本)及预算执行等情况进行全面的监督、核算、报告。

(二)政府会计标准体系构成

政府会计标准体系由政府会计制度、政府会计基本准则、政府会计具体准则及应用指南等组成。

(三)政府会计核算模式★

1. 双功能
(1)预算会计。
(2)财务会计。
2. 双基础
(1)收付实现制。
(2)权责发生制。
3. 双报告
(1)政府决算报告。
(2)政府财务报告。

【例题1·判断题】 ☆根据《政府会计准则——基本准则》的规定,行政事业单位对于纳入预算管理的现金收支业务,在采用财务会计核算的同时应当进行预算会计核算。 ( )

答案 ▶√

(四)政府会计信息质量要求★

1. 可靠性
2. 全面性
3. 相关性
4. 及时性
5. 可比性
6. 可理解性
7. 实质重于形式

(五)政府会计要素★★

1. 政府预算会计要素
(1)预算收入。
(2)预算支出。
(3)预算结余。
①结余资金。
②结转资金。
2. 政府财务会计要素
(1)资产。
①资产是指政府会计主体过去的经济业务或者事项形成的,由政府会计主体控制的,预期能够产生服务潜力或者带来经济利益流入的经济资源。
②资产计量属性。政府资产的计量属性

主要包括历史成本、重置成本、现值、公允价值和名义金额。
(2)负债。
①负债是指政府会计主体过去的经济业务或者事项形成的,预期会导致经济资源流出政府会计主体的现时义务。
②负债的计量属性。负债的计量属性主要包括历史成本、现值和公允价值。
(3)净资产。
净资产=资产-负债
(4)收入。
收入是指报告期内导致政府会计主体净资产增加的、含有服务潜力或者经济利益的经济资源的流入。
(5)费用。
费用是指报告期内导致政府会计主体净资产减少的、含有服务潜力或者经济利益的经济资源的流出。

【例题2·多选题】 ☆下列各项中,属于政府预算会计要素的有( )。

A. 预算结余　　　B. 预算收入
C. 净资产　　　　D. 预算支出

解析 ▶选项C,净资产是财务会计要素。

答案 ▶ABD

【例题3·多选题】 ☆下列各项中,属于政府会计中资产计量属性的有( )。

A. 公允价值　　　B. 可变现净值
C. 历史成本　　　D. 名义金额

解析 ▶政府会计资产的计量属性主要包括历史成本、重置成本、现值、公允价值和名义金额,可变现净值不属于政府会计资产的计量属性。 答案 ▶ACD

(六)政府财务报告和决算报告★

1. 政府财务报告
(1)政府财务报告的概念。政府财务报告是反映政府会计主体某一特定日期的财务状况和某一会计期间的运行情况和现金流量等信息的文件。
(2)政府财务报告的组成:①资产负债

表；②收入费用表；③净资产变动表；④现金流量表(不是必须编制的，可根据实际情况自行选择编制)；⑤附注。

(3)政府财务报告在编制主体上分为以政府部门为编制主体的部门财务报告和以财政部门为编制主体的政府综合财务报告。

2. 政府决算报告

(1)政府决算报告的概念。政府决算报告是综合反映政府会计主体年度预算收支执行结果的文件。

(2)政府决算报告的组成：①预算收入支出表；②预算结转结余变动表；③财政拨款预算收入支出表。

二、财政拨款收支业务

(一)概述 ★

单位应设置"财政拨款(预算)收入"科目，核算其从同级财政部门取得的各类财政拨款。实行国库集中支付的单位，财政资金的支付方式包括财政直接支付和财政授权支付。单位核算国库集中支付业务，应当在进行财务会计核算的同时进行预算会计核算。

(二)财政拨款收支业务的核算 ★★★

1. 财政直接支付方式(见表23-1)

表23-1 财政直接支付方式

项目	财务会计	预算会计
由财政直接支付的支出，单位收到相关支付凭证时	借：库存物品、固定资产、业务活动费用等 贷：财政拨款收入	借：事业支出、行政支出等 贷：财政拨款预算收入
年终依据本年度财政直接支付预算指标数大于当年财政直接支付实际支出数的金额	借：财政应返还额度 贷：财政拨款收入	借：资金结存—财政应返还额度 贷：财政拨款预算收入
下年恢复额度后，实际发生财政直接支付的支出时	借：库存物品、固定资产、业务活动费用等 贷：财政应返还额度	借：事业支出、行政支出等 贷：资金结存—财政应返还额度

【例题4·分析题】2×19年年末，乙行政单位财政直接支付指标数大于当年财政直接支付实际支出数的金额为5万元。2×20年年初，财政部门恢复了该单位的财政直接支付额度。2×20年1月5日，以财政直接支付方式购买一批办公用品(属于上年预算指标数)，价款2万元。不考虑其他因素，乙单位应如何进行账务处理？

解析 ▶ (1)2×19年年末补记指标：

借：资金结存—财政应返还额度　5

　　贷：财政拨款预算收入　　　　5

同时：

借：财政应返还额度—财政直接支付5

　　贷：财政拨款收入　　　　　　5

(2)2×20年年初使用上年预算指标购买办公用品时：

借：行政支出　　　　　　　　　2

　　贷：资金结存—财政应返还额度　2

同时：

借：库存物品　　　　　　　　　2

　　贷：财政应返还额度—财政直接支付2

2. 财政授权支付方式(见表23-2)

表23-2 财政授权支付方式

项目	财务会计	预算会计
收到相关支付凭证时	借：零余额账户用款额度 贷：财政拨款收入	借：资金结存—零余额账户用款额度 贷：财政拨款预算收入

续表

项目		财务会计	预算会计
支用额度时		借：库存物品、固定资产、业务活动费用等 　贷：零余额账户用款额度	借：行政支出、事业支出等 　贷：资金结存—零余额账户用款额度
财政授权支付年终结余资金的账务处理	年终，单位依据代理银行提供的对账单注销额度时	借：财政应返还额度 　贷：零余额账户用款额度	借：资金结存—财政应返还额度 　贷：资金结存—零余额账户用款额度
	下年年初恢复额度时	借：零余额账户用款额度 　贷：财政应返还额度	借：资金结存—零余额账户用款额度 　贷：资金结存—财政应返还额度
	如果单位本年度财政授权支付预算指标数大于零余额账户用款额度下达数，根据两者的差额（未下达的用款额度）	借：财政应返还额度 　贷：财政拨款收入	借：资金结存—财政应返还额度 　贷：财政拨款预算收入
	如果下年度收到财政部门批复的上年未下达零余额账户用款额度	借：零余额账户用款额度 　贷：财政应返还额度	借：资金结存—零余额账户用款额度 　贷：资金结存—财政应返还额度

【例题 5·分析题】根据下述资料作出甲单位相关账务处理。

资料一：2×19 年 12 月 31 日，甲事业单位经与代理银行提供的对账单核对无误后，将 15 万元零余额账户用款额度予以注销。

解析 ▶ 注销额度：

借：资金结存—财政应返还额度 15
　　贷：资金结存—零余额账户用款额度 15

同时：

借：财政应返还额度 15
　　贷：零余额账户用款额度 15

资料二：2×19 年度财政授权支付预算指标数大于零余额账户用款额度下达数，未下达的用款额度为 20 万元。

解析 ▶ 补记指标数：

借：资金结存—财政应返还额度 20
　　贷：财政拨款预算收入 20

同时：

借：财政应返还额度 20
　　贷：财政拨款收入 20

资料三：2×20 年度，该单位收到代理银行提供的额度恢复到账通知书。

解析 ▶ 恢复额度：

借：资金结存—零余额账户用款额度 15
　　贷：资金结存—财政应返还额度 15

同时：

借：零余额账户用款额度 15
　　贷：财政应返还额度 15

资料四：2×20 年度，该单位收到财政部门批复的上年年末未下达零余额账户用款额度。

解析 ▶ 收到财政部门批复的上年年末未下达额度：

借：资金结存—零余额账户用款额度 20
　　贷：资金结存—财政应返还额度 20

同时：

借：零余额账户用款额度 20
　　贷：财政应返还额度 20

3. 财政拨款收入（财政拨款预算收入）的期末结转（见表 23-3）

表 23-3 财政拨款收入（财政拨款预算收入）的期末结转

财务会计	预算会计
借：财政拨款收入 　贷：本期盈余	借：财政拨款预算收入 　贷：财政拨款结转

三、非财政拨款收支业务

(一)事业(预算)收入 ★★

事业收入是指事业单位开展专业业务活动及其辅助活动实现的收入,不包括从同级政府财政部门取得的各类财政拨款。单位一方面应在预算会计中设置"事业预算收入"科目,另一方面应在财务会计中设置"事业收入"科目,前者采用收付实现制核算,后者采用权责发生制核算。

(1)对采用财政专户返还方式管理的事业(预算)收入,实现应上缴财政专户的事业收入应作的处理如表23-4所示。

表23-4　实现应上缴财政专户的事业收入

财务会计	预算会计
实现应上缴财政专户的事业收入时: 借:银行存款/应收账款等 　　贷:应缴财政款	—
向财政专户上缴款项时: 借:应缴财政款 　　贷:银行存款	—
收到从财政专户返还的事业收入时: 借:银行存款 　　贷:事业收入	按照实际收到的返还金额: 借:资金结存—货币资金 　　贷:事业预算收入

(2)对采用预收款方式确认的事业(预算)收入应作的处理如表23-5所示。

表23-5　采用预收款方式确认的事业(预算)收入

财务会计	预算会计
实际收到预收款项时: 借:银行存款 　　贷:预收账款	借:资金结存—货币资金 　　贷:事业预算收入
以合同完成进度确认事业收入时,按照基于合同完成进度计算的金额: 借:预收账款 　　贷:事业收入	—

(3)对采用应收款方式确认的事业(预算)收入应作的处理如表23-6所示。

表23-6　采用应收款方式确认的事业(预算)收入

财务会计	预算会计
借:应收账款 　　贷:事业收入[根据合同完成进度计算本期应收的款项]	—
实际收到款项时: 借:银行存款 　　贷:应收账款	借:资金结存—货币资金 　　贷:事业预算收入

（4）对于其他方式下确认的事业（预算）收入应作的处理如表23-7所示。

表23-7　其他方式下确认的事业（预算）收入

财务会计	预算会计
借：银行存款、库存现金 　贷：事业收入[按照实际收到的金额]	借：资金结存—货币资金 　贷：事业预算收入

（5）事业活动中涉及增值税业务的，事业收入按照实际收到的金额扣除增值税销项税额之后的金额入账，事业预算收入按照实际收到的金额入账。

（6）对于因开展专业业务活动及其辅助活动而取得的非同级财政拨款收入，事业单位应记入"事业收入"和"事业预算收入"下的"非同级财政拨款"明细科目；对于其他非同级财政拨款收入，事业单位应记入非同级财政拨款收入。

（二）捐赠（预算）收入和支出★

1. 捐赠（预算）收入

捐赠收入是指单位接受其他单位或者个人的现金捐赠或非现金捐赠所取得的收入。同时，单位接受捐赠的现金资产应在预算会计中反映为捐赠预算收入。

（1）单位接受捐赠的货币资金，按照实际收到的金额应作的处理如表23-8所示。

表23-8　接受捐赠的货币资金

财务会计	预算会计
借：银行存款、库存现金 　贷：捐赠收入	借：资金结存—货币资金 　贷：其他预算收入—捐赠预算收入

（2）单位接受捐赠的存货、固定资产等非现金资产应作的处理如表23-9所示。

表23-9　接受捐赠的非现金资产

财务会计	预算会计
借：库存物品、固定资产[按照确定的成本] 　贷：银行存款[发生相关税费、运输费等] 　　　捐赠收入[差额]	借：其他支出[发生相关税费、运输费等] 　贷：资金结存—货币资金

考点提示　单位取得捐赠的货币资金按规定应上缴财政的，在财务会计中应当按照"应缴财政款"科目的相关规定进行处理，预算会计不作处理。单位接受捐赠人委托转赠的资产，在财务会计上应当按照受托代理业务相关规定进行处理，预算会计不作处理。

2. 捐赠（支出）费用的相关处理如表23-10所示。

表23-10　捐赠（支出）费用的相关处理

财务会计	预算会计
借：其他费用[单位对外捐赠现金资产] 　贷：银行存款、库存现金	借：其他支出[按照实际捐赠的金额] 　贷：资金结存—货币资金

对外捐赠非现金资产（如库存物品、固定资产等）的，单位应在财务会计中将资产的账面价值转入资产处置费用。如果不涉及相关费用的支付，则预算会计不需要作账务处理。

四、预算结转结余及分配业务

对于财政拨款结转结余和非财政拨款结转结余，单位应当严格区分。财政拨款结转结余**不参与事业单位的结余分配**。

（一）财政拨款结转结余

1. 财政拨款结转的核算

（1）年末，单位应将财政拨款收入和对应的财政拨款支出转入"财政拨款结转"科目。

（2）财政拨款结转的特殊会计处理：

按规定从其他单位调入财政拨款结转资金的处理，如表 23-11 所示。

表 23-11　按规定从其他单位调入财政拨款结转资金的处理

财务会计	预算会计
借：零余额账户用款额度、财政应返还额度等 　　贷：累计盈余	借：资金结存—零余额账户用款额度、财政应返还额度等 　　贷：财政拨款结转—归集调入

按规定上缴（或注销）财政拨款结转资金、向其他单位调出财政拨款结转资金的处理，如表 23-12 所示。

表 23-12　按规定上缴（或注销）财政拨款结转资金、向其他单位调出财政拨款结转资金的处理

财务会计	预算会计
借：累计盈余 　　贷：零余额账户用款额度、财政应返还额度等	借：财政拨款结转—归集上缴、归集调出 　　贷：资金结存—零余额账户用款额度、财政应返还额度等

因发生会计差错等事项调整以前年度财政拨款结转资金的处理，如表 23-13 所示。

表 23-13　因发生会计差错等事项调整以前年度财政拨款结转资金的处理

财务会计	预算会计
借或贷：以前年度盈余调整 　　贷或借：零余额账户用款额度、银行存款等	借或贷：资金结存—财政应返还额度、零余额账户用款额度等 　　贷或借：财政拨款结转—年初余额调整

2. 财政拨款结余的核算

"财政拨款结余"核算单位取得的**同级财政**拨款项目支出结余资金的调整、结转和滚存情况，具体会计处理如下所示。

（1）年末，单位应对财政拨款结转各明细项目执行情况进行分析，将符合财政拨款结余性质的项目余额转入财政拨款结余。

（2）经财政部门批准对财政拨款结余资金改变用途，调整用于本单位基本支出或其他未完成项目支出的，应做如下处理：

借：财政拨款结余—单位内部调剂

　　贷：财政拨款结转—单位内部调剂

　　　　[批准调剂的金额]

按规定上缴财政拨款结余资金或注销财政拨款结余资金额度的处理，如表 23-14 所示。

表 23-14　按规定上缴财政拨款结余资金或注销财政拨款结余资金额度的处理

财务会计	预算会计
借：累计盈余 　　贷：零余额账户用款额度、财政应返还额度等	借：财政拨款结余—归集上缴 　　贷：资金结存—财政应返还额度、零余额账户用款额度、 　　　　　货币资金

因发生会计差错等事项调整以前年度财政拨款结余资金的处理，如表 23-15 所示。

表 23-15　因发生会计差错等事项调整以前年度财政拨款结余资金的处理

财务会计	预算会计
借或贷：以前年度盈余调整 　　贷或借：零余额账户用款额度、银行存款等	借或贷：资金结存—财政应返还额度、零余额账户用款 　　　　　额度、货币资金 　　贷或借：财政拨款结余—年初余额调整

年末，单位应财政拨款结余的有关明细科目(年初余额调整、归集上缴、单位内部调剂、结转转入)余额转入"累计结余"明细科目。

(二)非财政拨款结转、非财政拨款结余

非财政拨款结转资金是指事业单位除财政拨款收支、经营收支以外的各非同级财政拨款专项资金收入与其相关支出相抵后剩余滚存的、须按规定用途使用的结转资金。在预算会计中，单位应设置"非财政拨款结转"科目。

非财政拨款结余指单位历年滚存的非限定用途的非同级财政拨款结余资金，主要为非财政拨款结余扣除结余分配后滚存的金额。在预算会计中，单位应设置"非财政拨款结余"科目。

1. 非财政拨款结转的核算

(1)年末，将预算收入(不包括财政拨款预算收入、经营预算收入)本年发生额中的专项资金收入转入"非财政拨款结转—本年收支结转"科目；将行政支出、事业支出、其他支出本年发生额中的非财政拨款专项资金支出转入"非财政拨款结转—本年收支结转"科目。

(2)按规定从科研项目预算收入中提取项目管理费或间接费的处理，如表 23-16 所示。

表 23-16　按规定从科研项目预算收入中提取项目管理费或间接费的处理

财务会计	预算会计
借：单位管理费用 　　贷：预提费用—项目间接费或管理费	借：非财政拨款结转—项目间接费用或管理费 　　贷：非财政拨款结余—项目间接费用或管理费

(3)因会计差错更正等事项调整非财政拨款结转资金的处理，如表 23-17 所示。

表 23-17　因会计差错更正等事项调整非财政拨款结转资金的处理

财务会计	预算会计
借或贷：银行存款 　　贷或借：以前年度盈余调整	借或贷：资金结存—货币资金 　　贷或借：非财政拨款结转—年初余额调整

(4)按规定缴回非财政拨款结转资金的处理，如表 23-18 所示。

表 23-18 按规定缴回非财政拨款结转资金的处理

财务会计	预算会计
借：累计盈余 　贷：银行存款[实际缴回资金数额]	借：非财政拨款结转—缴回资金 　贷：资金结存—货币资金[实际缴回资金数额]

2. 非财政拨款结余的核算

（1）单位应在年末将留归本单位使用的非财政拨款专项(项目已完成)剩余资金转入非财政拨款结余：

　　借：非财政拨款结转—累计结转
　　　　贷：非财政拨款结余—结转转入

（2）存在企业所得税缴纳义务的事业单位实际缴纳企业所得税的处理，如表 23-19 所示。

表 23-19 存在企业所得税缴纳义务的事业单位实际缴纳企业所得税的处理

财务会计	预算会计
借：其他应交税费—单位应交所得税 　贷：银行存款等	借：非财政拨款结余—累计结余 　贷：资金结存—货币资金

（3）因会计差错更正等调整非财政拨款结余资金的处理，如表 23-20 所示。

表 23-20 因会计差错更正等调整非财政拨款结余资金的处理

财务会计	预算会计
借或贷：以前年度盈余调整 　贷或借：银行存款等	借或贷：资金结存—货币资金 　贷或借：非财政拨款结余—年初余额调整

（4）年末，应将非财政拨款结余的有关明细科目余额结转入"非财政拨款结余—累计结余"明细科目。

（5）年末，事业单位将"非财政拨款结余分配""其他结余"科目余额转入非财政拨款结余：

　　借或贷：非财政拨款结余—累计结余
　　　　贷或借：非财政拨款结余分配、
　　　　　　　　其他结余

（三）专用结余、经营结余、其他结余及非财政拨款结余分配

1. 专用结余的核算

事业单位应在预算会计中设置"专用结余"科目，核算专用结余资金的变动和滚存情况。

2. 经营结余的核算

事业单位应当在预算会计中设置"经营结余"科目。期末，事业单位应当结转本期经营收支。

年末，如"经营结余"科目为贷方余额，将余额结转入"非财政拨款结余分配"科目，

借记"经营结余"科目，贷记"非财政拨款结余分配"科目；如为借方余额，为经营亏损，不予结转。

3. 其他结余的核算

单位应当在预算会计中设置"其他结余"科目，核算单位本年度除财政拨款收支、非同级财政专项资金收支和经营收支以外各项收支相抵后的余额。

年末，行政单位将"其他结余"科目余额转入"非财政拨款结余—累计结余"科目；事业单位将"其他结余"科目余额转入"非财政拨款结余分配"科目。

4. 非财政拨款结余分配的核算

事业单位应当在预算会计中设置"非财政拨款结余分配"科目，核算事业单位本年度非财政拨款结余分配的情况和结果。

五、净资产业务

在财务会计中，累计实现的盈余和无偿

调拨的净资产是单位净资产的来源。为核算净资产，单位应在财务会计中设置"累计盈余""专用基金""无偿调拨净资产""权益法调整""本期盈余""本期盈余分配""以前年度盈余调整"等科目。

(一)本期盈余及本年盈余分配★

1. 本期盈余

本期盈余反映单位本期各项收入、费用相抵后的余额。

(1)期末，单位应当将各类收入科目的本期发生额转入本期盈余。

(2)将各类费用科目本期发生额转入本期盈余。

(3)年末，单位应当将"本期盈余"科目余额转入"本年盈余分配"科目。

2. 本年盈余分配

单位设置"本年盈余分配"科目，反映单位本年度盈余分配的情况和结果。

(1)年末，单位应当将"本期盈余"科目余额转入"本年盈余分配"科目：

借或贷：本期盈余
　　贷或借：本年盈余分配

(2)根据有关规定从本年度非财政拨款结余或经营结余中提取专用基金的：

借：本年盈余分配
　　贷：专用基金

然后，将"本年盈余分配"科目余额转入"累计盈余"科目。

(二)专用基金★

专用基金是指事业单位按照规定提取或设置的具有专门用途的净资产，主要包括职工福利基金、科技成果转换基金等。在财务会计中，事业单位应设置"专用基金"科目，以核算专用基金的取得和使用情况。事业单位从本年度非财政拨款结余或经营结余中提取专用基金的，在财务会计"专用基金"科目核算的同时，还应在预算会计"专用结余"科目进行核算。

(三)无偿调拨净资产★

政府单位之间在经批准后可以无偿调拨资产。除非涉及以现金支付相关费用等，否则无偿调拨非现金资产通常不涉及资金业务，不需要进行预算会计核算。无偿调拨资产业务属于政府间净资产的变化，调入调出方不确认相应的收入和费用。为核算单位无偿调入或调出非现金资产所引起的净资产变动，单位应设置"无偿调拨净资产"科目。

(四)权益法调整★

"权益法调整"科目核算事业单位持有的长期股权投资采用权益法核算时，按照被投资单位除净损益和利润分配以外的所有者权益变动份额调整长期股权投资账面余额而计入净资产的金额。年末，按照被投资单位除净损益和利润分配以外的所有者权益变动应享有(或应分担)的份额，借记或贷记"长期股权投资—其他权益变动"科目，贷记或借记"权益法调整"科目。处置长期股权投资时，按照原计入净资产的相应部分金额，借记或贷记"权益法调整"科目，贷记或借记"投资收益"科目。

(五)以前年度盈余调整★

"以前年度盈余调整"科目核算单位本年度发生的调整以前年度盈余的事项，包括本年度发生的重要前期差错更正涉及调整以前年度盈余的事项。单位对上述事项进行调整后，应将该科目余额转入累计盈余，借记或贷记"累计盈余"科目，贷记或借记"以前年度盈余调整"科目。

(六)累计盈余★

"累计盈余"科目核算单位历年实现的盈余扣除盈余分配后滚存的金额，以及因无偿调入调出资产产生的净资产变动额。

年末，应将"本年盈余分配"和"无偿调拨净资产"科目的余额转入累计盈余。

按照规定上缴、缴回、单位间调剂结转结余资金产生的净资产变动额，以及对以前年度盈余的调整金额，也通过"累计盈余"科目核算。

六、资产业务

（一）资产业务的共性内容★★★

1. 资产取得

（1）单位以外购方式取得的资产的成本通常包括购买价款、相关税费（不包括按规定可抵扣的增值税进项税额）以及使得资产达到目前场所和状态或交付使用前所发生的归属于该项资产的其他费用。

（2）单位以自行加工或自行建造方式取得的资产的成本通常包括该项资产至验收入库或交付使用前所发生的全部必要支出。

（3）对于单位以接受捐赠方式取得的非现金资产，如果是存货、固定资产、无形资产，则成本按照有关凭据注明的金额加上相关税费等确定；没有相关凭据可供取得，但按规定经过资产评估的，其成本按照评估价值加上相关税费等确定；没有相关凭据可供取得，也未经资产评估的，其成本比照同类或类似资产的市场价格加上相关税费等确定；没有相关凭据且未经资产评估，同类或类似资产的市场价格也无法可靠取得的，按照名义金额（人民币1元）入账。如果是投资和经管资产（如公共基础设施、政府储备物资、保障性住房、文物文化资产等），则初始成本不能采用名义金额计量，只能按照前三个层次进行计量。盘盈资产的入账成本的确定参照上述规定。

老高提示 "同类或类似资产的市场价格"，一般指取得资产当日捐赠方自产物资的出厂价、所销售物资的销售价、非自产或销售物资在知名大型电商平台同类或类似商品价格等。如果存在政府指导价或政府定价的，应符合其规定。

如果接受捐赠的资产的成本能够合理确定，则单位应按确定的成本减去相关税费后的净额计入捐赠收入。否则，单位应单独设置备查簿进行登记，并将相关税费等计入当期费用。

（4）单位以无偿调入方式取得的资产的成本一般应按照调出方账面价值加上相关税费等确定。

（5）单位通过置换方式取得的资产的成本按照换出资产的评估价值，加上支付的补价或减去收到的补价，加上为换入资产发生的其他相关支出确定。

2. 资产处置

无偿调拨、出售、出让、转让、置换、对外捐赠、报废、毁损以及货币性资产损失核销等，均属于资产处置的形式。通常情况下，单位应当将被处置资产账面价值转销计入资产处置费用，并按照"收支两条线"将处置净收益上缴财政。如按规定将资产处置净收益纳入单位预算管理的，应将净收益计入当期收入。

对于盘盈、盘亏、报废或毁损的资产，单位应在报经批准前将其账面价值转入"待处理财产损溢"，待报经批准后再进行资产处置。

对于无偿调出的资产，单位应当在转销被处置资产账面价值时冲减无偿调拨净资产。

对于置换换出的资产，应当与换入资产一同进行相关会计处理。

（二）固定资产★★

1. 固定资产的界定

固定资产是指单位为满足自身开展业务活动或其他活动需要而控制的使用年限超过1年（不含1年）、单位价值在规定标准以上，并在使用过程中基本保持原有物质形态的资产。

2. 固定资产分类

固定资产一般分为六类：房屋及构筑物；专用设备；通用设备；文物及陈列品；图书、档案；家具、用具、装具及动植物。一般包括房屋及构筑物、专用设备、通用设备等。单位价值虽未达到规定标准，但是使用年限超过1年(不含1年)的大批同类物资，如图书、家具、用具、装具等，应当确认为固定资产。

3. 固定资产的会计处理

(1)固定资产的取得。

①购入需要安装的固定资产，在安装完毕交付使用前通过"在建工程"科目核算，安装完毕交付使用时再转入"固定资产"科目。

②通过借入、经营租赁租入方式取得的固定资产，设置备查簿进行登记即可，不通过"固定资产"科目核算。

③通过融资租入方式取得的固定资产，应在"固定资产"科目下设置"融资租入固定资产"明细科目进行核算。

④经批准在境外购买具有所有权的土地，应通过"固定资产—境外土地"明细科目核算。

(2)固定资产的折旧。

①折旧计提范围：

a. 单位应当按月对固定资产计提折旧，下列固定资产除外：文物和陈列品；动植物；图书、档案；单独计价入账的土地；以名义金额计量的固定资产。

b. 固定资产提足折旧后，无论能否继续使用，均不再计提折旧；提前报废的固定资产，也不再补提折旧。

②折旧起止时点：当月增加的固定资产，当月开始计提折旧；当月减少的固定资产，当月不再计提折旧。

③折旧年限：应根据相关规定以及固定资产的性质和使用情况合理确定固定资产的折旧年限。如果因改扩建等原因而延长固定资产使用年限，则应重新确定固定资产的折旧年限。对于盘盈、无偿调入、接受捐赠以及置换的固定资产，单位应当考虑该项资产的新旧程度，按其尚可使用的年限计提折旧。

(三)长期股权投资★★

(1)初始计量如表23-21所示。

表23-21 长期股权投资的初始计量

业务	财务会计	预算会计(仅反映现金部分)
以货币资金对外投资时	借：长期股权投资 　　应收股利 　贷：银行存款	借：投资支出 　贷：资金结存—货币资金
	借：银行存款 　贷：应收股利	借：资金结存—货币资金 　贷：投资支出
以其他资产置换取得投资时	借：长期股权投资 　　固定资产累计折旧 　　无形资产累计摊销 　　资产处置费用 　贷：固定资产 　　　无形资产 　　　银行存款 　　　其他应交税费 　　　其他收入	借：其他支出[实际支付的相关税费] 　贷：资金结存—货币资金
	以未入账的无形资产换取投资时： 借：长期股权投资 　贷：银行存款 　　　其他应交税费 　　　其他收入	

（2）后续计量。

①成本法、权益法的适用范围：

a. 长期股权投资后续计量通常采用权益法核算；

b. 政府会计主体无权决定被投资单位财务和经营政策或无权参与被投资单位的财务和经营政策决策的，应当采用成本法进行核算。

②成本法的会计处理如表23-22所示。

表23-22　成本法的会计处理

业务	财务会计	预算会计（仅反映现金部分）
被投资方宣告分红时	借：应收股利 　贷：投资收益	—
投资期间收到现金股利时	借：银行存款 　贷：应收股利	借：资金结存—货币资金 　贷：投资预算收益

③权益法的会计处理如表23-23所示。

表23-23　权益法的会计处理

业务	财务会计	预算会计（仅反映现金部分）
被投资方盈亏时	借：长期股权投资—损益调整 　贷：投资收益 或反之	—
被投资方宣告分红时	借：应收股利 　贷：长期股权投资—损益调整	—
投资期间收到现金股利时	借：银行存款 　贷：应收股利	借：资金结存—货币资金 　贷：投资预算收益
被投资方发生除净损益和利润分配以外的所有者权益变动时	借：长期股权投资—其他权益变动 　贷：权益法调整 或反之 此"权益法调整"在处置投资时应转入投资收益： 借：权益法调整 　贷：投资收益 或反之	—

（四）公共基础设施和政府储备物资 ★

公共基础设施和政府储备物资是由政府会计主体控制的经手管理（经管）的资产。经管资产是供社会公众使用的、政府会计主体以管理方式控制的经济资源，公共基础设施、政府储备物资、文物文化资产、保障性住房等都属于经管资产。

七、负债业务

（一）应缴财政款 ★

单位应设置"应缴财政款"科目，以核算单位取得或应收的按照规定应当上缴财政的款项，包括应缴国库的款项和应缴财政专户的款项。

单位取得或应收按照规定应缴财政的款项时（在财务会计中）：

借：银行存款、应收账款

　贷：应缴财政款

单位上缴应缴财政的款项时：

借：应缴财政款

　贷：银行存款

由于应缴财政的款项不属于纳入部门预算管理的现金收支，因此不进行预算会计处理。

（二）应付职工薪酬★

（1）单位计算确认当期应付职工薪酬时，根据职工提供服务的受益对象：

借：业务活动费用、单位管理费用、在建工程、加工物品、研发支出

贷：应付职工薪酬

（2）按照税法规定代扣职工个人所得税时：

借：应付职工薪酬—基本工资

贷：其他应交税费—应交个人所得税

（3）单位向职工支付工资、津贴补贴等薪酬时，按照实际支付的金额应作的处理如表23-24所示。

表23-24 向职工支付薪酬

财务会计	预算会计
借：应付职工薪酬 　贷：财政拨款收入[直接支付方式] 　　　零余额账户用款额度[授权支付方式]	借：行政支出、事业支出、经营支出 　贷：财政拨款预算收入[直接支付方式] 　　　资金结存[授权支付方式]

（三）借款（见表23-25）★

表23-25 借款的核算

业务	财务会计	预算会计
借入各种短期借款、长期借款时	借：银行存款 　贷：短期借款、长期借款	借：资金结存—货币资金 　贷：债务预算收入
计提长期借款的利息时	借：其他费用、在建工程 　贷：应付利息、长期借款	—
支付利息时	借：应付利息 　贷：银行存款	借：其他支出 　贷：资金结存—货币资金
偿还借款本金时	借：短期借款、长期借款 　贷：银行存款	借：债务还本支出 　贷：资金结存—货币资金

八、受托代理资产和受托代理负债的核算★

1. 概念

受托代理资产是指政府会计主体接受委托方委托管理的各项资产，包括受托指定转赠的物资、受托存储保管的物资及罚没物资等。

2. 科目设置

受托代理资产不满足资产的定义及确认条件，政府会计主体对其不拥有控制权。但为了全面核算和反映政府会计主体的受托代理业务，应当设置"受托代理资产""受托代理负债"科目，对其进行核算。

九、PPP 项目合同

（一）PPP 项目合同★

PPP 项目合同，是指政府方与社会资本方依法依规就 PPP 项目合作所订立的合同。

1. "双特征"

PPP 项目合同应当同时具有以下特征：

（1）社会资本方在合同约定的运营期间内代表政府方使用 PPP 项目资产提供公共产品和服务；

（2）社会资本方在合同约定的期间内就

其提供的公共产品和服务获得补偿。

2."双控制"

政府方确认PPP项目合同应同时满足以下条件：

(1)政府方控制或管制社会资本方使用PPP项目资产必须提供的公共产品和服务的类型、对象和价格；

(2)PPP项目合同终止时，政府方通过所有权、收益权或其他形式控制PPP项目资产的重大剩余权益。

(二)PPP项目资产的确认★

PPP项目资产，是指PPP项目合同中确定的用来提供公共产品和服务的资产。

1. 来源

该资产有以下两方面来源：

(1)由社会资本方投资建造或者从第三方购买，或者是社会资本方的现有资产；

(2)政府方现有资产，或者对政府方现有资产进行改建、扩建。

2. 确认条件

符合"双特征""双控制"条件的PPP项目资产，在同时满足以下条件时，应当由政府方予以确认：

(1)与该资产相关的服务潜力很可能实现或者经济利益很可能流入；

(2)该资产的成本或者价值能够可靠地计量。

(三)PPP项目资产的计量★

1. PPP项目资产取得时的会计处理

政府方在取得PPP项目资产时一般应当按照成本进行初始计量；按规定需要进行资产评估的，应当按照评估价值进行初始计量。PPP项目资产取得时的账务处理如表23-26所示。

表23-26　PPP项目资产取得时的账务处理

取得方式	确认时间	账务处理
社会资本方投资建造形成的PPP项目资产	政府方应当在PPP项目资产验收合格交付使用时予以确认	借：PPP项目资产 　贷：PPP项目净资产[按照确定的成本] **老高提示** (1)成本包括该项资产至验收合格交付使用前所发生的全部必要支出。 (2)对已交付使用但尚未办理竣工财务决算手续的PPP项目资产： 借：PPP项目资产 　贷：PPP项目净资产[按照暂估价值] 办理竣工财务决算后： 借：PPP项目资产 　贷：PPP项目净资产[按照实际成本与暂估价值的差额，或作反向分录]
社会资本方从第三方购买形成的PPP项目资产	政府方应当在PPP项目资产验收合格交付使用时予以确认	借：PPP项目资产 　贷：PPP项目净资产[按照确定的成本] **老高提示** 成本包括购买价款、相关税费以及验收合格交付使用前发生的可归属于该项资产的运输费、装卸费、安装费和专业人员服务费等
使用社会资本方现有资产形成的PPP项目资产	政府方应当在PPP项目开始营运日予以确认	借：PPP项目资产 　贷：PPP项目净资产[按照该项资产的评估价值]

续表

取得方式	确认时间	账务处理
使用政府方现有资产形成的 PPP 项目资产	政府方应当在 PPP 项目开始运营日予以确认	①无须进行资产评估的: 借:PPP 项目资产[账面价值] 　　公共基础设施累计折旧(摊销)等[已计提的累计折旧或摊销,下同] 　　　　贷:公共基础设施等[账面余额] ②按照相关规定需要进行资产评估的: 借:PPP 项目资产[资产评估价值] 　　公共基础设施累计折旧(摊销)等 　　其他费用[借方差额] 　　　　贷:公共基础设施等[账面余额] 　　　　其他收入[贷方差额]
社会资本方对政府方现有资产进行改建、扩建形成的 PPP 项目资产	政府方应当在 PPP 项目资产验收合格交付使用时予以确认,同时终止确认现有资产	借:PPP 项目资产[成本] 　　公共基础设施累计折旧(摊销)等 　　　　贷:公共基础设施等[账面余额] 　　　　PPP 项目净资产[差额] **老高提示** 成本按照该资产改建、扩建前的账面价值加上改建、扩建发生的支出,再扣除该资产被替换部分账面价值后的金额确定

2. PPP 项目资产在项目运营期间的会计处理

(1)对于为维护 PPP 项目资产的正常使用而发生的日常维修、养护等后续支出,不计入 PPP 项目资产的成本。

(2)对于为增加 PPP 项目资产的使用效能或延长其使用年限而发生的大修、改建、扩建等后续支出,应当计入 PPP 项目资产的成本;政府方应当在资产验收合格交付使用时:

借:PPP 项目资产

贷:PPP 项目净资产[按照相关支出扣除资产被替换部分账面价值的差额]

(3)在 PPP 项目运营期间,政府方应当按月对 PPP 项目资产计提折旧(摊销),但社会资本方持续进行良好维护使得其性能得到永久维护的 PPP 项目资产除外。对于作为 PPP 项目资产单独计价入账的土地使用权,政府方应当按照其他政府会计准则制度的规定进行摊销。PPP 项目资产按月计提折旧(摊销)时的账务处理如表 23-27 所示。

表 23-27　PPP 项目资产按月计提折旧(摊销)时的账务处理

情形	账务处理
政府方初始确认的 PPP 项目净资产金额等于 PPP 项目资产初始入账金额	借:PPP 项目净资产 　　贷:PPP 项目资产累计折旧(摊销)[计提的 PPP 项目资产折旧(摊销)金额,下同]
政府方初始确认的 PPP 项目净资产金额小于 PPP 项目资产初始入账金额	借:PPP 项目净资产[计提的 PPP 项目资产折旧(摊销)金额的相应比例] 　　业务活动费用[差额] 　　贷:PPP 项目资产累计折旧(摊销)

3. PPP 项目合同终止时的会计处理

(1)PPP 项目合同终止时,PPP 项目资产按规定移交至政府方的,政府方应当根据 PPP 项目资产的性质和用途,将其重分类为公共基础设施等资产。PPP 项目合同终止时 PPP 项目资产重分类的账务处理如表 23-28 所示。

表 23-28 PPP 项目合同终止时 PPP 项目资产重分类的账务处理

无须对所移交的 PPP 项目资产进行资产评估的	按规定需要对所移交的 PPP 项目资产进行资产评估的
借:公共基础设施等[资产的账面价值] 　　PPP 项目资产累计折旧(摊销) 　贷:PPP 项目资产[资产的账面余额]	借:公共基础设施等[资产评估价值] 　　PPP 项目资产累计折旧(摊销) 　　其他费用[借方差额] 　贷:PPP 项目资产[资产的账面余额] 　　其他收入[贷方差额]

(2)PPP 项目合同终止时,政府方应当将尚未冲减完的 PPP 项目净资产账面余额转入累计盈余,即:

借:PPP 项目净资产
　　贷:累计盈余[净资产的账面余额]

【例题 6·多选题】下列有关 PPP 项目合同的会计处理的表述中,正确的有(　　)。

A. 政府方在取得 PPP 项目资产时一般应当按照评估价值进行初始计量

B. 在 PPP 项目运营期间内,按月对该 PPP 项目资产计提折旧(摊销)的,应当于计提折旧(摊销)时冲减 PPP 项目净资产的账面余额

C. 一般情况下,政府方应当将为增加 PPP 项目资产的使用效能或延长其使用年限而发生的改建、扩建等后续支出计入 PPP 项目资产的成本

D. PPP 项目合同终止时,PPP 项目资产按规定移交且按规定无须进行资产评估的,应当以 PPP 项目资产的账面价值作为重分类后资产的入账价值

解析 ▶ 选项 A,政府方在取得 PPP 项目资产时一般应当按照成本进行初始计量;按规定需要进行资产评估的,应当按照评估价值进行初始计量。　　答案 ▶ BCD

十、合并财务报表★

1. 合并范围

部门(单位)一般应当以财政预算拨款关系为基础确定其合并财务报表的合并范围。合并主体应当将其全部被合并主体纳入合并财务报表的合并范围。

纳入本部门预决算管理的行政事业单位和社会组织(社会团体、基金会和社会服务机构),一般都应当纳入本部门(单位)合并财务报表范围。

特殊地,以下会计主体也应纳入部门(单位)合并财务报表范围:①部门(单位)所属的未纳入部门预决算管理的事业单位;②部门(单位)所属的纳入企业财务管理体系执行企业类会计准则制度的事业单位;③财政部规定的应当纳入合并范围的其他会计主体。

不纳入部门(单位)合并财务报表范围的会计主体如下:①部门(单位)所属的企业,以及所属企业下属的事业单位;②与行政机关脱钩的行业协会商会;③部门(单位)财务部门按规定单独建账核算的会计主体;④挂靠部门(单位)的没有财政预算拨款关系的社会组织以及非法人性质的学术团体、研究会等。

2. 合并程序

(1)根据统一会计政策及编制基础(权责发生制)的要求,对需要调整的个别财务报表进行调整,并以此为基础编制合并财务报表;

(2)逐项合并合并主体和被合并主体个别财务报表中的资产、负债、净资产、收入和费用项目;

(3)抵销内部业务或事项对财务报表的影响。

限时
20min

扫我做试题

同步训练

一、单项选择题

1. 下列关于政府会计核算的表述中，不正确的是（　　）。

A. 政府会计应当实现财务会计与预算会计双重功能

B. 财务会计核算实行收付实现制，预算会计核算实行权责发生制

C. 单位对于纳入部门预算的现金收支业务，一般在采用财务会计核算的同时应当进行预算会计核算

D. 财务会计要素包括资产、负债、净资产、收入和费用，预算会计要素包括预算收入、预算支出和预算结余

2. 甲科研事业单位报经批准于 2×19 年 1 月 1 日以自行研发的专利技术作价出资，与乙企业共同成立丙有限责任公司（假定相关的产权手续于当日办理完毕）。甲单位该专利技术的账面余额为 80 万元，已累计摊销 20 万元，评估价值为 600 万元。丙公司注册资本为 1 000 万元，甲单位股权比例为 60%，能够决定丙公司财务和经营政策。2×19 年 4 月，丙公司宣告向股东分派利润 200 万元，2×19 年 6 月，丙公司实际向股东支付了利润 200 万元。2×19 年丙公司全年实现净利润 600 万元、除净利润以外的所有者权益减少额为 100 万元。假定不考虑税费等其他因素，则甲单位该项长期股权投资在 2×19 年年末的余额为（　　）万元。

A. 600　　　　　　　B. 920

C. 240　　　　　　　D. 780

3. 甲单位为财政全额拨款的事业单位，实行国库集中支付制度。2×18 年 12 月 31 日，甲单位"财政应返还额度"科目的余额为 300 万元，其中，应返还财政直接支付额度为 80 万元，应返还财政授权支付额度为 220 万元。2×19 年 1 月 2 日，恢复财政直接支付额度 80 万元和财政授权支付额度 220 万元后，甲单位"财政应返还额度"科目的余额为（　　）万元。

A. 0　　　　　　　　B. 80

C. 220　　　　　　　D. 300

4. 政府单位盘亏、毁损或报废固定资产的，应将其账面价值转入的科目是（　　）。

A. 固定资产清理

B. 待处置资产损溢

C. 待处理财产损溢

D. 资产处置费用

5. 下列有关 PPP 项目资产确认时点的表述中，不正确的是（　　）。

A. 由社会资本方投资建造形成的 PPP 项目资产，政府方应当在 PPP 项目开始运营日予以确认

B. 使用社会资本方现有资产形成的 PPP 项目资产，政府方应当在 PPP 项目开始运营日予以确认

C. 政府方使用其现有资产形成 PPP 项目资产的，应当在 PPP 项目开始运营日将其现有资产重分类为 PPP 项目资产

D. 社会资本方对政府方现有资产进行改建、扩建形成的 PPP 项目资产，政府方应当在 PPP 项目资产验收合格交付使用时予以确认，同时终止确认现有资产

6. 按照行政事业单位资产管理相关规定，经批准政府单位之间可以无偿调拨资产。下列关于无偿调拨净资产的会计核算的表述中，不正确的是（　　）。

A. 通常情况下，无偿调拨非现金资产不涉及资金业务，因此不需要进行预算会计核算(除非以现金支付相关费用等)

B. 无偿调拨资产业务属于政府间净资产的变化，调入调出方不确认相应的收入和费用

C. 单位应当设置"无偿调拨净资产"科目，核算无偿调入或调出非现金资产所引起的净资产变动金额

D. 年末，单位应将"无偿调拨净资产"科目余额转入事业结余

7. 下列关于政府单位相关资产处置会计处理的表述中，不正确的是(   )。

A. 单位应当将被处置资产的账面价值转销计入资产处置费用，并直接转入累计盈余

B. 如按规定将资产处置净收益纳入单位预算管理的，应将净收益计入当期收入

C. 对于资产盘盈、盘亏、报废或毁损的，应当在报经批准前将相关资产账面价值转入"待处理财产损溢"，待报经批准后再进行资产处置

D. 对于无偿调出的资产，单位应当在转销被处置资产账面价值时冲减无偿调拨净资产

二、多项选择题

1. 下列关于财政直接支付方式下的相关处理，表述正确的有(   )。

A. 该支付方式下，单位提出支付申请，由财政部门发出支付令，再由代理银行经办资金支付

B. 单位应于收到相关支付凭证时，按照相关支付凭证中标明的金额确认财政拨款收入，同时增记零余额账户用款额度

C. 年度终了，单位依据本年度财政直接支付预算指标数大于当年财政直接支付实际支出数的差额，确认财政拨款收入并增记财政应返还额度

D. 下年年初恢复额度或下年度收到财政

部门批复的上年年末未下达零余额账户用款额度时，作冲减财政应返还额度的会计处理

2. 在财政授权支付方式下，甲事业单位进行的下列财务会计处理中，正确的有(   )。

A. 年末，本年度财政授权支付预算指标数大于零余额账户用款额度下达数的，根据未下达的用款额度，借记"财政应返还额度"科目，贷记"财政拨款收入"科目

B. 下年年初，单位根据代理银行提供的"上年度注销额度恢复到账通知书"作恢复额度的处理，借记"财政应返还额度"科目，贷记"零余额账户用款额度"科目

C. 下年年初，单位收到财政部门批复的上年未下达零余额账户用款额度，借记"零余额账户用款额度"科目，贷记"财政应返还额度"科目

D. 年末将零余额账户用款额度注销后，零余额账户用款额度不再有余额

3. 关于政府单位的资产处置，下列说法中正确的有(   )。

A. 出售、出让、转让资产的，通常情况下，政府单位应当将被处置资产账面价值(该资产科目账面余额扣除相关备抵科目账面余额后的金额)转销记入"资产处置费用"科目

B. 对于置换换出资产，应当与换入资产一同进行相关会计处理

C. 对外捐赠资产的，政府单位应当将发生的归属于捐出方的相关费用在财务会计中记入"其他支出"科目

D. 资产报废、毁损、盘盈、盘亏的，政府单位应当在报经批准前将相关资产账面价值转入"待处理财产损溢"科目

4. 下列各项中，属于政府会计主体净资产的有(   )。

A. 累计盈余　　　B. 资本公积

C. 盈余公积　　　D. 权益法调整

5. 下列有关政府会计中的事业收入的表述中，正确的有(   )。

A. 事业收入是指事业单位开展专业业务活动及其辅助活动实现的收入，不包括从同级政府财政部门取得的各类财政拨款

B. 为了核算事业收入，单位在预算会计中应当设置"事业预算收入"科目，采用收付实现制核算

C. 在财务会计中应当设置"事业收入"科目，采用权责发生制核算

D. 事业活动中涉及增值税业务的，事业收入按照实际收到的金额扣除增值税销项税之后的金额入账，事业预算收入按照实际收到的金额入账

6. 下列关于预算结转结余及分配业务会计处理的表述中，正确的有（　　）。

A. 单位应当严格区分财政拨款结转结余和非财政拨款结转结余

B. 财政拨款结转结余不参与事业单位的结余分配

C. 在预算会计中，非财政拨款结转结余通过设置"非财政拨款结转""非财政拨款结余""专用结余""经营结余""非财政拨款结余分配"等科目核算

D. 年末将留归本单位使用的非财政拨款专项（项目已完成）剩余资金转入非财政拨款结余

7. 下列业务中，有关政府会计核算涉及资产取得成本表述正确的有（　　）。

A. 外购的资产，其成本通常包括购买价款、相关税费（不包括按规定可抵扣的增值税进项税额）以及使得资产达到目前场

所和状态或交付使用前所发生的归属于该项资产的其他费用

B. 自行加工或自行建造的资产，其成本包括该项资产至验收入库或交付使用前所发生的全部必要支出

C. 无偿调入的资产，其成本按照调出方账面价值加上相关税费等确定

D. 置换取得的资产，其成本按照换出资产的评估价值，加上支付的补价或减去收到的补价，加上为换入资产发生的其他相关支出确定

三、判断题

1. 政府单位以现金取得长期股权投资时，支付的价款中包含的已宣告但尚未发放的现金股利，应记入"应收股利"科目，不构成长期股权投资的成本。（　　）

2. 工程项目建设期间发生非正常中断且中断时间连续超过 3 个月（含 3 个月）的，事业单位应当将非正常中断期间的借款费用计入当期费用。（　　）

3. 部门（单位）合并财务报表的合并范围一般应当以财政预算拨款关系为基础予以确定。（　　）

4. 对于单位受托代理的现金及应上缴财政的现金所涉及的收支业务，应在进行财务会计处理的同时进行预算会计处理。（　　）

5. 单位应在年末将财政拨款结转的余额全部转入财政拨款结余。（　　）

同步训练答案及解析

一、单项选择题

1. B 【解析】财务会计核算实行权责发生制，预算会计核算实行收付实现制。

2. D 【解析】甲单位该项长期股权投资在 2×19 年年末的余额 = 600 − 200 × 60% +

$600 × 60\% − 100 × 60\% = 780$（万元）。

3. B 【解析】财政直接支付方式下，下年恢复额度时不作账务处理；财政授权支付方式下，下年年初恢复额度时，借记"零余额账户用款额度"科目，贷记"财政应返还额度"科目，会导致财政应返还额度减少

220万元，所以财政应返还额度的科目余额为80万元。

4. C 【解析】政府单位盘亏、毁损或报废固定资产的，应编制如下分录：

借：待处理财产损溢
    固定资产累计折旧
  贷：固定资产

5. A 【解析】选项A，由社会资本方投资建造或从第三方购买形成的PPP项目资产，政府方应当在PPP项目资产验收合格交付使用时予以确认。

6. D 【解析】选项D，年末，单位应将"无偿调拨净资产"科目余额转入累计盈余，借记或贷记"无偿调拨净资产"科目，贷记或借记"累计盈余"科目。

7. A 【解析】选项A，单位应当将被处置资产的账面价值转销计入资产处置费用，并按照"收支两条线"将处置净收益上缴财政。

二、多项选择题

1. AC 【解析】选项B，单位应于收到相关支付凭证时，按照相关支付凭证中标明的金额确认财政拨款收入，同时计入相关支出或增记相关资产；增记零余额账户用款额度是财政授权支付方式下的处理。选项D，是财政授权支付方式下的处理；在财政直接支付方式下，下年度恢复财政直接支付的额度后，单位在发生实际支出时，作冲减财政应返还额度的会计处理。

2. ACD 【解析】选项B，下年年初，单位根据代理银行提供的"上年度注销额度恢复到账通知书"作恢复额度的处理，借记"零余额账户用款额度"科目，贷记"财政应返还额度"科目。

3. ABD 【解析】对外捐赠资产的，政府单位应当将发生的归属于捐出方的相关费用在财务会计中记入"资产处置费用"科目。

4. AD 【解析】政府会计主体净资产包括累计盈余、专用基金和权益法调整等。

5. ABCD

6. ABCD

7. ABCD

三、判断题

1. √

2. √

3. √

4. × 【解析】对于单位受托代理的现金及应上缴财政的现金所涉及的收支业务，仅需要进行财务会计处理，不需要进行预算会计处理。

5. × 【解析】财政拨款结转资金中，只有符合财政拨款结余性质的项目余额，才转入财政拨款结余，而不是全部余额都转入财政拨款结余。

本章知识串联

政府会计

- 政府会计概述 ★
  - 核算模式
    - 由预算会计和财务会计构成 —— 二者既适度分离，又相互衔接
    - 预算会计：收付实现制；财务会计：权责发生制
    - 编制决算报告和财务报告
  - 会计要素
    - 预算会计要素：预算收入、预算支出与预算结余
    - 财务会计要素：包括资产、负债、净资产、收入和费用
  - 政府决算报告和财务报告
    - 决算报告：综合反映政府会计主体年度预算收支执行结果的文件
    - 财务报告
      - 报告：反映某一特定日期的财务状况和某一会计期间的运行情况和现金流量等信息的文件
      - 会计报表一般包括资产负债表、收入费用表和净资产变动表
      - 附注、其他应当在财务报告中披露的相关信息和资料

- 政府单位会计核算 ★★
  - 财政拨款收支业务
    - 财政直接支付　设置"财政拨款收入""财政拨款预算收入"科目
    - 财政授权支付　设置"零余额账户用款额度""财政拨款预算收入"科目
  - 非财政拨款收支业务　事业（预算）收入、捐赠（预算）收入和支出
  - 预算结转结余及分配业务　财政拨款结转结余、非财政拨款结转结余
  - 净资产业务　本期盈余及本年盈余分配、专用基金、无偿调拨净资产、权益法调整、以前年度盈余调整和累计盈余
  - 资产
    - 固定资产
    - 长期股权投资
    - 经管资产　包括公共基础设施、政府储备物资等
  - 负债　应缴财政款、应付职工薪酬、借款
  - 受托代理业务
  - PPP项目合同　PPP项目合同的确认和计量
  - 部门（单位）合并财务报表　合并范围、合并程序和报表格式

第二十四章　民间非营利组织会计

历年考情概况

本章内容不多，难度不大，每年的分值在 1~2 分。本章所考题型均为客观题，主要考查民间非营利组织受托代理业务的核算、捐赠收入的核算及限定性净资产的重分类等。考生在备考时注意掌握相关基本概念及常见特殊业务的账务处理。

近年考点直击

主要考点	主要考查题型	考频指数	考查角度
民间非营利组织的概述	判	★	民间非营利组织的会计核算原则
受托代理业务的核算	多判	★★	受托代理业务的核算
捐赠收入的核算	单多判	★★★	(1)捐赠收入的确认及其核算；(2)捐赠款追回的处理；(3)接受捐赠的非现金资产入账价值的确定
净资产的核算	单多判	★★★	(1)影响限定性净资产的业务界定；(2)净资产的重分类

2022 年考试变化

本章删除了会费收入的具体核算，其他无实质性变化。

考点详解及精选例题

一、民间非营利组织会计概述

(一)民间非营利组织的界定 ★

1. 概念

民间非营利组织包括依照国家法律、行政法规登记的社会团体、基金会、民办非企业单位(社会服务机构)、宗教活动场所，以及境外非政府组织在中国境内依法登记设立的代表机构等。

2. 特征

(1)该组织不以营利为目的和宗旨。

(2)资源提供者向该组织投入资源不得以取得经济回报为目的。

(3)资源提供者不享有该组织的所有权。

(二)民间非营利组织的一般会计原则 ★

(1)民间非营利组织的会计基本假设包括会计主体、持续经营、会计分期和货币计量。

(2)民间非营利组织的会计目标是满足会计信息使用者的信息需要。

（3）民间非营利组织的会计核算应当以**权责发生制**为基础。

【例题1·判断题】 ☆民间非营利组织应当采用收付实现制作为会计核算基础。（　）

解析 ▶民间非营利组织采用权责发生制为核算基础。　　　　**答案** ▶×

（4）民间非营利组织会计核算的基本原则包括相关性、客观性、实质重于形式、一贯性、可比性、及时性、可理解性、配比性、历史成本、谨慎性、划分费用性和资本性支出及重要性等。

（5）由于民间非营利组织许多资产的取得没有实际成本，因此在强调历史成本计量原则的同时，对于一些特殊的交易事项引入了公允价值计量基础。

（三）民间非营利组织的会计要素★

（1）反映财务状况：**资产、负债、净资产**。

其关系式为：资产－负债＝净资产

（2）反映业务活动情况：**收入、费用**。

其关系式为：收入－费用＝净资产变动额

（四）民间非营利组织的财务会计报告体系★

该体系包括：三张基本报表（资产负债表、业务活动表和现金流量表）、会计报表附注和财务情况说明书。

二、民间非营利组织特定业务的核算

（一）受托代理业务的核算★★

1. 受托代理业务的概念

受托代理业务是指民间非营利组织接受委托方委托的资产，并根据委托人意愿将其转赠给其他指定的个人或组织的受托代理过程。

2. 受托代理业务的判定

受托代理业务应当具有明确的转赠或者转交协议，或者虽然无协议但同时满足以下条件：

（1）民间非营利组织在取得资产的同时即产生了向具体受益人转赠或转交资产的现时义务，不会导致自身净资产的增加。

老高提示 对于受托代理业务来说，民间非营利组织只是代受益人保管这些资产，并非这些资产的最终受益人，对这些资产及其所带来的收益不具有控制权。

（2）民间非营利组织仅起到中介而非主导发起作用，帮助委托人将资产转赠或转交给指定的受益人，并且没有权利改变受益人或资产的用途。

（3）委托人已明确指定了具体受益人个人的姓名或受益单位的名称（可从民间非营利组织提供的名单中指定一个或若干个）。

3. 受托代理业务的核算

核算时设置"受托代理资产"和"受托代理负债"科目。

（1）受托代理资产为非现金资产的。

①收到时：

借：受托代理资产

　　贷：受托代理负债

老高提示 受托代理资产的入账价值应当按照以下方法确定：

有凭据——以凭据金额入账，但若此金额与其公允价值差距较大，此时以公允价值入账；无凭据——以公允价值入账。

②在转赠或者转出受托代理资产时：

借：受托代理负债

　　贷：受托代理资产

（2）受托代理资产为现金、银行存款或其他货币资金的，可在其科目下设置"受托代理资产"明细科目进行核算。

【例题2·判断题】 ☆民间非营利组织对其受托代理的非现金资产，如果资产凭据上标明的金额与其公允价值相差较大，应以该资产的公允价值作为入账价值。（　）

解析 ▶对于受托代理的非现金资产，如果凭据上标明的金额与公允价值相差较大，

则应当以公允价值作为入账价值。 **答案** ▶ √

（二）捐赠收入的核算 ★★★

1. 捐赠的基本特征

捐赠的基本特征为：无偿的；自愿的；捐赠中资产或劳务的转移不带有商业目的。

2. 捐赠收入的分类

按捐赠方是否对捐赠的资产提出限制性条件（时间限定或用途限定等），分为两类：限定性收入和非限定性收入。

3. 捐赠承诺

对于捐赠承诺，不确认收入，但可以在会计报表附注中披露。

4. 劳务捐赠

对于劳务捐赠，不确认收入，但应当在会计报表附注中披露。

【例题 3 · 判断题】 ☆民间非营利组织接受劳务捐赠应该按照公允价值确认捐赠收入。
( )

解析 ▶ 民间非营利组织不应确认其所接受的劳务捐赠，但应当在会计报表附注中作相关披露。 **答案** ▶ ×

5. 捐赠收入的账务处理

通常情况下，捐赠收入设置两个明细科目，为"捐赠收入—限定性收入"和"捐赠收入—非限定性收入"。

收到款项时：

借：现金、银行存款等
　　贷：捐赠收入—限定性收入/非限定性收入

会计期末，捐赠收入的明细科目要结转入净资产，"捐赠收入—限定性收入"余额结转入"限定性净资产"，"捐赠收入—非限定性收入"余额结转入"非限定性净资产"。

对于附捐赠条件的捐赠业务，比如捐赠业务做完后，对于余下的款项要退回，则要按需要偿还的金额，借记"管理费用"科目，贷记"其他应付款"等科目。

【例题 4 · 判断题】 ☆民间非营利组织接受捐赠的固定资产，捐赠方没有提供相关凭

据的，应以公允价值计量。 ( )

解析 ▶ 民间非营利组织接受捐赠的非现金资产，如果捐赠方没有提供有关凭据的，受赠方应当按照其公允价值计量。 **答案** ▶ √

（三）业务活动成本的核算 ★

业务活动成本是指民间非营利组织在开展各种业务活动过程中发生的支出。通过"业务活动成本"科目核算。但要注意，业务活动成本最终要冲减"非限定性净资产"。

（四）净资产的核算 ★★★

民间非营利组织的净资产分为两类：限定性净资产和非限定性净资产。捐赠收入或会费收入等增加净资产的金额，发生支出时再抵减净资产的金额。

1. 期末限定性净资产的核算

期末，将各收入类科目所属"限定性收入"明细科目的余额转入"限定性净资产"科目。

借：捐赠收入—限定性收入
　　政府补助收入—限定性收入
　　贷：限定性净资产

2. 期末非限定性净资产的核算

期末，应将各收入类科目所属"非限定性收入"明细科目的余额转入"非限定性净资产"科目。

借：捐赠收入—非限定性收入
　　政府补助收入—非限定性收入
　　贷：非限定性净资产

同时，应将各费用类科目的余额转入"非限定性净资产"科目。

借：非限定性净资产
　　贷：业务活动成本
　　　　管理费用
　　　　筹资费用
　　　　其他费用

3. 限定性净资产的重分类

若限定性净资产的相关限制已经解除，应当对其重分类，将限定性净资产转为非限

定性净资产。

　　借：限定性净资产

　　　　贷：非限定性净资产

【例题5·多选题】 ☆甲小学系一所投资举办的公益型学校，2×21年6月甲小学发生的下列各项业务活动中，将增加其限定性净资产的有（　　）。

　　A. 收到指定用于学生午餐补贴的现金捐款100万元

　　B. 收到用于学校科研竞赛奖励的现金捐款10万元

　　C. 收到捐赠的一批价值为5万元的学生用助听器

　　D. 收到政府补助的教学设备采购补助款50万元

　　解析 ▶ 民间非营利组织限定性净资产的主要来源是获得了限定性收入（主要是限定性捐赠收入和政府补助收入）。 答案 ▶ ABCD

同步训练

限时 20min

扫我做试题

一、单项选择题

1. 关于民间非营利组织特定业务的核算，下列说法中正确的是（　　）。

　　A. 捐赠收入均属于限定性收入

　　B. 对于捐赠承诺，不应予以确认

　　C. 当期为政府专项资金补助项目发生的费用应计入管理费用

　　D. 民间非营利组织对收到的受托代理资产具有控制权

2. 2×16年12月20日，甲基金会与乙企业签订了一份捐赠协议。协议规定在2×17年1月1日至2×17年12月31日，乙企业在此期间每收到一笔款项即向甲基金会捐款1元钱，以资助失学儿童，款项每月月底支付一次，乙企业承诺捐赠金额将超过100万元，下列说法中正确的是（　　）。

　　A. 甲基金会在2×16年年末应确认捐赠收入100万元

　　B. 甲基金会可以在会计报表附注中披露预计2×17年将得到100万元捐赠的信息

　　C. 捐赠承诺满足非交换交易收入的确认条件

　　D. 乙企业的捐赠属于非限定性捐赠

3. 某寺院接受某企业无偿捐赠的一项固定资产，相关捐赠协议对固定资产的用途作了限定，该寺院对此固定资产应贷记的会计科目是（　　）。

　　A. 固定基金

　　B. 捐赠收入—限定性收入

　　C. 捐赠收入—非限定性收入

　　D. 限定性净资产

4. 民间非营利组织的财务报表不包括（　　）。

　　A. 资产负债表　　B. 利润表

　　C. 业务活动表　　D. 现金流量表

二、多项选择题

1. 甲民办学校2×19年发生如下事项：2×19年5月4日，乙企业向甲学校捐赠现金5万元用于购买图书；2×19年7月1日，丙建筑安装企业与甲学校签订建筑劳务捐赠协议，向甲学校捐建一栋校舍，工程于2×19年8月底完工，工程实际支出115万元，公允价值为150万元；2×19年12月10日，丁公司向甲学校承诺捐赠10万元，截至2×19年年底甲学校尚未收到相关款项。不考虑其他因素，下列说法中正确的有（　　）。

　　A. 甲学校2×19年应确认的捐赠收入为5万元

　　B. 甲学校2×19年从乙企业获得的捐赠属

于限定性收入

C. 甲学校 2×19 年从丙企业获得的捐赠，应予以确认

D. 对于丁公司的捐赠承诺，甲学校可以在报表附注中披露

2. 会计期末，民间非营利组织应将各成本费用项目的余额转入"非限定性净资产"科目借方，贷记的会计科目有（　　）。

　　A. 业务活动成本　　B. 管理费用

　　C. 筹资费用　　　　D. 其他费用

3. 下列关于民间非营利组织会计的说法中，不正确的有（　　）。

　　A. 会计核算的基础是收付实现制

　　B. 会计计量的基础只能采用实际成本

　　C. 反映业务活动情况的要素是收入和支出

　　D. 民间非营利组织财务会计报告包括资产负债表、利润表和现金流量表三张基本报表以及会计报表附注和财务情况说明书

4. 关于民间非营利组织受托代理业务的核算，下列表述中正确的有（　　）。

　　A. "受托代理负债"科目的期末贷方余额，反映民间非营利组织尚未清偿的受托代理负债

　　B. 如果委托方没有提供受托代理资产有

关凭据的，受托代理资产应当按照其公允价值作为入账价值

C. 在转赠或者转出受托代理资产时，应当按照转出受托代理资产的账面余额，借记"受托代理负债"科目，贷记"受托代理资产"科目

D. 收到的受托代理资产即使为现金或银行存款，也必须通过"受托代理资产"一级科目进行核算

三、判断题

1. 民间非营利组织的所有者是相关资源的提供者。　　　　　　　　　　　　（　　）

2. 受托代理业务中，民间非营利组织对于受托代理的资产以及资产带来的收益具有一定的控制权。　　　　　　　　　（　　）

3. 对于民间非营利组织接受的劳务捐赠，不应当在会计报表附注中予以披露。（　　）

4. 民间非营利组织从事按照等价交换原则销售商品、提供服务等交换交易时，由于所获得的收入大于交易成本而积累的净资产，通常属于限定性净资产。　（　　）

5. 限定性净资产不可重分类为非限定性净资产。　　　　　　　　　　　　（　　）

同步训练答案及解析

一、单项选择题

1. B 【解析】选项 A，如果捐赠人没有对捐赠资产设置限制，则属于非限定性收入；选项 C，当期为政府专项资金补助项目发生的所有费用均应计入业务活动成本；选项 D，在受托代理业务中，民间非营利组织并不是受托代理资产的最终受益人，只是代受益人保管这些资产，对于资产以及资产带来的收益不具有控制权。

2. B 【解析】捐赠承诺不满足非交换交易收入的确认条件。民间非营利组织对于捐赠

承诺，不应予以确认，但是可以在会计报表附注中作相关披露，因此选项 A、C 不正确，选项 B 正确；选项 D，此捐款是用于资助失学儿童的，属于限定性捐赠。

3. B 【解析】因为相关捐赠协议对固定资产的用途做了限定，因此属于限定性收入。

4. B

二、多项选择题

1. ABD 【解析】甲学校接受乙企业捐赠的现金要确认为捐赠收入，选项 A 正确；乙企业 2×19 年向甲学校提供的捐赠已限定

用途，属于限定性收入，选项 B 正确；对于从丙企业获得的劳务捐赠，甲学校不应确认捐赠收入，但应当在会计报表附注中作相关披露，选项 C 不正确；对于丁公司的捐赠承诺，甲学校不应确认捐赠收入，但可以在会计报表附注中作相关披露，选项 D 正确。

2. ABCD

3. ABCD　【解析】民间非营利组织会计核算的基础是权责发生制；对于一些特殊的交易事项引入了公允价值等计量基础；反映业务活动情况的要素是收入和费用，民间非营利组织不设置支出要素；民间非营利组织不编制利润表。因此，选项 ABCD 都不正确。

4. ABC　【解析】收到的受托代理资产如果为现金或银行存款，可以不通过"受托代理资产"科目核算，而在"现金""银行存款"科目下设置"受托代理资产"明细科目进行核算，所以选项 D 不正确。

三、判断题

1. ×　【解析】民间非营利组织的资源提供者不享有该组织的所有权。

2. ×　【解析】受托代理业务中，民间非营利组织并不是受托代理资产的最终受益人，只是代受益人保管这些资产。而对于接受捐赠的资产，民间非营利组织对于资产以及资产带来的收益具有控制权。

3. ×　【解析】对于民间非营利组织接受的劳务捐赠，不应当确认，但是应在会计报表附注中予以披露。

4. ×　【解析】民间非营利组织从事按照等价交换原则销售商品、提供服务等交换交易时，由于所获得的收入大于交易成本而积累的净资产，通常属于非限定性净资产，除非资产提供者和国家法律、行政法规对资产的这些收入设置了限制。

5. ×　【解析】如果限定性净资产的限制被解除，则应当对限定性净资产进行重分类。

本章知识串联

概述 ★

特点
- 以权责发生制为会计核算基础
- 在历史成本计价基础上，引入公允价值计量基础
- 设置净资产和费用要素

注意没有所有者权益、利润和支出要素

会计要素
- 反映财务状况：资产−负债=净资产
- 反映业务成果：收入−费用=净资产变动额

民间非营利组织会计

受托代理业务的核算

为货币资金的，可通过"现金""银行存款""其他货币资金"设置明细核算

通过"受托代理资产"和"受托代理负债"科目核算

受托代理业务与捐赠活动的区别
- 受托代理业务是暂代受益人保管资产；接受捐赠的资产及收益受民间非营利组织控制
- 受托代理业务，受益人是指定的，民间非营利组织无权更改受益人和资产用途，而限定性捐赠，是在指定的范围内选择具体受益人
- 受托代理业务中，委托人通常要明确指出受益人的姓名或者受益单位的名称
- 受托代理业务通常签订明确的书面协议，通常由委托方、受托方和受益人三方共同签订

特定业务的核算 ★★★

捐赠收入的核算
- 捐赠收入分别对限定性收入和非限定性收入进行核算
- 捐赠是无偿转让资产或者取消负债，属于非交换交易
- 对于捐赠承诺、劳务捐赠不应予以确认
- 政府财政补助收入与捐赠收入的区别

政府补助收入：接受政府拨款或政府机构给予的补助
捐赠收入：接受其他单位或个人捐赠所取得的收入

会费收入的核算
- 会费收入一般为非限定性收入，除非相关资产提供者对资产的使用设置了限制
- 会费收入属于非交换交易收入

业务活动成本的核算
- 定义：为实现其业务活动目标、开展某项活动或提供服务所发生的费用
- 期末余额转入非限定性净资产

净资产的核算
- 分类：限定性净资产和非限定性净资产
- 期末，限定性收入转入限定性净资产，非限定性收入转入非限定性净资产；费用通常均转入非限定性净资产
- 重分类：如果限定性净资产的限制已经解除，应当对净资产进行重分类

财务会计报告 ★
- 构成：会计报表、会计报表附注和财务情况说明书
- 会计报表：至少包括资产负债表、业务活动表和现金流量表 ── 注意没有利润表
- 民间非营利组织编制财务会计报告的重要意义

第三部分

考前模拟

梦想成真辅导丛书

考前模拟 2 套卷

模拟试卷（一）

扫我做试题

一、单项选择题(本类题共 10 小题，每小题 1.5 分，共 15 分。每小题备选答案中，只有一个符合题意的正确答案。错选、不选均不得分。)

1. 关于非货币性福利，下列说法中不正确的是( )。

 A. 企业向职工提供非货币性福利的，应当按照公允价值计量

 B. 企业发生的职工工资、津贴和补贴等短期薪酬，应按照受益对象计入当期损益或相关资产成本

 C. 企业以其自产的产品作为非货币性福利提供给职工的，应当按照该产品的账面价值和相关税费，计量应计入成本费用的职工薪酬金额

 D. 以外购商品作为非货币性福利提供给职工的，应当按照该商品的公允价值和相关税费计入成本费用

2. 下列关于固定资产会计处理的表述中，不正确的是( )。

 A. 预期通过使用或处置不能产生经济利益的固定资产应予以终止确认

 B. 对于特定固定资产弃置费用，企业应按其现值计入该资产的入账成本

 C. 管理部门固定资产发生的日常修理费应计入当期损益

 D. 未投入使用的固定资产不应计提折旧

3. 甲公司于 2×19 年 1 月 1 日取得 B 公司 30% 的股份，采用权益法核算。取得投资时，B 公司的一项固定资产的公允价值为 150 万元，账面价值为 100 万元，B 公司的该项固定资产采用年限平均法计提折旧，尚可使用年限为 5 年，预计无残值，其他资产、负债的公允价值与账面价值相同。B 公司 2×19 年实现的净利润为 1 000 万元。甲公司与 B 公司的会计年度及采用的会计政策相同。假设不考虑所得税的影响。甲公司在 2×19 年年末应确认的投资收益为( )万元。

 A. 297 B. 300

 C. 303 D. 288

4. 下列关于资产负债表日外币折算的各项表述中，不正确的是( )。

 A. 对于外币货币性项目，企业应采用资产负债表日即期汇率进行折算

 B. 以外币反映的其他权益工具投资项目，按资产负债表日的即期汇率折算后的记账本位币金额与原记账本位币金额之间的差额，应计入其他综合收益

 C. 以外币反映的固定资产项目，在资产负债表日可能会产生汇兑差额

 D. 以成本与可变现净值孰低计量的外币存货，期末的可变现净值也按外币反映时，确定其期末价值时应考虑汇率的影响

5. A 上市公司 2×20 年度财务报告批准报出日为 2×21 年 4 月 15 日。该公司在 2×21 年 1 月 1 日至 4 月 15 日发生的下列事项中，属于资产负债表日后调整事项的是( )。

 A. 处置其子公司

B. 支付 2×20 年度财务报表审计费

C. 董事会提出 2×20 年度现金股利分配方案

D. 2×20 年已确认收入的商品销售，因质量问题而被退货

6. 2×18 年 1 月 1 日，甲建筑公司与客户签订承建一栋办公楼的合同，合同规定 2×20 年 3 月 31 日完工；合同总金额为 9 000 万元，预计合同总成本为 7 500 万元。2×18 年 12 月 31 日，发生成本 2 250 万元，预计完成合同还需要发生成本 5 250 万元。2×19 年发生成本 3 750 万元，该年年底预计完成合同还需要发生成本 1 500 万元。假定该合同构成单项履约义务，且属于在某一时段履行的履约义务。甲建筑公司采用累计发生成本占预计合同总成本的比例确定履约进度。不考虑其他因素，甲建筑公司 2×19 年度对该合同应确认的营业收入为（　）万元。

A. 3 750　　　　　B. 4 500

C. 1 500　　　　　D. 7 200

7. 下列各项交易中，属于非货币性资产交换的是（　）。

A. 以公允价值为 360 万元的固定资产换入乙公司账面价值为 400 万元的无形资产，并支付补价 40 万元

B. 以公允价值为 280 万元的投资性房地产换入丙公司公允价值为 200 万元的一项专利权，并收到补价 80 万元

C. 以市价为 200 万元的股票和 150 万元的应收票据换取公允价值为 350 万元的机床设备

D. 以账面价值为 420 万元的债权投资换入戊公司公允价值为 390 万元的一台设备，并收到补价 30 万元

8. X 公司为上市公司，期末对存货采用成本与可变现净值孰低计价。2×19 年 12 月 31 日库存 A 材料的实际成本为 60 万元，市场价格为 56 万元，假设不发生其他交易费用。由于 A 材料市场价格的下降，市场上用 A 材料生产的甲产品的销售价格由 120 万元降为 98 万元，但生产成本不变，将 A 材料加工成甲产品预计所需费用为 28 万元，预计销售甲产品的费用及税金为 12 万元。X 公司决定将该材料用于生产甲产品，不直接出售。假定 X 公司对 A 材料已计提存货跌价准备 1 万元，则 2×19 年 12 月 31 日对 A 材料应计提的存货跌价准备为（　）万元。

A. 1　　　　　B. 2

C. 4　　　　　D. 3

9. 下列关于共同经营中合营方会计处理的表述，不正确的是（　）。

A. 合营方应确认其所控制的用于共同经营的资产

B. 合营方应将其享有的部分确认为长期股权投资

C. 合营方应按其享有的份额在自身账簿及报表中予以确认

D. 合营方应确认应由本企业负担的负债

10. 甲公司处置一项以公允价值模式计量的投资性房地产，实际收到的金额为 300 万元，投资性房地产的账面余额为 280 万元（其中，成本为 260 万元，公允价值变动为 20 万元），该项投资性房地产是由自用房地产转换的，转换日公允价值大于账面价值的差额为 15 万元，假设不考虑相关税费，处置该项投资性房地产时影响营业利润的金额为（　）万元。

A. 35　　　　　B. 30

C. 20　　　　　D. 55

二、多项选择题（本类题共 10 小题，每小题 2 分，共 20 分。每小题备选答案中，有两个或两个以上符合题意的正确答案。请至少选择两个答案，全部选对得满分，少选得相应分值，多选、错选、不选均不得分。）

1. 企业计提的有关减值准备，如果相关资产的价值又得以恢复的，一般允许企业转回的有（　）。

A. 其他债权投资减值准备

562

B. 坏账准备

C. 债权投资减值准备

D. 固定资产减值准备

2. 下列交易或事项中，需通过"其他综合收益"科目核算的有（　　）。

A. 其他权益工具投资在资产负债表日的公允价值变动

B. 债权投资重分类为其他债权投资时，重分类日该投资的账面价值与公允价值之间的差额

C. 自用房地产转换为采用公允价值模式计量的投资性房地产时，公允价值大于账面价值的差额

D. 交易性金融资产在资产负债表日的公允价值变动

3. 下列交易或事项中，属于会计政策变更的有（　　）。

A. 存货期末计价由按成本计价改为按成本与可变现净值孰低计价

B. 投资性房地产由成本模式计量改为公允价值模式计量

C. 固定资产按直线法计提折旧改为按年数总和法计提折旧

D. 因执行新会计准则对开发费用的处理由直接计入当期损益改为符合资本化条件的予以资本化

4. 下列关于公允价值层次的说法中，正确的有（　　）。

A. 企业应优先使用第一层次输入值，第二层次公允价值输入值次之，第三层次公允价值输入值最次

B. 对于具有特定期限的相关资产或负债，第二层次输入值必须在其几乎整个期限内是可观察的

C. 异常的市场报价不能作为第一层次输入值

D. 活跃市场中类似资产或负债的报价属于第一层次输入值

5. 企业进行的下列交易或事项，属于政府补助的有（　　）。

A. 甲公司收到的先征后返的增值税500万元

B. 乙公司因满足税法规定直接减征消费税200万元

C. 因鼓励企业投资，丙公司收到当地政府无偿划拨的款项2 000万元

D. 丁公司取得政府无偿划拨的山地，用于开发建厂

6. 关于承租人对租赁业务的确认和计量，下列说法中正确的有（　　）。

A. 确认租赁负债的利息时，会增加租赁负债的账面金额

B. 承租人将租赁资产恢复至租赁条款约定状态预计将发生的成本，应计入当期损益

C. 并非取决于指数或比率的可变租赁付款额，不应计入租赁负债，应当在实际发生时计入当期损益

D. 对租赁负债进行重新计量而导致使用权资产的账面价值调减至零后，租赁负债仍需进一步调减的，承租人应当将剩余金额计入留存收益

7. 下列关于企业所得税的表述中，正确的有（　　）。

A. 如果未来期间很可能无法取得足够的应纳税所得额用以利用递延所得税资产的利益，应当减记递延所得税资产的账面价值

B. 企业应以未来期间适用的所得税税率计算确定当期应交所得税

C. 企业应以转回期间适用的所得税税率（未来的适用税率可以预计）为基础计算确定递延所得税资产或负债

D. 以公允价值计量且其变动计入其他综合收益的金融资产账面价值大于其计税基础，产生递延所得税负债，计入当期所得税费用

8. 下列关于内部研发无形资产会计处理的表述中，不正确的有（　　）。

A. 无法区分研究阶段和开发阶段的支出，

应全部计入当期损益

B. 内部开发无形资产的成本仅包括在满足资本化条件的时点至无形资产达到预定用途前发生的支出总和

C. 企业自用的、使用寿命有限的无形资产的摊销金额，应当全部计入当期损益

D. 内部研发无形资产发生的研发支出均应资本化

9. 甲公司2×19年11月发现2×17年10月购入的管理用专利权摊销金额错误。该专利权2×17年应摊销的金额为150万元，2×18年应摊销的金额为600万元。2×17年、2×18年实际摊销的金额均为600万元。2×17年、2×18年的所得税申报表中已按照每年600万元扣除该项费用。该项无形资产税法上的摊销年限、摊销方法、预计净残值等与会计上一致。甲公司适用的所得税税率为25%。甲公司按照净利润的10%提取盈余公积。假定税法允许调整应交所得税。不考虑其他因素，对于该事项甲公司下列处理正确的有（   ）。

A. 甲公司应调增递延所得税负债112.5万元

B. 甲公司应调增未分配利润303.75万元

C. 甲公司应调减盈余公积33.75万元

D. 甲公司应调增应交所得税112.5万元

10. 下列有关境外经营外币财务报表折算的表述中，不正确的有（   ）。

A. 资产负债表中的"未分配利润"项目，应当采用发生时的即期汇率折算

B. 处置境外经营时，应当将资产负债表中所有者权益项目下列示的、与该境外经营相关的外币报表折算差额，自所有者权益项目转入处置当期损益

C. 子公司少数股东应分担的境外经营财务报表折算差额在合并报表中应列示于"其他综合收益"项目中

D. 实质上构成对子公司净投资的外币货币性项目以母公司或子公司的记账本位币反映的，应在抵销长期应收应付的同

时，将其产生的汇兑差额转入"资本公积"项目

三、判断题（本类题共10小题，每小题1分，共10分。请判断每小题的表述是否正确。每小题答题正确的得1分，错答、不答均不得分，也不扣分。）

1. 房地产开发企业在正常经营过程中销售的或为销售而正在开发的商品房和土地，作为投资性房地产核算。（   ）

2. 取得交易性金融资产时支付的交易费用，应计入交易性金融资产的初始入账成本。（   ）

3. 企业经批准变更记账本位币的，应当采用变更当日的即期汇率将所有项目折算为变更后的记账本位币，差额记入"其他综合收益"科目。（   ）

4. 企业初始计量或在资产负债表日重新计量持有待售的非流动资产或处置组时，其账面价值高于公允价值减去出售费用后的净额的，应当将账面价值减记至公允价值减去出售费用后的净额，并计提持有待售资产减值准备。（   ）

5. 民间非营利组织对于接受的劳务捐赠，通常应按其公允价值予以确认和计量。（   ）

6. 企业在向客户转让商品的同时，需要向客户或第三方支付对价的，应将该应付对价冲减交易价格。（   ）

7. 以非金融资产清偿债务的，债务人应当将重组债务的账面价值与转让的非金融资产账面价值之间的差额确认为资产处置损益。（   ）

8. 国库集中收付制的财政授权支付方式下，事业单位申请到的是存入事业单位账户的实有资金。（   ）

9. 同一控制下企业合并中的或有对价构成金融资产或金融负债的，应当以公允价值计量并将其变动计入当期损益。（   ）

10. 对于使用寿命不确定的无形资产，在持有期间内不需要进行摊销，但应当至少在每年年度终了进行减值测试。（   ）

四、计算分析题(本类题共2小题，共22分。凡要求计算的，应列出必要的计算过程。计算结果出现两位以上小数的，均四舍五入保留小数点后两位小数。凡要求编制会计分录的，除题中有特殊要求外，只需写出一级科目。答案中的金额单位用万元表示。)

1. 甲公司2×18年至2×20年发生的经济业务的相关资料如下。

(1)2×18年12月17日甲公司与乙公司签订租赁合同，甲公司将一栋办公楼整体出租给乙公司，租期为3年，年租金为400万元，每年年末以银行存款支付。2×18年12月31日为租赁期开始日，甲公司采用成本模式对投资性房地产进行后续计量。该办公楼原值为10 000万元(不含土地使用权价值)、办公楼预计使用年限为40年，已计提固定资产折旧250万元。办公楼的预计净残值为零，采用年限平均法计提折旧。

(2)2×19年1月1日，因甲公司业务扩张，与丙公司(出租人)就某写字楼的某一层签订租赁协议，协议约定：租期为10年，同时甲公司拥有5年的续租选择权；初始租赁期内的不含税租金为每年10万元，续租期间为每年12万元，所有款项应于每年年初支付，2×19年1月1日支付第一年租金；为获得该项租赁，甲公司发生的初始直接费用为4万元；作为对甲公司的激励，乙公司同意补偿甲公司1.5万元的佣金；在租赁期开始日，甲公司评估后认为，不能合理确定将行使续租选择权；甲公司无法确定租赁内含利率，其增量借款利率为每年6%，该利率反映的是甲公司以类似抵押条件借入期限为10年、与使用权资产等值的相同币种的借款而必须支付的利率。

(3)2×20年1月1日，甲公司应付乙公司15 000万元的货款到期，双方签订债务重组协议并办理了相关资产的划转手续，协议规定，甲公司以一项专利技术和出租给

乙公司的投资性房地产偿还债务。当日，甲公司该专利技术的账面余额为440万元，已计提摊销40万元，公允价值为420万元；乙公司该债权的公允价值为14 000万元，已计提坏账准备500万元。

其他资料：假定不考虑其他因素的影响。

已知(P/A，6%，9)=6.801 7；(P/A，6%，10)=7.360 1。

要求：

(1)编制2×18年12月31日将办公楼转为投资性房地产的会计分录、编制收到租金及按年对投资性房地产计提折旧的会计分录，并计算2×19年资产负债表"投资性房地产"列示金额。

(2)计算2×19年1月1日甲公司应确认租赁负债、使用权资产的初始入账金额，并编制甲公司相关的会计分录。

(3)计算甲公司因债务重组影响损益的金额，并编制债务重组日2×20年1月1日甲公司的会计分录。

2. 甲公司2×19年度实现利润总额10 000万元，适用的所得税税率为25%，预计未来期间适用的所得税税率不会发生变化，假定未来期间能够产生足够的应纳税所得额用以抵扣暂时性差异。甲公司2×19年度发生的有关交易和事项中，会计处理与税法规定存在差异的有。

(1)2×19年2月3日，甲公司以银行存款2 000万元从二级市场购入乙公司股票100万股，作为交易性金融资产核算。不考虑交易费用。2×19年12月31日，上述股票的公允价值为2 800万元。税法规定，交易性金融资产产生的公允价值变动损益不计入应纳税所得额。

(2)2×19年1月1日，甲公司购入一项管理用固定资产，购入当日即投入安装，于2×19年2月10日安装完毕，达到预定用途，入账成本为3 600万元，预计使用年限为10年，预计净残值为零，采用双倍余额递减法计提折旧。税法规定，该类固

定资产的折旧年限为 10 年，预计净残值为零，采用直线法计提的折旧准予在计算应纳税所得额时扣除。

（3）甲公司因向其子公司提供债务担保而引发的一项诉讼于 2×19 年 12 月 31 日结案，根据法院判决结果，甲公司应承担债务担保损失 400 万元，相关款项尚未支付。税法规定，企业该类支出不允许在计算应纳税所得额时扣除。

（4）2×18 年 12 月 31 日，甲公司外购一幢建筑物，支付价款 400 万元。甲公司于购入当日将其对外出租，年租金为 40 万元，从 2×19 年起每年年末收取租金。甲公司对此项投资性房地产采用公允价值模式进行后续计量。2×19 年 12 月 31 日，该建筑物的公允价值为 480 万元。税法规定，该项房地产折旧年限为 20 年，净残值为零，采用年限平均法计提折旧。

（5）甲公司在 2×19 年发生非公益性捐赠支出 500 万元，已计入营业外支出。税法规定，企业发生的非公益性捐赠支出不允许在计算应纳税所得额时扣除。

（6）甲公司因违约被起诉，至 2×19 年 12 月 31 日，人民法院尚未作出判决，经向公司法律顾问咨询，人民法院的最终判决很可能对本公司不利，预计赔偿额为 600 万元至 800 万元，而且该区间内每个金额发生的可能性大致相同。税法规定，上述诉讼损失在实际发生时允许税前扣除。

要求：

（1）分别计算甲公司有关资产、负债在 2×19 年年末的账面价值、计税基础，及其相关的暂时性差异、递延所得税资产或递延所得税负债的余额，计算结果填列在表格中（不必列示计算过程）。

单位：万元

项目	账面价值	计税基础	可抵扣暂时性差异	应纳税暂时性差异	递延所得税资产	递延所得税负债
交易性金融资产						
固定资产						
其他应付款						
投资性房地产						
预计负债						

（2）分别计算甲公司 2×19 年度应纳税所得额、应交所得税以及所得税费用（或收益）的金额。

（3）编制甲公司 2×19 年度与确认所得税费用（或收益）相关的会计分录。

五、综合题（本类题共 2 小题，共 33 分。凡要求计算的，应列出必要的计算过程。计算结果出现两位以上小数的，均四舍五入保留小数点后两位小数。凡要求编制会计分录的，除题中有特殊要求外，只需写出一级科目。答案中的金额单位用万元表示。）

1. 甲公司 2×18 年度财务报告于 2×19 年 3 月 30 日批准报出，所得税汇算清缴日为 4 月 30 日。甲公司在 2×19 年 1 月 1 日至 3 月 30 日会计报表公布前发生如下事项。

资料一：2×18 年 12 月 1 日，乙公司的一条生产线发生安全事故，致使乙公司发生重大经济损失，经查该事故的主要原因是甲公司销售给乙公司的设备零部件质量未达标所导致。乙公司通过法律要求甲公司赔偿经济损失 400 万元，该诉讼案在 2×18 年 12 月 31 日尚未判决，甲公司已于 2×18 年 12 月 31 日确认预计负债 300 万元。

2×19 年 3 月 25 日，经法院一审判决，甲公司需要赔偿乙公司经济损失 370 万元，甲、乙公司均不再上诉，并且赔偿款已经支付。假定按照税法规定该项预计负债产生的损失只有实际发生时才允许税前抵扣。

资料二：2×19 年 3 月 4 日，甲公司接到丙公司投诉，丙公司反映其于 2×18 年 12 月 19 日购自甲公司的一批商品外观有大量划痕，该批商品不含税售价为 1 000 万元，成本为 800 万元，截至 2×19 年 3 月 4 日款项尚未收到。甲公司核查后确认该批商品的外观瑕疵确实是发货前发生的。经协商，甲公司同意对该批商品在原售价基础上给予 10% 的减让，甲公司已于当日开具红字增值税专用发票。

资料三：2×19 年 3 月 20 日，甲公司发现在 2×18 年 12 月 31 日计算 C 库存商品的可变现净值时发生差错，该库存商品的成本为 5 000 万元，预计可变现净值应为 3 600 万元。2×18 年 12 月 31 日，甲公司误将 C 库存商品的可变现净值预计为 3 000 万元。

资料四：2×19 年 3 月 28 日，甲公司董事会制订提请股东会批准的利润分配方案为：分配现金股利 300 万元；分配股票股利 400 万元。

其他资料：

(1)甲公司为增值税一般纳税人，适用的增值税税率为 13%；

(2)甲公司所得税采用资产负债表债务法核算，适用的所得税税率 25%；

(3)甲公司按净利润的 10% 提取法定盈余公积，不提取任意盈余公积。

要求：

(1)指出上述资料中哪些属于资产负债表日后调整事项，哪些属于非调整事项；

(2)对上述资产负债表日后调整事项，编制相关调整分录。

2. A 股份有限公司(以下简称"A 公司")为上市公司，2×18 年至 2×19 年的有关资料如下。

(1)2×18 年 1 月 1 日，A 公司以银行存款 6 000 万元取得 B 公司 80% 的股权，能够对 B 公司实施控制，A 公司准备长期持有该项股权投资。此前，A 公司与 B 公司不

具有任何关联方关系。当日 B 公司所有者权益总额为 6 750 万元，其中实收资本为 3 000 万元，资本公积为 300 万元，盈余公积为 450 万元，未分配利润为 3 000 万元。B 公司各项可辨认资产、负债的公允价值与账面价值均相等。

(2)2×18 年，A 公司和 B 公司发生了以下交易或事项：

①2×18 年 5 月，A 公司将本公司生产的 M 产品销售给 B 公司，售价为 400 万元，成本为 280 万元。相关款项已结清。B 公司取得后作为管理用固定资产并于当月投入使用，预计使用年限为 10 年，预计净残值为零，采用年限平均法计提折旧。

②2×18 年 6 月，A 公司将其生产的一批 N 产品销售给 B 公司，售价为 250 万元，成本为 160 万元。相关款项已结清。至 2×18 年 12 月 31 日，B 公司已将该批产品中的一半出售给外部独立第三方，售价为 150 万元，该批存货剩余部分的可变现净值为 90 万元。

(3)2×18 年 B 公司实现净利润 877 万元，除实现净损益外，未发生其他影响所有者权益变动的交易或事项。

(4)2×19 年，B 公司将自 A 公司购入的 N 产品全部对外售出，售价为 140 万元。2×19 年 B 公司实现净利润 2 022 万元，除实现净损益外，未发生其他影响所有者权益变动的交易或事项。

(5)除对 B 公司投资外，2×19 年 1 月 2 日，A 公司支付 450 万元，取得 D 公司 40% 的股权，取得投资时 D 公司可辨认净资产的公允价值和账面价值均为 1 000 万元。取得该项股权投资后，A 公司对 D 公司具有重大影响。

2×19 年 2 月，A 公司将其生产的一批产品销售给 D 公司，售价为 350 万元，成本为 200 万元。至 2×19 年 12 月 31 日，该批产品已向外部独立第三方销售 30%。D 公司 2×19 年度实现净利润 605 万元。

(6)其他有关资料如下。

①所得税税率为25%，假定未来期间能够产生足够的应纳税所得额用以抵减可抵扣暂时性差异；

②A公司和B公司均按净利润的10%提取法定盈余公积，不提取任意盈余公积。

要求：

（1）编制A公司2×18年1月1日取得长期股权投资的相关会计分录；

（2）编制A公司2×18年12月31日合并财务报表中的相关调整、抵销分录；

（3）假定不考虑所得税因素，计算确定A公司对D公司的长期股权投资在2×19年应确认的投资收益，并编制相关的会计分录；

（4）编制A公司2×19年12月31日合并财务报表的相关调整、抵销分录。（不考虑与D公司的内部交易。）

模拟试卷（二）

扫 我 做 试 题

一、**单项选择题**(本类题共 10 小题，每小题 1.5 分，共 15 分。每小题备选答案中，只有一个符合题意的正确答案。错选、不选均不得分。)

1. 某企业为增值税一般纳税人，从外地购入原材料 6 000 吨，收到增值税专用发票上注明的售价为每吨 1 200 元，增值税额为 936 000 元，运输途中取得的运输业增值税专用发票上注明的运费为 60 000 元，增值税额为 5 400 元，另发生装卸费 10 000 元，途中保险费为 18 000 元。原材料运到后验收入库数量为 5 996 吨，短缺 4 吨为合理损耗，则该原材料的入账价值为(　　)元。

   A. 7 068 000   B. 7 088 000
   C. 7 288 000   D. 7 079 000

2. 下列各项中，属于投资性房地产的是(　　)。

   A. 企业出租给职工的房屋
   B. 房地产开发企业准备对外销售的商品房
   C. 企业生产经营用的办公楼
   D. 企业以经营租赁方式对外出租的办公楼

3. 下列关于无形资产会计处理的表述中，正确的是(　　)。

   A. 当月增加的使用寿命有限的无形资产从下月开始摊销
   B. 无形资产摊销方法应当反映其经济利益的预期消耗方式
   C. 具有融资性质的分期付款购入无形资产，该无形资产以总价款确定初始成本
   D. 使用寿命不确定的无形资产应采用年限平均法按 10 年摊销

4. 关于资产减值测试中预计未来现金流量的确定，下列说法不正确的是(　　)。

   A. 以资产当前的状况为基础预计资产未来现金流量，应当包括尚未作出承诺的重组事项
   B. 预计资产未来现金流量不应当包括筹资活动和所得税收付产生的现金流量
   C. 对通货膨胀因素的考虑应当和折现率相一致
   D. 内部转移价格应予以调整

5. 2×18 年 2 月 1 日，甲公司与客户签订合同，为该客户拥有的一栋办公楼更换 10 部电梯，合计总价格为 400 万元(不含增值税)。截至 2×18 年 12 月 31 日，甲公司共更换了 6 部电梯，剩余部分预计在 2×19 年 5 月 1 日之前完成。该合同仅包含一项履约义务，且该履约义务满足在某一时段内履行的条件。甲公司按照已完成的工作量确定履约进度。假定不考虑其他事项，甲公司 2×18 年年末应确认的收入金额为(　　)万元。

   A. 400   B. 240
   C. 160   D. 0

6. 2×18 年 2 月 5 日，甲公司以 14 元/股的价格购入乙公司股票 100 万股，支付手续费 1.4 万元。甲公司将该股票投资分类为交易性金融资产。2×18 年 12 月 31 日，乙公司股票价格为 18 元/股。2×19 年 2 月 20 日，乙公司分配现金股利，甲公司实际获得现金股利 16 万元。3 月 20 日，甲公司以 23.2 元/股的价格将其持有的乙公司股票全部出售。不考虑其他因素，甲公司因持有乙公司股票在 2×19 年确认的投资收益是(　　)万元。

   A. 520   B. 536

C. 936 D. 933.2

7. AS 公司对外币业务采用交易发生日的即期汇率进行折算，按月计算汇兑损益。2×18 年 5 月 17 日进口一批商品，价款为 4 500 万美元，货款尚未支付，当日的市场汇率为 1 美元 = 6.25 人民币元，5 月 31 日的市场汇率为 1 美元 = 6.28 人民币元，6 月 30 日的市场汇率为 1 美元 = 6.27 人民币元。不考虑其他因素，该外币业务 6 月所发生的汇兑收益为（ ）万人民币元。

A. -90 B. 45
C. -45 D. 90

8. X 公司于 2×19 年 10 月 20 日收到法院通知，被告知 Y 公司状告其侵权，要求赔偿 300 万元。该公司在应诉中发现 Z 公司应承担连带责任，要求其进行补偿。X 公司在年末编制会计报表时，根据案件的进展情况以及法律专家的意见，认为对原告进行赔偿的可能性在 65% 以上，最有可能发生的赔偿金额为 300 万元，从 Z 公司很可能得到补偿 350 万元，为此，X 公司在年末应确认的资产和负债金额分别为（ ）万元。

A. 350，300 B. 300，300
C. 0，300 D. 0，350

9. B 公司因拖欠 A 公司货款 1 000 万元无法偿还，经与 A 公司协商，双方于 2×21 年 12 月签订债务重组协议。协议约定：B 公司以一项其他权益工具投资、一项固定资产和一项无形资产抵偿上述债务，双方债权债务就此结清。上述其他权益工具投资、固定资产和无形资产的公允价值分别为 200 万元、400 万元和 300 万元。A 公司已为该项债权计提坏账准备 40 万元，该项债权在重组时的公允价值为 830 万元。A 公司将 B 公司用于抵债的上述资产分别作为其他权益工具投资、固定资产和无形资产核算，同时为运回相关固定资产发生运杂费 10 万元。不考虑其他因素，

则 A 公司应确认固定资产的入账价值为（ ）万元。

A. 400 B. 360
C. 370 D. 630

10. 关于业务与企业合并的判断，下列说法中不正确的是（ ）。

A. 只有相关交易构成业务，才可能属于企业合并，才可能按照企业合并准则进行会计处理

B. 合并方在合并中取得的生产经营活动或资产的组合构成业务，通常应具有投入和销售这两个要素

C. 判断非同一控制下企业合并中取得的组合是否构成业务，可选择采用集中度测试

D. 企业在判断组合是否构成业务时，应当从市场参与者角度考虑可以将其作为业务进行管理和经营

二、多项选择题（本类题共 10 小题，每小题 2 分，共 20 分。每小题备选答案中，有两个或两个以上符合题意的正确答案。请至少选择两个答案，全部选对得满分，少选得相应分值，多选、错选、不选均不得分。）

1. 下列各项固定资产中，不应计提折旧的有（ ）。

A. 已提足折旧继续使用的设备
B. 因改扩建原因而暂停使用的固定资产
C. 未提足折旧提前报废的固定资产
D. 单独计价入账的土地

2. 下列关于其他权益工具投资的计量中，说法不正确的有（ ）。

A. 企业取得其他权益工具投资时支付的相关费用计入投资收益

B. 应当以公允价值进行后续计量，其公允价值变动计入公允价值变动损益

C. 已确认减值损失的其他权益工具投资在价值恢复时，原确认的减值损失应当予以转回，计入当期损益

D. 处置其他权益工具投资时，应将原直接计入所有者权益的公允价值变动累计额

对应处置部分的金额转出，计入留存收益

3. 企业按照公允价值计量准则计量相关资产或负债时，下列各项有关确定公允价值的表述中，不正确的有（　　）。

A. 企业以公允价值计量相关资产或负债时，应当首先使用市场法，其次使用收益法

B. 企业无论使用何种估值技术计量公允价值，都应当考虑当前市场状况并作出市场参与者可能进行的风险调整

C. 资产或负债不存在主要市场的，在确定公允价值时，应当假设出售资产或转移负债的有序交易在该资产或负债的最有利市场进行

D. 企业使用经纪人等第三方报价机构提供的出价或要价计量相关资产或负债的公允价值的，应当将其提供的出价或要价确定为第三层次输入值

4. 下列项目中，应计入企业存货成本的有（　　）。

A. 原材料入库前的挑选整理费用

B. 自然灾害造成的原材料净损失

C. 进口原材料支付的关税

D. 生产过程中发生的制造费用

5. 下列有关政府补助确认的表述中，不正确的有（　　）。

A. 如果企业先取得与资产相关的政府补助，再确认所购建的长期资产，应于取得当日将政府补助确认为递延收益

B. 企业取得与资产相关的政府补助，相关资产在使用寿命结束前被出售、转让、报废或发生毁损的，尚未分摊的递延收益照常分期摊销

C. 与收益相关的政府补助，用于补偿企业以后期间发生的相关费用或损失的，取得时确认为递延收益，在确认相关费用或损失的期间计入当期损益或冲减相关成本

D. 与收益相关的政府补助，用于补偿企业已发生的相关费用或损失的，取得时确认为递延收益

6. A 公司于 2×17 年 12 月 31 日取得一栋写字楼并对外经营出租，取得时的入账金额为 2 000 万元，采用成本模式计量，采用直线法按 20 年计提折旧，预计无残值，税法折旧政策与会计一致；2×19 年 1 月 1 日，A 公司持有的投资性房地产满足采用公允价值模式条件，因此 A 公司将投资性房地产的成本模式计量变更为公允价值模式计量。2×19 年 1 月 1 日的公允价值为 2 100 万元，2×19 年年末公允价值为 1 980 万元，假设适用的所得税税率为 25%，则 A 公司 2×19 年进行的下列会计处理中，正确的有（　　）。

A. 2×19 年年初应确认递延所得税资产 50 万元

B. 2×19 年年初应确认递延所得税负债 50 万元

C. 2×19 年年末应转回递延所得税负债 5 万元

D. 2×19 年年末应转回递延所得税负债 50 万元，同时确认递延所得税资产 30 万元

7. 企业清偿预计负债所需支出全部或部分预期由第三方补偿的，其正确的处理方法有（　　）。

A. 补偿金额只有在基本确定能够收到时才能作为资产单独确认

B. 补偿金额只有在很可能收到时才能作为资产单独确认

C. 确认的补偿金额不应当超过预计负债的账面价值

D. 以扣除补偿金额后的净额确认预计负债

8. 对于不同类型的售后回购交易的会计处理，下列表述不正确的有（　　）。

A. 企业因存在与客户的远期安排而负有回购义务或企业享有回购权利的，若回购价格不低于原售价，则应视为租赁交易处理

B. 企业因存在与客户的远期安排而负有回购义务或企业享有回购权利的，若回购

价格不低于原售价，应当视同融资交易，企业到期未行使回购权利的，应当在该回购权利到期时终止确认金融负债，同时确认收入

C. 企业负有应客户要求回购商品义务的，客户具有行使该要求权重大经济动因的，企业应当将售后回购作为附有销售退回条款的销售交易进行会计处理

D. 企业负有应客户要求回购商品义务的，客户不具有行使该要求权重大经济动因的，企业应作为租赁交易或融资交易进行会计处理

9. 自报告年度资产负债表日至财务报告批准报出日之间发生的下列事项中，属于非调整事项的有（　）。

A. 发行大额可转换公司债券

B. 税收政策发生重大变化

C. 资产负债表日以前销售的商品被退回

D. 资产负债表日后发生的企业资产价格大幅度下跌

10. 下列关于承租人对租赁业务会计核算的表述中，正确的有（　）。

A. 在租赁期开始日后，承租人应当以成本减累计折旧及累计减值损失计量使用权资产

B. 使用权资产均应自租赁期开始的当月起计提折旧

C. 使用权资产减值准备一旦计提，不得转回

D. 对于短期租赁和低价值资产租赁，承租人可以选择不确认使用权资产和租赁负债

三、判断题（本类题共 10 小题，每小题 1 分，共 10 分。请判断每小题的表述是否正确。每小题答题正确的得 1 分，错答、不答均不得分，也不扣分。）

1. 持有待售资产和负债应该以净额在"持有待售资产"或"持有待售负债"项目中列示。（　）

2. 合营方按照约定的比例对合营安排的相关

收入享有分配权，则该安排为一项共同经营。（　）

3. 企业从政府取得的经济资源，如果与企业销售商品或提供服务等活动密切相关，且是企业商品或服务的对价或者是对价的组成部分，则应作为与收益相关的政府补助处理。（　）

4. 资产组的认定，应当考虑企业管理层管理生产经营活动的方式和对资产的持续使用或者处置的决策方式等。（　）

5. 企业外购的房屋建筑物支付的价款应当在地上建筑物与土地使用权之间分配，无法合理分配的，应全部确认为无形资产。（　）

6. 非财政拨款结转资金是指事业单位除财政拨款收支以外的各非同级财政拨款专项资金收入与其相关支出相抵后剩余滚存的、须按规定用途使用的结转资金。（　）

7. 对于某项会计变更，如果难以区分为会计政策变更或会计估计变更的，应作为会计政策变更，采用未来适用法处理。（　）

8. 由于税率变动而确认的递延所得税资产或负债，应一律调整当期所得税费用的金额。（　）

9. 企业以一笔款项购入多项没有单独标价的固定资产，应将该款项按各项固定资产公允价值占公允价值总额的比例进行分配，分别确定各项固定资产的成本。（　）

10. 自用房地产或存货转换为采用公允价值模式计量的投资性房地产时，投资性房地产应当按照转换当日的公允价值计量，公允价值与原账面价值的差额计入所有者权益。（　）

四、计算分析题（本类题共 2 小题，共 22 分。凡要求计算的，应列出必要的计算过程。计算结果出现两位以上小数的，均四舍五入保留小数点后两位小数。凡要求编制会计分录的，除题中有特殊要求外，只需写出一级科目。答案中的金额单位用万元表示。）

1. 甲公司为建造固定资产于 2×18 年 1 月 1 日专门发行 2 年期公司债券，实际收到

款项4 500万元，债券面值4 000万元，每半年付息一次，到期还本，票面年利率10%，半年实际利率为4%。此外，2×18年7月1日取得一般借款1 200万元，3年期，年利率为7%，每半年付息一次。甲公司于每年6月30日和12月31日计提利息费用、摊销溢折价金额，并计算应予以资本化金额。

该固定资产的建造于2×18年1月1日正式开工兴建，假定不考虑专门借款闲置资金的利息收入，有关支出如下。

(1)2×18年1月1日，支付工程进度款4 500万元；

(2)2×18年4月1日，因工程进行质量检查而停工；

(3)2×18年5月31日，工程重新开工；

(4)2×18年10月1日，支付工程进度款600万元；

(5)2×19年2月1日，支付工程进度款200万元；

(6)2×19年4月30日，工程完工并达到预定可使用状态。

要求：

(1)编制甲公司发行公司债券的会计分录；

(2)计算2×18年6月30日甲公司专门借款的资本化金额、应付利息和利息调整摊销额，并编制会计分录；

(3)分别计算2×18年12月31日甲公司专门借款和一般借款利息的资本化金额、应付利息和利息调整摊销额，并编制会计分录；

(4)分别计算2×19年6月30日甲公司专门借款和一般借款的资本化金额、应付利息和利息调整摊销额，并编制会计分录。

2. 2×21年10月，甲公司决定以一项投资性房地产、一项无形资产和一项其他权益工具投资与乙公司交换其持有的一项对合营企业(丙公司)的长期股权投资(持股比例为20%)和一台生产经营用设备。相关资料如下：

(1)甲公司换出的投资性房地产的账面余额为150万元(其中：成本为120万元，公允价值变动为30万元)，公允价值为200万元；换出的无形资产原价为80万元，已累计摊销40万元，公允价值为50万元；换出的股票的账面余额为260万元(其中：成本为210万元，公允价值变动为50万元)，公允价值为300万元。

(2)乙公司换出的长期股权投资的账面余额为300万元(其中：投资成本为140万元，损益调整为160万元)，公允价值为336万元；换出的设备的账面原值为240万元，已计提折旧100万元，公允价值为144万元。

(3)乙公司以银行存款向甲公司支付补价的公允价值为70万元。

(4)甲公司为换入的长期股权投资发生交易费用10万元，为运回换入的设备发生运输费等5万元；乙公司为换入的金融资产发生交易费用2万元。

(5)甲公司换入对丙公司的股权投资后，能够对丙公司实施重大影响，丙公司在当日的可辨认净资产公允价值为1 500万元；乙公司将换入的金融资产划分为交易性金融资产。甲公司和乙公司换入的其他资产均不改变其用途。假设两公司都没有为资产计提减值准备，该项非货币性资产交换具有商业实质。

其他资料：甲公司按照净利润的10%计提盈余公积，假定不考虑增值税等其他因素。

要求：

(1)判断甲公司该项交易是否属于非货币性资产交换，说明理由；并计算甲公司换入各项资产的成本。

(2)编制甲公司的相关会计分录。

(3)计算乙公司换入各项资产的成本。

(4)编制乙公司的相关会计分录。

(公允价值模式计量下的"投资性房地产""其他权益工具投资"应写出必要的明细科目)

五、综合题(本类题共 2 小题，共 33 分。凡要求计算的，应列出必要的计算过程。计算结果出现两位以上小数的，均四舍五入保留小数点后两位小数。凡要求编制会计分录的，除题中有特殊要求外，只需写出一级科目。答案中的金额单位用万元表示。)

1. 甲公司 2×18 年至 2×20 年对乙公司股票投资的有关资料如下。

   (1)2×18 年 1 月 1 日，甲公司定向发行每股面值为 1 元，公允价值为 4.5 的普通股 2 000 万股作为对价取得乙公司 30%有表决权的股份。交易前，甲公司与乙公司不存在关联方关系且不持有乙公司股份；交易后，甲公司能够对乙公司施加重大影响。取得投资日，乙公司可辨认净资产的账面价值为 32 000 万元，除一项行政管理用 W 固定资产外，其他各项资产、负债的公允价值分别与其账面价值相同。该项固定资产原价为 1 000 万元，原预计使用年限为 5 年，预计净残值为零，采用年限平均法计提折旧，已计提折旧 200 万元；当日，该固定资产公允价值为 960 万元，预计尚可使用 4 年，与原预计剩余年限相一致，预计净残值为零，继续采用原方法计提折旧。

   (2)2×18 年 8 月 20 日，乙公司将其成本为 1 800 万元的 M 商品以不含增值税的价格 2 400 万元出售给甲公司。截至 2×18 年 12 月 31 日，甲公司向非关联方累计售出该商品 50%，剩余 50%作为存货，未发生减值。

   (3)2×18 年度，乙公司实现的净利润为 12 000 万元，因其他债权投资公允价值变动增加其他综合收益 400 万元，未发生其他影响乙公司所有者权益变动的交易或事项。

   (4)2×19 年 1 月 1 日，甲公司将持有的对乙公司股权投资的 80%出售给非关联方，取得价款 11 200 万元，相关手续于当日完成，剩余股份当日的公允价值为 2 800 万

元，出售部分股权投资后，甲公司对乙公司不再具有重大影响，将剩余股权投资转为其他权益工具投资核算。

   (5)2×19 年 6 月 30 日，甲公司持有乙公司股票的公允价值下跌至 2 600 万元。

   (6)自 2×19 年 7 月起，乙公司股票价格持续下跌，截至 2×19 年 12 月 31 日，甲公司持有乙公司股票的公允价值下跌至 1 600 万元。

   (7)2×20 年 1 月 8 日，甲公司以 1 560 万元的价格在二级市场上售出所持乙公司的全部股票。

   其他资料：甲公司和乙公司所采用的会计政策、会计期间相同，甲公司按照净利润的 10%计提盈余公积。假定不考虑增值税、所得税等其他因素。

   要求：

   (1)判断甲公司 2×18 年度对乙公司长期股权投资应采用的核算方法，并编制甲公司取得乙公司股权投资的会计分录；

   (2)计算甲公司 2×18 年度应确认的投资收益和应享有乙公司其他综合收益变动的金额，并编制相关的会计分录；

   (3)计算甲公司 2×19 年 1 月 1 日处置部分股权投资交易对其营业利润的影响额，并编制相关会计分录；

   (4)分别编制甲公司 2×19 年 6 月 30 日和 12 月 31 日与持有乙公司股票相关的会计分录；

   (5)编制甲公司 2×20 年 1 月 8 日处置乙公司股票的相关会计分录。

   ("长期股权投资""其他权益工具投资"科目应写出必要的明细科目)

2. 甲公司 2×19 年发生下列业务：

   资料一：3 月 1 日，甲公司向乙公司销售一批商品 200 件，单位销售价格为 1 万元，单位成本为 0.8 万元，款项已收存银行。协议约定，乙公司在 2×19 年 6 月 30 日之前有权退回商品。商品已经发出，款项已经收到。甲公司根据过去的经验，估计该

批商品退货率约为8%。3月31日，甲公司对退货率进行了重新估计，将该批商品的退货率调整为10%。

资料二：7月1日，甲公司与客户签订合同，向其销售A、B两种商品，合同价款为750万元。其中，A商品的单独售价为100万元，B商品的单独售价为800万元。合同约定，A商品于合同开始日交付，B商品在一个月之后交付，只有当两种商品全部交付之后，甲公司才有权收取750万元的合同对价。假定A商品和B商品分别构成单项履约义务，其控制权在交付时转移给客户。当日甲公司交付A商品，8月1日交付B商品时收到全部货款，款项已收存银行。

资料三：9月1日，甲公司与丙公司签订一项电子仪器的销售合同，合同约定甲公司向丙公司销售一批电子仪器产品，售价为302万元。甲公司承诺该批电子仪器售出后1年内如出现非意外事件造成的故障或质量问题，甲公司根据"三包"规定，免费负责保修(含零部件的更换)，同时甲公司还向丙公司提供一项延保服务，即在法定保修期1年之外，延长保修期3年。该批电子仪器产品和延保服务的单独标价分别为300万元和2万元。

甲公司根据以往经验估计在法定保修期(1年)内将很可能发生的保修费用为5万元。该批电子仪器的成本为100万元。合同签订当日，甲公司将该批仪器交付给丙公司，预计不会发生退货，同时丙公司向甲公司支付银行存款302万元。

资料四：10月1日，"国庆"期间，甲公司对S商品进行促销，规定购物每满10元积1分，积分可在1年内兑换成商品，1个积分可抵付2元。某客户购买了1000件单价为1万元的商品，并办理了积分卡。该商品成本为每件0.65万元。预计该客户将在有效期内兑换全部积分。

资料五：12月1日，甲公司向丁公司销售一批商品，销售价格400万元，成本360万元，商品未发出，款项已收到。协议约定，甲公司应于2×20年5月1日将所售商品购回，回购价为440万元。

假定不考虑增值税等其他因素。

要求：

(1)根据资料一，判断甲公司向乙公司销售商品是否确认收入，如果确认，说明收入确认时点；并编制甲公司2×19年向乙公司销售商品相关的会计分录。

(2)根据资料二，判断甲公司向客户销售A、B商品是否确认收入，如果确认，说明收入确认时点；分别计算两种商品分摊的交易价格、并编制甲公司2×19年与销售A、B商品相关的会计分录。

(3)根据资料三，判断甲公司向丙公司销售电子仪器是否确认收入，如果确认，说明收入确认时点；并编制甲公司2×19年9月1日与销售电子仪器相关的会计分录。

(4)根据资料四，判断甲公司销售S商品是否确认收入，如果确认，说明收入确认时点；分别计算奖励积分和商品分摊的交易价格，并编制甲公司2×19年10月1日与销售S商品相关的会计分录。

(5)根据资料五，判断甲公司向丁公司销售商品是否确认收入，如果确认，说明收入确认时点；并编制甲公司2×19年向丁公司销售商品相关的会计分录。

考前模拟 2 套卷参考答案及解析

模拟试卷（一）参考答案及解析

一、单项选择题

1. C 【解析】选项 C，企业以其自产的产品作为非货币性福利提供给职工的，应当按照该产品的公允价值和相关税费，计量计入成本费用的职工薪酬金额。

2. D 【解析】选项 D，未投入使用的固定资产，在取得或者达到预定可使用状态的下个月开始计提折旧。

3. A 【解析】权益法下，投资企业在确认应享有或应分担被投资单位的净利润或净亏损时，如果取得投资时被投资单位固定资产等的公允价值与账面价值不等，应当先调整被投资单位的账面净利润，再确认投资收益。

   B 公司 2×19 年实现的调整后的净利润 = 1 000 − (150−100)/5 = 990(万元)；

   甲公司在 2×19 年年末应确认的投资收益 = 990×30% = 297(万元)。

   借：长期股权投资—损益调整 297
   　　贷：投资收益 297

4. C 【解析】选项 C，以外币反映的固定资产项目，在资产负债表日不应改变其记账本位币金额，不产生汇兑差额。

5. D 【解析】选项 D，属于日后期间进一步确定售出资产的收入，应作为调整事项处理。

6. B 【解析】各年年末，甲建筑公司计算的累计履约进度 = 累计发生成本/(累计实际发生成本+预计仍需发生的成本)。甲建筑公司 2×18 年应确认收入 = 9 000×2 250/

(2 250+5 250) = 2 700(万元)，2×19 年应确认收入 = 9 000×(2 250+3 750)/(2 250+3 750+1 500)−2 700 = 4 500(万元)。

7. A 【解析】选项 A，补价比例 = 40/(360+40)×100% = 10%，小于 25%，属于非货币性资产交换；选项 B，补价比例 = 80/280×100% ≈ 28.57%，大于 25%，不属于非货币性资产交换；选项 C，应收票据属于货币性资产，在交易中所占比例为 150/(200+150)×100% ≈ 42.86%，大于 25%，不属于非货币性资产交换；选项 D，债权投资属于货币性资产，因此，其交易不属于非货币性资产交换。

8. A 【解析】①甲产品的可变现净值 = 98−12 = 86(万元)；甲产品的成本 = 60+28 = 88(万元)；由于甲产品的可变现净值 86 万元低于成本 88 万元，表明原材料发生减值，应该按可变现净值计量。②A 材料可变现净值 = 98−28−12 = 58(万元)，A 材料的成本是 60 万元；A 材料应计提的存货跌价准备 = 60−58−1 = 1(万元)。

9. B 【解析】选项 B，共同经营是指共同控制一项安排的参与方享有与该安排相关资产的权利，并承担与该安排相关负债的义务的合营安排，对于共同经营，合营方不应将其确认为长期股权投资。

10. A 【解析】处置该项投资性房地产时影响营业利润的金额 = 300−280−20+20+15 = 35(万元)。

二、多项选择题

1. ABC 【解析】选项 D，固定资产减值准备一经计提，不得转回。

2. ABC 【解析】选项 D，记入"公允价值变动损益"科目。

3. ABD 【解析】选项 C，属于会计估计变更。

4. ABC 【解析】选项 D，属于第二层次输入值。

5. ACD 【解析】政府补助的主要形式包括政府对企业的无偿拨款、税收返还、财政贴息，以及无偿给予非货币性资产等。选项 A 属于税收返还；选项 C 属于政府对企业的无偿拨款；选项 D 属于无偿给予非货币性资产；选项 B，除了税收返还之外，税收优惠还包括直接减征、免征、增加计税抵扣额、抵免部分税额等形式。这类税收优惠为不涉及资产直接转移的经济资源，不适用政府补助准则。

6. AC 【解析】选项 B，根据租赁协议，承租人为拆除及移除租赁资产、复原租赁资产所在场地或将租赁资产恢复至租赁条款约定状态预计将发生的支出，应计入使用权资产的初始成本。选项 D，对租赁负债进行重新计量而导致使用权资产的账面价值调减至零后，租赁负债仍需进一步调减的，承租人应当将剩余金额计入当期损益。

7. AC 【解析】选项 B，企业应以当期适用的所得税税率计算确定当期应交所得税；选项 D，以公允价值计量且其变动计入其他综合收益的金融资产账面价值大于其计税基础，产生递延所得税负债，计入所有者权益(其他综合收益)。

8. CD 【解析】选项 C，企业自用的无形资产如果用于产品生产，那么无形资产的摊销额应计入制造费用，最终计入产品的成本；选项 D，内部研发无形资产发生的研发支出满足资本化条件时才资本化。

9. BD 【解析】甲公司 2×17 年多计提了 450 万元(600−150)的摊销，因此需要编制更正分录：

借：累计摊销 450
    贷：以前年度损益调整 450

错误处理下少缴纳了应交所得税，因此需要调增应交所得税：

借：以前年度损益调整 112.5
    贷：应交税费——应交所得税
               (450×25%)112.5

借：以前年度损益调整 337.5
    贷：盈余公积 33.75
        利润分配——未分配利润 303.75

10. ACD 【解析】选项 A，不应采用发生时的即期汇率折算，未分配利润项目不需要进行折算；选项 C，子公司少数股东应分担的境外经营财务报表折算差额应并入"少数股东权益"项目列示；选项 D，产生的汇兑差额应转入"其他综合收益"项目。

三、判断题

1. × 【解析】房地产开发企业在正常经营过程中销售的或为销售而正在开发的商品房和土地，作为存货核算。

2. × 【解析】取得交易性金融资产时支付的交易费用应记入"投资收益"科目中。

3. × 【解析】企业变更记账本位币的，所有项目都按变更当日的即期汇率折算，不产生汇兑差额。

4. √

5. × 【解析】民间非营利组织对于接受的劳务捐赠，不予确认，但应在会计报表附注中披露。

6. × 【解析】企业在向客户转让商品的同时，需要向客户或第三方支付对价的，除为了自客户取得其他可明确区分商品的款项外，应当将该应付对价冲减交易价格。

7. × 【解析】债务方进行债务重组时，不区分资产处置损益与重组收益，而是将重组债务的账面价值与转让的非金融资产账面价值的差额计入其他收益科目。

8. × 【解析】国库集中收付制中的财政授权支付方式下，事业单位申请到的是用款限额而不是存入事业单位账户的实有资金。

9. × 【解析】非同一控制下企业合并中的或有对价构成金融资产或金融负债的，应当以公允价值计量并将其变动计入当期损益；或有对价属于权益性质的，应作为权益性交易进行会计处理。

10. √

四、计算分析题

1.【答案】

(1) 借：投资性房地产　　　　　10 000
　　　　累计折旧　　　　　　　　250
　　　　贷：固定资产　　　　　　　　10 000
　　　　　　投资性房地产累计折旧　　250
　　借：银行存款　　　　　　　　400
　　　　贷：其他业务收入　　　　　　400
　　借：其他业务成本　　　　　　250
　　　　贷：投资性房地产累计折旧
　　　　　　　　　　　　(10 000/40)250

2×19年资产负债表"投资性房地产"列报金额＝10 000-250-250＝9 500(万元)。

(2) 租赁负债＝10×(P/A，6%，9)＝

10×6.801 7≈68.02(万元)。

使用权资产的初始入账金额＝10+68.02+4-1.5＝80.52(万元)。

会计分录：

借：使用权资产　　　　　　　78.02
　　租赁负债—未确认融资费用
　　　　　　　　(90-68.02)21.98
　　贷：租赁负债—租赁付款额　　90
　　　　银行存款　　　　　　　　10
借：使用权资产　　　　　　　　4
　　贷：银行存款　　　　　　　　4
借：银行存款　　　　　　　　1.5
　　贷：使用权资产　　　　　　1.5

(3)甲公司因债务重组影响损益的金额＝15 000-(440-40)-9 500＝5 100(万元)。

2×20年1月1日甲公司会计分录：

借：应付账款　　　　　　　15 000
　　累计摊销　　　　　　　　　40
　　投资性房地产累计折旧　　500
　　贷：无形资产　　　　　　　　440
　　　　投资性房地产　　　　　10 000
　　　　其他收益　　　　　　　5 100

2.【答案】

(1)各资产、负债的账面价值、计税基础和暂时性差异等计算结果见下表。

单位：万元

项目	账面价值	计税基础	可抵扣暂时性差异	应纳税暂时性差异	递延所得税资产	递延所得税负债
交易性金融资产	2 800	2 000		800		200
固定资产	3 000	3 300	300		75	
其他应付款	400	400				
投资性房地产	480	380		100		25
预计负债	700	0	700		175	

(2)2×19年度应纳税所得额＝10 000-800+300+400-100+500+700＝11 000(万元)；

应交所得税＝11 000×25%＝2 750(万元)；

所得税费用＝2 750+200-75+25-175＝2 725(万元)。

(3)会计分录为：

借：所得税费用　　　　　　2 725
　　递延所得税资产　　　　　250
　　贷：应交税费—应交所得税　　2 750
　　　　递延所得税负债　　　　　225

五、综合题

1.【答案】

(1)资料一、资料二、资料三涉及事项为调整事项；资料四涉及事项为非调整事项。

(2)编制相关调整分录：

资料一：

借：以前年度损益调整—营业外支出
　　　　　　　　　　　　　　　　70

　　　预计负债　　　　　　　　300

　　　贷：其他应付款　　　　　370

借：其他应付款　　　　　　　　370

　　　贷：银行存款　　　　　　370

借：应交税费—应交所得税
　　　　　　　　　（370×25%）92.5

　　　贷：以前年度损益调整—所得税费用
　　　　　　　　　　　　　　　　92.5

借：以前年度损益调整—所得税费用
　　　　　　　　　　　　　　　　75

　　　贷：递延所得税资产（300×25%）75

借：利润分配—未分配利润　52.5

　　　贷：以前年度损益调整
　　　　　　　　　（70-92.5+75）52.5

借：盈余公积　　　　　　　　5.25

　　　贷：利润分配—未分配利润　5.25

资料二：

借：以前年度损益调整—主营业务收入
　　　　　　　　　　　　　　　　100

　　　应交税费—应交增值税（销项税额）
　　　　　　　　　　　　　　　　13

　　　贷：应收账款　　　　　　113

借：应交税费—应交所得税
　　　　　　　　　（100×25%）25

　　　贷：以前年度损益调整—所得税费用
　　　　　　　　　　　　　　　　25

借：利润分配—未分配利润　　75

　　　贷：以前年度损益调整（100-25）75

借：盈余公积　　　　　　　　7.5

　　　贷：利润分配—未分配利润　7.5

资料三：

借：存货跌价准备　　　　　　600

　　　贷：以前年度损益调整—资产减值损失
　　　　　　　　　　　　　　　　600

借：以前年度损益调整—所得税费用
　　　　　　　　　　　　　　　　150

　　　贷：递延所得税资产（600×25%）150

借：以前年度损益调整（600-150）450

　　　贷：利润分配—未分配利润　450

借：利润分配—未分配利润　　45

　　　贷：盈余公积　　　　　　45

2.【答案】

(1)借：长期股权投资—B公司 6 000

　　　贷：银行存款　　　　　6 000

(2)①对A公司与B公司内部固定资产交易的抵销分录：

借：营业收入　　　　　　　　400

　　　贷：营业成本　　　　　280

　　　　　固定资产—原价　　120

借：固定资产—累计折旧
　　　　　　　（120/10×7/12）7

　　　贷：管理费用　　　　　　7

借：递延所得税资产
　　　　　　[（120-7）×25%]28.25

　　　贷：所得税费用　　　28.25

②对A公司与B公司内部存货交易的抵销分录：

借：营业收入　　　　　　　　250

　　　贷：营业成本　　　　　205

　　　　　存货　[（250-160）×50%]45

借：存货—存货跌价准备
　　　　　　（250×50%-90）35

　　　贷：资产减值损失　　　35

借：递延所得税资产
　　　　　　[（45-35）×25%]2.5

　　　贷：所得税费用　　　　2.5

③按权益法调整对B公司的股权投资：

借：长期股权投资（877×80%）701.6

　　　贷：投资收益　　　　701.6

④抵销长期股权投资与子公司的所有者权

益项目：

借：实收资本 3 000

　　资本公积 300

　　盈余公积 （450+87.7）537.7

　　未分配利润

　　　（3 000+877-87.7）3 789.3

　　商誉 （6 000-6 750×80%）600

　　贷：长期股权投资

　　　　（6 000+701.6）6 701.6

　　　少数股东权益

　　　　（7 627×20%）1 525.4

⑤抵销投资收益与利润分配项目：

借：投资收益 701.6

　　少数股东损益 （877×20%）175.4

　　未分配利润—年初 3 000

　　贷：提取盈余公积 87.7

　　　未分配利润—年末 3 789.3

（3）调整后 D 公司 2×19 年度的净利润=605-（350-200）×70%=500（万元）；

A 公司应确认的投资收益=500×40%=200（万元）。

相关会计分录为：

借：长期股权投资—D 公司—损益调整

　　　　　　　　　 200

　　贷：投资收益 200

（4）①对 A 公司与 B 公司内部固定资产交易的抵销分录：

借：未分配利润—年初 120

　　贷：固定资产—原价 120

借：固定资产—累计折旧 7

　　贷：未分配利润—年初 7

借：递延所得税资产 28.25

　　贷：未分配利润—年初 28.25

借：固定资产—累计折旧（120/10）12

　　贷：管理费用 12

借：所得税费用 3

　　贷：递延所得税资产 3

②对 A 公司与 B 公司内部存货交易的抵销分录：

借：未分配利润—年初 45

　　贷：营业成本 45

借：存货—存货跌价准备 35

　　贷：未分配利润—年初 35

借：递延所得税资产 2.5

　　贷：未分配利润—年初 2.5

借：营业成本 35

　　贷：存货—存货跌价准备 35

借：所得税费用 2.5

　　贷：递延所得税资产 2.5

③按权益法调整对 B 公司的股权投资：

借：长期股权投资

　　（701.6+2 022×80%）2 319.2

　　贷：未分配利润—年初 701.6

　　　投资收益 1 617.6

④抵销长期股权投资与子公司的所有者权益项目：

借：实收资本 3 000

　　资本公积 300

　　盈余公积 （537.7+202.2）739.9

　　未分配利润

　　（3 789.3+2 022-202.2）5 609.1

　　商誉 600

　　贷：长期股权投资

　　　（6 000+2 319.2）8 319.2

　　　少数股东权益

　　　（9 649×20%）1 929.8

⑤抵销投资收益与利润分配项目：

借：投资收益 1 617.6

　　少数股东损益

　　　（2 022×20%）404.4

　　未分配利润—年初 3 789.3

　　贷：提取盈余公积 202.2

　　　未分配利润—年末 5 609.1

模拟试卷（二）参考答案及解析

一、单项选择题

1. C　【解析】企业在存货采购过程中发生的仓储费、包装费、运输途中的合理损耗、入库前的挑选整理费用等，应直接计入存货的采购成本，因此原材料的入账价值 = 1 200×6 000＋60 000＋10 000＋18 000 = 7 288 000（元）。

2. D　【解析】选项 A，属于固定资产；选项 B，属于房地产开发企业的存货；选项 C，属于固定资产。

3. B　【解析】选项 A，使用寿命有限的无形资产当月增加当月开始摊销；选项 C，具有融资性质的分期付款购入无形资产，初始成本以购买价款的现值为基础确定；选项 D，使用寿命不确定的无形资产不进行摊销。

4. A　【解析】选项 A，按资产减值准则的规定，减值测试中确定资产预计未来现金流量时，不应当包括尚未做出承诺的重组事项，已经做出承诺的重组事项才需要考虑。

5. B　【解析】甲公司提供的更换电梯的服务属于在某一时段内履行的履约义务，甲公司按照已完成的工作量确定履约进度。截至 2×18 年 12 月 31 日，该合同的履约进度 = 6/10×100% = 60%，甲公司应确认的收入金额 = 400×60% = 240（万元）。

6. B　【解析】投资收益 = 现金股利确认的投资收益 16＋处置时确认的投资收益 100×（23.2－18）= 536（万元）。

7. B　【解析】6 月所发生的汇兑损益 = 4 500×（6.27－6.28）= －45（万人民币元）。本题中财务费用减少 45，表示汇兑收益，因此选项 B 正确。

5 月 17 日：
借：库存商品　　（4 500×6.25）28 125
　　贷：应付账款—美元　　　　 28 125

5 月 31 日：
借：财务费用
　　（4 500×6.28－4 500×6.25）135
　　贷：应付账款—美元　　　　　 135

6 月 30 日：
借：应付账款—美元
　　（4 500×6.27－4 500×6.28）45
　　贷：财务费用　　　　　　　　　 45

8. C　【解析】企业清偿因或有事项而确认的预计负债所需支出预期可获得补偿的，只有在基本确定能够收到时才能作为资产单独确认，本题中 X 公司并不能基本确定可从 Z 公司获得补偿，所以不应确认资产。

9. C　【解析】债务重组中，债权人应当首先按照金融工具准则确认受让的金融资产，所以 A 公司应确认其他权益工具投资 200 万元。A 公司应确认的固定资产 = （830－200）×400/（400＋300）＋10 = 370（万元）。

10. B　【解析】合并方在合并中取得的生产经营活动或资产的组合构成业务，通常应具有投入、加工处理过程和产出这三个要素。

二、多项选择题

1. ABCD

2. ABC　【解析】选项 A，取得其他权益工具投资时支付的相关费用应计入其入账成本；选项 C，其他权益工具投资不计提减值准备。

3. AD　【解析】选项 A，企业采用估值技术确定资产或负债的公允价值时应当采用适当的方法，不存在优先选择的方法；选项 D，应当根据该出价或要价的性质去判断，不能一概而论。

4. ACD 【解析】选项 B，应计入营业外支出。

5. BD 【解析】选项 B，应将尚未分摊的递延收益余额一次性转入资产处置当期的损益。选项 D，如果采用总额法，应于取得时计入当期其他收益；如果采用净额法，应于取得时冲减当期相关成本费用。

6. BC 【解析】2×19 年年初，投资性房地产的账面价值 = 2 100（万元），计税基础 = 2 000－2 000/20 = 1 900（万元），应确认的递延所得税负债 = （2 100－1 900）×25% = 50（万元）；2×19 年年末，投资性房地产的账面价值 = 1 980（万元），计税基础 = 2 000－2 000/20×2 = 1 800（万元），递延所得税负债余额 = （1 980－1 800）×25% = 45（万元），2×19 年年末应转回递延所得税负债 5 万元。

7. AC 【解析】补偿的金额应当在基本确定能够收到时作为资产单独确认，且不能抵减应确认的预计负债金额。

8. ACD 【解析】选项 A，企业因存在与客户的远期安排而负有回购义务或企业享有回购权利的，若回购价格不低于原售价，则应视为融资交易处理；选项 C，企业负有应客户要求回购商品义务的，客户具有行使该要求权重大经济动因的，企业应当将售后回购作为租赁交易或融资交易处理；选项 D，客户不具有行使该要求权重大经济动因的，企业应作为附有销售退回条款的销售交易进行会计处理。

9. ABD 【解析】选项 C，属于调整事项。

10. ACD 【解析】选项 B，使用权资产通常应自租赁期开始的当月起计提折旧，当月计提确有困难的，为便于实务操作，企业也可以选择自租赁期开始的下月起计提折旧。

三、判断题

1. × 【解析】持有待售资产和负债不应当相互抵销，"持有待售资产"和"持有待售负债"应当分别作为流动资产和流动负债列示。

2. √

3. × 【解析】企业从政府取得的经济资源，如果与企业销售商品或提供服务等活动密切相关，且是企业商品或服务的对价或者是对价的组成部分，则不属于政府补助，而属于企业收入的组成部分。

4. √

5. × 【解析】企业外购的房屋建筑物支付的价款应当在地上建筑物与土地使用权之间分配，无法合理分配的，应全部确认为固定资产。

6. × 【解析】非财政拨款结转资金是指事业单位除财政拨款收支、经营收支以外的各非同级财政拨款专项资金收入与其相关支出相抵后剩余滚存的、须按规定用途使用的结转资金。

7. × 【解析】某项会计变更，难以区分为会计政策变更或会计估计变更的，作为会计估计变更，采用未来适用法处理。

8. × 【解析】直接计入所有者权益的交易或事项产生的递延所得税资产或负债，由于税率变动而确认的相关调整金额计入所有者权益，不调整所得税费用的金额。

9. √

10. × 【解析】转换当日投资性房地产的公允价值小于原账面价值的，其差额计入当期损益（公允价值变动损益）；转换当日投资性房地产的公允价值大于原账面价值的，其差额计入其他综合收益。

四、计算分析题

1.【答案】

（1）甲公司发行公司债券的会计分录如下。

借：银行存款 4 500

贷：应付债券—面值　　　　4 000

　　　　　—利息调整　　　　500

（2）专门借款的资本化金额＝4 500×4%＝180（万元）；

专门借款应付利息＝4 000×10%/2＝200（万元）；

专门借款利息调整摊销额＝200－180＝20（万元）。

借：在建工程　　　　　　　180

　　应付债券—利息调整　　 20

　　　贷：应付利息　　　　　　　200

借：应付利息　　　　　　　200

　　　贷：银行存款　　　　　　　200

（3）专门借款实际利息费用＝（4 500－20）×4%＝179.2（万元）；

专门借款应付利息＝4 000×10%/2＝200（万元）；

专门借款利息调整摊销额＝200－179.2＝20.8（万元）；

一般借款利息资本化金额＝600×3/12×7%＝10.5（万元）；

一般借款实际利息费用＝1 200×7%/2＝42（万元）；

一般借款费用化金额＝42－10.5＝31.5（万元）。

借：在建工程　（179.2+10.5）189.7

　　财务费用　　　　　　　31.5

　　应付债券—利息调整　 20.8

　　　贷：应付利息　　（200+42）242

借：应付利息　　　　　　　242

　　　贷：银行存款　　　　　　　242

（4）专门借款实际利息费用＝（4 500－20－20.8）×4%＝178.37（万元）；

其中：专门借款资本化金额＝178.37×4/6＝118.91（万元）；

专门借款费用化金额＝178.37×2/6＝59.46（万元）；

专门借款应付利息＝4 000×10%/2＝200（万元）；

专门借款利息调整摊销额＝200－178.37＝

21.63（万元）；

一般借款利息资本化金额＝（600×4/6＋200×3/6）×7%/2＝17.5（万元）；

一般借款实际利息费用＝1 200×7%/2＝42（万元）；

一般借款费用化金额＝42－17.5＝24.5（万元）。

借：在建工程　（118.91+17.5）136.41

　　财务费用　（59.46+24.5）83.96

　　应付债券—利息调整　　21.63

　　　贷：应付利息　　（200+42）242

借：应付利息　　　　　　　242

　　　贷：银行存款　　　　　　　242

2.【答案】

（1）属于非货币性资产交换。

理由：甲公司收到的补价的公允价值占其换出资产的公允价值的比例＝70/（200＋50＋300）×100%≈12.73%，小于25%，因此该交易属于非货币性资产交换。

甲公司换入的长期股权投资的初始投资成本＝（200＋50＋300－70）×[336/（336＋144）]＋10＝346（万元）。

甲公司换入的设备的成本＝（200＋50＋300－70）×[144/（336＋144）]＋5＝149（万元）。

（2）甲公司的相关会计分录：

借：长期股权投资　　　　　346

　　固定资产　　　　　　　149

　　累计摊销　　　　　　　 40

　　银行存款　　　　　　　 55

　　　贷：其他业务收入　　　　　200

　　　　　无形资产　　　　　　　 80

　　　　　资产处置损益　　　　　 10

　　　　　其他权益工具投资—成本　210

　　　　　　　　　　　—公允价值变动

　　　　　　　　　　　　　　　　 50

　　　　　盈余公积　　　　　　　 4

　　　　　利润分配—未分配利润　 36

借：其他业务成本　　　　　120

　　公允价值变动损益　　　 30

贷：投资性房地产—成本　　　120

　　　　　　—公允价值变动 30

借：其他综合收益　　　　　　50

　　贷：盈余公积　　　　　　　5

　　　　利润分配—未分配利润　45

（3）乙公司换入的交易性金融资产以公允价值进行计量，所以换入的交易性金融资产的成本＝300（万元）。

乙公司换入的投资性房地产的成本＝（336＋144＋70－300）×［200/（200＋50）］＝200（万元）。

乙公司换入的无形资产的成本＝（336＋144＋70－300）×［50/（200＋50）］＝50（万元）。

（4）乙公司的相关会计分录：

借：固定资产清理　　　　　　140

　　累计折旧　　　　　　　　100

　　贷：固定资产　　　　　　240

借：交易性金融资产　　　　　300

　　投资性房地产　　　　　　200

　　无形资产　　　　　　　　50

　　贷：长期股权投资—投资成本 140

　　　　　　　　—损益调整 160

　　　　固定资产清理　　　　144

　　　　投资收益　　　　　　34

　　　　银行存款　　　　　　72

借：固定资产清理　　　　　　4

　　贷：资产处置损益　　　　4

五、综合题

1.【答案】

（1）2×18年度甲公司对乙公司的股权投资，应该采用权益法核算。

借：长期股权投资—投资成本 9 000

　　贷：股本　　　　　　　2 000

　　　　资本公积—股本溢价 7 000

借：长期股权投资—投资成本

｛［32 000＋（960－800）］×30%－9 000｝648

　　贷：营业外收入　　　　648

（2）甲公司2×18年应确认的投资收益＝

［12 000－（960－800）/4－（2 400－1 800）×50%］×30%＝3 498（万元）；

甲公司2×18年应享有乙公司其他综合收益变动的金额＝400×30%＝120（万元）。

借：长期股权投资—损益调整 3 498

　　　　　　—其他综合收益

　　　　　　　　　　　　　120

　　贷：投资收益　　　　3 498

　　　　其他综合收益　　120

（3）甲公司2×19年年初处置部分股权对营业利润的影响金额＝（11 200＋2 800）－（9 000＋648＋3 498＋120）＋120＝854（万元）。

借：银行存款　　　　　　11 200

　　贷：长期股权投资—投资成本

　　　　　　［（9 000＋648）×80%］7 718.4

　　　　　　—损益调整

　　　　　　（3 498×80%）2 798.4

　　　　　　—其他综合收益

　　　　　　（120×80%）96

　　　　投资收益　　　　587.2

借：其他权益工具投资—成本 2 800

　　贷：长期股权投资—投资成本

　　　　　　［（9 000＋648）×20%］1 929.6

　　　　　　—损益调整

　　　　　　（3 498×20%）699.6

　　　　　　—其他综合收益

　　　　　　（120×20%）24

　　　　投资收益　　　　146.8

借：其他综合收益　　　　120

　　贷：投资收益　　　　120

（4）①2×19年6月30日：

借：其他综合收益　　　　200

　　贷：其他权益工具投资—公允价值变动

　　　　　　　　　　　　　200

②2×19年12月31日：

借：其他综合收益　　　　1 000

　　贷：其他权益工具投资—公允价值变动

　　　　　　　　　　　　　1 000

（5）2×20年1月8日：

借：银行存款　　　　　　1 560

盈余公积　　　　　　　　4
利润分配—未分配利润　　36
其他权益工具投资—公允价值变动
　　　　　　　　　　　　1 200
　　贷：其他权益工具投资—成本　2 800
借：盈余公积　　　　　　　120
利润分配—未分配利润　1 080
　　贷：其他综合收益　　　　1 200

2.【答案】

(1)确认收入。

收入确认时点：甲公司应于 2×19 年 3 月 1 日对 92%的商品确认收入，3 月 31 日按照重新估计的退货率调减 2%的收入。

2×19 年 3 月 1 日发出商品时：

借：银行存款　　　　　　　200
　　贷：主营业务收入　(200×1×92%)184
　　　　预计负债　　　(200×1×8%)16
借：主营业务成本
　　　　　(200×0.8×92%)147.2
　　应收退货成本
　　　　　(200×0.8×8%)12.8
　　贷：库存商品　　　　　160

2×19 年 3 月 31 日，重新评估退货率时：

借：主营业务收入
　　　　[200×1×(10%-8%)]4
　　贷：预计负债　　　　　　4
借：应收退货成本
　　　　[200×0.8×(10%-8%)]3.2
　　贷：主营业务成本　　　3.2

(2)确认收入。

收入确认时点：交付 A 商品和 B 商品时。分摊至 A 商品的交易价格 = 750×100/(100+800) = 83.33(万元)；分摊至 B 商品的交易价格 = 750×800/(100+800) = 666.67(万元)。

2×19 年 7 月 1 日交付 A 商品时：

借：合同资产　　　　　　83.33
　　贷：主营业务收入　　　83.33

2×19 年 8 月 1 日交付 B 商品时：

借：银行存款　　　　　　750
　　贷：合同资产　　　　　83.33
　　　　主营业务收入　　666.67

(3)确认收入。

收入确认时点：9 月 1 日销售产品时确认仪器销售收入；确认的延保服务收费 2 万元应当在延保期间根据延保服务进度确认收入。

借：银行存款　　　　　　302
　　贷：主营业务收入　　　300
　　　　合同负债　　　　　　2
借：主营业务成本　　　　100
　　贷：库存商品　　　　　100
借：销售费用　　　　　　　5
　　贷：预计负债　　　　　　5

(4)确认收入。

收入确认时点：销售商品时确认产品销售收入，客户实际使用积分时确认积分兑换收入。

商品交易价格合计 = 1×1 000 = 1 000(万元)；

奖励积分的单独售价 = 1 000/10×2 = 200(万元)；

销售商品分摊的交易价格 = 1 000/(1 000+200)×1 000 = 833.33(万元)；

奖励积分分摊的交易价格 = 200/(1 000+200)×1 000 = 166.67(万元)。

借：银行存款　　　　　　1 000
　　贷：主营业务收入　　　833.33
　　　　合同负债　　　　166.67
借：主营业务成本　　　　650
　　贷：库存商品　(0.65×1 000)650

(5)不需要确认收入。

2×19 年 12 月 1 日：

借：银行存款　　　　　　400
　　贷：其他应付款　　　　400

2×19 年 12 月 31 日：

借：财务费用　　[(440-400)/5]8
　　贷：其他应付款　　　　　8